Miroslav Verner

DIE PYRAMIDEN

Deutsch von Kathrin Liedtke

Rowohlt

Die tschechische Originalausgabe erschien 1997
unter dem Titel «Pyramidy. Tajemství minulosti»
bei Academia Prag
Die deutsche Ausgabe wurde vom
Autor vollständig überarbeitet und erweitert
Redaktion Dirk Moldenhauer

1. Auflage September 1998
Copyright © 1998 by Rowohlt Verlag GmbH,
Reinbek bei Hamburg
«Pyramidy. Tajemství minulosti»
Copyright © 1997 by Miroslav Verner
Illustrationen: Copyright © by Jolana Malátková
Farbfotos: Copyright © by Milan Zemina
Alle deutschen Rechte vorbehalten
Umschlaggestaltung: Guido Klütsch
(Fotos: Archiv für Kunst und Geschichte, Berlin;
Masterfile/Bavaria)
Satz Sabon PostScript (QuarkXPress 3.32)
und Belichtung bei UNDER/COVER, Hamburg
Druck und Bindung Clausen & Bosse, Leck
Printed in Germany
3 498 07062 2

INHALT

*Pyramiden sind an verschiedenen Orten der Erde,
zu verschiedenen Zeiten und aus unterschiedlichen Anlässen
errichtet worden. Nur einige wurden jedoch schon seit der Zeit der Antike
für ein Weltwunder gehalten – die Pyramiden von Ägypten.
Ihnen und ihren Schöpfern ist dieses Buch gewidmet.*

VORWORT

Es ist gleichermaßen erstaunlich und bedauernswert, daß in den letzten Jahrzehnten ein solch attraktives Thema wie die Pyramidenforschung der Öffentlichkeit nur selten von Fachleuten zugänglich gemacht worden ist. Und dies weltweit. Abgesehen von einigen kurzen Führern durch bestimmte Ausgrabungsstätten sowie spezielleren Arbeiten, die insbesondere auf einzelne historische Abschnitte, Fragen des Pyramidenbaus und diesbezügliche phantastische Theorien eingehen, existieren lediglich drei bedeutende, für einen breiteren Leserkreis bestimmte Gesamtdarstellungen. An erster Stelle muß hier *The Pyramids of Egypt* (London 1947) genannt werden, ein Werk des kürzlich verstorbenen britischen Ägyptologen und renommierten Kenners der ägyptischen Pyramiden, Eiddon Edwards, welches seit seinem Erscheinen zahlreiche Neuauflagen und Übersetzungen, unter anderem auch ins Deutsche, erfuhr. Zum anderen ist auf das Buch *Die Ägyptischen Pyramiden: vom Ziegelbau zum Weltwunder* (Mainz 1985) des nicht weniger anerkannten deutschen Experten Rainer Stadelmann zu verweisen, von dem mittlerweile ebenfalls eine erweiterte Neuausgabe veröffentlicht worden ist, ein Hinweis auf das große Interesse der Leser. Innerhalb dieser Rubrik erschien zuletzt der reich illustrierte Überblick *The Complete Pyramids* (London/Kairo 1997) des amerikanischen Archäologen Mark Lehner.

Schnell fließt das Wasser den Nil hinunter, und ebenso rasch schreitet die archäologische Forschung voran. Eine ihrer Prioritäten ist es nach wie vor, die Kenntnisse über die Pyramiden zu vertiefen und neue Theorien aufzustellen. Im Gegenzug mußten viele der bisherigen Ansichten über diese monumentalen Bauwerke, ihre Schöpfer und ihre Zeit teilweise korrigiert, wenn nicht vollständig revidiert werden. Und selbst heute ist es noch möglich, bislang unentdeckte oder gar gänzlich unbekannte Pyramiden zu finden. Daher wird es so bald keinen Stillstand geben, auch wenn die Ägyptologen bereits auf viele Fragen befriedigende Antworten geben konnten. Erschwerend tritt außerdem der Umstand hinzu, daß die Ausgräber seit jüngster Zeit auch für die Erhaltung der archäologischen Denkmäler verantwortlich sind und daher noch weniger Zeit für die Forschung zur Verfügung steht. Das vorliegende Buch berücksichtigt den Mitte der neunziger Jahre erreichten allgemeinen Forschungsstand und beruht vor allem auf den konkreten Ergebnissen der Grabungen, die vom Tschechischen Ägyptologischen Institut der Prager Karlsuniversität in den letzten zwanzig Jahren vorgenommen wurden.

Dieses Vorhaben ist mit mancherlei Problemen behaftet. Naturgemäß erweist es sich als besonders schwierig, derart komplexe Forschungsvorhaben auch für den Laien verständlich darzustellen. Im Falle der ägyptischen Pyramiden bedeutet dies, daß deren Errichtung nur im Zusammenhang mit den damaligen gesellschaftlichen Verhältnissen, religiösen Vorstellungen, administrativ organisatorischen Fähigkeiten sowie technischen Kenntnissen und Arbeitsweisen der Ägypter sinnvoll erklärt werden kann. Von solch einer Basis aus wird zugleich eine Auseinandersetzung mit einigen der pseudowissenschaftlichen Theorien erfolgen.

Selbst die Beschreibung der Pyramiden und die Erklärung ihrer einzelnen Teile erwies sich als nicht so einfach, wie es auf den ersten Blick den Anschein haben mag, denn mit jedem dieser monumentalen Gebäudekomplexe ist eine Vielzahl von Vermessungsdaten und dazugehörigen, oft kontroversen Erklärungsmodellen verbunden. Aus den besagten Gründen resultiert die Tendenz zur Vereinfachung, die leider allzuleicht zur stereotypen Abhandlung entarten kann. Sosehr ich mich auch um einen Kompromiß zwischen allen obengenannten Aspekten bemüht habe, ließ sich doch im Interesse einer vollständigen Darstellung die wiederholte Beschreibung bestimmter Standardsituationen und grundlegender Angaben nicht vermeiden. Außerdem war es mein Ziel, einem möglichst breiten Interessenspektrum entgegenzukommen: sowohl dem an einer fesselnden Forschungsgeschichte interessierten Leser als auch dem kritischen Pyramidenkenner.

Einen Versuch, das angedeutete Dilemma zu überbrücken, stellt die reichhaltige Zusammenstellung von Illustrationen dar, die nicht nur die bildliche Vorstellung der beschriebenen Monumente erleichtern, sondern auch einen Überblick über die Realien aus der Zeit des Pyramidenbaus bieten. Mit ihrer Hilfe kann sich der Leser unter anderem mit dem spezifischen Ausdruck der altägyptischen Kunst sowie den bedeutendsten Persönlichkeiten, die ihr Leben der Pyramidenforschung gewidmet haben, vertraut machen. Zusätzlich lassen sich neben deren Lebensdaten und den Maßangaben der Pyramiden auch wichtige Fachtermini, die Abfolge der einzelnen Pharaonen und Dynastien sowie weiterführende Literatur bequem im Anhang nachschlagen.

Der Autor möchte an dieser Stelle allen denjenigen danken, die an der Entstehung des vorliegenden Buches maßgeblich beteiligt waren. Besonderer Dank gilt dem Fotografen Milan Zemina für die einzigartigen Aufnahmen der ägyptischen Pyramiden, der Redakteurin und Grafikerin Jolana Malátková für die Zeichnungen und die gesamte redaktionelle Bearbeitung des tschechischen Manuskripts sowie Dirk Moldenhauer für die sorgfältige Durchsicht der deutschen Fassung und viele nützliche Anmerkungen. Dank gebührt natürlich auch Kathrin Liedtke, die das Buch in engagierter Zusammenarbeit ins Deutsche übersetzt hat. Ein nicht geringes Problem stellte dabei die Umschrift der ägyptischen und arabischen Namen dar. Die deutsche Fachliteratur zeigt in dieser Hinsicht erhebliche Uneinheitlichkeit, weshalb wir versucht haben, den vorherrschenden Trends zu folgen.

Kairo, Januar 1998   Miroslav Verner

DIE WIEDERENTDECKUNG
DER PYRAMIDEN

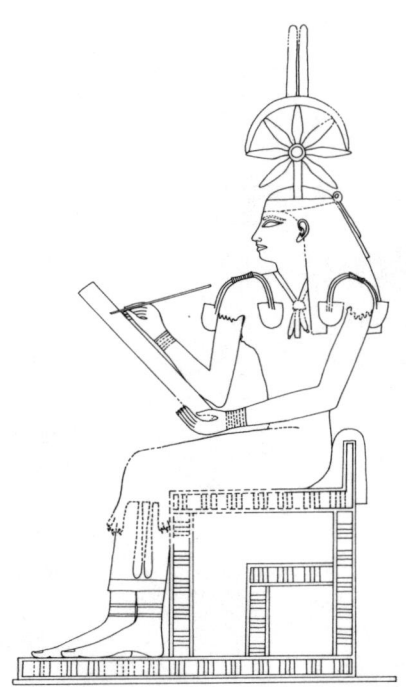

Die «Perle Ägyptens», der Tempel der Göttin Isis auf der kleinen Insel Philae am ersten Nilkatarakt bei Assuan, hat mit den Pyramiden sehr wenig zu tun. Mehr als zwei Jahrtausende trennen ihn vom ältesten Pyramidenbau. Trotzdem war ihm die Rolle eines kuriosen Grenzsteins in der Geschichte des Landes der Pyramiden und Hieroglyphen beschieden.

Weit entfernt von den kulturellen und politischen Zentren, an der südlichsten Grenze Ägyptens, blieb dieser Tempel an der Wende vom 4. zum 5. Jahrhundert nach Christus eine der letzten Bastionen des Heidentums. Hier waren noch die uralten ägyptischen Kulte lebendig, deren Traditionen sich die vormals wilden Nubierstämme zu eigen gemacht hatten. Am 24. August des Jahres 394 wurde dort die letzte der bisher entdeckten Hieroglypheninschriften eingemeißelt.[*]

Die ägyptische Schrift geriet in Vergessenheit. Die Sprache in ihrer koptischen Ausprägung, die in den Großbuchstaben des griechischen Alphabets, erweitert durch einige nach demotischen Vorlagen bearbeitete Zeichen, aufgezeichnet war, überlebte noch einige Jahrhunderte. Der Fall der byzantinischen Festung Babylon (im heutigen Altkairo) und der endgültige Sieg der Araber im Jahre 642 beendeten den spätantiken Kulturepilog des alten Ägyptens und leiteten eine völlig neue Ära seiner Geschichte ein. Pyramiden und Tempel, Weisheit und Ruhm verloren sich unaufhaltsam in der Tiefe der Zeit. Wie es schien, für immer. Grandiose, geheimnisvolle, sich allmählich in Ruinen verwandelnde Bauwerke, beschrieben mit unverständlichen Zeichen, wurden immer häufiger zum Gegenstand von Legenden und Aberglauben und zum Ziel von Dieben und wißbegierigen

---

[*] Die jüngste Inschrift war schon nicht mehr in Hieroglyphen, sondern in vereinfachter ägyptischer, der sogenannten demotischen Schrift verfaßt und ist, datiert auf den 2. Dezember 452, etwa ein halbes Jahrhundert später entstanden.

Abenteurern. Vor allem aber wurden sie zu leicht zugänglichen, bequem nutzbaren Steinbrüchen.

Die arabischen Gelehrten des Mittelalters interessierten sich kaum für die alten ägyptischen Bauwerke; wenn sie es dennoch taten, waren ihre Bemühungen – etwa die von Abd al-Latif Tschelebi, Ja'ut ar-Rumi, Shams ad-Din al-Dschazairi ad-Dimaschgi und Taki ad-Din al-Maqrizi – in der Regel seriös. Daneben verbreiteten sich aber auch Sagen und Legenden, von denen einige bis in die heutige Zeit überdauert haben. Nach einer von ihnen soll der König Saurid dreihundert Jahre vor der Sintflut einen Traum gehabt haben, in dem sich die – flache – Erde umdreht und die Sterne auf sie herabzufallen beginnen. Dies habe ihn so erschreckt, daß er in der Befürchtung, der Weltuntergang sei gekommen, beschloß, die Pyramiden zu errichten und darin das gesamte Wissen seiner Zeit zu verschließen.

Das christliche Europa des Mittelalters lernte Ägypten vor allem durch die Bibel kennen. Die Pyramiden wurden für die Kornspeicher Josephs gehalten. Einen beträchtlichen Einfluß auf das Denken nicht nur der mittelalterlichen Gelehrten hatte die Hermetik, eine Verschmelzung von religiösen Vorstellungen der alten Ägypter mit den abstrakten philosophischen Gedanken der Griechen, die eine stark okkultistische Aufladung der Ägyptenüberlieferung mit sich brachte. Die Bezeichnung dieser Lehre ist von Hermes Trismegistos abgeleitet, dem griechischen Pendant einer Spätform des altägyptischen Gottes der Weisheit und der Schrift, Thoth. Im Laufe des 15. und 16. Jahrhunderts nahm das geheimnisvolle Bild des alten Ägyptens in Europa allmählich rationalere Züge an. Dazu trugen insbesondere die Humanisten bei, die sich den Werken antiker Autoren zuwandten und so die Wurzeln der europäische Kultur wiederentdeckten. Reisende und Eroberer spielten eine wesentliche Rolle bei der Erforschung des Landes am Nil, und das auch in späteren Jahren. Die Erkenntnisse und Dokumente, die sie gesammelt und mitgebracht haben, bildeten die Grundlage für weitere Forschungen.

In der ersten Hälfte des 17. Jahrhunderts hielt sich John Greaves (1602–1652), ein bedeutender englischer Astronom, Mathematiker und Orientalist, in Ägypten auf. Mit seinem Werk *Pyramidographia, or a Discourse of the Pyramids in Egypt* reihte er sich unter die bedeutendsten Protagonisten der künftigen Wissenschaftsdisziplin Ägyptologie ein, in-

Im mittelalterlichen Europa herrschte lange Zeit die Meinung vor, die Pyramiden seien ursprünglich die biblischen Kornspeicher Josephs gewesen. Das Mosaik an der Decke der Vorhalle von Sankt Markus in Venedig aus dem 13. Jahrhundert ist im Sinne dieser Deutung konzipiert.

dem er erstmals eine genaue Vermessung der Großen Pyramide vornahm. Nach Ägypten begaben sich auch Reisende aus Mitteleuropa. Stellvertretend soll hier Christof Harant von Polžice und Bezdružice (1564–1621) genannt sein (*Die Reise nach Ägypten*, 1598). Die Persönlichkeit, die bei den Erkenntnisbemühungen um das alte Ägypten im 17. Jahrhundert zweifellos dominierte, war der deutsche Jesuit Athanasius Kircher (1602–1680), ein sehr vielseitiger und von der Hermetik beeinflußter Kenner der Mathematik, Philosophie und orientalischer Sprachen, der auch die Laterna magica erfand und die erste Rechenmaschine baute. Seine größten Erfolge erzielte er jedoch auf dem Gebiet der Sprachwissenschaft. Kircher äußerte die Meinung, daß sich im Koptischen die alte ägyptische Sprache verberge, die früher in Hieroglyphen geschrieben wurde. Es gelang ihm jedoch nicht, diese zu entziffern, da er ihnen noch eine rein symbolische Bedeutung zuschrieb.

Das 18. Jahrhundert brachte mehr Klarheit. In dieser Zeit reisten unter anderem der dänische Kapitän Frederik Ludwig Norden (1708–1742), der eine bemerkenswerte Sammlung von Zeichnungen und Beschreibungen der Bauwerke zusammenstellte, sowie der englische Geistliche Richard Pocock (1704–1765) durch Ägypten. Auch die Gelehrten in der ruhigen Atmosphäre ihrer europäischen Bibliotheken widmeten dem alten Ägypten und besonders der Entschlüsselung der bisher unverständlichen Hieroglyphen zunehmende Aufmerksamkeit. Der französische Abbé Jean-Jacques Barthélemy (1716–1795) veröffentlichte 1761 eine Studie, in der er zu dem

Der böhmische Adlige, Reisende und Humanist Christof Harant von Polžice und Bezdružice.

Schluß kam, daß die oval eingefaßten Schriftzeichen – die sogenannten Kartuschen – Königsnamen darstellen. Der deutsche Gelehrte Carsten Niebuhr (1733–1815) ging zudem von der richtigen Annahme aus, daß einige Hieroglyphen alphabetische Zeichen sind und daß es mit Hilfe des Koptischen möglich sein würde, sie zu lesen. In diesen Erkenntnisschritten zeichnete sich das Ende einer langen Entdeckungsphase ab, in der das alte Ägypten noch als geheimnisvolle, mythen- und sagenumwobene Welt galt. Die anschließende Periode, die mit der Entdeckung des verlorenen Schlüssels zur wirklichen Erforschung des alten Ägyptens, der Entzifferung der Hieroglyphen, enden sollte, war bereits in Reichweite. Sie wurde Ende des 18. Jahrhunderts durch Napoleons Ägypten-Expedition eingeleitet.

«Ägypten war eine Provinz der Römischen Republik; es muß eine Provinz der Französischen Republik werden! Die römische Regierung hat zum Verfall dieses Landes geführt, die französische Regierung wird ihm Prosperität bringen», verkündete der Außenminister des Direktoriums, Charles Maurice de Talleyrand-Périgord, im Februar 1798 in einer berühmten Rede. Drei Monate später liefen etwa vierhundert Schiffe mit 36 000 Mann an Bord unter der Führung Napoleons nach Ägypten aus. Sein Bestreben, die Weltherrschaft zu übernehmen, endete zwar mit einer Niederlage und der Kapitulation der Franzosen im Jahre 1802, doch in ihren kulturellen und wissenschaftlichen Konsequenzen schuf die Expedition die Voraussetzungen für ein neues Fachgebiet – die Ägyptologie.

Die Franzosen waren in ihrer Planung großzügig und in den militärischen Vorbereitungen äußerst sorgfältig. So wurde der Expedition eine «wissenschaftliche und künstlerische Kommission» zugeteilt, der 167 Fachleute der verschiedensten Gebiete angehörten, unter ihnen Mathematiker, Arabisten, Astronomen, Landvermesser, Ärzte, Bergwerksingenieure, Zeichner und Drucker. Ihre Aufgabe war es, zu erforschen, zu messen, zu zeichnen, Pläne und Karten anzufertigen und somit eine solide Basis für die Verwaltung der zukünftigen «französischen Provinz» zu schaffen.

Die altägyptischen Bauwerke standen also zunächst nicht im Zentrum ihrer Aufmerksamkeit. Erst Ende September 1798 besuchte Napoleon mit seinem Stab die Große Pyramide und die Sphinx in Giza. Zu den Teilnehmern dieser Exkursion gehörte auch der Künstler und Zeichner Domini-

«Soldaten,
vierzig Jahrhunderte
blicken auf euch herab!»
Historische Illustration
zu dem berühmten
Ausspruch Napoleons.

que Vivant Denon (1747–1825). Während das französische Heer die besiegten Mamelucken durch das Niltal nach Süden verfolgte, entdeckte
und zeichnete er fortlaufend neue Sehenswürdigkeiten. Denon war,
ebenso wie die anderen Mitglieder der Kommission, aber auch die Leut-
nants und einfachen Soldaten, bezaubert und tief beeindruckt von den
Monumenten. Als die Expedition die Ruinen des riesigen Amun-Tempels
in Karnak erreichte, erstarrten alle vor Bewunderung, und begeistert über
das großartige Bild, das sich ihnen darbot, begannen sie zu klatschen.
Seine Eindrücke hat Denon mit meisterlicher Hand in den Bildern zu seinen Buch *Voyage dans la Basse et la Haute Égypte* festgehalten. Es erschien bereits 1802, wurde ins Englische und Deutsche übersetzt und löste mehr als jedes andere Werk seiner Zeit eine regelrechte Ägyptomanie
aus, die das europäische Kulturmilieu beherrschte und bildende Kunst,
Mode und Design beeinflußte.

Dominique Vivant Denon – Mitglied der Napoleon-Expedition, ein Künstler, der der Welt mit seinen Bildern erstmalig eine umfassende Vorstellung von den alt-ägyptischen Monumenten bot (Selbstporträt).

Denons *Voyage* war das erste, aber nicht das einzige Buch, das von dieser großen Expedition zeugt. Auf Initiative eines der Expeditionsleiter, General Jean-Baptiste Kléber, begannen die Franzosen, ein systematisches Verzeichnis aller Entdeckungen zu erstellen, ein Gedanke, der in das später berühmt gewordene Werk *Description de l'Égypte* mündete. Aufgrund einer Anordnung Napoleons machten sich die Wissenschaftler und Künstler im noch 1798 in Kairo gegründeten «Institut d'Égypte» an die Arbeit, eine Publikation vorzubereiten, die bis heute nicht ihresgleichen gefunden hat. Das Werk, das auf viele großformatige Bände in vier Hauptteilen angelegt war – *Antiquités, État moderne, Histoire naturelle* und *Carte topographique* –, avancierte bei den Franzosen zu einem Objekt kulturellen Nationalstolzes. Der erste Band erschien 1809, der letzte erst 1828. Die Grundlagen der Ägyptologie waren geschaffen, doch hat bei der Entstehung dieser Disziplin, wie so oft in der Wissenschaftsgeschichte, der Zufall eine Rolle gespielt.

Im Juli 1799 entdeckten die Franzosen bei der Erweiterung der Stadtbefestigung Rosettes (arabisch El-Raschid), die die Mündung des westlichen Nilarms ins Mittelmeer sicherte, ein Bruchstück einer dunklen Steinplatte, einer Stele, die mit Hieroglyphen, demotischer und griechischer Schrift beschrieben war. Die anwesenden französischen Wissenschaftler erkannten sofort den Wert des «Steins von Rosette»: Er war der Schlüssel zu Entzifferung der Hieroglyphen. Das wurde auch den Engländern bewußt, weshalb die Franzosen ihnen nach ihrer Niederlage bei der Unterzeichnung der Kapitulation die Stele sowie die gesamte bis dahin erarbeitete wissenschaftliche Dokumentation aushändigen mußten. Die genauere Lektüre der Inschriften ergab später, daß es sich um ein Dekret der ägyptischen Priestersynode handelte, die sich am 27. März 196 vor Christus zu Ehren des jungen Herrschers Ptolemaios V. Epiphanes (204–180 vor Christus) in Memphis versammelt hatte.

Die Entdeckung dieser Stele und die schnelle Verbreitung ihrer kopierten Inschriften gaben den Anstrengungen um die Entschlüsselung der Hieroglyphen neuen Antrieb. Der schwedische Gelehrte und Diplomat Johan David Åkerblad (1763–1819) identifizierte 1802 beim Vergleich der Texte Substantive, und es gelang ihm, Kardinalzahlen zu bestimmen. Die Bemühungen der Forscher näherten sich ihrem Finale. Einer ihrer Protagonisten war der englische Arzt und Physiker Thomas Young (1773–1829) – ein Wunderkind, das bereits mit zwei Jahren fließend lesen konnte und mit vierzehn mehr als ein halbes Dutzend Sprachen beherrschte, darunter auch orientalische. Mehr aus Liebhaberei erwarb er eine Kopie der Inschriften und kam rasch zu erstaunlichen Ergebnissen. Vom Demotischen ausgehend, gelang es ihm immerhin, eine Liste von 204 Wörtern und dreizehn Hieroglyphen zusammenzustellen und davon etwa ein Viertel richtig zu deuten, bevor er 1818 die Analyse abbrach.

Jean-François Champollion (1790–1832) stammte aus der kleinen Stadt Figeac in Südfrankreich. Ähnlich wie Young galt auch er als Wunderkind, das bereits in jungen Jahren eine Reihe von Fremdsprachen, einschließlich orientalischer, beherrschte. Es wird erzählt, daß er bereits als Junge, nachdem er beim Expeditionsteilnehmer Baron Fourier eine Kopie des «Steins von Rosette» zu Gesicht bekommen hatte, den Entschluß faßte, die Hieroglyphen nun endlich zu entschlüsseln. Noch immer dominierte die traditionelle Ansicht, die Hieroglyphen seien Geheimsymbole, welche die «höchsten Wahrheiten» beinhalteten und diese vor den einfachen Menschen verbergen sollten.

Der «Stein von Rosette» (heute im British Museum in London); ein Dokument, das in ägyptischer (hieroglyphischer und demotischer) und griechischer Schrift abgefaßt ist, stand an der Wiege der Ägyptologie.

Die erste große Entdeckung machte Champollion zufällig an seinem einunddreißigsten Geburtstag, dem 23. Dezember 1821. Er erkannte plötzlich, daß sich die rein ideographische Hieroglyphentheorie (jedes Zeichen bedeutet das, was es darstellt) nicht halten ließ. Ihm kam die Idee, alle griechischen Wörter und alle Hieroglyphen in den entsprechenden Versionen auf der Stele zu zählen, und dabei stellte er fest, daß 1419 Hieroglyphen notwendig waren, um 486 griechische Wörter auszudrücken.

Doch erst am 14. September 1822 gelang ihm der Durchbruch. An diesem Tag fielen Champollion Reliefkopien aus Abu Simbel in die Hände, auf denen ihn eine Kartusche mit einem Königsnamen fesselte. Die letzten zwei gleichen Zeichen waren ihm bereits vertraut, er las sie als *s* und *s*. Das Zeichen davor kannte er nicht, doch beim Blick auf das erste Zeichen in der Gruppe, ein kleines Sonnenbild, kam ihm der Gedanke, es auf der Basis des Koptischen als *re* zu lesen. Der Name *re..?..ss* – der Königsname Ramses! Gleich darauf bestätigte ein ähnlicher Name in der Kartusche seine Annahme, in dem statt des Sonnenbildes an erster Stelle ein Ibis-Zeichen stand. Der Ibis war doch das heilige Tier des Gottes Thoth! Er hatte also den Namen Thutmosis vor sich. Ein ihm unbekanntes Zeichen, das er in beiden Inschriften fand, mußte als *mes* gelesen werden, koptisch *mise*, *mose*, was «gebären» bedeutet. Er rief seinen Bruder Jacques Joseph herbei, warf eine Handvoll Papiere mit den Kopien der Hieroglyphen vor ihn auf den Tisch, rief «Je tiens l'affaire!» (Ich hab's) und brach auf dem Boden zusammen – ohnmächtig vor Aufregung und Erschöpfung. Unter so dramatischen Umständen wurde die Ägyptologie geboren! Der anderthalb Jahrtausende verschüttete Weg zur Erforschung des alten Ägyptens war nun frei.

Champollion, seinen Anhängern, Rivalen und Nachfolgern stand jedoch noch eine Menge Arbeit bevor. Die Inschriften an den Wänden der Tempel und Gräber wie auch der Papyrusrollen begannen zu sprechen. Eine Zeitlang rückte das Studium der ägyptischen Texte in den Vordergrund des Gelehrteninteresses, doch bald gesellten sich auch archäologische Arbeiten hinzu. Ihre Anfänge charakterisiert wohl am besten die eigentümliche Gestalt Giovanni Battista Belzonis, eines ehemaligen Zirkusartisten und Abenteurers von riesenhafter Statur, der aus dem Handel

Der berühmte
französische Gelehrte
Jean-François
Champollion,
Entzifferer der
ägyptischen
Hieroglyphen und
Begründer der
Ägyptologie.

mit Altertümern ein lukratives Geschäft machte und dabei von seinen
Zeitgenossen für einen phänomenalen Archäologen gehalten wurde. Erst
die Forschungsbemühungen von John Perring (1813–1869) und die Arbeit
einer preußischen Gelehrtenexpedition, die, geleitet von Richard Lepsius
(1810–1884), in den Jahren 1842 bis 1845 die ägyptischen Altertümer er-
kundete, stellten eine wissenschaftliche Orientierung in die richtige Richtung dar.

Die eigentliche Ära systematischer archäologischer Grabungen wurde
jedoch erst im Jahre 1850 durch den berühmten französischen Ägyptologen Auguste Mariette (1821–1881) eingeleitet. Er entdeckte und öffnete in
Saqqara das Serapeum, die berühmten unterirdischen Katakomben mit

den Gräbern der heiligen Apis-Stiere. Diese Entdeckung brachte ihm wissenschaftlichen Weltruhm sowie die Gunst des ägyptischen Statthalters Said. Mariette war ursprünglich gar kein Archäologe gewesen, sondern nach Ägypten geschickt worden, um für die Sammlungen des Pariser Louvre ägyptische, koptische, äthiopische und syrische Handschriften zu beschaffen. Doch nach dieser Reise beschloß er, sein Leben den Ausgrabungen zu widmen. Er ließ das erste Museum für altägyptische Kultur in Bulak errichten, schuf aber auch die Grundlagen für die Denkmalverwaltung in Ägypten. Mariette hat merkwürdigerweise kein großes Interesse für die Pyramiden entwickelt. Ihn zogen eher die großen Privatgräber mit den Inschriften und Bildern an, die an ihren Wänden erhalten geblieben waren. Das Weltwunder der Pyramiden rückte erst Anfang der achtziger Jahre in den Blick der Forscher, als Gaston Maspero (1846–1916), William Mathew Flinders Petrie (1853–1942) und andere sie zu ergründen begannen. Damit setzte das Zeitalter der Pyramidenarchäologie ein.

ERSTER TEIL

VOR DEN PYRAMIDEN

DIE FRÜHZEIT
(0. BIS 2. DYNASTIE)

Die Geburt Ägyptens

Voller Dramatik stellt sich uns die ägyptische Geschichte in den frühesten erhaltenen Dokumenten aus der Zeit um 3000 vor Christus dar. Auf der besonders aussagekräftigen «Schminkpalette» des damaligen Königs Narmer wird dessen Sieg über ein Fürstentum im Delta detailliert dargestellt und zugleich glorifiziert. Bis vor kurzem interpretierten die meisten Ägyptologen diesen aufsehenerregenden Fund gewissermaßen als «Gründungsurkunde» des Ober- und Unterägypten umfassenden ägyptischen Einheitsreiches, welche die endgültige Unterwerfung des letzten unabhängigen Deltafürsten im Bild festhält. Neueste archäologische Forschungen lassen diesen Schluß aber nicht mehr zu. Insbesondere die deutschen Grabungen auf dem Friedhof Umm el-Qaab bei Abydos ergaben, daß die dort bestatteten vierzehn Vorgänger Narmers aus der sogenannten 0. Dynastie wenigstens zeitweise über ganz Ägypten geherrscht haben müssen, so daß die eigentliche Reichseinigungsphase bereits zweihundert Jahre vor dessen Regierungszeit lag. Aus der Anordnung der Gräber läßt sich außerdem eine deutliche Kontinuität zur folgenden 1. Dynastie ablesen, was mit der Annahme übereinstimmt, daß deren erster König Aha ein Sohn Narmers gewesen ist. Unklar bleibt aber, ob sich der auf einer Elfenbeintafel aus Naqada überlieferte Prinzenname Meni ebenfalls Aha zuordnen läßt und somit die historische Grundlage für den in späteren Aufzeichnungen genannten Reichseiniger Menes liefert. Andere Forscher sehen in diesem eine reine Sagengestalt. In der Zeit der Einigung Ägyptens fällt die Gründung der *Weißen Mauern*, der Residenzfestung der ägyptischen Könige.

Die Narmer-Palette aus schwarzgrauem Schiefer, die britische Archäologen zu Beginn des 20. Jahrhunderts bei Hierakonpolis in Oberägypten fanden, ist ein bedeutender Beleg für die Ursprünge der ägyptischen Schrift. Ursprünglich pflegte man auf Paletten, rechteckigen oder ovalen Steinscheiben, Farberde zu Schminke zu verreiben, doch die Narmer-Palette ist bereits ein Bildwerk, das Erinnerungs- und Festcharakter hat. Sie symbolisiert nach den neuesten Erkenntnissen die Niederwerfung eines Aufstandes im Delta.

Auf der Vorderseite der Stele ist die feine niedrige Reliefverzierung in drei Bildfelder gegliedert. In der Mitte des oberen, zwischen zwei Bukranien, die meist als «Hathorköpfe» gedeutet werden, befindet sich die stilisierte Palastfassade mit dem Horusnamen des ersten Herrschers der 1. Dynastie, Narmer. Sein Name heißt übersetzt wahrscheinlich «stechender Wels».

Das mittlere Hauptbildfeld wird von der Gestalt Narmers mit der Krone Oberägyptens auf dem Kopf dominiert, der im Begriff ist, mit einer steinernen Keule den vor ihm auf die Knie gesunkenen besiegten Feind zu erschlagen, vielleicht einen Häuptling aus dem Ostdelta. Der hinter Narmer stehende Diener trägt die Sandalen des Pharao. Vor dem König hält der Horusfalke an einem Tau den Kopf eines Feindes. Dieser ist mit einem flachen Oval verbunden, das ein Landstück darstellt, aus dem eine Papyrusstaude mit sechs Blüten wächst. Der Papyrus war eine symbolische Pflanze Unterägyptens und umschrieb gleichzeitig auch das Zahlwort «tausend». Die ganze Szene läßt sich somit folgendermaßen interpretieren: «Der Pharao schlug sechstausend Feinde aus Unterägypten und nahm sie gefangen.» Die Szene rundet das Bild des triumphierenden Narmer ab und gilt nach dem britischen Ägyptologen Alan Gariner, dem Autor der berühmten *Egyptian Grammar*, als klassisches Beispiel für das altägyptische Denken der Frühzeit. Im unteren Bildfeld sind zwei weitere besiegte Feinde abgebildet.

Sie lag an der Grenze von Niltal und Delta. Die Stadt, die schrittweise um die Festung entstand und später Menepher (griechisch Memphis) genannt wurde, hat sich schließlich über einige Quadratkilometer ausgebreitet. Es ist den Archäologen bis jetzt nicht gelungen, den älteren Teil der Stadt, die Festung, zu lokalisieren.

Bis weit in die 1. Dynastie hinein hatten die Herrscher keine ständige Residenz. Im alle zwei Jahre stattfindenden «Horusgeleit» durchquerten

Auf der Rückseite der Stele ist die Verzierung in vier Bildfelder gegliedert. Das erste von oben ist mit dem obersten auf der Vorderseite identisch. Das zweite zeigt Narmer, diesmal mit der Krone Unterägyptens auf dem Kopf, wie er im Gefolge von Männern, die Standarten mit Gauzeichen der siegreichen oberägyptischen Koalition tragen, eine Besichtigung hingerichteter Feinde vornimmt. Das dritte Bildfeld füllt ein zierendes Motiv, vielleicht elamischen Ursprungs, aus: zwei Fabelwesen mit ineinander verschlungenen Hälsen. Es wird für einen Beleg vorderasiatischer Kultureinflüsse im Niltal zu Beginn der Frühzeit gehalten. Im untersten Bildfeld zerbricht ein Stier, ebenso wie der Falke ein Symbol für den Herrscher, eine befestigte Stadt und trampelt den darin wohnenden Feind nieder.

sie mit ihrem Gefolge das ganze Land, um Abgaben einzuziehen, Recht zu sprechen und Präsenz zu zeigen.* Der nur allmählich abklingende Nord-Süd-Dualismus spiegelt sich noch deutlich in den eigenartigen Namen der ersten staatlichen Institutionen der Reichseinigungszeit wider. So wurde aus dem «Weißen Haus», der königlichen Schatzkammer, nach seiner Verlagerung ins memphitische Gebiet das «Rote Haus», Bezeichnungen, die darauf zurückzuführen sind, daß die «Rote Krone» das Symbol Unterägyptens und die «Weiße Krone» das Symbol Oberägyptens waren.

Mit der zunehmenden Zentralisierung vergrößerte sich der Verwaltungsapparat zu Zeiten der 1. Dynastie erheblich. An der Spitze seiner Hierarchie standen noch die Angehörigen der Königsfamilie. Die Beamten kontrollierten insbesondere die Gauverwaltung, die Einwohnerregistrierung, die Höhe der Nilüberschwemmung, den Bau von Bewässerungskanälen, das Bestellen der Felder und Gärten, die Produktion der Werkstätten und das Abgabensystem.

* Ähnlich regierten auch die europäischen Herrscher im Frühmittelalter, die zu diesem Zweck das Pfalz-System schufen.

Hand in Hand mit der sich konsolidierenden Staatsverwaltung entwickelte sich auch das Schrifttum, von dem die alten Ägypter glaubten, daß es göttlichen Ursprungs sei. Die ältesten Überlieferungen haben vor allem kultischen Charakter und erinnern an Episoden der Kämpfe um die Reichseinigung, an Riten zur Einleitung landwirtschaftlicher Arbeiten und an religiöse Feste. Daneben finden sich auch Inschriften auf Gefäßen, Grabstelen, Annalentäfelchen und Siegelabrollungen mit eher praktischen Inhalten. Die bisher älteste, wenn auch unbeschriebene Papyrusrolle wurde im Grab des Beamten Hemaka in Saqqara gefunden. Sie ist ein Beweis dafür, daß die Herstellung des später so weit verbreiteten ägyptischen Schreibmaterials bereits in der Regierungszeit des fünften Königs der 1. Dynastie, Den, bekannt war.

Der Herrscher war der Mittelpunkt der altägyptischen Welt, das Bindeglied zwischen den Menschen und den Göttern. Um ihn herum begann sich allmählich die Verwaltung des neu entstandenen Staates zu formieren. Königliche Güter wurden gegründet und unwirtliche Regionen des Landes, besonders im Süden und in den Sümpfen des Nildeltas, mittels «innerer Kolonisation» besiedelt und wirtschaftlich erschlossen. Trotz einer fortlaufenden Aufgliederung Ägyptens in letztendlich zweiundzwanzig ober- und zwanzig unterägyptische Gaue (griechisch *nomoi*) blieb die politische Einheit und Stabilität des Landes sehr labil. Schon am Ende der 1. Dynastie brachen die noch immer latenten Gegensätze zwischen dem Norden und dem Süden des Landes erneut aus.

Dem ersten Herrscher der 2. Dynastie, Hetepsechemui, dessen Name übersetzt «Beide Mächte [Ober- und Unterägypten] sind versöhnt» lautet, gelang es zwar, die Reichseinheit wiederherzustellen, doch war sie nicht von Dauer. Nach zwei Generationen stellte sich wieder eine Doppelherrschaft ein. Oberägypten wurde von Thinis, dem alten, in enger Nachbarschaft zu Abydos gelegenen Verwaltungs- und Machtzentrum, aus regiert, der übrige Landesteil von den Weißen Mauern, dem späteren Memphis. Die instabilen innerpolitischen Verhältnisse spiegelten sich auch in der unsteten königlichen Titulatur wider: der Herrscher Peribsen identifizierte sich keineswegs mit dem Gott Horus, sondern mit dessen ideellem Widersacher Seth, dem Gott des Bösen und des Krieges. Von den unruhigen Verhältnissen während der Zeit der 2. Dynastie zeugt auch die vorsätzliche

Verwüstung der Königsdenkmäler in Abydos, Naqada und Saqqara, die durch das Bemühen motiviert war, nicht nur die Gräber und Totenkulte zu vernichten, sondern überhaupt jegliches Andenken an die dynastischen Gegner. Erst dem letzten Herrscher dieser Dynastie ist es gelungen, Unterägypten endgültig niederzuwerfen. Ursprünglich nannte er sich Chasechem, «Die Macht erglänzt» (oder «erscheint im Glanz»), änderte den Namen dann aber in Chasechemui, «Beide Mächte erglänzen», um so die Einheit zwischen den Göttern Horus und Seth auszudrücken, die nicht nur die beiden entgegengesetzten Prinzipien Gut und Böse repräsentierten, sondern auch die einstmals gegensätzlichen Teile Ägyptens, den Norden und den Süden.

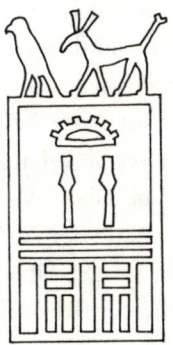

Der obere Rand der Palastfassade mit dem Namen des Chasechemui zeigt ungewöhnlicherweise die beiden verfeindeten Gottheiten Horus und Seth.

In den Beziehungen zu der das alte Ägypten umgebenden Welt machten sich schon damals einige Prinzipien bemerkbar, die die gesamte Geschichte des Landes charakterisieren sollten. Die alten Ägypter sahen aufgrund ihres Glaubens in ihren Nachbarn Feinde. Gegen sie richteten sich die ägyptischen Eroberungen, ob sie nun im Osten, Westen oder Süden lebten. Das häufigste Ziel war Nubien, vielleicht deshalb, weil es durch den Korridor des Niltals leichter zugänglich war.

Bei Gebel Scheich Suleiman am zweiten Nilkatarakt wurde ein Steinrelief gefunden, das auf die Herrschaftszeit des dritten Königs der 1. Dynastie, Djer, datiert wird. Aus der Kriegsszene läßt sich schließen, daß die Ägypter schon damals versucht haben, ihren Einfluß bis an die Grenze des heutigen Sudan auszuweiten.

Das Steinrelief aus Gebel Scheich Suleiman zeugt nach Auffassung vieler Ägyptologen von der Eroberungspolitik des Pharao Djer gegen das südlich von Ägypten gelegene Gebiet.

Die Beziehungen zu den Nachbarländern gestalteten sich jedoch nicht ausschließlich feindselig. Bereits seit Beginn der Frühzeit unterhielten die Bewohner des Niltals Handelskontakte zu ihren afrikanischen und vorderasiatischen Nachbarn. Sie führten zum Beispiel ihre landwirtschaftlichen Produkte nach Palästina aus, wie ägyptische Gefäße aus Rafa und Arad sowie Abdrücke ägyptischer Siegel aus Tell Erama bei Jerusalem belegen. Im Gegenzug wurden vor allem Metallprodukte importiert, auch nachdem im Verlauf der 1. Dynastie der Abbau von Kupfererz auf dem Sinai unter ägyptische Kontrolle geriet. Über Palästina hatten die Ägypter alte Kontakte zu noch entfernteren Regionen, wie einige sumerische beziehungsweise elamische Motive – ein Greif mit Flügeln, ineinandergewundene Schlangen, ein Mann, der Tiere fesselt, aber auch zoomorphe Gefäße und Schiffe mit aufragendem Heck – beweisen, die bereits während der 0. Dynastie im Niltal auftauchten. Diese fremden Elemente scheinen für einige Forscher so auffällig und überraschend gewesen zu sein, daß sie zu der – heute überholten – Auffassung gelangten, Angehörige einer aus Mesopotamien stammenden sogenannten dynastischen Rasse hätten Ägypten gegen Ende der prähistorischen Zeit beherrscht und «zivilisiert». Die Wissenschaftler sahen sich nämlich außerstande, den rasanten Aufschwung Ägyptens zu Beginn des historischen Zeitalters anders zu erklären. Erst nach der Auswertung neuer Funde wurde ihnen bewußt, daß die These vom «Zivilisationsschub» nicht auf einem plötzlichen Entwicklungsbruch, sondern allein auf den eigenen Wissenslücken beruht hatte.

Die Verzierung auf dem Elfenbeingriff eines Messers aus Gebel el-Arak (Louvre E. 11517) wurde für einen Beweis vorderasiatischer Einflüsse in Ägypten am Ende der vorgeschichtlichen Zeit gehalten. Auf der einen Seite sind Jagdszenen mit einem Helden zwischen zwei sich gegenüberstehenden Löwen abgebildet. Die andere Seite zieren Kampfszenen zu Land und zu Wasser.

Königtum und staatliches Dogma

Während der Früh- oder Thinitenzeit, wie die Herrschaftsperiode der ersten beiden Dynastien auch genannt wird, wurde der langwierige, komplizierte und oftmals konfliktreiche Formierungsprozeß des altägyptischen Staates zu Ende geführt, der bereits gegen Ende der Vorzeit, etwa in der Mitte des 4. Jahrtausends vor Christus, eingesetzt hatte. Ein zentraler Aspekt war die Verschmelzung der grundverschiedenen Kulturkreise des Deltas und des Niltals.

Im südlichen Landesteil, der überwiegend von nomadisierenden Hirten bewohnt wurde, begannen sich wirtschaftlich prosperierende und politisch stärker werdende Zentren herauszubilden, zum Beispiel in Hierakonpolis, Naqada oder Abydos. Zu ihrem Aufstieg trugen in entscheidendem Maße die benachbarten reichen Rohstoffquellen in der Ostwüste sowie die Entwicklung des Fernhandels, beispielsweise mit Gold, bei.

In Nordägypten, wo eine eher seßhafte, Landwirtschaft betreibende Bevölkerung lebte, verlief die Entwicklung bis zur Reichseinigung in vieler Hinsicht anders. Vielleicht noch früher als in Südägypten entstanden hier starke Wirtschaftszentren, vor allem an den Ufern der schiffbaren Nilarme. Wahrscheinlich bestanden engere Kontakte zu den vorderasiatischen Stadtkulturen sowohl auf dem Land- als auch dem Wasserweg. Eine bedeutende Stellung nahmen Buto und Sais ein. Archäologische Quellen aus diesem Landesteil sind bisher aber unzureichend, denn ihre Bergung erweist sich aufgrund der komplizierten Naturverhältnisse als sehr schwierig.

Im Gegensatz zu den vordynastischen Königen von Hierakonpolis gelang es den Fürsten der großen Städte des Deltas wahrscheinlich nicht, eine überlokale Herrschaft zu errichten. Folglich mußten sie dem Südreich militärisch unterliegen. Der gewaltsam geschaffene Bund von Ober- und Unterägypten erwies sich aber anfangs als nicht besonders stabil und wurde durch verschiedene politische, wirtschaftliche und religiöse Interessen bedroht.

Daraus resultierten die starken Unabhängigkeitsbestrebungen der Unterägypter während der gesamten Frühzeit, die in Aufständen gipfelten und zuletzt von König Chasechem mit einer energischen Strafaktion beantwortet worden waren. Diesmal, wie es scheint, erfolgreich. Die folgende lange Periode der inneren Stabilität und die relative Abgeschlossenheit von äußeren Einflüssen stellten die entscheidenden Voraussetzungen für die Blüte des Alten Reiches (3. bis 6. Dynastie) dar. Außerdem hatte sich die altägyptische Staatsideologie im Verlauf der kulturellen Assimilation Unterägyptens voll ausgebildet.

Dem ägyptischen Weltbild zufolge bildete ein *maat* genanntes göttliches Prinzip die Grundlage jeglichen Lebens. In seinem Mittelpunkt standen Recht und Ordnung, und bezeichnenderweise wurde es in Gestalt der Göttin der Gerechtigkeit verehrt. Nur wenn der einzelne die Regeln der *maat* befolgte, konnte er zu Glück und Erfüllung gelangen, ja hatte sein Leben überhaupt einen Sinn im Rahmen der Schöpfung. Denn diese Weltordnung mußte ständig gegen die feindlichen Mächte des Chaos verteidigt werden. Zu diesem Zweck richteten die Götter nach der Vorstellung der alten Ägypter das Königtum ein, das es zu unterstützen und zu ehren galt. Allein der Herrscher nämlich, als der einzige unter den Menschen lebende Gott, vermochte den Bestand der gottgegebenen Ordnung zu garantieren.

Im Kontext des ewigen Mythos mußte er tatsächlich oder zumindest symbolisch während seiner Herrschaft über das Böse siegen, das durch die Repräsentanten feindlicher Länder und Völker verkörpert wurde. Deshalb wurde er mit Vorliebe triumphierend über besiegte Nubier, Libyer und Asiaten dargestellt, selbst wenn dies nicht den historischen Tatsachen entsprach.

Auf diesen Vorstellungen beruhte also das gesamte Staatswesen der alten Ägypter, welches oft nicht ganz präzise als theokratisch bezeichnet worden ist. Insbesondere in der Frühzeit waren Staat und Königtum nahezu identisch. Ein Ausdruck wachsender Staatlichkeit ist die Erweiterung der königlichen Titulatur. Zunächst bestand sie lediglich aus dem Horusnamen, geschrieben in einem *serech* genannten, hochkant gestellten Rechteck, das die stilisierte Fassade des Königspalastes darstellte. Darin wurde der Falkengott Horus versinnbildlicht, der Herrscher über Himmel und Erde, als dessen irdische Verkörperung die altägyptischen Könige galten. Während der Regierung von König Den wurde die Titulatur um den sogenannten Thronnamen erweitert, in dem sich der Herrscher als «König von Ober- und Unterägypten» darstellte. Bis zur 4. Dynastie kamen noch weitere Titel hinzu. Der Name «Beide Herrinnen» verband ihn mit der Geiergöttin Nechbet und der Kobragöttin Wadjet, den Schutzgottheiten Ober- und Unterägyptens. «Goldhorus» und «Sohn des Re» vervollständigten die königliche Titulatur schließlich zu fünf Namen.

Das Wort Pharao selbst ist ägyptischen Ursprungs und von *per aa*, Großer Palast, abgeleitet, der Bezeichnung für die königliche Residenz. Später, seit dem Neuen Reich, begann sich im übertragenen Sinne der Herrscher selbst so zu nennen. Seit der 22. Dynastie schließlich wurde dieses Wort zu einem untrennbaren Bestandteil der Titulatur und vor der Kartusche mit dem Königsnamen geschrieben.

Der Auffassung von der Rolle des Königs im historischen und staatsbildenden Mythos entsprach die Abgrenzung des Landes nach außen. In ideologischer Hinsicht endete Ägypten dort, wo weder die Ägypter noch deren Götter existierten, der Pharao keine Macht mehr ausübte und es somit keine göttliche Ordnung gab. Tatsächlich beschränkten die Ägypter ihre Identität und auch die Begrenzung ihres Landes aber auf das Gebiet des Niltals, vom Nildelta bis zunächst zum ersten Katarakt und später auch tiefer nach Nubien.

Die mythologisch fundierte Grundidee des altägyptischen Staates wird auch als staatliches Dogma bezeichnet, weil nicht die leisesten Zweifel daran bestehen durften. Aber es gab sie, besonders in Zeiten gesellschaftlicher Zerrüttung und wirtschaftlichen Verfalls, wie wir beispielsweise aus einigen altägyptischen literarischen Werken erfahren.

Das staatliche Dogma betonte neben der kriegerischen auch die schöpferische Rolle des Herrschers. Der Mythos bestimmte den Pharao dazu, «die Grenzen zu erweitern», sowohl auf dem Schlachtfeld durch die Niederschlagung der Feinde Ägyptens und die Erweiterung der Grenzen als auch innerhalb Ägyptens mit der Errichtung neuer Bauten, die ihrer Größe und Bedeutung nach das Werk der Vorgänger übertreffen sollten. Dieser Konzeption entsprechend wurde der altägyptische Tempel, im Gegensatz beispielsweise zum griechischen, niemals baulich vollendet, und es war stets möglich, ihn um neue Säle, Pylonen, Höfe, Kapellen, Obelisken oder wenigstens Statuen oder Stelen zu erweitern. In der *Lehre für den König Merikare*, einem berühmten literarischen Werk aus der Ersten Zwischenzeit, forderte der Herrscher Cheti seinen Nachfolger dazu auf, «das, was er erwirkt hat, zu vermehren». Jeder Pharao war durch den Mythos und die Geschichte kurzerhand dazu verurteilt, «alles, was während der Zeit seiner Vorfahren erreicht wurde, zu übertreffen».

Die Gräber der Frühzeit

Während der Frühzeit wurden aber nicht nur die politischen und ideologischen Voraussetzungen für die anschließende Blüteperiode Ägyptens – die Pyramidenzeit – geschaffen. Auch die wichtigsten Elemente der späteren Pyramidenanlagen tauchen bereits hier in einfacher Form auf.

Die frühzeitlichen Königsgräber in Abydos knüpften an die religiösen Traditionen Oberägyptens aus der vordynastischen Zeit an. Dabei handelt es sich um ganze Baukomplexe. Inmitten der Wüste findet man den eigentlichen Grabbezirk mit den Körpergräbern der Herrscher. Ihr unterirdischer Teil bestand seit der späten 0. Dynastie aus einer Grabkammer und einem oder mehreren Magazinräumen zur Aufbewahrung der Beigaben für das Leben im Jenseits. Den oberirdischen Teil bildete ein niedriger, höchstens zweieinhalb Meter hoher Sandhügel mit einer steinernen Umfassungsmauer und zwei steinernen Stelen, die vor der Grabfassade aufgerichtet waren. Sie wurden seit König Aha von sogenannten Nebengräbern umringt, deren Zahl bis zu 338 unter König Djer betrug. Der abydenische Königsfriedhof wurde später geplündert und niedergebrannt, so daß sich der ursprüngliche Zustand kaum noch rekonstruieren läßt. Doch scheint es, als seien in den Nebengräbern die Dienstboten und Gemahlinnen des Herrschers begraben worden. Die Frage, ob sie bei der Bestattungszeremonie getötet und gleichzeitig mit dem Herrscher bestattet wurden, läßt sich vorerst nicht beantworten.

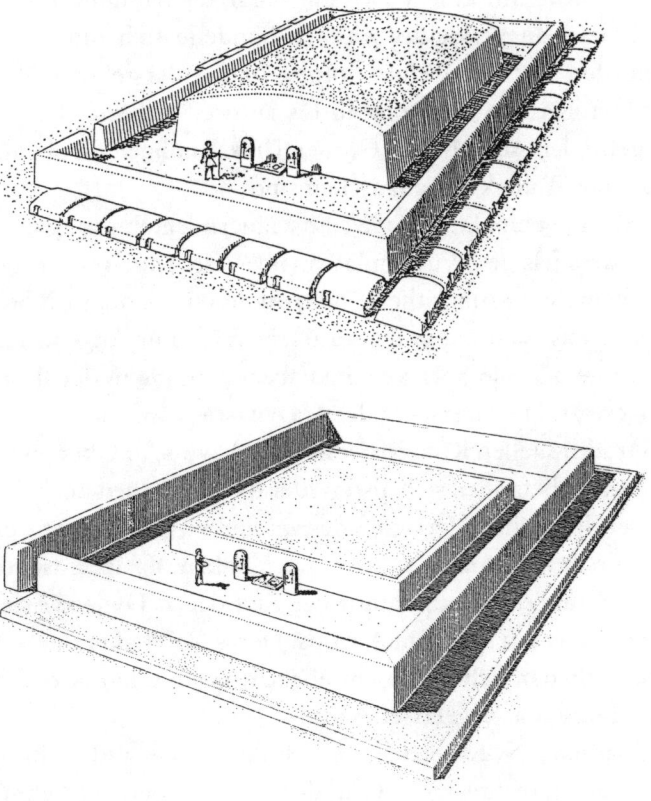

Rekonstruktion des Grabes der Königin Meretneith, der Mutter von König Den, in Abydos (nach Lauer und Ricke).

Nach der großen Menge der hier angehäuften Überreste von Opferge-
fäßen wird dieser Ort Umm el-Qaab, «Mutter der Scherben», genannt.
Etwa zwei Kilometer nordöstlich davon liegt am Rande des Niltals der
Talbezirk des frühzeitlichen Gräberkomplexes. Ganz in der Nähe wurden
in einem Kultzentrum im heutigen Kom es-Sultan der lokale Totengott
Chontamenti und später Osiris verehrt. Mächtige Umfassungsmauern aus
Ziegeln von rechteckigem Grundriß gaben den dortigen, seit Djer nachweisbaren Bauten ihre heutige archäologische Bezeichnung: «Große Umzäunungen» oder «Festungen». Ihre Außenwände waren getüncht und
mit Nischen verziert. Lange hatte es den Anschein, als seien diese Bauten
innen fast leer gewesen. Doch eine sorgfältige Untersuchung der «Festung» des Chasechemui, die das amerikanische Ägyptologenteam vorgenommen hat, führte kürzlich zu äußerst interessanten Ergebnissen.
Innerhalb des Baus wurde auf einem Hof ein niedriger Sandhügel entdeckt, der mit Lehmziegeln verkleidet war. Es handelte sich um einen
stilisierten Urhügel, den Ort der Weltschöpfung und Auferstehung. Vor
der Ostwand wurde außerdem ein Dutzend bis zu dreißig Meter langer
Bootsbegräbnisse gefunden, so daß die «Großen Umzäunungen» wohl als
Zentren der königlichen Totenkulte anzusehen sind.

Gleichzeitig mit dem neuen Hauptort Weiße Mauern legten die ägyptischen Herrscher auf dem felsigen Wüstenplateau im Westen auch eine neue
Grabstätte an, die heute als Frühzeitliche Nekropole von Saqqara-Nord
bezeichnet wird. Zunächst wurden in ihr wahrscheinlich nur Angehörige
der königlichen Familie und die höchsten Staatsbeamten, die in der Residenz wohnten, beigesetzt. Die Herrscher der 1. Dynastie selbst ließen sich
weiterhin auf dem traditionellen Königsfriedhof bei Abydos in Oberägypten begraben. In Saqqara befanden sich also weder die wirklichen noch die
symbolischen Gräber der frühen Herrscher des vereinten Ägyptens, wie es
einige Ägyptologen noch vor kurzem angenommen haben. Es überraschte
sie nämlich, daß die Gräber in Saqqara aus der Zeit der 1. Dynastie viel
größer und prunkvoller waren als die in Abydos. Dies scheint aber nur auf
den ersten Blick so, wenn nämlich der beschriebene Komplexcharakter der
abydenischen Gräber außer acht gelassen wird.

Die Gräber von Saqqara-Nord zeichneten sich durch eine andere Bauweise aus. Sie hatten einen rechteckigen Grundriß und wurden aus Lehm-

ziegeln errichtet; ihre zuweilen einige Meter hohe Fassade war ursprünglich weiß verputzt und mit bunten Mustern, die Matten ähnelten, sowie zahlreichen Nischen reich verziert. Den unterirdischen Teil bildeten ebenfalls eine Grabkammer und Magazine für Grabbeigaben. Bestandteil des Grabes pflegte auch ein großes Schiff zu sein, auf dem der Geist des Verstorbenen ins Jenseits fahren sollte, um sich dem Gefolge des Sonnengottes Re anzuschließen. Ihrer Form nach erinnern die Saqqara-Gräber an niedrige Lehmbänke, die man im heutigen Ägypten im Vorflur der Landhäuser findet und die auf arabisch *mastaba* heißen. Arbeiter, die hier Mitte des 19. Jahrhunderts bei den ersten archäologischen Grabungen eingesetzt wurden, haben diese Bezeichnung umgewidmet.

Die Königsgräber der 2. Dynastie konnten bisher, von einigen Ausnahmen abgesehen, noch nicht genau lokalisiert werden. Im Gegensatz zur 1. Dynastie ließen sich in Abydos nur einige Könige der 2. Dynastie, zum Beispiel Peribsen oder Chasechemui, bestatten. Die Gräber einiger weiterer Könige befanden sich offenbar nicht mehr im frühzeitlichen, sondern

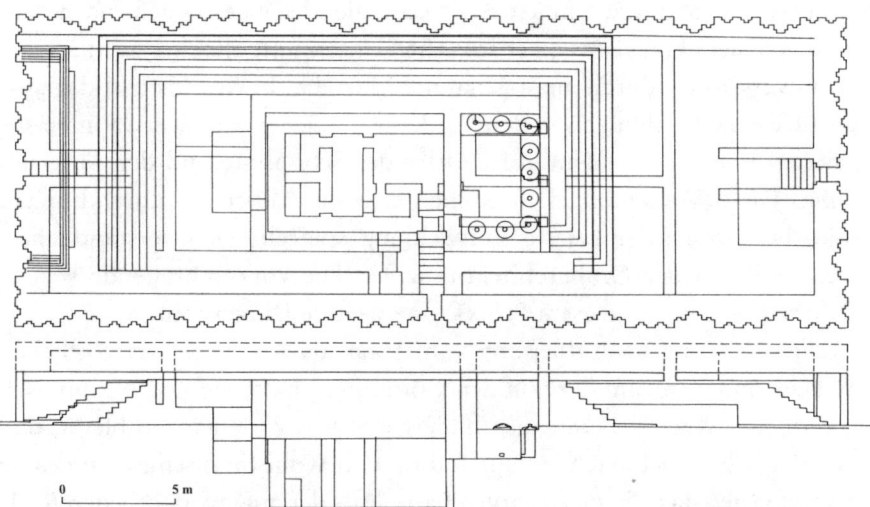

Rekonstruktion des «Königsgrabs» Nr. 3038, wahrscheinlich aus der Zeit Adjibs, eines Königs der 1. Dynastie, in Saqqara (Grundriß und nordsüdlicher Vertikalschnitt nach Emery). Alle vier Grabfassaden schmückt ein System von Nischen, sogenannten Rezessen. Ihr Inneres wird zum Großteil von Magazinkammern ausgefüllt. Der Vertikalschnitt (unten) zeigt die stufenförmige Superstruktur.

im mittleren Teil des Saqqara-Friedhofs, in der Nähe der späteren Stufenpyramide des Djoser. Ihre Substruktur bestand wahrscheinlich jeweils aus großen, gegliederten unterirdischen Katakomben. Östlich der Pyramide des letzten Herrschers der 5. Dynastie, Unas, haben Archäologen zwei Gräber entdeckt, die den Königen Raneb und Ninetjer zugeschrieben werden. Die Superstruktur, die überirdischen Teile dieser Gräber, wurde beim Bau der Pyramide des Unas vollständig zerstört. Dieser Umstand sowie fehlende Daten von anderen Königsgräbern der 2. Dynastie erschweren eine genaue Erklärung für den Übergang zur Pyramidenbauweise.

Der bautechnische Unterschied zwischen den ältesten Königsgräbern in Abydos und denjenigen von Saqqara-Nord hat zudem eine tiefere religiöse und überhaupt ideelle Bedeutung. Unter Ägyptologen ist die Diskussion darüber immer noch im Gange. Deshalb wäre es unangebracht, die Problematik an dieser Stelle zu vereinfachen. Es ist jedoch offensichtlich, daß die Gräber in Abydos und Saqqara unterschiedliche Traditionen und religiöse Vorstellungen vom Leben nach dem Tode repräsentieren und daß sich darin zwei verschiedene Kulturkreise widerspiegeln. Bei den Gräbern von Saqqara handelt es sich um die Idee eines Lebens nach dem Tode in einem Haus, das einer irdischen Unterkunft ähnelte, in stilisierter Form verkörpert durch die sogenannte Mastaba. In Abydos tritt dagegen die Idee eines Grabhügels in den Vordergrund, jenes bereits erwähnten stilisierten Urhügels aus Sand, des Ortes der Schöpfung und der Auferstehung. Diese Vorstellungen begannen sich allmählich zu durchdringen, und die ganze komplizierte Entwicklung spiegelte sich verständlicherweise auch in der Grabarchitektur wider. Die voranschreitende soziale Differenzierung gab diesem Prozeß eine weitere Dimension.

Die altägyptische Auffassung vom Staat als Ausdruck des göttlichen Willens und Zentrum der von den Göttern erschaffenen und harmonisch geordneten Welt ist bereits geschildert worden. Zu ergänzen bleibt, daß der Herrscher auch nach seinem Tod für den Wohlstand seines Landes im Kampf gegen das Chaos zu sorgen hatte. Aus der außerordentlichen Rolle des Pharao, nicht nur selbst Gott unter Menschen zu sein, sondern auch Mittler zwischen den Menschen und der Welt der Götter überhaupt, resultierte das Bemühen, seine Gegenwart im Diesseits zu bewahren. Diesem Ziel dienten die Mumifizierung des Körpers nach dem Tod des Herrschers und sein Totenkult. Nur so konnte der tote Pharao für immer unter seinem Volk als Garant seines Glücks bleiben. Dazu mußte der mumifizierte Körper des Pharao vor den verschiedensten äußeren Gefahren bewahrt werden, und deshalb war es erforderlich, ihm eine unverwüstliche Grabwohnung zu errichten, einen Bau, der weder durch den Zahn der Zeit noch von menschlicher Hand in unruhigen Zeiten beschädigt werden konnte.

Die Grundidee der letzten Ruhestätte für den Pharao basierte im religiösen Sinne auf der Vorstellung vom Urhügel, der bei der Weltschöpfung aus der Urflut aufgetaucht war und auf dem das Leben erschaffen wurde, also auf dem Symbol der Auferstehung und des ewigen Lebens. Die äußere Gestalt des Königsgrabes, die durch die Idee des Urhügels inspiriert war, durchlief zu Beginn der ägyptischen Geschichte eine komplizierte Entwicklung, die in der 3. Dynastie schließlich in der Pyramidenform gipfelte.

Die Pyramide sollte die Totenresidenz des Pharao werden – unerschütterlich, unzerstörbar, ewig. Andere Tempelbauten in ihrer Umgebung dienten einem würdigen Totenkult, der gleichfalls ewig währen sollte, denn es lag im höchsten Interesse des altägyptischen Staates und jedes Bewohners des Landes am Nil, daß der gute Gott für immer in seinem Land und unter seinem Volk verweilt. Der Pyramidenbau und der dauerhafte Kult des toten Pharao avancierten deshalb zur erstrangigen Aufgabe des altägyptischen Staates.*

* Es ist auch die gegenteilige Meinung vertreten worden, das Hauptziel des Pyramidenbaus sei die Errichtung eines ägyptischen Staates gewesen. Gerade mittels dieser gigantischen, organisatorisch und technisch anspruchsvollen Bauwerke seien programmatisch die Grundlagen des Staates und seiner Hauptfunktionen geschaffen worden, und somit wäre der Pyramidenbau eine Quelle der dynamischen Entwicklung der ägyptischen Gesellschaft gewesen. Es ist unbestreitbar, daß die gigantischen Bauten der Pyramiden zu ihrer Zeit gewaltige organisatorische Anstrengungen und Arbeitseifer erfordert haben, daß sie ein mächtiger Impuls für die Entwicklung der Administration, des Handwerks, der Astronomie, der Mathematik und des Bauwesens waren. Hinter all diesem aber die erwähnte «höhere» Absicht der programmatischen Errichtung eines Staates zu suchen ist sicher übertrieben und entspricht weder den historischen Fakten noch der simplen Logik: Die Schöpfer dieser sophistischen Konzeption hätten dazu sicherlich wirtschaftlich praktischere und rentablere Projekte gewählt als Gräber beziehungsweise Pyramiden.

Genau aus diesem Blickwinkel, im historischen Kontext, müssen die gigantischen Bauten der ägyptischen Pyramiden betrachtet werden. Die Entwicklung, an deren Ende das Königsgrab in Form einer Pyramide steht, war ein untrennbarer Bestandteil des Formierungs- und Festigungsprozesses des ältesten, streng zentralistischen altägyptischen Staates. In diesem Kontext wurde die Pyramide mehr als nur ein Königsgrab, sie wurde zum Symbol der historischen und staatsbildenden Rolle des Herrschers, sie wurde zum Symbol des Staates und der Ordnung, die die Götter Ägypten bei der Erschaffung der Welt gegeben hatten.

Abydos, Umm el-Qaab. Friedhof
B (unten) und U (nach Dreyer).

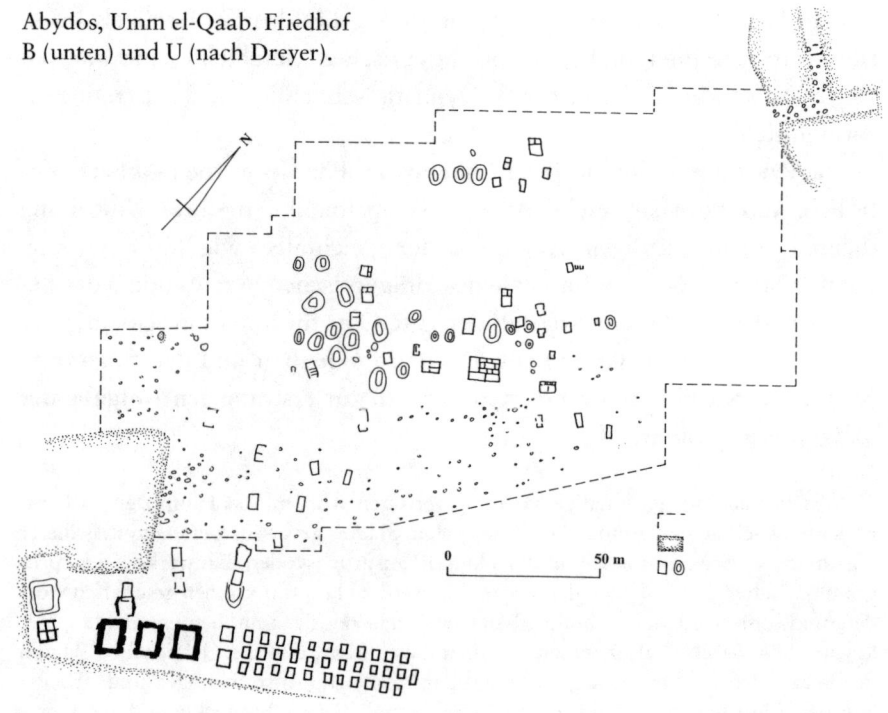

ZWEITER TEIL

DER WEG ZUR EWIGKEIT: RITUAL UND KULT

Der Vorlesepriester vollzieht das Mundöffnungsritual an der Mumie vor dem Grab-
eingang. Die *ba*-Seele schwebt schon als Vögelchen im Grabschacht. In der Grabkammer liegt der mumienförmige Sarg. Nach allen Belebungsriten folgt die Auferstehung,
und der Verstorbene geht aus dem Grab ans Sonnenlicht. Nach einer Vignette aus dem
Papyrus Nebked aus der 18. Dynastie (Louvre AE-N 3068).

Das Bestattungsritual

Das fruchtbare, grüne, im Überfluß schwelgende Niltal war das «geliebte Land» der alten Ägypter, die Welt, in der sie lebten und auch sterben wollten.

Ihr genaues Gegenteil bildete die grenzenlose, unwirtliche Wüste, die sich westlich von hier ausbreitete, der Ort, an dem jeden Abend die Sonne starb, das Reich, aus dem niemand zurückkehrte und über das der Gott Osiris herrschte. Die Grenze zwischen Leben und Tod war so scharf wie die zwischen dem blühenden Tal und der unendlichen Wüste. Die Götter erschufen den Menschen und gaben ihm das Leben. Aufgrund seines Handelns auf Erden erfuhr der Mensch nach dem Tod entweder ewige Seligkeit oder endlose Verdammnis. Das irdische Leben stellte nur eine Episode auf dem Weg zur Ewigkeit dar.

Schon seit der vordynastischen Zeit wurden die Friedhöfe vor allem am Wüstenrand westlich des Niltals angelegt. Hierhin richteten sich die Leichenzüge, hierhin kehrten die Angehörigen und Priester zurück, um Opfergaben zu bringen und den Totenkult des Verstorbenen zu pflegen. Vor dem Gott Osiris und dem beisitzenden Göttertribunal des Jenseitsgerichts waren alle gleich, nur die Wege des Königs ins Jenseits verliefen anders. Der Pharao war der Gott, der unter den Menschen auf der Erde lebte, und nach seinem Tod kehrte er wieder zu den Göttern zurück.

Der Tod jedes Menschen wurde von Trauerzeremonien begleitet, deren Ablauf sich durch Abbildungen und Inschriften an Grabwänden rekonstruieren läßt. In den Grundzügen waren sie für alle gleich, es lag nur an der gesellschaftlichen Stellung des Verstorbenen und den Möglichkeiten der Hinterbliebenen, wie bescheiden oder pompös sie abliefen. Im Falle des Pharao gab es jedoch einige Besonderheiten. Die Feier wurde längere Zeit und an mehreren Orten durchgeführt, und dabei flossen komplizierte und sich mit der Zeit verändernde religiöse Jenseitsvorstellungen sowie lokale Gepflogenheiten ein. Einige Episoden des Rituals wurden auf rein symbolischer Ebene durchgeführt.

Nach dem Tod wurde der Körper des Verstorbenen in einen Sarg gelegt und unter Wehrufen der Klageweiber aus dem Haus getragen. Der Leichenzug, dem neben den Trägern, Verwandten und Freunden auch Balsamierer und ein Vorlesepriester angehörten, zog unter anhaltendem Klagegeschrei zum Nilufer.

Der Sarg wurde nun auf ein Schiff geladen und zum linken Nilufer gebracht, «in den Schönen Westen zum Großen Gott», zu dem Ort, an dem das «Reinigungszelt» stand. Darin erfolgten in Gegenwart der Balsamierer bestimmte Reinigungsrituale über dem Toten, während derer der Priester aus einer Papyrusrolle vorlas. Dabei fanden auch verschiedene Gefäße und Kultobjekte aus dem Zeltinventar Verwendung.

Aus dem Reinigungszelt wurde der Verstorbene zur Balsamierungsstätte in den «Gottessaal Anubis'» gebracht. Die Balsamierer legten den toten Körper auf einen hölzernen oder steinernen Tisch, schnitten die Bauchhöhle auf und entnahmen durch die entstandene Öffnung alle Eingeweide einschließlich des Herzens und der Lunge. Sie entfernten auch das Gehirn, das seit dem Mittleren Reich mit Hilfe von Metallhäkchen durch die durchbrochene Nasenscheidewand gezogen wurde. Leber, Lunge, Magen und die Gedärme fanden in den vier Kanopen Aufnahme, speziellen Steinkrügen unter dem Schutz der göttlichen Horussöhne. Von

Kahn, der den Sarg des Snofru-inischtef zur Grabstätte hinüberbringt (nach Junker). Der Priester, der in einer Kapelle steht und die Begräbnisformeln aus einer Papyrusrolle vorliest (rechts), gibt dem Boot mit dem Sarg das letzte Geleit. Auf der Grabstätte am anderen Ufer (links) empfangen zwei Priester das Boot mit dem Sarg, der erste mit Opfergaben in den Händen und ein zweiter Vorlesepriester. Zwei Schlachter zerlegen ein Stieropfer.

den Eingeweiden befreit, wurde der Körper mit einer starken Natronschicht bestreut und etwa vier bis fünf Wochen so belassen. Auf die anschließende Reinigung folgte die Füllung der Bauch- und Brusthöhle mit Stoffballen oder Stroh unter Verwendung verschiedener Öle und Harze. Der Schnitt wurde wieder zusammengenäht und der Leichnam manchmal bemalt – bei Männern eher rötlich und bei Frauen eher gelblich. Zum Abschluß umwickelten die Balsamierer den unter Umständen reichlich mit Schmuck versehenen Körper mit Leinenbinden, zwischen die von Zeit zu Zeit verschiedene Amulette und kleine Verzierungen gelegt wurden. In einem Fall sind nachweislich für das Ausfüllen und Einwickeln einer einzigen Mumie etwa 375 Quadratmeter Leinen verwendet worden. Die manchmal mit einer Gesichtsmaske versehene Mumie gelangte in einem Holzsarg zu weiteren Ritualen.

Nach der Balsamierung und den Opferritualen trat die Mumie den symbolischen Weg nach Sais an, dem uralten religiösen und kultischen Zentrum im Westdelta. Es wird vermutet, daß dieser Kultort im Falle eines königlichen Begräbnisses symbolisch durch einen Teil des Taltempels, eventuell auch den ganzen Tempel ersetzt wurde.

Die Prozession mit dem Sarg, der unter einem Baldachin auf einer kultischen Barke oder einem Holzschlitten lag, zog nach Beendigung der Rituale und der Opferhandlungen symbolisch von Sais aus zu weiteren Kultstätten. Zunächst nach Buto, ebenfalls einem alten religiösen Zentrum im Delta, dessen «Palmenhain» als Nationalfriedhof des alten Ägyptens galt. Im Bestattungsritual wurde dieser Ort durch die Begräbnisstätte ersetzt, der die sogenannten *muu* entstiegen, um den Toten aufzunehmen. Es han-

Rekonstruktion eines
«Reinigungszeltes», eines
leichten, mit Matten
verkleideten Holzgerüstbaus,
in dem beim Begräbnis die
rituelle Reinigung des Toten
vorgenommen wurde
(nach Badawi).

delte sich dabei um mythische Wesen, die als männliche Gestalten mit Kränzen und hohen, aus Pflanzen geflochtenen Kronen auf dem Kopf dargestellt wurden und den Verstorbenen von dieser Welt ins Jenseits hinüberführten.

Dann folgte der symbolische Besuch der Stadt Iunu (griechisch Heliopolis), die als Sitz des Sonnenkults und des Urhügelfetisches *benben* galt. Wahrscheinlich ging dies innerhalb des königlichen Pyramidenkomplexes in einigen Räumlichkeiten des Totentempels vor sich.

Weitere Episoden des Rituals waren das Beweinen, die Räucherung des Sargs mit der Mumie, das Hinübertragen des Sargs sowie die «Mundöffnung», eine uralte Zeremonie, bei der der Sohn des Toten oder ein Priester die Mumie mit verschiedenen Werkzeugen, zum Beispiel einem steinernen Messer in Form eines Schwalbenschwanzes, *peseschkaf* genannt, berührte, um seine Glieder «in Bewegung zu setzen» und die Sinne des Toten zu «beleben».

Eine wichtige Episode des Bestattungsrituals stellte das Gefolge der sogenannten *tekenu* dar. Die Ansichten der Ägyptologen zu dieser Episode änderten sich im Laufe der Zeit. Früher ging man davon aus, daß der *tekenu*, eine sitzende beziehungsweise auf einer Bahre oder einem Holzschlitten liegende Gestalt in einem Mantel oder einem Tier-(Stier-?)fell,

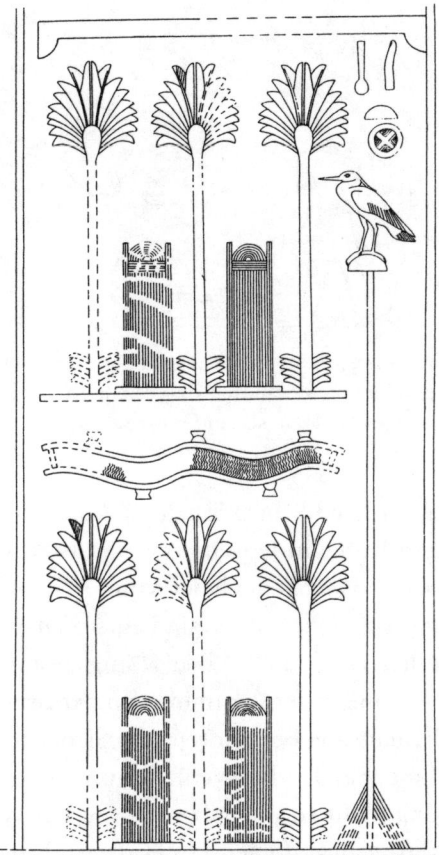

Der heilige Friedhof in Buto mit der wiederholten Darstellung des unterägyptischen Heiligtums im Palmenhain. Detail aus einer Pylonverzierung Senusrets I. in Memphis (nach Petrie).

ursprünglich ein Menschenopfer zum Herrscherbegräbnis war. Diese Ansicht scheint heute überwunden zu sein, aber einen weiteren Konsens gibt es nicht. Die einen meinen, *tekenu* sei keine wirkliche Person gewesen, sondern ein Kasten für die Körperreste, die bei der Mumifizierung anfielen und nicht in Kanopen gelangten, wie zum Beispiel Hautstücke und geronnenes Blut. Andere sind der Auffassung, daß *tekenu* den mystischen Sonnenstier darstellte.

Nach der Beisetzung des Sargs folgte die Bestattung einer Statue, die die Mumie des Toten auf dem rituellen «Weg nach Abydos» vertrat. Dieser bedeutende Ort in Oberägypten war nicht nur der Friedhof der ältesten ägyptischen Könige, sondern auch das Kultzentrum des Totengottes Osiris. Den

Transport des rätselhaften *tekenu*, der als Mann in zusammengekauerter Haltung auf einem von Männern geschleppten Schlitten dargestellt ist. Detail aus dem Grab des Mentuherchepeschef aus der 18. Dynastie in Dra Abu 'l-Nag'a.

abschließenden Teil bildeten Schutzrituale, die dem Toten die Ungestört-heit seines Grabs und Ruhe im Jenseits gewährleisten sollten. Für das ge-samte Bestattungsritual einschließlich der Mumifizierung waren in der Re-gel etwa siebzig Tage vorgesehen, doch sind auch Zeitspannen bis zu einem Dreivierteljahr überliefert. Im Falle einer Königsbestattung wurden nach der Beisetzung der Mumie in der Pyramide und der Beendigung der letzten vorgeschriebenen Rituale alle Bestandteile des Sicherungssystems an ihren Ort gebracht. Der Eingang, der durch eine Steinplatte verdeckt wurde, war von seiner Umgebung nicht zu unterscheiden, weder von der Pyramiden-wand noch dem Pflaster des offenen Hofes davor. Der Pharao im Sarko-phag vereinigte sich symbolisch mit der Himmelsgöttin Nut, um erneut als Sonnengott von ihr geboren zu werden. Hier setzte der Totenkult ein.

Vorlesepriester mit Papyrusrolle und mythische Figuren, *muu*, die dem Ritual gemäß in tänzelnden Schritten mit den charakteristischen hohen Kappen, die aus Pflanzenmaterial geflochten sind, herbeikommen. Detail aus einer Grabverzierung des Nebkauhor (nach Hassan).

Der Totenkult

Es war der Wunsch eines jeden Ägypters, in Ägypten zu sterben, hier begraben zu werden und einen gesicherten Totenkult zu haben als Andenken, das ewig währt. Der Glaube an ein Leben nach dem Tod war für die
alten Ägypter untrennbar mit der Bewahrung der gesamten Person des
Verstorbenen, seines leiblichen und geistigen Wesens, verbunden. Den
Körper des Menschen von dem «Geist» *ka* und der «Seele» *ba* zu trennen,
hätte bedeutet, ihn für immer zu zerstören. Dies sollten die Balsamierung
und Mumifizierung verhindern.

Ein Toter und seine Seele, *ba*,
in Gestalt eines Vogels verlassen
das Grab (Detail aus dem Ani-
Papyrus im British Museum).

Allerdings gab es einen grundlegenden Unterschied zwischen gewöhnlichen Sterblichen und dem Pharao. Wie das Schicksal des Osiris zeigt,
konnten Götter zwar in Ausnahmefällen physisch sterben, doch ihr Leben
währte ewig. Die Menschen dagegen konnten sich nur danach sehnen,
daß die Erinnerung an sie nicht erlosch. In der Person des Pharao durch-
drangen sich die Welt der Götter und die der Menschen. Der König und
«große Gott» war zwar unsterblich, aber auch er entging weder der Ver-
gänglichkeit seines physischen Seins, noch war er in der Lage, aus eigenen
Kräften Unsterblichkeit zu erlangen.

Nach seinem Tod kehrte der Pharao zu den anderen Göttern zurück,
doch mußten dieser Vorgang und der Bestand seines segensreichen irdi-

schen Wirkens ständig nachempfunden und neu gesichert werden. Dazu diente der Totenkult, der, da es sich um den Pharao handelte, gleichzeitig auch ein Staatskult war. Erst in diesem Kontext erlangten die gigantischen Bauwerke der Pyramidenbezirke ihre wahre Bedeutung. Erst später begann der Staatskult auch auf andere Götter überzugehen, zunächst, in der 5. Dynastie, auf den Gott Re (damit hing auch die Errichtung der Sonnentempel durch einige Herrscher gerade dieser Dynastie zusammen) und seit dem Mittleren Reich vor allem auf Amun. Auch andere Gesellschaftsschichten begannen allmählich, sich vieler der religiösen Vorstellungen und Praktiken zu bemächtigen, die ursprünglich nur Privileg des Pharao gewesen waren.

Im Zentrum des gesamten Totenkults stand in gewissem Sinne das Totenmahl: Dem Verstorbenen wurde in Form von Opfern und Gaben alles Nötige dargebracht. Dabei handelte es sich nicht um einen einmaligen Vorgang, sondern um kontinuierliche und regelmäßige Rituale, besonders anläßlich bedeutender Festtage. Auf den Altar des Pharao flossen die Erträge seiner Güter und Werkstätten. So sicherte sich der Herrscher bereits zu Lebzeiten materiell den Kult für die kommenden Zeiten. Um die regelmäßige Versorgung dauerhaft zu gewährleisten, gab es an der Kultstätte «ewige», in Stein gemeißelte Szenen der Darbringung von Opfergaben und lange Verzeichnisse der Opfer.

Eine weitere Garantie für den Bestand des königlichen Totenkults war die Kontinuität des Geschlechts und der Macht durch die Thronfolge. Die Beziehung zwischen Vater und Sohn, im übertragenen Sinne zwischen dem Toten und dem Priester, hatte deshalb außerordentliche Bedeutung und fand auch ihren mythischen Ausdruck. An dieser Stelle sei an die pietätvolle Beziehung des Thronerben Horus zu seinem ermordeten Vater Osiris im Mythos erinnert.

Das Grab war also nicht nur der Ort der letzten Ruhe, es war gleichzeitig auch der Ort des ewigen Lebens, der Begegnung zwischen den Lebenden und den Toten. Es war der Schauplatz von mythischen Ereignissen und Ritualen, die niemals enden sollten.

Das Jenseitsgericht: Vor dem Gott Osiris steht ein Toter, und auf der Waage wird in Anwesenheit des Gottes der Weisheit, Thoth, in Gestalt eines Pavians und der Göttin der Wahrheit, Maat, sein Herz gewogen. Detail aus dem Nebseni-Papyrus (nach Budge).

Die Pyramidentexte

Noch gegen Ende der siebziger Jahre des 19. Jahrhunderts herrschte Auguste Mariette mit fester Hand über die ägyptischen Denkmäler, ein energischer und erfahrener Mann, mit dessen Namen nicht nur große Entdeckungen und die Anfänge der systematischen archäologischen Grabungen in Ägypten verbunden sind, sondern auch die Grundlagen der Denkmalpflege und die Gründung des ersten Museums für ägyptische Altertümer. In der zweiten Hälfte des 19. Jahrhunderts waren die Verhältnisse der Archäologie in Ägypten andere als heute, Pioniergeist und romantisches Abenteurertum gingen Hand in Hand, und die Sehnsucht, Schätze zu entdecken, war sehr groß. Die Methoden, die damals angewandt wurden, gehören schon lange der Vergangenheit an. Mariette Pascha, der vom Statthalter Said zum «Direktor der Grabungen» ernannt wurde, erhielt für seine Arbeiten Männer in gewünschter Anzahl, die zur Zwangsarbeit abkommandiert waren. Zur Beschleunigung der Ausgrabungen schreckten die Aufseher nicht davor zurück, alle Mittel, von der Riemenpeitsche bis zum Sprengstoff, auszuschöpfen.

Auguste
Mariette Pascha

Als der französische Ägyptologe Gaston Maspero, Mariettes Nachfolger in spe und Direktor des Französischen Instituts für orientalische Archäologie in Kairo, im Jahre 1880 nach Ägypten kam, richteten sich seine ersten archäologischen Schritte nach Saqqara-Süd, wo er sich für seine Grabungen einen Hügel auswählte, der bereits vier Jahrzehnte zuvor von der Lepsius-Expedition kartographiert worden war. Und tatsächlich wurden hier die Trümmer eines großen Bauwerks entdeckt, welches Maspero für eine Pyramide hielt. Zu seiner Überraschung stellte er fest, daß die Wände der unterirdischen Kammern mit Hieroglyphen übersät waren. Sofort wurde der damals bereits an schwerem Diabetes leidende Mariette verständigt. Dieser wies Masperos Vermutung zurück, da in keiner der bisher erforschten Pyramiden die Wände der unterirdischen Kammern mit Reliefs oder Malereien beschrieben oder in irgendeiner Weise ausgeschmückt waren. Seiner Meinung nach handelte es sich daher um eine große Mastaba.

Maspero gab jedoch seine Überzeugung, es müsse sich um die Pyramide eines Herrschers der 6. Dynastie, Pepis I., handeln, nicht auf. Etwa einen Kilometer südwestlich von der Fundstelle entfernt lagen weitere Trümmer, die einem Bauwerk ähnelten. Als Maspero sie zu sondieren begann, stellte er zu seiner großen Freude fest, daß er auf die Pyramide von Merenre I. gestoßen war, dem Nachfolger Pepis I., und daß ihre Wände und Grabkammern ebenfalls mit Hieroglyphen versehen waren. Mit dieser Nachricht begab er sich sofort zu Mariette, der bereits auf dem Sterbebett lag und lediglich ungläubig bemerkte: «Während dreißig Jahren ägyptischer Grabungen habe ich noch nie eine Pyramide mit unterirdischen Kammern gesehen, die mit Hieroglyphen beschrieben waren.»

Maspero erforschte in den Jahren 1880 und 1881 weitere Pyramiden und fand in denen von Unas, Teti und Pepi II. ebenfalls unterirdische Kammern mit Hieroglyphen, die die Bezeichnung Pyramidentexte erhielten. Die archäologischen Grabungen führten allmählich zu der Erkenntnis, daß diese Texte nur innerhalb eines eng begrenzten Zeitabschnitts in den Pyramiden auftauchten: von der Regierung des letzten Herrschers der 5. Dynastie, Unas, bis zur Herrschaft des Ibi aus der 8. Dynastie. Weitere Pyramidentexte kamen in den Gräbern einiger Königinnen zum Vorschein.

Die Forschungen und Entdeckungen in den Pyramiden haben entscheidend zu Masperos Weltruhm beigetragen, wenn sie auch zu ihrer Zeit kritische Bemerkungen hervorriefen. Petrie hielt einige Vorgehensweisen Masperos für rücksichtslos angesichts des kläglichen Zustands der erforschten Bauwerke. Das schmälert aber dessen Verdienst und Popularität nicht; zu seiner Zeit arbeitete er sich allmählich zur größten ägyptologischen Autorität empor, und er hat etwa dreißig wissenschaftliche Monographien und eine unüberschaubare Menge von Artikeln und kleineren Studien verfaßt. Maspero selbst hat seine Arbeiten und Publikationen niemals gezählt. Dieser kleine Mann mit rosa Wangen und rundem Gesicht hatte vor lauter Arbeit keine Zeit zurückzublicken. In seiner zerknitterten, leicht verdreckten gelben Leinenhose und einem engen Mantel saß er am Schreibtisch, der unter Papier, Büchern, Briefen, kleinen altägyptischen Gegenständen und Fetzen von Mumienbinden zusammenzubrechen drohte. Selbst auf den Stühlen um den Tisch herum lagen Bücher. Diese Beschreibung aus dem Jahre 1912 verdanken wir Archie Bell, dem Autor des Reiseberichts *The Spell of Egypt*.

Eine erste Ausgabe der Pyramidentexte unter dem Titel *Les inscriptions des pyramides de Saqqarah* bereitete Maspero im Jahre 1894 vor. Eine aktualisierte Neuübersetzung dieses Korpus von Inschriften veröffentlichte der hervorragende deutsche Ägyptologe und Philologe Kurt Sethe (1869–1934) in den Jahren 1908 bis 1910 unter dem Titel *Die altägypti-*

schen Pyramidentexte. Nach mehr als einem halben Jahrhundert folgte im Jahre 1969 die dritte Ausgabe, *The Ancient Egyptian Pyramid Texts*, des englischen Ägyptologen Raymond Faulkner (1894–1982).

Die Pyramidentexte stellen die älteste Sammlung altägyptischer religiöser Inschriften dar. Ihre zentrale Gestalt ist der Herrscher und sein Leben im Jenseits. Es handelt sich jedoch nicht um eine Zusammenstellung in sich geschlossener Gedanken, die sich in systematischer Weise mit dem Übergang des Herrschers ins Jenseits, mit den Bedingungen seiner neuen Existenz und den Beziehungen zu den einzelnen Orten oder Göttern befassen. Vielmehr stellen sie eine recht heterogene Kompilation dar, in der sich Jenseitsvorstellungen verschiedenen Ursprungs und Alters finden. Wir stoßen darin auf Elemente des Hund-, Sternen-, Sonnen- und Osiriskultes. Der Herrscher wird nach seinem Tod zu einem der unvergänglichen Sterne in der Nähe des Polarsterns, gleichzeitig befindet er sich auf einer Barke, die mit dem Sonnengott den himmlischen Ozean des Tages und der Nacht durchquert, und nichts bewahrt ihn davor, das mythische und jammervolle Schicksal des Osiris zu durchleben, um schließlich mit diesem Totengott und Herrscher der Unterwelt zu verschmelzen. Das Jenseits des verstorbenen Herrschers befindet sich also sowohl im Himmel als auch in der Unterwelt.

Formal gesehen enthalten die Pyramidentexte meistens Sprüche, aber auch Rezitationen, Äußerungen von Göttern, Litaneien, Hymnen, dramatische Passagen und anderes. Wir stoßen dabei auf Elemente verschiedener Zeremonien, zum Beispiel des Bestattungs-, Opfer- und Mundöffnungsrituals. Stellvertretend sei hier der sogenannte Kannibalenspruch des Unas (Pyr. 397–404, deutsche Übersetzung nach Sethe) zitiert. Dabei handelt es sich natürlich nicht um ein Zeugnis von rituellem Kannibalismus im alten Ägypten der Unas-Zeit, sondern um einen religiösen Text, dessen Bedeutung sich auf rein symbolischer und magischer Ebene bewegt:

> «Unas ist der Stier des Himmels, der (einst) Mangel litt
> und in sein Herz gab,
> zu leben von dem Wesen jedes Gottes, der ihre Eingeweide (?) aß,
> nachdem sie dazu gekommen waren, daß ihr Leib gefüllt war
> mit Zauberkräften auf der Insel des Aufflammens.

Unas ist einer, der wohl versehen ist, der sich die Geister
einverleibt hat...
Unas ist ein Herr der Opfergaben...
der (sich) sein Mahl selbst bereitet hat.
Unas ist einer, der Menschen ißt und von Göttern lebt,
ein Herr von Boten, der Aufträge erteilt...
Unas ist es, der ihre Zauberkräfte ißt und der ihre Geister
verschluckt.
Die Großen unter ihnen sind da für sein Morgenmahl,
die Mittleren unter ihnen sind da für sein Abendmahl,
die Kleinen unter ihnen sind da für sein Nachtmahl,
die Greise unter ihnen und die Greisinnen unter ihnen
sind da für seine Räucherung.»

Eine der graphischen Besonderheiten der Pyramidentexte, die an der
Grenze zur Magie liegt, verdient besondere Aufmerksamkeit. Der Glaube
an die Wirkung der Texte war so tief, daß die Künstler, die die hieroglyphischen Zeichen in Gestalt von gefährlichen Raubtieren und Schlangen
in die unterirdischen Pyramidenkammern meißelten, sie schon bei ihrer
Entstehung absichtlich beschädigten. Eine durchschlagene Viper oder ein
halbierter Löwe konnte nicht mehr wiederbelebt werden und somit den
Pharao nicht in seiner Grabkammer bedrohen.

Anfang der fünfziger Jahre veröffentlichte der deutsche Ägyptologe
Siegfried Schott eine Studie über den Pyramidenkult, die der Diskussion
über die Bedeutung der Pyramidentexte einen neuen Impuls gab. Schott
war der Auffassung, die Texte seien ein untrennbarer Bestandteil des Bestattungsrituals gewesen. Er versuchte, die Beziehung zwischen der Abfolge einzelner Textteile und dem Ablauf des Kultes, zwischen einzelnen
Sprüchen und bestimmten Orten im Pyramidenkomplex zu bestimmen.

Wenn auch Schotts Ansichten heute nicht mehr für allgemeingültig gehalten werden, beeinflußten sie doch die weiteren Forschungen erheblich.
Einige neue Untersuchungen zeigen, daß in der Reihenfolge einzelner
Textteile tatsächlich eine bestimmte Ordnung existiert. Der Weg des Pharao aus der diesseitigen in die jenseitige Welt, vom Tod zum neuen Leben,
ähnelte dem Weg der Sonne am Horizont von ihrem Untergang über den

erneuten Aufgang bis zum Emporsteigen zum Zenit. Im Ritual der Auferstehung des Königs als Osiris erfolgte eine Gleichsetzung des Sarkophags mit der Göttin Nut, aus deren Schoß täglich und in alle Ewigkeit die Sonne geboren wurde, um am Abend wieder von ihr verschluckt zu werden. Somit stellte die Grabkammer, an deren westlicher Wand der Sarkophag stand, die Unterwelt dar, aus der sich der Pharao über den Vorraum, verstanden als «Horizont», und den Aufweg zum Pyramidenausgang in den Himmel begab.

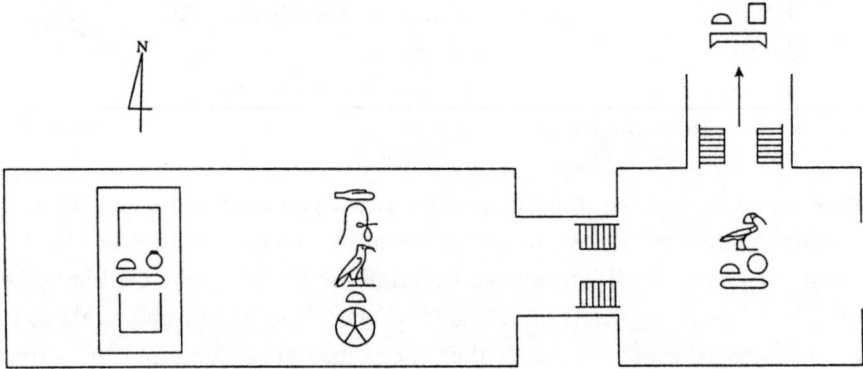

Anordnungsschema der Pyramidentexte im Einklang mit der Vorstellung von der Auferstehung des Pharao im Sarkophag und seinem Weg aus der Grabkammer – durch die Unterwelt zum Horizont und zum Zenit (nach Allen).

Das Endziel des Pharao war es, aufzusteigen, genau wie die Sonne, die «über dem Horizont strahlte». Dieser Gedanke, gefaßt als «Heraustreten [des Geistes des Toten] in das tägliche Licht», stand im Mittelpunkt des Totenbuches, eines späteren Korpus religiöser Bestattungstexte.

In den ungeregelten Verhältnissen der Ersten Zwischenzeit und besonders während des Mittleren Reiches bemächtigten sich breitere Gesellschaftsschichten der königlichen Privilegien. Viele Sprüche und einige weitere Elemente aus den Pyramidentexten drangen dabei in ein neues Korpus religiöser Texte ein, die nach dem üblichen Ort ihres Vorkommens als Sargtexte bezeichnet werden. Daran knüpften dann im Neuen Reich und in der Spätzeit – wiederum sehr frei und lediglich partiell – die

Totenbücher an. Sie waren meist auf eine Papyrusrolle geschrieben, die man dem Sarg beilegte, um dafür zu sorgen, daß sie den Toten bei seinem Weg in die Ewigkeit begleitete.

Noch ist die Erforschung der ältesten Sammlung altägyptischer religiöser Texte, deren Entdeckung und erste Auswertung wir Gaston Masperos verdanken, nicht abgeschlossen. Frankreich sollte nicht um den Primat und die Tradition hinsichtlich der Pyramidentexterforschung gebracht werden. Anfang der fünfziger Jahre begannen die französischen Archäologen in Saqqara ein umfangreiches Forschungsprojekt, das die Pyramiden betraf. Neben Jean-Philippe Lauer, der die bauarchäologischen Aspekte betreuen sollte, nahm auch der junge Ägyptologe und begabte Philologe Jean Sainte Fare Garnot (1908–1963) daran teil. Leider erschwerten dessen vorzeitiger Tod sowie diplomatische Zerwürfnisse im Zusammenhang mit dem Suezkonflikt von 1956 die archäologischen Aktivitäten der französischen Wissenschaftler. Bald entspannte sich die Situation jedoch. Ein weiterer bedeutender französischer Ägyptologe, Jean Leclant, stand Lauer nun zur Seite und übernahm schließlich die Leitung des Projekts. Heute arbeitet ein ganzes Team französischer Ägyptologen daran – Epigraphen, Archäologen und Architekten. Unter Verwendung modernster Computertechnik rekonstruiert es die zertrümmerten Wände mit den Pyramidentexten im unterirdischen Teil der Pyramide Pepis I. in Saqqara-Süd aus Hunderten von Fragmenten. Das Endergebnis wird einer der Höhepunkte ägyptologischer Forschungsgeschichte an der Wende vom zweiten zum dritten Jahrtausend sein.

Der Pyramidenbezirk – die Totenresidenz des Pharao

Eine Pyramide lediglich als Pharaonengrab zu betrachten wäre eine irreführende Vereinfachung. Die königliche Grabstätte bestand aus einer ganzen Gruppe von Bauwerken, und die Pyramide war nur ein Element, wenn auch das bedeutendste. Es ist also angebracht, von einem Pyramidenkomplex zu sprechen. Das Aussehen der Pyramiden hat sich im Laufe der Zeit nicht wesentlich verändert, wenn man von Größenunterschieden und der Tatsache absieht, daß es sich während der 3. Dynastie um Stufenpyramiden handelte, bevor sich seit dem Anfang der 4. Dynastie die klassische Form der Pyramide durchsetzte. Die Gruppe der Bauwerke, die die Pyramide umgaben, durchlief in Abhängigkeit von den sich entwickelnden religiösen Vorstellungen und der kulturellen Praxis auffallendere Veränderungen, sowohl hinsichtlich des architektonischen Entwurfs als auch der Orientierung und Anordnung.

Die älteste Pyramide, die des Königs Djoser aus der 3. Dynastie, umgaben Bauwerke, deren Bedeutung immer noch Gegenstand von Diskussionen ist. Im großen und ganzen sind sich die Ägyptologen aber darüber einig, daß sie die Totenresidenz des Herrschers darstellen sollte, die möglicherweise in gewissem Maße durch einige Teile seiner wirklichen, irdischen Residenz inspiriert waren. Der Totentempel war in diesem Komplex – ähnlich wie bei allen anderen bekannten Stufenpyramiden der 3. Dynastie – vor der Nordseite der Pyramide plaziert. Hier lag nämlich der Eingang zum unterirdischen Teil beziehungsweise der Ausgang aus dem Pyramideninneren und der Grabkammer, durch die der tote Pharao nach Norden ging, um einer der unvergänglichen Sterne um den Polarstern zu werden, die «den Untergang nicht kennen».

Zu Beginn der 4. Dynastie rückten Vorstellungen der Sonnenreligion in den Vordergrund. Der Pharao, der wie die Sonne im Schein geboren wird, steigt im Glanz in den Zenit empor und stirbt im Westen, um im ewigen Kreislauf des Lebens, des Todes und der Auferstehung erneut geboren zu werden. Auch der Plan der Pyramidenanlage erfuhr unter dem Einfluß dieses bedeutsamen religiösen Wandels einige Neuerungen. Neben einer konzeptionellen Vereinfachung ist vor allem die grundlegende Veränderung ihrer Ausrichtung zu beachten. Die frühere nordsüdliche Orientierung wurde von einer ostwestlichen abgelöst. Zum Komplex gehörte nun ein Taltempel, von dem ein Aufweg nach Westen zum Totentempel führte, der am Fuße der Pyramide stand. Der Eingang in die unterirdischen Räume beziehungsweise in das Pyramideninnere lag jedoch weiterhin im Norden.

Die neue Konzeption setzte sich zwar schnell durch, doch mußte sich ihre optimale architektonische Umsetzung im Pyramidenkomplex im Laufe der 4. Dynastie erst herauskristallisieren. Im Pyramidenbezirk des Sahure zu Beginn der 5. Dynastie ist ein vorläufiger Schlußpunkt erreicht. Gerade diese Anlage wird für einen Meilenstein in der Entwicklung der

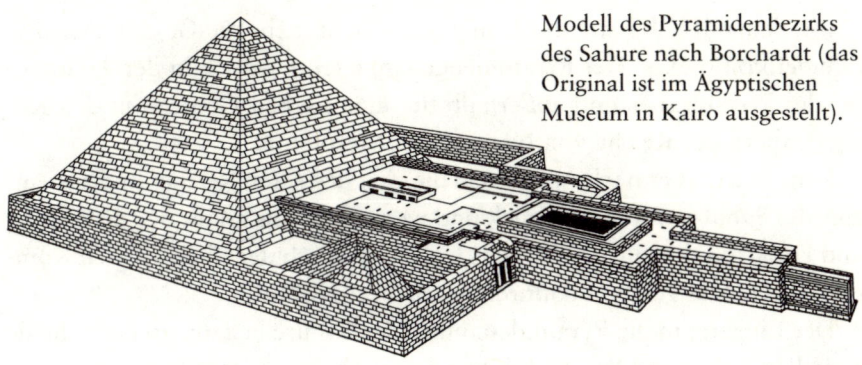

Modell des Pyramidenbezirks
des Sahure nach Borchardt (das
Original ist im Ägyptischen
Museum in Kairo ausgestellt).

Königsgräber gehalten, für ein Musterbauwerk von nicht nur architektonisch vollendeter Ausbalancierung im Ganzen und in seinen einzelnen
Teilen, sondern auch hinsichtlich seiner Ausschmückung und der verwendeten Baumaterialien. Die Anlage des Sahure wurde mit kleineren Modifikationen zum Vorbild für die Königsgräber, die in der Zeit der 5. und
6. Dynastie folgten, und in mancher Hinsicht auch für die spätere Zeit.

Die bereits erwähnten tiefgreifenden gesellschaftlichen Veränderungen
in Ägypten während der Ersten Zwischenzeit wirkten sich auch auf die
Konzeption der Königsgräber aus. Im Mittleren Reich handelte es sich
zwar weiterhin um einen Pyramidenkomplex, doch war darin vieles bereits
anders konzipiert. Der Eingang in den unterirdischen Pyramidenteil befand sich nicht mehr unbedingt im Norden, sondern auch an anderen,
nicht genau vorgeschriebenen Orten. Vor allem war es nun wichtig, ihn
umsichtig vor Räubern zu verbergen. Auch gab es keinen festen, einheitlichen Plan mehr für die Pyramidensubstruktur, das heißt den absteigenden
Korridor, die Blockierung und die Grabkammer, die gegebenenfalls um
eine Vorkammer ergänzt war. Von den Jenseitsvorstellungen prägte sich
besonders der Osiriskult aus. Gerade unter seinem Einfluß begann sich die
Konzeption vom Ort der letzten Ruhestätte des Pharao als Osirisgrab
durchzusetzen, das von einem Gängelabyrinth einschließlich Sackgassen
und verborgener Kammern umgeben war. Zum Königsgrab gehörten nun
auch die Königinnen- und Prinzessinnengräber. Außerdem kam es zu erheblichen Veränderungen im Hinblick auf die weiteren Bestandteile der
Anlage, deren Ausschmückung und die verwendeten Baumaterialien.

Im Neuen Reich hatte das Königsgrab nicht mehr die Gestalt eines Pyramidenkomplexes. Der Pyramidengedanke lebte jedoch in der Architektur der Privatgräber und außerhalb der ägyptischen Grenzen in den Königsgräbern der Reiche von Napata und Meroe fort.

Kehren wir aber nach Ägypten in die Zeit des Alten Reiches und zur Anlage des Sahure in Abusir zurück und versuchen, uns an ihr der Bedeutung und Funktion der einzelnen Teile zu nähern. Auch der Blick auf den Komplex als Ganzes gewinnt dadurch deutlichere Konturen.

Der Eingang in die Pyramidenanlage des Sahure begann an der Scheide zwischen Niltal und Wüste, bildlich gesprochen «an der Grenze zwischen Leben und Tod». Der Untere oder Taltempel war Monumentaltor und Anlegeplatz zugleich, hier endete der künstlich angelegte Kanal, der die königliche Grabanlage mit dem Nil, der wichtigsten Verkehrsader Ägyptens, verband. Er bestand aus Kalksteinquadern und wirkte aufgrund seiner hohen, nur mäßig geneigten Außenwände und der flachen Dachterrasse wie ein Monolith.

Vom östlichen Hauptanlegeplatz – ein weiterer befand sich auf der Südseite des Tempels – gelangte man über eine Rampe zu einem Portikus mit Rosengranitsäulen in Form von stilisierten Dattelpalmen und schwarzem Basaltpflaster. Die Palme war eine symbolische Pflanze; in den Jenseitsvorstellungen war sie mit dem «Palmenhain in Buto» verbunden, dem heiligen Friedhof der alten Ägypter. Die Decke des Portikus bildeten riesige Kalksteinplatten, die mit gelben Sternen auf blauem Hintergrund verziert waren und wirkungsvoll an den nächtlichen Himmel erinnerten. Denn derjenige, der hier eintrat, kam in die Unterwelt, in die «jenseitige Welt».

Innerhalb des Tempels gab es im wesentlichen nur eine kleinere Halle mit zwei Säulen. Ihre Wände zierten farbige Szenen und Inschriften im Flachrelief, die festlichen religiös-mythischen Charakter hatten. Darunter befanden sich auch eine Darstellung Sahures in Gestalt eines Löwen, der mit seinen Tatzen die gefangengenommenen Feinde reißt, und eine Szene mit der Schutzgöttin Oberägyptens, Nechbet, die den Herrscher säugt und ihm so das ewige Leben unter den Göttern sichert. Die Reliefs in diesem Tempel und auch in weiteren Teilen des Pyramidenbezirks des Sahure bedeckten eine unglaubliche Wandfläche – um die zehntausend Quadratmeter! In keinem der bisher entdeckten Taltempel bestätigen Reliefs oder

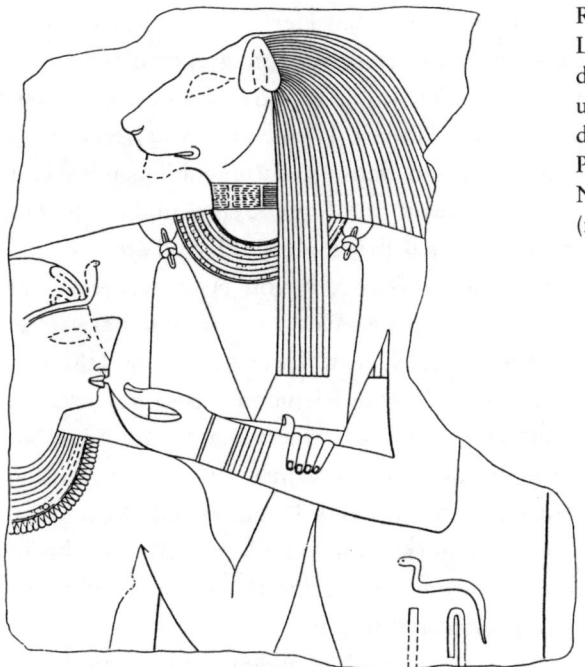

Relief mit der kriegerischen
Löwengöttin Sechmet, die
den Pharao Niuserre säugt
und ihm so die Macht und
das ewige Leben sichert;
Pyramidentempel des
Niuserre in Abusir
(nach Borchardt).

andere Zeugnisse ältere Ansichten von Ägyptologen, die vermutet haben,
daß hier Balsamierungs- und Mumifizierungsrituale stattgefunden hätten.
Falls der Taltempel also vom architektonischen Standpunkt aus das monumentale Eingangstor zur königlichen Residenz im Totenreich gewesen
ist, bleibt die gesamte religiös-kultische Bedeutung dieses Ortes in vielerlei Hinsicht vorerst im dunkeln.

Der Weg weiter ins Innere des Grabkomplexes führte aus dem Taltempel in einen langen, sich langsam nach Westen erhebenden Korridor, gelegen auf einer Rampe, welche die Unebenheiten des Terrains und den
Höhenunterschied zwischen Tal- und Totentempel, der auf dem Wüstenplateau lag, ausglich. Ägyptologen bezeichnen den Korridor als Aufweg.
Auch er war aus Kalksteinblöcken errichtet, und das indirekte Tageslicht,
das durch die engen Spalten in den flachen Deckenplatten drang, be-
leuchtete die Flachreliefszenen nur spärlich. Im unteren Teil des Gangs
überwogen mythische Themen apotropäischen Charakters, wie die Zerfleischung von Häuptlingen feindlicher Stämme, die Inkarnation der

Mächte des Bösen und des Chaos, durch den Herrscher in Gestalt einer Sphinx. Die Reliefverzierung des Aufwegs ist nur zum geringen Teil erhalten, ähnlich wie an anderen Stellen der Anlage, doch scheint es, als tauchten in ihrer oberen Hälfte vermehrt säkulare Themen auf: die Beendigung der Arbeit am Pyramidenbau und ein damit zusammenhängendes Fest einschließlich Tanz- und Sportvorführungen, Opferszenen und anderem.

Der Totentempel, der zuweilen auch Pyramiden- oder Oberer Tempel genannt wird, war ein weiträumiges Bauwerk von etwa rechteckigem Grundriß, dessen Längsachse mit der Ost-West-orientierten Basisachse der gesamten Pyramidenanlage identisch war. Trotz der Größe läßt sich erkennen, daß sich der Bau aus fünf Grundelementen zusammensetzte: der Eingangshalle, einem offenen Opferhof, einem Raum mit fünf Nischen für Statuen, einem Opfersaal und Magazinen. In der Anordnung der einzelnen Teile und im Ganzen wird das Bemühen um Symmetrie deutlich. Das dominierende Baumaterial war auch hier Kalkstein, hinzu kamen aber in bedeutendem Maße andere, wertvollere Gesteinsarten: roter und schwarzer Granit, Alabaster und Basalt.

Den Übergang zwischen Aufweg und Tempel bildete die Eingangshalle, ein langer und nur spärlich beleuchteter Raum. Anscheinend hat er den damaligen Königspalast und die Hofetikette zum Vorbild gehabt. Früher wurde er von Ägyptologen mit dem *sed*-Fest in Verbindung gebracht, den symbolischen Feierlichkeiten anläßlich des dreißigjährigen Thronjubiläums des Königs. Heute herrscht, gestützt auf die ursprüngliche ägyptische Bezeichnung der Halle als «Haus der Großen», die Meinung vor, daß hier hohe Würdenträger bei Sahures Begräbnis eine Ehrenwache bildeten, um den verstorbenen Herrscher zu begrüßen. Die Halle mündete in eine Granitpforte, hinter der sich ein weitläufiger Hof ausbreitete.

Um diesen herum lief ein von palmenförmigen Rosengranitsäulen gestützter Gang. Auf dem Schaft jeweils einer Säule war zum Hof hin eine hieroglyphische Inschrift mit dem Namen des Herrschers, seiner Titulatur und den Symbolen der Schutzgöttinnen eingemeißelt – im Norden der Uadjet und im Süden die Nechbet. Das Pflaster aus schwarzen Basaltplatten kontrastierte mit den reich in polychromiertem Flachrelief ausgeschmückten weißen Kalksteinwänden. Auch hier sollte die mit gelben Sternen auf blauem Hintergrund verzierte Decke des Gangs den nächtli-

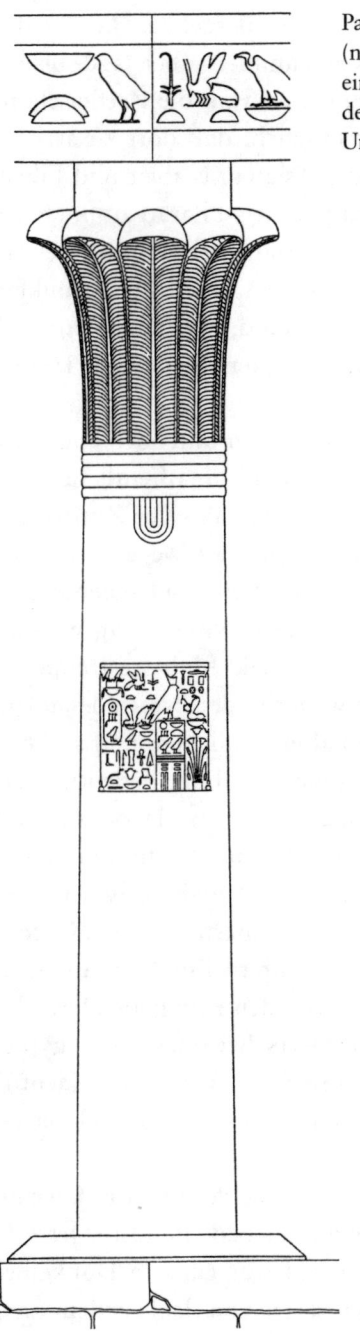

Palmsäule; Totentempel des Sahure in Abusir (nach Borchardt). Auf dem Schaft befindet sich eine Inschrift mit den Namen und der Titulatur des Pharao Sahure und der Schutzgöttin Unterägyptens, der Kobra Uadjet.

Relief mit gefangenen Asiaten und Libyern, den Feinden Ägyptens. Pyramidentempel des Sahure in Abusir (nach Borchardt).

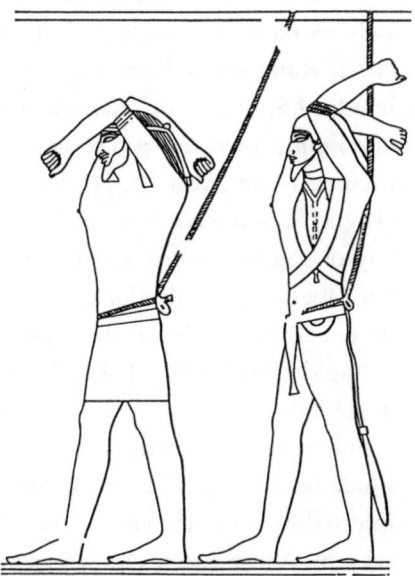

chen beziehungsweise unterweltlichen Himmel wiedergeben. Die Themen der im Hof abgebildeten Motive reichten von Familien- über Jagd- bis hin zu Seefahrtsszenen, in denen unter anderem wiederum die Zerfleischung des Feindes dargestellt wird. Es ist sogar möglich, daß dort zusätzliche Statuen gefesselter, auf dem Boden kniender Asiaten, Nubier und Libyer standen, um die Idee des mythischen Triumphes des Pharao zu potenzieren. Im nordwestlichen Hofwinkel stand der Alabastermonolith des Altars, dessen Seiten mit Opferszenen verziert waren. Bis heute ist unklar, warum der Altar gerade in diesem Hofwinkel stand; wir wissen nur, daß darauf regelmäßig das berühmte «königliche Opfer des breiten Hofes» dargebracht wurde.

Ein langer, quer zur Hauptachse des Tempels verlaufender und reich mit Reliefs verzierter Korridor trennte den östlichen, öffentlichen Teil vom westlichen, intimen Bezirk, zu dem nur wenige Priester Zutritt hatten. Er bildete zugleich den Hauptkreuzungspunkt der Wege sowohl innerhalb des Totentempels als auch in seiner unmittelbaren Umgebung.

Ein kleiner, aber sehr wichtiger Raum mit fünf Nischen lag westlich dieses Querkorridors. Er war über eine kurze, steile Alabastertreppe zugänglich. Die Statuen in den Nischen sind weder in der Pyramidenanlage des Sahure noch in irgendeiner anderen erhalten geblieben, und so überrascht es nicht, daß es bezüglich ihres Aussehens und der Bedeutung des ganzen Raums nur Vermutungen gibt. Lange ging man davon aus, daß diese fünf Statuen fünf Namen symbolisieren sollten, also fünf Gestalten oder Funktionen des ägyptischen Pharao. Diese Annahme wurde aber durch den Fund von Papyri im Archiv des benachbarten Pyramidentempels von Sahures Nachfolger Neferirkare erschüttert. Ein Text auf einem Papyrusfragment führt an, daß eine der Statuen den König als Herrscher über Oberägypten abbildet, eine andere als Herrscher über Unterägypten und eine dritte als Herrscher über das Totenreich, als Osiris. Die Identifizierung der beiden verbleibenden Statuen ist auf dem Papyrus nicht erhalten geblieben.

Im hintersten, westlichsten Teil des Tempels nahe der Ostwand der Pyramide befand sich der hinsichtlich des Totenkults bedeutendste Ort – die Opferhalle. Sie hatte eine gewölbte Decke und war ganz in Dunkelheit getaucht. Nur bei den Opferzeremonien wurde sie von flackerndem Licht beleuchtet. Man trat durch ein schwarzes Granittor ein, und die Materialien, die zum Bau der Opferhalle verwendet worden waren, riefen wirkungsvolle Farbeffekte hervor: Der Fußboden bestand aus Alabaster, das sogenannte *Dado* der Seitenwände aus schwarzem Granit, und darüber verliefen weiße Kalksteinwände mit reich polychromierten Szenen im Flachrelief. An der Westwand der Halle, der Königsmumie im Pyramideninneren am nächsten, befand sich eine sogenannte Scheintür aus Granit, die vielleicht sogar mit Gold beschlagen war. Durch sie sollte der Geist des toten Herrschers in die Halle zum Totenmahl gelangen und wieder in sein Grab zurückkehren. In der Halle stand auch eine Herrscherstatue aus schwarzem Granit, in der sich der Geist während der Opferzeremonien verkörperte.

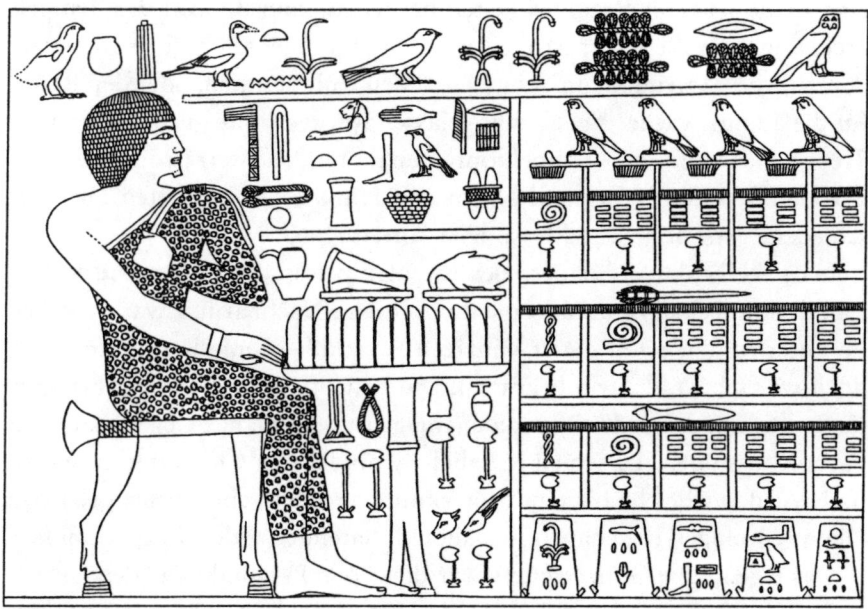

Totenmahl des Prinzen Iunu. Der Prinz, der in ein Leopardenfell gekleidet ist, sitzt am Opfertisch. Sein Name und seine Titulatur sind in der waagerechten Hieroglyphenreihe am oberen Rand vermerkt. Bestandteil der Szene ist auch eine Darstellung und ein Verzeichnis von Opfergaben, das Weihrauch, duftende Salbe, einen Feigenkorb, Speicher mit verschiedenen Getreidesorten und anderes umfaßt (nach Junker).

Zu beiden Seiten der Halle, also im nordwestlichen und südwestlichen Teil des Totentempels, lagen zwei ausgedehnte Magazinsysteme, deren Kapazität aufgrund der doppelstöckigen Bauweise beträchtlich war. An den Wänden der Magazine befanden sich weder Reliefs noch Inschriften, weshalb es heute schwierig ist, die Funktion der einzelnen Kammern genau zu bestimmen. Anscheinend dienten die kleinsten, nordwestlichen Lager als Schatzkammer des Tempels, in der zum Beispiel Kultgefäße aus wertvollem Material aufbewahrt wurden.

Demgegenüber dienten die südwestlichen größeren Lager offensichtlich der vorübergehenden Aufnahme von Opfergaben, also Gefäßen mit Nahrung und Getränken, Getreidesäcken, Truhen mit Leinen und ähnlichem. Eine bequeme Versorgung ermöglichte ein von zwei schwarzen Granitsäulen gesäumter kleinerer Seiteneingang vom Südwesten her.

Um den Totentempel vollständig kennenzulernen, müssen wir noch eine Reihe weiterer Räumlichkeiten besuchen, zum Beispiel das Tempelarchiv, in dem die Papyrusrollen mit den Dokumenten aufbewahrt wurden, die die Aktivitäten im Tempel und den Kult betrafen, oder den Raum für die Tempelwache. Außer acht gelassen werden sollte auch die schmale Treppe nicht, die zur «Tempelkopf» genannten Dachterrasse führte, von der aus die Priester Tag und Nacht den Himmel beobachteten und verschiedene astronomische Messungen vornahmen.

In der Nähe der Südmauern des Totentempels in der Südostecke der Pyramide stand eine Miniaturkopie ihrer großen Nachbarin. Zwar existierte im unterirdischen Teil dieser winzigen Pyramide ebenfalls eine Kammer, doch war niemand darin begraben. Die Bedeutung dieses etwas bizarren Bauwerks innerhalb der Pyramidenanlage ist schon lange Gegenstand von Fachdiskussionen. Es schien lediglich symbolischen Charakter zu haben und wurde vielleicht für eine Unterkunft des Herrschergeistes gehalten. Die Ägyptologen bezeichnen sie daher als Satelliten- oder Kultpyramide.

Das eigentliche Grab Sahures war die große Pyramide, die den ganzen Komplex im Westen abschloß. In die unterirdische Grabkammer führte ein Korridor, der am Fuß der nördlichen Wand begann. Nach den Begräbnisriten und der Bettung der Königsmumie in einen Basaltsarkophag wurde der Zugang mit riesigen Steinblöcken verschlossen. Die Mündung des Korridors in der Nordwand wurde mit einer Kalksteinplatte bedeckt und so bearbeitet, daß sie von der übrigen Pyramidenverkleidung nicht zu unterscheiden war. Nichts sollte die ewige Ruhe des Pharao mehr stören. Die mächtige Steinmauer, die die Pyramide und den Totentempel umgab, steigerte die Abgeschlossenheit und Unzugänglichkeit des Ortes, an dem der Gott auf Erden in den Himmel aufstieg.

Zur Pyramidenanlage im weiteren Sinne gehörten noch andere Bauten ohne direkte zeremonielle Funktion, die dennoch zur Abhaltung des Kults notwendig waren. Es handelte sich um administrative Hilfs- und Wirtschaftsgebäude, die sich auf die unmittelbare Umgebung des Taltempels konzentrierten, auf den Bezirk, wo es noch Grün und Wasser gab. Dazu gehörten Priesterunterkünfte, Wäschereien, Bäckereien, Schlachthäuser, Büros und Marktplätze. Manchmal bildeten sie ganze «Pyramidenstädte», große, von Straßen durchzogene Siedlungsagglomerationen, in denen es an prunkvollen Gebäuden nicht mangelte. Man geht davon aus, daß auch der königliche Palast ein Bestandteil davon war.

Der Pyramidenbezirk war also keineswegs eine tote Stadt in der glühenden Wüste, sondern eher das Gegenteil. Ägyptologen kommen bei ihren archäologischen Grabungen immer mehr zu dieser Überzeugung. Bei der Erforschung der Pyramidenanlagen sind ihnen bisher jedoch konkretere Informationen über die Organisation des königlichen Totenkults, seinen administrativen Hintergrund und die wirtschaftliche Absicherung entgangen. Zur Enträtselung dieses Geheimnisses haben überraschenderweise nicht die Archäologen, sondern die Grabräuber beigetragen.

Das Zeugnis des Tempelarchivs

Der Zufall spielt oft, in der Ägyptologie ebenso wie in jedem beliebigen anderen Bereich menschlichen Handelns, eine bedeutende Rolle, und manchmal kommt es sogar zu einer Aneinanderreihung von Zufällen. Zu Beginn der neunziger Jahre des 19. Jahrhunderts entdeckten Grabräuber in den Trümmern des Totentempels von Neferirkare in Abusir, in unmittelbarer Nachbarschaft der Pyramide des Königs, Papyrusfetzen. Kurz darauf gerieten die Fragmente über Zwischenhändler in die Hände von Ägyptologen und sorgten für große Aufregung. Untersuchungen ergaben, daß die Papyri aus dem Archiv des Neferirkare-Pyramidentempels stammten und die bislang ältesten schriftlichen Dokumente ihrer Art darstellten. Zum größten Teil kauften die Museen in Kairo, London, Berlin und Paris sie für ihre Sammlungen auf – und dabei blieb es zunächst. Es zeigte sich, daß die althieratische Schrift schwer entzifferbar war und die Mitteilungen administrativen Charakters auf den ersten Blick keine historisch interessanten, geschweige denn sensationellen Informationen enthielten. Die entdeckten Papyri fielen abermals und auf lange Zeit der Vergessenheit anheim.

Ein zweiter Zufall wollte es, daß nach mehr als einem halben Jahrhundert die Aufmerksamkeit der Ägyptologen erneut geweckt wurde, diesmal in Paris. An der Pariser Sorbonne entdeckte ein Bibliothekar in einem zufällig aufgeschlagenen Folianten aus dem Nachlaß Masperos, der aus Kairo hierhergebracht worden war, ein Papyrusfragment. Die anschließende Analyse des damals führenden französischen Papyrusexperten Georges Posener (1906–1988) erwies die Herkunft aus dem Tempelarchiv des Neferirkare. Seine Ehefrau, die Ägyptologin Paule Posener-Kriéger, nahm sich des Fragments und allmählich aller dazugehörigen, über die erwähnten Museen der Welt verstreuten Dokumente an. Nach zwanzig Jahren angestrengter Arbeit gab sie 1976 die Papyri-Edition aus dem Tempelarchiv des Neferirkare heraus, und den Ägyptologen eröffnete sich ein unerwarteter, völlig neuer und stellenweise überraschend detaillierter Blick auf die Nekropole von Abusir und das «Leben» im Totenreich.

Vor kurzem ist es der tschechischen archäologischen Expedition gelungen, auf dieser Grabstätte die Überreste zweier weiterer Papyrusarchive ausfindig zu machen. Das kleinere von ihnen befand sich im Pyramidentempel der Königsmutter Chentkaus II., das größere, von seinem Umfang her mit dem des Neferirkare vergleichbar, im Pyramidenkomplex des Neferefre.

Die bürokratische Routine und die pedantische Sorgfalt, mit der die Schreiber ihre amtlichen und wirtschaftlichen Unterlagen führten und archivierten, haben heute für Ägyptologen einen unschätzbaren Wert, der sich dadurch noch erhöht, daß die aufgezeichneten Angaben sachlich, authentisch, unmittelbar und absolut objektiv sind. Sie betreffen die Tempelbuchhaltung, die Dienstpläne der Priester, die Kontrolle des Tempelinventars, die baulichen Ausbesserungen beschädigter Tempelteile, die

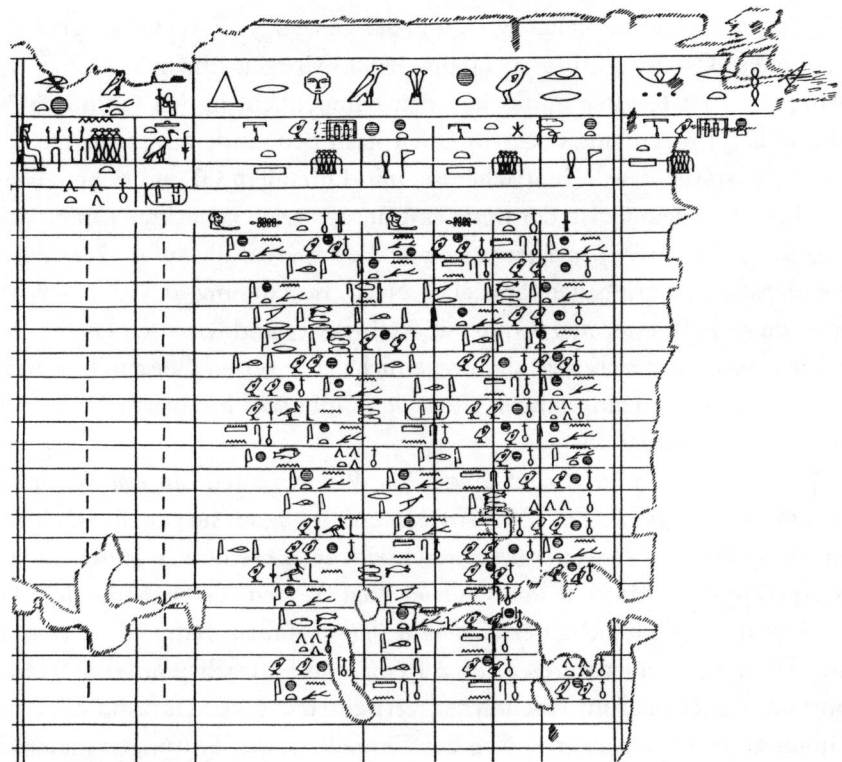

Hieroglyphische Transkription eines Textteils auf einem Papyrusfragment aus dem Archiv des Neferirkare-Totentempels. In dem Text ist unter anderem die Abhaltung von Zeremonien auf dem offenen Hof um die Pyramide des Neferirkare und im Totentempel der Königsmutter Chentkaus II. erwähnt (nach Posener-Kriéger).

Vorbereitungen von Feierlichkeiten, die Korrespondenz mit verschiedenen Ämtern und vieles mehr. Es mangelt auch nicht an königlichen Dekreten. Was läßt sich an einem Archiv aussetzen, in dem der Schreiber nicht zögerte, bei der regelmäßigen Kontrolle des Tempelinventars zu vermerken, daß sich in einem Kästchen im Magazin ein einzelnes Natronkügelchen, das gewöhnlich bei den täglichen Zeremonien verwendet wurde, an seinem Platz befinde? Wohl nur die Tatsache, daß nicht mehr als ein so kleiner Torso erhalten geblieben ist.

Aus den Papyri geht hervor, daß der Schwerpunkt der Tätigkeit im Totentempel auf dem Kultdienst lag. Die Rituale belebten in regelmäßigem

Rhythmus den verdunkelten Saal, und der Geist des toten Herrschers kam zu seinem Totentisch, um zu tafeln. Jeden Morgen und Abend trat die Prozession der Priester im flackernden Lampenlicht in den Fünfnischenraum. Sie öffneten ein Nischentürchen nach dem anderen, säuberten die Herrscherstatue rituell, bestrichen sie mit duftendem Öl und richteten sie her, bevor sie dem Geist, der in sie eintrat, den reich gedeckten Opfertisch vorsetzten. Der Vorlesepriester wickelte die Papyrusrolle auf und rezitierte die darauf geschriebenen Sprüche. Nach Beendigung des Rituals besprengten die Priester den Raum mit Weihwasser und wischten «magisch» die Spuren hinter sich fort, damit sie nicht vom bösen Geist mißbraucht werden konnten. Dann gingen sie in den Opfersaal hinüber, in dem sich ein ähnliches Ritual abspielte.

Jeden Morgen und Abend gingen die Priester auch um die Pyramide herum, besprengten sie mit Weihwasser und reinigten sie rituell. Nach Beendigung dieser und weiterer vorgeschriebener Zeremonien legten sie die Kultgeräte in ein Kästchen und versiegelten es. Den verzehrbaren Teil der Opfergaben teilten sie unter sich und der profanen Tempeldienerschaft auf. Diese war sehr zahlreich: Eine Reihe von Hilfsarbeiten, vom Transport der Opfer bis zum Wachdienst, verrichteten einige Dutzend oder gar Hunderte von Menschen, sofern der Tempel aus den Stiftungen materiell gut versorgt war.

Im Pyramidentempel wurden jedoch nicht nur dem Geist des verstorbenen Pharao täglich Opfer gebracht. Es spielten sich auch mannigfaltige Rituale ab, die Götterfeste und bedeutende Ereignisse im Leben des ganzen Landes betrafen. Am häufigsten fand das Mondmonatsfest statt, das die kultische Verehrung der Herrscherstatue einschloß.

Das berühmte Sokar-Fest wurde nur einmal im Jahr begangen, am sechsundzwanzigsten Tag des vierten Monats der Überschwemmungszeit. Der Gott Sokar, Herrscher über die Grabstätte und die Toten, von dessen Namen sich wahrscheinlich auch die Bezeichnung Saqqara ableitet, besuchte dabei den toten König. Die große, sehr bunte Prozession konnte sich allerdings nicht ins Innere des Pyramidenkomplexes begeben, sondern verharrte bei der Anlegestelle, und die Rituale wurden lediglich im Taltempel vollzogen.

Das Fest des Re fiel auf den einundzwanzigsten Tag des vierten Monats der Erntezeit. In der Nacht davor wachten alle Priester und brachten unter Anleitung des Vorlesepriesters dem Sonnengott ein verbales Festopfer dar, das dann vor der Morgendämmerung mit einer feierlichen Prozession in den nahe gelegenen Sonnentempel beendet wurde.

Das Fest der alljährlichen lebenspendenden Nilüberschwemmung war offensichtlich der Feiertag der Göttin Hathor. Er knüpfte an den uralten Mythos von der fernen Göttin an, die aus dem Reich der Götter zum Niltal zurückgeführt wurde, womit die Wiederkehr des Mondes und der Beginn der Überschwemmung verbunden waren.

Das *sed*-Fest war lediglich eine Erinnerung an das ideelle, dreißigjährige Thronjubiläum des Pharao, ob der Herrscher dieses nun noch erlebte oder nicht.

Eines der bedeutendsten Feste war das der göttlichen Symbole – des Greifs, der Kobra Uadjet, der Skorpionin Selket und anderer. Es handelte sich um eine große feierliche Versammlung, an der nicht nur die gesamte Priester- und Dienerschaft des Pyramidenbezirks teilnahm, sondern auch die ortsansässige Bevölkerung. Wegen der großen Teilnehmerzahl mußte die Zeremonie, bei der Fetische verehrt wurden, außerhalb der Pyramidenanlage durchgeführt werden.

Von der Größenordnung einiger Feste zeugt auch eines der Papyrusfragmente aus dem Tempelarchiv von Neferirkares Nachfolger Neferefre, das die tschechische ägyptologische Expedition vor kurzem in Abusir entdeckt hat. Es gehört zu den Wirtschaftsbelegen und führt an, daß anläßlich eines zehntägigen, nicht näher bestimmten Festes täglich dreizehn, im Laufe der gesamten Feier also hundertdreißig Stiere geschlachtet und dem Pharao geopfert wurden, die die Priester nach Beendigung der Zeremonien wiederum unter sich, den Tempeldienern und weiteren Teilnehmern aufteilten. Dabei ließen sich schätzungsweise aus einem Stier Essensportionen für bis zu zweitausend Menschen zubereiten. Vieles deutet aber darauf hin, daß das Fleisch nicht auf einmal verbraucht, sondern zum Teil getrocknet und eingelagert wurde.

Es steht außer Zweifel, daß die Aufgabe, die Funktionsfähigkeit des Pyramidenkomplexes mit seinen alltäglichen Opferzeremonien und religiösen Festen aufrechtzuerhalten, eine große Anzahl von Menschen erforderte und ökonomisch sehr anspruchsvoll war. Deshalb nahm der Pharao,

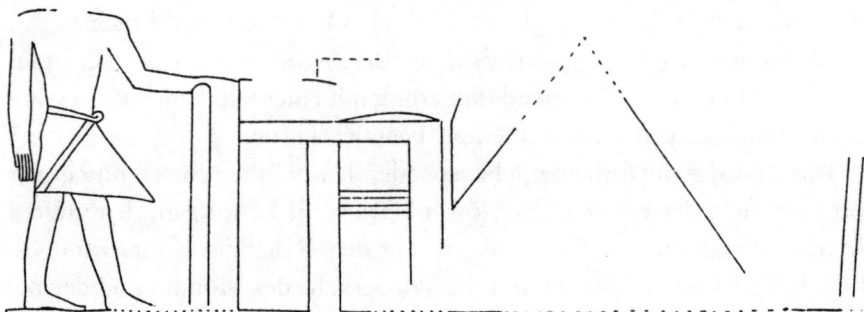

Unvollständige, etwas rätselhafte, aber einzigartige Darstellung eines «Priesters, der das Tor zum Tempel am Fuße der Pyramide»(?) öffnet. Detail aus der Dekoration des Grabs von Inti, genannt Schedu, in Deschascheh (nach Petrie).

kaum daß er den Thron bestiegen hatte, auch den Bau seiner Pyramide in Angriff und wählte Grundstücke, Dörfer und Werkstätten aus, die durch ihre Produktion sein ewiges Leben sichern sollten. Diese sogenannten Totentempelgüter waren jedoch nur eine der wirtschaftlichen Einnahmequellen des Pyramidenbezirks. Dazu zählten des weiteren der Sonnentempel mit seinen eigenen Quellen und Einkommen, die königliche Residenz, der Palast und ferner die Tempel einiger Götter. Bei der Größe der königlichen Grabanlagen, der hohen Anzahl von Privatgräbern und dem Umfang der Totenkulte wurden die Materialquellen und Arbeitskräfte langsam, aber unaufhaltsam erschöpft. Die Sehnsucht nach der Gewährleistung des ewigen Lebens im Jenseits trug paradoxerweise in nicht geringem Maße zur Erschöpfung der wirtschaftlichen Quellen des Staates und zu Zweifeln am Leben im Diesseits bei.

Bei der Erforschung der Papyri kehrt die Frage zurück, wie viele Menschen eigentlich im Pyramidenbezirk beschäftigt waren. Sowohl ihre große Anzahl als auch das hohe Niveau ihrer Arbeitsteilung sind erstaunlich. Die Priesterschaft des Pyramidentempels war nach dem damals wahrscheinlich gängigen Schiffstransportschema aufgeteilt, das auch auf den Pyramidenbaustellen nachgewiesen ist und später erläutert wird.

Die untersten Priester waren die «Gottesdiener» und diejenigen, die den unklaren Titel *chentiu-sch* trugen. Letztere waren für verschiedene landwirtschaftliche und handwerkliche Arbeiten, den Transport von Gü-

Frauen, die die Toten-
opfergüter personifizieren,
aus denen die Opfergaben
für den Totenkult
stammen. Mastaba des Ti,
Saqqara (nach Wild).

tern in den Tempel und den Wachdienst zuständig, nahmen aber auch an
den Zeremonien teil. Zusammen mit den «Gottesdienern» wechselten sie
sich regelmäßig im Dienst ab. Eine verhältnismäßig kleine Gruppe des
Tempelpersonals bildeten die Priester, die «Reine» genannt wurden. Es
scheint, als habe es sich dabei um eine vorübergehend ausgeübte Funktion
gehandelt, in der sich die Tempeldiener abwechselten. Eine sehr kleine
und in vieler Hinsicht exklusive Gruppe stellten die «Vorlesepriester» dar,
die für keine der wirtschaftlichen Aufgaben oder den Wachdienst zu sorgen hatten, sondern einzig und allein für den Ablauf der Rituale; sie orga-
nisierten die Zeremonien nach den Prinzipien des Tempelkults.

Neben dem Priesterpersonal, das sich um den Totenkult des Herrschers
kümmerte, nahmen noch viele weitere Menschen mit profanen Berufen an

der Tätigkeit des Tempelkomplexes teil, und trotz der wertvollen Angaben aus den entdeckten Tempelarchiven ist es heute sehr schwierig, ihre Funktion in bezug auf das Königsgrab genau zu bestimmen. Unter ihnen befanden sich hohe Staatsbeamte, angefangen beim höchsten, dem Wesir, ferner Richter, Schreiber, Vorsteher der königlichen Angelegenheiten in den verschiedenen Gebieten von Ober- und Unterägypten, Truppenbefehlshaber, Speicherverwalter, Vorsteher der Webereien und andere. Es mangelte aber auch nicht an Schlachtern, Friseuren, Maniküren, Ärzten, Sängern ... Selbst der «Flötenspieler der Weißen Krone», der bei der Verehrung dieses Symbols der Herrschaft über Oberägypten mitwirkte, durfte nicht fehlen.

Der Pyramidenbezirk war also keinesfalls eine abgeschlossene und verlassene Welt der ewigen Stille, ein Königreich des Todes. Er lebte und mit ihm auch der ganze Friedhof in seiner Umgebung, sein Alltag und seine Feste. Zwischen der Welt der Lebenden und der der Toten gab es keine scharfe, sondern vielmehr eine nur schwer erkennbare Grenze. Das Leben war die Vorbereitung auf die Ewigkeit und der Tod nur eine Episode auf dem Weg zu ihr.

Die Entdeckung des Papyrusarchivs im Totentempel des Neferirkare in Abusir hat die archäologischen Grabungen auf den Pyramidennekropolen zweifellos in einen viel umfassenderen Kontext gestellt. Sie half, auf viele Fragen eine Antwort zu finden, und warf gleichzeitig, wie üblich, neue Probleme auf. Erstmals erreichte die Pyramidenforschung eine völlig neue, aufsehenerregende Dimension: Die archäologischen Funde lassen sich anhand der schriftlichen Aufzeichnungen direkt überprüfen, sofern diese noch gut erhalten und aussagekräftig sind. Und umgekehrt helfen sie selbst wiederum, einige unklare Stellen in den Aufzeichnungen, ihren Sinn und die größeren Zusammenhänge zu ergründen.

Auf den Papyri ist von Tempeln und Palästen die Rede, die einst direkt auf der Nekropole bei Abusir existiert haben, aber bis heute nicht entdeckt worden sind. Bisher konnte nicht ein einziger königlicher Palast aus dem Alten Reich gefunden und archäologisch erforscht werden! Die vorhandenen Papyrusarchive sind daher zugleich als Aufruf zur Intensivierung der Ausgrabungen anzusehen, und das um so mehr, als die Entdeckung ähnlicher Dokumente aus dieser Zeit nicht mehr sehr wahrscheinlich ist.

DRITTER TEIL

DIE ERRICHTUNG
DER PYRAMIDEN

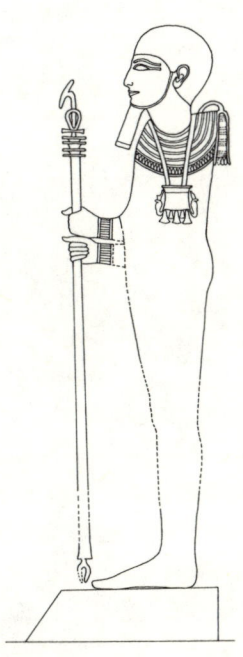

Der weiße Stein

Ein reiches Vorkommen und die verhältnismäßig leichte Zugänglichkeit der mannigfaltigen Gesteinsarten haben die altägyptische Zivilisation so stark geprägt, daß das Ägypten der Pharaonen zuweilen auch «Staat aus Stein» genannt wird. Das gilt vor allem für den Kalkstein, dessen Vorkommen hier deswegen so groß ist, weil Ägypten in tiefer geologischer Vorzeit eine Bucht des Kreidemeers war.

Die alten Ägypter nannten den Kalkstein «weißen Stein» und nutzten seine Vorzüge ausgiebig, besonders im Bauwesen und in der Bildhauerei. Für lange Zeit wurde der Kalkstein zum grundlegenden Baumaterial und drückte der bildenden Kunst und der Architektur durch seine Eigenschaften einen unauslöschlichen Stempel auf, insbesondere den Werken der Pyramidenzeit. Erst seit der Mitte des 2. Jahrtausends vor Christus, zu Beginn des Neuen Reiches, gaben die Baumeister mehr und mehr dem Sandstein den Vorzug, insbesondere im südlichen Landesteil.

Die ersten Erfahrungen mit dem Abbau und der Bearbeitung von Kalkstein gewannen die Ägypter bereits beim Bau der ältesten Gräber in Saqqara. Hier, nicht weit von der gerade gegründeten Hauptstadt des vereinten Ägyptens, Weiße Mauern, schlug die Geburtsstunde der ältesten monumentalen Steinarchitektur der Welt.

Zum Kalksteinabbau trugen in Saqqara einige günstige Umstände bei. Der Stein ist hier zwar nicht sehr hochwertig, aber dafür in regelmäßigen, bis zu einem halben Meter starken Schichten sedimentiert, die sich zum Teil auch farblich unterscheiden und durch dünne Lehmschichten voneinander getrennt sind. Diese Eigenschaft erleichterte den Abbau erheblich, und so konnte sogar in der Nähe der Baustelle Tagebau betrieben werden. Es genügte, die Länge und Breite der Blöcke auszumessen und zu markieren; ihre Stärke war durch die Mächtigkeit der Schichten vorgegeben.

Zwischen den Streifen, die der künftigen Länge der Blöcke entsprachen, wurden kleine Gassen belassen, die gerade so breit waren, daß ein Arbeiter darin einen tiefen Graben ausheben konnte. So war es möglich, auf schnelle Weise Blöcke von Standardausmaßen herauszubrechen.

Bei der Arbeit verwendeten die Arbeiter kupferne Spitzhacken und Meißel sowie Keulen aus harten Gesteinsarten, vor allem aus Granit und Dolerit. Die Leistung eines jeden Arbeiters wurde mit Hilfe einer Peitsche, die von oben in den Schacht herabgelassen wurde, leicht und schnell kontrolliert. Überreste derartiger Steinbrüche fand man nicht nur in Saqqara, sondern auch in Giza, Dahschur und an anderen Orten. Es muß aber betont werden, daß in diesen Steinbrüchen Kalkstein niedrigerer Qualität gewonnen wurde, grobkörnig und von gelb- bis grüngräulicher Schattierung, der zum Bau der inneren Mauerteile beziehungsweise des inneren Kerns der Pyramide diente. Für den äußeren Mantel verwendete man feinkörnigen weißen Kalkstein, der jedoch am westlichen Nilufer in der Gegend der Hauptstadt nicht vorkam.

Die nächstgelegenen Vorkommen befanden sich im Gebirge Muqattam östlich des Nils in der Nähe des heutigen Tura und Ma'asara. Der Stein wurde hier aber nicht im Tagebau, sondern mit Hilfe der sogenannten Tunnelbaumethode gefördert, wobei riesige Höhlen entstanden, die eine Höhe von zehn Metern und eine Tiefe von bis zu fünfzig Metern erreichten. Dabei blieben Teile des gewachsenen Felsens stehen. Es liegt auf der Hand, daß sich nicht allzu viele schriftliche Zeugnisse erhalten konnten, Instruktionen und steinerne Zeichen etwa, denn sie pflegten kurz nach ihrer Einzeichnung auf der Felswand zusammen mit den Steinblöcken abgeschlagen zu werden. Die alten Ägypter brachen die großen Felsstücke wiederum in kleinere Blöcke und registrierten diese dann in bürokratischer Genauigkeit, sowohl zur Leistungskontrolle als auch zur Anpassung an die Erfordernisse des geplanten oder bereits ausgeführten Bauwerks, für das der Stein bestimmt war.

Die Blöcke wurden von Menschen und Tieren mit vereinter Kraft zu einer Anlegestelle am Nilufer hinuntergezogen, wie eine der Felsabbildungen, die sich bei Tura erhalten haben, anschaulich belegt. Darauf ist ein großer Kalksteinblock abgebildet, der auf einem Holzschlitten liegt, vor den drei Stierpaare gespannt sind. Der Weg zum Ufer mußte gut vorberei-

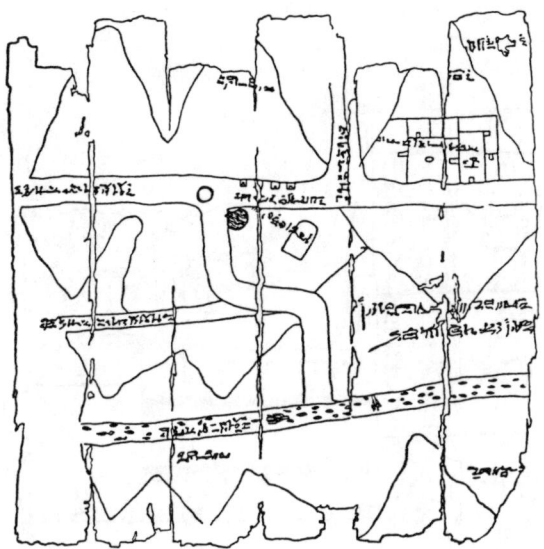

Die Karte der Steinbrüche im Wadi Hammamat erhielt sich auf einem Papyrus aus der 20. Dynastie (Ägyptisches Museum in Turin, Nr. 1879, 1899, 1969).

tet sein, geebnet und darüber hinaus noch mit Wasser unter Beimischung von Nilschlamm begossen werden, um die Reibung zu verringern. Die Arbeit in den Steinbrüchen wurde nicht ununterbrochen und mit denselben Arbeitern durchgeführt, sondern eher periodisch in Abhängigkeit von der Größe des sich in Arbeit befindlichen Bauwerks. In die Steinbrüche wurden paramilitärisch befehligte, von der staatlichen Administration organisierte Arbeiterexpeditionen gesandt. Alleiniger Inhaber des natürlichen Reichtums und der Arbeitskräfte des Landes war nämlich der Herrscher.

Expeditionen in die Steinbrüche

Für den Bau, insbesondere den königlichen, benötigte man jedoch auch andere Gesteinsarten. Diese fanden sich aber in der Regel weit von der Hauptstadt entfernt, um die herum sich die größte Bautätigkeit konzentrierte. Rosengranit wurde weit im Süden abgebaut, am ersten Nilkatarakt in der Nähe des heutigen Assuan, Alabaster bei Hatnub in Mittelägypten, Diorit in der Ostwüste oder in Nubien beim heutigen Abu Simbel, Schiefer und viele weitere Gesteinsarten im Wadi Hammamat, dem «Tal der Brun-

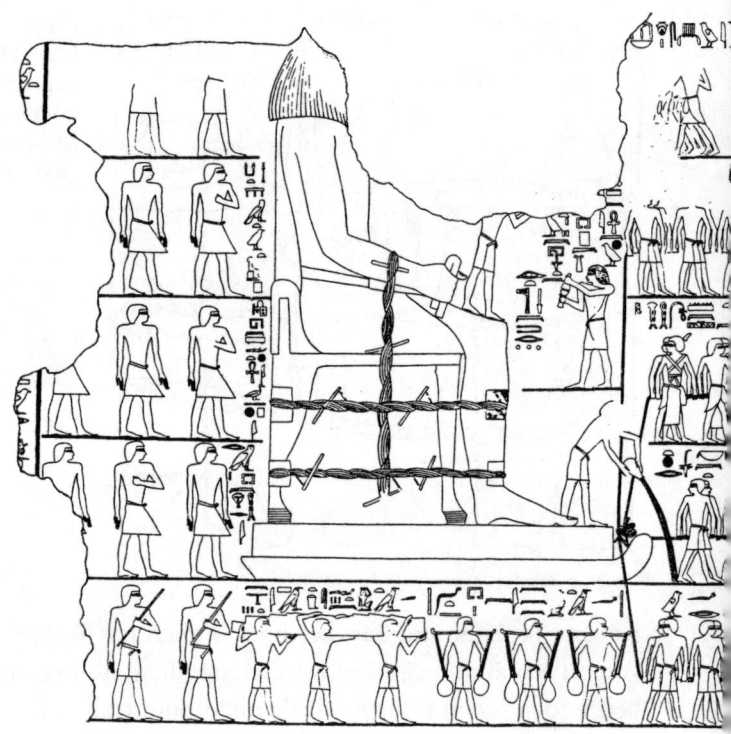

Transport einer
Kolossalsäule.
Szene aus der
Grabverzierung
des Nomarchen
Djehutihotep in
Berscha.

nen», und an anderen Orten der Ostwüste. Während bei den Expeditionen
in die Kalksteinbrüche nahe der Hauptstadt unqualifizierte Arbeiter überwogen, die zum Herausschlagen und für den Transport des großen Stein-
volumens ausreichten, wurden in die entfernten Orte mit den kostbareren
Materialien vorwiegend qualifizierte Arbeiter entsandt, und es mangelte
auch nicht an Soldaten, die bei der Arbeit in den unwirtlichen, von wilden
Beduinen bevölkerten Regionen Sicherheit gewährten.

Von diesen Expeditionen sind viele Zeugnisse erhalten geblieben, Inschriften, die auf den Felsen entlang der Wege oder direkt in den Steinbrüchen hinterlassen wurden. Einige von ihnen geben an, daß die Expeditionen auf Befehl des Herrschers durchgeführt wurden. Oftmals stoßen
wir darin auf zeitliche Angaben, das Ziel der Expedition, die Anzahl der
Teilnehmer, und natürlich durfte auch der Dank an die Schutzgötter nicht
fehlen. Die Organisationsstruktur und die Durchführung der Expeditio-

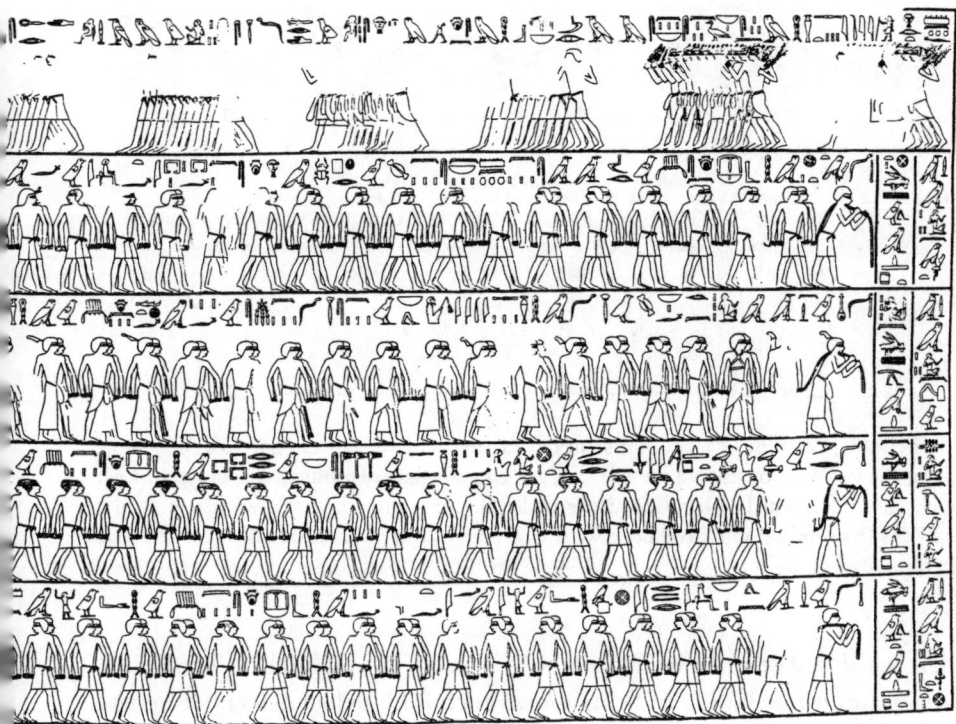

nen spiegeln sich in bedeutendem Maße in den Titeln ihrer Leiter und weiterer Teilnehmer wider. Expeditionsleiter pflegte der «Truppenbefehlshaber», «Flottenkommandant», «Vorsteher aller königlichen Arbeiten» oder «Träger des Gottessiegels [des Herrschers]» zu sein. Bei der Expeditionsführung halfen ihm Schreiber und Priester. Es mangelte auch nicht an Spezialisten wie Prospektoren oder Steinmetzen. Als Gesamtzahl der Teilnehmer führen die Inschriften aus den Alabaster-Steinbrüchen in Hatnub zum Beispiel dreihundert bis tausendsechshundert Mann an. Wir dürfen aber nicht vergessen, daß der Alabaster zu den wertvolleren und nur in begrenztem Ausmaß verwendeten Gesteinsarten gehörte.

Eine technisch und organisatorisch außerordentlich schwierige Aufgabe war der Transport des abgebauten Gesteins. Sofern es nicht direkt in der Nähe der Baustelle gefördert wurde, mußte es manchmal über eine Entfernung von bis zu einigen hundert Kilometern über den Nil transpor-

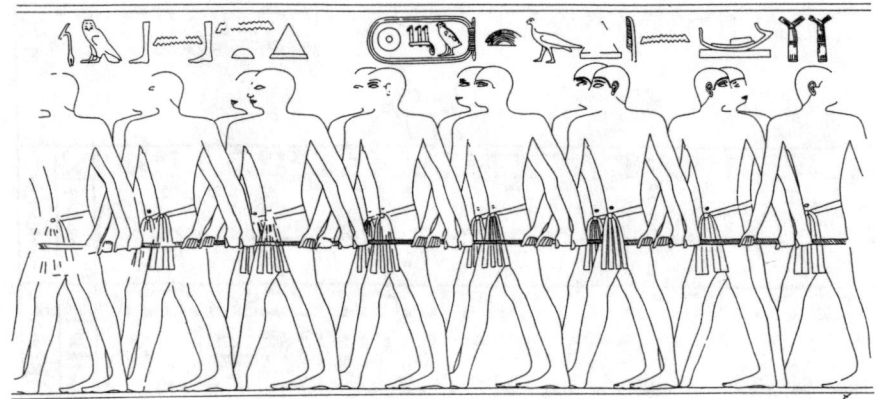

Herbeischleppen eines Pyramidions auf der Pyramidenbaustelle des Sahure. Die Abbildung des Pyramidions selbst befand sich auf einem folgenden Block, der bis jetzt noch nicht gefunden wurde. Dies läßt sich aus der Inschrift entnehmen, die sogar anführt, daß das Pyramidion mit Gold bedeckt war. Detail aus der Verzierung des Aufwegs zur Pyramide des Sahure.

tiert werden. Diese am wenigsten anstrengende und schnellste Transportart ist durch eine Fülle von Schrift- und auch Bildquellen belegt. Geeignete Bedingungen gewährleisteten ein Netz von künstlichen Kanälen und besonders die regelmäßigen alljährlichen Überschwemmungen, wobei der Flußpegel um einige Meter angehoben wurde, so daß sich das Wasser weit über das Land ergoß und bis zum Fuß des für den Bau ausgewählten Felsplateaus reichte. Es bot sich auf diese Weise eine einzigartige Gelegenheit, den Transport auf dem Landweg auf ein Minimum zu beschränken und die schweren Felsblöcke gleichzeitig auch auf natürliche Weise in die höheren Lagen zur Baustelle zu befördern.

Nicht alle Forscher stimmen jedoch darin überein, daß die Haupttransportarbeiten während der Zeit der Nilüberschwemmungen durchgeführt wurden. Sie wenden zum Beispiel ein, daß die schwer beladenen Boote nicht gefahrlos über das überflutete Land hätten fahren können und die untergetauchten Ufer das Verladen erschwert hätten. Der französische Gelehrte Georges Goyon nimmt an, daß der Materialtransport für den Pyramidenbau ganzjährig durchgeführt wurde und die alten Ägypter dafür einen künstlichen Wasserweg verwendeten, den sie Großen Kanal nannten. Dieser Kanal, der vielleicht bereits während der 1. Dynastie angelegt wurde und heute auf arabisch Bahr el-Jussuf («Josefsfluß») heißt, zweigt in Oberägypten vom Nil ab, läuft etwa zweihundertzwanzig Kilometer parallel zu ihm und wendet sich dann nach Westen in die Oase Fajjum. Von dort setzt er seinen Lauf unter der Bezeichnung Bahr el-Libeini, «Libyscher Kanal», am Fuße des Felsplateaus mit den Pyramiden entlang nach Norden fort und mündet schließlich bei Alexandria in den Mariutsee und ins Mittelmeer. Goyon ist es gelungen, archäologische Überbleibsel von Häfen am Kanal zu finden, die zum Bau der Pyramidenbezirke des Chafre und Menkaure in Giza sowie des Unas und Pepi II. in Saqqara angelegt worden waren.

Über Wasser wurde jedoch nur der kleinere Teil des für den Bau der Pyramidenanlagen benötigten Materials transportiert. Wie bereits erwähnt, stammte der größere Teil aus Steinbrüchen nahe der Baustelle. Es gibt sogar die nicht ganz abwegige Ansicht, daß das Vorkommen einer ausreichenden Menge leicht zugänglichen Kalksteins eines der Hauptkriterien für die Standortwahl beim Pyramidenbau gewesen ist. Die lokale Kalksteinförderung und der Transport zur Baustelle können aufgrund archäologischer Belege rekonstruiert werden. Zum Beispiel wurden südlich und südöstlich der Roten Pyramide in Dahschur Kalksteinbrüche entdeckt, aus denen drei Zugangswege mit einer Länge von etwa einem Kilometer und einer Breite von zwölf bis fünfzehn Metern zur Pyramide führten. Auf dem Gemäuer des Kerns dieses Bauwerks sind indirekte Zeitangaben erhalten geblieben, die es ermöglichen, den Umfang der Arbeiten zu kalkulieren. Demnach wurden täglich etwa dreihundert bis sechshundert Blöcke transportiert.

Felszeichnung aus den Tura-Kalksteinbrüchen mit einer Abbildung des Transports eines Kalksteinblocks auf einem Holzschlitten, der von drei Stierpaaren geschleppt wird.

Ihre Masse und Ausmaße schwankten erheblich. Einige Blöcke aus den Steinbrüchen der Umgebung, die beim Bau von Menkaures Pyramide in Giza verwendet wurden, erreichten zum Beispiel die gigantischen Ausmaße von 8,5 mal 5,3 mal 3 Metern und eine Masse von etwa 220 Tonnen!

Sonne und Sterne, Stangen und Seile

Der Herrscherbefehl zum Bau einer Pyramide betraf nicht nur die Sicherstellung und den Transport des erforderlichen Baumaterials. Es handelte sich um eine vielschichtige Aufgabe, deren Ausführung sich eine Reihe von Fachleuten mit dem «königlichen Baumeister» an der Spitze teilten und für die in letzter Instanz der Wesir als «Vorsteher aller königlichen Arbeiten» verantwortlich war. Ihm standen alle nötigen Mittel zur Verfügung, einschließlich eines Verzeichnisses aller arbeitsfähigen Bewohner, das im «Bücherhaus», dem Archiv der königlichen Residenz, verwahrt wurde.

Die ersten Schritte hin zum zukünftigen Bauwerk wurden im «Projektbüro» eingeleitet. Hier erarbeiteten Fachleute mit tiefgreifenden Mathematik- und Geometriekenntnissen Pläne auf Papyri, während die Skizzen einiger baulicher Details im Verlauf der Bauarbeiten zum Beispiel auch auf flachen Kalksteinsplittern skizziert wurden. Man geht davon aus, daß sogar Modelle ganzer Projekte existierten. Das belegen einige archäologische Funde, zum Beispiel das Kalksteinmodell der Substruktur von einer unbekannten Pyramide (wohl aus der 13. Dynastie), das im Taltempel Amenemhets III. in Dahschur gefunden wurde.

Schematischer Plan des Felsgrabes Ramses' IV., skizziert auf Papyrus (Ägyptisches Museum in Turin, Nr. 1885).

Unter den schriftlichen Zeugnissen, die sich erhalten haben, sind auch Dokumente des mathematischen Wissens der alten Ägypter wie zum Beispiel der Rhind-Papyrus oder der Moskauer Papyrus. Sie beinhalten verschiedene mathematische Verfahren und Aufgaben; daraus läßt sich schließen, daß die alten Ägypter zwar mathematische Gesetze nicht genau formulieren konnten, aber handfeste praktische Kenntnisse besaßen, die sie umfassend zu nutzen wußten. Sie arbeiteten mit einem Dezimalsystem und behalfen sich schon, wenn auch auf verhältnismäßig komplizierte Art, mit Brüchen. Sie vermochten die Fläche eines Dreiecks, eines Vierecks, eines Kreises und sogar die Oberfläche einer Halbkugel zu berechnen, Winkel festzusetzen sowie den Umfang von Körpern einschließlich Pyramide, Zylinder, Kegel zu bestimmen. Sie kannten auch den Zusammenhang zwischen den Seiten eines rechtwinkligen Dreiecks – den Satz des Pythagoras.

Die Bauwerke der alten Ägypter selbst sind der beste Beweis ihrer mathematischen Fähigkeiten. Nehmen wir zum Beispiel die Große Pyramide. Wenn wir uns eine Kreislinie vorstellen, deren Radius die Höhe der Pyramide ist, dann ist der Kreisumfang identisch mit dem der Pyramidenbasis. Das gilt nur bei einem bestimmten Winkel der Wand, und alles mußte im voraus errechnet werden, so daß die alten Ägypter, auch wenn sie die Zahl *pi* nicht genau definieren konnten, in der Praxis mit ihr arbeiteten.

Nicht weniger anspruchsvoll als die Vorbereitung des Projekts gestalteten sich die weiteren Etappen. Sehr wichtig war bereits die Auswahl des Ortes für den zukünftigen Pyramidenbau. Die Ägyptologen diskutieren immer noch darüber, was sie eigentlich beeinflußte. Bisher weiß man nämlich nicht genau, warum sich ein Herrscher beispielsweise eine Pyramide in Giza errichten ließ, ein anderer aus derselben Dynastie aber in

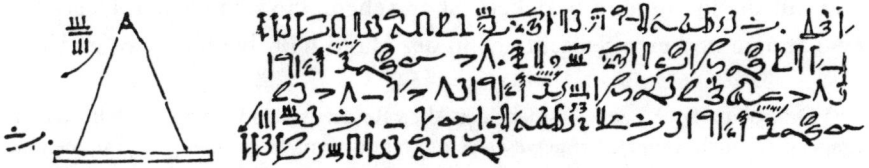

Mathematische Aufgabe aus dem Rhind-Papyrus, die die Höhenberechnung einer Pyramide betrifft (nach Peet).

Dahschur. Wahrscheinlich spielten bei der Entscheidung verschiedene Gründe eine Rolle.

Der Zusammenhang mit der leichten Zugänglichkeit des Kalksteins wurde bereits erwähnt. Einer anderen Ansicht nach, die schon vor vielen Jahren der berühmte deutsche Ägyptologe Adolf Erman geäußert hat, wechselten die Orte für den Pyramidenbau in Abhängigkeit von der Plazierung der königlichen Residenzen. Diese lagen im Niltal inmitten von Gärten und Feldern nahe der Hauptstadt Memphis.* Von dort aus wäre der Pyramidenbau gelenkt worden, der für den administrativen Staatsapparat eine ungeheuer kostspielige Last und komplizierte Aufgabe darstellte.

In einigen Fällen wurde die Ortswahl für den Bau einer neuen Pyramide auch durch die Tatsache beeinflußt, daß es auf der bisherigen Grabstätte keinen angemessenen Platz mehr gab, daß also die konkreten natürlichen Gegebenheiten das Entstehen eines so riesigen Bauensembles wie des Pyramidenkomplexes nicht zuließen. Zusätzliche Motive konnten religiös-politischer Natur sein (zum Beispiel das Bemühen, sich eine Pyramide in der Nähe der ältesten Stufenpyramide in Saqqara errichten zu lassen) und natürlich auch in verwandtschaftlichen Beziehungen liegen (zum Beispiel ließen sich die Familienangehörigen des Neferirkare einen eigenen abgeschlossenen Familienfriedhof bei Abusir anlegen).

Der ausgewählte Ort wurde präpariert, und vor der Eröffnung der Bauarbeiten kam es dort zum Vollzug wichtiger Gründungszeremonien. Die Errichtung eines jeden bedeutenden Baus, insbesondere einer Pyramide, war ein Ereignis, das sowohl die Menschen als auch die Götter betraf. Eine besondere Rolle spielte bei den Gründungsritualen neben dem Herrscher die Göttin des Schrifttums und Herrin der Schreiber und Baumeister, Seschat. Auf den erhaltenen Abbildungen, die sich jedoch nicht direkt auf die Pyramiden beziehen, ist zu sehen, wie sie mit dem Herrscher eine Stange und eine Seilschlinge in der Hand hält, beides wichtige Uten-

---

* Da bislang noch keine Residenz des Alten Reiches gefunden wurde, stellt sich die Frage, ob es nicht umgekehrt gewesen sein könnte, ob nicht gerade der Pyramidenbau den Anlaß dazu gab, in der näheren Umgebung auch eine Königsresidenz zu errichten. Zu dieser Problematik kehren wir aber später noch einmal zurück, wenn wir uns damit befassen, wie die Pyramiden gebaut wurden.

Die Göttin Seschat und die Königin Hatschepsut, dargestellt als männlicher Pharao, schlagen die Fluchtstäbe ein, die mit einem Strick verbunden sind, und gründen das Heiligtum. Detail aus der Verzierung der sogenannten Roten Kapelle der Hatschepsut aus der 18. Dynastie in Karnak.

silien zur Vermessung der Fundamente für die künftige Pyramide. Bei den Zeremonien wurden den Göttern tierische Opfergaben dargebracht und zusammen mit anderen Gegenständen, darunter Gefäße, die weitere Opfergaben symbolisierten, Täfelchen mit dem Namen des Inhabers des künftigen Bauwerks und Modellen von Arbeitsgeräten in die Fundamente gelegt – meistens in die Ecken des Baus auf einer Schicht reinen Sandes.

Eine sehr wichtige und zugleich anspruchsvolle Operation stellte die

Bei der Gründung bedeutender
Bauwerke wie Tempel oder
Pyramiden wurden Opfer
dargebracht. Einige symbolische
Gegenstände einschließlich
ausgewählter Opfergaben,
sogenannte Gründungsdeposits,
wurden dann gewöhnlich in eine
Grube in den Fundamenten des
Bauwerks gelegt. Auf dem
Szenenfragment aus Niuserres
Sonnentempel in Abu Ghurab ist
der Herrscher bei dieser Tätigkeit
kniend abgebildet.

genaue Ausrichtung der Pyramiden dar. Die Achsen ihrer Seiten wiesen zu den Himmelsrichtungen; eine Ausnahme bildeten einige kleine Stufenpyramiden vom Ende der 3. Dynastie, die keine Gräber waren. Unter den Ägyptologen herrschte bisher die Meinung vor, daß die Nordsüdachse entweder anhand des Polarsterns (damals der Stern Alpha Draconis) oder anderer Zirkumpolarsterne ermittelt wurde. Nach der letztgenannten These stand ein Beobachter in der Mitte eines einfachen kreisförmigen Baus aus Lehmziegeln und beobachtete den Auf- und Untergang eines beliebigen Sterns bezüglich dieses künstlichen Horizonts. Die Beobachtungen wurden mittels eines einfachen, an eine Gabel erinnernden Visiers durchgeführt, das *baj* hieß. Ein zweiter Mann kennzeichnete dann mit Hilfe eines Winkellots, *merchet*, nach der Weisung des Beobachters an der Mauerkrone und auf dem Boden genau den Punkt, über dem der Stern aufgegangen, und einen weiteren, über dem er untergegangen war. Die Verbindungslinie der Entfernungsmitte zwischen diesen Markierungen und dem Standort des Beobachters stellte die Nordsüdachse dar. Die Messung konnte durch die Beobachtung weiterer Sterne präzisiert werden.

Es ist jedoch ebensogut möglich, daß die Festlegung der Grundausrichtung nicht aus der Beobachtung der Sterne, sondern der Sonne resultierte. Mit Hilfe der Holzstangen und Seile, die die Göttin Seschat und der Herr-

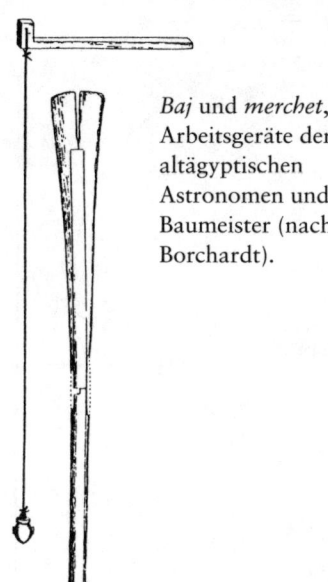

Baj und *merchet*, Arbeitsgeräte der altägyptischen Astronomen und Baumeister (nach Borchardt).

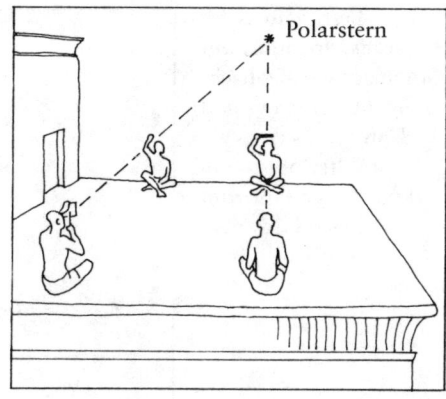

Gruppe von Priestern, die auf einer Dachterrasse sitzen und den Polarstern beobachten.

scher in den Szenen der Gründungszeremonien in den Händen hielten, konnte die Ostwestachse bestimmt werden. Die senkrecht in die Erde gesteckte Stange warf zum Zeitpunkt der Tagundnachtgleiche einen Schatten, der im Moment des Sonnenaufgangs genau nach Westen wies und im Moment des Sonnenuntergangs genau nach Osten. Durch ähnliche, aber wiederholte Messungen kam man zu jeder beliebigen Jahres- und Tageszeit zum gleichen Ergebnis.

Die horizontale Ebene, die man ebenfalls bereits am Anfang kennen mußte, bestimmten die Baumeister auf sehr einfache Art. Sie errichteten einen Trog aus Lehmziegeln und füllten ihn mit Wasser. An den Seitenwänden markierten sie dann den Wasserspiegel und gewannen so eine waagerechte Linie. Die Überreste solcher Ziegelbauten, mit deren Hilfe eine horizontale Linie bestimmt und an der östlichen Wand der Fundamentplatte eingezeichnet wurde, sind in Neferefres unvollendeter Pyramide in Abusir gefunden worden. Ein geringfügiger Fehler bei der Bestimmung der Fundamentebene der Großen Pyramide in Giza, wo die südöstliche Ecke um etwa zwei Zentimeter höher als die nordöstliche liegt, wird so auf interessante Weise erklärbar. Der in Ägypten vorherr-

Bestimmung der
Nordsüdrichtung auf
Grundlage der Beobach-
tung des Aufgangs und
Untergangs eines ge-
wählten Sterns am
künstlichen Horizont
(nach Edwards).

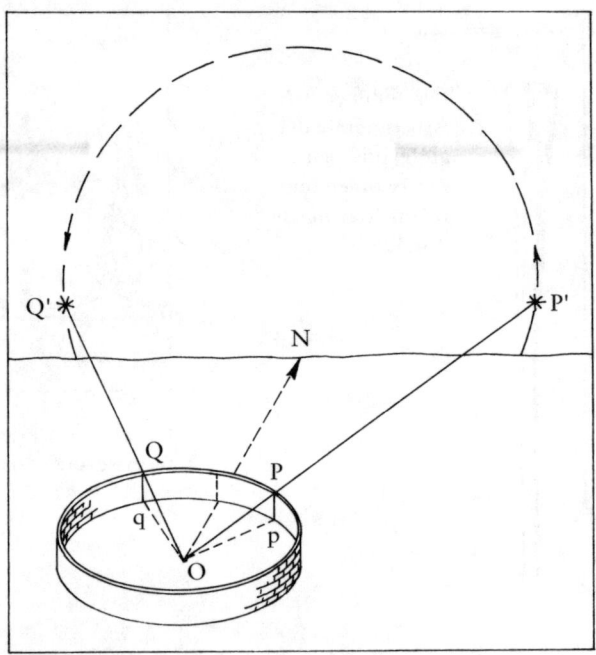

schende Nordwind hat bei der beträchtlichen Länge der Pyramidenseite den Wasserspiegel am südlichen Ende des Trogs wahrscheinlich gerade um diese zwei Zentimeter angehoben.

Der Böschungswinkel der Wand wurde nicht berechnet, sondern mit Hilfe eines rechtwinkligen Dreiecks konstruiert. Die dem Winkel gegenüberliegende Kathete hatte die konstante Länge von einer Elle, während die angrenzende variabel war. Das Verhältnis zwischen beiden Katheten nannte man *seked*. Auf der Grundlage des so bestimmten Winkels wurde dann eine einfache Holzkulisse für den eigentlichen Bau installiert. Bis heute behelfen sich ägyptische Baumeister bei der Rekonstruktion von Denkmälern mit einem ähnlichen Gerät.

Auch die Beendigung des Pyramidenbaus brachte Feierlichkeiten und Zeremonien mit sich. Darüber lieferte uns die kürzliche Entdeckung von Blöcken aus Sahures Aufweg in Abusir ganz neue Informationen. Die darauf befindlichen Reliefs (Seite 88) zeigen unter anderem eine Reihe von Arbeitern, die, wie sich aus der Inschrift über der Szene schließen läßt,

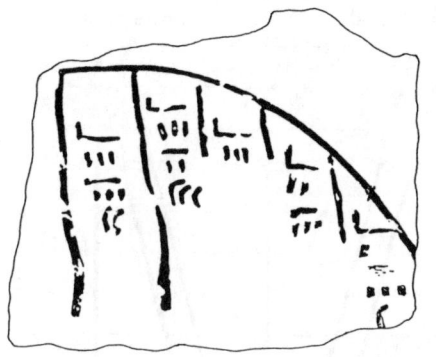 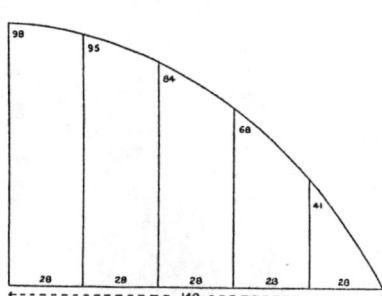

Kalksteinostrakon aus dem Djoser-Bezirk mit Angaben zur Gewölbekonstruktion (nach Lauer).

einen Schlitten mit einem vergoldeten Pyramidion schleppen, Vorarbeiter von Arbeitsmannschaften, die dem Herrscher huldigen, feierliche Tänze darbietende Haremsfrauen und anderes. Mit dem fertigen Bau war dem göttlichen Pharao nicht nur sein Grab, sondern gleichzeitig auch seine Totenresidenz hergerichtet, von der aus er weiter und in alle Ewigkeit über die «Menschen seiner Zeit» regieren sollte.

Das Geheimnis liegt in der Organisation der Arbeit

Die riesigen Steinblöcke sowie die gigantischen Bauwerke selbst riefen bereits in der Antike phantastische Vorstellungen über die Anzahl der am Pyramidenbau beteiligten Menschen hervor. In gewissem Maße ist das verständlich. Beispielsweise ließ zu Beginn der 4. Dynastie König Snofru im Laufe seiner etwa vier Jahrzehnte dauernden Herrschaft (vgl. Seite 213) vier Pyramidenkomplexe erbauen mit einem Gesamtvolumen von ungefähr 3,7 Millionen Kubikmeter Gestein. Das Volumen des Mauerwerks aller königlichen Bauten, die im Laufe der etwa anderthalb Jahrhunderte währenden Herrschaft der 4. Dynastie realisiert worden sind, wird auf rund neun Millionen Kubikmeter geschätzt. Diese Angabe ist um

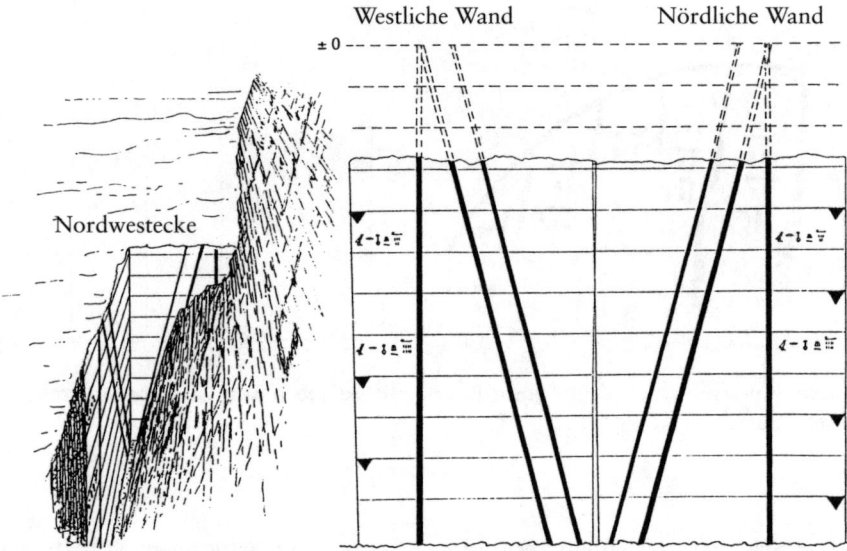

Westliche Wand   Nördliche Wand

Nordwestecke

Bei Ausgrabungen in Meidum entdeckte Petrie neben einem der Gräber ein sinnvolles Vermessungshilfsmittel für den Bau, das anschaulich das Verfahren belegt, mit dem die altägyptischen Baumeister die Böschung der äußeren Grabwände bestimmten und sie während des Baus kontrollierten. An der Nordwestecke der Mastaba, wo der Bau unter das Niveau des Terrains sank, war an den Seitenwänden der Felssohle ein ganzes Netz von Linien eingezeichnet – horizontale Linien im Abstand von jeweils einer Elle sowie vertikale und schräge Linien, die die Böschung der Mastabawände anzeigten. Die Linien wurden unter anderem durch kurze erklärende Inschriften mit Entfernungsangaben zur Grundseite ergänzt.

so erstaunlicher, als in dieser Zeit, wie wir heute wissen, in ganz Ägypten nicht mehr als eine bis anderthalb Millionen Menschen gelebt haben.

Wie der griechische Historiker Herodot schrieb, haben am Bau der Großen Pyramide in Giza hunderttausend Menschen während einer Zeit von zwanzig Jahren in dreimonatigen Intervallen gearbeitet, womit dieser offenbar auf die drei viermonatigen Jahreszeiten anspielte, die der altägyptische Kalender unterschied: Überschwemmung, Aussaat und Erntezeit.

Herodots Angaben hielt selbst ein so erfahrener Archäologe wie Petrie für wahrscheinlich. Seiner Meinung nach wurden die Hauptarbeiten in der Zeit der Überschwemmung durchgeführt, wenn die Landbevölkerung

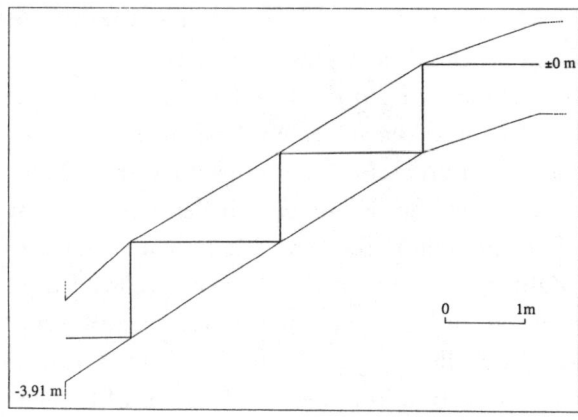

Das Graffito, das in die Decke des abgeknickten und in die Grabkammer von Ptahschepses' Mastaba in Abusir absteigenden Korridors eingezeichnet worden ist, bildet ein System von Linien, die einen rechten Winkel umschließen. Durch dieses einfache Verfahren wurde die genaue Ausrichtung nach den Himmelsrichtungen zusätzlich in die Kammer übertragen, die fast vier Meter unter dem Basisniveau der Mastaba lag.

keine Möglichkeit hatte, auf den Feldern zu arbeiten. Andere Forscher haben versucht, von einer Schätzung der erforderlichen Bauarbeiten auszugehen. Ludwig Borchardt und Louis Croon nahmen an, daß die Arbeiten ganzjährig durchgeführt werden konnten. Auf der Grundlage der Erforschung der Pyramide bei Meidum kamen sie zu dem Schluß, daß an ihrem Bau einschließlich der Materialanlieferung etwa zehntausend Menschen beteiligt waren, und danach schätzten sie, daß für die Große Pyramide in Giza ungefähr sechsunddreißigtausend Menschen ausreichten. Und selbst diese Anzahl schien ihnen schließlich angesichts des begrenzten Areals der Baustelle sowie der Schwierigkeiten, die mit der Unterbringung und Versorgung verbunden waren, noch zu hoch zu sein.

Der deutsche Archäologe Dieter Arnold gelangte bei seiner Untersuchung der Pyramide von Amenemhet III. in Dahschur sogar zu dem Schluß, dieses Bauprojekt sei lediglich von etwa fünftausend Arbeitern und Handwerkern realisiert worden. Es handelte sich dabei allerdings um eine Pyramide aus Lehmziegeln; einzig ihre Verkleidung, die Substruktur sowie einige Bauten, die sie umgaben, bestanden aus Kalkstein.

Mit Hilfe von Berechnungen zur Arbeit, die beim Transport eines Gegenstandes von einer bestimmten Masse über eine bestimmte Distanz aufgewendet werden muß, ermittelte Kurt Mendelssohn, ein amerikanischer

Mathematiker und Physiker deutscher Abstammung, eine Anzahl von fünfzigtausend Arbeitern und maximal siebzigtausend Hilfsarbeitern.

In eine gänzlich andere Richtung gingen die Überlegungen des polnischen Architekten Wiesław Koziński, nach dessen Ansicht ein zweieinhalb Tonnen schwerer Block von durchschnittlich fünfundzwanzig Menschen geschleppt werden mußte. Indem er außerhalb der Baustelle gar sechzigtausend und innerhalb dreihunderttausend Menschen vermutete, gelangte er zur gleichen Zahl wie Diodor in der Antike. Koziński legte aber seinen Überlegungen die irrtümliche Annahme zugrunde, daß Ägypten zu dieser Zeit fünf bis zehn Millionen Einwohner hatte. In Wirklichkeit waren es aber, wie bereits erwähnt, höchstens anderthalb Millionen.

Einen neuen Zugang zur Lösung dieser Frage eröffneten wiederum moderne archäologische Untersuchungen und einige überraschende Erkenntnisse, die sie brachten. Mitte der achtziger Jahre wurden bei den französisch-ägyptischen Forschungen an der Großen Pyramide Ultraschall und Computertechnik eingesetzt. Die Messungen haben unter anderem ergeben, daß im Kern der Großen Pyramide große Hohlräume mit reinem Sand gefüllt worden sind. Beim Bau wurde offensichtlich die «Kammermethode»* angewendet, die die Arbeit erheblich beschleunigte, vereinfachte und verbilligte. Alle komplizierten Berechnungen und Schätzungen, aus wieviel Millionen Steinblöcken die Große Pyramide bestand, und die daran anknüpfenden Spekulationen sind angesichts dieser Forschungen also im wahrsten Sinne des Wortes auf Sand gebaut.

Eine weitere wertvolle Informationsquelle stellen Zeichen, einfache Aufschriften und Skizzen dar, die mit roter, schwarzer und manchmal auch gelber Farbe auf den Steinblöcken der Pyramiden oder Mauerkerne angebracht worden sind. Diese im Vergleich zu den monumentalen und künstlerisch vollendeten Hieroglyphenaufschriften bescheidenen Zeugnisse wurden lange für historisch unbedeutend gehalten, vielleicht auch deshalb, weil sie oftmals abgeschabt, schwer zugänglich, ausgeblichen und kaum leserlich sind. Im Verbund mit den übrigen Schriftfunden, die

---

* Bei dieser Methode wurden zunächst die Umfassungsmauern errichtet, und anschließend füllte man den freien Raum innerhalb des Baus mit Sand oder unregelmäßigen Kalksteinstücken aus, die hier und da mit Mörtel gebunden waren.

sich allgemein auf die Staatsverwaltung beziehen, ermöglichen sie es uns nun, die Organisationsweise und Leitung der Arbeiten auf den großen Baustellen des alten Ägyptens zu rekonstruieren. Aus ihnen geht nämlich hervor, welche Verfahrenssysteme beim Pyramidenbau existiert haben.

Ein Teil der Arbeitskräfte war nach dem bereits angedeuteten alten Organisationsprinzip, das ursprünglich der Lenkung einer Schiffsmannschaft diente, organisiert. Die grundlegende Einheit der «Mannschaft» umfaßte etwa zweihundert Mann und setzte sich aus fünf «Phylen» (von griechisch *phyle*: Stamm, Abteilung, Bruderschaft) zusammen, welche die Namen einzelner Schiffsteile trugen: «Bug – rechte Seite», «Bug – linke Seite», «Heck – rechte Seite», «Heck – linke Seite». Die Bezeichnung der letzten, fünften Gruppe, ist bisher nicht befriedigend geklärt worden, vielleicht bezog sie sich auf die Position des Steuermanns. Jede «Phyle» gliederte sich zunächst in vier, später nur noch in zwei Abteilungen. Auch diese trugen Namen, die zuweilen mit dem geographischen Ursprung der Arbeiter zusammenhingen, andermals wiederum mit den beanspruchten Fähigkeiten oder Tugenden wie Ausdauer, Kraft und Gemeinschaftssinn. Anscheinend haben nicht mehr als drei Mannschaften, also sechshundert Mann, gleichzeitig auf dem Bau gearbeitet. Jede Einheit – die Mannschaft, «Phyle», Abteilung – hatte natürlich einen Leiter. Es bleibt die Frage, welche Tätigkeiten die auf diese Weise gelenkten Arbeiter ausübten. Der Ursprung des Systems deutet an, daß es sich dabei am ehesten um Transporte gehandelt haben könnte, denn diese erforderten die Kräftekoordination von kleineren Menschengruppen, um eine reibungslose und

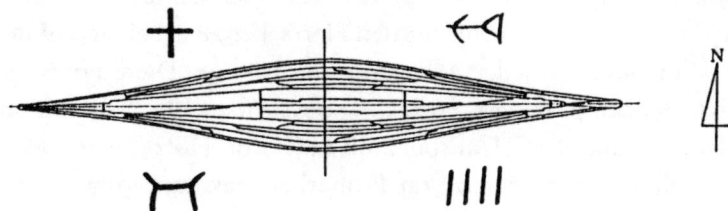

Die Gliederung der Arbeitskräfte nach dem der Schiffahrt entlehnten Organisationsprinzip veranschaulicht das Totenschiffschema des Chufu mit Zeichen von vier verschiedenen Schiffsteilen, die die Baumeister vermerkt haben, um die Arbeiter einfach und schnell zusammenzustellen (nach Abu Bakr und Ahmad Jusef).

schnelle Anlieferung des Baumaterials sowohl zu Wasser als auch zu Land zu gewährleisten.

Neben dem System der «Mannschaften» ist beim Bau jedoch noch ein weiteres nachgewiesen worden, wonach die Arbeiter entsprechend den drei Himmelsrichtungen «Norden», «Süden» oder «Westen» eingeteilt wurden. Eine östliche Abteilung ist nirgends dokumentiert, an ihrer Stelle wurde eine andere Bezeichnung verwendet, vielleicht deswegen, weil «östlich» im Ägyptischen ebenso wie «links» im mythologischen Sinne «schlecht» bedeutete. Die «vier Seiten» zusammen bildeten eine größere Einheit, «Truppe» genannt. Vieles deutet darauf hin, daß die Handwerker und Facharbeiter auf den Pyramidenbauplätzen nach diesem System organisiert waren. In den erhaltenen Urkunden ist jedoch nirgends angeführt, wie viele von ihnen eine «Seite» beziehungsweise eine ganze «Truppe» bildeten.

Die Arbeiter, die in «Mannschaften» oder «Truppen» gegliedert waren, stellten jedoch auf dem Bau lediglich die Minderheit dar. Diese beiden Kategorien, wenn auch spezialisiert und sicherlich produktiv, hätten allein keine einzige Pyramide errichten können. Aus der Anlage und dem Volumen des Mauerwerks läßt sich zwar der größte Teil der erforderlichen Arbeitsleistungen ableiten, es steht jedoch außer Zweifel, daß sich darüber hinaus eine bedeutende Anzahl von Hilfskräften am Bau beteiligen mußte, über die uns die zeitgenössischen Schriftquellen kein genaues Zeugnis geben. Auf ihre Existenz können wir nur indirekt aus der Größe und Kompliziertheit des Baus sowie einigen Dokumenten schließen.

In den Dekreten Pepis II., in denen dem Min-Tempel in Koptos Privilegien erteilt wurden, treffen wir im Zusammenhang mit der Befreiung der Tempeldiener von der Pflicht, für den Herrscher zu arbeiten, auf den Terminus «Einteilung zu jeder Arbeit für den König». Diese Formel ist unmittelbar danach präzisiert worden: Die Arbeitspflicht, heißt es, umfasse das «Tragen» und den «Transport mit Hilfe von Holz». Aus anderen Inschriften sind weitere Arten von Fronarbeit bekannt, zum Beispiel auf dem Feld oder beim Graben von Bewässerungskanälen. Sie betrafen besonders die zahlreichste Bevölkerungsgruppe Ägyptens, die Landarbeiter, die während der alljährlichen Überschwemmungen nicht auf den Feldern arbeiten konnten. Es ist also naheliegend, daß gerade sie in dieser Jahreszeit die einzig mögliche und ausreichend große Ressource unqualifizierter Arbeitskräfte für den Pyramidenbau darstellten.

Wie zahlreich die Landbevölkerung war, die sich am Bau beteiligte, ist nicht bekannt. Man weiß auch nicht, wie diese Saisonarbeiter befehligt wurden, und es ist nicht ausgeschlossen, daß ihre Arbeit nicht einmal registriert werden konnte, unter anderem auch deswegen, weil das einen zu großen administrativen Aufwand bedeutet hätte. Über die Größe der anonymen Masse von Leuten, die am Bau der Pyramiden arbeiteten, existieren lediglich Schätzungen. In bezug auf die Große Pyramide von Giza bewegen sie sich zwischen dreißig- und dreihundertsechzigtausend, sie unterscheiden sich also ganz erheblich. Der heutige Forschungskonsens unter den Ägyptologen geht von insgesamt etwas mehr als dreißigtausend Menschen aus.

Die zeitgenössischen altägyptischen Darstellungen schweigen auch darüber, unter welchen Bedingungen die Arbeiter auf dem Bau lebten und wie sie für ihre Arbeit entlohnt wurden. Herodot führt zwar an, daß «auf der Pyramide in ägyptischer Schrift geschrieben ist, wie viele Rettiche, Zwiebeln und Knoblauch die Arbeiter verbraucht haben», doch ist sein Bericht nicht glaubwürdig. Dagegen spricht nicht nur, daß keine entsprechende Inschrift gefunden worden ist, sondern vor allem die Überzeugung der alten Ägypter, daß sie ein Pharaonengrab mit banalen Rechnungsbelegen entweihen würden. Solche Verzeichnisse haben die altägyptischen Schreiber aber ziemlich sicher geführt und mit der ihnen eigenen bürokratischen Akribie in den entsprechenden Archiven aufbewahrt, die entweder nicht erhalten geblieben oder nicht entdeckt worden sind.

Von dem wenigen, was sich im Zusammenhang mit den Bauarbeiten aus der Zeit der Pyramidenbauer erhalten hat, ist ein in Saqqara entdeckter Papyrustext aus der 6. Dynastie besonders interessant. Es handelt sich um einen Brief des Leiters einer Arbeitsexpedition in die Kalksteinbrüche bei Tura an den Beamten, der mit der Leitung der Bauarbeiten oder der Übernahme der Lieferungen von Baumaterial betraut war. Der Expeditionsführer beschwert sich in dem Brief, daß seine Arbeiter zum festgesetzten Termin keine Kleidung erhalten und so unnötig Zeit mit Warten verbracht hätten, macht also indirekt auf die Verluste im geplanten Arbeitsablauf aufmerksam. Aus dem Text geht ferner hervor, daß sich die

Expedition in der Nähe der königlichen Residenz aufhält. Es ist also anzunehmen, daß der Staat die Arbeiter nicht nur einkleidete, sondern auch ernährte und ihnen Unterkunft gewährte. Selbstverständlich galt dies lediglich für die großen königlichen Bauten, während bei den kleineren privaten, die besonders im späteren Alten Reich zunahmen, bereits andere Voraussetzungen existierten.

Hebevorrichtungen oder Rampen?

Die Diskussionen und Streitigkeiten darüber, wie viele Menschen unter welchen Bedingungen am Bau gearbeitet haben, betreffen nur eines der «Rätsel» der Pyramiden. Nicht weniger wichtig und interessant ist auch die Frage, auf welche Weise die schweren Lasten in zig Meter Höhe gehoben wurden, denn manchmal handelte es sich um Steinblöcke mit einem Gewicht von mehreren Dutzend Tonnen.

Bereits in der Antike versuchten zwei Historiker, diese Frage zu beantworten. Hören wir zuerst Herodot (*Historien*, II, 125; deutsche Übersetzung nach Horneffer) als den älteren Zeugen: «Zunächst ist sie [die Pyramide] stufenförmig, treppenförmig, oder wie man es nennen will, gebaut worden. Die zur Ausfüllung des Treppendreiecks bestimmten Steine wurden mittels eines kurzen Holzgerüstes hinaufgewunden. So hoben sie sie von der Erde auf den ersten Treppenabsatz; dort legten sie sie auf ein anderes Gerüst, durch das sie auf den zweiten Treppenabsatz hinaufgewunden wurden. Soviel Stufen, soviel solcher Hebevorrichtungen waren vorhanden, falls diese Hebevorrichtungen nicht so leicht tragbar waren, daß man ein und dieselbe von Stufe zu Stufe hob, nachdem man den betreffenden Stein abgenommen hatte. Mir ist nämlich beides erzählt worden, weshalb ich beides anführe. So wurde zuerst die Spitze fertiggestellt, dann abwärts bis schließlich zu der untersten Stufe herab.»

Diodor von Sizilien (*Historische Bibliothek*, I, 63; deutsche Übersetzung nach Fischer) lieferte dagegen eine genau entgegengesetzte Erklärung: «Man sagt, daß der Stein über eine große Distanz aus Arabien herbeigebracht und der Bau mit Hilfe von Wällen vorgenommen wurde, denn Kräne waren zu jener Zeit noch nicht erfunden worden.»

Diese sehr unterschiedlichen Überlieferungen liegen den heutigen Ansätzen zugrunde. Einige Forscher, die sich auf Herodot berufen, stellen sich vor, daß die Steinblöcke mit Hilfe einfacher Holzkonstruktionen gehoben wurden, andere vertreten nach Diodor die Auffassung, es seien künstlich aufgetürmte Rampen verwendet worden. Daneben existieren allerdings weitere, von technisch gesehen attraktiven bis gänzlich phantastischen Theorien, die jedoch den archäologischen Erkenntnissen beziehungsweise den vorliegenden Informationen über die technischen Möglichkeiten der alten Ägypter widersprechen.

Als es im 19. Jahrhundert gelang, bei Ausgrabungen verkleinerte Modelle von einfachen hölzernen Gestellen zu finden, die aus bogenförmigen, mittels kurzer Stangen verbundenen Segmenten zusammengesetzt waren, trat die Ansicht auf, daß gerade sie die von Herodot gemeinten «Hebevorrichtungen» sein könnten. Es muß hinzugefügt werden, daß die Funde nicht aus der Umgebung der Pyramiden stammen, sondern aus Oberägypten. Für sie bürgerte sich die Bezeichnung «Wiege» ein, denn mittels Schaukeln und Unterlegen von Holzkeilen ließen sich stufenweise auch kleine Steinblöcke heben, keinesfalls allerdings riesige Monolithen mit einem Gewicht von mehreren Dutzend Tonnen. Die «Wiegen» beantworten diese Frage also nicht grundsätzlich. Die Schilderung Herodots gab aber den Anstoß zu anderen Überlegungen. Der bereits erwähnte deutsche Ingenieur Croon erdachte zu Beginn des 20. Jahrhunderts eine einfache Vorrichtung, die an ein Wasserschöpfwerk erinnert. Sie bestand aus horizontalen und vertikalen Balken und funktionierte wie eine Waage. Nach der Übertragung eines Blocks in eine höhere Lage wäre der hölzerne Waagebalken ebenfalls nach oben übertragen worden. Der Einfall Croons hat jedoch einige Mängel. Vor allem hätte man auf diese Weise wiederum nur kleinere Blöcke anheben können. Bei den Ausgrabungen wurden bisher keine Überreste einer solchen Vorrichtung gefunden. Außerdem kannten die alten Ägypter zwar den Waagebalken, den sie zum Wasserschöpfen benutzten und den man heute in Ägypten *schaduf* nennt, er ist aber erst über tausend Jahre nach der Pyramidenzeit im Neuen Reich belegt.

Einige weitere Vorschläge gehen von einem ähnlichen Prinzip wie die Lösung Croons aus. Einer davon nimmt den Einsatz eines Gegengewichts an, welches das Anheben der Lasten erleichtert hätte. Unter diesen Über-

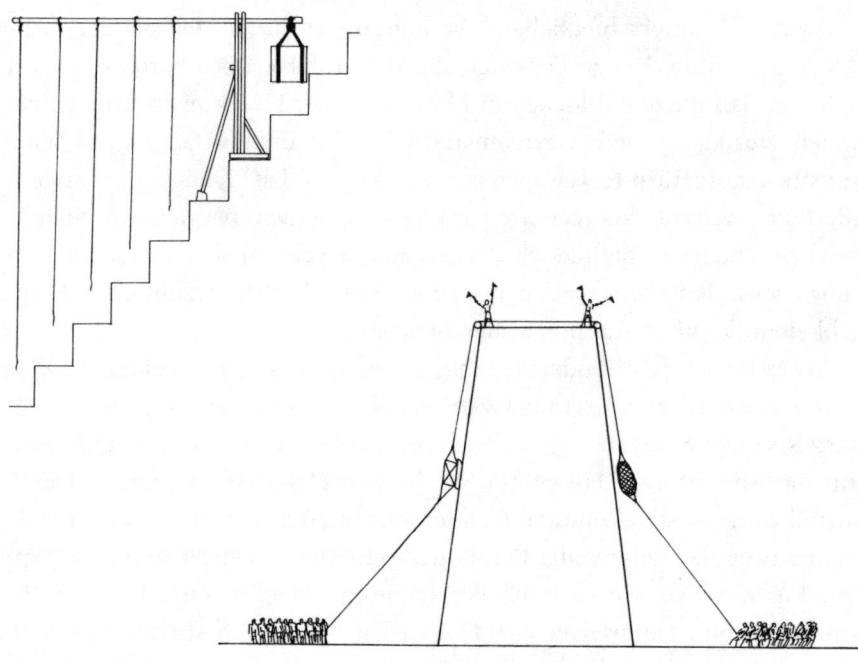

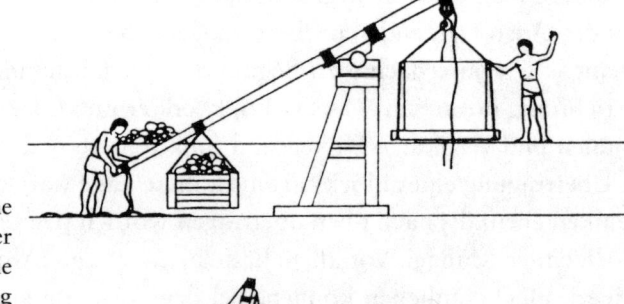

Neuzeitliche Vorschläge einfacher Vorrichtungen, die nach Meinung einiger Forscher beim Pyramidenbau verwendet worden sein könnten. Nach Croon (oben links), Guerriere (Mitte und unten rechts) und Isler (Seite 107).

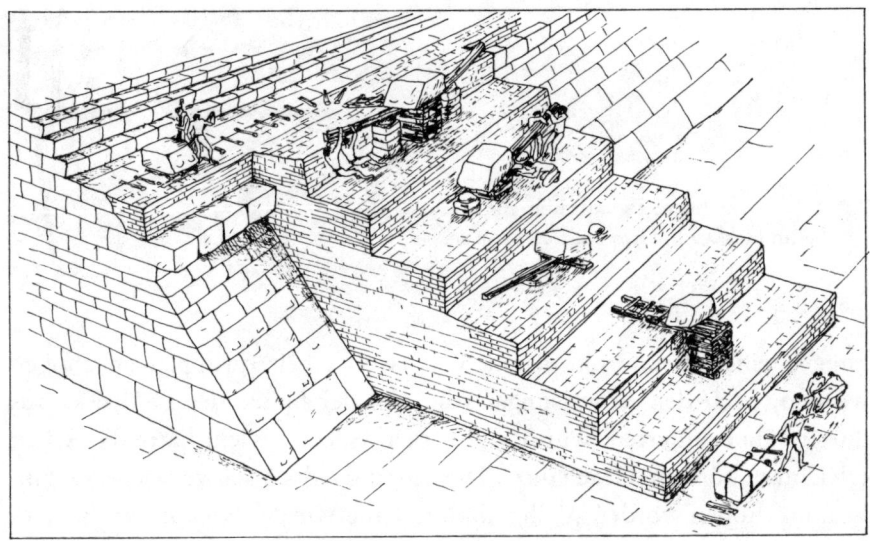

legungen finden sich auch solche, die die Existenz und den Gebrauch einer Hubwinde, eines Flaschenzugs oder einer Rolle voraussetzen, aber auch diese technischen Mittel waren zur Zeit des Pyramidenbaus nicht bekannt. In den dreißiger Jahren belebte eine Entdeckung, die der ägyptische Archäologe Selim Hassan in der Nachbarschaft der Taltempel der Pyramidenbezirke in Giza machte, die Diskussion. Er fand einen großen steinernen Gegenstand, der an einen Nagel erinnerte, in dessen ausgebeultes Kopfstück drei parallel verlaufende Einkerbungen geritzt waren. Der Gegenstand war wahrscheinlich einmal fest in einem (hölzernen?) Gestell verankert, und in den Einkerbungen liefen Seile. Es hätte sich also um eine Pseudorolle handeln können.

Eine Pseudorolle oder nur einen einfachen Rundbalken setzt die Theorie des französischen Architekten Guerriere voraus. Seine kühne Lösung geht von der Annahme aus, daß zunächst der zentrale Teil des Pyramidenkerns bis zu einer erheblichen Höhe errichtet wurde. Anschließend erfolgte eine Verbreiterung durch weitere Lagen oder auch «Schalen» aus steinernem Mauerwerk in einzelnen Etappen. Die Blöcke wären mit Hilfe von über den oberen Rand des zentralen Teils des Kerns geworfenen Seilen, die entweder auf einem eingefetteten Rundbalken oder in den Einker-

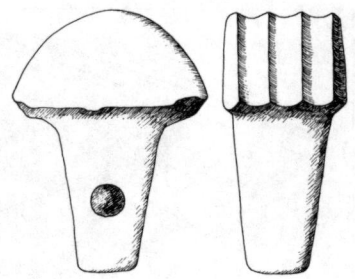

Steinerne Pseudorolle, die von
Selim Hassan in Giza entdeckt wurde.

bungen einer Pseudorolle liefen, von zwei Arbeitergruppen angehoben
worden, nach den Anweisungen, die von der Spitze des Bauwerks aus
durch Fähnchen erteilt wurden. Auch ein Gegengewicht hätte die Arbeit
erleichtern können. Gegen diese Theorie sind jedoch schwerwiegende Einwände erhoben worden. Völlig unklar bleibt, wie der hohe Zentralteil des
Pyramidenkerns errichtet worden sein soll, und außerdem hätten nicht
einmal sehr starke Seile aus Papyrus, Gräsern oder Palmenfasern die riesigen Steinblöcke halten können. Schließlich haben auch die archäologischen Untersuchungen der zerstörten und freigelegten Pyramidenkerne
keine Anhaltspunkte ergeben, die für diesen Vorschlag sprechen.

Die meisten Überlegungen knüpfen heute aber an Diodors Schilderung
des Pyramidenbaus mit Hilfe von schiefen Ebenen an. Diese Ansicht wird
in einem gewissen Maße auch von den archäologischen Funden der Überreste von Rampen unterstützt, wenn es auch eher angebracht wäre, von
Anlieferungswegen für Baumaterial zu sprechen. Solche Wege wurden
zum Beispiel in Meidum, Dahschur, Abu Ghurab oder Abusir entdeckt.

Die Rampentheorie stützt sich außerdem auf einige altägyptische
Schriftquellen, zum Beispiel auf Papyri mit mathematischen Aufgaben, die
mit den Bauprojekten zusammenhängen. Auf dem Papyrus Anastasi I ist
die Rede von einer schiefen Ebene, die 730 Ellen lang (1 Elle = 0,52 Meter) und 55 Ellen breit ist und eine Höhe von bis zu 60 Ellen erreicht. Die
Außenmauern und das Gerüst der Rampe bestanden aus Ziegeln, das Innere war mit Sand gefüllt. Es wäre aber ein Irrtum zu glauben, daß sich
die Anhänger dieser Theorie darin einig sind, wie eine solche Rampe aus-
sah. Der deutsche Architekt und Archäologe Uvo Hölscher (1878–1963),
der Ausgrabungen im Chafre-Pyramidenbezirk in Giza durchführte,

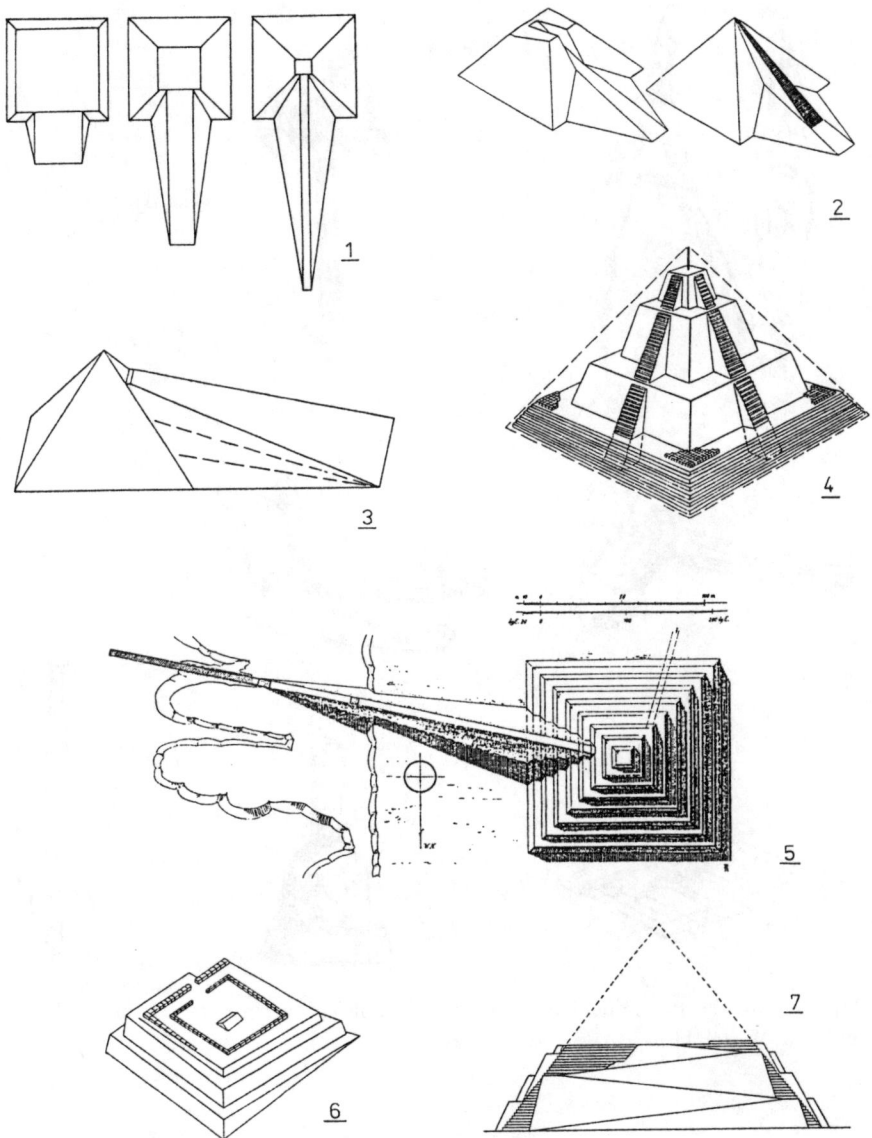

Einige Typen von Rampen, die auf den Pyramidenbaustellen verwendet worden sein sollen (1, 2 – nach Arnold; 3 – nach Petrie; 4 – nach Istar; 5 – nach Borchardt; 6 – nach Goyon; 7 – nach Hölscher).

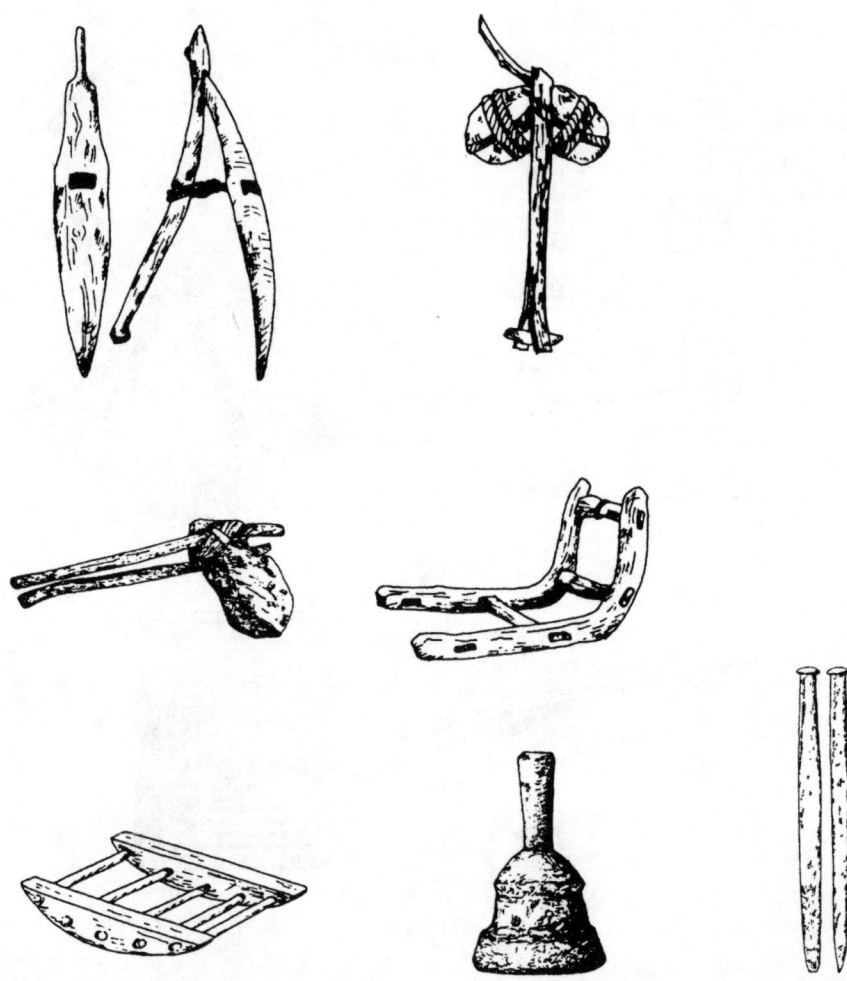

Arbeitsgeräte der Pyramidenbauer: Holzhacke, Bohrer aus Feuerstein, Steinaxt, Holz-schlitten, Wiege, Holzschlägel, Kupfermeißel.

nahm an, daß an jeder der vier Pyramidenseiten eine Rampe aufgestellt wurde, die mit dem Bauwerk im Zickzack von einer Ecke zur anderen in die Höhe wuchs. Dieser Rampentyp hätte aber keine ausreichende Materialzufuhr für den Bau des unteren und mittleren Pyramidenteils gewährleistet, wo der Verbrauch riesig war.

Die Amerikaner D. Dunham und W. Vose gingen von einer einzigen, etwa drei Meter breiten Rampe aus, die spiralförmig den ganzen Bau umwand. Auch für diese Variante gilt der bereits erwähnte Einwand: Auf der schmalen – und mit dem anwachsenden Bauwerk sich zunehmend verjüngenden – Rampe wäre es innerhalb der zeitlichen Grenzen, die durch historische Quellen belegt sind, nicht möglich gewesen, eine reibungslose Materialbeschaffung zu sichern.

Diesen Mangel beseitigt teilweise die Theorie Goyons. Nach ihr handelte es sich ebenfalls um eine einzige Rampe, die aber nicht das ganze Bauwerk umfaßte und so breit war, daß sie einigen Gespannen gleichzeitig ermöglichte, die Steinblöcke nach oben zu ziehen. Daneben geht Goyons Vorschlag von einer Rampenkonstruktion aus, die stets alle vier Ecken der Pyramide freiließ und so ein durchgängiges Vermessen des Baus ermöglichte. Auch in diesem Falle hätte sich die Rampe aber nach oben hin notwendigerweise verengen und auch unverhältnismäßig verlängern müssen. Mit anderen Worten – auf diese Weise wäre es höchstens möglich gewesen, kleine Pyramiden zu bauen.

Der englische Archäologe Petrie, der der Erforschung der Pyramiden viel Zeit gewidmet hat, stellte sich vor, daß nur eine einzige Rampe senkrecht zu einer Pyramidenseite aufgestellt wurde und mit dieser anwuchs. Ein grundsätzlicher Mangel dieser Theorie ist der riesige Materialverbrauch für den Bau der Rampe selbst. Nach Petrie bestand sie zwar aus ungebrannten Ziegeln, Lehm und Sand sowie hölzernen Rundbalken, ihr Gesamtvolumen wäre aber mindestens genauso groß wie das der eigentlichen Pyramide gewesen. Wieder stellt sich die Frage, wann, durch wen und vor allem wohin die Rampe nach der Fertigstellung der Pyramide beseitigt wurde. Eine so große Menge an Material hätte sich bei den Ausgrabungen in der Umgebung der Pyramiden finden müssen, und das ist bisher nicht geschehen.

Eine grundsätzliche Schwäche von Petries Theorie überwindet in vielerlei Hinsicht Arnold. Er schlägt ebenfalls eine einzige, senkrecht auf eine Pyramidenseite geleitete Rampe vor. Im Gegensatz zu Petrie nimmt Arnold aber an, daß die Rampe wesentlich bescheidenere Ausmaße hatte und innerhalb der Pyramide endete. Das Baumaterial hätte in diesem Fall doppelt so effektiv genutzt werden können, also gleichzeitig für den Bau der Rampe als auch für den der Pyramide. Auch wenn Arnolds Theorie ziemlich realistisch erscheint, hat auch sie eine Schwäche: Sie kann die Art und Weise der Fertigstellung des oberen Pyramidenteils einschließlich des Einsetzens des monolithischen Pyramidions als eigentlicher Spitze nicht erklären. Arnold vermutet, daß dies mit Hilfe eines steilen Treppenaufgangs bewerkstelligt wurde, der direkt im Kern der Pyramide entstand, was praktisch aber schwer durchführbar ist.

Was ist den oben skizzierten Überlegungen, ihren Vor- und Nachteilen als Schlußfolgerung hinzuzufügen? Wenn man alles bedenkt, was zu diesem Thema bereits geäußert wurde und auch den Archäologen bekannt ist, erscheint eine Kombination der beiden grundlegenden Methoden am wahrscheinlichsten. Auf die Frage, ob Hebevorrichtungen oder Rampen verwendet wurden, läßt sich vereinfacht antworten: beides. Hinzu kamen vor allem die hocheffektive Organisation und Koordination der einzelnen Arbeiten auf der Baustelle und die perfekte Ausnutzung der Hauptenergiequelle: der Muskelkraft der Arbeiter.

Allem Anschein nach stammt die bis jetzt durchdachteste Antwort auf diese Frage von dem zweifellos renommiertesten zeitgenössischen Kenner der ägyptischen Pyramiden, Jean-Philippe Lauer. Seine Lösung läuft darauf hinaus, daß während des Bauprozesses ein ganzes System von sehr geschickt kombinierten Rampen verschiedener Größe und Steigung geschaffen wurde. Daneben kamen freilich auch zusätzliche Arbeitsutensilien zum Heben und Verschieben zur Anwendung – Holzhebel, Rundbalken, Stangen und Seile. Als Beispiel zur Erläuterung seiner Theorie wählte Lauer die größte und komplizierteste der ägyptischen Pyramiden, die Große Pyramide in Giza.

Zum Bau der niedrigsten Teile dienten vier große frontale Rampen, jeweils eine senkrecht zu jeder Seite. Zuletzt blieb nur eine einzige übrig, die nach Südosten direkt zu den Steinbrüchen in der Umgebung führte. Die Rampe war zunächst kurz, sie ragte ins Pyramideninnere und hatte eine sehr geringe Steigung von ungefähr vier Grad. Allmählich wurde sie bis zu einer Distanz von dreihundert Metern nach Süden, gleichzeitig aber auch nach Norden, in das Pyramideninnere verlängert. Bei der angegebenen Länge erreichte die Rampe auf der nördlichen Seite eine Höhe von etwa fünfunddreißig Metern und ermöglichte so die Errichtung der großen

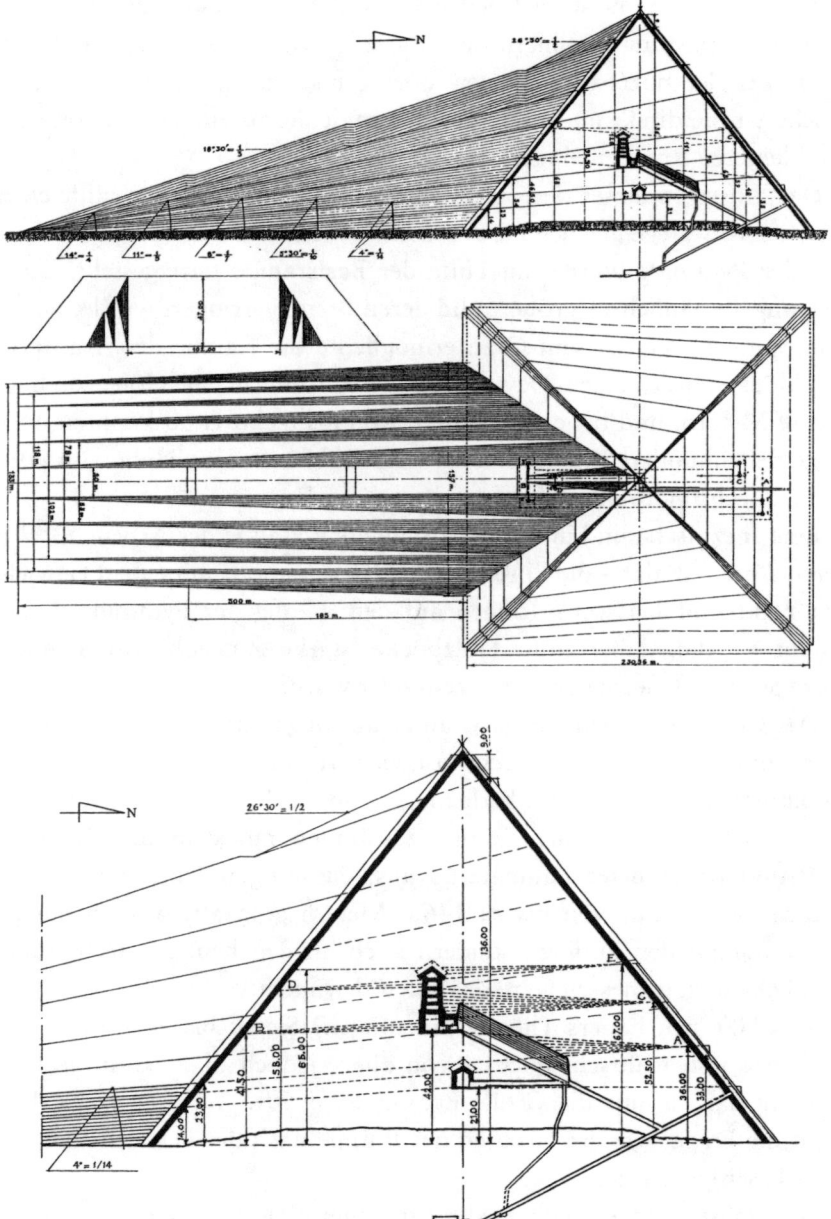

Rekonstruktion einer Rampe, die zum Bau der Großen Pyramide gedient hat (nach Lauer).

Galerie, der etwas höher gelegenen Königskammer und sogar der sogenannten Entlastungskammern über ihr. Zu ihrer Konstruktion und zum
Transport der dazu verwendeten vierzig bis siebzig Tonnen schweren
Blöcke wurde direkt im Innern des Pyramidenkerns ein System von einigen kleineren Rampen eingerichtet.

Das Einsetzen dieser riesigen Blöcke verlief nach Lauer mit Hilfe eines
Systems von Gegengewichten aus Sandsäcken. Der verbleibende obere
Teil der Pyramide wurde mit Hilfe der Basisrampe fertiggestellt, deren
Steigung allmählich vergrößert und deren Breite verringert wurde. Bei einem Winkel von vierzehn Grad ermöglichte die Rampe den Transport
von Blöcken bis zu einem Gewicht von einer Tonne in eine Höhe von hundertelf Metern, und bei einem Winkel von achtzehn Grad konnten noch
etwa siebenhundert Kilogramm schwere Blöcke in eine Höhe von etwa
hundertsechsunddreißig Metern gezogen werden.

Eine spezifische und in ihrer Art schwerste Etappe der Arbeiten stellte
deren Abschluß dar – die Einsetzung des Pyramidions mit einem Gewicht
von rund fünf bis sechs Tonnen auf dem Gipfel der Pyramide. Lauer
nimmt an, daß dabei große Holzböcke, starke, eingeölte Rundbalken,
dicke Seile und Gegengewichte verwendet wurden.

Das Gesamtvolumen der Basisrampe aus ungebrannten Ziegeln, Steinabfall und Sand, die allmählich anstieg, berechnete Lauer auf 1 560 000
Kubikmeter. Wenn seine Überlegungen und Schätzungen richtig sind,
machte das Volumen der Rampe zusammen mit dem der Pyramide
4 160 000 Kubikmeter Baumaterial aus, das aufgebracht, transportiert
und auf eine Höhe von bis zu 146,6 Metern geschafft werden mußte!
Nicht nur an den antiken, sondern auch an den heutigen technischen
Möglichkeiten gemessen wäre das ein Weltwunder.

Was läßt sich Lauers Theorie hinzufügen? Sie ist bis jetzt die durchdachteste und wahrscheinlichste von allen, jedoch muß daran erinnert
werden, daß sie nur die Große Pyramide betrifft. Auch sie löst jedoch
nicht die Frage, wie der Großteil der Rampe nach der Fertigstellung des
Baus beseitigt wurde.

Der Vollständigkeit halber sei hinzugefügt, daß der amerikanische Archäologe Mark Lehner, der sich schon lange Jahre der Erforschung der
Pyramiden von Giza widmet, im Gegensatz zu Lauer keineswegs von ei-

ner linearen, sondern von einer spiralförmigen Rampe ausgeht, die in den lokalen Steinbrüchen südöstlich der Großen Pyramide begann. Soviel zunächst zu der größten ägyptischen Pyramide. Die Frage danach, wie die Pyramiden gebaut wurden, hat jedoch noch eine weitere Dimension. Die archäologischen Untersuchungen zeigen nämlich deutlich, daß sich die altägyptischen Pyramiden nicht nur durch ihre Größe, den Standort und ihre Entstehungszeit unterschieden, sondern auch in den zugrundegelegten Konstruktionsplänen, Baumaterialien und Methoden. Vor allem diesen Themen ist der folgende Abschnitt gewidmet, der auf den tschechischen Forschungsergebnissen beruht.

Die Bauhütte von Abusir

Als Modellbeispiel dafür, wie an einem Ort zu einer bestimmten Zeit dieselben oder sehr ähnliche Bauverfahren angewendet wurden, können wir den Familienfriedhof des Königs Neferirkare in Abusir betrachten. Die Gruppe qualifizierter Baumeister, Künstler und Arbeiter, die hier am Werk war, läßt sich in gewissem Maße mit der europäischen Bauhütte des Mittelalters vergleichen.

Während der Ausgrabungen des Tschechischen Ägyptologischen Instituts der Prager Karlsuniversität, die seit 1960 in Abusir durchgeführt werden, sind etliche Pyramiden – manche von ihnen seit langem bekannt, andere erst während der Forschungsarbeiten entdeckt – untersucht worden. Die gewonnenen Erkenntnisse bieten einen neuen interessanten Blick auf die innere Struktur und Bauweise der Pyramiden von Abusir, die im einzelnen ab Seite 313 vorgestellt werden.

DIE PYRAMIDE DES NEFERIRKARE

In den Ruinen der Pyramide des Neferirkare zeichnen sich deutlich zwei verschiedene Stufentypen des Pyramidenkerns ab, die sich durch das verwendete Material und auch die Bauweise auffallend voneinander unterscheiden. Die inneren Stufen bestehen aus größeren, qualitativ wertvolleren, regelmäßig gesetzten und in den Ecken gut gefügten Blöcken, während die äußeren Stufen auf verhältnismäßig nachlässige Weise aus kleinen und nur manchmal grob behauenen Steinbruchstücken errichtet sind.

Lepsius und später auch Borchardt waren der Ansicht, daß sich der Kern von Neferirkares Pyramide aus Gesteinsschalen mit einem Böschungswinkel von etwa siebenundsiebzig Grad zusammensetzt, die sich an die massive abgestumpfte «Spindel» des Kernmauerwerks anlehnen. Diese Bauweise, die für die Stufenpyramiden der 3. Dynastie belegt ist, wird zuweilen aus Gründen der Anschaulichkeit mit Zwiebelschalen verglichen. Lepsius und nach ihm auch Borchardt meinten, daß der Kern aller weiteren Pyramiden in Abusir und teilweise auch an anderen Orten wie Meidum auf dieselbe Weise konstruiert worden sei. Doch schon eine genauere Betrachtung der Pyramide des Neferirkare zeigt, daß sie sich geirrt haben.

Eine baulich-archäologische Untersuchung, die vom tschechischen Ägyptologenteam durchgeführt wurde, hat bewiesen, daß der Pyramidenkern aus horizontalen Schichten zusammengesetzt und in Stufen geformt ist. Ursprünglich gab es davon sechs, errichtet aus qualitativ hochwertigen, regelmäßig gesetzten Steinblöcken. Die Pyramide ist als Stufenpyramide projektiert worden. Nach der Vollendung des Kerns begann man mit der Verkleidung. Die äußere Schale aus weißem Kalkstein erreichte jedoch nur die Höhe der ersten Stufe, dann wurde der Bauplan geändert. Man beschloß, das Bauwerk zu vergrößern und von einer Stufen- in eine echte Pyramide umzuwandeln. Dazu wurde der Kern erweitert und um zwei Stufen angehoben, wobei die kleinen und nachlässig bearbeiteten Steinstücke Verwendung fanden. Anschließend erfolgte erneut die Verkleidung, die aber nach Fertigstellung der untersten Schicht aus Rosengranitblöcken eingestellt wurde – zweifellos aufgrund des Herrschertodes. Der Bau blieb unvollendet.

Was ist daraus zu schließen? Es ist schwer vorstellbar, daß jede Bauetappe mit der Errichtung einer großen Rampe für die Materialzufuhr verbunden war, aber die Größe der Blöcke, die für den Bau des ursprünglichen sechsstufigen Kerns verwendet wurden, macht deutlich, daß es ohne sie beziehungsweise ohne ein ganzes System von kleineren Rampen nicht ging. Bei den folgenden Arbeiten – der Verkleidung der sechsstufigen

Pyramide und der Kernerweiterung – wurden die Verkleidungsplatten und auch die kleinen groben Bruchstücke höchstwahrscheinlich mit Hilfe einer einfachen Holzkonstruktion, einer Art frühem Flaschenzug, an der bereits fertigen Wand entlanggehoben oder -geschleift. Zur Erleichterung des Gleitens dienten möglicherweise Platten oder eher kleine Balken, die mit Fett beschmiert waren. Solche Arbeitsutensilien dienten – bei den un-

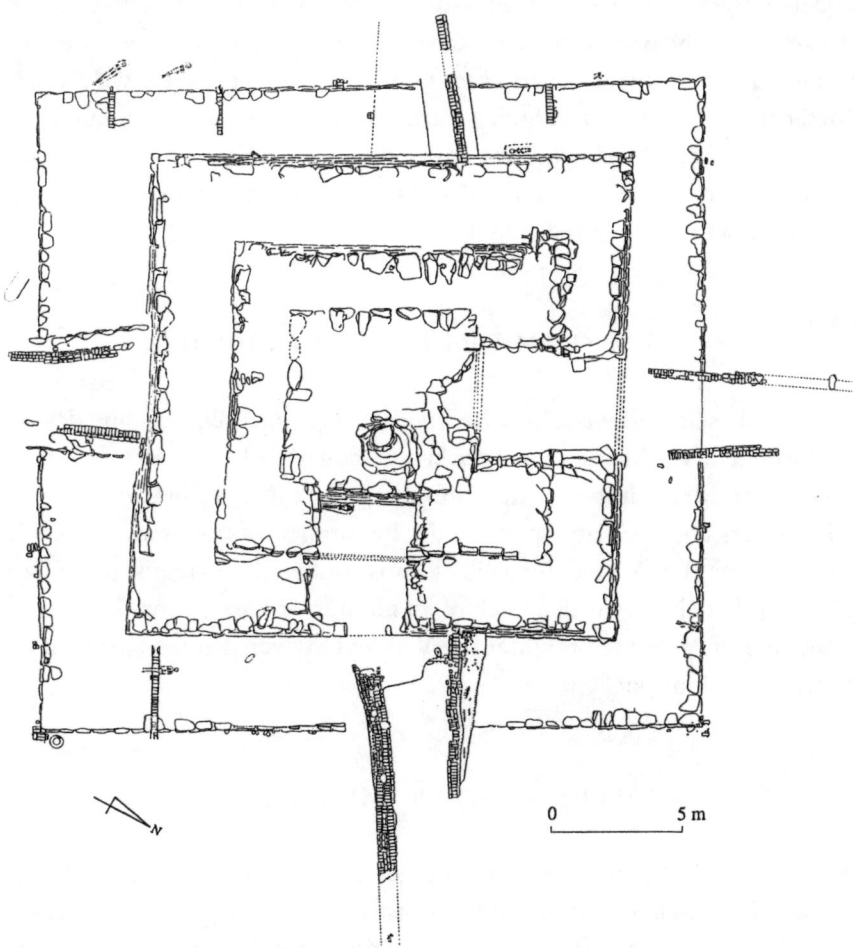

0   5 m

Plan der Stufenpyramide in Seinki mit den Überresten von vier Rampen für die Zufuhr von Baumaterial (nach Dreyer und Swelim). Diese Anzahl und Anordnung der Rampen ermöglichten es, die untere Pyramidenhälfte, die mehr als achtzig Prozent des Gesamtvolumens ihres Mauerwerks darstellte, schnell und effektiv aufzubauen.

tersten Schichten möglicherweise in Kombination mit einer Rampe – wahrscheinlich auch der Verkleidung der echten Pyramiden. Die erhaltenen Dokumente zeigen nämlich, daß dazu in den unteren Schichten größere Blöcke und nach oben hin immer kleinere verwendet wurden.

Vor kurzem ist es dem tschechischen Archäologenteam tatsächlich gelungen, bei der Beendigung der Grabungen in der benachbarten Unvollendeten Pyramide des Neferefre die Reste einer Arbeitsrampe zu entdecken, die sehr wahrscheinlich für die Erweiterung von Neferirkares Pyramide in eine achtstufige errichtet wurde. Die Rampe, die etwa zwanzig Meter breit ist, steigt von Süden nach Norden leicht an. Sie bestand aus Sand, und ihre Oberfläche war mit einer etwa zehn Zentimeter dicken Lehmschicht befestigt. Der Fund stellt einen wichtigen Beitrag zur Diskussion über den Pyramidenbau dar.

DIE PYRAMIDE DES CHENTKAUS II.

Auch in diesem Fall wurde die Verkleidung erst nach Beendigung des stufenförmigen, aus kleinen Steinstücken gemauerten Kerns oder zumindest seiner vier Meter hohen ersten Stufe angebracht. Die Stratifikation des Mauerwerks des Totentempels vor der Pyramidenostseite beweist das klar und deutlich. Die Verkleidungsblöcke aus weißem Kalkstein waren relativ klein, und auch sie wurden nach oben hin immer kleiner. Ihre bessere Fügung und die gesamte Stabilität der Verkleidung verstärkten Falze auf den Ober- und Unterflächen.

DIE UNVOLLENDETE PYRAMIDE DES NEFEREFRE

Der Bau dieser Pyramide wurde infolge des vorzeitigen Todes des Königs vor der Beendigung der untersten Kernstufe abgebrochen. Das Projekt erlebte eine eilige Umrüstung zu einem stilisierten Urhügel von quadratischem Grundriß, der von außen eher an eine Mastaba erinnerte. Seit Ende des Neuen Reiches suchten Steindiebe den niedrigen, etwa sieben Meter hohen Bau heim, indem sie sich von oben in seine Substruktur durchgruben. Innen, unter freiem Himmel, richteten sie sich eine Steinmetzwerkstätte ein, die darauf spezialisiert war, den feinen weißen Kalkstein der Substruktur des Grabes abzubauen. So können wir heute direkt in das Werk hineinschauen, und die gewonnenen Erkenntnisse sind sinnfällig und stehen außer Zweifel.

Trotz der erheblichen Verwüstung läßt sich auch der Plan der Substruktur von Neferefres Pyramide heute verhältnismäßig genau rekonstruieren. Sie bestand aus einem absteigenden, von Norden nach Südosten leicht abgeknickten Korridor, der in den Vorraum der Grabkammer mündete. Beide Räume orientierten sich an der Ostwestachse des Grabes und besaßen eine Giebeldecke aus feinen weißen Kalksteinblöcken. Sowohl die Decken der beiden Kammern als auch der Zugangskorridor sind mit Ausnahme eines einzigen Blocks von den Steindieben völlig zertrümmert und abgebaut worden. An den Seitenwänden des riesigen Kraters, der sich heute über den Überresten der Substruktur auftut, wurde auf diese Weise die innere Struktur des Kernmauerwerks entblößt. Dies ermöglichte es, die Arbeitsmethoden der Erbauer des Grabes präzise zu rekonstruieren.

Den Kern bilden wieder horizontale Schichten und keine geböschten Schalen. Jede von ihnen hat einen «Rahmen» aus regelmäßig gesetzten, grob bearbeiteten Kalksteinblöcken. Die äußeren sind bis zu fünf mal anderthalb mal einen Meter groß und in den Ecken gut gefügt, die um die Grube für die Grabkammer und den Zugangskorridor gelegten hingegen viel kleiner. Den Raum zwischen beiden «Rahmen» füllte man mit unbearbeiteten Kalksteinstücken, Lehm, Keramiksplittern und Sand. Es dürfte klar sein, daß die riesigen Blöcke sehr wahrscheinlich mit Hilfe von Rampen an ihren Platz befördert wurden. Deutliche Spuren von breiten Wegen fanden sich in der Wüste südlich der Unvollendeten Pyramide. Etwa einen Kilometer südlich verläuft außerdem ein Felsvorsprung aus gelb- bis grüngrauem Kalkstein, an dessen Hang Steinabbau betrieben worden ist und von dem schon Borchardt glaubte, daß er die Hauptsteinbrüche für den Kernbau der Pyramiden von Abusir enthielt.

Bemerkenswert ist die Art und Weise, wie der gigantische leere Raum, der nach Beendigung der Substruktur innerhalb des Kerns verblieb, verschlossen wurde. Dazu verwendete man im wesentlichen Steinabfall von der Baustelle. Als Grundlage diente über der Giebeldecke eine zusammenhängende Schicht aus kleineren groben Stücken desselben Steins, die hier und da mit Mörtel gebunden und mit Geröllschotter angereichert wurde. Die obere, in etwa waagerechte Fläche dieser Schicht bildeten grobe flache Kalksteinstücke, die oftmals die kursive, semihieratische Inschrift *Hut Neferefre* trugen, was sich frei als «[Heiliger Grab]bezirk des Neferefre» übersetzen läßt. Den verbleibenden freien Raum über dieser Schicht füllten diagonal angeordnete Mauern, die aus Steinabfallstücken bestanden und sich etwa in der Mitte des Baus kreuzten. Auch hier fand zu einem großen Teil eine Anreicherung mit Geröllschotter, Sand und Lehmziegelstücken statt. Zum Schluß wurde die flache Dachterrasse des Grabs mit einer einige Zentimeter dicken Lehmschicht und grobem Geröllschotter bedeckt, der von der Wüstenoberfläche der Umgebung stammte. Von außen wurde der Bau mit feinen weißen Kalksteinblöcken verkleidet. Neferefres Grab, ein stilisierter Urhügel, war vollendet.

DIE PYRAMIDE «LEPSIUS NR. XXIV»

Die umfangreiche Destruktion in der ramessidischen, vor allem aber saitischen Zeit, die mit dem Bau von Schachtgräbern einherging, hat diese Pyramide von innen und außen entblößt. Der erhaltene Rest ermöglicht heute einen sehr instruktiven Blick auf die Arbeit der Steinmetze, die nicht nur diese, sondern offensichtlich noch weitere Pyramiden in Abusir während der Zeit des Niuserre errichtet haben.

So können wir den einzelnen Bauphasen fast Schritt für Schritt folgen. Zunächst mußte das Terrain geebnet werden, denn die Pyramide steht in der Nähe des abfallenden Wüstenplateaurandes. Dann wurde eine Grube für die Substruktur ausgehoben und ausgemauert, und um diese herum entstand eine quadratische Fundamentplatte aus Kalksteinblöcken für die Pyramide.

Der Bau der ersten, etwa fünf Meter hohen Stufe des Kerns begann mit einer Anhebung der Umfassungsmauer, die an der Nordseite nicht ganz abgeschlossen war. In ihrer ganzen Höhe wurde aber eine regelmäßige Öffnung belassen, die die Materialanlieferung für den Bau der Grabkammer und den in sie hineinführenden Gang ermöglichte, der eben an der

Nordwand etwa zwanzig Zentimeter über der Pyramidengrundfläche begann. Eine weitere, diesmal unregelmäßige, etwa drei Meter breite Öffnung befand sich in der Südwand in der Nähe der südöstlichen Ecke. Durch sie lief wahrscheinlich ein Zugang ins Pyramideninnere hinab, vielleicht eine Rampe, über die Füllmaterial in den Raum transportiert wurde, der durch eine Umfassungsmauer der ersten Kernstufe begrenzt war. Der untere Teil der Füllung in einer Höhe von etwa zwei Metern wurde von einer Schicht aus Kalksteinstücken gebildet, über der sich offensichtlich Sand, Schutt und Bauabfall befanden. Die zweite Stufe des Kerns bildete ein System von diagonal angeordneten Mauern, die aus kleinen unregelmäßigen Steinstücken errichtet waren. Die unterschiedlichen Baumethoden der ersten und zweiten Stufe erhöhten die Stabilität des Pyramidenkerns erheblich. Der Kern der ganzen Pyramide hatte wahrscheinlich drei Stufen.

Der Tempel am östlichen Fuße der Pyramide lag, ebenso wie bei Chentkaus II., direkt an der Wand des Kerns an. Die Verkleidung, die sich zum Teil an der Nordseite erhalten hat, ist also auch hier frühestens nach Beendigung der ersten Stufe angebracht worden. Bezüglich der kleinen Ausmaße der verwendeten Blöcke hätte seine Konstruktion ähnlich ablaufen können, wie es bereits bei der Pyramide des Neferirkare angedeutet wurde.

Die neuen Forschungsergebnisse bezüglich der Pyramiden von Abusir haben unsere Kenntnisse erweitert und präzisiert. Sie haben bekräftigt, daß einige Bauverfahren im alten Ägypten die ganze Zeit hindurch angewandt wurden. Zum Beispiel errichtete man beim Bau des stärkeren Mauerwerks den Kern zunächst aus qualitativ schlechteren Steinblöcken und verkleidete ihn dann mit wertvolleren und gut bearbeiteten Steinen. Den größeren Teil des kompakten Mauerwerks stellten die alten Ägypter her, indem sie eine Umfassungsmauer errichteten und den entstandenen Raum mit Bauabfall und anderem minderwertigem Material füllten. Dennoch beantworten auch diese Erkenntnisse längst nicht alle Fragen, die den Bau der Pyramiden von Abusir oder gar aller anderen betreffen, mit abschließender Gültigkeit.

Ausblick

Der Leser, der auf den vorangegangenen Seiten eine einfache, befriedigende und erschöpfende Antwort auf die Frage gesucht hat, wie die ägyptischen Pyramiden erbaut wurden, wird wahrscheinlich etwas enttäuscht sein. Die Ägyptologie ist auch am Ende des 20. Jahrhunderts, nach fast zwei Jahrhunderten ihrer Existenz, nicht wirklich dazu in der Lage. Es handelt sich dabei nicht um eine Unzulänglichkeit im Problemzugang oder etwa Voreingenommenheit gegenüber anderen, untraditionellen oder auch unwissenschaftlichen Ansichten. Das Problem ist viel komplizierter, als es auf den ersten Blick scheinen mag.

Die ägyptischen Pyramiden wurden im Verlaufe von mehr als tausend Jahren erbaut, an verschiedenen Orten, aus unterschiedlichen Materialien und in unterschiedlicher Größe. Um so weniger können wir erwarten, daß es eine universelle Methode gab, mit deren Hilfe sie errichtet wurden.

Die Entwicklung, die die ägyptischen Pyramiden durchlaufen haben, ist durch das Bemühen ihrer Schöpfer gekennzeichnet, aus den vorangegangenen Irrtümern und Mängeln zu lernen, um ein optimales Verhältnis zwischen dem verwendeten Material und der Pyramidenform, den Bauverfahren und anderen Faktoren zu finden. Offensichtlich spiegelt sich darin auch das Bemühen wider, die Werke der Vorgänger in bezug auf die Größe, den Reichtum der Ausschmückung und auch die Ausbalancierung des ganzen Systems von Bauwerken, die den Pyramidenbezirk bildeten, zu übertreffen. Und das stets bis zu einer bestimmten kritischen Grenze, nach der es zu schwerwiegenden konzeptionellen Veränderungen kam, die wiederum die Arbeitsmethoden beeinflußten. Die Tatsache, daß die Grenzsituationen ihre Wurzeln im Bereich der Ökonomie, der Religion, aber auch der Ästhetik hatten, muß sicherlich nicht besonders betont werden.

Für eine wirklich gründliche und genaue Rekonstruktion der Methoden, mit denen die Pyramiden gebaut wurden, müßte man sie auseinandernehmen und dann wieder zusammensetzen. Hoffen wir, daß es zu diesem Äußersten in der archäologischen Forschung nicht kommen wird. Vor allem müssen weitere Revisionsuntersuchungen in den meisten Pyramiden folgen, die in der Vergangenheit leider nur sehr unzureichend erforscht wurden. Dabei werden sich immer stärker Verfahren aus dem Be-

Einen anderen Zugang zur Rekonstruktion des Pyramidenbaus, sozusagen von der entgegengesetzten Seite her, wählte 1979 eine japanische Fernsehgesellschaft. In dem Bemühen, den Zuschauern die Art des Pyramidenbaus näherzubringen, entschied sie sich, neben den berühmten Pyramiden in Giza noch eine weitere Pyramide zu errichten und alles mit der Kamera festzuhalten. Der Bau wurde unter der Auflage der ägyptischen Behörden in Angriff genommen, die Pyramide sofort nach ihrer Fertigstellung wieder auseinanderzunehmen. Der japanische Stab drehte den Arbeitsvorgang von einem speziellen Turm, zum Teil sogar von einem Hubschrauber aus. Man hätte annehmen können, daß die alten Verfahren, Stein und Kopien der altägyptischen Werkzeuge zum Einsatz kommen. Aber weit gefehlt! Man verwendete Betonquader, die direkt auf der Baustelle gegossen und von modernen Kränen und Lastern herbeitransportiert wurden. Am Ende der Arbeiten fand ein Fest statt, bei dem die Teilnehmer jeweils eine Rose erhielten, die sie dann in der «Grabkammer» innerhalb der Pyramide zurückließen.

reich der exakten Wissenschaften durchsetzen, und es ist mit sehr interessanten Entdeckungen zu rechnen, wie sich dies in der schon erwähnten geophysikalischen Untersuchung französischer Archäologen in der Großen Pyramide angekündigt hat. Das Ziel, alle Geheimnisse der ägyptischen Pyramiden zu enthüllen, ist noch längst nicht erreicht.

Nach den bisherigen ägyptologischen Erkenntnissen war die diagonale Anordnung von Mauersteinen erst von der 12. Dynastie an gang und gäbe, doch 1995 wurde diese Methode, die den Zusammenhalt des Kernmauerwerks erhöhte, auch in der Pyramide Lepsius Nr. XXV aus der 5. Dynastie in Abusir nachgewiesen.

VIERTER TEIL

DIE PYRAMIDEN

Alles fürchtet die Zeit,
nur die Pyramiden lachen über sie.
(Arabisches Sprichwort)

DAS ALTE REICH (3. BIS 6. DYNASTIE)*

Die 3. Dynastie – Stufen zur Ewigkeit

Mit der 3. Dynastie begann die erste Gipfelphase des wirtschaftlichen, politischen und kulturellen Aufschwungs Ägyptens, die von neuzeitlichen Historikern als Altes Reich bezeichnet wird. Dabei vollzog sich der Übergang von der 2. Dynastie unter nicht ganz geklärten Umständen. Die Ägyptologen haben sich darauf geeinigt, daß die Schlüsselfigur der schwer überschaubaren dynastischen Situation dieser Zeit die Königin Nimaathap I. war. Allerdings ist umstritten, welche Rolle sie eigentlich spielte. Manche Forscher sehen in ihr eine Nebenfrau des Chasechemui, die sich durchsetzte, nachdem die Hauptkönigin keinen Sohn und Thronfolger geboren hatte. Nimaathaps Sohn Nebka, dessen Horusname einigen Ägyptologen zufolge Sanacht lautete, wäre demnach der Begründer der 3. Dynastie gewesen. Andere Wissenschaftler sind der Meinung, daß Nimaathap die Tochter des Chasechemui, Sanachts Gemahlin und Mutter des Netjerichet war. Sanacht wird zuweilen mit Nebka identifiziert. Dieser erscheint auch als erster Herrscher der 3. Dynastie in der Königsliste aus Abydos und im Turiner Königspapyros. Nähere Angaben zu Nebka, vor allem zu seinem Grab, fehlen jedoch.

Von Sanacht, bislang zuweilen an den Anfang, inzwischen jedoch eher in die zweite Hälfte der 3. Dynastie datiert, wissen wir nicht einmal genau, wo er begraben wurde. In den Felsen am Wadi Maghara auf dem

* Nach Auffassung einiger Forscher dauerte das Alte Reich bis zum Ende der 6., nach der anderer bis zum Ende der 8. Dynastie. Die erstgenannte Ansicht scheint zu überwiegen und wird diesem Buch zugrunde gelegt.

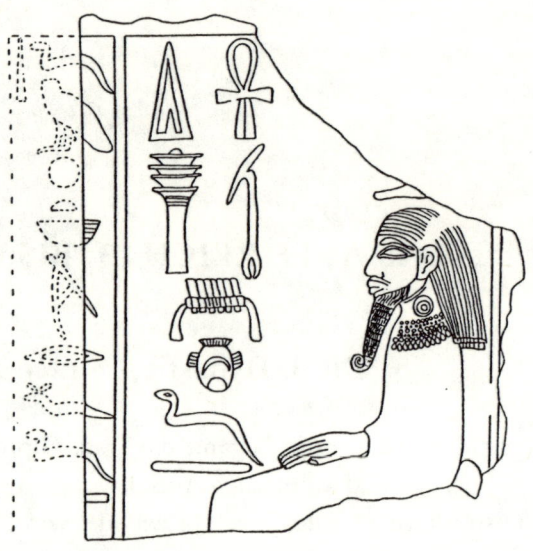

Geb (?), ein Erdgott.
Relieffragment aus
einem Djoser-Tempel
in Heliopolis.

Sinai, Ziel ägyptischer Türkisexpeditionen, wurden eine Inschrift und ein Relief entdeckt, die seinen Sieg über die Beduinen feiern. Statt einer Darstellung realer Kämpfe handelt es sich dabei aber eher um ein Apotropaikum, ein magisches Bild, das die Nomaden von Angriffen auf die ägyptischen Expeditionen abhalten sollte.

Ein neues Licht auf den unklaren Beginn der 3. Dynastie werfen einige Grabungsfunde, auf die das deutsche Archäologenteam in Abydos stieß. Danach ist offensichtlich, daß König Netjerichet das Begräbnis der Königin Nimaathap I. veranlaßte. War also er der Gründer der 3. Dynastie? Wie dem auch sei, Netjerichet, den meisten unter seinem späteren Namen Djoser* bekannt, war in jedem Fall die ausdruckvollste Persönlichkeit zu Beginn dieser Dynastie. Auch er ließ ein ähnliches Relief in die Felsen des Wadi Maghara meißeln, was als Beleg dafür zu werten ist, daß die Türkis- und Kupfervorkommen auf dem Sinai schon zu dieser Zeit fest in ägyptischen Händen waren. Überreste von Tempeln, die Djoser errichten ließ, wurden sowohl in Heliopolis in Unterägypten als auch in Gebelein in

---

* Dieser Name ist erst in Texten seit dem Mittleren Reich belegt, während Netjerichet den zeitgenössischen Horusnamen darstellt.

Oberägypten gefunden. Das bedeutendste Werk Djosers aber ist sein Grab, die bekannte Stufenpyramide in Saqqara, das erste Zeugnis dieses Grabtypus und gleichzeitig ein Meilenstein in der Entwicklung der ältesten monumentalen Steinarchitektur der Welt.

Neben der Pyramide in Saqqara wurde Djoser früher auch die riesige Ziegelmastaba bei Beit Challaf in Oberägypten zugeschrieben, die man für sein symbolisches Grab hielt. Heute sieht man darin eher das Grab eines der hohen Beamten, die der König während seiner etwa neunzehnjährigen Herrschaft mit der Verwaltung dieses Landesteils beauftragt hatte.

Djosers Monumentalbauten zeugen indirekt von einem gewaltigen Aufschwung der ägyptischen Wirtschaft zu Beginn der 3. Dynastie, von einem Anstieg der Produktivität der Landwirtschaft, des Handwerks und vor allem des Bauwesens. Daneben entwickelten sich das Schrifttum, die Astronomie, Mathematik, Landvermessung und – natürlich – die staatliche Administration. Auch spätere Generationen hielten diese Phase in der Geschichte Ägyptens für eine bedeutende Epoche. In der ptolemäischen Zeit fertigten Priester des Gottes Chnum aus Elephantine auf der nahe gelegenen Nilinsel Sehel die sogenannte Hungersnotstele an. Sie erwähnt eine sieben Jahre während Zeit der Not mit niedrigen Überschwemmungen, Mißernten und Hungersnöten, die erst durch die Fürbitte beim Gott Chnum, dem Herrn der Nilquellen, ein Ende fand. Die Inschrift wurde auf Djoser zurückdatiert, um dem Chnum-Kult Bedeutung und Altertümlichkeit zu verleihen und Besitzansprüche abzusichern.

Sein Nachfolger Sechemchet beschloß, dem Vorbild seines Vorgängers zu folgen und sich in dessen unmittelbarer Nähe ein genauso prunkvolles Grab errichten zu lassen. Der Bauplan seines Grabkomplexes ähnelte dem des Djoser, die Pyramide wurde jedoch siebenstufig projektiert und sollte nach ihrer Fertigstellung höher als das Vorbild sein. Ein Graffito auf der Umfassungsmauer des Komplexes weist darauf hin, daß, wie schon unter seinem Vorgänger, der geniale Architekt Imhotep als Bauleiter fungierte. (Waren beide, Sechemchet und Imhotep, Söhne Netjerichets und somit Brüder? – vgl. Seite 137.) Sechemchet regierte jedoch nur kurze Zeit, und so blieb seine Grabstätte unvollendet. Zu den wenigen Zeugnissen seiner Herrschaftszeit gehört wiederum eine Inschrift auf den Felsen des Wadi Maghara.

Die darauffolgende Zeit ist ziemlich unübersichtlich. In kurzer Folge wechselten einige Könige, was auf eine Schwächung der Königsfamilie und der Zentralmacht hinzuweisen scheint. Einer dieser Herrscher war Chaba, dessen Name von Siegelabdrücken in Lehm aus Hierakonpolis wie auch von Steingefäßen aus Dahschur und Zawijet el-Arian bekannt ist. Hier entdeckten Archäologen eine unvollendete Stufenpyramide – die sogenannte Layer Pyramid –, als deren wahrscheinlichster Inhaber Chaba gilt.

Erst gegen Ende der 3. Dynastie tritt die Gestalt des Huni klarer in den Vordergrund. Er war wahrscheinlich der erste, der den sogenannten Thronnamen in einer Kartusche schrieb (von dem etwas unklaren Fragment einer Kartusche aus Beit Challaf einmal abgesehen) – einem Oval, das Unendlichkeit und Universalität der Herrschermacht symbolisierte. In seine Regierungszeit fiel die Gründung eines Palastes auf Elephantine am ersten Nilkatarakt bei Assuan. Einigen Forschern zufolge war er es, der den Pyramidenbau bei Meidum in Angriff nahm. Diese Vermutung stützt sich jedoch auf keine direkten Beweise. Heute herrscht die Meinung vor, daß Snofru, der in Meidum auch seine ursprüngliche Residenz Djedsnofru hatte, diese Pyramide bereits von Anfang an errichten ließ. Diesem Bauwerk kommt infolge seiner Mittelstellung zwischen Stufen- und echten Pyramiden besondere Bedeutung zu.

Es änderten sich aber nicht nur die Pyramiden. Im Verlauf der bisherigen Entwicklung kam es auch zu einem tiefgreifenden wirtschaftlichen und sozialen Wandel. Davon zeugt die Grabinschrift des Magnaten Metjen. Sie enthält Angaben über dessen Beamtenlaufbahn und gesellschaftliche Stellung, aber auch über seine Besitzverhältnisse – Felder, Gärten, Weinberge und Feigenhaine. Einen Teil des Eigentums erbte er von seinem Vater, einen anderen kaufte er dazu, und schließlich besaß er etwa sechzig Hektar Land. Zu Beginn des ägyptischen Staates war noch der Pharao der alleinige rechtmäßige Eigentümer von allem – von Land, Steinbrüchen, Wasser, Vieh und bei Bedarf auch menschlichen Arbeitskräften – gewesen.

Die Inschrift des Metjen zeigt, daß auch ein Mensch nichtköniglicher Abstammung Ende der 3. und Anfang der 4. Dynastie bereits Eigentum einschließlich landwirtschaftlichen Bodens besitzen konnte.

DIE STUFENPYRAMIDE DES NETJERICHET (DJOSER)

Es gibt nur wenige Denkmäler auf der Welt, die in der Menschheitsgeschichte einen so bedeutenden Stellenwert innehaben wie die Stufenpyramide in Saqqara. Zusammen mit den Bauten, die sie umgeben, bildet sie den Grabkomplex des Netjerichet beziehungsweise Djoser.

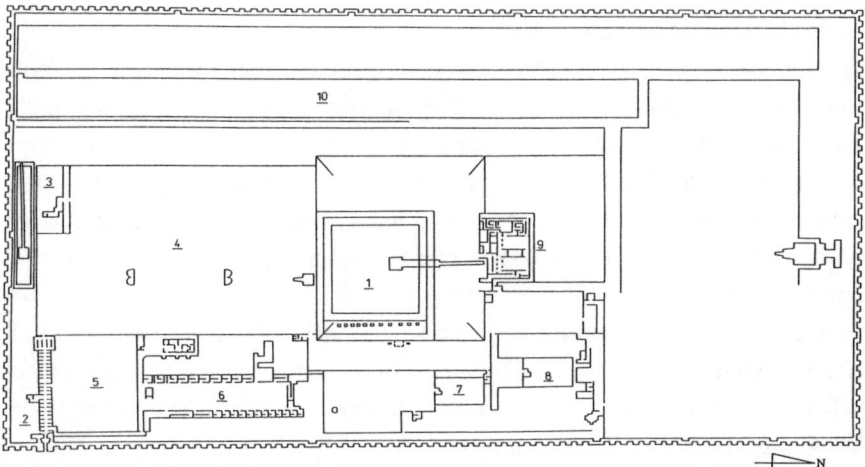

Grundriß des Djoser-Pyramidenkomplexes (nach Lauer). 1 – Pyramide, 2 – Eingangskolonnade, 3 – Südgrab, 4 – Südhof, 5 – Tempel «T», 6 – Komplex des *sed*-Festes, 7 – Südhaus, 8 – Nordhaus, 9 – Totentempel, 10 – Westmassive.

Ohne Übertreibung läßt sich sagen, daß sein Pyramidenbezirk einen Meilenstein in der Entwicklung der monumentalen Steinarchitektur in Ägypten und der Welt überhaupt darstellt. Zum erstenmal wurde hier der Kalkstein als neues Baumaterial in großem Ausmaß verwendet sowie die Idee des monumentalen Königsgrabes in Form einer Pyramide verwirklicht. In einer Inschrift aus der 19. Dynastie, die man in Saqqara-Süd fand, bezeichneten übrigens schon die alten Ägypter Djoser als «Öffner des Steins», was wir frei als «Entdecker der Steinarchitektur» übersetzen können.

Die architektonischen Formen entsprachen dem neuen Material vorerst noch nicht ganz, denn dieses erforderte neue Arbeitsvorgänge und -methoden, die die damaligen Erbauer erst suchen und ausprobieren mußten. Sie waren – wie sollte es auch anders sein? – stark von der frühzeitlichen Architektur beeinflußt, die leichte Naturmaterialien wie Lehmziegel, Holz, Schilf, Stroh und Matten verwendet hatte. Das Ergebnis ihrer Bemühungen ist ein originelles, monumentales und dabei in vieler Hinsicht sehr bizarres Werk, in dem sich die Gedankenwelt der frühzeitlichen Architektur mit der neuen «Steinordnung» in unwiederholbar wirkungsvoller Harmonie vereint.

Den Widerspruch zwischen der traditionellen «leichten» Architektur und den Eigenschaften des neuen Baumaterials, mit dem man noch nicht ausreichend Erfahrung hatte, lösten die Erbauer mit einer buchstäblichen Abschrift der frühzeitlichen architektonischen Elemente in Stein. Kalksteinwände mit Nischen formen die Konstruktionen aus Holzbrettern nach, die mit Seilen und mattenbehangenen Stangen verbunden waren, Säulen stellen riesige Papyrusstauden oder Binsen dar, im steinernen Tor befinden sich weit geöffnete steinerne Türflügel. Sehr treffend und mit einer gewissen Portion Poesie, die in diesem Falle absolut angebracht ist, beschrieb der französische Ägyptologe Jacques Vandier (1904–1973) die Wirkung, die der Djoser-Komplex auf den Besucher ausübt: «Im Djoser-Bezirk hat der Mensch oft den Eindruck, sich im Palast des schlafenden Dornröschens zu befinden. Alles hier ist tot, und für den Tod ist hier auch alles erschaffen worden.»

Der Komplex der Stufenpyramide war nicht nur architektonisch neuartig. Er spiegelte im Vergleich zur Vor- und Frühzeit auch eine in vielerlei Hinsicht andere Gedankenwelt wider. Im Ringen um die Reichseinheit hatte sich ein starker Zentralstaat etabliert, weshalb der Pyramidenkomplex des Djoser gewöhnlich als Ausdruck der politischen Stabilität Ägyptens am Anfang des Alten Reiches angesehen wird.

Es existieren schriftliche Berichte, denen zufolge europäische Reisende bereits im 17. Jahrhundert versucht haben, in die Stufenpyramide einzudringen. Die Anfänge archäologischer Forschung am Netjerichet-Komplex sind aber, wie auch im Falle vieler anderer bedeutender ägyptischer Denkmäler, mit dem Napoleon-Feldzug an der Wende vom 18. zum 19. Jahrhundert verbunden. Etwas später, im Jahre 1821, gelang dem preußischen General Johann Heinrich Freiherr von Minutoli die Entdeckung des Zugangstunnels, der von Norden unter die Stufenpyramide führt. Die unterirdischen Galerien unter der Pyramide mit etwa dreißig Mumien aus der Spätzeit fand aber erst 1837 der englische Pyramidenforscher Perring. Kurz nach ihm arbeitete hier auch die preußische Lepsius-Expedition.

Wirklich systematische archäologische Forschungen im Netjerichet-Komplex führte jedoch erst der englische Archäologe Cecil Firth in den zwanziger Jahren des 20. Jahrhunderts durch. Zu ihm gesellte sich bald der junge französische Architekt Lauer, für den die dortigen Ausgrabungsarbeiten schließlich zu einer lebenslangen Mission wurden und es heute noch sind. Auch wenn sich noch eine Reihe weiterer Fachleute mit der Anlage beschäftigte, verdankt die Ägyptologie den erreichten Kenntnisstand bezüglich der komplizierten baulich-archäologischen und historischen Problematik, die mit der Stufenpyramide verbunden ist, vor allem ihm.

Der Große Graben

Das Areal des Pyramidenbezirks war nicht nur – wie gewöhnlich angeführt wird – durch eine monumentale steinerne Umfassungsmauer begrenzt, sondern noch weiter außerhalb von einem riesigen Graben vollständig umgeben. Dieser wurde ursprünglich im Felsuntergrund ausgehoben und ist, obwohl schon lange wieder mit Sand und Schutt gefüllt, auf Luftaufnahmen und einer photogrammetrischen Karte der Grabstätte von Saqqara gut erkennbar. In groben Zügen erinnert er an das hieroglyphische Zeichen für *h*, «Grundriß eines Hauses».

Der Graben, der den größten Bau seiner Art auf der memphitischen Nekropole darstellt, hat einen rechteckigen, nordsüdlich orientierten Grundriß mit einem Ausmaß von siebenhundertfünfzig mal sechshundert Metern und ist etwa vierzig Meter breit. Der südliche Arm ist kürzer, aber teilweise verdoppelt und offen, um so nach Art eines *en chican* den Zutritt zur eigentlichen Umfassungsmauer des Djoser-Komplexes zu erschweren. So wurde von Süden her, in der Nähe der Südostecke, wahrscheinlich ein einziger Zugang zum gesamten Areal geschaffen.

Den südlichen Teil des Grabens erforschten ägyptische Archäologen, insbesondere Selim Hassan, Zaki Saad und Ahmad Musa. Die archäologische Untersuchung hat unter anderem gezeigt, daß die Wände ursprünglich mit Nischen verziert waren. Nach Auffassung eines anderen ägyptischen Archäologen, Nabil Swelim, stellten sie den Ort dar, wo in der Vorstellungswelt der Erbauer die Geister der Höflinge und Magnaten aus den Gräbern kamen, um auch nach ihrem Tod dem Pharao zu dienen. Diese Meinung basiert offensichtlich auf den bereits beschriebenen Nebengräbern in der Nähe der frühzeitlichen Königsgräber in Abydos, in denen einigen Ägyptologen zufolge nach dem Tod des Herrschers rituell getötete Bedienstete begraben waren. Ähnliches ist aber in der Umgebung von Netjerichets Komplex bisher nicht festgestellt worden. Wozu diente also der Graben? Es hat den Anschein, als sollte er den Zugang erschweren. Ließ sich der Baumeister bei seinem Entwurf durch einen Wasserkanal inspirieren, der vielleicht den Herrscherpalast in Memphis umgab? Ferner muß das riesige Volumen des Felsuntergrunds berücksichtigt werden, das beim Ausheben des Grabens beseitigt wurde und bisher nirgendwo in der Umgebung gefunden worden ist. Wurde dieses Gestein beim Bau der Stufenpyramide verwendet? Waren somit die Schutz- und religiösen Funktionen des Großen Grabens nur sekundär?

Rekonstruktion des Großen Grabens um die Stufenpyramide nach einem photogrammetrischen Plan (nach Swelim).

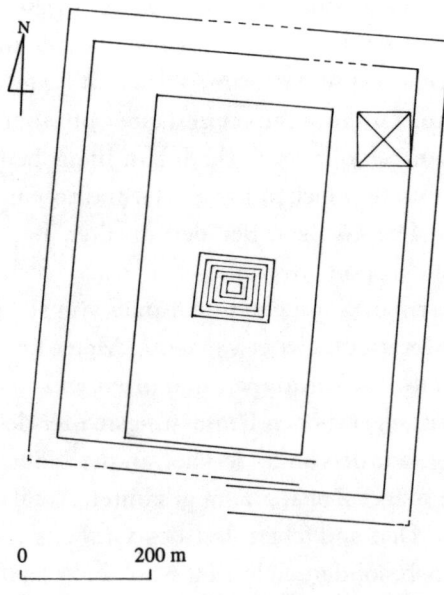

0   200 m

Die Umfassungsmauer

Ihre äußere Oberfläche, der Struktur von geflochtenen Matten nachempfunden, zieren Nischen und fünfzehn nicht ganz gleichmäßig über den Bezirk verteilte Tore, von denen vierzehn Attrappen darstellen und nur ein einziges in der Ostfassade nahe der Südostecke echt ist. Das Verzierungsmotiv ahmte einigen Ägyptologen zufolge einen mit Matten verkleideten Holzgerüstbau nach, während andere meinen, es handle sich um ein aus Mesopotamien übernommenes Motiv. Im ägyptischen Totenkult markierten die Nischen oft die Orte, wohin dem Geist des Verstorbenen das Opfer gebracht wurde.

Lauer ist der Ansicht, daß die Umfassungsmauer ihr Vorbild in der irdischen Herrscherresidenz Weiße Mauern hatte. Dem widerspricht jedoch die hohe Anzahl der Tore. Nach Hermann Kees (1886–1964) hingen die fünfzehn Tore mit dem *sed*-Fest zusammen, wobei die Anzahl auf die Hälfte des lunarischen Monats als Zeitraum für die Feierlichkeiten verweisen soll. Dieses Motiv, wohl gerade durch Djosers Anlage inspiriert, ist auch von anderen Denkmälern bekannt, zum Beispiel an der Umfassungsmauer des Pyramidenkomplexes von Senusret III. in Dahschur und als Verzierung der Seitenwände des Sarkophags desselben Königs.

Die Eingangskolonnade

In den Komplex gelangt man durch einen einzigen Zugang, dessen Rekonstruktion zusammen mit der des angrenzenden Teils der Umfassungsmauer zehn Jahre gedauert hat, von 1946 bis 1956. Er wird durch einen Korridor gebildet, dessen Kalksteindecke aussieht, als sei sie aus ganzen Baumstämmen gefertigt. An seinem Ende befinden sich zwei in Stein imitierte offene Flügel eines riesigen Tors. Dahinter setzt sich dann der Weg ins Innere des Komplexes durch eine lange Halle mit zwanzig Paaren Kalksteinsäulen fort.

Die Säulen erreichten eine Höhe von fast sechs Metern und waren aus trommelförmigen Teilen zusammengesetzt. Sie standen nicht frei, sondern waren durch Mauerzungen mit den Längswänden der Halle verbunden. Der Baumeister wagte offenbar noch nicht, ihnen die Stützfunktion allein anzuvertrauen. An beiden Seiten des Saals entstanden so zwischen den Säulen zweiundvierzig kleine Kammern, die einigen Ägyptologen zufolge

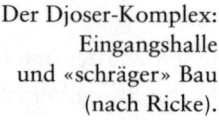

Der Djoser-Komplex:
Eingangshalle
und «schräger» Bau
(nach Ricke).

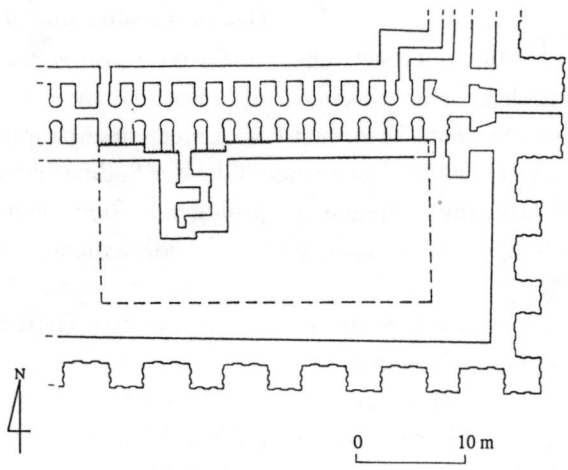

N

0   10 m

Kapellen der einzelnen Gaue von Ober- und Unterägypten darstellen. In keiner wurden jedoch Reste einer Verzierung oder Skulpturen gefunden, die gezeigt hätten, daß in ihnen der Kult der Hauptgottheiten dieser Gaue und ähnliches zelebriert worden wäre.

Die Säulenform ist einem Bund von Pflanzenstengeln nachgebildet. Lauers Ansicht nach hätte ursprünglich ein Schilfbündel tatsächlich eine leichte Decke aus Pflanzenmaterial stützen können. Demgegenüber glaubte Herbert Ricke (1901–1976), ein angesehener deutscher Fachmann für altägyptische Architektur, es habe sich um eine Imitation von Palmblattrippen gehandelt habe, die in frühzeitlichen Bauten zum Schutz der zerbrechlichen und dabei exponierten Enden der Mauern aus Lehmziegeln verwendet wurden. Er ging ferner davon aus, daß die Säulen ursprünglich mit grüner Farbe bemalt waren. Die Decke der Säulenhalle bestand aus Kalksteinplatten und sollte wiederum ganze Stämme nachbilden. Am westlichen Ende stand das sogenannte Quervestibül, das vier ähnliche, jedoch um etwa einen Meter niedrigere Säulen zierten.

Eine eingehende Untersuchung der Säulenhalle hat gezeigt, daß sie nicht auf einmal, sondern phasenweise entstanden ist und sich durch einige bauliche Besonderheiten auszeichnet: Ihre Längsachse ist nicht genau ostwestlich ausgerichtet, sondern leicht nach Südwesten versetzt, außerdem sind die äußeren Seitenwände leicht geböscht. Offensichtlich wurde der Eingangskorridor entlang des älteren, «schrägen» Gebäudes gebaut, das irgendwann einmal in der Südostecke des Areals gestanden hatte. Seinen Namen hat es der Tatsache zu verdanken, daß es, im Unterschied zu den anderen Bauten des Komplexes, nicht genau nach den Himmelsrichtungen ausgerichtet ist.*

Wolfgang Helck zufolge handelte es sich um den sogenannten Statuenpalast, in dem ursprünglich die Herrscherstatue untergebracht war. Dieser sollte noch zu Lebzeiten des Herrschers hier errichtet werden, allerdings den bereits gestorbenen Pharao in Gestalt des *Großen Weißen*, eines Pavians, darstellen. Mit dem Aufrichten der Statue und der Abhaltung der Belebungsrituale wäre der erste Prinz beauftragt worden, der so die Rolle des künftigen Königs spielen sollte. Helck leitete seine Ansicht unter anderem von Bruchstücken steinerner Statuen ab, die Firth gefunden hatte. Neben Löwenköpfen und zwei Köpfen gefangengenommener Feinde Ägyptens wurden in der Eingangshalle auch der Torso einer Königsstatue und vor allem der Sockel von Netjerichets Statue gefunden (Ägyptisches Museum Kairo, JE 49889). Darauf haben sich neben religiösen Symbolen auch Überreste einer Inschrift erhalten, die sowohl den Horusnamen des Herrschers als auch seine Titulatur und den Namen des Imhotep umfassen, woraus gefolgert wird, daß dieser Hoherpriester des Sonnentempels in Heliopolis und oberste königliche Architekt sowohl Netjerichets Sohn als auch der Erbauer der Stufenpyramide war.

Demgegenüber spiegelt sich nach Hans Goedicke in der baulichen Anordnung der Halle symbolisch die Idee des Gerichtshofs wider: Die Seitenkammern zwischen den Säulen waren für die beiden Neunheiten als Richter reserviert, denen der Herrscher vorsaß.

Die Pyramide

Die Stufenpyramide, die über dem ganzen Komplex thront, ist bereits einige Jahrzehnte hindurch erforscht worden. Mit einer gewissen Übertreibung ließe sich sagen, daß sich zu den gewonnenen Erkenntnissen ebenso viele neue Fragen gesellten.

---

* Ähnliche «schräge» Gebäude wurden auch in den Talbauten («Großen Umzäunungen») der frühdynastischen Grabkomplexe von Abydos entdeckt.

Schema der baulichen
Etappen der Stufen-
pyramide (nach Lauer).

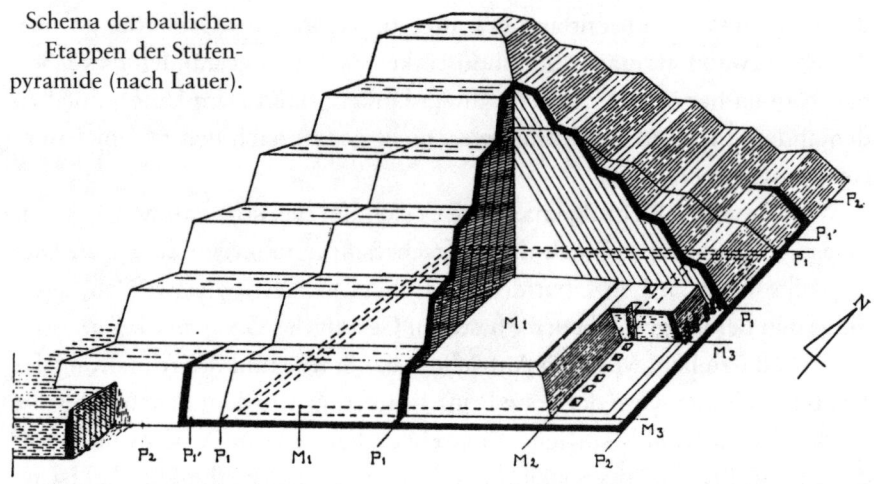

Untersuchungen haben ergeben, daß der ursprüngliche Bauplan der Stufenpyramide einige Male geändert wurde und ihre jetzige Gestalt das Ergebnis einer langen Entwicklung ist, die geplante, experimentelle und improvisierte Elemente zugleich umfaßt. Am Anfang hatte der Bau die Gestalt einer quadratischen Mastaba (M1), die nach und nach zweimal erweitert wurde, zunächst gleichmäßig an allen vier Seiten (M2), dann lediglich Richtung Osten (M3). Die Mastaba, die mit Hilfe der bereits beschriebenen Kammermethode errichtet wurde, besaß schon in Etappe M3 eine Stufenform.

Die stufenförmige Mastaba wurde schließlich in weiteren zwei Etappen zunächst in eine vier- (P1) und schließlich in eine sechsstufige (P2) Pyramide umgebaut, die – was merkwürdig ist – noch keine quadratische, sondern eine rechteckige, ostwestlich ausgerichtete Grundfläche hatte.

Beim Bau kamen einfache, aber effektive Methoden zum Einsatz. Das Mauerwerk wurde nicht in waagerechten, sondern in Richtung Pyramidenmitte geböschten Schalen angeordnet, was die Stabilität des Baus erheblich erhöhte. Als grundlegendes Baumaterial dienten Kalksteinblöcke, die ihrer Form nach an große Ziegel aus getrocknetem Lehm erinnerten.

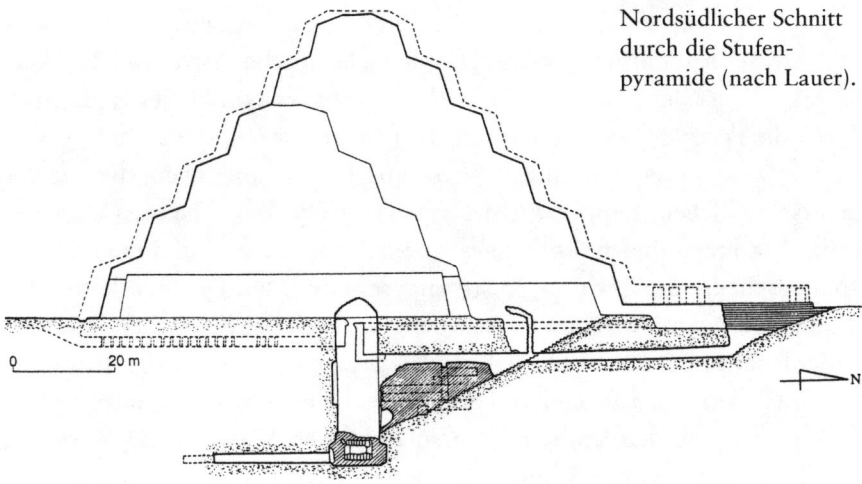

Nordsüdlicher Schnitt
durch die Stufen-
pyramide (nach Lauer).

Auch in dieser Hinsicht waren die Erbauer der Pyramide der bisher vorherrschenden Tradition und Erfahrung verpflichtet.

Die Motive, die zu der grundsätzlichen Entscheidung geführt haben,
den Bau von einer Mastaba in eine Pyramide zu verwandeln, sind bis
heute Gegenstand von Fachdiskussionen. Lauer vermutet, daß das Königsgrab bis zum Nildelta zu sehen sein sollte. Ferner vertrat er die Auffassung, die älteste Bauphase der Pyramide, die Mastaba M1, sei nicht das
Grab Netjerichets gewesen, sondern habe seinem Vorgänger Sanacht
gehört. Für diese Ansicht existiert jedoch kein direkter Beweis. Im Gegenteil, heute setzt sich vielmehr die Meinung durch, daß Sanacht erst einer
der späteren Könige der 3. Dynastie war.

Auch Hartwig Altenmüller wies Lauers Vermutung bezüglich des Umbaus zurück. Seiner Meinung nach war die Entscheidung, das Aussehen
des Grabes zu verändern, durch religiöse beziehungsweise rituelle Gründe
motiviert. Sollte die Pyramide also entsprechend einigen Anspielungen in
den späteren Pyramidentexten an eine gigantische Treppe erinnern, über
die der Geist des verstorbenen Herrschers in den Himmel aufsteigen
konnte? Oder sollte sie eher den stilisierten Urhügel imitieren, der bei der
Welterschaffung aus der Urflut aufgetaucht war?

Mit den Gründen für die Entscheidung zugunsten der gestuften Pyramidenform beschäftigte sich auch der tschechische Astronom Ladislav Křivský. Er ist der Meinung, daß sich die Erbauer von Netjerichets Grab durch die Form der auf- und untergehenden Sonne inspirieren ließen. Von Zeit zu Zeit, unter bestimmten physikalischen Bedingungen, die mit der unterschiedlichen Temperatur der verschiedenen Luftschichten über der Erde zusammenhingen, komme es zu einer optischen Täuschung, die der Sonnenscheibe die Form einer Stufenpyramide gebe. Der Bau hätte also die Idee der Sonnenreligion ausgedrückt, wonach der Herrscher in seinem stufenförmigen Grab unsterblich wie die Sonne sei: jeden Morgen am östlichen Horizont erwachend und allabendlich am westlichen sterbend.

Theorien, die den Umbau der ursprünglichen Mastaba M1 betreffen, gibt es also eine ganze Reihe, und weitere werden möglicherweise noch hinzukommen. Vieles spricht aber dafür, daß die Erklärung für den Umbau der Mastaba zu einer Pyramide komplizierter ist, als es bisher den Anschein hatte, und daß dazu die bisherigen bauarchäologischen und geodätischen Untersuchungen nicht ausreichen.

Es war bezeichnenderweise der Architekt Lauer, der bereits vor vielen Jahren feststellte, daß die anfängliche Mastaba (M1) nicht, wie üblich, einen rechteckigen, nordsüdlich ausgerichteten Grundriß hatte, sondern einen quadratischen! Um diese Entdeckung spannt sich eine Geschichte über den Zusammenprall des jungen Anfängers Lauer mit Borchardt, der damals schon eine allgemein respektierte Autorität auf dem Gebiet der ägyptischen Archäologie und Architektur war. Als Lauer diesem bei seinem Besuch in Saqqara begeistert von seiner überraschenden Erkenntnis berichtete, wurde er schroff ermahnt: «Junger Mann, lehren Sie mich keine Archäologie, eine Mastaba ist niemals quadratisch!»

Dürfen wir die Anfangsetappe von Netjerichets Grab (M1) also wirklich für eine Mastaba halten? Rainer Stadelmann bezweifelt dies wohl zu Recht und vermutet, daß das Grab schon von Anfang an als Pyramide mit quadratischem Grundriß geplant war. Warum sollte die erste Etappe der Stufenpyramide die einzige königliche Mastaba des Alten Reiches mit einem quadratischen Grundriß sein, während ihre endgültige Form die einzige Pyramide ist, die einen rechteckigen, ostwestlich orientierten Grundriß aufweist? Vieles spricht heute dafür, daß es doch Borchardt

Jean-Philippe
Lauer

war, der in dem erwähnten Streit recht hatte. Neue Untersuchungen der amerikanischen Expedition in den bereits erwähnten «Großen Umzäumungen» von Abydos haben zum Beispiel gezeigt, daß etwa in der Mitte des Areals, das von einer mächtigen Umfassungsmauer umschlossen war, ein kleiner, mit Lehmziegeln verkleideter Sandhügel lag. Er symbolisierte den Urhügel, den Ort der Schöpfung, der Auferstehung und des ewigen Lebens. Daran anknüpfend, stellte die Anfangsbauphase der Stufenpyramide, M1, wahrscheinlich den stilisierten Urhügel dar, der baulich zum erstenmal direkt mit dem königlichen Grab verbunden worden ist.

Den ursprünglichen Zugang in die Substruktur der Stufenpyramide bildet ein in der Nordsüdachse des ursprünglichen Baus M1 gelegener Tunnel. Er öffnet sich im Fußboden des Totentempels nördlich der Pyramide. An seinem Anfang befindet sich eine Treppe, an seinem Ende ein schräger Schacht, dessen oberer Teil ursprünglich den ganzen oberirdischen Bau M1 bis zur Dachterrasse durchzog. Auf dem Schachtboden, in einer Tiefe von etwa achtundzwanzig Metern, befindet sich das Grab in der sogenannten Granitkammer. Über ihrer Decke liegt ein Raum, den Lauer als «Manövrierkammer» bezeichnet hat, weil hier die Mumie des Pharao für das Herablassen in die Grabkammer präpariert wurde. Man ließ sie durch eine runde Öffnung im Fußboden hinabgleiten, die hinterher durch einen etwa drei Tonnen schweren Granitpfropfen geschlossen wurde.

Die Grabkammer aus Rosengranitblöcken erfuhr vielleicht kurz nach ihrem Entstehen einen umfangreichen Umbau, den Lauer dem legendären Imhotep zuschreibt. Seiner Meinung nach war die Kammer ursprünglich nur aus Kalksteinblöcken errichtet und ihre Decke mit Sternen verziert. Beim Umbau seien die Kalksteinblöcke mit den Sternen beseitigt worden, Bruchstücke davon konnten noch in der Umgebung gefunden werden. Stadelmann stimmt Lauer aus technischen Gründen aber nicht zu, denn die Decke aus diesen kleinen, 0,52 Meter langen Kalksteinblöcken hätte in der vier Meter langen und 2,56 Meter breiten Kammer sofort nach ihrer Errichtung einstürzen müssen. Die Kalksteinblöcke dienten seiner Meinung nach zum Vermauern der Tür und der Öffnung im Boden der sogenannten Manövrierkammer. Stadelmann widerspricht damit auch Werner Kaiser, der nicht ausschließen will, daß die Kalksteinblöcke dennoch mit dem Umbau der älteren Einrichtungen im Untergrund der Pyramide zusammengehangen haben könnten.

Vom Begräbnis haben sich nur geringfügige Knochenreste erhalten, und es ist umstritten, ob sie wirklich aus der Djoser-Mumie stammen. Minutoli, der die Kammer 1821 besuchte, fand hier das Fragment einer vergoldeten Sandale und eines Schädels. Lauer ergänzte den Fund dann im Jahre 1926 um Knochensplitter einer linken Fußsohle und eines Oberarms sowie einige Hautpartien. Nordwestlich der Grabkammer, in einem kleinen Gang, den später Diebe in den Steinboden geschlagen haben, wurde ein Holzkästchen gefunden, das Netjerichets Namen trägt (Ägyptisches Museum Kairo, JE 69498-501).

Das komplizierte Kammer- und Korridorsystem um die Grabkammer herum, ein regelrechtes unterirdisches Labyrinth, wurde Anfang der dreißiger Jahre von Lauer erforscht, wenn auch nicht in allen Details. Es ist sehr schwierig zu bestimmen, welche Teile das ursprüngliche und unvollendete Bauprojekt darstellen und welche das spätere Werk von Dieben sind. In unmittelbarer Nachbarschaft zu allen vier Seiten der Grabkammer befinden sich vier Galerien, die durch Korridore miteinander verbunden sind. Einige davon sind niemals fertiggestellt worden. Die Wände sollen ursprünglich mit blaugrünen, ein Schilfmattengeflecht imi-

tieren Fayencekacheln, verziert gewesen sein, weshalb man diese Räume
«blaue» Kammern nennt. Für die alten Ägypter war Türkis die Farbe
der Wiedergeburt, des Lebens und der Prosperität. Vielleicht wurde sogar
der Wasserspiegel des himmlischen und unterweltlichen Ozeans in den
Fayencekacheln der «blauen» Kammern verkörpert, wie die amerikanische Ägyptologin Florence Friedman meint.

In der östlichen Galerie fand man drei Scheintüren aus Kalkstein, auf
denen zweimal der laufende Herrscher mit der Roten beziehungsweise
Weißen Krone, einmal der stehende König mit der Weißen Krone sowie
die Königsnamen und die Embleme der Götter Anubis und Horus von Be-
hedet abgebildet sind. Eine davon nebst einiger Kacheln brachte Lepsius
im Jahre 1843 in das Berliner Museum. Man glaubt, daß die Ausgestal-

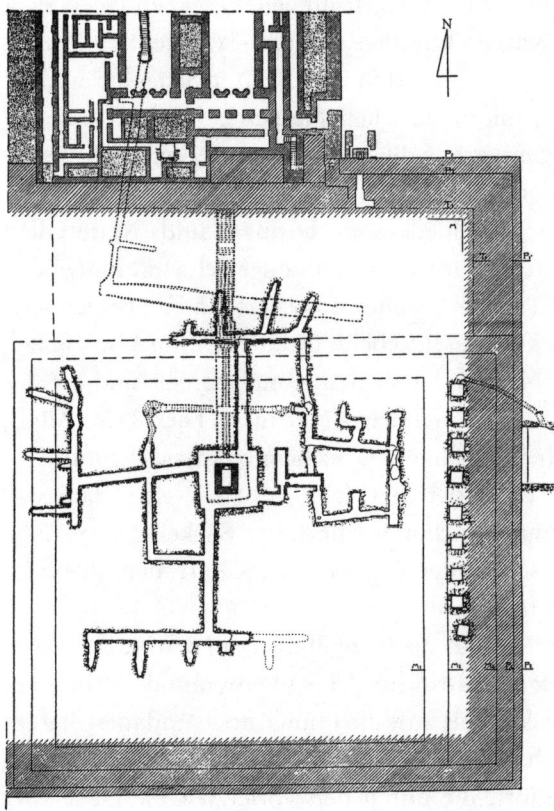

Grundriß des Totentempels
und der unterirdischen
Galerien der Stufenpyramide
(nach Lauer).

tung und Ausschmückung der unterirdischen Räume durch den echten Königspalast in Memphis inspiriert waren. Die Reliefs an den Scheintüren sollen an die Feierlichkeiten des *sed*-Festes erinnern, dessen Bestandteil der rituelle Königslauf um den Palast war.

Etwa zur selben Zeit, als die königliche Grabkammer in der Bauphase M2 entstand, wurden entlang der östlichen Grabfassade elf etwa dreißig Meter tiefe Schächte angelegt, von denen Galerien nach Westen ausgingen, die untereinander verbunden waren. Die Mündung der Schächte, die wahrscheinlich für die Beisetzung der Frauen und Kinder des Herrschers gedacht waren, überdeckte in der folgenden Phase M3 das Mauerwerk des verbreiterten Grabes. In der Galerie, die aus dem fünften Schacht hinauslief (die Numerierung verläuft von Norden nach Süden), wurde ein leerer Alabastersarkophag gefunden und an seinem Ende ein kleiner Holzsarg eines etwa acht- bis zwölfjährigen Jungen. Daneben lagen zwei Gefäße mit Blattgold und Karneolkorallen. Weitere Fragmente von Alabastersarkophagen befanden sich im ersten und zweiten Schacht, im dritten wurde ein Siegelabdruck mit Netjerichets Namen gefunden.

Die größte Überraschung erwartete die Archäologen jedoch in den weiteren Schächten, insbesondere im sechsten und siebten, wo sie auf etwa vierzigtausend Steingefäße verschiedenster Formen und Materialien stießen, oftmals aus Alabaster, Diorit, Kalkstein oder Schiefer. Einige Gefäße waren poliert, facettiert, mit Kannelüren verziert, andere trugen wiederum eingeritzte oder in Farbe geschriebene Inschriften mit königlichen wie auch nichtköniglichen Namen. Unter den Königsnamen sind die der Herrscher der 1. und 2. Dynastie vertreten – Nar(mer), Djer, Den, Adjib, Semerchet, Kaa, Hetepsechemui, Ninetjer, Sechemib, Chasechemui. Der Name des Pyramideninhabers, Netjerichet, fehlt jedoch. Viele Gefäße waren zum Zeitpunkt ihres Fundes noch in vermoderten Säcken gelagert, die die Siegel des letzten Herrschers der 2. Dynastie, Chasechemui, beziehungsweise des Netjerichet trugen.

Der Fund einer so großen Menge von Steingefäßen mit den Namen frühdynastischer Herrscher in der Substruktur der Stufenpyramide löste unter Ägyptologen sofort eine Diskussion aus, die immer noch andauert. Lauer ist der Ansicht, die Gefäße hätten ursprünglich zur Ausstattung der frühzeitlichen Königsgräber gehört, die durch den vorletzten Herrscher der

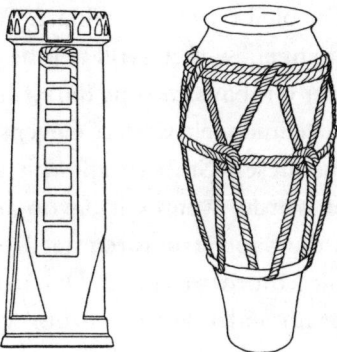

Steingefäße, die in der unterirdischen Galerie unter der Stufenpyramide gefunden wurden. Das ovale Gefäß imitiert einen mit einem Strick umwickelten Lehmbehälter. Das kegelförmige, an einen Festungsturm erinnernde Gefäß konnte auch als Sockel benutzt werden.

2. Dynastie, Peribsen, zerstört worden seien. Sein Nachfolger Chasechemui habe die Gefäße einschließlich der beschädigten sammeln und in Säcken im königlichen Magazin unterbringen lassen, woraufhin Netjerichet sich für ihr pietätvolles Wiederbegräbnis in der Substruktur seiner Pyramide entschieden habe. Helck war davon überzeugt, daß die Gefäße aus Tempelmagazinen und Herstellungszentren stammen und die Gründe, warum Netjerichet sie anhäufen ließ, einfach unbekannt seien. Stadelmanns Theorie ähnelt der Lauers. Danach ließ Netjerichet die beschädigten Gräber der frühzeitlichen Könige in der Umgebung der Baustelle restaurieren und die nicht intakten Gefäße in der Substruktur seiner eigenen Pyramide beisetzen. Donald B. Redford ist hingegen der Auffassung, daß Netjerichet bei der Vorbereitung des Baus eine ganze Reihe von Gräbern seiner Vorfahren beseitigt haben muß. Ihr Inventar, die Gefäße, erhielt er jedoch und ließ sie pietätvoll in seinem Grab beisetzen, um auf diese Weise Ehrfurcht vor der Vergangenheit wie auch die Kontinuität der Macht zu demonstrieren.

Diese Erklärung mutet etwas paradox an. Die Zerstörung einer ganzen Reihe von Gräbern königlicher Vorfahren wäre weder besonders pietätvoll noch eine Demonstration von Machtkontinuität gewesen. Außerdem verfügen wir über keinerlei Beweise für die absichtliche Zerstörung oder Usurpation eines Königsgrabes aus dem Alten Reich, wenngleich es unter den verfeindeten Zweigen des Königsgeschlechts sicherlich von Zeit zu Zeit zu einem wilden Kampf um die Macht kam. Aber wie soll man die Aneignung der Gefäße im eigenen Grab interpretieren? Auch bei den anderen zitierten Theorien bleibt vieles unerklärt. Warum ließ Netjerichet zum Beispiel nur die Steingefäße pietätvoll neu bestatten, die lediglich einen von vielen Posten der Grabausstattung darstellten? Warum nicht auch Kultgeräte, Waffen, Spiele und viele weitere Gegenstände? Es ist jedenfalls ausgeschlossen, daß aus diesen Gräbern alles bis auf die Steingefäße gestohlen oder vernichtet wurde. Wenn wir davon ausgehen, daß dem Bau des Djoser-Komplexes die Superstrukturen der Königsgräber von Raneb und Ninetjer (nach Peter Munro) aus der 2. Dynastie weichen mußten, die in enger Nachbarschaft im Süden lagen, warum sind dann unter den Gefäßen aus dem Untergrund der Djoser-Pyramide auch solche zahlreich vertreten, die den bewiesenermaßen nicht in Saqqara bestatteten Königen der 1. Dynastie gehörten? Warum wurden hier neben dreizehn Gefäßen des Ninetjer auch dreizehn Gefäße des Djer gefunden? Und darüber hinaus: Wie können wir behaupten, daß die Beseitigung der Superstrukturen von Königsgräbern der 2. Dynastie aus baulichen Gründen notwendig war, wenn uns nicht eine einzige in Saqqara näher bekannt ist? Wir wissen nicht, wie diese Superstrukturen aussahen, ob sie baulich einfach oder kompliziert, groß oder klein waren. Offensichtlich wäre es nötig – sofern das nach so vielen Jahren noch möglich ist –, die archäologischen Umstände des Fundes erneut zu untersuchen, die Tatsache zu überdenken, daß einige Säcke schon das Siegel von Netjerichets Vorgänger Chasechemui trugen, sowie einzuschätzen, warum die Gefäße gerade während der Bauphase M2 in den Schächten deponiert und unmittelbar darauf durch den Anbau M3 dauerhaft versiegelt wurden. Dabei müßten nicht nur die bisher unerforschten Teile des Pyramidenbezirks selbst, sondern auch dessen unmittelbare Umgebung berücksichtigt werden, in der man bereits Überbleibsel der Königsgräber des Ninetjer und Raneb aus der 2. Dynastie gefunden hat.

Der Südhof

Der Eingangskorridor mündet mit seinem abschließenden Säulenvestibül in einen weitläufigen, etwa hundertachtzig mal hundert Meter großen Hof zwischen der Stufenpyramide und dem südlichen Flügel der Umfassungsmauer. Der Hof war offen, und ursprünglich befanden sich lediglich ein paar Bauten darin. In der nordöstlichen Ecke standen ein kleiner Tempel mit drei Nischen und ein niedriger Kalksteinaltar, der sich an die südliche Pyramidenseite anschloß. Dieser war über eine kleine Rampe zugänglich, vor der ein Stierkopf in einem mit Kalkstein verkleideten Hohlraum gefunden wurde.

Etwa in der Mitte des Hofes befanden sich zwei niedrige Kalksteinbauten, deren Grundriß an den Buchstaben B erinnert. Wozu sie dienten, ist bisher noch Gegenstand von Diskussionen. Aufgrund ihrer Form, die an halbmondförmige Objekte auf einer Narmer-Keule erinnert, wurden sie mit dem symbolischen Königslauf beim *sed*-Fest in Verbindung gebracht.

Die genaue Bedeutung des Wortes *sed* ist nicht bekannt, und dasselbe läßt sich in gewissem Maße auch über den Sinn des Festes selbst sagen, das gemeinhin als Thronjubiläum und Erneuerungsfeier zur Bekräftigung der Macht des Herrschers angesehen wird. Im Idealfall sollte es nach dreißig Regierungsjahren begangen werden. Da die Protagonisten diese Spanne nur selten erlebten, wurde der Termin in der Praxis bedeutend verkürzt und die Feier nur symbolisch zelebriert, aber darauf wird noch zurückzukommen sein. Vorläufig begnügen wir uns mit der Erkenntnis,

Narmer, in einen eng anliegenden Mantel gehüllt, mit der unterägyptischen Krone auf dem Kopf und einem Zepter in der Hand, sitzt bei der Zeremonie des *sed*-Festes in einem offenen Pavillon auf dem Thron. Über dem Pavillon schwebt der Geier Nechbet, die Schutzgöttin Oberägyptens. Rechts sind die erwähnten halbmondförmigen Objekte zu sehen. Detail aus der Verzierung einer Kalksteinkeule des Herrschers, die bei Ausgrabungen in Hierakonpolis gefunden wurde.

Sed-Fest-Szene, die sich auf Relieffragmenten aus Niuserres Sonnentempel in Abu
Ghurab erhalten hat und den Herrscher mit der oberägyptischen Krone auf dem Kopf
in verschiedenen Episoden des Festes darstellt (nach von Bissing). Ganz links, in einen
eng anliegenden Mantel gekleidet, besucht er in Begleitung eines «Dieners der Seelen
von Nechen», der die Standarte des Wolfsgottes Upuaut, «Öffner der Wege», trägt,
eine Kapelle. Auf der rechten Seite vollzieht er in einem kurzen Rock *(schendjet)* und
mit einer Geißel in der Hand wiederum in Begleitung des Trägers der Upuaut-Stan-
darte den Kultlauf.

daß der Herrscher in Wirklichkeit zum Beispiel nicht um den Palast von
Heiligtum zu Heiligtum lief, wie es an den Tempelwänden abgebildet
wurde. Symbolisch war auch das Begräbnis des gealterten Herrschers in
Gestalt einer Statue. Möglicherweise war das ganze Fest ein entferntes
Echo auf ein rauhes vorgeschichtliches Ritual, bei dem der Stammesfüh-
rer seine physische Tüchtigkeit und somit die Fähigkeit, weiter zu herr-
schen, unter Beweis zu stellen hatte und sofern er das nicht schaffte, möglicherweise rituell getötet und durch einen jüngeren Nachfolger ersetzt
wurde.

Bei einer archäologischen Untersuchung wurden vierzig Steinstelen entdeckt, von denen einige die Namen von Netjerichets Gemahlin Hetephernebti und der Tochter Inetkaus trugen. Sie hatten wahrscheinlich irgendwann einmal das Areal des Königsgrabes begrenzt, bevor sie beseitigt und bei der Erweiterung des Komplexes erneut als Baumaterial verwendet worden sind.

Zu den interessanten archäologischen Funden aus dem Raum des Südhofs gehört auch ein Kalksteinblock mit dem Überbleibsel der sogenannten Restaurationsinschrift des Chamuaset. Dieser Sohn Ramses' II. und Hoherpriester des Ptah-Tempels in Memphis war für sein Interesse an den Denkmälern der berühmten königlichen Vorfahren auf der memphitischen Nekropole bekannt. Auf vielen von ihnen wurden Inschriften gefunden, die Instandsetzungen beschädigter Denkmäler auf Anordnung des Prinzen belegen. Chamuaset ließ sich sein eigenes Monument in der Nähe der Stufenpyramide errichten, das die japanische Expedition vor einigen Jahren auf einer felsigen Anhöhe westlich des Serapeums entdeckt hat. Dies war, wenn man von den damals noch unzugänglichen Pyramidengipfeln absieht, der einzige Ort, von dem aus der Prinz das gesamte entzückende Panorama der memphitischen Nekropole einschließlich der Stadt selbst überblicken konnte.

Das Südgrab

Der niedrige Bau in der Südwestecke des Südhofs ist einer der rätselhaftesten im Komplex des Netjerichet überhaupt. Sein überirdischer Teil besteht aus einem massiven Block Kalksteinmauerwerk, dessen nördliche und östliche Nischenfassade von einem Fries mit einer Reihe aufgerichteter Kobras magisch «geschützt» wird. Von Norden her führt ein Zugang in einen schmalen Saal, in dem nach Lauer einst eine Königsstatue stand, während Ricke der Ansicht ist, daß hier die Königskronen von Ober- und Unterägypten aufbewahrt wurden.

In die Substruktur des Südgrabs tritt man von Westen her über einen absteigenden tunnelartigen Korridor mit einer Treppe ein. Nach etwa dreißig Metern, ungefähr auf dem Schnittpunkt des Korridors mit der verlängerten Linie der Nordsüdachse der Stufenpyramide, öffnet sich ein schräger Schacht, an dessen Ende sich eine Grabkammer aus Rosengranit befindet. Diese stellt eine nur geringfügig kleinere, fast originalgetreue Kopie des Grabes unter der Stufenpyramide dar. Selbst die «Manövrierkammer» fehlt nicht. Der absteigende Gang mit der Treppe setzt sich weiter nach Osten fort und führt in eine Galerie, die die unterirdischen «blauen» Kammern unter der Stufenpyramide imitiert. Auch hier befinden sich blaugrüne Fayencekacheln und drei Scheintüren aus Kalkstein. Darauf war der Herrscher allerdings nur einmal laufend mit der Weißen Krone und zweimal in entspannter Haltung mit Roten beziehungsweise Weißen Krone auf dem Haupt abgebildet (die Episoden des *sed*-Festes). Insgesamt besticht die Dekoration des Südgrabes durch den Grad ihrer Vollendung und Ausarbeitung aller Details, der höher ist als im Falle der unterirdischen Kammern unter der Stufenpyramide, was die Vermutung nahelegt, daß es früher beendet wurde. Manche Forscher sahen darin das eigentliche Grab des Djoser. Aus religiösen Gründen läßt sich aber kaum nachvollziehen, warum sich der Herrscher erst eine Pyramide hätte bauen und dann nicht darunter bestatten lassen sollen.

Den Eingang ins Südgrab entdeckten Firth und Lauer gemeinsam. Als erster zwängte sich Lauer durch die Öffnung in der Manövrierkammer in den Untergrund, weil er sehr schlank war. Einige Sekunden später rief er Firth, der an der Öffnung wartete, völlig außer sich zu: «Stelen! Hier sind Stelen!» Es folgten Tage voller aufreibender Arbeit und beglückender Entdeckerfreude, was eine Geschichte sehr plastisch illustriert, an die sich Lauer erinnert. Die blaugrünen Fayencekacheln waren von den Wänden gefallen und verstaubt, und so entschloß er sich eines Tages, sie mit Mrs. Winifred Firth aufzusammeln und zu reinigen. Sie brachten sie in das kleine Haus der Firths, und Lauer brach zu einer anderen Arbeit auf. Nach wenigen Schritten erschreckte ihn ein durchdringendes Zischen. Bestürzt lief er zurück zu Mrs. Firth, die ihm eine einfache Erklärung für das Geräusch gab: Sie hatte beschlossen, die Kacheln in Eimern einzuweichen. Das Zusammentreffen der einige tausend Jahre lang ausgetrockneten Fayencesubstanz mit Wasser hatte zu einer heftigen Reaktion geführt und Lauer mehr erschreckt als die Gefahren, die in den Ruinen des Netjerichet-Komplexes auf ihn hätten lauern können.

Äußerst unklar bleibt die Funktion des Südgrabes. Die Substruktur stellt zwar in vieler Hinsicht eine Replik auf das «Nordgrab» unter der Stufenpyramide dar, es gibt aber auch bedeutende Unterschiede. Die Grundausrichtung des «Nordgrabs» einschließlich des Zugangskorridors ist nordsüdlich, beim Südgrab hingegen ostwestlich. Während des gesamten

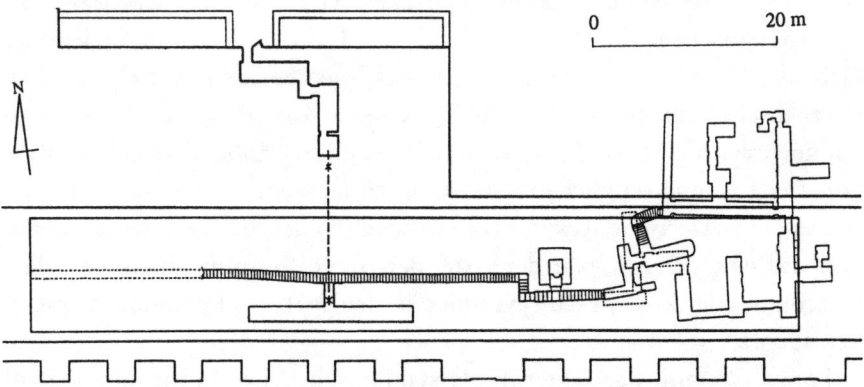

Plan des Südgrabes (nach Ricke).

Alten Reiches existierte nur noch in der Knickpyramide von Dahschur ein westlicher Zugang. Die nordsüdliche Orientierung ist durch die Einflüsse der damals noch vorherrschenden Astralreligion zu erklären, wonach der Geist des Herrschers zu einem der nördlichen Zirkumpolarsterne werden sollte. Die Ostwestausrichtung gilt dagegen als Ausdruck der sich zu Netjerichets Zeit bereits allmählich durchsetzenden Sonnenreligion.

Die Existenz zweier fast gleicher, entlang der Nordsüdachse aufeinander ausgerichteter Gräber im Bezirk des Netjerichet bleibt immer noch ein Rätsel und Gegenstand konträrer Theorien.

Der britische Ägyptologe James Quibell vertrat die These, daß im Südgrab nach der Geburt Djosers die königliche Plazenta rituell bestattet worden war, wofür es allerdings keinerlei schriftliche oder archäologische Belege gibt.

Firth hielt es zunächst für ein symbolisches Grab im Rahmen des *sed*-Festes, schließlich aber für ein provisorisches Grab, das für den Fall des unerwarteten Herrschertodes während des Baus seines Grabkomplexes vorbereitet worden sei.

In den Augen des renommierten britischen Pyramidenforschers Eiddon Edwards, der sich durch Firth inspirieren ließ, waren die Reliefs an den Scheintüren ein Beweis dafür, daß Netjerichet wirklich beabsichtigt hatte, das Südgrab zu benutzen. Zur Unterstützung dieser Ansicht führt er die Knick- und die Rote Pyramide in Dahschur an.

Nach Rickes Meinung handelte es sich beim Südgrab um einen für Buto charakteristischen unterägyptischen Grabtyp im Gegensatz zur «oberägyptischen» Stufenpyramide. Er sah darin das *ka*-Grab, in dem der Geist des Herrschers ruhte, und vermutete, wie bereits erwähnt, daß sein oberirdischer Teil ein Kultort für die Kronen von Ober- und Unterägypten gewesen sei. Diese These konnte Altenmüller anhand seiner Analyse von Texten zum königlichen Bestattungsritual weiter erhärten.

Der schweizerische Ägyptologe Gustave Jéquier, der im Südgrab ebenfalls das *ka*-Grab sah, war der erste, der einen Zusammenhang zwischen diesem und der kleinen Kultpyramide in den späteren Pyramidenkomplexen suchte.

Lauer verstand das Südgrab als symbolischen Ersatz für eine Bestattung auf dem königlichen Friedhof in Abydos.

Der Tempel «T»

Nördlich der Eingangskolonnade liegt ein rechteckiger Bau, der seinen etwas eigentümlichen Namen Lauers Arbeitsbezeichnung «T» verdankt. Ähnlich wie bei vielen anderen Bauten des Netjerichet-Komplexes war beim Tempel «T» die ältere, frühzeitliche Lehmziegelarchitektur auf Steinkonstruktionen übertragen worden. In den Tempel konnte man sowohl von Süden als auch von Osten aus eintreten; er bestand aus einer Eingangskolonnade, einem Vorzimmer, drei Innenhöfen und einem quadratischen Saal. Die Säulen waren hier schon funktional und stützten die schweren Kalksteinplatten der Decke ohne zusätzliche Verstärkungen. In der Nordwand des quadratischen Saals stößt man auf eine von Pilastern eingefaßte Nische, gekrönt von einem Fries mit den hieroglyphischen Zeichen für *djed* («dauern», «fest sein»). In dem Saal befand sich möglicherweise eine Königsstatue.

Auch die Bedeutung des Tempels «T» ist Gegenstand von Fachdiskussionen. Ricke hielt ihn für einen «Königspavillon» und war, ähnlich wie Firth, der Ansicht, daß er zur symbolischen Rast des Herrschers und zum Wechseln der Kleidung während der Rituale des *sed*-Festes diente. Stadelmann sieht in ihm einen Prototyp der späteren sogenannten Tempelpaläste in den Totentempeln des Neuen Reiches.

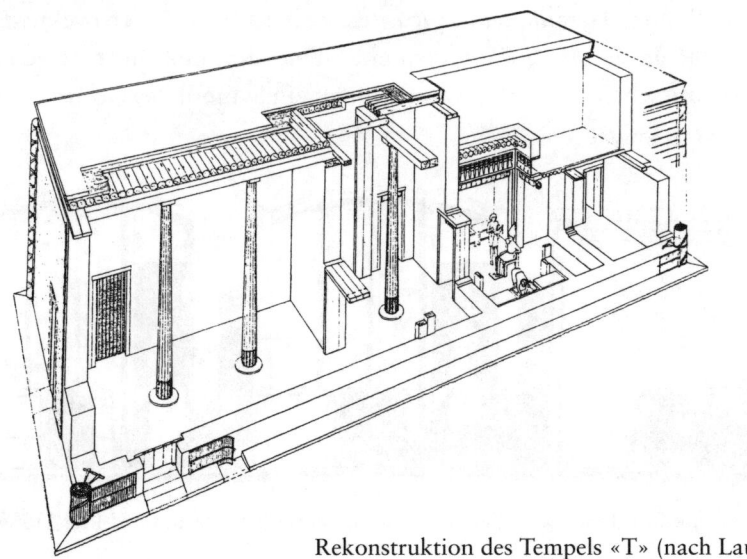

Rekonstruktion des Tempels «T» (nach Lauer).

Der Komplex des *sed*-Festes

Den Raum zwischen dem Tempel «T» und der Südostecke der Stufenpyramide füllte ein Komplex symbolischer Bauten aus, zu dem ein schmaler, gleich zu Beginn der Eingangskolonnade nach Norden abzweigender Gang führte und für den sich die Bezeichnung «Komplex des *sed*-Festes» oder «*sed*-Fest-Hof» eingebürgert hat.

Sein Kern ist ein offener Hof, dessen östliche und westliche Seite ursprünglich Kapellenreihen flankierten. An der Ostseite erhoben sich zwölf davon, und ihre glatten Fassaden, umrahmt von einem Rundstab, waren oben bogenförmig gewölbt. In jeder Kapelle befand sich eine Statuennische. Vorbild für dieses architektonische Element war der unterägyptische Kapellentypus (*per nu*), der ursprünglich aus Lehmziegeln, Holz, Schilfrohr und Stroh bestand. Heute stehen an der Ostseite noch drei aus Kalkstein gefertigte, unvollendete Osiris-Statuen des Königs.

Auf der Westseite des Hofes standen dreizehn Kapellen mit zwei Fassadentypen. Der Typus der «Gotteshalle» (*sech netjer*) hat eine Fassade, die von seitlichen Rundstäben eingefaßt ist. Das «Große Haus» Typ (*per uer*) stellte das oberägyptische Heiligtum dar, das ursprünglich aus einem leichten Holzstangengerüst bestand, zwischen denen Matten gespannt waren. Die Fassade zierte eine Dreiergruppe von kannelierten Halbsäulen, die die Pflanze *Herculaneum giganteum* einschließlich vertrockneter Blütenblätter imitierten. Sie bildeten ein kleines Kapitell mit einer Öffnung, in die wahrscheinlich irgendwann einmal ein Symbol des Gottes eingesetzt

Rekonstruktion dreier Kapellenfassaden auf der Westseite des *sed*-Fest-Hofes (nach Lauer).

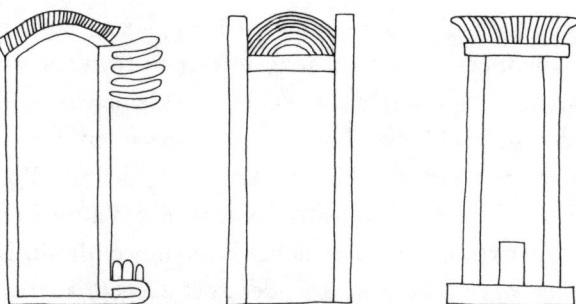

Fassaden der frühzeitlichen Kapellen *per uer*, *per nu* und *sech netjer*. Die ersten beiden waren die «Reichsheiligtümer» von Ober- beziehungsweise Unterägypten. Die dritte war eng mit dem Totengott Anubis in Schakalgestalt verbunden. Ursprünglich handelte es sich um Bauten aus leichtem Pflanzenmaterial – Holz, Schilfrohr und Matten.

war. Der obere Fassadenrand wies eine bogenförmige Wölbung auf. In jeder Kapelle befand sich, ähnlich wie in der Ostreihe, eine Nische für die Statue, die über eine niedrige Stufenrampe zugänglich war. Am nördlichsten Rand der westlichen Kapellenreihe stand ursprünglich eine Gruppe von vier Statuen, von denen nur noch Fußreste, zwei größere Paare rechts und zwei kleinere links, erhalten geblieben sind. Meistens werden sie Netjerichet zugeschrieben, seiner Mutter (?) Nimaathap und seiner Gemahlin und Tochter, Hetephernebti und Inetkaus.

Am Südende des Hofes befand sich eine erhöhte Plattform, auf der während der Zeremonien des *sed*-Festes unter einem Baldachin der königliche Thron stand. Hier wurde der Herrscher symbolisch gekrönt.

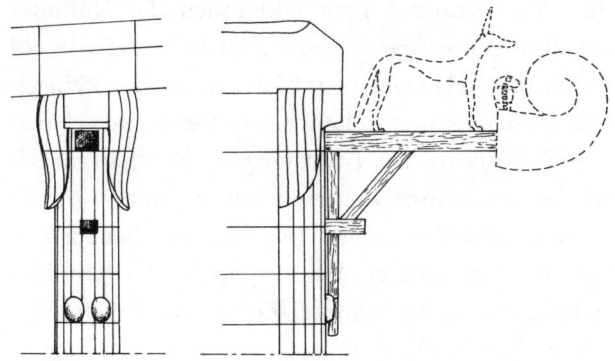

Kapitelldetail einer kannelierten Halbsäule, die die Pflanze *Herculaneum giganteum* imitiert, und Rekonstruktion ihrer ursprünglichen Ausschmückung (nach Lauer).

Im südwestlichen Teil des *sed*-Fest-Komplexes lag ein kleinerer, nordsüdlich orientierter Bau. Da man immer noch nicht weiß, wozu er diente, bezeichnet man ihn sehr allgemein als «kleinen Tempel», und auch in ihm befinden sich schlanke, kannelierte Halbsäulen. Den Zugang vom Krönungspodest her ermöglichte ein Korridor, der die Bogenform der Südwestecke wiederholt. Zweifellos wurde der Baumeister auch hier durch die Konstruktionen frühzeitlicher Bauten beeinflußt. Die Rundung ist entweder einer gewölbten Matte oder aber Ziegelmauerwerk entlehnt, bei dem ein rechter Winkel die Stabilität herabgesetzt hätte.

Nach Lauer wurde das Thema des *sed*-Festes später nicht mehr durch die Architektur ausgedrückt, sondern durch Reliefs in den Toten- und Sonnentempeln. Ricke und ihm darin folgend auch Arnold sehen in dem Komplex den Prototyp eines besonderen Raumes mit abgebildeten *sed*-Fest-Szenen, der in den Pyramidentempeln seit dem Ende der 5. Dynastie belegt ist und für den sich die Bezeichnung «antichambre carrée» (quadratisches Vorzimmer) eingebürgert hat. Nach Stadelmann, der an Werner Kaisers baulich-archäologische Analyse des Komplexes anknüpft, handelte es sich nicht ausschließlich um einen Bau, der das *sed*-Fest symbolisierte, sondern um einen Teil einer allgemeineren Szene von Bestattungsritualen; unter funktionalen Aspekten betrachtet steht der Komplex dem offenen Statuenhof der späteren Pyramidentempel der 4. bis 6. Dynastie nahe.

Südhaus und Nordhaus

Die Ruinen des Südhauses waren so imposant, daß die Lepsius-Expedition sie irrtümlicherweise für eine Pyramide hielt und ihnen die Nummer XXXIV zuteilte. Zu dem Bau gehört ein ausgedehnter Hof, der sowohl vom südlichen *sed*-Fest-Komplex als auch vom Hof entlang der Pyramidenostseite zugänglich ist. In der Südwestecke wurden Reste eines Altars gefunden, dessen Grundriß die Form des Buchstabens «D» besitzt. Die Ost- und Südseite des Hofes waren mit Nischen dekoriert, und im nordöstlichen Teil befindet sich die Mündung eines etwa fünfundzwanzig Meter tiefen Schachtes. Eine große Anzahl verkohlter Papyri, die Firth im Hof fand, führte zu der Annahme, daß sich in späterer Zeit genau hier die Verwaltung der gesamten Grabstätte von Saqqara befunden hat.

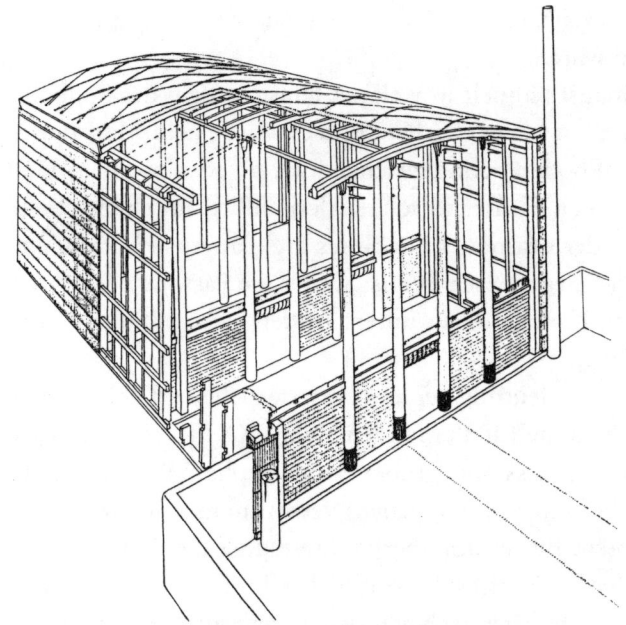

Rekonstruktion
des «Südhauses»
(nach Lauer)

Die Nordseite des Hofes begrenzt das Südhaus, das die charakteristische Fassade des bereits erwähnten *per uer* imitiert. Die Rekonstruktion und Identifikation dieses symbolischen Baus sind ein Werk Lauers. Das Südhaus ist in der Holzskelettbauweise mit Mattenbehang und flachgerundetem Dach konstruiert, das von vier kannelierten Halbsäulen gestützt wurde. Diese waren ganz und gar mit roter und lediglich an ihrer Basis mit schwarzer Farbe bemalt und sollten Zedernstämme darstellen. Über dem Eingang in die Kapelle verlief ein durchgehender Fries mit hieroglyphischen Zeichen für *cheker* («verzieren», «Verzierung»). Ihr Vorbild ist im oberen Rand einer bunten Matte zu sehen, die in der Frühzeit die Fassade eines Baus zierte. Die kleine Kapelle hat die Form des Buchstabens «L», und an ihrem Ende befindet sich eine Nische mit kreuzförmigem Grundriß. An den Wänden haben sich viele sogenannte Besuchergraffiti in hieratischer Schrift erhalten, die aus der 18. und 19. Dynastie stammen, so zum Beispiel von dem Schreiber der Schatzkammer, Hednacht, oder dem Schreiber des Wesirs, Panacht. Die Graffiti sind von erheblicher historischer Bedeutung, denn sie erwähnen zum erstenmal Djoser als Inhaber des Komplexes und zeigen auch, daß die Bauten zu jener Zeit noch in relativ gutem Zustand waren.

Der Plan des Nordhauses ähnelt in vielerlei Hinsicht dem des Südhauses. Der Hof ist kleiner, hat keine Nischen, und es wurde kein Altar darin gefunden. In seinem Fußboden befindet sich jedoch ein etwa zwanzig Meter tiefer Schacht, der in eine unterirdische Galerie führt. Im Unterschied zum Südhaus stehen in der Ostmauer des Hofes drei Papyrus-Halbsäulen, die ältesten bekannten Belege dieses Typus. Weder die Fassade des Nordhauses noch die kleine Kapelle darin unterscheiden sich auffallend von ihrem südlichen Pendant.

Die Theorien über die Bedeutung beider Häuser weichen erheblich voneinander ab. Lepsius hielt sie für Pyramiden (Nr. XXXIII und XXXIV). Firth sah in ihnen die Prinzessinnengräber der Hetephernebti und Inetkaus, Ricke die symbolischen königlichen Verwaltungsresidenzen von Ober- und Unterägypten. Bisher am anerkanntesten ist die ähnliche Ansicht Lauers, der zufolge die Häuser den nördlichen und südlichen Teil des vereinigten Ägyptens symbolisieren. Nach den Zeremonien der symbolischen Thronbesteigung des Königs sollte sein *ka* sich dorthin begeben, um seine ober- und unterägyptischen Untertanen zu empfangen.

Der Totentempel

Der Totentempel war das Zentrum des Herrscherkults. Er liegt am Fuße der Nordwand der Stufenpyramide, und seine längere Achse ist ostwestlich ausgerichtet. Das Tempelgeschoß ist im Vergleich zu den umliegenden Bauten leicht erhöht. Der Haupteingang befand sich im südöstlichen Teil. In den «intimen», an der Pyramide anliegenden Teil des Tempels trat man durch einen Portikus aus Doppelsäulen. Innen befanden sich Scheintüren und die Kultstatue des Königs. Der nördliche Tempelteil bestand im wesentlichen aus einem Hof. Die Rekonstruktion der Lage und Bedeutung der einzelnen Teile ist sehr schwierig, denn dieser unübersichtliche Komplex von Räumen, Korridoren und Höfen unterscheidet sich von ähnlichen Bauten aus der vorangegangenen und auch folgenden Zeit erheblich. Es ist auch nicht ausgeschlossen, daß der Tempel ursprünglich viel größer projektiert war und aus bisher unbekannten Gründen wie beispielsweise dem vorzeitigen Tod des Herrschers reduziert wurde.

Zu den bemerkenswerten archäologischen Funden aus dem Areal des Totentempels gehören Lehmsiegelabdrücke eines Priesters der Göttin Neith, die den Namen des Königs Sanacht tragen.

Der Serdab und der nördliche Teil des Djoser-Komplexes

Das ausgedehnte Areal zwischen Totentempel und Nordhaus wird nach dem kleinen Bau, der in der Nähe des Eingangs zum Totentempel steht, «Hof des *serdab*» genannt. Den Serdab (arabisch «Keller») bildet ein abgeschlossenes Kämmerchen, in dessen Nordwand sich ein Paar runder Sehschlitze befindet. Durch sie blickte die sitzende Statue Netjerichets auf den Vorhof des gesamten Grabkomplexes und die Rituale, die darin abgehalten wurden. Netjerichets teilweise beschädigte Kalksteinstatue in Lebensgröße ist jetzt im Ägyptischen Museum in Kairo untergebracht (JE 49158). Sie stellt den Herrscher auf dem Thron sitzend dar. Er ist in einen eng anliegenden Mantel gekleidet und trägt eine lange dreiteilige Perücke sowie die Kopfbedeckung *nemes*. Die Statue weckt den Eindruck strenger königlicher Erhabenheit.

Einige weitere Fragmente, die der Statue ähneln, fanden sich auf dem Areal des Totentempels. Existierte hier noch ein Serdab? Im Hof wurden ebenfalls viele Bruchstücke sogenannter Grenzstelen entdeckt, die denen im Südhof glichen. Wahrscheinlich haben sie zunächst das Areal des Königsgrabes begrenzt und wurden bei seiner Erweiterung und Rekonstruktion beseitigt.

Mit dem nördlich des Totentempels gelegenen Nord- und dem Serdabhof ist fast ein Drittel des Netjerichet-Komplexes noch nicht sorgfältig erforscht worden. Im nordöstlichen Areal fand man zum Teil symbolische Speicher mit runden Öffnungen in der Decke, durch die Getreide geschüttet wurde. Hier erhob sich auch eine Gruppe von Kapellen, die an Bauten im Hof des *sed*-Festes erinnern. Am nördlichsten Rand des Komplexes, in seiner Nordsüdachse, schließt an die innere Wand des nördlichen Flügels der Umfassungsmauer ein Hochplateau an, das über eine Stufenrampe zugänglich ist. Oben auf der Plattform befindet sich eine quadratische, acht mal acht Meter breite Vertiefung von einigen Zentimetern. Der rätselhafte Bau rief eine interessante und – wie sollte es auch anders sein? – bisher nicht abgeschlossene Diskussion bei den Ägyptologen hervor.

Stadelmann hält ihn für einen Sonnentempel und stützt sich dabei auf die kurze Kursivinschrift *seketre* («Untergang des Re») auf einem Ostrakon, das ein Stück weiter gefunden wurde. Altenmüller ist demgegenüber der Meinung, die quadratische Vertiefung bezeichne den Ort, wo ursprünglich ein Obelisk gestanden habe, das Symbol des in Heliopolis verehrten Steinfetisches *benben*. Diese Annahme werde indirekt durch die Tatsache gestützt, daß der dortige Hoherpriester Imhotep zugleich den Bau des Pyramidenkomplexes geleitet habe. Zu beiden Theorien muß aber angemerkt werden, daß weder der Obelisk noch seine Fragmente im Areal des Netjerichet-Komplexes gefunden wurden. Eine erneute Analyse der erwähnten Inschrift zeigte, daß es sich nicht um den Namen eines Sonnentempels handelt, sondern um einen Pavillon des *sed*-Festes.

Auf eine Erklärung der Bedeutung des Hochplateaus müssen wir deshalb wohl bis zum Abschluß der systematischen archäologischen Untersuchung des nördlichen Komplexteils warten. Diese wird sicherlich eine Reihe interessanter und möglicherweise auch unerwarteter Funde bringen. Schon heute ist nämlich aus verschiedenen Sondierungen bekannt, daß sich gerade in diesem Areal kleine sogenannte Treppengräber (*stairway tombs*) befinden, die älter sind als der Komplex selbst. Interessant ist auch, daß Mariette in der Nähe der erwähnten Plattform den sogenannten Löwenaltar entdeckt hat, den Borchardt in die 2. Dynastie datierte. In den unterirdischen Korridoren in der Nordwestecke des Komplexes wurden außerdem Siegelabdrücke von Netjerichet und Chasechemui entdeckt. Diese Funde scheinen mit der archäologischen Problematik der rätselhaften sogenannten Westmassive zusammenzuhängen.

Die Westmassive

Westlich des Südhofs und auch der Stufenpyramide erstrecken sich in nordsüdlicher Richtung drei niedrige Wälle. Der westlichste und mächtigste unter ihnen ist etwa vierhundert Meter lang, fünfundzwanzig Meter breit und fünf Meter hoch. In seinem nördlichen Teil wurden Reste eines Ziegelbaus gefunden, den Lauer für die Unterkunft der Baumeister des Netjerichet-Komplexes hielt. Das östlichste und kürzeste Massiv liegt unmittelbar an der Stufenpyramide an.

Die bisher nur partielle Untersuchung hat gezeigt, daß die Superstruktur dieser Bauten keine Kammern enthielt und aus Steinsplittern errichtet war. Die Massive unterschieden sich ihrem Aussehen nach ein wenig voneinander, zum Beispiel hatte das östlichste nach Lauer ein flaches, das mittlere hingegen ein leicht gewölbtes Dach. Die leicht geböschten Seitenwände waren mit Nischen verziert. Den Zugang in die Substruktur, die durch lange, teilweise zerstörte Korridore und an den Seiten vorspringende Kammern gebildet wurde, ermöglichten fünf Schächte und Treppen. In den bisher erforschten Teilen fand man große Mengen von Steingefäßfragmenten, aber auch Körner (Gerste und Weizen) sowie getrocknete Früchte.

Solange ihre sorgfältige archäologische Untersuchung noch nicht abgeschlossen ist, wird uns die Bedeutung der «Westmassive» verborgen bleiben. Nach Lauer sind Djosers Bedienstete darin begraben. Stadelmann meint hingegen, daß es sich um ältere Bauten aus der 2. Dynastie handelt, die später in Netjerichets Komplex eingegliedert wurden. Auch wenn Überbleibsel der älteren Bauten innerhalb und auch außerhalb des Komplexes nachweisbar sind, sprechen etliche Tatsachen gegen seine Ansicht.

Zum einen besteht das Mauerwerk der Superstruktur sehr wahrscheinlich aus Abfallmaterial von der Baustelle des Pyramidenkomplexes, und andererseits deutet auch die Anlehnung des östlichsten Massivs an die Stufenpyramide eher auf ein jüngeres Datum dieser Bauwerke hin. Der bisher erforschte Teil des Untergrunds der «Westmassive» erinnert seinem Grundriß nach am ehesten an Lagerräume. In diesem Zusammenhang ist auch der Einwand zu beachten, daß wir über keinerlei Anhaltspunkte verfügen, denen zufolge irgendein König im Alten Reich das Grab seines Vorgängers usurpiert oder vernichtet hätte.

Zum Abschluß

Die Interpretation des Gebäudeensembles von Netjerichets Grab ist aufgrund seiner Originalität sehr schwierig und wird noch lange Gegenstand ägyptologischer Diskussionen und verschiedener, oftmals auch gegensätzlicher Theorien bleiben. Die Wissenschaftler stimmen im allgemeinen darin überein, daß der Komplex Ausdruck der Konsolidierung der politischen und wirtschaftlichen Verhältnisse in Ägypten nach der unruhigen und oftmals auch konfliktreichen Zeit der 2. Dynastie war.

Ricke hielt den Komplex für die symbolische Residenz des Herrschers im Jenseits, also keineswegs für eine getreue Kopie seines irdischen Sitzes, sondern für eine ideelle Verbindung der religiösen Vorstellungen von Ober- und Unterägypten und gleichzeitig auch die symbolische Einheit der Hauptteile der königlichen Residenz – des Wohnpalastes, der Verwaltungsgebäude, des Krönungspalastes, der Festhöfe.

Kaiser stellte sich die Frage eher in baulich-archäologischer und chronologischer hinsicht, nämlich, ob der Komplex auf einmal nach einem einheitlichen Plan oder in verschiedenen Etappen errichtet wurde. Er neigte der zweiten Möglichkeit zu, auch wenn die Rekonstruktion der Entwicklungsstufen nicht einfach ist. Fest steht, daß es erst in der Schlußetappe (P2) zu dem Versuch kam, aus den einzelnen Gebäuden eine harmonische Einheit zu schaffen, einen Komplex, der sowohl hinsichtlich seiner Funktion als auch seiner Bedeutung kohärent ist. Auch diese Bau-

Imhotep hält eine ausgewickelte Papyrusrolle auf den Knien. Sein Name ist sowohl auf dem Papyrus als auch auf dem Sockel der sitzenden Statue vermerkt. Bronze, Spätzeit. Ägyptisches Museum Kairo.

phase erreichte nicht ganz die projektierte Vorgabe, denn der Herrscher war währenddessen wahrscheinlich gestorben, was unter anderem zu einer bedeutenden Verkleinerung und Vereinfachung des Totentempels führte.

Lauer, der berufenste Experte, vertritt die Meinung, daß der Erbauer des Netjerichet-Komplexes nicht einem vorher entworfenen Plan gefolgt ist, sondern im Gegenteil entsprechend den gewonnenen Erfahrungen Gebäude zweierlei sehr verschiedenen Typs in das Projekt einbezogen hat:

– symbolische Bauten, sogenannte Simulacra, die mit dem *sed*-Fest zusammenhingen und für den *ka* des Herrschers im Jenseits bestimmt waren (zum Beispiel der Komplex des *sed*-Festes, der Tempel «T», das Süd- und Nordhaus);

– funktionale Bauten für die Bestattungs- und Totenrituale (das Säulenvestibül am westlichen Rand der Eingangskolonnade, das «schräge» Gebäude südlich der Eingangskolonnade, der Totentempel).

Lauers Ansichten haben bisher das größte Echo hervorgerufen. Gerade weil er eine so renommierte fachliche Autorität ist, sollen an dieser Stelle einige grundlegende und bisher ungelöste Probleme aufgelistet werden, denen Lauers Ansicht nach bei den weiteren Forschungen mehr Aufmerksamkeit gewidmet werden muß. Er äußerte sie in einem Interview gegenüber dem Journalisten Philippe Flandrin in Form von Fragen, die er gern Imhotep gestellt hätte, an dessen Architektenrolle er nicht einen Moment lang zweifelte:

– Wurde der Anfangsbau (M1) für Netjerichet geplant oder für seinen Vorgänger Sanacht? (Eine Antwort auf diese Frage zeichnet sich, wie es bereits angedeutet wurde, allmählich ab.)

– War Imhotep nicht nur der Baumeister der Stufenpyramide in Saqqara, sondern auch des Netjerichet-Tempels, der in Heliopolis gefunden wurde und an dessen Überresten sich auch die Namen der mit dem Herrscher verbundenen Frauen Hetephernebti und Inetkaus erhalten haben?

– In welcher Ausrichtung waren die Architrave des Eingangskorridors plaziert?

– Die steinerne Umfassungsmauer des Grabkomplexes mußte in der Anfangsphase (M1) eine viel kleinere Fläche begrenzen als heute. Existiert irgendein überzeugender Beweis für die ursprünglichen Ausmaße des Areals?

– Warum wurde bei der allmählichen Erweiterung von Netjerichets Grab der ursprüngliche quadratische Grundriß (M1) beibehalten, in der Endphase (P2) aber in einen rechteckigen umgewandelt?

– Wurde das Südgrab in der gleichen Zeit wie die Stufenpyramide errichtet?

– Was für eine Bedeutung hatte das Südgrab? War es ein symbolischer Ersatz für das Königsgrab in Abydos? Oder spielte es eine wichtige Rolle bei den Ritualen des sed-Festes, wobei in ihm die Herrscherstatue bestattet wurde, um seinen scheinbaren Tod zu symbolisieren?

– Der Felsuntergrund der Stufenpyramide ist teils brüchig, aber stellenweise auch so hart, daß bei der Untersuchung der unterirdischen Korridore und Kammern zuweilen Sprengstoff (!) verwendet werden mußte. Welcher Mittel und Methoden bedienten sich damals die Ägypter noch, wo ihnen doch eigentlich nur Kupfermeißel zur Verfügung standen?

– Für die Angehörigen der königlichen Familie wurden während der Etappe M2 elf Grabschächte vor der Ostseite der Mastaba ausgehoben. Warum wurden einige davon (Nr. 6, 7 und 8) noch vor der Graberweiterung (M3) und dem Zudecken der Schachteingänge zur Beisetzung von Steingefäßen aus der 1. und 2. Dynastie verwendet?

– Warum hatten das Süd- und das Nordhaus ihre Eingänge nicht in der Mitte, sondern etwas außerhalb der Fassadenachse?

– Herrschte in der Zeit von Netjerichets Thronbesteigung noch die astrale oder bereits die Sonnenreligion vor? (Lauer ist der Ansicht, daß sich gerade in der Zeit Netjerichets durch den Einfluß Imhoteps der Sonnenkult am Königshof ausbreitete.)

– War in den Westmassiven Netjerichets Dienerschaft begraben?

Zu Lauers Fragen ließen sich allerdings noch weitere hinzufügen, darunter auch eine, die Lauer sicherlich gern gestellt hätte: Wo wurde Imhotep selbst begraben? Diese Frage erregt Ägyptologen schon seit einigen Generationen. Walter Emery* zum Beispiel war fast besessen von ihr. Dieser erfolgreiche und nach Meinung einiger seiner Zeitgenossen sehr autoritäre und selbstbewußte britische Archäologe suchte das Grab in Saqqara-Nord, vielleicht deswegen, weil in der Spätzeit, als es zur Vergöttlichung Imhoteps kam, dessen Kult nahe dem Serapeum gepflegt wurde. Obwohl er einige Male das Gefühl hatte, kurz vor der Entdeckung zu stehen, hatte er letztendlich keinen Erfolg. Wo also liegt der geniale Architekt Imhotep begraben?

DIE STUFENPYRAMIDE DES SECHEMCHET

Auch die ägyptische Archäologie hat ihre tragischen Helden, die einen schwindelerregenden Aufstieg und im Augenblick des wohlverdienten Erfolgs einen jähen Absturz erlebten. Der junge ägyptische Archäologe Zakarija Goneim arbeitete bereits vor dem Zweiten Weltkrieg in Saqqara, wo er die Ausgrabungen im Pyramidentempel des Unas, des letzten Herrschers der 5. Dynastie, beaufsichtigte. Den Krieg verbrachte er in Luxor und kehrte dann erneut nach Saqqara zurück. Hier fesselte schon seit längerer Zeit ein riesiger, sich unklar unter einer Düne abzeichnender Bau von rechteckigem Grundriß seine Aufmerksamkeit, der ungefähr in nordost-südwestlicher Richtung orientiert war. Er lag in der Nähe des Ortes, an dem Goneim vor dem Krieg gearbeitet hatte, nur einige hundert Meter südwestlich des Pyramidentempels des Unas.

Auf den Rat Lauers hin, der zu dieser Zeit nicht weit entfernt im Pyramidenkomplex des Djoser grub, konzentrierte sich Goneim auf die Freilegung der vier Ecken des rätselhaften Baus, um seine Grundmaße zu ermitteln. Dies gelang ihm schließlich, und zur großen Verwunderung beider zeigte sich, daß es sich um die Ecken einer Umfassungsmauer aus Kalkstein handelte, die einen ausgedehnten, bisher völlig unbekannten Pyramidenkomplex umschloß. Ja, mehr noch, ihre mit tiefen Nischen verzierte Fassade erinnerte auffällig an die Begrenzung des Djoser-Bezirks. Es

---

* Der Nachfolger von Firth und Quibell nahm seit 1936 an den britischen Ausgrabungsarbeiten in Saqqara teil.

bestand kaum ein Zweifel, daß der neu entdeckte Bau ebenfalls aus der 3. Dynastie stammte.

Goneim intensivierte die Ausgrabungsarbeiten und setzte sie im Laufe der ersten Hälfte der fünfziger Jahre fort. Es kamen archäologische Erkenntnisse hinzu, und es schien, als ließe sich der Schleier des Geheimnisses über dem Pyramidenbezirk allmählich lüften. Der Komplex war auf unebenem Felsuntergrund errichtet worden. Die Erbauer hatten deshalb zunächst das Terrain ebnen und mächtige, stellenweise bis zu zehn Meter hohe Terrassen bauen müssen. Warum wählten sie gerade diesen mühsame Vorkehrungen erfordernden Ort als künftige Baustelle, der noch dazu so

Lageplan der Pyramiden auf der Grabstätte von Saqqara.
1 – Serapeum, 2 – Teti, 3 – Userkaf, 4 – Djoser, 5 – Unas, 6 – Sechemchet, 7 – Kisr el-Mudir, 8 – St. Jeremias Kloster, 9 – Pepi I., 10 – Djedkare, 11 – Merenre I., 12 – Ibi, 13 – Pepi II., 14 – Schepseskaf, 15 – Chendjer, 16 – Pyramide aus der 13. Dynastie, 17 – Bewässerungskanal, 18 – Dorf Saqqara, 19 – Dorf Abusir.

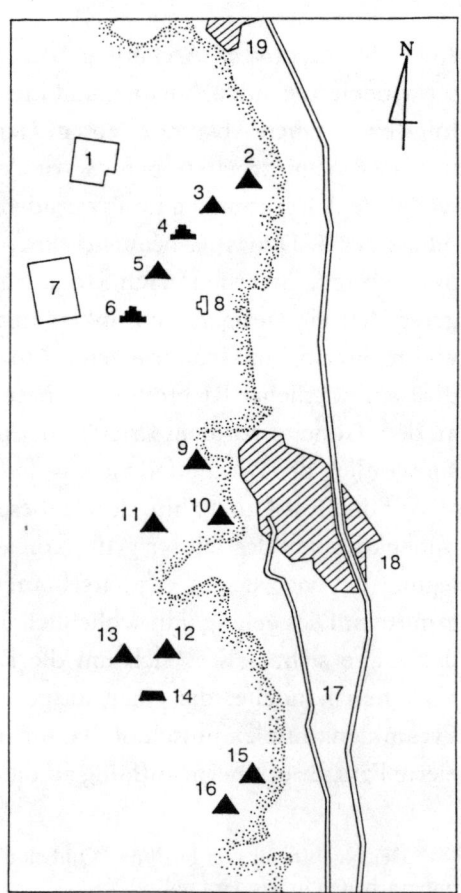

abgelegen war, daß die Pyramide vom Niltal aus kaum sichtbar gewesen sein dürfte? Spielte bei der Ortswahl die Existenz älterer Königsgräber aus der 2. Dynastie in der unmittelbaren Umgebung eine Rolle? Einige sind hier bereits entdeckt worden, andere liegen wahrscheinlich noch unter den Sanddünen verborgen. Um diese Frage zu beantworten, muß ein nicht unbedeutender Aspekt in die Betrachtung einbezogen werden. Anscheinend haben die Erbauer der Königsgräber bis zu Beginn der 3. Dynastie nicht die Absicht gehabt, die Aufmerksamkeit des Betrachters durch ihre Größe oder die Wahl eines vom Niltal aus unübersehbaren Ortes zu fesseln. Diese traditionelle Haltung veränderte sich allerdings gerade in der Djoser-Zeit mit der Konversion von der Mastaba zur Stufenpyramide.

Die Begrenzung des Komplexes entstand in zwei Etappen. Eine wesentliche Erweiterung nach Süden und besonders nach Norden brachte sie den Ausmaßen der Umfassungsmauer des Djoser-Bezirks näher, der sie auch auffällig ähnelte: Nischenreihen wechselten in regelmäßigem Rhythmus mit Scheintoren, und es scheint nur ein einziges echtes Tor gegeben zu haben, durch das man in die Totenresidenz des Herrschers trat. Leider sind, wie wir später sehen werden, die Ausgrabungen innerhalb dieses Pyramidenkomplexes niemals beendet worden, und so wurde der wirkliche Eingang bisher nicht gefunden. Die Verkleidung der Umfassungsmauer bildeten strahlendweiße Blöcke aus feinem Kalkstein, die aus den Steinbrüchen in Tura vom gegenüberliegenden Nilufer stammten. Nach ihrer Fertigstellung sollte die Mauer eine Höhe von etwa zehn Metern erreichen und einen Rundgang für die Wachposten auf ihrer oberen Fläche haben, ähnlich wie im Djoser-Bezirk. Die auffällige Ähnlichkeit der beiden Komplexe könnte ein Graffito an der Umfassungsmauer erklären, das Imhoteps Namen beinhaltete. Wenn Imhotep auch der Erbauer dieser Anlage war, dann muß ihr Besitzer Djosers unmittelbarer Nachfolger gewesen sein.

Goneims Grabungen zeigten bald, daß die Pyramide nur bis zu einer Höhe von etwa acht Metern gebaut wurde. Die Ägyptologen können sich bis heute nicht einigen, ob die ursprüngliche Konzeption sechs oder sieben Stufen vorsah. Das Bauwerk besaß eine quadratische Grundfläche mit einer Seitenlänge von 230 altägyptischen Ellen (1 Elle = etwa 0,52 Meter), und ihr Kern war nach der Methode geböschter Schalen errichtet. Man schätzt, daß die Pyramide bei diesen Parametern eine Höhe von etwa sieb-

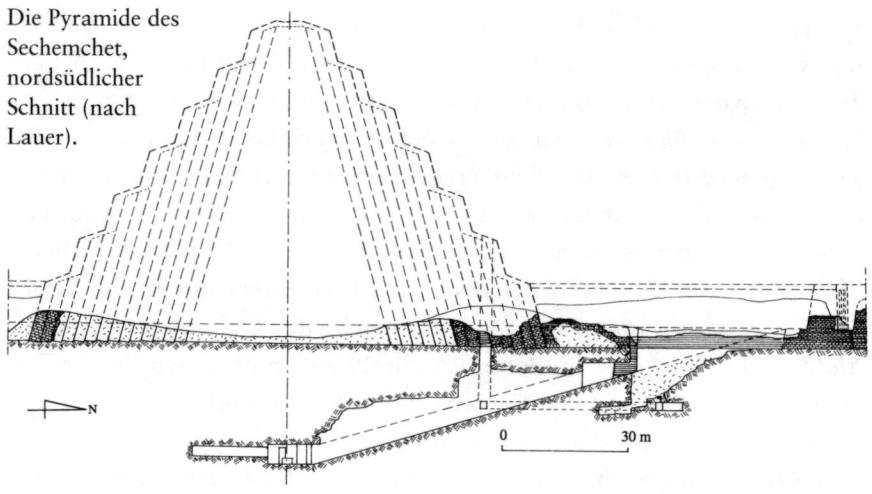

Die Pyramide des Sechemchet, nordsüdlicher Schnitt (nach Lauer).

zig Metern erreicht hätte und somit etwa zehn Meter höher gewesen wäre als die des Djoser.

Auf Lauers Empfehlung hin begann Goneim dem Areal vor der Nordwand erhöhte Aufmerksamkeit zu widmen. Hier gelang es ihm auch nach kurzer Zeit, etwa auf der nordsüdlichen Pyramidenachse einen ungefähr achtzig Meter langen, unter die Pyramide führenden Tunnel zu entdecken, der in eine Grabkammer mündete. Ähnlich wie bei den zeitgenössischen Mastabas im oberägyptischen Beit Challaf wurde auch dieser Tunnel durch einen vertikalen Schacht unterbrochen, der nicht nur durch die Substruktur, sondern auch durch das Mauerwerk des oberirdischen Pyramidenteils führte. Der Schacht war Bestandteil eines Sicherungssystems, das den Zugang zur Grabkammer des Herrschers schützen sollte.

Dort fand Goneim archäologische Objekte verschiedenen Charakters und Alters. Am weitesten oben lagen Knochen und Hörner, die wahrscheinlich von Opfertieren stammten – Rindern, Widdern und Gazellen. Weiter unten entdeckte er zweiundsechzig demotische Papyri aus der 26. Dynastie, genauer: der Regierungszeit Ahmoses II. Schließlich stieß er auf etwa siebenhundert Steingefäße und einen goldenen Schatz aus der 3. Dynastie, der einundzwanzig Armreifen, kleine Muscheln und mit Goldfolie überzogene Fayencekorallen umfaßte. Das ist die bisher älteste bekannte altägyptische Sammlung von Goldschmuck, und bis heute bleibt unklar, wie der Schatz an diesen Ort gekommen ist und warum er der Habgier der Grabräuber entging, nachdem er zweifellos aus der Grabausstattung des Königs entfernt worden war.

Unter dem vertikalen Schacht, etwa siebenundvierzig Meter vor der Grabkammer, öffnet sich in der Ostwand des absteigenden Zugangstunnels ein Eingang in einen Korridor, dessen Grundriß an den Buchstaben U erinnert. Aus ihm führt ein Zugang in eine Reihe von kammförmig angelegten schmalen, langen Magazinen.

Die Grabkammer befindet sich erst am unteren Ende des absteigenden Tunnels, etwa zweiunddreißig Meter unter der Pyramidengrundfläche genau auf ihrer vertikalen Achse. In dem Korridor, der in die Kammer führt, wurden auf Lehmverschlüssen von Gefäßen Siegelabdrücke mit dem Namen Sechemchets gefunden. Er gilt daher als Inhaber des neu entdeckten Pyramidenkomplexes.

In der nordsüdlich orientierten Kammer stand ein Kastensarkophag aus Alabaster mit einer perfekt polierten Oberfläche. Ungewöhnlich war, daß er keinen Deckel besaß, sondern eine verschiebbare Stirnwand mit zwei Öffnungen zum Durchziehen des Manövrierseils. Beim Blick auf den Sarkophag stockte Goneim der Atem: Die Schiebewand war versiegelt! Ein hölzernes Brecheisen und Überbleibsel eines vertrockneten Blumenstraußes, die auf dem Sarkophag lagen, bestärkten ihn noch in der Überzeugung, daß er ein intaktes Königsbegräbnis entdeckt hatte. Lauer dämpfte seine Begeisterung und mahnte ihn zur Besonnenheit, denn bei der Besichtigung der Grabkammer hatte er den Eindruck gewonnen, daß sie in der Vergangenheit bereits von Grabräubern heimgesucht worden war. Es half aber nichts: Goneim ließ sich nicht von der Vorstellung abbringen, daß er eine sensationelle Entdeckung gemacht hatte. Zur Öffnung des Sarkophags wurden hohe staatliche Repräsentanten, Journalisten, Reporter und Filmteams eingeladen. Dann folgte der Schock, von dem sich Goneim niemals erholen sollte: Der Sarkophag war leer!

Die Welle der Enttäuschung auf der einen und der Schadenfreude auf der anderen Seite legte sich nach einiger Zeit. Auch ohne ein intaktes Königsbegräbnis war Goneims Entdeckung von Sechemchets Pyramidenbezirk eine Sensation und rief besonders in ausländischen Fachkreisen

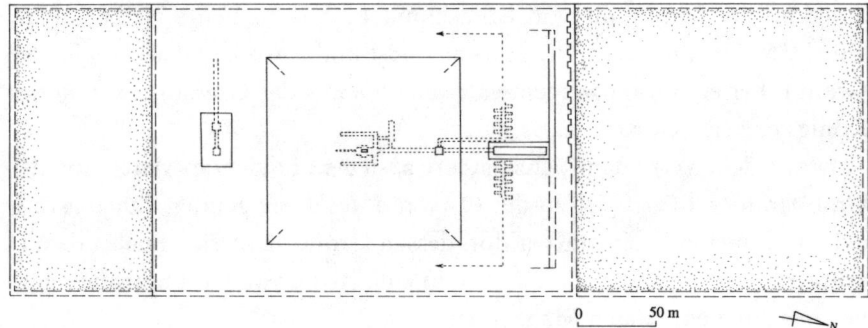

0   50 m   N

Plan des Pyramidenkomplexes des Sechemchet (nach Lauer).

großes Interesse hervor. Goneim wurde zu einer Vorlesungsreise in die Vereinigten Staaten eingeladen und schrieb ein Buch über seine Entdeckung, das unter dem Titel «The Buried Pyramid» einen hohen Popularitätsgrad erreichte und später auch in andere Sprachen übersetzt wurde. Die Beendigung der Forschungsarbeiten am Sechemchet-Komplex blieb ihm jedoch versagt.

Nach seiner Rückkehr aus den USA bezichtigte man Goneim des Denkmalraubes und -schmuggels, eine Beschuldigung, die das Aus für seine Grabungen in Saqqara bedeutete. Ihm wurde zur Last gelegt, ein großes wertvolles Gefäß veräußert zu haben, das Quibell und Lauer zwei Jahrzehnte zuvor im Pyramidenbezirk des Djoser gefunden hatten. Konkrete Beweise gab es nicht, lediglich Verleumdungen und Vermutungen und wiederholte Polizeiverhöre. Die Anschuldigung schmetterte Goneim nieder. Sie deprimierte aber auch seine Freunde, darunter vor allem Lauer. Dieser hatte niemals an Goneims Unschuld gezweifelt, und als sich die ganze Angelegenheit bereits längere Zeit hinschleppte, beschloß er zu handeln. Überzeugt davon, daß es sich um ein tragisches Mißverständnis handeln mußte, begab er sich ins Ägyptische Museum in Kairo, um einen Blick in die dortige Dokumentation zu werfen. Das angeblich vermißte Gefäß, meinte er, könnte ja zufällig dorthingebracht worden sein!

Es sah nach einem bösen Scherz aus, als Lauer das Gefäß nach geduldigem Forschen tatsächlich in der Ecke eines Depositoriums fand. Überglücklich kehrte er zu einem vereinbarten Treffen nach Saqqara zurück

/ 170 /

und wollte Goneim am nächsten Morgen das Ergebnis seiner Recherchen mitteilen. Doch zu spät! Dieser hatte durch einen Sprung in den Nil Selbstmord begangen. Ägypten verlor auf diese Weise 1959 einen sehr begabten Archäologen.

Danach kam die Arbeit an dieser Ausgrabungsstätte lange Zeit zum Erliegen. Erst 1963, also dreizehn Jahre nach Goneims ersten Entdeckungen, erklangen dort wieder Hacken und Arbeitslieder. Es war Lauer, der die Untersuchung wiederaufnahm und dann mit Unterbrechungen weitere dreizehn Jahre bis 1976 fortführte. Mehr noch als die Freundschaft zu Goneim motivierten ihn dabei sein archäologischer Forschungsdrang und auch sein Verantwortungsbewußtsein. Die Grabung mußte wenigstens in den Grundzügen abgeschlossen werden, weil hier wertvolle Informationen über die Entwicklung der Stufenpyramiden und die bisher nicht ausreichend erforschte und unbekannte Geschichte der 3. Dynastie zu erwarten waren.

Lauer wollte gleich mehrere Probleme aufklären, von der Möglichkeit, daß Sechemchets Mumie aus nicht näher bekannten Gründen an einem anderen Ort als der Grabkammer beigesetzt worden war, bis hin zur Ermittlung einiger technischer Angaben, die zur Rekonstruktion des Plans des Pyramidenkomplexes benötigt wurden. Nach einigen Wochen gelang ihm die erste Entdeckung: Er stieß auf die Fundamente des Südflügels der Umfassungsmauer. Von dort war es nur noch ein kleiner Schritt, den wahrscheinlichen Ort des Südgrabs genauer zu bestimmen, und doch brauchte Lauer vier weitere Jahre, bis er es schließlich 1967 fand. Den oberirdischen Teil bildete eine Mastaba, die aus Kalksteinblöcken errichtet war. Der Eingang lag, ähnlich wie im Djoser-Komplex, westlich. Ein langer, nach Osten absteigender Korridor, der durch einen vertikalen Schacht unterbrochen wurde, ging an seinem unteren Ende in einen waagerechten über und mündete in eine kleine Grabkammer. Im Korridor in der Nähe der Kammer entdeckte er Fragmente eines kleinen Holzsarges mit den Überresten eines etwa zweijährigen Jungen, vielleicht Sechemchets Sohn. Die Kammer trug deutliche Spuren von Grabräubern. Neben Tierknochen und Steingefäßen fanden sich hier auch Fragmente einer dünnen Goldfolie mit eingedrücktem plastischem Muster, das die Struktur von Schilfmatten imitierte.

Goneims und Lauers Forschungen haben gezeigt, daß der Komplex des Sechemchet nach dem ursprünglichen Entwurf mit Ausnahme der Pyramide kleiner als der des Djoser sein sollte. Danach kam es jedoch zu einer Veränderung und Erweiterung. Die genaue Rekonstruktion des Plans und der Bauphasen erweist sich aber als fast unmöglich, solange die archäologische Untersuchung nicht abgeschlossen ist. Doch so unvollständig die bisher gewonnenen Angaben auch immer sind, sie haben den Anstoß zur Entstehung verschiedenster Theorien über das Schicksal des Komplexes und dessen Inhaber gegeben.

Hanns Stock, ein bedeutender deutscher Archäologe und während Goneims Wirken in Saqqara Leiter des Deutschen Archäologischen Instituts in Kairo, äußerte die Ansicht, daß der Sechemchet-Komplex ursprünglich als Kopie des Djoser-Komplexes projektiert war. Angesichts unvorhergesehener Umstände sei er aber nicht beendet, sondern zugeschüttet und in eine riesige Mastaba umgewandelt worden, deren Außenwände die ursprüngliche Umfassungsmauer gebildet hätten.

Die italienischen Forscher Vito Maragioglio, und Celeste Rinaldi ergänzten diese Ansicht auf der Basis ihrer eigenen Untersuchungen dahingehend, daß Sechemchet wahrscheinlich von Anfang an nicht daran gedacht habe, eine Pyramide zu errichten, sondern eine große Mastaba ähnlich derjenigen, die Lauer unter der Stufenpyramide entdeckte und die für die ursprüngliche beziehungsweise Anfangsphase des Djoser-Grabes gehalten wird. Die englische oder französische Bezeichnung – «The Buried Pyramid» oder «La pyramide ensevelie» – in Goneims Buch drückt die archäologisch vorgefundenen Umstände und das Dilemma der Archäologen bezüglich der bisher gewonnenen Erkenntnisse möglicherweise besser aus als die deutsche Bezeichnung «Verlorene Pyramide».

Nicht weniger Verlegenheit und Mutmaßungen weckt unter Ägyptologen der Inhaber dieses immer noch rätselhaften Baus, Sechemchet. Lauer, nach Goneim der berufenste Experte für die Sechemchet-Pyramide, war der Meinung, daß die Mumie des Pharao und die reiche Grabausstattung während der Ersten Zwischenzeit beseitigt wurden, als es zu einer gewaltsamen Öffnung und Plünderung eines großen Teils der Pyramiden aus dem Alten Reich kam. Eine ähnliche Ansicht vertrat auch Edwards. Seiner Meinung nach kam es möglicherweise bereits während der Bestattungsrituale zur Vernichtung der Herrschermumie und Plünderung des königlichen Schatzes, falls Sechemchets Grab nicht von Anfang an ein bloßer Kenotaph gewesen sein sollte.

Maragioglio und Rinaldi wiesen Lauers Theorie zurück und stützten sich dabei auf zwei Funde, zum einen auf die Mauer, die den Zugang in die Substruktur blockiert und deren Unversehrtheit Goneim im Augenblick seiner Entdeckung konstatierte, zum anderen auf einen Fund, der aus der 4. Dynastie stammt: ein versiegelter und dabei leerer Sarkophag der Königin Hetepheres I. in einem Schacht in der Nähe der Chufu-Pyramide und der eines unbekannten Pharao in der sogenannten Großen Grube in Zawijet el-Arian. Eine befriedigende Erklärung des Rätsels der Sechemchet-Pyramide konnten aber auch Maragioglio und Rinaldi nicht geben.

Zur Klärung des Geheimnisses des Bauwerks könnte vielleicht eine weitere archäologische Untersuchung beitragen. Bisher unerforscht blieb das Areal vor der Pyramidennordseite, wo Reste des Totentempels vermutet werden. Sollte sich archäologisch herausstellen, daß hier der Totenkult des Pharao stattfand, wäre es fast sicher, daß Sechemchet auch an diesem Ort begraben wurde.

Es ist ebenfalls bemerkenswert, wie wenig Aufmerksamkeit bei der Formulierung der verschiedenen Theorien über die Sechemchet-Pyramide dem Leichnam des zweijährigen Jungen im Südgrab gewidmet worden ist. Die archäologischen Umstände dieses Fundes und mögliche historische Zusammenhänge sind sehr interessant. Handelte es sich wirklich um Sechemchets Sohn? Falls er vor seinem Vater starb, warum wurde dann dessen Südgrab für das Begräbnis verwendet, das innerhalb des Grabkomplexes eine andere, ganz spezielle Funktion erfüllen sollte? Oder ist das Kind erst nach seinem Vater gestorben? Existiert überhaupt ein überzeugender archäologischer Beweis, der das Begräbnis des Kindes genau datieren könnte?

Aus den bereits gewonnenen Erkenntnissen geht deutlich hervor, daß der Bau kurz nach seiner Eröffnung erweitert, nicht lange danach aber wieder unterbrochen wurde. Warum? Kam es zugunsten einer eiligen Beendigung zu einer Umwandlung der unvollendeten Pyramide in eine große Mastaba, also zu einer analogen Situation wie zwei Jahrhunderte später in

Abusir beim Grab eines Pharao der 5. Dynastie, Neferefre? Oder wurde der unvollendete Pyramidenkomplex – wie Stock meinte – zugeschüttet und das Werk somit rituell beendet? Das Fehlen der Königsmumie im versiegelten Alabastersarkophag spricht eher für die zweite Möglichkeit. Dann drängt sich allerdings die Frage auf, ob der Grund für die Unterbrechung des Baus und den leeren Sarkophag nicht der plötzliche Tod des Pharao gewesen sein könnte, unter Umständen, die die Ausrichtung eines ordentlichen Begräbnisses einschließlich der Mumifizierung des Leichnams und seiner Beisetzung im Sarkophag ausschlossen. Weitergehend zu erwägen, ob Sechemchet vielleicht auf einer Expedition in die entfernten Gebiete des Sinai oder Nubiens ums Leben kam, ob er im Nil ertrank oder gewaltsam beseitigt wurde, wäre aber bereits reine, durch ägyptologische Fakten nicht mehr zu belegende Spekulation.

DIE LAYER PYRAMID DES CHABA (?)

Zawijet el-Arian heißt ein Dorf, das am Rande des Niltals etwa auf halber Strecke zwischen Giza und Abusir liegt. Westlich davon breitet sich auf dem leicht erhöhten und gewellten Wüstenrand eine Nekropole aus, die heute leider nicht mehr zugänglich ist, weil sie sich auf militärischem Sperrgebiet befindet. Ihre Exklusivität innerhalb der gesamten memphitischen Region äußert sich darin, daß es dort zwei unvollendete Pyramiden und sonst nichts gibt. Die ältere und im Bau weiter vorangeschrittene nennen die Ägyptologen Layer Pyramid, «Schalenpyramide», die Einheimischen dagegen auf arabisch *Haram el-Meduwara*, «Runde Pyramide».

Eine erste Untersuchung mit knapper Beschreibung nahm bereits 1839 Perring vor. Auch die Lepsius-Expedition erwähnte sie kurz in ihrer Publikation. Die eigentliche archäologische Untersuchung begann aber erst an der Wende vom 19. zum 20. Jahrhundert mit dem italienischen Künstler, Restaurator und Archäologen Alexandre Barsanti, der vorher Ausgrabungen in der Umgebung der Unas-Pyramide auf der nahe gelegenen Nekropole in Saqqara durchgeführt hatte. Kurz nach ihm, noch vor dem Ersten Weltkrieg, setzte die amerikanische Expedition, geleitet von

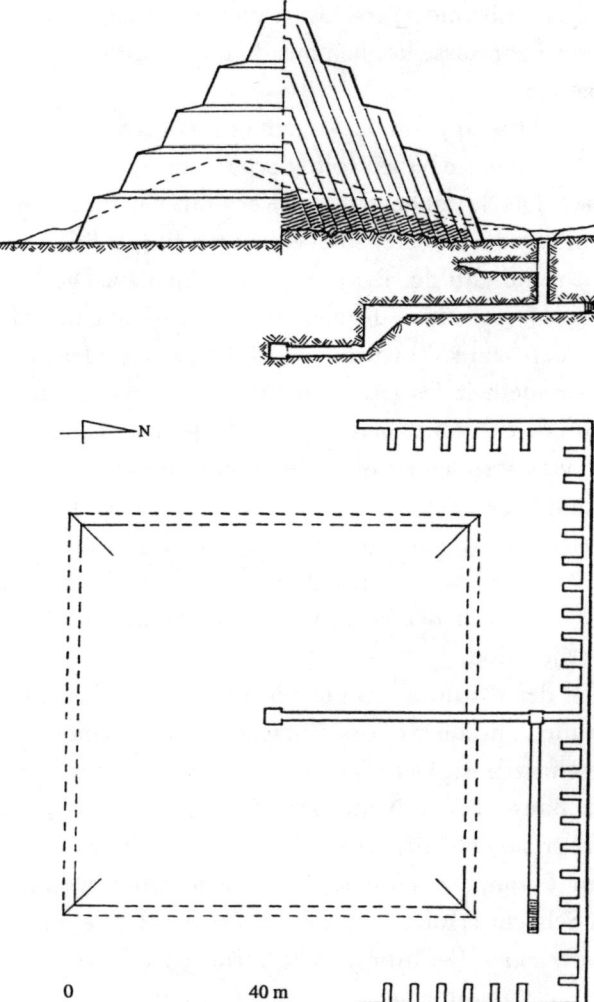

Die Layer Pyramid
in Zawijet el-Arian.
Nordsüdlicher Schnitt
und Grundriß
(nach Lauer).

N

0   40 m

George Reisner, die Grabungen fort. Leider wurde keine der beiden archäologischen Untersuchungen beendet. Und was noch schlimmer ist:
Grundlegende Teile der technischen Dokumentation, zum Beispiel einige
Meßwerte und danach erstellte Pläne, weichen ausgesprochen stark voneinander ab. Die Tatsache, daß sich die Nekropole bereits seit längerem

auf militärischem Sperrgebiet befindet, erschwert die Arbeit der Ägyptologen zusätzlich. Ältere Erkenntnisse können aus diesem Grund nicht ergänzt oder korrigiert werden.

Die Pyramide war als Stufenpyramide konzipiert worden, doch ist nicht ganz klar, wie viele Stufen sie haben sollte; Schätzungen schwanken zwischen fünf und sieben. Die Tatsache, daß der Kern mit nach innen geböschten Schalen gebaut wurde, ist bereits bei einem flüchtigen Blick auf die Ruinen offensichtlich und gab der Pyramide ihren Namen. Die Verkleidung aus feinem weißem Kalkstein, die gleichzeitig mit dem geschichteten Kern errichtet worden sein soll, wurde jedoch nicht gefunden, was die These von der Unvollendetheit des gesamten Bauwerks stützen würde. An den Seiten der Pyramide entdeckte man aber umfangreiche Überreste von Ziegelmauerwerk, was Reisner zu der sehr ungewöhnlichen These verleitete, die Verkleidung habe keineswegs aus Kalksteinblöcken bestanden habe, sondern aus Lehmziegeln. Große Unterstützung fand diese Theorie jedoch nicht. Eher wird vermutet, daß es sich um die Reste von Arbeitsrampen handelt, die nach der vorzeitigen Beendigung des Baus nicht mehr beseitigt worden sind.

Der unterirdische Teil der Pyramide erinnert in vieler Hinsicht an die des Sechemchet, wenn ihr Plan auch etwas einfacher und in seiner Entwicklung weiter fortgeschritten ist. Der Eingang in die Substruktur befindet sich innerhalb des Baus, in der Nähe der Nordostecke. Als steile Treppe beginnend, setzt er sich als offener Graben in westliche Richtung bis zur nordwestlichen Pyramidenachse fort, wo eine Unterbrechung durch einen vertikalen Schacht erfolgt. Von dessen Boden biegt ein horizontaler Korridor ab, der einen U-förmigen Grundriß hat und von dem wiederum zweiunddreißig kammförmig angeordnete Magazinkammern abzweigen, die zur Lagerung der königlichen Grabausstattung bestimmt waren.

Ein zweiter Korridor führt direkt in eine Grabkammer, die genau unter der vertikalen Pyramidenachse liegt. Hier wurde nichts gefunden, was auf einen Sarkophag oder ein Begräbnis hindeuten könnte. Der Korridor ist darüber hinaus so schmal, daß sich die Frage stellt, ob es überhaupt möglich gewesen wäre, einen größeren Steinsarkophag in die Grabkammer zu befördern.

Ähnlich wie die Pyramide ist auch ihre unmittelbare Umgebung niemals sorgfältig erforscht worden. Die Reste von Ziegelmauern, die senkrecht zur Pyramidenostwand ausgerichtet sind, stellen möglicherweise alles dar, was von der Kultstätte übriggeblieben ist, auf der sich wohl ursprünglich Steinstelen befunden haben. Noch weiter östlich am Wüstenrand liegen die Trümmer eines rätselhaften, bislang noch nicht erforschten Baus, den die ortsansässige Bevölkerung *El-gamal el-barek*, «Liegendes Kamel», nennt. Swelims Meinung nach könnte es sich um die Ruinen eines Taltempels handeln. Hätte er recht, würde die Layer Pyramid in Zawijet el-Arian den ersten Pyramidenkomplex mit einem ostwestlich orientierten Taltempel darstellen.

Nördlich der Pyramide entdeckte die amerikanische Expedition eine große Mastaba, die auf dem Plan der Nekropole die Bezeichnung Z-500 erhielt. In der Mastaba wurden unter anderem acht Alabastergefäße mit dem Namen eines Herrschers der 3. Dynastie, Chaba, gefunden. Die Gefäße sind der bisher einzige indirekte Beleg für die These, daß dieser der Inhaber der Layer Pyramid gewesen sein könnte. Nicht alle Ägyptologen stimmen jedoch darin überein. Der erwähnte Swelim zum Beispiel schreibt sie Neferka, einem anderen Herrscher der 3. Dynastie, zu.

Das alles läßt sich nur durch neue Erkenntnisse klären, und dies wiederum erfordert eine eingehende archäologische Untersuchung des gesamten Komplexes der Layer Pyramid. Eines ist jedoch schon jetzt sicher: Typologisch ist dieses Bauwerk zwischen die Pyramide des Sechemchet in Saqqara und die des Snofru in Meidum einzuordnen und stammt somit sicher aus der Mitte beziehungsweise zweiten Hälfte der 3. Dynastie.

DIE PYRAMIDE (?) LEPSIUS NR. I

In Abu Rawasch, nur einige Kilometer nördlich von Giza, liegt nicht nur die Pyramide eines Königs der 4. Dynastie, Djedefre, sondern auch die Ruine eines sehr rätselhaften Monuments, die bereits die Lepsius-Expedition entdeckt und als Pyramide identifiziert hatte. Weil sie auf der archäologischen Karte der Expedition die nördlichste von allen war, erhielt sie die Ordnungszahl I.

Vor Lepsius waren schon Vyse und Perring an diesem Ort gewesen, doch hatten sie sich nicht eingehender mit dem Monument beschäftigt. Sein kläglicher Zustand hielt auch weitere Ägyptologen, zum Beispiel den Franzosen Fernand Bisson de la Roque, der sich in den zwanziger Jahren des 20. Jahrhunderts als erster Abu Rawasch intensiver widmete, von systematischeren Untersuchungen ab.

Noch zur Zeit Vyses, Perrings und Lepsius' sahen die Bauruinen wie eine riesige unförmige Masse von Ziegelmauerwerk aus, die damals eine Höhe von fast zwanzig Metern erreichte. Als sich Swelim Mitte der achtziger Jahre mit ihnen zu befassen begann, waren sie schon fast abgetragen.

Die Schlußfolgerungen dieses Archäologen sind zwar interessant, aber umstritten. Seiner Meinung nach handelt es sich um die Überreste einer riesigen Stufenpyramide, deren Kern zu etwa einem Viertel aus einem Felshügel bestand. Dadurch sei der Bau enorm gefestigt, beschleunigt und verbilligt worden. Swelim datiert ihn auf das Ende der 3. Dynastie und hält Huni für seinen wahrscheinlichen Inhaber.

Es gibt eine Reihe von Einwänden gegen diese Theorie. Befremdend ist bereits die Ortswahl am äußersten Rand der Nil-Überschwemmungszone, also keineswegs an einem erhöhten, dominierenden Ort, wie es für die Pyramiden des Alten Reiches üblich war. Ferner läßt sich einwenden, daß der Felshügel, der den Kern bilden sollte, von mehr als dreißig Felsgräbern aus der 5. und 6. Dynastie buchstäblich durchlöchert ist. Daß der Bau allein während der 4. Dynastie in solchem Ausmaß vernichtet worden wäre, damit in seinem Innern eine ganze Nekropole von Felsgräbern entstehen konnte, ist schwer vorstellbar. Es ließen sich noch weitere Zweifel anbringen. Die Untersuchung und auch die Erklärung des rätselhaften Ziegelbaus, den Lepsius für die am nördlichsten gelegene Pyramide Ägyptens hielt, bleibt somit weiterhin eines der ungelösten Probleme der ägyptischen Archäologie.

Die 4. Dynastie – Die Größten der Großen

Snofru war ein direkter Nachfolger Hunis (wenn auch die verwandtschaftliche Beziehung zwischen beiden nicht ganz klar ist), und doch hat der ptolemäische Historiker Manetho mit ihm eine neue, die 4. Dynastie eröffnet. Unter ihrer Herrschaft erreichte der streng zentralistische altägyptische Staat die Blüte seiner Macht, wovon indirekt, aber beredt die größten ägyptischen Pyramiden in Giza zeugen.

Nach späterer Überlieferung galt Snofru als großer, gütiger Herrscher. Die schriftlichen Zeugnisse – darunter besonders die Annalenaufzeichnungen des berühmten Palermosteins – führen an, daß er einen Palast aus Zedernholz errichtet, große Schiffe erbaut, die Dioritsteinbrüche bei Abu Simbel eröffnet und Feldzüge nach Nubien und Libyen unternommen habe. Die spektakulärste Tat im Laufe seiner fast ein halbes Jahrhundert währenden Herrschaft aber war der Bau von vier Pyramiden. Zwei standen in der Nähe seiner neuen Residenz bei Dahschur und jeweils eine bei Meidum und Seila. Wieviel Baumaterial und menschliche Anstrengung mußten mobilisiert werden, um auf Befehl des Pharaos künstliche Berge aus Stein von etwa 3,7 Millionen Kubikmeter Gesamtvolumen zum Himmel emporzurichten! Mit dieser Tat wurde Snofru und nicht Chufu, wie meist angenommen wird, zum größten Pyramidenerbauer aller Zeiten.

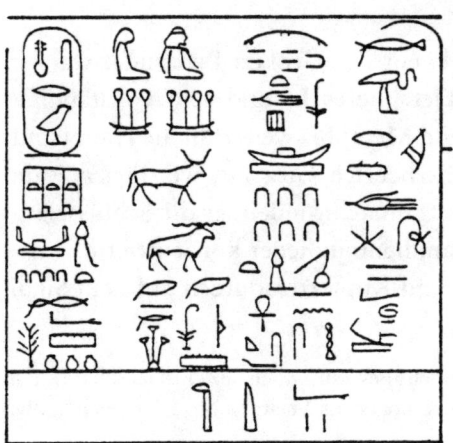

Der Annalentext auf dem Palermostein besagt, daß Snofru unter anderem siebentausend Gefangene und zwanzigtausend Stück Vieh aus Nubien sowie vierzig Schiffsladungen Koniferenholz aus Palästina nach Ägypten bringen ließ.

Die Felsinschrift, die den Sieg über die Beduinen feiert, ließ Snofru in die Felsen des Wadi Maghara auf dem Sinai meißeln, um damit wilde Nomadenstämme abzuschrecken, die die ägyptischen Türkis- und Kupfererzexpeditionen bedrohten.

Chufu (griechisch Cheops), der Erbauer der Großen Pyramide, war ein Sohn Snofrus* und der Königin Hetepheres I., und sein vollständiger Name lautete Chnemchufui. Während Memphis weiterhin die Hauptstadt blieb, verlegte er seine Residenz ins heutige Giza am westlichen Rand Kairos. Chufu konsolidierte die Zentralmacht, indem er die Schlüsselämter in den Händen seiner engsten Familienmitglieder konzentrierte.

Auch er beherrschte die Türkis- und Kupferressourcen auf dem Sinai,

---

* Der Name seines ältesten Sohnes ist nicht bekannt, doch spricht vieles dafür, daß er im größten Grab von Meidum, von Archäologen als Mastaba Nr. 17 bezeichnet, bestattet wurde.

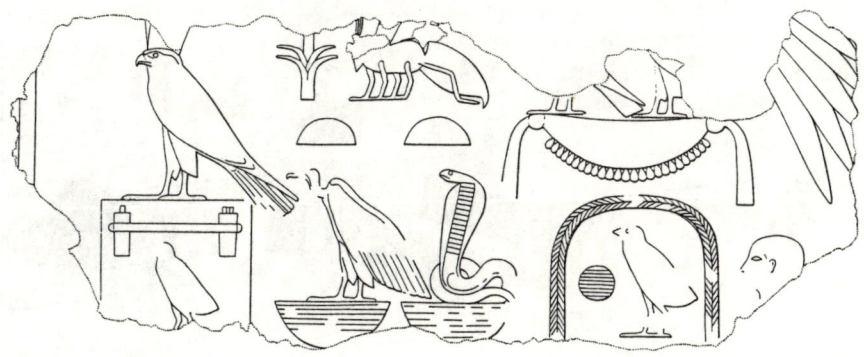

Das Relief mit dem Fragment der Namen und Titel des Chufu enthaltenden Inschrift stammt möglicherweise aus dem Pyramidenkomplex des Herrschers in Giza; am Anfang der 12. Dynastie wurde es beim Bau der Pyramide des Amenemhet I. in Lischt verwendet.

entsandte Schiffe, um aus Byblos an der Küste des heutigen Libanon Zedernholz heranzuschaffen, nutzte die Dioritgruben in der Nähe Abu Simbels und unternahm Feldzüge gegen Nubien und Libyen, wo er reiche Beute machte. In seine Regierungszeit fällt auch der wundersame Bau des ältesten erhaltenen Staudamms der Welt im Wadi Gerawi, in den Bergen östlich des heutigen Heluan. In die Geschichte hat sich Chufu jedoch vor allem als Erbauer der größten ägyptischen Pyramide, eines der sieben Weltwunder der Antike, für alle Zeiten eingeschrieben. Von der Einzigartigkeit dieses Bauwerks zeugt nicht nur seine Größe, sondern auch das sehr komplizierte System seiner Innenkammern.

In der Umgebung der Pyramide wurde nach einem einheitlichen, vorher ausgearbeiteten Plan ein Friedhof mit kleineren Pyramiden für die Königinnen und Mastabas für weitere Mitglieder der königlichen Familie und hohe Staatsbeamte angelegt. Er war Ausdruck der Sehnsucht, auch nach dem Tod in der Nähe des «guten Gottes», des Pharaos, zu ruhen, spiegelte gleichzeitig aber auch treffend die hierarchische, an eine Pyramide erinnernde altägyptische Gesellschaftsordnung wider.

Für die Sicherung des Totenkults, der ewig währen sollte, flossen reichhaltige Erträge von den Feldern und aus den Werkstätten. Rechnet man die gigantischen Materialressourcen und die Arbeit, die für den Bau der

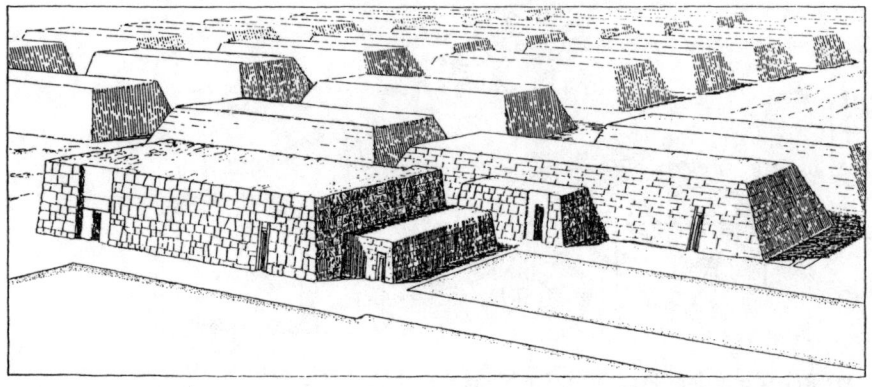

Rekonstruktion eines Teils des Westfriedhofs in Giza in der Umgebung der Mastabas von Nisutnefer und Kaninisut (nach Junker).

Grabmonumente aufgewendet wurden, hinzu, scheinen die wachsenden wirtschaftlichen Schwierigkeiten und in ihrer Folge schließlich auch die gesellschaftlichen Konflikte im alten Ägypten selbst in dieser Blüteperiode unvermeidbar gewesen zu sein. Es gab jedoch noch andere, subtilere Gründe, zum Beispiel die Tatsache, daß Chufus ältester Sohn, der Kronprinz Kauab, wahrscheinlich vor seinem Vater starb. Dieses unerwartete Ereignis führte zu einer tiefen Spaltung der königlichen Familie und beschleunigte den Niedergang der 4. Dynastie.

Nach Chufus Tod kam, wahrscheinlich außerhalb der legitimen Nachfolge, zunächst Djedefre an die Macht, wohl ein Ehegatte der Königinnen Chentetenka und Hetepheres II. Letztere, der früher einige Ägyptologen eine libysche Herkunft unterstellten, hatte offensichtlich ein ziemlich bewegtes Leben. Es ist nicht ausgeschlossen, daß sie vor Djedefre bereits mit dem erwähnten Prinzen Kauab verheiratet war und nach dem Tode des Königs dessen Nachfolger Chafre (griechisch Chephren) ehelichte. Als Beweis für die Konflikte innerhalb der königlichen Familie wurde früher die angeblich absichtliche Verwüstung von Djedefres Pyramidenanlage in Abu Rawasch angesehen, zu der es nach der Thronbesteigung von Chufus jüngerem Sohn Chafre gekommen sein soll. Djedefre war anscheinend ein Anhänger des sich damals ausbreitenden Sonnenkultes und nahm als erster Herrscher den Titel «Sohn des Re» an. Neueste archäologische Untersuchungen lassen darauf schließen, daß die intensive Devastation erst in römischer Zeit und später einsetzte, als das Monument zu einem Steinbruch verkam.

Chafre hieß vor seiner Thronbesteigung wahrscheinlich Chafchufu, und anscheinend wurde für ihn eine Mastaba in der ersten Grabreihe des sogenannten Ostfriedhofs vor der Großen Pyramide vorbereitet. Die Vermutung, daß sich mit ihm der Hauptzweig des Königsgeschlechts erneut durchsetzte, ist berechtigt. Parallel zur Bedeutungszunahme des Sonnenkults wuchs die Macht der Re-Priesterschaft auch während Chafres Herrschaftszeit weiter an. Damit hing die Verbindung seines Pyramidenkomplexes mit der Sphinx zusammen, die später als Abbild des Sonnengottes Harmachet, griechisch Harmachis («Horus am Horizont») verehrt wurde. Der Herrscher besaß jedoch weiterhin strenge Kontrolle über die zentrale Staatsmacht und mittels seiner Familie auch über alle bedeutenden Ämter des Landes. Chafres Pyramidenanlage stand hinsichtlich ihrer Größe der seines Vaters nur wenig nach. Die Friedhöfe der Umgebung waren aber nicht mehr so ausgedehnt und sind auch nicht nach einem einheitlichen Plan entstanden. Als vollendeter künstlerischer Ausdruck der Autorität des göttlichen Pharaos gilt eine Dioritstatue, die im Taltempel des Chafre-Komplexes in Giza gefunden wurde. Der Pharaonenkopf wird von hinten durch die ausgebreiteten Flügel des Falkengottes Horus geschützt. Die Statue, die heute im Ägyptischen Museum in Kairo steht, drückt die ideale Verbindung von irdischer und göttlicher Macht aus.

Nach Chafres Tod spitzte sich die Situation innerhalb der Königsfamilie anscheinend zu. Für kurze Zeit kam wahrscheinlich Djedefres Sohn Baka an die Macht, bevor Chafres Sohn Menkaure (griechisch Mykerinos) als vermutlich letzter legitimer Repräsentant des Snofru-Geschlechts folgte. Er ließ sich die dritte und kleinste der königlichen Pyramiden in Giza errichten. In Konzeption und Ausarbeitung des Menkaure-Grabkomplexes kommt eine gewisse Lockerung des strengen Stils zum Ausdruck. Die auffallend kleineren Ausmaße signalisieren wahrscheinlich indirekt die sich verringernden Möglichkeiten und Materialquellen, die Menkaure zur Verfügung standen. Obwohl auch er fast drei Jahrzehnte und damit vielleicht sogar länger als sein Vater herrschte, konnte er seinen

Pyramidenkomplex nicht fertigstellen. Der vorzeitige Tod Chuenres, seines Sohnes und wahrscheinlich legitimen Thronfolgers, führte zudem wohl zu einer ernsthaften Krise der 4. Dynastie, die ihren Untergang vorzeichnete.

Nach Menkaures Tod bestieg Schepseskaf, möglicherweise sein Sohn von einer der Nebenköniginnen, für kurze Zeit den Thron. Ihm fiel die Aufgabe zu, den Menkaure-Komplex in Giza zu vollenden. Große Eile und offenbar begrenzte Mittel spiegeln sich klar in der Tatsache wider, daß er keine Steine mehr verwendete, sondern Lehmziegel. Schepseskaf wählte danach für den Bau seines eigenen Grabes einen damals sehr abgelegenen Ort in Saqqara-Süd. Dort entstand jedoch keine Pyramide, sondern eine große Mastaba. Die Tatsache, daß er den Königsfriedhof in Giza verließ und sich kein pyramidenförmiges Grab errichten ließ, interpretieren einige Ägyptologen als Ausdruck der Ablehnung der Sonnenreligion, deren Einfluß ständig zunahm.

In der bislang ziemlich unübersichtlichen Zeit an der Wende von der 4. zur 5. Dynastie trat eine Frau, die Königsmutter Chentkaus I., in den Vordergrund. Als wahrscheinliche Tochter Menkaures wurde sie in einer Situation, in der offensichtlich die Legitimität der Thronfolge in Zweifel stand, zu einem Bindeglied zwischen dem alten Snofru-Geschlecht und den «Sonnenkönigen» der 5. Dynastie. Diese Frau führte einen in der ägyptischen Geschichte einzigartigen Titel, den manche Forscher als «Mutter zweier Könige von Ober- und Unterägypten», andere dagegen als «Mutter des Königs von Ober- und Unterägypten und König von Ober- und Unterägypten» übersetzen. Ihr Grab, die sogenannte Vierte Pyramide von Giza, ist eine einmalige Kombination von Felsgrab und Mastaba, die später zu einem Stufenbau umgearbeitet wurde.

Ende der siebziger Jahre wurde in Abusir die kleine Pyramidenanlage einer Königin entdeckt, die ebenfalls Chentkaus hieß. Mehr noch, alle ihre Titel entsprachen denen ihrer in Giza bestatteten Namenspatronin. Es handelt sich jedoch nicht um ein und dieselbe Person. Die Königin Chentkaus, die in Abusir begraben wurde, war um mehr als eine Generation jünger und die Gemahlin des dritten Herrschers der 5. Dynastie, Neferirkare. Die Pyramidenanlage in Abusir und besonders die Schriftdokumente, die darin entdeckt wurden, brachten endlich neue und unerwartete

Anhaltspunkte für die Lösung dieses verwickelten historischen und genealogischen Problems. Seinen Kern bildete wahrscheinlich der Streit zweier rivalisierender Zweige des Königsgeschlechts, der in der Zeit der Chentkaus I. aus Giza entbrannte und in der Chentkaus II. aus Abusir gipfelte.

DIE PYRAMIDE DES SNOFRU IN MEIDUM

Auf dem Weg von Kairo in Richtung Süden erscheint nach etwa hundert Kilometern am Rande der Westwüste über dem üppigen Grün der Felder und Gärten des Niltals die Silhouette eines mächtigen dreistufigen Baus. Von weitem könnte man glauben, eine Fata Morgana habe eine Zikkurat von den Ufern des Euphrat und des Tigris herübergebracht. Die bizarre turmförmige Gestalt verhüllt nur für einen Moment und lediglich dem uneingeweihten Besucher die wirkliche Bedeutung des Baus, der einmal eine Pyramide gewesen ist und heute nach dem nahe gelegenen Dorf Meidum-Pyramide genannt wird. Wie die frühere Ortsbezeichnung *el-Haram el-kaddab*, «Falsche Pyramide», zeigt, ließen sich auch die Einheimischen, die ihr Wissen zweifellos aus den Überlieferungen von Grabräubern schöpften, nicht verwirren.

Die Pyramide zog aufgrund ihrer Form bereits im Mittelalter Aufmerksamkeit auf sich. Den berühmten arabischen Historiker Taqi ad-Din al-Magrizi erinnerte sie Anfang des 12. Jahrhunderts an einen mächtigen fünfstöckigen Berg. Während der folgenden sechs Jahrhunderte nahm die Erosion derartig zu, daß die Pyramide in den Reisenotizen Frederik Ludwig Nordens aus dem 18. Jahrhundert nur noch dreistufig erschien. Es ist archäologisch nachweisbar, daß daran die Menschen den stärksten Anteil hatten.

1799 zog auch die Napoleon-Expedition an Meidum vorbei. Der berühmte Zeichner Denon schaffte es jedoch lediglich, einige Skizzen und eine knappe Beschreibung anzufertigen. Sehr viel sorgfältiger untersuchte und vermaß sie erst Perring im Jahre 1837, vor allem aber 1843 dann die Lepsius-Expedition. Innen blieb sie allerdings weiterhin unzugänglich. Erst Maspero öffnete im Rahmen eines umfangreichen archäologischen

Projekts, dessen Ziel die Entdeckung und Dokumentation der Pyramiden-texte war, 1881 die Pyramide und einige Mastabas in der Umgebung.

Die archäologischen Untersuchungen an der Meidum-Pyramide began-nen genau zehn Jahre später. Diese leitete niemand anderes als Petrie, der Begründer der modernen ägyptischen Archäologie, in Zusammenarbeit mit seinen Landsleuten, dem Architekten George Fraser und dem Ägyp-tologen Percy Newberry. Sie erforschten das Pyramideninnere, entdeckten den Pyramidentempel, einen Aufweg und eine ganze Reihe von Privatgrä-bern in der Umgebung der Pyramide.

Erst nach längerer Unterbrechung kehrte Petrie hierher zurück, diesmal gemeinsam mit zwei anderen Ägyptologen, Ernest MacKay und Gerald Wainwright. Sie führten Grabungen an der nordöstlichen Pyramidenecke in der kleinen sogenannten Südpyramide und andernorts durch. Der Tun-nel, den sie von außen ins Pyramideninnere graben ließen, zeigte, daß ihr Kern aus zehn Schalen bestand, deren äußere Oberfläche gut bearbeitete Kalksteinblöcke bildeten.

Die Bedingungen, unter denen Petrie und seine Mitarbeiter in Meidum lebten und arbeiteten, waren sehr hart. Petrie selbst, bekannt für seine Zähigkeit, hatte jedoch geradezu eine Vorliebe dafür. Von den Verhältnis-sen, unter denen er und die anderen Pioniere der ägyptischen Archäologie arbeiteten, zeugt folgende Passage aus seinem Buch: «Ich ritt mit einigen Kamelen und einer kleinen Gruppe von Männern und Jungen aus el-Lahun los, und nach achtzehn Meilen am Wüstenrand erreichten wir Meidum ... Wir schauten uns um, wo ich mein Lager aufschlagen konnte, um Ruhe zu haben und nicht von der nächtlichen Unterhaltung der Män-ner gestört zu werden. Ich wählte mir deshalb die verzierte Kapelle des (Prinzen) Nefermaat als Schlafzimmer ...» Wie wir später sehen werden, war es an anderen Orten, wo er Grabungen durchführte, ähnlich.

Petries Forschungen beantworteten zwar einige, aber längst nicht alle ägyptologischen Fragen bezüglich der Meidum-Pyramide, viele weitere wurden dadurch sogar erst aufgeworfen. Mitte der zwanziger Jahre kam Borchardt nach Meidum, und im Verlaufe von lediglich einigen Tagen häufte er hier so viele Erkenntnisse an, daß sie ein ganzes Buch ergaben, das bis heute hoch geschätzt wird: *Die Entstehung der Pyramide an der Baugeschichte der Pyramide von Mejdum nachgewiesen.* Er rekonstruierte sogar auf der Basis von Überresten eines Korridors, den Petrie bereits 1910 entdeckt hatte und der aus südöstlicher Richtung auf die Pyramide zuführte, eine lange Rampe, über die seiner Meinung nach das Baumaterial transportiert worden war. Die Rampe soll eine Neigung von zehn Grad gehabt und den Bau der unteren Pyramidenhälfte ermöglicht haben, welche 88,5 Prozent des Gesamtvolumens des Mauerwerks umfaßte. Für den Bau der oberen Hälfte sei der Böschungswinkel der Rampe dann auf zwanzig Grad erhöht worden. Alles Wesentliche schien geklärt zu sein.

Ende der zwanziger Jahre kam eine amerikanische Expedition unter dem britischen Archäologen Alan Rowe nach Meidum. Nach einer Unterbrechung, die ein halbes Jahrhundert dauerte, begann hier eine ägyptische archäologische Expedition zu arbeiten, die von Ali el-Choli geleitet wurde und sich auf die riesigen Schotterwälle am Fuße der Pyramide konzentrierte. Kurz zuvor hatten gerade diese Wälle und die eigenartige Form des Überrestes der Pyramide den bereits erwähnten amerikanischen Physiker und Mathematiker deutscher Abstammung, Kurt Mendelssohn, der Meidum als Tourist besuchte, interessiert. Ihm kam die Idee, daß es beim Bau der Pyramide zu einer Katastrophe gekommen sein könnte, und publizierte seine Theorie in dem Buch *The Riddle of the Pyramid*, das sofort ein Bestseller wurde. Mendelssohns interessante physikalische Argumentation hat die Ägyptologen allerdings nicht überzeugt. Darauf werden wir noch zurückkommen.

Der bizarre Pyramidentorso hat heute eine Höhe von etwa fünfundsechzig Metern, und von seinem Gipfel läßt sich die gesamte ausgedehnte und strategisch bedeutende Eingangsschneise in die Fajjum-Oase überblicken. Nicht zufällig wurde gerade der Gipfel dieser Pyramide 1899 im Rahmen des Projekts *Land Survey of Egypt* als Ausgangspunkt für das Vermessungsseil ausgewählt. Die Erklärung für die heute bizarre Form des Monuments und viele «Rätsel», die es umgeben, liegt im komplizierten Übergang von den bisherigen Stufen- zu den echten Pyramiden.

Von dem Tunnel, den Petries Mitarbeiter Wainwright ins Pyramideninnere graben ließ, war bereits die Rede. Es zeigte sich, daß der Pyramidenkern aus geböschten Schalen von Kalksteinblöcken gebildet wurde, die sich unter einem Winkel von etwa fünfundsiebzig Grad an den Block des kompakten Mauerwerks lehnten. Dieses stand auf einer quadratischen

Die Pyramide von Meidum.
Nordsüdlicher Schnitt mit
Bauphasen und Grundriß
(nach Borchardt).

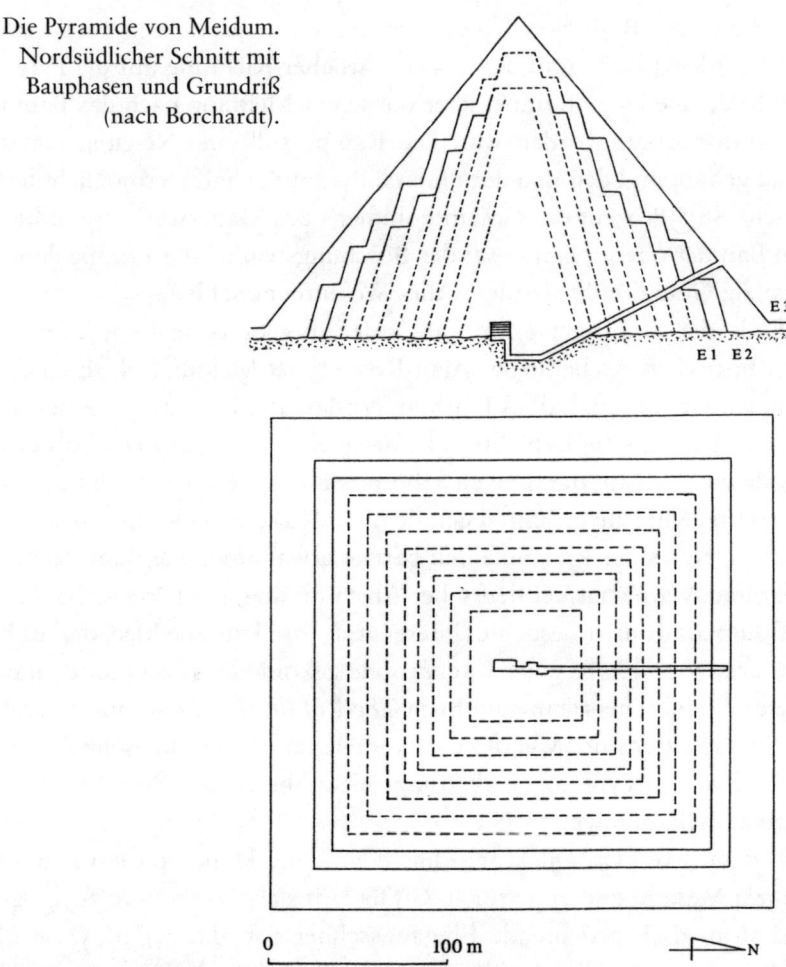

Grundfläche von achtunddreißig Meter Seitenlänge. Einige Forscher stellen sich deshalb die Frage, ob dieser quadratische Bau nicht eine bestimmte Analogie zu der Anfangsmastaba M1 darstellt, die Lauer in der Djoser-Pyramide entdeckt hat.

Die Tatsache, daß der Kern mit Hilfe geböschter Schalen errichtet wurde (englisch *accretion layers*), überraschte die Archäologen nicht besonders, denn es handelte sich dabei um eine ziemlich verbreitete Baumethode. Was sie jedoch verwunderte, war die glatt bearbeitete Oberfläche einer jeden

Schicht, also ein scheinbar unlogisches Vorgehen, das die gegenseitige Kohäsion der Schichten und damit auch den ganzen Bau in ernsthafter Weise gefährden mußte. Die Erklärung erbrachte zu einem großen Teil erst Borchardt. Er zeigte, daß die Meidum-Pyramide in drei Etappen entstand, während deren sich ihr Aussehen wesentlich veränderte.

Ursprünglich war auf dem Felsgrund eine siebenstufige Pyramide errichtet worden. Diese wurde vielleicht noch vor ihrer endgültigen Fertigstellung zu einer achtstufigen erweitert. Beide Etappen, die Borchardt als E1 und E2 bezeichnet hat, stellten jeweils endgültige Bauten dar. Um so schwieriger ist die Erklärung, warum es schließlich zu noch einem Umbau kam (E3), der die Umwandlung zu einer echten Pyramide mit sich brachte. Im Gegensatz zu E1 und E2 lastete die Erweiterung E3 nicht auf festem Felsgrund, sondern auf drei Schichten aus Kalksteinblöcken, die auf Sand verlegt waren.

Einen weiteren wesentlichen Unterschied stellte die Bauweise dar. Während der Phasen E1 und E2 wurden die Blöcke, ähnlich wie in der Djoser-Pyramide, in Richtung Pyramidenmitte geneigt, was die Stabilität des Baus beträchtlich erhöhte. Demgegenüber folgten in Phase E3 waagerechte Lagen. Diese Tatsache bemerkte schon Borchardt, und Mendelssohn wertete sie als Unterstützung seiner Theorie. Danach sei es bei Beendigung von E3 zur Aufhebung des Zusammenhalts mit der vorhergehenden Etappe gekommen, woraufhin in der abschließenden Bauphase ein Rutscheffekt eingesetzt habe und die Arbeiter unter den Trümmern begraben worden seien.

Mendelssohns Theorie rief jedoch unter Ägyptologen keine Begeisterung hervor. Sie befand sich nämlich in deutlichem Widerspruch zu den archäologischen Funden, die schon Petrie beschrieben hatte und die bei einer flüchtigen Oberflächenuntersuchung der Pyramidenruinen bis heute offensichtlich sind. Der Torso ist zwar von allen vier Seiten von Schotterwällen umgeben, die durch ihre Mächtigkeit auffallen, doch verrät ihre Stratifikation, daß die Erosion der Pyramide schrittweise während einer langen Zeit vonstatten ging und es zu keinem einmaligen Rutsch des Mauerwerks gekommen sein kann. Gleichzeitig muß betont werden, daß die Veränderung der Methode der Steinblockverlegung während der Bauphasen E1/E2 und E3 den Steindieben die Arbeit wesentlich erleichtert

Plan der Substruktur
der Meidum-Pyramide
(nach Borchardt).

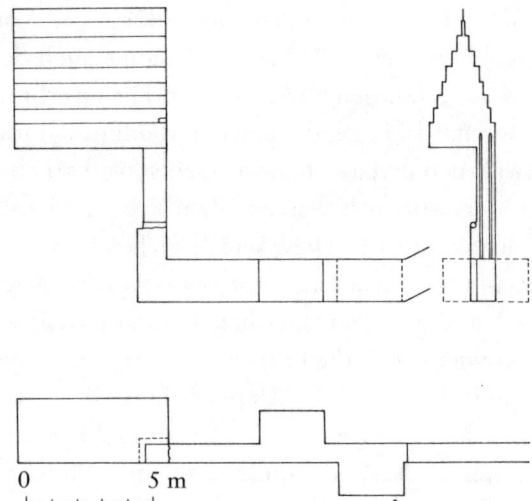

hat. Darauf hat übrigens schon Borchardt hingewiesen, ähnlich wie er die Ringe des unbearbeiteten Mauerwerks dadurch erklärte, daß sie die einzelnen Schichten des Kerns fester miteinander verbanden und durch deren Destruktion lediglich bloßgelegt wurden.

Vor kurzem versuchte sich der Amerikaner George Johnson an einer Erklärung des mächtigen Schotterwalls um die Pyramide. Seiner Meinung nach birgt er die Überreste einer Arbeitsrampe, die die Pyramide umgab und in Zusammenhang mit der Errichtung des letzten äußeren Pyramidenmantels entstand, das heißt bei der Umgestaltung von E2 zu E3. Zur Unterstützung dieser Annahme führte er die nicht benutzten, das heißt nicht ins Mauerwerk gelegten Kalksteinblöcke an, die Choli bei der Untersuchung des Schotterwalls an der Nordwestecke der Pyramide gefunden hatte.

Der Eingang in die Pyramide liegt auf der Nordsüdachse in der Nordwand, etwa fünfzehn Meter über der Grundfläche. Die Plazierung des Zugangskorridors so hoch im Mauerwerk der Superstruktur ist unter den Stufenpyramiden absolut einzigartig. Einige Meter unterhalb des Niveaus der Pyramidengrundfläche bricht der Korridor ab, wandelt sich in einen waagerechten Gang und mündet schließlich in die Grabkammer. Auf der östlichen und westlichen Seite des waagerechten Korridorteils befindet sich jeweils eine Nische. Ihre Bedeutung ist nicht ganz klar, möglicherweise sollten sie zur besseren Handhabung der Blöcke dienen, mit denen der Korridor nach der Beisetzung der Mumie des Pharaos in der Grabkammer versiegelt werden sollte.

Den Zugang in die Grabkammer ermöglicht ein vertikaler Schacht, der aus dem südlichsten Korridorende emporführt. Er mündet in die Nordostecke des Grabkammerbodens. Maspero, der als erster Archäologe in die Pyramide eindrang, entdeckte an dieser Stelle Balken und Seile. Er war der Meinung, daß es sich um die Überreste einer Hilfskonstruktion von Grabräubern handelte, die aus der Zeit der Plünderung der Grabkammer stammte. Einige Ägyptologen sind jedoch der Ansicht, es handle sich eher um einen Überrest der ursprünglichen Konstruktion der Pyramidenbauer, mit deren Hilfe der Sarg des Herrschers durch den vertikalen Schacht gehoben werden sollte. In der Grabkammer hat es jedoch nie einen Sarkophag gegeben und offensichtlich auch kein Begräbnis. Und warum sollten die Arbeiter einen schweren Steinsarkophag kompliziert durch den Korridor und mit Hilfe von Seilen transportieren, wenn die Plazierung schon während des Baus hätte vorgenommen werden können? Es stimmt zwar, daß Petrie im Zugangskorridor Reste eines Holzsarges gefunden hat, den er für sehr alt hielt und der möglicherweise noch aus dem Alten Reich stammt (seine knappen Angaben zu diesem Fund sind allerdings etwas konfus), doch stellt dieser wahrscheinlich intrusive Fund keinen direkten Beweis dar.

Noch in der Tradition der Stufenpyramiden der 3. Dynastie steht die Grabkammer mit ihrer nordsüdlich ausgerichteten Längsachse. Bemerkenswert ist das Kraggewölbe (das sogenannte falsche Gewölbe) aus mächtigen Kalksteinblöcken. Der dahinterstehende Gedanke ist sehr alt und hat seinen Ursprung bereits in der Ziegelarchitektur der Frühzeit. Dadurch sollte verhindert werden, daß das enorme Gewicht der Pyramidenmasse die Decke der Grabkammer eindrückte. Angesichts der neuen Situation in Meidum gaben ihm die Erbauer offenbar den Vorzug gegenüber granitenen Deckenplatten, mit denen sie ebenfalls schon Erfahrungen gesammelt hatten. Und tatsächlich widerstand das Gewölbe dem Druck.

Am östlichen Pyramidenfuß entdeckte Petrie einen Totentempel, der aus Kalksteinblöcken errichtet war. Er vereint gleich mehrere Besonder-

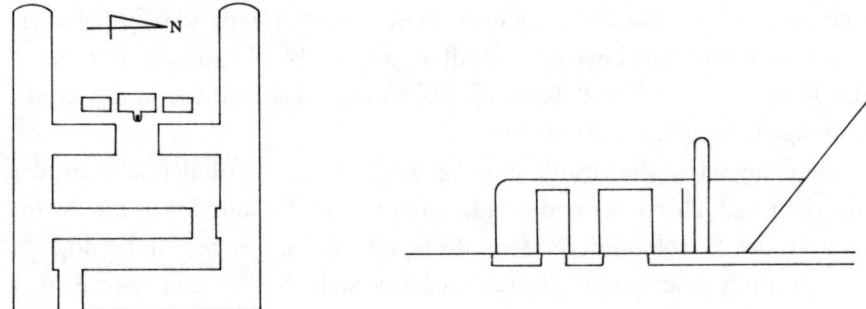

Totentempel der Meidum-Pyramide. Plan und nordsüdlicher Schnitt (nach Petrie).

heiten in sich. Vor allem ist er der erste, der auf der östlichen und nicht der nördlichen Pyramidenseite errichtet wurde. Er ist gleichzeitig, fast unberührt, der am besten erhaltene Tempel aus dem Alten Reich (selbst Deckenplatten aus Kalkstein haben sich an ihrem Platz erhalten!), aber auch sehr einfach. Die Lage des Totentempels hängt zweifellos mit der gesamten konzeptionellen Änderung des Pyramidenkomplexes in Meidum während der Phase E3 zusammen.

Der Tempel hat einen fast quadratischen Grundriß und besteht aus drei Bauteilen: einem Zugangskorridor *en chican* in der Südostecke, einem offenen Hof und einem Raum mit zwei Stelen. Letztere, die sich eng am Fuße der Pyramide erheben, bestehen aus einem oben abgerundeten Kalksteinstück mit geglätteten Wänden. Sie tragen weder Inschriften noch Bilder, und zwischen ihnen steht ein Opfertisch. Das Fehlen jeglicher Ausschmückung betont die Schlichtheit des Tempels, verrät aber gleichzeitig auch, daß er keinen kultisch-rituellen Zwecken diente.

Möglicherweise hat der Tempel gerade dadurch schon im Altertum tief auf seine Besucher gewirkt, wie spätere Besuchergraffiti bezeugen. Sie stammen zum größten Teil aus der 18. Dynastie, und einige Schreiber geizten nicht mit Lob, wie zum Beispiel Anchcheperreseneb im 41. Regierungsjahr Thutmosis' III., der «kam, um den herrlichen Tempel des Horus Snofru zu erblicken. Er nahm ihn wahr, als ob der Himmel darin wäre und in ihm die Sonne aufginge.» Und er rief aus: «Auf daß aus dem Firmament frische Myrrhe herabregnen und duftender Weihrauch auf das Tempeldach des Horus Snofru tropfen möge!» Es muß hinzugefügt werden, daß der Tempel zur Zeit von Anchcheperresenebs Besuchen bereits teilweise zugeweht und mit Unrat gefüllt war. Irgendwann während der Ersten und Zweiten Zwischenzeit lebten darin sogar Viehhirten. Archäologische Untersuchungen haben ferner gezeigt, daß die Pyramide bereits am Ende des Neuen Reiches teilweise zerstört wurde, denn in den Trümmerhaufen an ihrem Fuße fanden sich Nebengräber aus der 22. Dynastie in einer Höhe von etwa sieben bis zehn Metern über dem Niveau des Tempelbodens. Man geht davon aus, daß bereits während der Regierung Ramses' II. mit dem Abbau der Verkleidungsblöcke begonnen wurde.

Die Pyramide und den Tempel umzog eine hohe Umfassungsmauer aus Kalksteinblöcken. Der ausgedehnte offene Hof, den sie eingrenzte, besaß einen Fußboden aus getrocknetem Lehm. Von Osten grenzte eine riesige Mastaba an die Mauer, die möglicherweise für den Kronprinzen erbaut worden war, doch gelang es nicht, ihren Besitzer zu identifizieren, weshalb sie einfach den Namen «Mastaba Nr. 17» auf dem Plan der Nekropole erhalten hat. In baulich-archäologischer Hinsicht ist bemerkenswert, daß für ihren Kern Steinabfall aus der Pyramide verwendet wurde und der Lehmziegelmantel ursprünglich verputzt und geweißt war.

Im Hof nahe der Südwestecke der Pyramide wurde eine kleine Pyramide – ursprünglich wohl ebenfalls in der Stufenbauweise – errichtet. Sie ist das älteste bekannte Beispiel einer Kultpyramide. Ihre Substruktur war von Norden her über einen absteigenden Korridor zugänglich. In ihren Trümmern fand man das Fragment einer Kalksteinstele mit der Abbildung des Falkengottes Horus. Auf der entgegengesetzten Hofseite liegen die Überreste einer Mastaba, die wahrscheinlich für die königliche Gemahlin bestimmt war.

Ein mehr als zweihundert Meter langer Aufweg soll die Pyramide mit dem Taltempel am Rande des Niltals verbunden haben. Dieser konnte aber aufgrund des sumpfigen Terrains und des hohen Grundwasserspiegels bisher nicht entdeckt werden. Wahrscheinlich befand sich östlich von ihm Snofrus Residenzstadt Djedsnofru, «Snofru dauert», die in Erzählungen aus dem Papyrus Westcar überliefert worden ist.

Wenn wir von Mendelssohns Theorie absehen, müssen wir zugeben, daß die archäologischen Untersuchungen bisher keine Antwort auf einige grundlegende Fragen geben konnten, die mit der Pyramide in Meidum zusammenhängen. Umstritten ist vor allem ihr Besitzer. Der ägyptische Archäologe Ahmad Fachri hielt ähnlich wie auch einige andere Ägyptologen den letzten Herrscher der 3. Dynastie und Snofrus Vorgänger Huni für den Erbauer beider Stufenetappen (E1 und E2). Erst die Schlußphase E3 und die Umgestaltung zur echten Pyramide seien ein Werk Snofrus gewesen.

Bisher spricht aber nichts für Fachris Annahme. Hunis Name wurde hier nicht gefunden, vielmehr existieren seit dem Mittleren Reich schriftliche Dokumente, die darauf hindeuten, daß die Meidum-Pyramide und die benachbarte Residenzstadt einst Djedsnofru hießen und somit Snofru schon damals für ihren Erbauer gehalten wurde. Das bezeugen indirekt auch die Gräber, die an der Pyramide anliegen und Mitgliedern aus Snofrus Familie gehören.

Ein sehr interessanter Fund sind die Baugraffiti auf einigen der Blöcke, aus denen die Pyramide erbaut wurde. Darunter sind nämlich auch stilisierte kleine Bilder einer zwei-, drei- und vierstufigen Pyramide, was zunächst einige Forscher zu der Annahme verleitete, daß es sich um die ursprüngliche, allmählich umgestaltete Form der Pyramide handelte. Heute scheint diese Frage geklärt zu sein: Die Zeichen bestimmen die Plazierung der Blöcke auf der entsprechenden Stufe. Nicht weniger interessant sind die Graffiti, die Daten und die Bezeichnungen der Arbeitsgruppen beinhalten. Sie stammen aus den Jahren der fünfzehnten bis achtzehnten Viehzählung eines nicht näher bestimmten Herrschers. Hinsichtlich der heutigen Chronologie für das Ende der 3. und den Anfang der 4. Dynastie ist es sehr unwahrscheinlich, daß sich diese Daten auf einen anderen Herrscher als auf Snofru beziehen. Wie wir später sehen werden, gibt es ganz ähnliche Graffiti-Angaben in den Snofru-Pyramiden in Dahschur.

Nicht ganz geklärt ist außerdem die gravierende konzeptionelle Veränderung des Baus in Phase E3. Die Stufenform des Monuments wurde zugunsten einer pyramidenförmigen und die nordsüdliche Orientierung des Komplexes zugunsten einer ostwestlichen aufgegeben. Dies drückt offensichtlich eine bedeutende Verschiebung in den religiösen Vorstellungen aus, zu der es am Übergang von der 3. zur 4. Dynastie kam. Nach Ricke wurde zu dieser Zeit der Osiris-Mythos in die Konzeption des königlichen Totenkults eingegliedert. Der Herrscher verschmolz mit Osiris, dem Herrscher über das Totenreich, und sein Tod wurde zu einem mythischen Ereignis. Nach einer anderen Auffassung handelte es sich um eine Verlagerung von der astralen zur Sonnenreligion. Ähnlich argumentiert der deutsche Ägyptologe Wildung, nach dem der Pyramidenkomplex von Meidum ein Vorgänger späterer Sonnentempel der Pharaonen der 5. Dynastie war.

Eine ebenfalls wichtige und vorläufig offene Frage bleibt, warum Snofru seinen Pyramidenkomplex, den königlichen Friedhof und die Residenzstadt Djedsnofru verlassen und etwa vierzig Kilometer weiter nördlich bei Dahschur eine neue Residenz und eine neue Pyramidennekropole angelegt hat. Wollte er näher bei der Festung Weiße Mauern sein? Oder wollte er eine neue, strategisch günstiger gelegene Residenzstadt gründen, von der aus er die Kolonisierung der ausgedehnten Gebiete des Nildeltas und die Entsendung der militärischen Expeditionen nach Libyen und auf den Sinai besser lenken konnte? Waren gar dynastische Probleme innerhalb der königlichen Familie die Hauptursache? Stadelmann ist der Ansicht, daß die Pyramide in Meidum von Anfang an für Snofru gebaut wurde und die umliegenden Gräber der Königsmutter und den Prinzen der sogenannten ersten Generation gehörten. In Dahschur sei erst eine spätere Generation der Snofru-Familie begraben worden.

Ein weiteres Rätsel ergab sich aus einer Entdeckung aus jüngster Zeit in Seila am Rande der Fajjum-Oase, etwa zehn Kilometer westlich der Meidum-Pyramide. Hier stehen die Überreste einer kleinen Pyramide, die den Ägyptologen schon lange bekannt ist, doch wußte man nicht, wann und von wem sie errichtet worden war. Im Laufe von Grabungen, die in der zweiten Hälfte der achtziger Jahre stattfanden, entdeckte der ägyptische Archäologe Swelim hier in Zusammenarbeit mit der amerikanischen Expedition der Brigham Young University schriftliche Hinweise, die bekräftigen, daß Snofru auch diese Pyramide erbauen ließ. Im Unterschied zu den drei anderen, viel größeren, hat sie jedoch keine unterirdischen Kammern und kann deshalb nicht als Grab gedient haben. Worin lag ihre wirkliche Bedeutung? Die Pyramide stellt nämlich nur eine aus einer Gruppe von sieben kleinen, aber in vieler Hinsicht rätselhaften Stufenpyramiden dar. Sie sind über ganz Ägypten verstreut. In Seila liegt die nördlichste von ihnen, die südlichste am ersten Nilkatarakt auf der kleinen Insel Elephantine.

DIE STUFENPYRAMIDE IN SEILA

Heute erreicht die Ruine nur noch eine Höhe von knapp sieben Metern. Die erste Untersuchung des Monuments führte Borchardt unmittelbar zu Beginn des 20. Jahrhunderts durch. Die Pyramide, deren vierstufiger Kern aus kleineren Blöcken lokalen Kalksteins unter Beifügung von Mörtel aus Lehm und Sand entstand, weist eine Nordsüdachse auf, die um zwölf Grad nach Westen abgeknickt ist. Auf einigen Blöcken wurden Reste von Baugraffiti gefunden. Bei den letzten Grabungen entdeckte man die Überreste eines Opfertisches und einer Stele aus Kalkstein, die es ermöglichten, Snofru als Inhaber der Pyramide zu identifizieren.

Überraschend ist allerdings, daß die Pyramide weder in ihrem Innern noch in der Substruktur Kammern besitzt und in ihrer Umgebung, mit Ausnahme der erwähnten Stele und des Opfertisches, bisher keine Kultanlage gefunden wurde. Ihre Bedeutung ist deshalb sehr unklar, was allerdings auch für die weiteren, zuweilen noch rätselhafteren Bauten gilt.

DIE STUFENPYRAMIDE IN ZAWIJET EL-MEIJITIN

Die kleine Pyramide etwa sieben Kilometer südlich des modernen administrativen Zentrums Mittelägyptens, Minia, zeichnet sich dadurch aus, daß sie als einzige am östlichen Nilufer liegt. Es läßt sich nur vermuten, daß ihr Standort mit den im nahe gelegenen Hügel verborgenen Überresten der Stadt Hebenu zusammenhing.

Die Pyramide, deren Ruine heute eine Höhe von knapp fünf Metern erreicht, war aus Kalkstein gebaut, und als Bindemittel wurde Mörtel aus Schlamm, Sand und Kalk verwendet. Der Bau ist nicht genau ausgerichtet, die Westseite knickt parallel zum damaligen Nillauf bei Zawijet el-Meijitin um etwa zwanzig Grad nach Nordwesten ab. 1911 wurde die Pyramide von dem französischen Ägyptologen Raymond Weill untersucht, einige weitere Angaben fügte später Lauer hinzu.

DIE STUFENPYRAMIDE IN SEINKI

Die Überreste der Pyramide in Seinki in der Nähe des heutigen Dorfes Naga el-Chalifa etwa acht Kilometer südlich von Abydos wurden bereits 1883 von Charles Wilbour und Gaston Maspero entdeckt. Erst etwa ein Jahrhundert darauf untersuchten sie Swelim und Günther Dreyer sorgfältig.

Die Ostseite der Pyramide, deren Baumaterial ebenfalls Kalkstein und Mörtel aus Lehm und Sand war, verläuft parallel zum Nil. Ihre Überreste erreichen heute eine Höhe von etwa vier Metern. Erwähnenswert ist noch, daß sich an der Mitte aller Seiten jeweils bis in eine Höhe von 1,30 Metern Reste von Rampen aus Lehmziegeln, Schlamm, Schotter und Sand erhalten haben (siehe Seite 117). Die Rampen führten ursprünglich auf das Niveau des oberen Randes der zweiten Schicht.

Viele Hinweise sprechen dafür, daß mit dem Steinabbau an der Pyramide schon während des Alten Reiches begonnen wurde. Aus dieser Zeit stammen auch Funde, die darauf hindeuten, daß nomadisierende Hirten mit Ziegen und Schafen bei ihr siedelten. In ihrer Nähe wurden außerdem vierzehn Nebengräber aus dem Alten und Neuen Reich entdeckt.

DIE STUFENPYRAMIDE IN NAQADA

Bei Naqada, etwa dreihundert Meter nördlich der Ruinen der antiken Stadt Ombos, stehen die Überreste einer etwa viereinhalb Meter hohen Pyramide. Ihr Kern wurde, ähnlich wie in Seinki, aus groben Kalksteinstücken errichtet, die durch Mörtel aus Lehm und Sand zusammengefügt waren. Die Pyramidenostseite verläuft ebenfalls parallel zum Nillauf.

Petrie und Quibell führten hier im Jahre 1895 eine Untersuchung durch. Sie entdeckten dabei unter der Südwestecke eine Grube, die keinesfalls die Substruktur darstellte. Welche Bedeutung sie hatte und warum die Pyramide gerade auf ihr errichtet wurde, ist bisher nicht geklärt worden.

DIE STUFENPYRAMIDE IN KULA

Die kleine Pyramide bei Kula in der Nähe des Dorfes Naga el-Mamarria, etwa sechs Kilometer nördlich der altägyptischen Stadt Hierakonpolis, ist die am besten erhaltene der ganzen Gruppe. Sie liegt am westlichen Nilufer und besteht wie die anderen aus groben Kalksteinstücken, die durch Mörtel aus Lehm, Schlamm, Sand und kleinen Kalksteinsplittern gebunden waren. Ausnahmsweise orientierten sich hier aber die Ecken und nicht die Seiten des Baus nach den Himmelsrichtungen. Die östliche Pyramidenseite verläuft somit an dieser Stelle wieder parallel zum Nil.

Als erste untersuchten und beschrieben Perring und Vyse die Pyramide

Die Pyramide in Kula. Schnitt durch die Achse, Rekonstruktion und Grundriß (nach Stiénon).

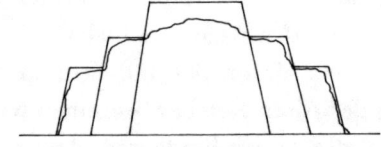

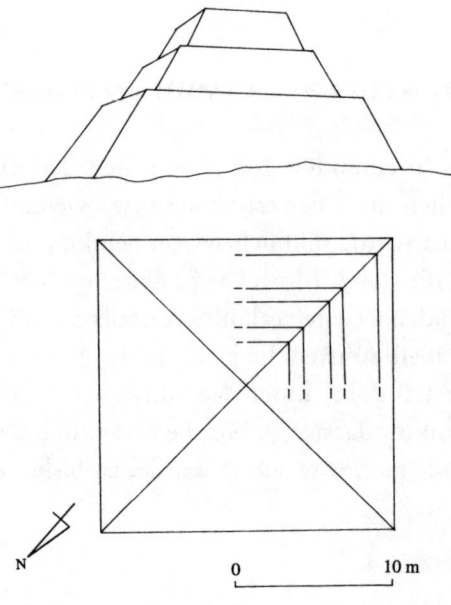

bereits im Jahre 1837, als sie noch zwölf Meter hoch war! Gegen Ende des 19. Jahrhunderts nahm Henri Naville an ihrer Nordwestecke eine Sondierung vor. Zuletzt erforschte sie 1929 das belgische Team unter der Leitung von Jean Capart, und der zu ihm gehörende Architekt Jean Stiénon veröffentlichte die Nachricht von der ungewöhnlichen Ausrichtung des Baus. Darauf gründete mehr als vierzig Jahre später der Amerikaner Womack eine Theorie, die in ägyptologischen Kreisen wohl kaum breitere Unterstützung finden wird. Da die mesopotamischen Zikkurate ebenso ausgerichtet sind, hält er die Pyramide in Kula ebenso wie die in ihrer Nähe gelegene vordynastische Festung in Hierakonpolis für einen weiteren Beweis des mesopotamischen Einflusses in Ägypten – und das ausgerechnet an einem Ort, der zu jener Zeit bei der beginnenden Formierung des altägyptischen Staates eine wichtige Rolle gespielt hat: Hierakonpolis war damals die Hauptstadt von Oberägypten und das Kultzentrum des Falkengottes Horus. Es sind zwar Kontakte zwischen dem Niltal und Vorderasien am Ende der Vorzeit belegt, doch ein Zusammenhang zwischen dem Bau in Kula und den Zikkuraten läßt sich daraus nicht ableiten. Man kann diese Pyramide nicht einfach als einzige in die Zeit vor der Einigung Ägyptens datieren. Auch für ihre Ausrichtung dürfte vielmehr der Verlauf des Nils der ausschlaggebende Faktor gewesen sein.

DIE STUFENPYRAMIDE IN EDFU

Die aus groben Stücken rötlichen Sandsteins erbaute Pyramide befindet sich bei dem Dorf Naga el-Goneima am westlichen Nilufer, etwa fünf Kilometer nördlich von Edfu. Ihre Ostseite verläuft parallel zum Fluß.

DIE STUFENPYRAMIDE AUF ELEPHANTINE

Die südlichste dieser kleinen Stufenpyramiden liegt auf der Insel Elephantine am ersten Nilkatarakt bei Assuan. Sie wurde aus groben, mit Lehmmörtel gebundenen Granitstücken auf einem präparierten Felsplateau errichtet. Ihre Westseite ist um rund siebzehn Grad nordwestlich abgeknickt, so daß sie etwa parallel zur Achse des westlichen Nilarms verläuft, der die Insel umfließt.

Die Pyramide wurde 1909 von einer französischen Expedition entdeckt, die auf Elephantine nach den Überresten einer jüdischen Ansiedlung aus dem fünften Jahrhundert vor Christus suchte. Sie hielt die Trümmer irrtümlicherweise für die Ruinen eines jüdischen Tempels. In der Nähe der Pyramide fand Henri Gauthier einen großen, kegelförmigen Gegenstand aus Granit, auf dessen Fundament sich Reste einer Inschrift mit dem Namen des letzten Herrschers der 3. Dynastie, Huni, befanden. Sie wird als Hinweis auf die Gründung einer Festung oder auch eines Palastes interpretiert.

Trotz ihrer Heterogenität hat diese ganze Gruppe von kleinen Stufenpyramiden, die von Seila bis Elephantine verstreut sind, einige gemeinsame Züge. Typologisch lassen sich alle in die zweite Hälfte der 3. Dynastie einordnen, genauer in die Zeit von Sechemchet bis Snofru. Keine von ihnen hat irgendwelche oberirdischen Kammern oder unterirdischen Teile oder weitere Bauten in der unmittelbaren Umgebung. Alle, mit Ausnahme der Pyramide in Zawijet el-Meijitin, wurden am westlichen Nilufer errichtet und folgen in ihrer Ausrichtung nicht den Himmelsrichtungen, sondern dem Flußlauf.

Es ist nicht ausgeschlossen, daß ähnliche kleine Pyramiden auch an anderen Orten gebaut worden sind. Eine war zum Beispiel noch im 19. Jahrhundert in der Nähe von Benha (dem antiken Athribis) im mittleren Delta zu sehen.

Die Meinungen bezüglich dieser Pyramiden weichen erheblich voneinander ab. Lauer hält sie für Kenotaphe der Königinnen in ihren Geburtsprovinzen. Maragioglio und Rinaldi waren der Ansicht, daß sie heilige Orte waren, die mit dem Mythos von Horus und Seth zusammenhängen. Nach Arnold verkörpern sie den Gedanken vom «Hohen Sand» oder Urhügel, auf dem das Leben entstand. Swelim ist der Meinung, daß sie Stätten des Sonnenkults darstellten, also in gewissem Sinne Vorläufer der späteren Sonnentempel waren. Eine originelle Auslegung lieferten Kaiser und Dreyer. Ihrer Ansicht nach handelt es sich um Symbole von Pfalzen, die in der Nähe der Provinzzentren und Königsresidenzen errichtet wurden und

fern der Hauptstadt an die Gegenwart und Autorität des Herrschers erinnern sollten.

Die zuletzt genannte Theorie wurde von Edwards kritisiert, und er berief sich dabei auf die Pyramide in Seila. Zu Recht wies er auf die Tatsache hin, daß dieses Bauwerk buchstäblich in Sichtweite der Meidum-
Pyramide stand und damit so nahe der Hauptstadt, daß es gerade hier
überflüssig gewesen wäre, an die königliche Autorität zu erinnern.

Den Zweifeln, die Edwards geäußert hat, können noch weitere hinzugefügt werden, die die Datierung dieser kleinen Stufenpyramiden in die
zweite Hälfte beziehungsweise die Schlußphase der 3. Dynastie betreffen.
Angesichts ihrer Stufenform scheint dies zunächst einmal korrekt zu sein,
doch den bisher einzigen direkten chronologischen Anhaltspunkt für ihre
Datierung stellt die Snofru-Stele in Seila dar, denn der Granitkegel aus
Elephantine besitzt keine direkte Beweiskraft. Es darf also nicht ausgeschlossen werden, daß diese ganze Gruppe kleiner Stufenpyramiden, der
bisher bekannten und der auch an anderen Orten Ägyptens vermuteten,
in einer weitaus breiteren Zeitspanne als lediglich am Ende der 3. Dynastie entstanden ist. Offensichtlich ist das letzte Wort in der Diskussion
über diese Bauten noch nicht gesprochen.

DIE KNICKPYRAMIDE DES SNOFRU

Etwas paradox sind Form und Name der ersten von vornherein auch so
Projektierten echten Pyramide schon. Zuweilen wird sie auch als Rhom-
boidale, Unechte oder Pyramide mit zwei Böschungen bezeichnet. Die
alten Ägypter nannten sie «Snofru erglänzt – Süd(pyramide)». Im Text
eines Dekrets Pepis I. aus Dahschur, von dem noch die Rede sein wird,
befinden sich hinter ihrem Namen zwei hieroglyphische Zeichen für
«Pyramide». Wollte der altägyptische Schreiber sie so näher als «Doppel-

pyramide» beschreiben? An anderer Stelle des Dekrets wird mit dieser Zeichenfolge Snofrus Pyramidenstadt in Dahschur als «die Stadt der zwei Pyramiden» (das heißt der Knick- und der Roten Pyramide) bezeichnet.

Die Pyramide, die auf einem erhobenen Wüstenplateau etwa drei Kilometer westlich des Dorfes Dahschur emporragt, zog aufgrund ihrer ungewöhnlichen Erscheinung bereits seit dem 17. Jahrhundert europäische Reisende an, darunter Robert Huntington, Edward Melton, Richard Pococke. Zu einer systematischen archäologischen Erkundung des Bauwerks kam es jedoch erst im 19. Jahrhundert, als sich vor allem Perrings, daneben aber auch Lepsius und später Petrie mit der Pyramide befaßten. Von Abdel Salam Hussains und Alexandre Varilles Untersuchungen nach 1945 hat sich leider keine Dokumentation erhalten. Grundlegende Resultate erbrachten erst Forschungen, die der ägyptische Archäologe Ahmad Fachri in der ersten Hälfte der fünfziger Jahre in der Knickpyramide durchführte. Wertvoll sind auch die späteren Beobachtungen und Messungen von Maragioglio und Rinaldi sowie Josef Dorner, einem österreichischen Geodäten und Archäologen. Den Untergrund, auf dem die Pyramide errichtet wurde, bilden keine Felsen, sondern relativ weiche Schichten aus Tonschiefer. Die Erbauer haben dies offensichtlich nicht ausreichend bedacht und dadurch die Statik des gesamten Baus ernsthaft gefährdet. Der Kern aus lokalem Kalkstein lastet direkt auf dem Tonschiefergrund, während die Verkleidung aus feinem weißen Kalkstein, die heute unter allen ägyptischen Pyramiden die am besten erhaltene ist, auf einer künstlich errichteten Grundfläche steht.

Nach dem ursprünglichen Entwurf hatten die Wände einen verhältnismäßig schroffen Winkel von sechzig Grad, der im Bauverlauf auf nicht ganz fünfundfünfzig Grad verringert wurde, was zu einer Verbreiterung der Basis führte. Diese Veränderung in der ersten und zweiten Bauphase ist an der Decke und den Seitenwänden des nördlichen Pyramidenzugangs sichtbar, etwa zwölf Meter vom Eingang entfernt.

Als der Bau eine Höhe von etwa fünfundvierzig Metern erreicht hatte, kam es zu einer weiteren Reduktion des Böschungswinkels auf bloße dreiundvierzig Grad. Diese Modifizierung, die eine Verringerung des Materialvolumens der oberen Pyramidenhälfte bewirkte, ist wahrschein-

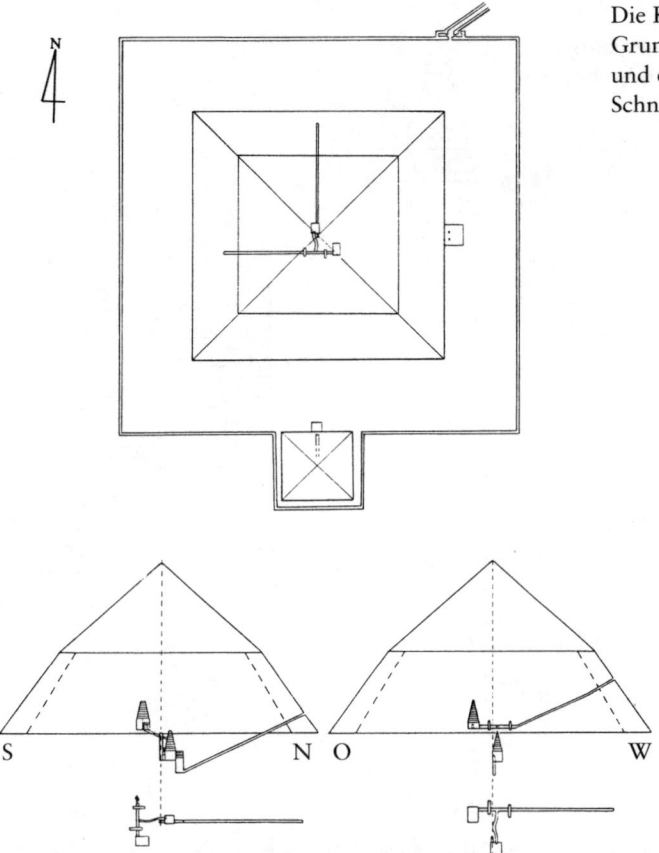

Die Knickpyramide.
Grundriß, nordsüdlicher
und ostwestlicher
Schnitt (nach Fachri).

lich schon durch die drohende Beschädigung einiger innerer Kammern er-
zwungen worden. Die Pyramide erhielt so ihre charakteristische Form.

Der Vollständigkeit halber muß hinzugefügt werden, daß die ungewöhnliche Form der Pyramide nach Meinung einiger Forscher nicht das
Ergebnis von Experimenten und statischen Risiken ist, sondern die ursprüngliche bauliche Absicht widerspiegle, die religiös oder politisch motiviert gewesen sei. Gemäß einer Hypothese hätten die zwei Böschungen
der Pyramide die Einheit von Ober- und Unterägypten symbolisiert, anderen zufolge sollten die neun Wände inklusive der Grundfläche die helio-
politanische Neunheit symbolisieren.

Grundriß der Substruktur der
Knickpyramide mit Zutritt
von Norden (nach Fachri).

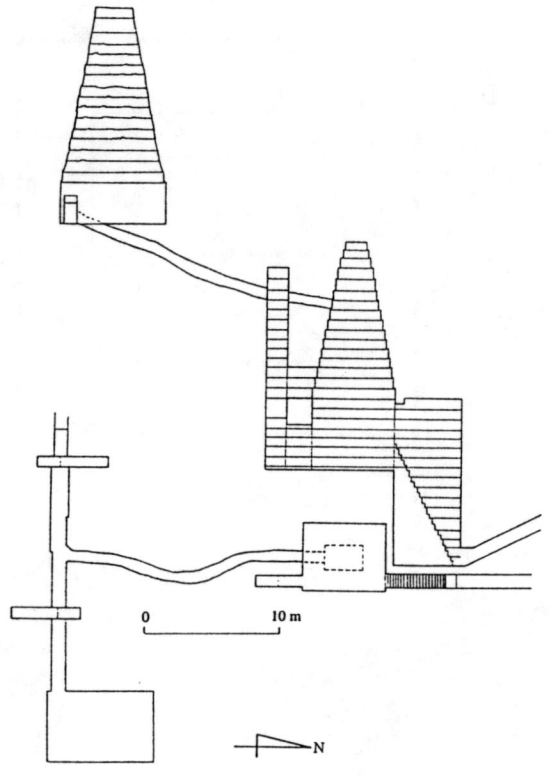

Das Kammersystem innerhalb der Pyramide ist sehr originell und umfaßt einige Elemente, die sich nirgends wiederholen. Dazu gehören auch die zwei Eingänge aus verschiedenen Himmelsrichtungen und in verschiedenen Höhenlagen.

Der Nordeingang, auf der nordsüdlichen Pyramidenachse gelegen, befindet sich etwa zwölf Meter über dem Boden. Ein dahinter liegender absteigender Korridor mündet in die enge unterirdische Vorkammer, deren hohe Decke ein Kraggewölbe aus mächtigen Kalksteinblöcken bildet. An der Ost- und Westwand sind Reste einer schmalen steilen Treppe erhalten geblieben, die ursprünglich den Zugang in die sogenannte untere Kammer ermöglichte. Auch ihre Decke besteht aus einem Kragsteingewölbe. Eine kurze Passage in der Südostecke ermöglicht den Zugang in einen vertikalen, heute zum Teil beschädigten Schacht, der im Verlauf der archäologischen Forschungen den Namen «Kamin» erhielt. Er ist genau in der vertikalen Pyramidenachse gelegen.

Der westliche Eingang liegt viel höher als der nördliche, etwa dreiunddreißig Meter über der Erde. Dahinter öffnet sich ein absteigender Korridor, der an zwei Stellen mit speziell konstruierten Sperren versehen war. Er mündet in die sogenannte obere Kammer, die ebenfalls ein Kragsteingewölbe aufweist. Fachri war der Ansicht, daß Snofru in dieser Kammer begraben worden ist. Die Blöcke des Gewölbes sind jedoch unbearbeitet geblieben. Auf einem von ihnen wurde eine mit roter Farbe grob ausgeführte Kursivinschrift mit einer Kartusche gefunden, die Snofrus Namen enthält – ein eindeutiger Hinweis auf den Inhaber der Knickpyramide. Den unteren Teil der Kammer füllte grobes Kalksteinmauerwerk, das zum Teil mit Mörtel gebunden war, zum Teil nur trocken verlegt wurde. In den Öffnungen der Seitenwände wurden Reste von Zedernholzbalken gefunden, ähnlich wie in der Pyramide von Meidum. In diesem Zusammenhang sei an die Mitteilung auf dem Palermostein erinnert, der zufolge während Snofrus Regierung vierzig Schiffe Zedernholz aus den libanesischen Bergen nach Ägypten gebracht haben.

Die Funktion des Mauerwerks und der Balken in der oberen Kammer ist nicht ganz klar. Maragioglio und Rinaldi waren der Ansicht, es handle sich um Überbleibsel einer Konstruktion, die entweder als Sockel für den Sarg mit der Herrschermumie dienen oder ihn schützen sollte. Das steinerne Mauerwerk, in das der hölzerne Sarg eingelassen wurde, hätte nach dieser Hypothese also in gewissem Sinne den äußeren Steinsarkophag ersetzt. Stadelmann schließt demgegenüber nicht aus, daß das Mauerwerk und auch die Balken entweder mit den Vorbereitungen für die Bearbeitung des Kraggewölbes zusammenhingen oder das Bersten der Seitenwände verhindern sollten. In der oberen Kammer und im Korridor, der in sie hineinführt, wurden nämlich Risse entdeckt, die die Erbauer der Pyramide mit Gipsmörtel zu verdecken suchten, was die Vermutung nahelegt, daß das Auftreten der Risse die Baumeister dazu veranlaßt hat, den Böschungswinkel der Pyramidenwand zu modifizieren. Interessant ist, daß ganz in der Nähe fast sieben Jahrhunderte später bei der Errichtung der Ziegelpyramide Amenemhets III. ein ähnlicher Fehler begangen wurde.

Das von Norden her zugängliche untere und das von Westen her zu-

gängliche obere System waren lediglich durch einen schmalen, unregelmäßigen und grob ins Kernmauerwerk gehauenen Tunnel verbunden. Er
begann in der unteren Kammer und mündete in den westlichen absteigenden Korridor im Raum zwischen den beiden Sperren. Der nachträgliche
und provisorische Charakter dieser Verbindung ist offensichtlich, und
diese Tatsache provoziert eine Reihe von Fragen, die die Infrastruktur der
Knickpyramide in konzeptioneller Hinsicht betreffen. Möglicherweise
drückt die Existenz der beiden Systeme das Bemühen des Bauherrn aus,
den Widerspruch zwischen der bisherigen Tradition der Nordsüdorientierung der Substruktur einschließlich der Grabkammer und der neueinge-
führten Ostwestorientierung des gesamten Pyramidenkomplexes zu überwinden. Im Zusammenhang mit dem oberen System in der Knickpyramide, seiner Orientierung und dem Eingang von Westen her sei an dieser
Stelle an das Südgrab im Djoser-Komplex in Saqqara erinnert. Stadelmann sieht gerade in der Knickpyramide die Anfänge des sogenannten
Dreikammermodells der Substruktur, auf das man hier und da auch in
den nachfolgenden Pyramiden stößt. Diese ganze komplizierte Problematik gibt sicherlich Anlaß zu weiteren umfassenderen Überlegungen.

Das Bauwerk wirft jedoch noch andere archäologische Fragen auf.
Sind bei der Erforschung der Pyramide wirklich alle inneren Kammern
aufgespürt worden? Als Perring am 20. September 1839 anfing, den nördlichen Korridor zu säubern (der Eingang in den westlichen Korridor war
zu dieser Zeit noch von dem ursprünglichen Steinmauerwerk verschlossen, das erst Anfang der fünfziger Jahre im Zuge der Untersuchungen
Fachris beseitigt wurde), behinderte ein starker Durchzug seine Grabungen. In seinem Bericht führt er an, die Arbeit habe am 15. Oktober fast
unterbrochen werden müssen, und zwei Tage später sei es aufgrund der
Zugluft beinahe unmöglich gewesen, den Gang zu beleuchten. Eine Beobachtung, die Fachri erwähnt, ergänzt Perrings Bericht: «An einigen windi-
gen Tagen ist innerhalb der Pyramide, besonders im horizontalen Teil des
westlichen Korridors zwischen den beiden Barrieren, ein Ton zu verneh-
men, der manchmal fast zehn Sekunden dauert...» Es muß betont werden, daß sich dies in einer Zeit abspielte, als der westliche, zugemauerte
Eingang noch nicht geöffnet war!

Vermutlich schloß sich ursprünglich an die Nordwand ein kleiner Zie-

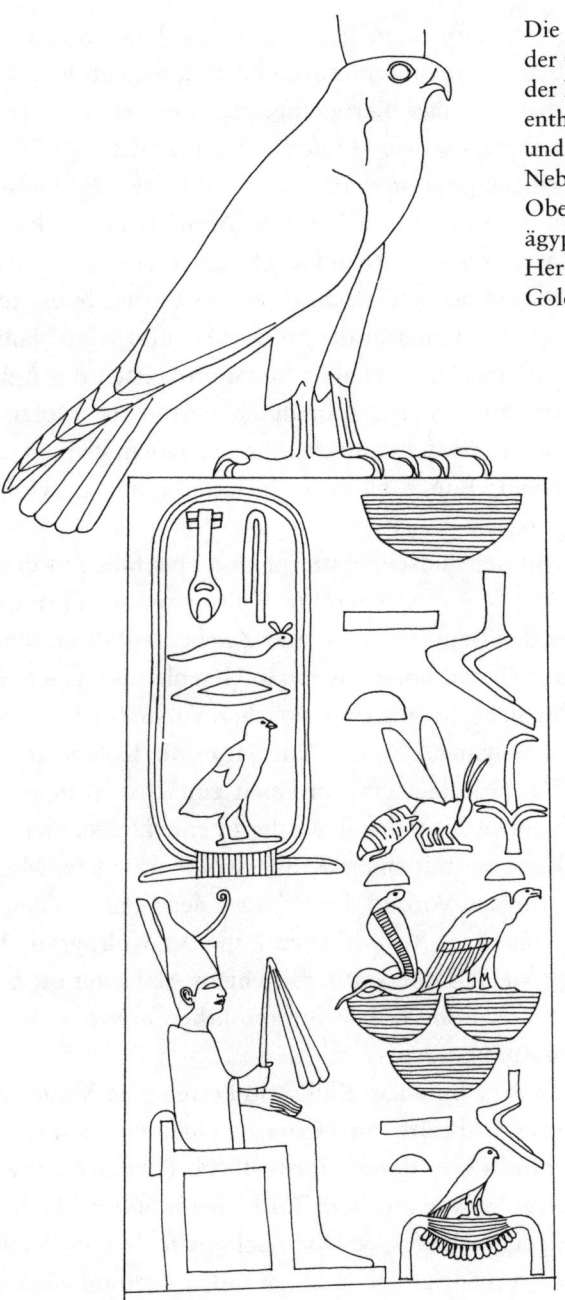

Die Steleninschrift aus
der Opferkapelle bei
der Knickpyramide
enthält Snofrus Namen
und Titulatur: «Horus
Nebmaat, König von
Ober- und Unter-
ägypten Snofru, Beide
Herrinnen Nebmaat,
Goldhorus».

gelbau, die sogenannte Nordkapelle, an, in der sich, wie man aus späteren Analogien schließen kann, ein Opfertisch befand, eine große Kalksteintafel, auf deren Oberseite das hieroglyphische Zeichen für *hetep* eingemeißelt war, das «Opfer» sowie «Opfertisch» bedeutet.

Auf der ostwestlichen Pyramidenachse lag am Fuße der Ostwand eine offene Opferstätte. Sie bestand aus einem Altar in Form des Zeichens *hetep* – diesmal aus drei Kalksteinblöcken errichtet – sowie zwei neun Meter hohen Kalksteinmonolithen an ihrer Nord- und Südseite. Darauf waren im Flachrelief die Titulatur des Herrschers und seine Namen abgebildet (der Überrest einer der Stelen ist heute im Garten des Ägyptischen Museums in Kairo ausgestellt). Allmählich wurde die Opferstelle mit Schutzmauern aus Lehmziegeln umgeben und zu einem kleinen, einfachen Kulttempel umgebaut. Einige bauliche Instandsetzungen erfolgten hier noch im Mittleren Reich.

Etwas weiter von der Südseite entfernt und ebenfalls auf der Pyramidenachse stand eine kleine sogenannte Kultpyramide. Hussain meinte einst, daß er unter den Bauinschriften und Zeichen auf ihren Blöcken den Namen von Snofrus Gemahlin, der Königin Hetepheres I. gelesen hätte, er irrte sich aber. Der nach Rickes romantischer Vorstellung durch lebende Kobras geschützte Eingang, der von Norden in die Kultpyramide führte und dicht über der Erde lag, ging in einen zunächst absteigenden und schließlich ansteigenden Korridor über, der in eine kleine, nicht ganz sieben Meter hohe Kammer mit einem Kraggewölbe mündete. Manche halten den Korridor für das Vorbild der Erbauer der Großen Galerie in der Chufu-Pyramide von Giza. Am östlichen Fuße der Kultpyramide befand sich ebenfalls eine kleine Opferstätte mit einem Alabasteraltar, an deren Seiten zwei fünf Meter hohe Kalksteinmonolithen mit den Herrschernamen und der Titulatur standen.

Eine mächtige, aus gelbgrauem Kalkstein bestehende Mauer umschloß den gesamten Pyramidenbezirk. Sie begrenzte einen weitläufigen Hof von quadratischem Grundriß, in dessen nordöstliche Ecke der mit Kalksteinblöcken gepflasterte Aufweg aus dem Taltempel mündete. Er hatte einen recht unregelmäßigen Verlauf. Eine Überdachung fehlte, nur an den Seiten umsäumten ihn zwei niedrige, oben abgerundete Steinmauern mit leicht geböschten Außenwänden.

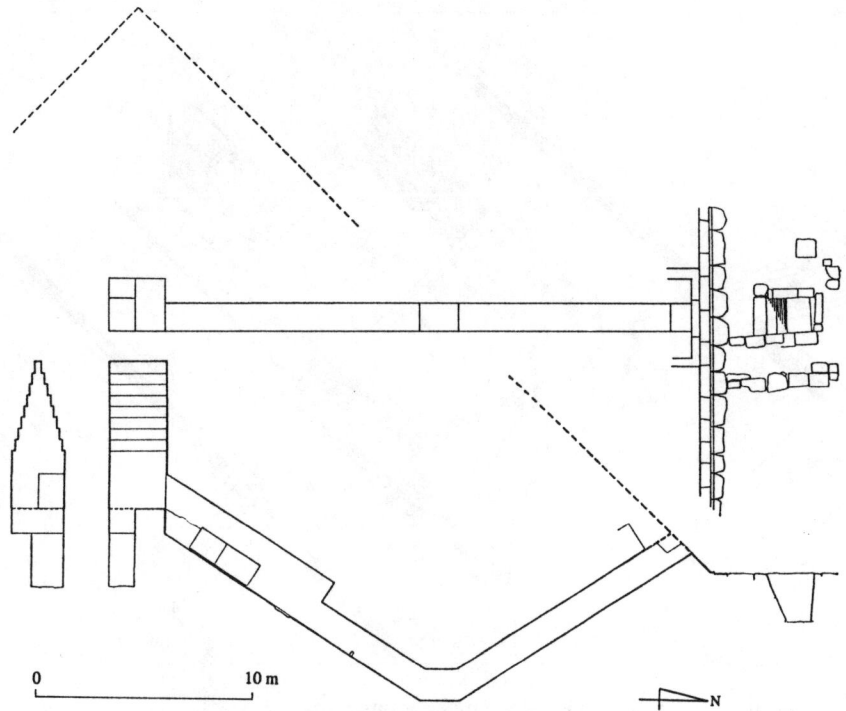

Grundriß der Infrastruktur der Kultpyramide bei der Knickpyramide (nach Fachri).

Der Aufweg führte aus der Südwestecke des Taltempels heraus, dessen Überreste heute etwa einen Kilometer westlich vom Niltal liegen. Der Tempel ist das erste bisher bekannte und archäologisch verhältnismäßig gut untersuchte Denkmal dieser Art. Die Erforschung des ebenfalls in Meidum vermuteten, etwas älteren Taltempels wird durch das Grundwasser beeinträchtigt. Er hat einen rechteckigen nordsüdlich orientierten Grundriß und wurde aus feinem weißen Kalkstein errichtet. In der Mitte seiner Südfassade befand sich der Eingang, an dessen Seiten Holzsäulen mit Wimpeln standen. Bei der Rekonstruktion in der Zeit des Mittleren Reiches fand eine heute bedeutsame Kalksteinstele von Snofrus Sohn Netjeraperef, die aus dessen nahe gelegenem Grab stammte, als Türrahmen Verwendung.

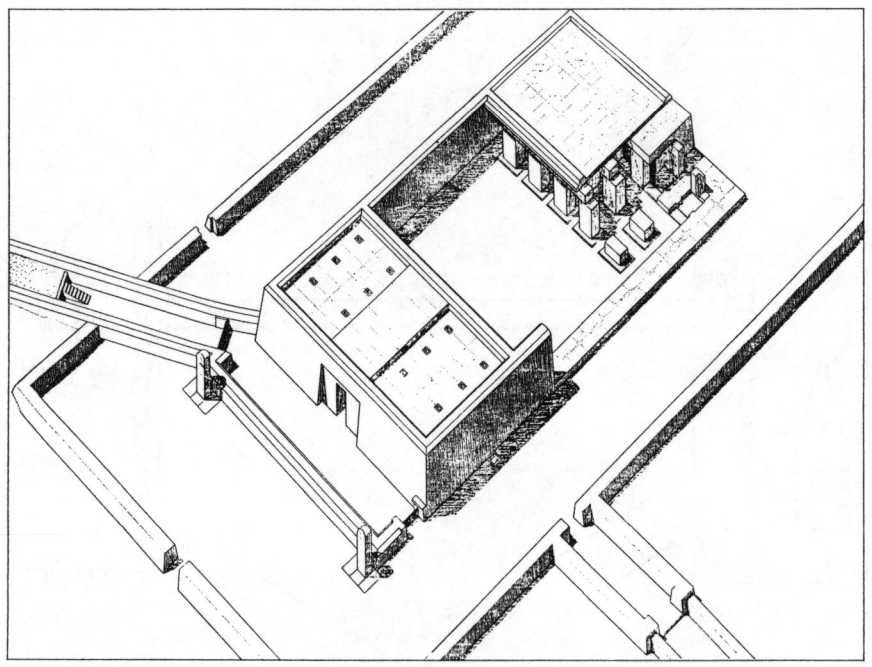

Rekonstruktion des Taltempels der Knickpyramide (nach Fachri).

Der Tempel ist in drei etwa gleich große Teile gegliedert. Im südlichsten befinden sich vier Magazinkammern, jeweils zwei an den Wänden des Eingangskorridors. Die Seitenwände schmückten Szenen einer Prozession von personifizierten Opferstiftungen. In Gestalt von Frauen liefern an der östlichen Wand die oberägyptischen und an der westlichen die unterägyptischen Totenstiftungen Produkte für den Herrschertempel. Die Reliefs gehören zu den künstlerischen Höhepunkten der 4. Dynastie.

Den mittleren Teil des Tempels bildete ein offener Hof. Im Neuen Reich errichteten darin Steindiebe, die damals den Tempel zu demontieren begannen, ihre primitiven Unterkünfte.

Der nördliche Tempelteil besteht aus einem Portikus mit zehn Kalksteinpfeilern, die in zwei Reihen angeordnet sind. Auf ihnen war im Flachrelief der Herrscher bei den Ritualen des sed-Festes abgebildet, die undekorierten Pfeilerwände wurden mit roter Farbe bemalt. Durch den

Die Personifikation
von Snofrus Toten-
stiftung bringt die
Opfer. Detail aus
einer Reliefdekoration
des Taltempels
(nach Fachri).

Portikus gelangte man zu sechs tiefen, ursprünglich mit Holztüren versehenen Nischen. Deren Nordwände bildeten mächtige Kalksteinmonolithen, aus denen die Gestalt des Königs als Halbplastik hervortrat.
Diese Verbundsäulen zeigten Snofru mindestens zweimal als Herrscher
von Ober- und mindestens einmal als Herrscher von Unter- *und* Oberägypten.

Der ganze Tempel war von einer mächtigen Mauer aus Lehmziegeln
umgeben. In dem Raum zwischen Mauer und Tempel errichteten die Priester von Snofrus Totenkult, der bis ins Mittlere Reich fortdauerte, allmählich ihre Unterkünfte.

DIE ROTE PYRAMIDE DES SNOFRU

Etwa vier Kilometer nördlich der Knickpyramide erhebt sich die zweite Snofru-Pyramide von Dahschur. Da ihre Verkleidung heute fast gänzlich fehlt, bezieht sich ihr Name – Rote Pyramide – auf die Farbe der Kernsteine. Die Ortsansässigen nennen sie auch *el-Haram el-watwat*, «Fledermauspyramide». Ihr ursprünglicher ägyptischer Name lautete wahrscheinlich «Snofru erglänzt». Entsprechend dem Beispiel der Knickpyramide hätte man erwarten können, daß die Rote Pyramide «Snofru erglänzt – Nord(pyramide)» genannt worden wäre, aber dieser Name ist in ägyptischen Texten nicht belegt. Es ist jedoch der Name «Snofru erglänzt – Vordere (Pyramide)» bezeugt. Der wichtigsten Himmelsrichtung der alten Ägypter nach, dem Süden, war damit wahrscheinlich die Knickpyramide gemeint.

Europäische Reisende haben die Rote Pyramide schon seit dem Mittelalter besucht, wie zum Beispiel 1660 der Engländer Melton oder im 18. Jahrhundert der böhmische Franziskanermissionar Václav Remedius Prutký, der in seinem lateinisch abgefaßten Reisetagebuch einen Abstieg in den Pyramidenuntergrund beschreibt.

Am Anfang der neuzeitlichen archäologischen Forschungen standen wiederum Perring im Jahre 1839 und Lepsius im Jahre 1843. Kurze Zeit beschäftigten sich auch Petrie und Reisner mit der Roten Pyramide. Nach dem Zweiten Weltkrieg führte Hussain umfangreichere Untersuchungen durch, Anfang der fünfziger Jahre folgte Fachri. Zu einer systematischen und gründlichen archäologischen Untersuchung kam es aber erst seit 1982 unter der Leitung von Stadelmann.

Es scheint, als hätten die bautechnischen Probleme und die drohende Zerschmetterung des westlichen Korridors und der oberen Kammer in der Knickpyramide nicht nur zu der Entscheidung, eine neue Pyramide zu bauen, sondern gleichzeitig auch zu übertriebener Vorsicht geführt. Die Böschung der Wand wurde so verringert, daß die Rote Pyramide den spitzesten Winkel von allen ägyptischen Pyramiden aufweist. Den Kern bildeten Blöcke aus rötlichem Kalkstein aus den einige hundert Meter südwestlich der Pyramide gelegenen Steinbrüchen. Hier haben sich auch die Überreste zweier Zufuhrrampen erhalten, die die Steinbrüche mit der

Südwestecke verbanden. Stadelmann ist der Meinung, der Bau sei von Westen her begonnen worden und habe sich dann mit Hilfe einer größeren Anzahl kurzer Arbeitsrampen nach allen vier Seiten hin fortgesetzt. Als eine Höhe von etwa fünfundzwanzig Metern erreicht war, beseitigte man die Rampen bis auf eine an jeder Seite. Nach weiteren fünfzig Metern wurden schließlich auch sie abgerissen. Für die Grundfläche wurden diesmal Blöcke hochwertigen Kalksteins aus den Tura-Steinbrüchen verwendet.

Aus demselben Material besteht auch die Verkleidung. Die Wände waren leicht konkav und etwas unregelmäßig, wie übrigens auch die einzigartigen Überreste eines Kalksteinpyramidions bestätigen, der bisher älteste Fund dieser Art. Die konkave Form der Wände sollte die Stabilität der Verkleidung erhöhen.

Auf den Blöcken des Kerns wie auch der Verkleidung wurden Baugraffiti von großer historischer Bedeutung entdeckt. Dazu gehört zum Beispiel der Vermerk über die «Bettung des westlichen Ecksteins in der Erde im Jahr der fünfzehnten Viehzählung». Die Daten anderer Graffiti auf Blöcken in verschiedener Höhe besagen, daß während zweier Jahre ungefähr ein Fünftel der Pyramide errichtet wurde. Einer dieser Vermerke gibt nach Stadelmann das bisher höchste bekannte Datum von Snofrus Herrschaft an: das «Jahr der vierundzwanzigsten Viehzählung». Vor kurzem hat der deutsche Ägyptologe R. Krauss Stadelmanns chronologische Schlüsse aus diesen Angaben einer Kritik unterzogen. Er weist darauf hin, daß die Daten der Viehzählung nicht mechanisch verdoppelt werden dürfen und daß der von Stadelmann rekonstruierte zeitliche Rahmen für Snofru zu weit gefaßt ist.

Der Eingang in die Pyramide befindet sich in der Nordwand, etwa vier Meter östlich der Nordsüdachse und etwa achtundzwanzig Meter über der Erde. An der Stelle, wo er das Niveau der Pyramidengrundfläche erreicht, wandelt sich der absteigende Korridor in einen waagerechten und mündet in die sogenannte erste Vorkammer. Eine kurze Passage führt zur zweiten Vorkammer, die genau in vertikaler Pyramidenachse gelegen ist. Beide Vorkammern haben die gleichen Ausmaße, und ihre Seitenwände und Kraggewölbe sind aus großen, gut bearbeiteten Blöcken aus feinem weißen Kalkstein errichtet.

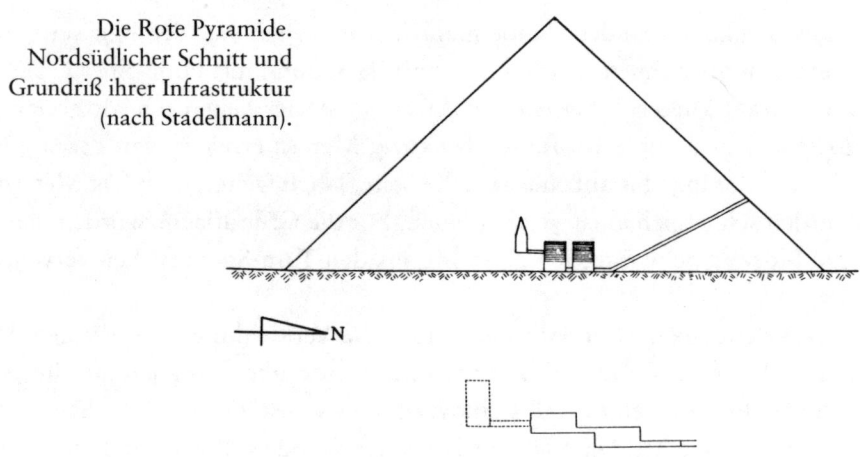

Die Rote Pyramide.
Nordsüdlicher Schnitt und
Grundriß ihrer Infrastruktur
(nach Stadelmann).

In der Südwand der zweiten Vorkammer befindet sich in einer Höhe von acht Metern über dem Fußboden der Eingang in die Grabkammer. Im Gegensatz zu den nordsüdlich ausgerichteten Vorkammern ist diese ostwestlich orientiert. Während die Grabkammer in den beiden vorangegangenen Snofru-Pyramiden noch in der Tradition der 3. Dynastie, also nordsüdlich orientiert war, wurde sie hier erstmals an die Ausrichtung des gesamten Pyramidenkomplexes angepaßt. Die Grabkammer ist später beschädigt worden. Aus dem Fußboden haben Diebe einige Blockschichten herausgerissen, und die Wände und die Decke sind mit Ruß von Feuern und Fackeln geschwärzt.

An den Wänden der zweiten Vorkammer und besonders des kurzen schmalen Gangs zur Grabkammer haben Besucher zahlreiche Graffiti hinterlassen, darunter auch Perring, Bernardino Drovetti und andere Archäologen. In dem Korridor, der ins Innere der Pyramide führt, entdeckte Hussain ein Sekundärbegräbnis aus der Spätzeit – Knochenreste eines jungen Mannes von kleinerem Wuchs.

Es ist offensichtlich, daß die Pyramide zur Zeit von Snofrus Tod bereits vollendet war. Dies gilt allerdings nicht für die anderen Bauten, die den Grabkomplex des Herrschers bilden sollten. Vom Totentempel ist nur sehr wenig erhalten geblieben. Seinen Kern bildete eine Opferstätte mit einer Scheintür aus Rosengranit, von der nur ein Fragment gefunden wer-

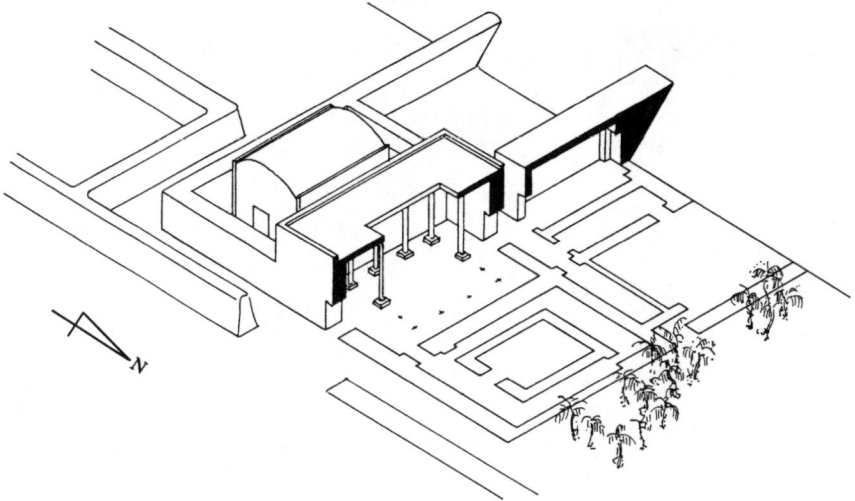

Versuch einer Rekonstruktion des Totentempels der Roten Pyramide (nach Stadelmann).

den konnte. Um die Kultstätte herum lagen Magazinkammern aus Lehmziegeln. Stadelmann hat bei seinen Grabungen im Tempel auch Bruchstücke von Kalksteinreliefs gefunden, die Snofru in der Kleidung darstellen, die beim *sed*-Fest benutzt wurde. Eine größere Anzahl von Kupferpfeilspitzen stammt erst aus dem Mittelalter, als die Rote Pyramide zur Übungszielscheibe für die Mameluckenbogenschützen wurde.

Um die Pyramide herum wurden Reste einer Umfassungsmauer von rechteckigem, ostwestlich orientiertem Grundriß entdeckt. Eine Kultpyramide existierte hier offensichtlich nie. In einem verhältnismäßig ausgedehnten Bau aus Lehmziegeln, dessen Spuren südöstlich der Pyramide gefunden wurden, befanden sich ursprünglich Werkstätten, wie die Überreste eines Ofens andeuten.

Auch der Aufweg wurde niemals beendet. Man fand lediglich Überreste von Transportwegen für Baumaterial sowie Wege, die den Totentempel mit der am Rande des Niltals gelegenen Pyramidenstadt verbanden. Gerade diese Stadt betrifft das bereits erwähnte Dekret, das sich zum Teil auf einer 1904 bei Erdarbeiten im Dorf Dahschur zutage geförderten Kalksteinstele erhalten hat. Außerdem wurden die Reste einer mächtigen

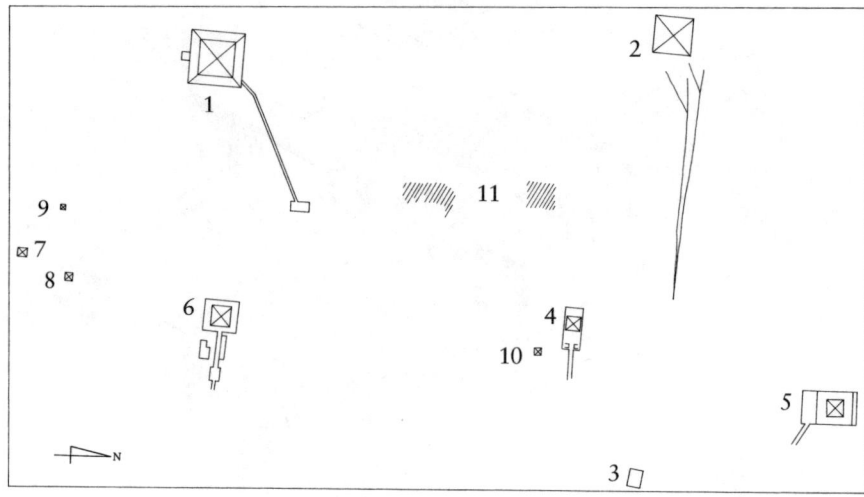

Plan der Grabstätte in Dahschur. 1 – Knickpyramide, 2 – Rote Pyramide, 3 – Pyramidenstadt des Snofru, 4 – Pyramide Amenemhets II., 5 – Pyramide Senusrets III., 6 – Pyramide Amenemhets III., 7 – Pyramide des Ameni Kemau, 8–10 – Pyramiden aus der 13. Dynastie, 11 – Mastabas aus dem Alten Reich.

städtischen Umfassungsmauer freigelegt (nach Stadelmann handelt es sich eher um eine Mauer, die zum Taltempel der Roten Pyramide gehörte). Das Dekret, mit dem Pepi I. der Stadt Snofrus Privilegien erteilte, erwähnt auch die bislang nicht entdeckte Pyramide des Menkauhor. Aus dem Kontext geht hervor, daß sie ebenfalls in Dahschur stand. Borchardt identifizierte sie mit den Bautrümmern nordöstlich der Roten Pyramide, die bereits Lepsius als Pyramide Nr. L kartographiert hatte. Wie wir später noch sehen werden, stimmen viele mit dieser Ansicht nicht überein.

Die Resultate der neuen Grabungen deutscher Archäologen in der Roten Pyramide sowie die kürzlich gewonnene Erkenntnis, daß Snofru auch der Erbauer der Pyramide in Seila war, haben eine ganze Reihe von Fragen aufgeworfen, vor allem, warum sich Snofru nicht nur einen, sondern gleich mehrere Pyramidenkomplexe errichten ließ, in welcher zeitlichen Abfolge dies geschah und in welchem von ihnen er schließlich begraben wurde.

Man geht davon aus, daß die Konstruktionsprobleme und die falsch berechnete Statik Snofru dazu bewogen haben, zunächst den Plan der Knickpyramide zu ändern und sich schließlich gegen sie als Begräbnisstätte zu entscheiden. An dieser Ansicht läßt sich jedoch zweifeln. Warum hätte man den Bau weiter fortsetzen sollen, wenn die Wände der inneren Kammern zu bersten begannen und jede weitere Vergrößerung des Volumens das Risiko erhöhen mußte?

Aus den bisher zugänglichen Belegen läßt sich schließen, daß Snofru zunächst den Bau der Pyramide in Meidum in Angriff nahm. Am Ende der Phase E2 wurde hier dann die Arbeit unterbrochen und der Bau der Knickpyramide in Dahschur begonnen. Als dabei die erwähnten Probleme auftraten, begab man sich – in der Zeit der fünfzehnten Viehzählung – unverdrossen an die Errichtung der Roten Pyramide, doch kam es wahrscheinlich gleichzeitig auch zum Umbau der Pyramide in Meidum (E3). Die Pyramide in Seila läßt sich zeitlich vorerst nicht genauer einordnen. Im Hinblick auf ihre Lage und Stufenform ist es jedoch gut möglich, daß sie zeitgleich mit der Phase E1 oder E2 der Meidum-Pyramide errichtet wurde.

Warum sich Snofru etwa um das sechzehnte Regierungsjahr dazu entschloß, seine erste Residenz zu verlassen und eine neue Grabstätte in Dahschur errichten zu lassen, ist schon erörtert worden. Den genannten Gründen können wir hypothetisch noch einen weiteren hinzufügen. Könnte er Meidum nicht auch deshalb verlassen haben, weil hier eine Stufenpyramide über seinem königlichen Friedhof thronte? Möglicherweise haben sich gerade zu dieser Zeit die neuen religiösen Ideen und mit ihnen auch eine neue Konzeption des Königsgrabs in Form der echten Pyramide durchgesetzt. Es ist nicht ausgeschlossen, daß die spätere Entscheidung, die Knickpyramide – aus welchen Gründen auch immer – nicht zu benutzen, den Herrscher zu einem beschleunigten Umbau der Pyramide in Meidum veranlaßte. Vor der Errichtung eines völlig neuen Grabes sollte wenigstens eine echte Pyramide vorhanden sein, um den toten Herrscher aufzunehmen.

In welcher seiner Pyramiden ist Snofru nun aber letztendlich begraben worden? In keiner fand man seine körperlichen Überreste beziehungsweise überzeugende Beweise für die Beisetzung des Königs. Fachri war der

Ansicht, Snofru sei in der oberen Kammer der Knickpyramide begraben worden. Stadelmann hält die Rote Pyramide für den Ort seiner letzten Ruhe, ungeachtet der Tatsache, daß einige wichtige Bestandteile dieses Grabkomplexes niemals fertiggestellt wurden. Seiner Meinung nach sprechen der Grundriß des Totentempels, besonders aber das Fragment einer Granitscheintür und die ausgedehnten Magazine für die Intensität des Kults, der dort betrieben wurde. Anhaltspunkt für den Kult, der bis ins Mittlere Reich andauerte, wurden aber auch bei der Knickpyramide gefunden. Ist auf diese also die Funktion von Snofrus symbolischem Südgrab übertragen worden?

DIE GROSSE PYRAMIDE DES CHUFU

«Diese Zeichnung ist der erstaunlichste architektonische Gedanke,
den ich jemals in Augenschein genommen habe, und ich glaube nicht,
daß es möglich ist, ihn zu übertreffen.»
Goethe, nachdem er 1787 in Rom die von dem
französischen Reisenden Louis François Cassas angefertigten Zeichnungen
der Großen Pyramide gesehen hatte.

«Horizont des Chufu», die Große Pyramide, das erste der sieben Weltwunder. Von Legenden und Geheimnissen umrankt, hat sie stets Erstaunen, Verehrung und gleichzeitig auch Zweifel hervorgerufen, ob sie überhaupt ein Werk von Menschenhand ist. Sie fesselte die Aufmerksamkeit unzähliger Generationen von Forschern und Reisenden.

Es wäre kaum möglich, die Namen all derjenigen anzuführen, die versucht haben, sie zu beschreiben. Sie faszinierte bereits Autoren der Antike wie Herodot, Strabon, Diodor und Plinius. Viele ihrer Berichte und oftmals auch Erfindungen wurden über ganze Jahrhunderte tradiert, einige davon bis heute – zum Beispiel die Angaben über die Anzahl der Arbeitskräfte oder die unterirdische künstliche Insel, auf der der Pharao begraben sein soll.

Von den arabischen Historikern des Mittelalters widmeten sich ihr Masudi, Idrisi, Latif und Maqrizi. Obwohl sie durchaus glaubwürdige Informationen vermitteln – zum Beispiel über die Versuche, in die Große Pyramide einzudringen oder die Pyramide des Menkaure niederzureißen –, konnten auch sie sich der überlieferten Gerüchte und Phantastereien nicht erwehren.

Die Große Pyramide war das Ziel oder wenigstens eine wichtige Station europäischer Forschungsreisender und der Pilger auf dem Weg ins Heilige Land. Zum Beispiel besuchten sie Ende des 16. Jahrhunderts Christof Harant von Polžice und Bezdružice, im 17. Jahrhundert Melton, im 18. Jahrhundert Niebuhr und Pococke und andere. Die bereits erwähnte *Pyramidographia, or a Discourse of the Pyramids of Egypt* des englischen Gelehrten Greaves, die 1646 erschien, gilt als erster Versuch einer ägyptologischen Arbeit. Greaves bestieg die Große Pyramide, vermaß ihre Blöcke und drang auch in das Pyramideninnere vor. Sein Schnittschema der Großen Pyramide ist für seine Zeit bemerkenswert genau. Trotzdem behielt dieses Bauwerk für die meisten Reisenden eine mystische, verborgene Bedeutung.

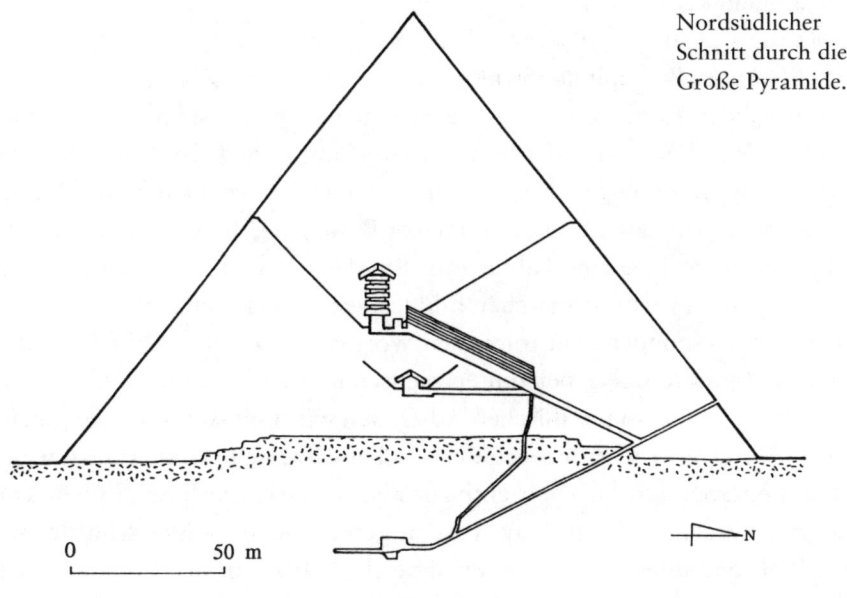

Nordsüdlicher
Schnitt durch die
Große Pyramide.

0   50 m

N

Erst an der Wende zum 19. Jahrhundert änderte sich die Situation grundlegend. Von nun an setzten sich allmählich, wenn auch mit vielen abenteuerlichen und amateurhaften Zügen behaftet, archäologische, wissenschaftliche Arbeitsmethoden durch. Die Forscher aus der Gelehrtenkommission der Napoleon-Expedition – Vivant Denon, Joseph Coutelle, Edmé Jomard – vermaßen und beschrieben die Große Pyramide erneut und nahmen in ihr und um sie herum Sondierungen vor.

Im Jahre 1837 untersuchten die Engländer Vyse und Perring dieses Bauwerk. Sie beschäftigten sich mit dem Entlastungskammersystem über der Königskammer, den sogenannten Lüftungskanälen, dem Mauerwerk und den drei kleinen Königinnenpyramiden vor der Ostseite der Großen Pyramide. Ihre Werke *Operations Carried on at the Pyramids of Gizeh in 1837* (drei Bände) und *The Pyramids of Gizeh* (drei Bände) sind bis heute eine kostbare wissenschaftliche Quelle. Bereits in den sechziger Jahren des 18. Jahrhunderts hatte der englische Diplomat und Reisende Nathaniel Davison eine untere Entlastungskammer entdeckt sowie einen Tunnel, der sie mit der Großen Galerie verbindet. Zu Beginn des 19. Jahrhunderts säuberte Giovanni Battista Caviglia zahlreiche Räume innerhalb der Pyramide, darunter den absteigenden Korridor, die unterirdische Kammer und die Königinnenkammer.

Lepsius befaßte sich während seiner Ägyptenexpedition in den Jahren 1843/44 vor allem mit der Struktur der Großen Pyramide und äußerte die Ansicht, der Kern bestehe aus geböschten Schalen steinernen Mauerwerks. Zum Geburtstag des preußischen Königs Friedrich Wilhelm IV. erwiesen die Archäologen ihrem Landesherrn und Mäzen alle Ehre. Die Expedition feierte dieses Ereignis mit einer Besteigung der Großen Pyramide, an deren Gipfel sie eine Fahne entrollte. Den festlichen Augenblick, der auch auf einem zeitgenössischen Bild festgehalten ist, schilderte Lepsius in seiner Korrespondenz mit folgenden Worten: «... auf dem Gipfel des ältesten und größten aller bekannten menschlichen Werke entrollte sich unsere Fahne mit dem preußischen Adler, den wir dreimal mit einem jubelnden ‹Hoch soll er leben!› begrüßten ...» Diese kleine Episode verrät, welch disziplinierter und zugleich enthusiastischer Geist die preußischen Forscher bewegte. Nicht zufällig wurden gerade sie als Wissenschaftler wie auch als Sammler das bislang erfolgreichste Team in der Geschichte der

Carl Richard
Lepsius.

Ägyptologie. Sie brachte das schon erwähnte, vorläufig größte ägyptologische Werk *Denkmaeler aus Aegypten und Aethiopien* hervor und verfrachtete an die fünfzehntausend Gegenstände nach Berlin – die größte Sammlung, die jemals von einer einzigen Expedition zusammengetragen worden ist.

Petrie, der die Pyramide in den Jahren 1881/82 gründlich untersuchte, stimmte mit Lepsius' Theorie nicht überein. Seiner Veranlagung und seinem Arbeitsstil gemäß quartierte er sich in einem der nahe gelegenen Felsgräber ein, in dem vor ihm schon Waynman Dixon gewohnt hatte. Eine Sandschicht diente als Liege, und der Herd bestand aus einem Petroleumkocher. Auf Petries nicht sehr abwechslungsreichem Speiseplan standen zumeist Hering, Fladenbrot, Schokolade und Kaffee. In seiner Tasche durfte zudem nie ein Beutel Zitronensäure fehlen, damit er sich jederzeit eine Limonade zubereiten konnte. Petries farbiger Diener wohnte gleich im Grab nebenan. Erst am frühen Abend, wenn der touristische Trubel

William Matthew
Flinders Petrie.

nachließ, suchte Petrie die Pyramide auf. In den Kammern und Korridoren war es so heiß, daß er dort nur dürftig bekleidet arbeitete. Für einen zufälligen nächtlichen Besucher wäre es wohl ein ziemlich schockierendes Erlebnis gewesen, den bärtigen, halbnackten Wissenschaftler zu sehen, der im Licht einer Petroleumlampe über bautechnischen und archäologischen Details und Tagebucheintragungen grübelte. Das war Petrie, ein begeisterter Anbeter des scheinbar bedeutungslosen Details, der Begründer der modernen ägyptischen Archäologie. Das Ergebnis seiner Untersuchungen in den Pyramiden von Giza, das Buch *The Pyramids and Temples of Gizeh*, ist bis heute eines der ägyptologischen Hauptwerke über die Pyramiden.

Petrie wollte auch beweisen, daß die mystischen Ideen des englischen Astronomen Charles Piazzi Smyth aus den sechziger Jahren des 19. Jahrhunderts unwissenschaftlich waren. Smyth hatte allerdings auch Anhänger, deren Arbeiten man nicht pauschal bagatellisieren und ablehnen darf, zum Beispiel die Gebrüder Edgar, die zu Beginn des 20. Jahrhunderts eine ganze Reihe wertvoller Messungen, Beobachtungen und Fotografien sammelten und publizierten.

Auch Borchardt beschäftigte sich mit dem berühmten Monument. Dabei konzentrierte er sich darauf, die ursprüngliche Methode zur Vermessung und Orientierung der Grundfläche zu erklären und die Bauphasen zu rekonstruieren.

Im Jahre 1954 gelang es den ägyptischen Archäologen Kamal Mallach, Zaki Iskander und anderen, an der Südseite der Großen Pyramide zwei Gruben mit intakten Schiffsbegräbnissen zu entdecken. Die östliche wurde geöffnet und das Boot in seiner ursprünglichen Gestalt rekonstruiert. Die andere, westliche Grube blieb bisher ungeöffnet, wurde aber vor kurzem mittels einer Sonde mit Mikrokamera untersucht.

In der zweiten Hälfte der achtziger Jahre gaben die französischen Architekten Jean-Patrice Dormion und Gilles Goidin der Erforschung der Großen Pyramide durch ihre genaue geophysikalische Vermessung der inneren Kernstruktur neue Impulse. Die überraschenden Ergebnisse der Franzosen, von denen noch die Rede sein wird, wurden durch spätere Messungen der Japaner bestätigt.

Einen wichtigen Beitrag zur Erforschung dieses berühmten Monuments stellen auch die neuesten archäologischen Untersuchungen des ägyptischen Archäologen Zahi Hawass dar, die sich auf das Areal des angenommenen Taltempels, des Aufwegs und des Totentempels beziehen. Vor kurzem ist es ihm gelungen, die Kultpyramide einschließlich ihres Pyramidions zu finden.

Chufu verließ die königliche Nekropole in Dahschur vermutlich deswegen, weil hier weder genügend Platz für einen großen Pyramidenkomplex war noch ausreichend Kalksteinressourcen zur Verfügung standen, vielleicht aber auch aus Furcht vor dem instabilen Untergrund aus Tonschiefer. Er entschloß sich, seine Pyramide auf dem Felsvorsprung der Libyschen Wüste beim heutigen Giza zu errichten, ein Standort, der sowohl einen stabilen Untergrund für die Pyramide als auch reiche Vorkommen qualitativ hochwertigen Kalksteins für ihren Bau bot.

Bis auf einen Restvorsprung in der Mitte, der die Konstruktion des Pyramidenkerns vereinfachte und festigte, wurde der Felsen zu einer etwa waagerechten Fläche planiert. Die einfachen und doch wirkungsvollen Methoden der alten Ägypter zur genauen Ausrichtung der Grundebene sind bereits beschrieben worden. Aufgrund ihrer hohen Genauigkeit sah Borchardt deren Ostseite als Hauptvermessungslinie an.

Das Baumaterial für den Kern stammte aus den südöstlich der Pyramide gelegenen Steinbrüchen. Die Kalksteinblöcke wurden über eine Rampe auf die Baustelle transportiert. Nach der bereits skizzierten Theorie Lauers wurde die Pyramide wahrscheinlich mit Hilfe eines ganzen Systems von Rampen errichtet, dessen Hauptrampe, die aus den Steinbrüchen zum Bauwerk führte, an ihrer Basis fünfzig Meter breit war. Weitere kleinere Rampen wurden wahrscheinlich schließlich Teil des Kerns.

Mit dieser einfachen und dabei wirkungsvollen Methode gelang es, von der Basis über eine Fläche von etwa fünf Hektar Blöcke mit einem Gewicht von drei Tonnen (in den unteren Lagen) bis zu einer Tonne (in den höchsten Schichten) emporzuheben. Einige Blöcke waren allerdings weitaus schwerer. Für die Konstruktion der Königskammer mußten zum Beispiel vierzig bis siebzig Tonnen schwere Rosengranitblöcke in eine Höhe von etwa siebzig Metern transportiert werden!

Borchardt war ebenso wie Lepsius der Ansicht, daß das Kernmauerwerk in geböschten Schalen angeordnet war. Kürzlich durchgeführte Untersuchungen französischer Geophysiker haben jedoch gezeigt, daß seine Struktur sehr heterogen beschaffen ist. Sehr wahrscheinlich enthält der Kern mit Sand gefüllte Räume. Das war nicht nur eine sparsame, sondern auch eine sehr sinnvolle Methode.

Die eventuell auch mit feinem Schotter und anderem Abfallmaterial von der Baustelle gefüllten, unregelmäßigen Kammern, deren Umfang und Anordnung im Pyramidenkern vorerst nicht genau bestimmt werden kann, verlagerten den Druck innerhalb der Pyramide wirkungsvoller als kompaktes Mauerwerk. Bei den ab und zu in Ägypten auftretenden Erdbeben muß sich dies günstig ausgewirkt haben. Es wäre interessant festzustellen, in welchem Maße die Große Pyramide in erster Linie ein Sand- und Schutthaufen ist.

Die Außenwände des Kerns bilden eher mächtige, in waagerechten Reihen angeordnete Blöcke. Heute sind es nur noch zweihundertdrei – die obersten sieben Schichten scheinen herausgebrochen worden zu sein. Ihre Höhe schwankt zwischen einem und anderthalb Metern. Wie schon bei der Roten Pyramide sollten die leicht konkaven Wände zu einer besseren Stabilität des Pyramidenmantels beitragen.

Große Blöcke aus feinem weißem Kalkstein aus dem Mukkattam-Gebirge am östlichen Nilufer bildeten die Verkleidung, die sich bis heute an einigen Stellen in situ erhalten hat. In jüngster Zeit gab es aber auch Mutmaßungen darüber, ob diese Steine nicht von einem näher gelegenen und leichter zugänglichen Ort stammten – etwa aus den Steinbrüchen westlich der Pyramide des Djedefre in Abu Rawasch, wo es ebenfalls hochwertigen, feinen, strahlendweißen Kalkstein gibt. Zwischen Kern und Mantel befand sich noch eine Schicht aus mit Mörtel verbundenen kleineren Steinen, die die Haftung der beiden materiell und konstruktionstechnisch unterschiedlichen Mauerwerksarten erhöhte. Für diese «Zwischenschicht» hat sich in der ägyptologischen Literatur der englische Terminus «backing stones» eingebürgert. Der Gipfel der Pyramide, das Pyramidion, bleibt wohl für immer verschollen.

Der ursprüngliche, nur einen knappen Meter hohe Eingang in die Pyramide lag in der Nordwand in der neunzehnten Blockschicht des Kerns. Er befand sich nicht genau auf der Pyramidenachse, sondern war um mehr als sieben Meter nach Osten verschoben. Zu Zeiten Strabons, der Ägypten im Jahre 25 vor Christus besuchte, existierte angeblich ein beweglicher Verschlußstein.

Heute tritt man durch den Eingang ein, den der Überlieferung zufolge der Kalif al-Ma'mun im 9. Jahrhundert in das Mauerwerk schlagen ließ. Nach den Berichten arabischer Historiker behalf sich dieser Sohn Harun ar-Raschids mit Feuer und Essig und fand am Ende des Tunnels eine große Schüssel mit Goldstücken. Deren Summe wiederum hätte gerade seine Kosten gedeckt. Wahrscheinlicher ist jedoch, daß er lediglich eine Verbindung zu dem Gang herstellte, den Räuber bereits im Altertum geschaffen hatten.

Der ursprüngliche absteigende Korridor zieht sich zunächst durch das Kernmauerwerk und schließlich durch den Felsuntergrund. Mehr als dreißig Meter unter der Basis der Pyramide wandelt er sich zu einem waagerechten Gang und mündet in eine Kammer, deren Bedeutung etwas rätselhaft ist. Sie wurde nämlich nicht vollendet, und am Eingang fehlt die schützende Blockierung. Zudem hat sie niemals einen steinernen Sarkophag enthalten, der auch gar nicht durch den schmalen Zugang gepaßt hätte.

Von der Südwand führt ein unvollendeter blinder Korridor nach Süden. Manche Forscher sahen darin die ursprüngliche, letztendlich unvollendete und verlassene Grabkammer als Reserve für den Fall, daß der Pharao noch vor der Fertigstellung der wirklichen Grabkammer im oberirdischen Pyramidenteil gestorben wäre. Stadelmann ist dagegen der Meinung, daß die unterirdische Kammer die symbolische Höhle des Totengottes Sokar darstellte, dessen bedeutende und möglicherweise sogar ursprüngliche Kultstätte beim heutigen Giza lag. Der tote Pharao sollte nach dieser Hypothese im Grab symbolisch mit Sokar verschmelzen.

Von dem absteigenden Korridor zweigt auf der Höhe der Pyramidengrundfläche ein aufsteigender Gang ab, der ursprünglich mit Blöcken aus Rosengranit versiegelt war, welche Ma'mun durch seinen Tunnel umging. An sie schließt nahtlos die Große Galerie an – ein architektonisches Meisterwerk! Die Decke wird von einem Kraggewölbe aus sieben Schichten riesiger Kalksteinblöcke gebildet, die jeweils um eine Handbreit, das heißt etwa siebeneinhalb Zentimeter, überstehen.

Über beide Seiten der Galerie verlaufen niedrige Rampen. Auf der Oberfläche jeder einzelnen von ihnen wechseln sich insgesamt siebenundzwanzig größere und kleinere eckige Öffnungen in regelmäßigen Intervallen ab, denen rechtwinklige Nischen in den Seitenwänden entsprechen. Ihre Bedeutung ist bereits seit längerem Gegenstand von Diskussionen, und es muß hinzugefügt werden, daß keine der bisher vorgeschlagenen Erklärungen ganz zufriedenstellend ist. Die meiste Zustimmung findet Borchardts These, daß darin eine Konstruktion aus Holzbalken und Brettern befestigt war. Doch welche Funktion hatte sie? Diente sie zum Transport von Baumaterial oder zur Halterung der Verschlußblöcke? Niemand hat bisher eine verläßliche Antwort auf diese Frage gefunden.

Am unteren Rand der Großen Galerie befindet sich dicht über dem Fußboden eine kleine Öffnung in der westlichen Wand. Hier beginnt ein schmaler Gang, der auch Dienst- oder Fluchtschacht genannt wird und in

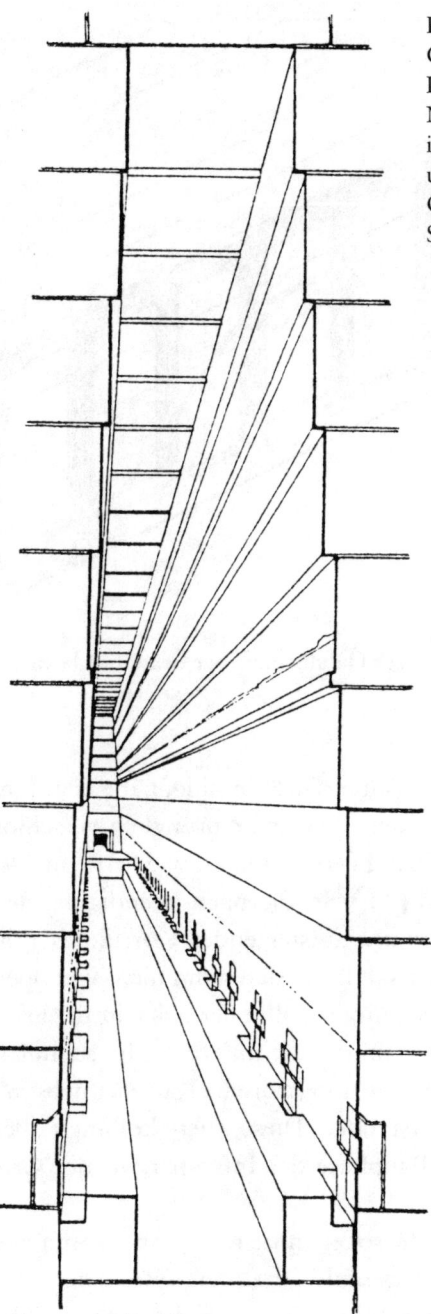

Blick in die Große
Galerie mit einer
Darstellung der
Nischenanordnung
in den Seitenwänden
und der anliegenden
Öffnungen in den
Seitenrampen.

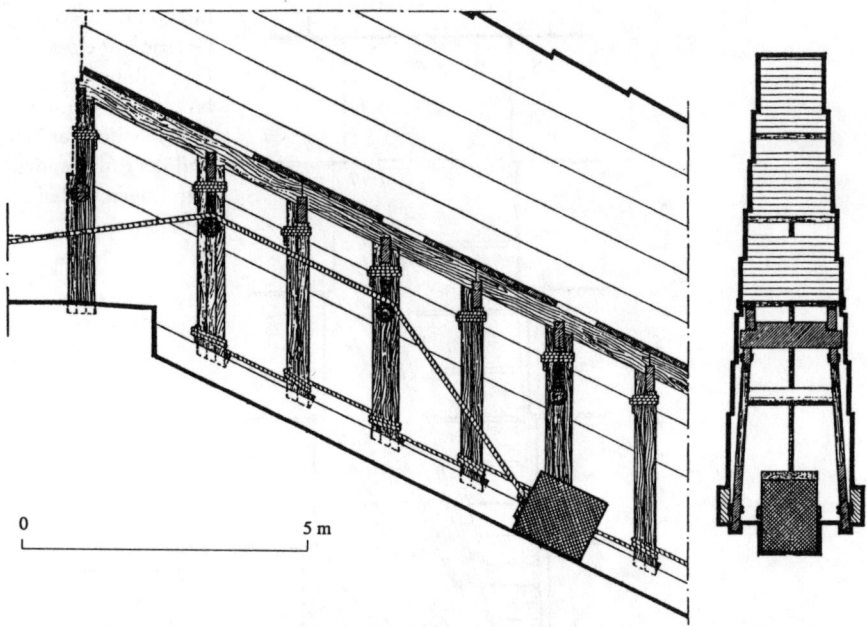

Holzkonstruktion, die zur Handhabung der Granitblöcke in der Großen Galerie dient (nach Lauer).

einem Korridor tief unter der Pyramide, nahe dem Eingang in die unterirdische Kammer, endet. Er war ursprünglich verschlossen und mit Kalksteinsplittern und Sand gefüllt. Ob er, wie Petrie meinte, als Fluchtweg für die Menschen gedacht war, die nach Beendigung der Bestattungsrituale die Granitblöcke in den aufsteigenden Korridor herablassen sollten, wird bezweifelt. Der Schacht hätte sich dann nicht von oben zuschütten lassen. Anderen Ansichten zufolge sollte der Schacht die Frischluftzufuhr für die Arbeiter gewährleisten, die die unterirdische Kammer im Fels aushoben. Demnach wäre also die unterirdische Kammer nebst Schacht erst nach der Großen Galerie entstanden. Diese These kollidiert aber mit der Annahme, daß sie die erste Bauphase der Infrastruktur der Großen Pyramide darstellte.

Den Zugang in die sogenannte Königinnenkammer ermöglicht ein horizontaler Gang, der ebenfalls am unteren Rand der Großen Galerie beginnt und Richtung Süden führt. Genau an dieser Stelle führte das französische

Team die bereits erwähnte geophysikalische Untersuchung durch. Etwa fünf Meter vor dem Gangende befindet sich eine Stufe, und der Boden senkt sich um etwa sechzig Zentimeter auf das Fußbodenniveau der Königinnenkammer. Warum? Die einen meinen, daß dort das Pflaster aus Rosengranit begann und bis in die Königinnenkammer reichte, bevor es später von Steindieben herausgerissen wurde. Andere widersprechen dieser These, da es nach ihrer Auffassung zu einer Änderung des Bauplans zugunsten einer noch prächtigeren Grabkammer gekommen sei.

Die Königinnenkammer liegt genau in ostwestlicher Pyramidenachse und besteht, einschließlich des Giebeldaches, gänzlich aus Kalksteinblöcken. In ihrer östlichen Wand befindet sich eine etwa viereinhalb Meter hohe Nische, deren Decke als Kraggewölbe gestaltet wurde. Die Bedeutung der Nische ist nicht ganz klar – möglicherweise sollte darin eine Königsstatue stehen.

Unbekannt ist auch die Bedeutung der engen Schächte (mit einem Durchmesser von etwa zwanzig mal zwanzig Zentimetern), die in der Nord- und Südwand der Kammer anfangen und schräg nach oben aufsteigen. Einige Wissenschaftler halten sie für Belüftungsschächte, andere schreiben ihnen eine astronomische oder kultische Funktion zu. Ähnliche Schächte gibt es auch in der sogenannten Königskammer.

Die Mündungen der Schächte in der Königinnenkammer waren ursprünglich zugemauert und getarnt, und erst 1872 gelang es Dixon, sie ausfindig zu machen und zu öffnen. Im Rahmen eines Projektes des Deutschen Archäologischen Instituts setzte der Ingenieur Rudolf Gantenbrink Anfang 1993 seinen selbstkonstruierten, mit einer Videokamera ausgerüsteten Roboter «UPUAUT 2» («Öffner der Wege 2») ein, der sich einen Weg bahnte und die Innenwände des südlichen Schachtes filmte. Man stellte fest, daß dieser an einer kleinen Kalksteinplatte endet, in die zwei stark korrodierte Kupferstücke eingepaßt sind. Dies führte zu einer Reihe von Mutmaßungen darüber, was sich hinter der Platte verbergen könnte. Beispielsweise vermutete man dahinter den Eingang in eine Kammer mit einer Königsstatue. Es ist jedoch unwahrscheinlich, daß irgendein Raum über so einen schmalen Schacht zugänglich gewesen wäre. Außerdem liegen nur etwa sechs Meter zwischen dem Schachtende und der Pyramidenoberfläche.

Einen weiteren Impuls erhielt die Diskussion durch eine «Entdeckung» im Depositorium des British Museum. Vor gar nicht langer Zeit wurden hier drei Gegenstände wiedergefunden, die Dixon dem nördlichen Schacht der Königinnenkammer entnommen hatte. Es handelt sich um eine Steinkugel, eine hölzerne Latte und einen kupfernen Gegenstand in Form eines Schwalbenschwanzes.

Stadelmann schließt aufgrund der Roboterentdeckungen und des Fundes im British Museum aus, daß dies Belüftungsschächte waren. Seiner Ansicht nach handelte es sich vielmehr um Modellkorridore, durch die die Seele des Herrschers in den Nordhimmel zu den «Nicht Erlöschenden» (den Zirkumpolarsternen) sowie zum Südhimmel in das «Land des Lichts» aufsteigen sollte. Da die Grabkammer hoch über dem Pyramideneingang liegt, hätte die Seele des Pharaos beim Weg nach draußen hinuntersteigen müssen, was sich als störend erwiesen hätte. Somit seien die Schächte für die ungestörte Himmelfahrt des toten Königs eingerichtet worden.

Bezüglich dieser Auffassung lassen sich gewisse Zweifel anbringen. Die Große Pyramide war nicht die einzige, aus deren Grabkammer der Weg nach Norden zunächst hinunter und dann nach oben in Richtung des Pyramidenausgangs führte. Auch in der Pyramide von Meidum und in der Roten Pyramide von Dahschur zum Beispiel hätte die Seele des Herrschers zunächst aus der Sargkammer hinabsteigen müssen, um in einen aufsteigenden Korridor zu gelangen, der aus dem Grab hinausführte. Ähnlich verhielt es sich auch in der Knickpyramide, sofern die Seele aus der oberen Kammer durch den nördlichen Korridor nach oben hätte entweichen sollen. In keiner dieser Pyramiden befinden sich jedoch schmale Schächte, die nach Norden beziehungsweise Süden führen.

Darüber hinaus besteht Stadelmann darauf, daß die Pyramide nach einem einheitlichen Plan errichtet wurde. Wenn dem aber so gewesen ist, warum wurde dann auch die Königinnenkammer mit Schächten ausgestattet? Diese wären hier doch fehl am Platze gewesen.

Wo soll man also die Erklärung suchen? Es ist nicht ausgeschlossen, daß die Königinnenkammer als Reservegrabkammer diente (weshalb vielleicht der Steinsarg und die komplizierte Blockade fehlen), die für den Fall des plötzlichen Todes des Pharaos vorgesehen war. Die Erbauer wußten, welch ungeheuer kompliziertes und riskantes Projekt der Bau der Großen Galerie und der Königskammer war. So etwas hatte es nie zuvor gegeben, und daher konnten sie weder die Schwierigkeiten noch die genaue Zeit für die Fertigstellung abschätzen.

Deshalb wurde möglicherweise die Königinnenkammer bereitgehalten, welche ihre Funktion erst mit der Vollendung des Satteldaches der höchsten Entlastungskammer über der Königskammer verlor. In diesem Augenblick konnten die Schächte in der Königinnenkammer, welche Bedeutung auch immer sie hatten, rituell geschlossen werden. Bemerkenswert ist, daß der von dem Roboter ermittelte Verschluß des südlichen Schachtes der Königinnenkammer etwa auf Höhe des Scheitelpunkts der Giebeldecke der Königskammer liegt.

Diese Überlegung zur Bedeutung der Königinnenkammer erklärt jedoch noch nicht die Funktion der Schächte. Von den Theorien, die dazu bisher vorgeschlagen wurden, scheint die wahrscheinlichste diejenige zu sein, die ihnen eine Belüftungsfunktion zuschreibt. Die Baumeister waren sich darüber im klaren, daß die Luftzirkulation durch die Lage der Kammer über dem Niveau des Pyramideneingangs erschwert wurde, was zu ernsthaften Problemen hätte führen können, wenn sich in der Kammer mehrere Leute aufgehalten hätten, zum Beispiel während der Bestattungsrituale. Die Tatsache, daß die Schächte «astronomisch ausgerichtet» sind, entspricht der Logik des Baus und auch dem Denken seiner Erbauer. Der vorherrschenden Luftströmung von Norden her waren sich die alten Ägypter sehr wohl bewußt, und sie nutzten sie gewöhnlich auch bei der Nilschiffahrt. Die Ausrichtung der Schächte an einem bestimmten Stern am Nord- und Südhimmel war also nichts Außergewöhnliches, sondern von äußerst praktischer Natur. Zudem spielten diese Sterne auch in den damaligen religiösen und Begräbnisvorstellungen eine bedeutende Rolle. Aus den gleichen Gründen wurden auch die Schächte in der Königskammer eingeplant. Daß es sie nur in der Großen Pyramide gibt, ist ein weiteres Argument für die «Belüftungsthese». In anderen Pyramiden liegt die Grabkammer nämlich nicht über dem Eingangsniveau!

In der kurzen Passage zwischen dem oberen Ende der Großen Galerie und der Königskammer befindet sich die letzte Barriere, die den Zugang zur Mumie des Pharaos schützte. Es handelt sich um drei Fallsteine aus

Rosengranit, die sich ursprünglich in vertikalen Führungen mit Hilfe von Seilen und einer Rolle bewegen ließen.

Die Königskammer, in der Chufu sehr wahrscheinlich begraben lag, stellt ein weiteres Meisterwerk der altägyptischen Baumeister dar. Zur Absicherung gegen den enormen Druck war sie komplett aus Rosengranit erbaut worden. Ihre flache Decke bilden neun riesige Blöcke, die zusammen eine Masse von über vierhundert Tonnen besitzen. Die Tatsache, daß die Deckenplatten nur einige kleine Risse durchziehen (überall stets nahe der Südwand) und die Kammer seit mehr als viereinhalb Jahrtausenden allen Härtetests widersteht, hängt aber nicht nur mit dem verwendeten Baumaterial, sondern vor allem auch mit der durchdachten Konstruktion ihrer fünf Entlastungskammern über der Decke zusammen.

Diese sind niedrig, und ihre flache Überdeckung bilden riesige, grob bearbeitete Blöcke aus Rosengranit. Nur die höchsten von ihnen haben ein Satteldach. Die Seitenwände der Kammern wurden aus Kalkstein und Granit errichtet. An den Wänden haben sich neben modernen Besuchergraffiti viele originale Bauvermerke erhalten. Darunter befindet sich mit dem «siebzehnten Jahr der (Vieh)zählung» das späteste belegte Datum von Chufus Herrschaft. Der gegenwärtige Zugang in die Kammern befindet sich unter der Decke in der Südwand der Großen Galerie an deren oberem Ende. Die unterste der Entlastungskammern wurde bereits im 18. Jahrhundert von dem englischen Diplomaten Nathaniel Davison besucht und trägt daher auch seinen Namen. Andere wurden später nach Nelson, Wellington, Lady Arbuthnot und die größte schließlich nach dem schottischen Diplomaten und Amateurarchäologen Patrick Campbell benannt. Die gesamte erstaunliche Konstruktion vom Fußboden der Königskammer bis zum Gipfel des Giebeldaches der Campbell-Kammer ist etwas über einundzwanzig Meter hoch!

Nahe der Westwand der Königskammer steht Chufus Sarkophag aus Rosengranit, der nordsüdlich ausgerichtet ist. Der Deckel fehlt und auch jeglicher körperliche Überrest des Herrschers. In Anbetracht der Ausmaße des Sarkophags ist klar, daß er schon während des Baus der Kammer aufgestellt worden sein muß. Seine Einfachheit und Bescheidenheit kontrastierten mit dem prunkvollen und sorgfältigen Bau der ganzen Pyramide. Edwards äußerte in diesem Zusammenhang die Vermutung, daß es sich um einen Ersatzsarkophag handle, eilig angefertigt, nachdem das Original beim Transport aus den Steinbrüchen von Assuan zerstört worden sei. Ist etwa das Boot mit ihm gesunken?

Nach einer Legende, die Diodor überliefert hat, ist Chufu letztendlich gar nicht in seiner Pyramide begraben worden. Zudem erwähnten arabische Historiker des Mittelalters die Existenz eines mumienförmigen Sarges und körperlicher Überreste des Herrschers, geben aber den dazugehörigen Ort nicht an. Dazu paßt, daß nach Meinung des polnischen Architekten Koziński die bereits erwähnten Risse in den Deckenplatten der Königskammer weitaus stärkere Folgen hatten, als es auf den ersten Blick den Anschein erweckt. Noch vor der Fertigstellung der Pyramide sei es aufgrund der unterschiedlichen Kompressibilität des Granits und des Kalksteins zum Zerbersten gekommen, begleitet von einem ohrenbetäubenden Knall, der auch in der weiteren Umgebung zu hören gewesen sein müsse. Führte dieser bedrohliche Zwischenfall zum Bau einer neuen Grabkammer?

Trotz der zahlreichen Untersuchungen bleiben viele Fragen unbeantwortet, und so behält die Große Pyramide weiterhin viele ihrer Geheimnisse für sich. Besonders umstritten ist ihre bauliche Entwicklung. Dabei stehen die Verfechter einer phasenweisen Errichtung den Forschern gegenüber, die von nur einem einheitlichen Bauplan ausgehen.

Die Ansicht der ersten Gruppe ist vielleicht am besten von Borchardt wiedergegeben worden. Danach entstand die Pyramide in drei Etappen, während deren sich besonders die Lage der Grabkammer allmählich änderte.

Die erste Phase mit einer Grabkammer im Untergrund wurde beendet, als die Superstruktur eine Höhe von etwa dreizehn Metern erreicht hatte. In der zweiten Phase war die sogenannte Königinnenkammer für das Begräbnis ausersehen. Auch sie blieb unvollendet; die Arbeiten wurden vor der Verlegung des Granitpflasters eingestellt. Die dritte Phase umfaßte dann die Errichtung der Großen Galerie und der Königskammer sowie des sogenannten Dienst- oder Fluchtschachtes.

Entscheidende Argumente gegen Borchardts Theorie haben besonders Maragioglio und Rinaldi vorgebracht. Danach bilden alle Räume, die in der Superstruktur gelegen sind, ein einheitliches Ganzes und müssen dem-

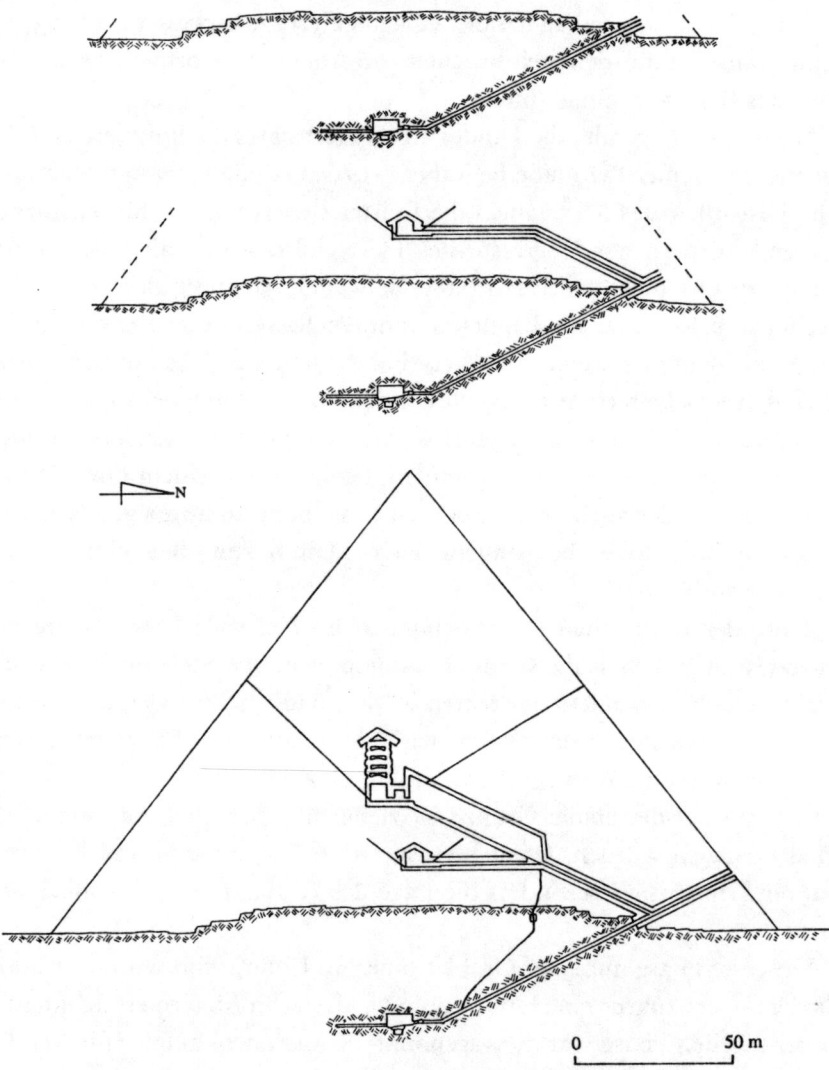

Rekonstruktion der drei Hauptbauphasen der Großen Pyramide (nach Borchardt).

zufolge gleichzeitig projektiert worden sein. Die unterirdische Kammer sei als Reservegrabstätte für den Fall betrachtet worden, daß der Herrscher unerwartet gestorben wäre. Vor allem die leichte Verengung der unteren Mündung des aufsteigenden Korridors deute an, daß man bereits während der Konstruktionsphase die Großen Galerie eingeplant habe, in der die zur Versiegelung des Korridors benötigten Blöcke plaziert werden sollten. Die italienischen Forscher wandten sich gegen die Deutung der Königinnenkammer als Grabstätte für den König. Besonders die Nische in der Ostwand weise auf eine besondere, bisher ungeklärte Funktion hin.

Auch Stadelmann glaubt an einen einheitlichen Bauplan für die Große Pyramide. Laut seiner Theorie des Dreikammersystems in den Pyramiden* hätte die Königinnenkammer ihrer Bedeutung nach dem zweiten Vorraum in der Roten Pyramide in Dahschur entsprochen.

Die Diskussion um die Große Pyramide und ihre komplizierte Infrastruktur wird sicherlich noch lange fortdauern. Dazu sei noch folgende Passage aus dem Papyrus Westcar zitiert: «Seine Majestät Chufu verbrachte Zeit mit der Suche nach geheimen Kammern im Heiligtum des Thoth in Heliopolis, um für seinen Horizont etwas Ähnliches hervorzubringen.» Bekanntlich hieß Chufus Pyramide «Horizont des Chufu». Demzufolge besaßen die Verfasser des Papyrus schon im Mittleren Reich gewisse Vorstellungen vom komplizierten Raumplan und dachten über dessen Ursprünge nach. Vielleicht «rechtfertigt» dies auch die unermüdlichen Anstrengungen all derjenigen, die bis heute nach verborgenen Räumen in der Großen Pyramide suchen...

Eine mächtige, etwas über drei Meter starke Umfassungsmauer umgab die Pyramide vollständig. Sie lag bloße zehn Meter von dieser entfernt, so daß der dazwischenliegende Hof nicht sehr geräumig war. Wahrscheinlich ließ Djedefre später die Mauer verbreitern.

Vom Totentempel, der ursprünglich etwas versetzt am Fuße der Ostwand stand, sind nur einige Reliefsplitter sowie Pflasterreste übriggeblieben. Da seine Verwüstung bereits im Alten Reich begann, ist es heute schwierig, seine ursprüngliche Architektur zu rekonstruieren.

---

* Nach dieser Theorie konsolidierte sich schon am Anfang der 4. Dynastie das Modul der drei Haupträume – die Grabkammer, der Vorraum und das Magazin – in den Snofru-Pyramiden in Dahschur. Diese Anordnung, wenn auch unterschiedlich modifiziert, setzte sich auch in den anderen Pyramiden des Alten Reiches fort. In der Großen Pyramide sind aber vier große Räume vorhanden: die unterirdische Kammer, die Königinnenkammer, die Große Galerie und die Königskammer (abgesehen von den rein technischen Entlastungskammern).

Rekonstruktion von
Chufus Totentempel
(nach Ricke).

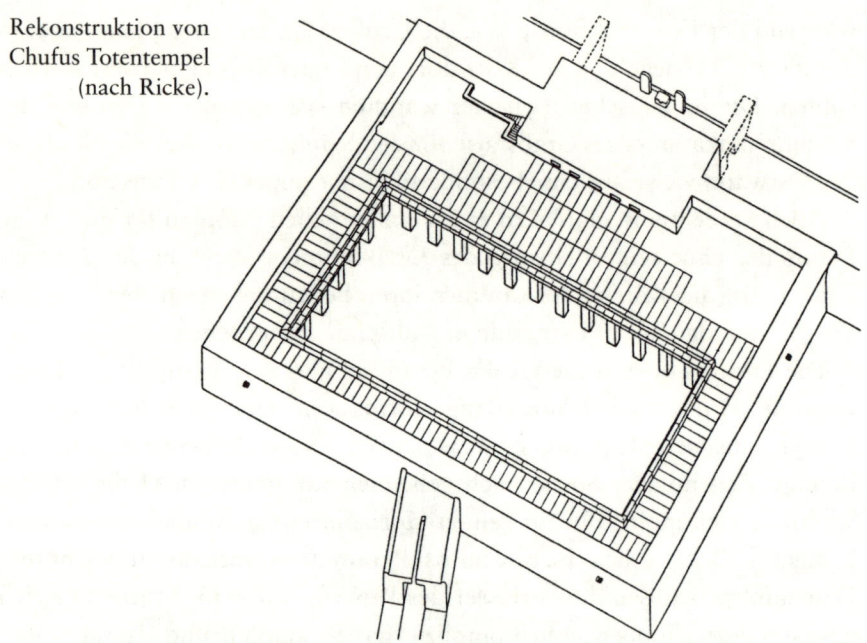

Von den Ornamenten sind lediglich einige Bruchstücke gefunden worden, die Szenen des *sed*-Festes, des Festes des Weißen Nilpferdes und andere Motive wiedergeben. Einige von ihnen entdeckte Hassans Expedition. Andere Bruchstücke sind beim Bau der Treppenmauer des mittelalterlichen Tores *Bab el-futuh* in Kairo wiederverwendet worden. Für einen Bestandteil der Originalausschmückung von Chufus Totentempel in Giza hielt man auch einige Blöcke, die als Baumaterial im Pyramidenkomplex Amenemhets I. in Lischt weiterverwendet wurden. Arnold, der derzeitige Leiter des hier tätigen Archäologenteams des Metropolitan Museum New York, neigt aber eher der Ansicht zu, sie stammten aus einem anderen Tempel des Chufu, der in der Nähe von Lischt gestanden und schon zu Beginn des Mittleren Reiches in Trümmern gelegen habe.

Den offenen Pfeilerhof bedeckte ein Basaltpflaster, und in seiner Mitte befand sich wahrscheinlich ein Altar. Im Fußboden des Hofes wurden Überreste eines Kanalisationssystems entdeckt, welches das Regenwasser ableitete. In westlicher Richtung gelangte man durch drei sich verjün-

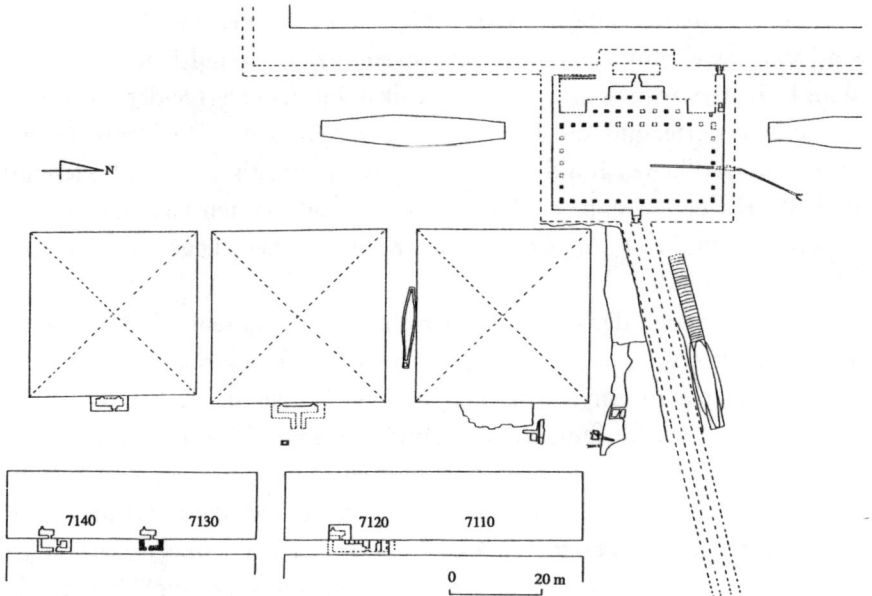

G 1 a–c und der Totentempel des Chufu: Lageplan (nach Reisner).

gende Pfeilerreihen hindurch zum Portikus der Hauptkultstätte. Darin befanden sich nach Lauer Scheintüren, nach Ricke hingegen fünf Nischen mit Herrscherstatuen. In die Südwestecke des Hofes plazierte Lauer in seiner Rekonstruktion eine oberägyptische, in die Nordostecke eine unterägyptische Kapelle.

Die Überreste des Taltempels liegen am Wüstenrand nordöstlich der Pyramide, teilweise direkt unterhalb des Dorfes Nazlet es-Simman. Bei Ausgrabungen auf diesem Areal entdeckte Hawass vor kurzem die Reste einer Basaltfläche und an ihrem Ende acht Meter starke Mauern aus Lehmziegeln, was die Vermutung nahelegt, daß in der Umgebung des Taltempels ursprünglich eine Pyramidenstadt existiert hat.

Der Aufweg ist bisher nur teilweise erforscht worden. Bei einer Gesamtlänge von ursprünglich 825 Metern (laut Hawass) vollführte er nach etwa 125 Metern vom Taltempel entfernt einen Schwenk nach Südwesten. Herodot beschrieb den Aufweg als tausend Meter langen, reliefverzierten Gang; letzteres ist jedoch unter den Ägyptologen stark umstritten.

In unmittelbarer Nähe der Großen Pyramide wurden fünf Bootsgruben entdeckt. Zwei von ihnen, an der Ostseite gelegen, sind heute leer. Ihre Wände waren wahrscheinlich mit Kalksteintafeln verkleidet, was ihre Breite reduzierte und die Überdachung vereinfachte. Die dritte Bootsgrube am nördlichen Rand des Aufwegs weist einen konvexen Boden auf und ist über eine Treppe zugänglich. Die verbleibenden zwei Gruben, in denen sich intakte Bootsbegräbnisse erhalten haben, liegen an der Südseite der Pyramide.

An den Wänden der Grube, in der das heute in einem Sondermuseum ausgestellte Boot gefunden wurde, entdeckte man zahlreiche Baugraffiti, darunter auch achtzehn Kartuschen mit dem Namen des Königs Djedefre. Daraus läßt sich schlußfolgern, daß einige Teile von Chufus Grabkomplex erst nach seinem Tode fertiggestellt wurden. Das Boot aus Zedernholz, das in der Grube in 1224 Einzelteile zerlegt und dann rekonstruiert wurde, erreicht eine Länge von 43,3 Metern. Die benachbarte, westlicher gelegene Grube gleichen Inhalts bleibt durch die ursprünglichen Deckblöcke verschlossen – das Königsboot ist bisher nicht herausgehoben worden. 1987 führte hier lediglich die amerikanische National Geographic Society in Zusammenarbeit mit der ägyptischen Denkmalsverwaltung eine Untersuchung durch. Durch ein Bohrloch wurden eine Mikrokamera und Meßsonden in die Grube eingeführt, Fotos erstellt und Luftproben entnommen. Anschließend versiegelte man die Grube wieder.

Der Fund von Chufus Königsboot entfachte eine Diskussion über die Bedeutung der Bootsbegräbnisse bei der Großen Pyramide und den Königsgräbern im allgemeinen. Jaroslav Černý zufolge waren die vier an der Ost- und Südwand der Großen Pyramide bestatteten Boote dazu bestimmt, daß der König nach allen vier Himmelsrichtungen ins Jenseits fahren konnte. Die fünfte Grube beim Aufweg sollte das Boot enthalten, auf dem die Königsmumie zur Grabstätte transportiert worden war. Andere Forscher, insbesondere Emery und Selim Hassan, hielten die Boote für Sonnenbarken und waren der Ansicht, daß sie dem Pharao dazu dienten, im Gefolge des Sonnengottes Re über den Himmelsozean zu fahren. Schließlich äußerte der ägyptische Archäologe Abu Bakr die Auffassung, daß alle Boote, die bei der Großen Pyramide bestattet wurden, ursprünglich dazu benutzt worden seien, den Pharao bei verschiedenen Wallfahrten und anderen feierlichen Anlässen an die heiligen Orte Ägyptens zu bringen. Laut Hawass haben sich die Boote aber nie im Wasser befunden. Spuren von Spänen um die Grube herum zeigen, daß sie direkt bei der Pyramide angefertigt wurden. Auch er neigt daher zu der Auffassung, daß die Bedeutung der Boote mit dem Sonnenlicht zusammenhing.

Erst vor kurzem ist es Hawass gelungen, in der Nähe der Südostecke der Großen Pyramide Reste einer kleinen Kultpyramide einschließlich ihres Pyramidions zu finden. Dieser Fund beendete sowohl die Zweifel an der Existenz einer Kultpyramide in Chufus Komplex als auch die Spekulationen über ihre Identifikation mit den sogenannten Versuchsgängen.

Nördlich des Aufwegs sind nämlich Korridore in den Felsuntergrund getrieben worden, die in verkleinertem Maßstab (etwa eins zu fünf) einen Teil der Infrastruktur der Großen Pyramide imitieren: den absteigenden und den aufsteigenden Korridor, den unteren Teil der Großen Galerie und sogar andeutungsweise den horizontalen Gang, der zur Königinnenkammer führte. Man vermutet, daß es sich um ein Modell handelt, an dem die Erbauer der Großen Pyramide die Gangblockierung ausprobieren wollten.

Weitere Bestandteile des Chufu-Komplexes waren drei kleine Pyramiden, die auf der archäologischen Karte der Nekropole von Giza die Bezeichnungen G 1a–c erhalten haben. Sie stehen südöstlich der Großen Py-

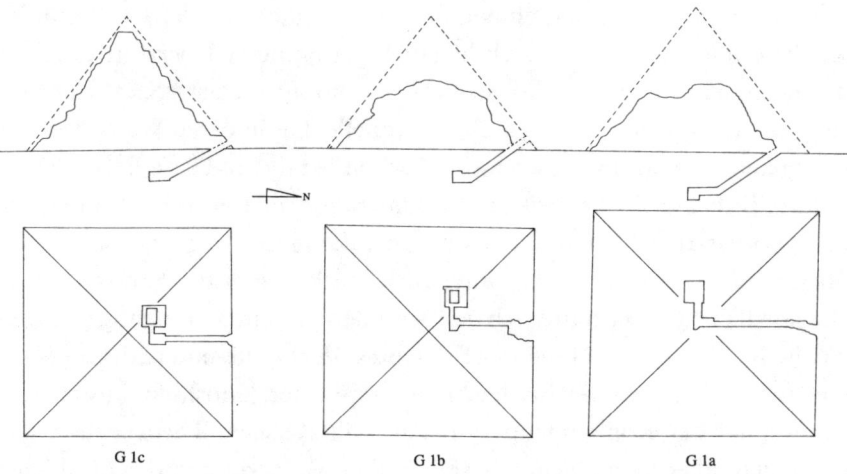

Die Pyramiden G 1a–c: Grundriß und nordsüdlicher Schnitt (nach Reisner).

ramide auf abfallendem Felsuntergrund, so daß für die niedrigste von ihnen (G 1c) eine besondere Basisfläche errichtet werden mußte. Ihren Ausmaßen, dem Entwurf und der Bauweise nach sind sie sich sehr ähnlich.

G 1a, die nördliche, wurde früher der Königin Meretites zugeschrieben,
die wahrscheinlich zu den älteren Gemahlinnen Chufus zählte. Sie gilt als
die Mutter des – historisch nicht belegten – Kronprinzen Kauab und war
möglicherweise aus Snofrus Harem zu Chufu übergegangen. Aufgrund ihres Titels «Königsmutter» müßte auch einer von Chufus Nachfolgern ihr
Sohn gewesen sein – vielleicht Djedefre. Heute gilt G 1a auf der Grundlage
einer kürzlich publizierten Studie Mark Lehners eher als das Grab der Königin Hetepheres I., der Gemahlin Snofrus und wahrscheinlichen Mutter
Chufus. Meretites wurde demnach in der Pyramide G 1b bestattet.

Der ursprünglich aus drei, möglicherweise auch vier Stufen gebildete
Kern besteht aus gelbgrauem Kalkstein. Von der Verkleidung haben sich,
ähnlich wie bei G 1b–c, lediglich Reste erhalten. Der Eingang in der
Nordwand liegt leicht über der Basis und etwas östlich der Nordsüdachse.
Der absteigende Korridor knickt ungefähr unter dem Mittelpunkt der Pyramidenbasis nach rechts ab und mündet in eine kleine Grabkammer, die
in den Fels getrieben und mit Kalksteinquadern verkleidet worden ist. Ein
Sarkophag wurde nicht entdeckt. Die Basaltsplitter, die Vyse in der Grabkammer fand, hält man für Pflasterreste.

Von dem kleinen Totentempel, der ursprünglich vor der Ostwand dieser Pyramide stand, haben sich lediglich geringfügige Überreste erhalten,
deren archäologische Rekonstruktion kompliziert ist. Sein Zentrum
stellte eine nordsüdlich ausgerichtete Kapelle dar, in deren Westwand sich
neben zwei Scheintüren auch zwei Nischen befanden. Diese Besonderheit
konnte bisher nicht befriedigend erklärt werden. Reisner vermutete die
Hauptkultstätte in der südlichen Nische, die in der Regel größer zu sein
pflegte und hinter der in der unterirdischen Kammer der Sarkophag lag.
Die nördliche Nische hätte sich dann auf den «zweiten» Eingang bezogen,
das heißt auf die Mündung des Schachtes, der in die unterirdische Kammer führte. Der österreichische Ägyptologe Peter Jánosi, ein ausgewiese-
ner Kenner der Königinnenpyramiden, hält Reisners Theorie für wahrscheinlich, aber keineswegs für sicher. Eine Reservierung der nördlichen
Nische für den Herrscher lehnt er ab.

Südlich von G 1a ist im Fels eine Grube für eine Bootsbestattung ausgehoben worden, von der sich allerdings keine Spuren erhalten haben.

G 1b ähnelt hinsichtlich ihres Planes, einschließlich des kleinen Totentempels und der Bootsgrube, in hohem Maße G 1a. Auch in dieser Pyramide wurden keine Überreste eines Begräbnisses gefunden. Daher ist nicht
klar, welche Königin hier begraben war – vielleicht handelte es sich um
Meretites.

Die südlichste der Pyramiden, G 1c, wird der Königin Henutsen zugeschrieben. Laut Reisner blieb die Verkleidung dieses Bauwerks unvollendet. Ihre Architektur ähnelt in vieler Hinsicht dem der beiden vorangegangenen; allerdings fehlt an der Südseite die Bootsgrube, vielleicht
deshalb, weil sich der Felsgrund hier schon beträchtlich nach Süden neigt.
Die gravierendsten Unterschiede weist seiner archäologischen Entwicklung nach der Totentempel auf. Reisner zufolge war er während der Regierung des Schepseskaf eilig aus Lehmziegeln errichtet worden. Der Tempel wurde 1858 während Mariettes Untersuchungen auf dem Areal der
umliegenden Mastabas des Ostfeldes teilweise erforscht; dabei fand man
die «Stele der Königstochter», auch «Inventory Stela» genannt (Ägyptisches Museum Kairo, JE 2091). Nach Mariette arbeiteten hier Anfang der
achtziger Jahre des 19. Jahrhunderts Petrie und in den zwanziger Jahren
des 20. Jahrhunderts Reisner. Die archäologischen Untersuchungen zeigten, daß dieser kleine Totentempel, der am Ende des Mittleren Reiches bereits in Trümmern gelegen hat, während der 18. Dynastie rekonstruiert
und verbreitert wurde. Einen weiteren Umbau erfuhr er während der 21.
und 26. Dynastie. Nun fungierte er als Kultstätte der Isis als Herrin der
Pyramiden und wurde zum Ziel von Pilgern, die hierherkamen, um die
Göttin und ihr Gebärvermögen zu verehren.

Auf der oben erwähnten Stele wird Henutsen lediglich als «Königstochter» bezeichnet. Wie Jánosi festgestellt hat, war die Pyramide G 1c nicht
Bestandteil des ursprünglichen Entwurfs des Chufu-Komplexes. Ihre Südseite folgt nicht der Großen Pyramide, wie man es im Falle eines einheitlichen Konzeptes erwarten würde, sondern der Südseite der benachbarten
Doppelmastaba G 7130–7140. Sofern Stadelmanns Gedanke richtig ist,
daß die Doppelmastaba dem Prinzen Chafchufu gehörte, bevor er König
wurde und sich Chafre nannte, wäre wahrscheinlich dieser als Erbauer der

Pyramide G 1c anzusehen. Demnach ließ er sie nach seiner Inthronisation errichten, da seine Mutter Henutsen zur «Königsmutter» aufgestiegen war.

Während Reisners Forschungen in Giza ereignete sich eine interessante Episode, die zu einer sensationellen Entdeckung führen sollte. Es ist sicherlich paradox, daß dies in einer Zeit passierte, als er sich selbst gar nicht vor Ort, sondern in den USA aufhielt. Der Fotograf des amerikanischen Teams suchte sich eines Tages vor der Ostseite der Chufu-Pyramide, nördlich von G 1a, einen geeigneten Standort für gute Aufnahmen. Plötzlich rutschte ein Bein seines Kamerastativs in eine merkwürdige Felsspalte. Diese erwies sich als verdeckte Mündung eines Schachtes, der auf dem archäologischen Plan der Nekropole von Giza die Bezeichnung G 7000x erhielt. Im Innern wurden Gegenstände aus der Grabausstattung der Königin Hetepheres I. mit einigen Königskartuschen gefunden, die auf Snofru verwiesen, darunter ein leerer Sarg, Goldschmuck, eine vergoldete

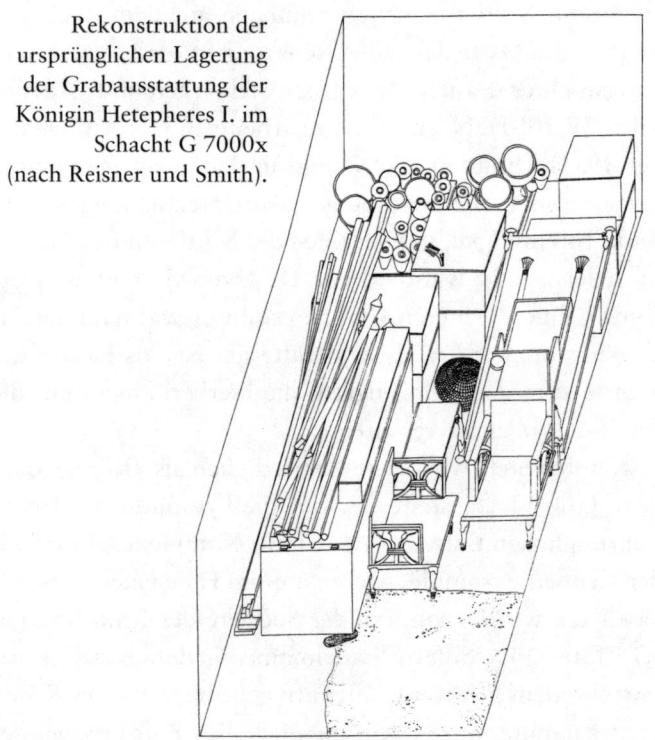

Rekonstruktion der ursprünglichen Lagerung der Grabausstattung der Königin Hetepheres I. im Schacht G 7000x (nach Reisner und Smith).

Sänfte, ein Baldachin sowie ein versiegelter (!) Kanopenschrein, einer der ältesten Belege seiner Art. Körperliche Überreste der Königin fehlten jedoch. Der rätselhafte archäologische Fund rief sofort eine heftige Diskussion unter den Ägyptologen hervor.

Die erste und bisher anerkannteste Erklärung gab Reisner. Seiner Meinung nach war Hetepheres I. ursprünglich in der Nähe ihres Mannes Snofru in Dahschur begraben gewesen, doch noch zu Lebzeiten Chufus sei ihr Grab ausgeraubt und ihre Mumie zerstört worden. Chufu habe daraufhin befohlen, die Überreste der Grabausstattung seiner Mutter pietätvoll in der Nähe seiner Pyramide in Giza beizusetzen.

Gegen Reisners Theorie lassen sich jedoch berechtigte Einwände erheben. Aus der ägyptischen Geschichte sind zwar Fälle von Plünderungen königlicher Gräber und Verbrennungen von Königsmumien bekannt

Die Königin Meresanch III. mit reichverziertem Kleid und Frisur begleitet ihre Mutter, die Königin Hetepheres II., auf der Fahrt in einem Papyrusboot beim Ritual des Papyrusraschelns. Detail aus der Grabdekoration der Königin Meresanch III. in Giza.

(zum Beispiel erfahren wir dies aus Gerichtsprozessen gegen Diebe zu Zeiten der 20. Dynastie), doch ist es unwahrscheinlich, daß die Räuber bei der Plünderung von Hetepheres' Grab die Mumie der Königin zerstört hätten, ohne anschließend die wertvollen Gegenstände ihrer Grabausstattung mitzunehmen.

Sessel aus der Grabausstattung der Königin Hetepheres I. (nach Reisner und Smith).

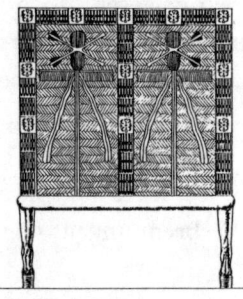
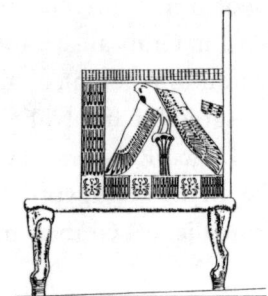
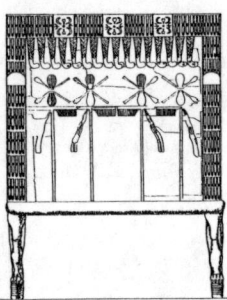

Eine andere Erklärung für das Rätsel des Schachtes G 7000x schlug vor kurzem der amerikanische Ägyptologe Mark Lehner vor. Er hält die in den Felsuntergrund gehauene Grube östlich von G 1a und südlich von G 7000x für den unvollendeten Eingang zu einer Pyramide – er nannte sie G 1x –, die niemals gebaut wurde. In beiden sah Lehner Bestandteile ein und desselben Grabkomplexes der Königin Hetepheres I., der unvollendet blieb, weil ihr ein paar Meter weiter westlich eine neue Pyramide errichtet wurde. Während man einen Teil der Grabausstattung in G 7000x zurückließ, sei der Rest in G 1a beigesetzt worden.

So interessant Lehners Theorie auf den ersten Blick auch sein mag, so

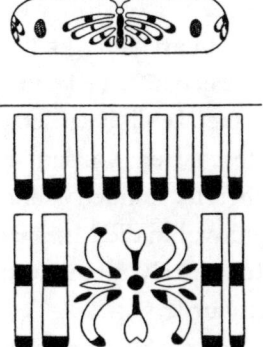

Farbige Fayence-
füllungen, Verzierung
des kleinen Kästchens
aus der Grabausstat-
tung der Königin
Hetepheres I. (nach
Smith).

muß sie doch aus archäologischen Gründen ernsthaft angezweifelt werden. Warum hätte sich der Plan der Substruktur des angeblichen Pyramidenkomplexes G 1x und G 7000x zum Beispiel von denen anderer Königinnenpyramiden nicht nur dieser Zeit, sondern des gesamten Alten
Reiches so fundamental unterscheiden sollen? Grundsätzlich ist die
Zuordnung beider Vertiefungen zu ein und demselben Grabmonument
sehr spekulativ. Außerdem gibt es für die Existenz einer Pyramide bei
G 1x keinerlei Belege. Darüber hinaus wäre es für diese Zeit ungewöhnlich, daß man die Königin neben ihrem Sohn und nicht neben ihrem Ehemann bestattet hätte. Eine Reihe weiterer schwerwiegender Vorbehalte
gegenüber Lehners Theorie äußerte vor kurzem Jánosi in seiner grundlegenden Arbeit über die Pyramidenkomplexe der Königinnen im Alten und
Mittleren Reich. Eine etwas provozierende Frage stellte Edwards in Zusammenhang mit G 7000x und der Königin Hetepheres: «Ist es wirklich
unerläßlich, davon auszugehen, daß Hetepheres I. ein zweites Grab hatte?
Gibt es einen klaren Beweis dafür?» Seine Vermutung, daß G 7000x das
alleinige Grab Hetepheres' I. war, klingt zwar verlockend, erklärt jedoch
weder das Rätsel der fehlenden Mumie der Königin noch die Einwände,
die schon gegen die Theorie Reisners vorgebracht worden sind.

Alle bisherigen Erklärungen des Rätsels um G 7000x haben also ihre
Schwächen, und neue, befriedigendere Lösungen stehen nicht zur Verfügung. Einige Aspekte dieses Problems verdienen daher größere Aufmerksamkeit. Vor allem handelt es sich nicht um den Überrest eines Grabes,

dessen oberirdischer Teil gänzlich zerstört worden ist. Der Schacht, seine Form und Lage erwecken vom archäologischen Standpunkt aus vielmehr den Eindruck, daß er ad hoc gebaut wurde, um die Bestandteile der Grabausstattung der Königin pietätvoll beizusetzen. Aufgrund seiner Lage kann er erst in der Zeit geschaffen worden sein, als sowohl Chufus Totentempel als auch G 1a bereits standen – und nicht umgekehrt. Deswegen sollte man nicht fragen, wohin die Mumie der Königin verschwunden ist, sondern warum ein Teil ihrer Grabausstattung in einem gesonderten Schacht in Giza beigesetzt wurde.

Chufus Grabkomplex, der nach seiner Fertigstellung fünf Pyramiden und vier Totentempel einschloß, diente bis zum Ende des Alten Reiches dem Totenkult des Herrschers und dreier Königinnen. Aufgrund der Analogien zu Meidum und Dahschur wird vermutet, daß während der Ersten Zwischenzeit Diebe durch den ursprünglichen Eingang in die Pyramide eindrangen und die Grabkammer plünderten. Entsprechend dem Geschehen in Abusir könnte es am Anfang des Mittleren Reiches zu einer Neubelebung von Chufus Totenkult gekommen sein und vielleicht auch zu einer Instandsetzung des zerstörten Eingangs.

Neben dem Komplex des Djoser widmete sich zu Zeiten der 13. Dynastie der bereits erwähnte Prinz Chamuaset der Instandsetzung der beschädigten Teile der Großen Pyramide, und ist nicht auszuschließen, daß noch einmal in saitischer Zeit Restaurierungsarbeiten durchgeführt wurden. Beachtenswert ist ferner Diodors Anmerkung, auf dem Gipfel der Großen Pyramide befinde sich eine Plattform von drei mal drei Metern, was darauf hindeuten würde, daß nicht nur das vielleicht mit Gold überzogene Pyramidion schon damals heruntergerissen, sondern daß möglicherweise auch ein Teil der Verkleidung beschädigt war. Genau wird sich wohl nie ermitteln lassen, wie oft noch versucht wurde, in die Pyramide einzudringen. In der Zeit Strabons, das heißt um das Jahr 25 vor Christus, stand sie sicher offen; anschließend scheint sie im 3. oder 4. Jahrhundert nach Christus erneut verschlossen worden zu sein, um sie vor Mißbrauch zu schützen.

Zur Demontage der Pyramiden kam es auf jeden Fall schon vor dem Jahr 1250. Aus einem Bericht des Historikers Abd al-Latif erfahren wir zum Beispiel, daß die kleinen Pyramiden zur Zeit des Sultans Saladin

(1175–1193) abgetragen wurden. Die Steine verwendete man zum Beispiel für den Bau von Staudämmen. Unter Sultan Hassan wurden um die Mitte des 14. Jahrhunderts Steinblöcke aus der Großen Pyramide für den Bau seiner heute berühmten Moschee verwendet. Ihm eiferten viele andere nach, doch trotz aller Beschädigungen und des natürlichen Verfalls hielt die Große Pyramide stand.

Merkwürdigerweise ist im ganzen riesigen Pyramidenkomplex des Chufu keine Abbildung des Herrschers gefunden worden. Und so bleibt das einzige mit Sicherheit identifizierte Bildnis des Erbauers der größten ägyptischen Pyramide eine kleine, neun Zentimeter hohe Elfenbeinstatuette (Ägyptisches Museum Kairo, JE 4244), die Petrie im Jahre 1903 unter dramatischen Umständen entdeckte. Bei Ausgrabungen im Osiris-Tempel von Kom es-Sultan bei Abydos wurde dem Archäologen die kopflose Statue eines auf einem Thron sitzenden Mannes gebracht. Nachdem er die hieroglyphische Inschrift und die Kartusche mit dem Namen des Chufu darauf erblickt hatte, ordnete Petrie an, den gesamten Aushub erneut abzusuchen, der bis dahin auf die Kippe befördert worden war. Zusätzlich setzte er eine Belohnung für den Finder des Kopfes aus, der anscheinend während der Grabung abgehackt worden war. Nach drei Wochen ununterbrochenen Umgrabens und Siebens gelang es schließlich, den Kopf der Chufu-Plastik zu finden.

DIE PYRAMIDE DES DJEDEFRE

Chufus Sohn und Nachfolger Djedefre verließ die königliche Grabstätte in Giza und wählte sich einen Ort etwa sieben Kilometer nördlich auf den Felshügeln nahe des heutigen Dorfes Abu Rawasch. Seine Pyramide nannte er «Sternenhimmel (?) des Djedefre».

Wenn man von den Überresten des Ziegelbaus absieht, den Lepsius für eine Pyramide hielt und dem er in seinem Verzeichnis die Ordnungszahl I gab, ist die Pyramide des Djedefre die nördlichste von allen. Vor Lepsius

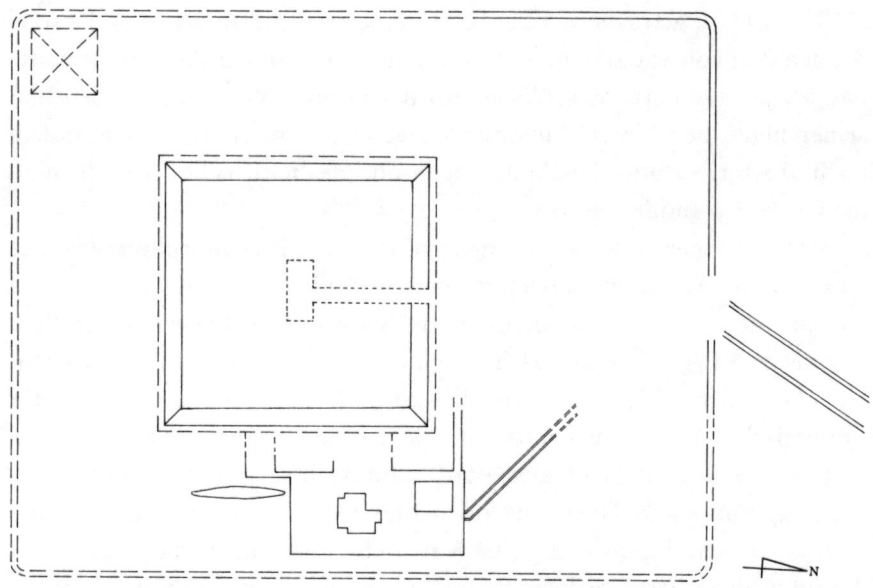

Vereinfachter Grundriß des Pyramidenkomplexes des Djedefre (nach Maragioglio und Rinaldi).

ist sie kurz von Perring untersucht worden, der sich besonders auf ihre Substruktur konzentrierte. Ähnlich ging auch Petrie zu Beginn der achtziger Jahre des 19. Jahrhunderts vor. Erst in den frühen Jahren des 20. Jahrhunderts begannen hier französische Archäologen mit systematischeren Forschungen, zunächst Émile Chassinat (1868–1948) und etwa zehn Jahre nach ihm Pierre Lacau (1873–1963). Abgesehen von kürzeren Berichten publizierte jedoch keiner von ihnen zusammenfassende Ergebnisse der Untersuchungen. Trotz der späteren Arbeiten Pierre Montets (1885–1966) oder Maragioglios und Rinaldis bleiben viele grundsätzliche Fragen ungelöst. Vielleicht werden die archäologischen Grabungen, die im Frühjahr 1995 von einem französisch-schweizerischen Team unter der Leitung von Michel Valloggia aufgenommen wurden, dazu beitragen, sie zu beantworten.

Die Pyramide ragt auf dem Felsvorsprung etwa hundertfünfzig Meter über dem Niltal empor. Der Kern besteht teils aus dem bearbeiteten Felsuntergrund, teils aus Blöcken lokalen Kalksteins, und es sind von ihm etwa fünfzehn horizontal verlegte Schichten erhalten geblieben, während von der Verkleidung nur wenige Überreste existieren, einige sorgfältig bearbeitete Rosengranitblöcke, die vor der Ostseite der Pyramide gefunden wurden. Eine Diskussion rief der Böschungswinkel der Pyramidenwand hervor, der sich angeblich anhand dieser Blöcke auf sechzig Grad berechnen ließ. Von verschiedenen Seiten wurde vorgeschlagen, daß es sich um eine sehr steile und später total abgetragene, eine unvollendete oder sogar eine Stufenpyramide gehandelt haben könnte. Bereits die ersten Ergebnisse der erwähnten schweizerisch-französischen Grabungen unter der Leitung von Michel Valloggia haben aber gezeigt, daß die Wände der Pyramide einen «Standard-Böschungswinkel» von etwa einundfünfzig Grad aufwiesen und sie sehr wahrscheinlich vollendet worden war. Sie traf lediglich das Schicksal, bevorzugtes Ziel späterer Steindiebe zu sein.

Der unterirdische Pyramidenteil wurde nach der sogenannten Methode des offenen Grabens errichtet. Anscheinend hat man bei seiner Konstruktion die Erfahrungen mit dem komplizierten System der unter- und oberirdischen Kammern in der Großen Pyramide von Giza berücksichtigt, wie Stadelmann betont. In der Nordwand befindet sich ein Graben mit Überresten eines absteigenden Korridors, der etwa auf der nordsüdlichen Pyramidenachse in die Grabkammer führt. Aus den relativ großen Ausmaßen der heute offenen Grube läßt sich schließen, daß dort ursprünglich zwei Räume lagen: die Vor- und die Grabkammer.

Theoretisch sind drei Varianten der Rekonstruktion der Substruktur denkbar:

1. Die Grabkammer bestand aus Rosengranit und hatte, ähnlich wie in der Großen Pyramide, eine flache Decke und darüber möglicherweise eine Entlastungskonstruktion.
2. Die Grabkammer bestand aus Kalkstein und hatte eine Satteldecke.
3. Die Decke der aus Kalkstein errichteten Grabkammer wurde von einem Kraggewölbe gebildet, ähnlich wie bei den Pyramiden des Snofru in Dahschur und Meidum.

Man geht davon aus, daß sich unter den Trümmerhaufen und dem Sand innerhalb der Pyramidensubstruktur auch Reste des Sarges befinden. Bereits Petrie entdeckte hier bei seiner Untersuchung ein Fragment aus Rosengranit, das er dem Sarkophag zuordnete.

Der Totentempel stellt ein weiteres, bisher nicht ganz geklärtes Problem dar. Die etwa zweieinhalb Meter starke Umfassungsmauer begrenzt ein rechteckiges, nordsüdlich ausgerichtetes Areal um die Pyramide. Der größte freie Raum liegt nördlich, wohin auch der Aufweg führt. Dort könnten sich noch Überreste des Totentempels befinden. Ob dem so ist, werden erst zukünftige Grabungen zeigen. Vorerst gilt ein Bau aus Lehmziegeln vor der Ostseite der Pyramide als Ruine eines improvisierten Totentempels.

Dieser unterscheidet sich seinem Plan nach beträchtlich von den bisher bekannten Totentempeln des Alten Reiches. Er enthält einen offenen Hof mit einem Rest des ursprünglichen Pflasters, Magazine und anderes. Einer der Räume im nordöstlichen Gebäudeteil besaß eine Säulenreihe in der Mitte. Chassinat entdeckte sogar ein Säulenfragment mit einer Kartusche des Djedefre im Hof, ein bedeutender und gleichzeitig etwas befremdlicher Fund, denn Säulen tauchen in den Pyramidenkomplexen erst am Anfang der 5. Dynastie auf, wenn man von der spezifischen Problematik der Säulen und Halbsäulen im Djoser-Komplex einmal absieht. In diesem Raum wurden auch Statuenfragmente von drei Söhnen und zwei Töchtern des Djedefre sowie eine Kalksteinsphinx gefunden. Falls letztere tatsächlich aus dieser Zeit stammt, handelt es sich um das älteste bekannte Monument seiner Art, sofern nicht Stadelmann mit seiner Meinung recht behält, daß die Große Sphinx in Giza ein Werk des Chufu war.

Ein weiteres Rätsel stellt die Vertiefung in der Mitte der Ostwand des Pyramidenkerns dar. Bezüglich ihrer Form und Lage äußerten zum Beispiel Maragioglio und Rinaldi die Ansicht, daß sich an dieser Stelle eine Nische mit einer Stele und davor ein Opfersaal mit einem Altar befunden haben könnten. Valloggia stimmt mit dieser Ansicht nicht überein, sondern vermutet die Überreste des Totentempels eher auf dem ausgedehnten und bisher unerforschten Areal nördlich der Pyramide. Sollte sich seine Ansicht bei weiteren Grabungen bestätigen, hätte sie bedeutende Konsequenzen. Totentempel errichtete man nämlich bis zum Ende der 3. Dynastie nördlich der Pyramide, seit Beginn der 4. Dynastie hingegen am östlichen Pyramidenfuß. Damit waren weitreichende religiös-politische Veränderungen verknüpft. Wie wir bald sehen werden, ist es im Pyramidenkomplex des Djedefre bereits zu einigen überraschenden Entdeckungen gekommen.

Der Aufzählung der Ungereimtheiten läßt sich auch die Grube im Felsuntergrund vor der Pyramidenostseite hinzufügen. Ihrer Form nach ähnelt sie einem Boot, doch wurden keinerlei Bootsüberreste darin gefunden, sondern eine große Anzahl von Statuenfragmenten, zumeist aus rötlichem Quarzit. Zusammengesetzt ergeben sie mindestens einundzwanzig Statuen, die in der Regel den Herrscher auf dem Thron sitzend darstellten. Darunter waren auch drei Köpfe, von denen sich heute zwei im Pariser Louvre (E 12626 und E 11167) und einer im Ägyptischen Museum in Kairo (JE 35138) befinden. Nach Meinung Chassinats, der die Fragmente entdeckte, sind die Statuen absichtlich und sehr gründlich zerstört worden, um das Andenken an Djedefre im Sinne der *damnatio memoriae* auszulöschen.

Unklar ist außerdem die Bedeutung des Baus in der Nähe der südwestlichen Pyramidenecke. Einige Archäologen, zum Beispiel Stadelmann und Jánosi, halten sie für eine Kultpyramide, aber diese Bauten pflegten in der Regel an der Südostecke zu stehen. Andere, zum Beispiel Maragioglio und Rinaldi, sind der Meinung, daß es sich um eine Pyramide von Djedefres Gemahlin handelt. Von einer Statue, die in Abu Rawasch gefunden wurde und heute im Louvre (N 54) aufbewahrt wird, wissen wir, daß Chentetenka die königliche Gemahlin war, daneben offenbar auch Hetepheres II. Angesichts der keineswegs ostwestlichen, sondern nordsüdlichen Orientierung des ganzen Pyramidenkomplexes des Djedefre scheint es dennoch eine Kultpyramide gewesen zu sein. Auch in diesem Falle bleibt abzuwarten, ob die in Angriff genommene systematische Ausgrabung mehr Licht in die ganze Angelegenheit bringen wird.

Die spärlichen und unvollständigen Angaben, die ältere archäologische Untersuchungen erbrachten, ließen eine Theorie aufkommen, der es nicht an Attraktivität und Dramatik mangelt. Reisner, bekannt für sein umfassendes Wissen über die Schicksale der königlichen Protagonisten der 4. Dynastie, äußerte sie auf der Grundlage von Chassinats Beobachtungen und Schlüssen. Danach war Djedefre der Sohn des Chufu und einer Königin libyscher Abstammung. Er ermordete seinen älteren Halbbruder Kauab, der als Sohn einer ägyptischen Mutter überdies bessere Voraussetzung besaß, Chufus Nachfolger zu werden. Ein ähnliches Schicksal, allerdings erst nach acht Regierungsjahren, habe dann Djedefre selbst ereilt: er sei von seinem jüngeren Halbbruder Chafre ermordet worden.

Dabei berief sich Reisner in erster Linie auf den erwähnten Fund gänzlich zerstörter, in kleine Stücke zerbrochener Statuen Djedefres, ferner darauf, daß der Herrscher die königliche Grabstätte in Giza verlassen und sich einiger im Vergleich zu Chufus Komplex andersartiger baulich-ideeller Prinzipien bedient hatte, und schließlich auch auf die Tatsache, daß in der Umgebung seiner Pyramide keine Gräber von Familienmitgliedern und hohen Beamten gefunden worden waren.

Diese Theorie sieht sich zunehmender Kritik ausgesetzt. Insbesondere wird heute der Mythos von Chufus angeblich blonder libyscher Gemahlin anders und glaubwürdiger erklärt. Die zerbrochenen Statuen müssen nicht zwangsläufig ein Hinweis auf einen persönlichen Racheakt von Djedefres Nachfolger sein. Die relative Verlassenheit und vielleicht auch Unvollendetheit des Pyramidenkomplexes könnten seine Destruktion durch die ortsansässige Bevölkerung begünstigt haben. Die Zerstörung begann spätestens während des Neuen Reiches und war besonders intensiv in römischer und frühchristlicher Zeit, als in der Nähe, im Wadi Karin, ein koptisches Kloster entstand. Es ist im übrigen bewiesen, daß in den Trümmern der Pyramide noch am Ende des 19. Jahrhunderts Stein abgebaut und in der Größenordnung von täglich dreihundert Kamelladungen wegtransportiert wurde.

Die Ziegelbauten vor der Ostseite der Pyramide verraten, daß für Djedefres Totenkult, wenn auch eilig und sparsam, einige grundlegende Einrichtungen geschaffen worden sein müssen. Auf die Existenz eines Kults weisen neben der bedeutenden Anzahl der hier entdeckten Statuen auch einige wenige schriftliche Dokumente über die Existenz von Priestern hin, die mit Djedefres Totenkult verbunden waren. Dabei ist zu beachten, daß die Nekropole mit Privatgräbern, die sich auf den Hügeln um die Pyramide ausbreitet und in die 1. bis 5. Dynastie datiert wird, noch nicht sorgfältig erforscht worden ist. Deswegen bleiben die Ergebnisse der französisch-schweizerischen Ausgrabungen vor allem in der Pyramide und im nördlichen Teil des Pyramidenkomplexes abzuwarten, bevor endgültige Schlüsse gezogen werden können. Schon jetzt läßt sich auf der Basis der

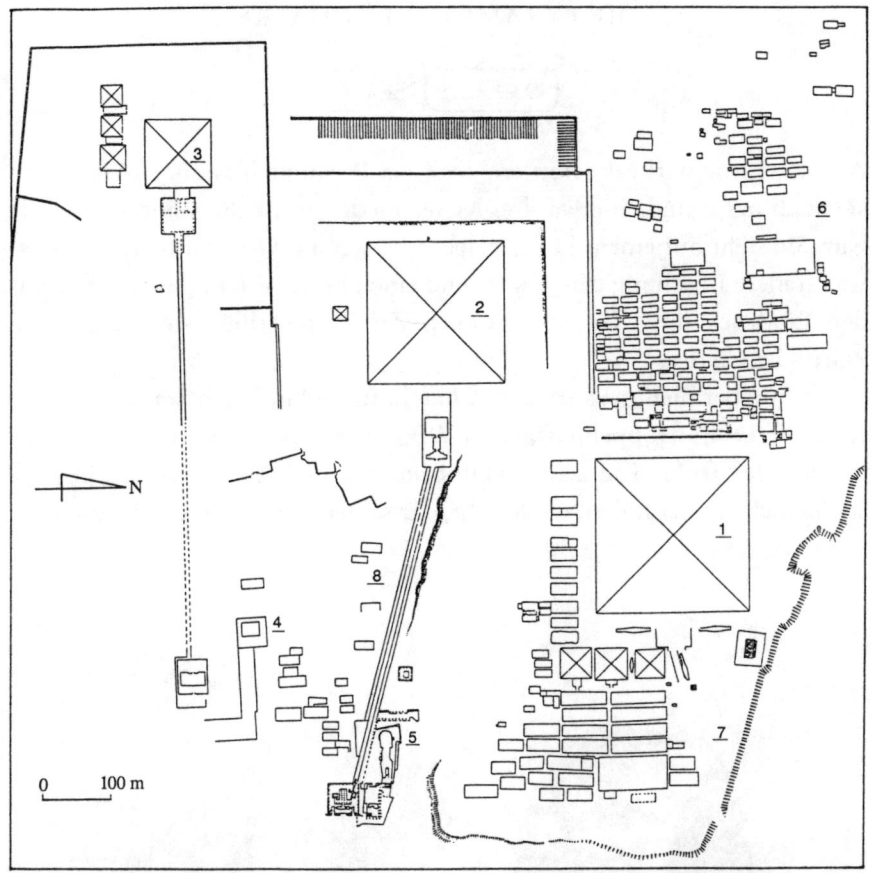

Plan der Grabstätte in Giza (nach Reisner). 1 – Pyramide des Chufu, 2 – Pyramide des Chafre, 3 – Pyramide des Menkaure, 4 – Stufengrab der Chentkaus I., 5 – Große Sphinx, 6 – Westfriedhof, 7 – Ostfriedhof, 8 – Zentralfriedhof.

verfügbaren Informationen erkennen, daß Djedefres Pyramidenkomplex in Eile fertiggestellt wurde und wahrscheinlich in einigen Teilen unvollendet blieb. Zu guter Letzt sollte die zugrunde gelegte Regierungszeit des Königs erneut überdacht werden. In acht Jahren hätte der Bau des Pyramidenkomplexes in Abu Rawasch weiter voranschreiten müssen, als es aus heutiger Sicht geschehen ist.

DIE PYRAMIDE DES CHAFRE

Aus der Ferne wirkt die mittlere der Giza-Pyramiden am höchsten, wenn sie auch ursprünglich etwa drei Meter niedriger als die Chufu-Pyramide war. Sie steht auf einem höher gelegenen Teil der Grabstätte, hat eine etwas steilere Böschung der Wände und einen besser erhaltenen Gipfel, was den Eindruck ihrer Größe verstärkt. Zu Recht erhielt sie den Namen «Groß ist Chafre».

Ihr Inhaber hieß ursprünglich Chafchufu und ließ sich Stadelmann zufolge die große Doppelmastaba G 7130-40 auf dem Ostfriedhof in Giza bauen. Der frühe Tod seiner Halbbrüder Kauab und Djedefre brachte schließlich Chafchufu an die Macht, der seinen Namen in Chafre änderte.

Die große Sphinx und die Große Pyramide, wie sie die Teilnehmer der Napoleon-Expedition sahen (nach Denon).

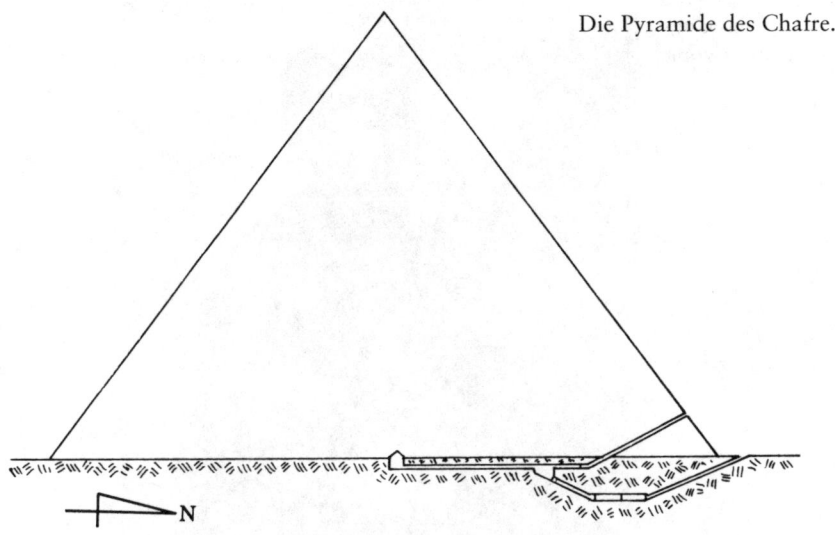

Die Pyramide des Chafre.

Sein Grabmal ließ er nicht wie sein Vorgänger in Abu Rawasch errichten, sondern wieder in Giza.

Die Geschichte der neuzeitlichen Erforschung der Chafre-Pyramide ähnelt in vieler Hinsicht der des Chufu-Monuments. Bereits 1817 hatte Caviglia vergeblich versucht, in sie einzudringen. Dies gelang erst ein Jahr später Belzoni, der den sogenannten oberen Eingang entdeckte und auch den unterirdischen Pyramidenteil untersuchte. Außerdem grub er ein kleines Heiligtum zwischen den Tatzen der Großen Sphinx aus, worin er eine Granitstele mit einer Inschrift Thutmosis' IV. fand. Zur ersten wirklich sorgfältigen Untersuchung der Pyramide kam es aber erst im Jahre 1837, und wir verdanken sie wiederum Perring.

1853 leitete Mariette im Taltempel des Chafre-Komplexes Grabungen ein, die eigentlich der Großen Sphinx galten. Dabei gelang es ihm Jahre später, eines der heute bedeutendsten Exponate des Ägyptischen Museums in Kairo zu entdecken (JE 10062) – die berühmte Dioritstatue des thronenden Chafre, dessen Kopf der Falkengott Horus von hinten mit seinen ausgebreiteten Flügeln schützt. Auch Petrie befaßte sich bei seiner Arbeit in Giza mit dem Komplex, doch eine systematische archäologische Untersuchung führte erst die deutsche Ernst-von-Sieglin-Expedition in

Giovanni
Battista Belzoni.

den Jahren 1909/10 unter der Leitung von Uvo Hölscher durch. Sie wußte allerdings noch nichts von der Existenz der Totenboote, mit deren Vorkommen in der Umgebung der Chafre-Pyramide damals niemand gerechnet hatte. Diese wurden erst in der ersten Hälfte der dreißiger Jahre von Hassan entdeckt. In letzter Zeit haben Lehner und Hawass den Grabkomplex im Rahmen des amerikanischen Giza Plateau Mapping Project erforscht. Vor allem dank moderner geodätischer Messungen ist es gelungen, viele neue baulich-archäologische Informationen zu gewinnen und die ursprünglichen Vermessungs- und Konstruktionsmethoden verhältnismäßig genau zu bestimmen.

Ähnlich wie bei der Chufu-Pyramide wurde der Felsvorsprung dazu genutzt, die Stabilität des Kerns zu erhöhen, diesmal sogar in einem derartigen Ausmaß, daß die untersten Stufen der Südwestecke direkt aus dem Felsuntergrund geschlagen wurden. Den überwiegenden Teil des Kerns bilden jedoch waagerecht angeordnete, ungefähr gleich hohe Schichten grober Blöcke, die aus den Kalksteinbrüchen direkt bei der Baustelle stammten. Nördlich der Pyramide befinden sich bis heute klar erkennbare

Spuren, die die Vorgehensweise beim Steinabbau belegen. Der Kern der Chafre-Pyramide wurde weniger sorgfältig als der der Großen Pyramide des Chufu errichtet: Die Schichten verlaufen nicht immer genau waagerecht, die Fugen sind häufig sehr breit, und zwischen den Blöcken fehlt oftmals Mörtel.

Die unterste Verkleidungsschicht bestand aus Rosengranit, alle weiteren dann aus Kalkstein. Vom ursprünglichen Mantel hat sich lediglich ein kleiner Teil unterhalb des Gipfels erhalten. Daran läßt sich gut feststellen, wie die Verkleidungsblöcke verlegt und mit dem Pyramidenkern verbunden waren. Das Pyramidion und zum Teil auch der Gipfel der Pyramide existieren heute nicht mehr. In jüngster Zeit gaben die immer deutlicher werdenden Erosionsspuren am Überrest der Verkleidung Anlaß zu einer gründlichen Untersuchung, die italienische Fachleute durchführten. Zu den bemerkenswerten Feststellungen dieses Teams gehört die Tatsache, daß die Eckkanten des erhaltenen Verkleidungsrestes nicht geradlinig verlaufen, sondern daß einzelne Eckblöcke in verschiedene Richtungen abgelenkt sind. Die recht einfache Erklärung für diese Besonderheit wurde durch eine Computersimulation bestätigt und verweist auf seismische Ursachen – im heutigen wie auch im alten Ägypten bei weitem keine Seltenheit.

Die Pyramide des Chafre sollte ursprünglich größer sein und weiter nördlich stehen. Dieser Plan wurde jedoch bald aufgegeben, was sich anhand der zwei Eingänge ins Pyramideninnere beweisen läßt. Der ältere liegt heute etwa dreißig Meter nördlich der Pyramide, der jüngere rund zwölf Meter über der Erde in der Nordwand. Ersterer, auch unterer Eingang genannt, ist gänzlich aus dem Felsuntergrund geschlagen und öffnet den Weg in einen zunächst absteigend, dann horizontal und zuletzt ansteigend verlaufenden Korridor. Ungefähr in der Mitte des horizontalen Gangs öffnet sich in der Westwand eine kurze Passage zu einem kleinen Raum, der wahrscheinlich zur Aufbewahrung eines Teils der Grabausstattung diente. Der obere Gang, zunächst absteigend und mit Blöcken aus Rosengranit verkleidet, verläuft nach Erreichen der Pyramidengrundfläche horizontal. An der Stelle des Übergangs befand sich eine Sperre, die ebenfalls aus Rosengranit besteht. Trotz aller Vorsichtsmaßnahmen gruben spätere Grabräuber einen Tunnel, mit dessen Hilfe sie den gesondert befe-

Eingang in die
Chafre-Pyramide
(nach Denon).

stigten Korridorteil umgingen. Nach einigen Metern mündet der untere Gang in den waagerechten Korridor, der sich dann weiter nach Süden zu der auf der vertikalen Pyramidenachse gelegenen Grabkammer fortsetzt.

Dieese ist mit Ausnahme der Decke ganz in den Felsen getrieben und hat, wie schon in den Vorgängerbauten, einen rechteckigen, ostwestlich ausgerichteten Grundriß. Es ist nicht ausgeschlossen, daß die Wände ursprünglich mit Rosengranit verkleidet werden sollten. Das Giebeldach, das sich über der Pyramidengrundfläche befindet, besteht aus riesigen Kalksteinblöcken. In der Nord- und Südwand der Kammer ähneln die Mündungen der Schächte nur scheinbar denen in der Königinnen- und Königskammer der Großen Pyramide. In diesem Fall handelt es sich näm-

lich nur um kurze horizontale Öffnungen, die möglicherweise zur Befestigung einer Holzkonstruktion innerhalb des Grabes gedient haben. Nahe
der Westwand steht der leicht in den Fußboden versenkte Sarkophag aus
Rosengranit, der ursprünglich mit einem Schiebedeckel versehen war. Von
Chafres sterblichen Überresten oder der Grabausstattung sind jedoch
keinerlei Spuren gefunden worden. Die Lage und auch die verhältnismäßig einfache Konstruktion des Zugangskorridors und der Grabkammer lassen den Schluß zu, daß die Erbauer möglicherweise Komplikatio-
nen, wie sie der Bau des technisch anspruchsvollen Gang-, Blockierungs-
und Kammersystems in der Chufu-Pyramide mit sich gebracht hatte,
vermeiden wollten.

Die Pyramide des Chafre umgab auf allen vier Seiten ein nur etwas über
zehn Meter breiter offener Hof, der mit Kalksteinplatten von unregelmäßiger Form gepflastert und von einer mächtigen steinernen Umfassungsmauer begrenzt war. Außerdem verliefen weiter nördlich, westlich
und südlich zusätzliche Wälle aus groben Kalksteinblöcken; trotz ihres
fast planlos anmutenden Verlaufs werden sie für die äußeren Umfassungsmauern des Chafre-Komplexes gehalten.

In Höhe der mittleren Pyramidensüdseite liegt eine kleine, fast gänzlich
zerstörte Pyramide (G 2a), die einst ebenfalls eine eigene Umfassungsmauer besaß. Ihre Substruktur ist einfach und besteht aus einem absteigenden Korridor und einer unterirdischen Kammer mit T-förmigem
Grundriß. In der Kammer fand man Holzfragmente, Karneolkorallen,
Bruchstücke von Tierknochen und Gefäßverschlüsse aus Lehm. Obwohl
es keinerlei Spuren eines Begräbnisses gibt, bewegte der Fund Maragioglio und Rinaldi zu dem Schluß, daß in der Pyramide eine Gemahlin Chafres bestattet worden sei, eine Vermutung, der Stadelmann unter Verweis
auf die analoge Situation bei der Knickpyramide in Dahschur zu Recht
entgegengetreten ist. Statt dessen äußerte er die Überzeugung, es handle
sich um eine Kultpyramide. Diese Ansicht kann sich auf den bereits erwähnten Fund an der Südostecke der Großen Pyramide stützen.

Westlich der Chafre-Pyramide, außerhalb der sogenannten äußeren
Umfassungsmauer, entdeckte Petrie Anfang der achtziger Jahre des
19. Jahrhunderts die Überreste eines Baus, der lange, meist ostwestlich
ausgerichtete Räume enthielt. Er nahm an, daß es sich um eine Unterkunft

für die Arbeiter handelte, die die Pyramide errichteten. Hölscher stimmte ihm zu und meinte, daß hier vier- bis fünftausend Menschen in hundertelf großen Räumen untergebracht gewesen seien. Die kürzlich von Lehner und Hawass vorgenommenen Untersuchungen weisen jedoch in eine andere Richtung. Es handelte sich nicht um eine Siedlung, sondern um Lager und vielleicht auch Werkstätten zur Versorgung des Chafre-Komplexes. Die große Anzahl von Schalen kleiner Weichtiere, die hier gefunden wurden, verrät außerdem, daß die Pyramide während der 4. Dynastie nicht

Chafres Toten- und Taltempel und der Tempel der Sphinx (nach Ricke).

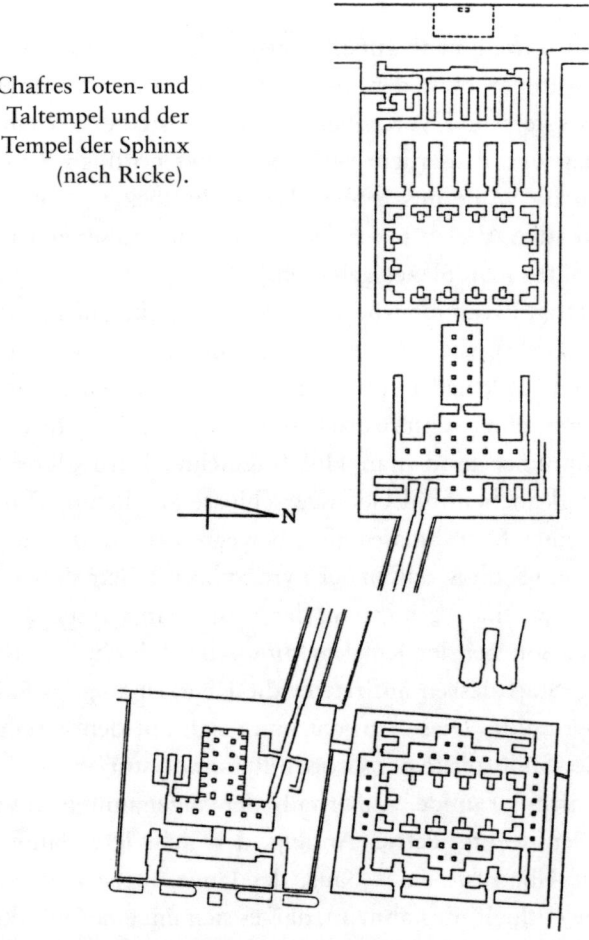

von einer kahlen Wüste umgeben war wie heute, sondern von einer Art Savanne mit der entsprechenden Flora und Fauna.

Der Totentempel grenzte nicht direkt an die Pyramide, sondern war durch einen Flügel des Pyramidenhofs von ihrer Ostwand getrennt. Er weist einen ostwestlich orientierten rechteckigen Grundriß auf und ist aus Kalkstein erbaut worden. In seiner Struktur treffen wir bereits die fünf grundsätzlichen Elemente an, deren Komposition zu guter Letzt im Totentempel des Sahure in Abusir Vollkommenheit erlangt hat: die Eingangshalle, den offenen Hof, fünf Statuenkapellen, diverse Magazine und den Opfersaal.

Die in der Längsachse des Tempels gelegene Eingangshalle hatte ungefähr die Form eines umgedrehten T. Man betrat sie von Osten her durch eine kleine Vorkammer, in der sich ein Paar monolithischer Pfeiler aus Rosengranit befanden; zwölf ähnliche Paare folgten in der Halle. Um den Eingangsbereich herum lagen einige kleinere Kammern, die für Magazine beziehungsweise *serdabs* gehalten werden. Ricke stellte in Plan und Ausführung dieser Raumgruppe auffallende Ähnlichkeiten zum Taltempel fest und hielt sie für eine Art Wiederholung. Daher bezeichnete er den Ostteil als «Vortempel» und den verbleibenden Bereich als «Verehrungstempel».

Der große offene Hof, der etwa in der Mitte des Tempels liegt, ist nordsüdlich orientiert. An den Seiten verlief ein überdeckter Umgang, dessen flache Deckenplatten aus Kalkstein von breiten Rosengranitpfeilern gestützt wurden. Der untere Wandteil des Umgangs war als granitener Dado ausgebildet, über dem sich eine reiche polychromierte Reliefdekoration befand, von der aber nur Fragmente erhalten geblieben sind. Vor den Pfeilern standen Ricke zufolge zwölf etwa 3,75 Meter hohe, zum Hof blickende Sitzstatuen des Chafre. Lehner ist jedoch der Meinung, daß es sich um stehende Herrscherstatuen handelte, und stützt sich dabei auf den Fund einer kleinen Statuette in den bereits erwähnten angeblichen Arbeiterunterkünften westlich der Pyramide. Diese zeigt den König mit der oberägyptischen Krone vor einer Art Pfeiler stehend.

In der Mitte des Hofs, der mit Alabasterplatten gepflastert war, stand offensichtlich ein Altar, wie die hier gefundenen Überreste eines kleinen Entwässerungskanals vermuten lassen. Durch die Tür im Westflügel des

Umgangs konnte man fünf lange Kapellen betreten, in denen ursprünglich Königsstatuen untergebracht waren. Den Zugang zum Opfersaal im westlichsten Teil des Tempels ermöglichte ein schmaler Korridor, der in der südwestlichen Hofecke begann. Über ihn gelangte man in einen schmalen, langen, im Unterschied zu den späteren Totentempeln nordsüdlich orientierten Raum, in dessen Westwand, genau in der Längsachse des Tempels, eine Scheintür eingesetzt war.

Zum Totentempel gehörte noch eine Gruppe von fünf Magazinkammern, die auf dem Areal zwischen den fünf Kultkapellen und dem Opfersaal untergebracht waren. Dort wurden Kultgefäße und Opfergaben aufbewahrt, die bei den Zeremonien Verwendung fanden.

Den Tal- und den Totentempel verband ein Aufweg, der einen Höhenunterschied von etwa sechsundvierzig Metern überwinden mußte und nur noch in Resten erhalten ist. Man vermutet, daß es sich um einen gedeckten Korridor aus Kalkstein gehandelt hat, innen vielleicht reliefverziert und außen mit Rosengranitblöcken verkleidet. Der Weg verläuft nicht genau auf der Ostwestachse der Pyramide und des Totentempels, sondern ist nach Südosten verschoben, weil der Taltempel selbst mit Rücksicht auf die Große Sphinx und den Tempel leicht versetzt errichtet wurde.

Ein in den Fels getriebener Korridor trennte ihn von diesen Bauwerken. Der Mauerkern des fast quadratischen Taltempels war aus riesigen Blöcken errichtet, deren Masse in einigen Fällen bis zu hundertfünfzig Tonnen erreichte. Den Belag bildeten Platten aus Rosengranit. Die leicht geböschte Oberseite und der abgerundete Oberbau der Umfassungsmauern verliehen dem Bau das Aussehen einer Mastaba. Vor der Ostfassade befand sich eine ausgedehnte, mit Kalksteinplatten gepflasterte Terrasse, zu der zwei Zugangswege vom Nilkanal führten. Daran schlossen sich zwei Eingänge in der Ostfassade des Taltempels an. In der Mitte der Terrasse wurden Überreste eines kleinen, einfachen Holz-Matten-Baus entdeckt. Manche Forscher sind der Ansicht, daß hier die Statue des Königs stand, andere vermuten darin das sogenannte Reinigungszelt, das bei Bestattungsritualen verwendet wurde und lediglich aus Darstellungen in einigen Privatgräbern bekannt ist.

Die Interpretation dieses Fundes wurde durch eine bedeutende Entdeckung erschwert, zu der es 1995 kam. Während der Ausbesserungsarbeiten in der Umgebung der Sphinx fand man vor dem Taltempel des Chafre weitere Fundamentreste eines anscheinend aus leichtem Pflanzenmaterial bestehenden Bauensembles, auf das bereits Hölscher gestoßen war. Außerdem verliefen hier mächtige Ziegelmauern und Entwässerungskanäle. Bemerkenswert ist insbesondere die Entdeckung der in den Felsuntergrund getriebenen «Tunnel»* unter den Wegen, die mit Kalksteinblöcken gepflastert waren und zu den beiden Eingängen in den Taltempel führten. Die «Tunnel» haben ein leicht konvexes, an ein Boot erinnerndes Profil. Mit einer endgültigen Interpretation der Bedeutung dieser Bauten muß wohl noch bis zur Beendigung der archäologischen Untersuchung gewartet werden; es hat jedoch den Anschein, daß es sich um die Überreste von Kaianlagen und Bauten handelt, die zeitweilig den Begräbniszeremonien dienten.

Bei der Tempelsüdwand entdeckte Hölscher die Überreste eines Ziegelbaus aus der 5. oder 6. Dynastie und darin die Sockel zweier Kalksteinsäulen. Dort nahm ferner ein Weg seinen Anfang, der sich dann parallel zum Aufweg nach oben fortsetzte.

Das Nordtor in der Ostfassade des Taltempels war Bastet, sein südliches Pendant dagegen Hathor geweiht. In den fast drei Meter breiten und sechs Meter hohen Torbögen waren ursprünglich mächtige hölzerne Türflügel an Kupferangeln eingehängt, den Zugang bewachte ein liegendes Sphinxenpaar. Die hereinführenden Wege verbanden sich im Ostteil des Tempels zu einer schmalen Vorkammer. Hier entdeckte Mariette 1860 auf dem Fußboden einer ausgeschachteten Grube die umgestürzte berühmte Dioritstatue des Chafre.

Die Pfeilerhalle, die den zentralen und westlichen Tempelteil ausfüllt, stellt ein weiteres herausragendes Werk altägyptischer Baukunst dar. Ihr Grundriß hat wieder die Form eines umgedrehten T. Sechzehn Rosengranitpfeiler stützten die durch Kupferverbände in Form eines Schwalbenschwanzes verbundenen Architravblöcke aus demselben Material. Darauf lasteten ursprünglich die Deckenplatten. Der Fußboden der Halle war mit

---

* Wie wir später sehen werden, ist ein ähnlicher Tunnel auch unter dem Tempel nördlich des Aufwegs im Pyramidenkomplex des Amenemhet III. in Dahschur belegt; präziser wäre es, von Unterkorridoren zu sprechen, die eine ungestörte Fortbewegung auch in nicht zugänglichen Bereichen ermöglichten.

Alabasterplatten von unregelmäßiger Form ausgelegt. Entlang der Seitenwände standen dreiundzwanzig Chafre-Statuen, die teilweise in den Boden eingelassen waren und denen in der Vorkammer ähnelten.* Diese bestanden aus Diorit, Schiefer und Alabaster und sind später vor Ort in der Pfeilerhalle zerstört worden.

Südlich der Halle befanden sich sechs schmale, doppelstöckige Magazinkammern aus Rosengranit. Auf der gegenüberliegenden Seite lag ein Korridor zur nordwestlichen Tempelecke, der in den Aufweg überging. Er war, ähnlich wie die Pfeilerhalle, mit Alabaster gepflastert. Von ihm aus führte ein Zugang einerseits in einen kleinen Raum (der manchmal nicht recht überzeugend für die Unterkunft eines Wächters gehalten wird), andererseits zu einem Treppenaufgang, über den man die Dachterrasse erreichte. Diese breitete sich auf insgesamt sechs verschiedenen Niveaus über den einzelnen Teilen des Tempels aus und war mit einem Abflußsystem versehen, welches das Regenwasser in Wasserspeicher lenkte.

Der Taltempel diente nach Meinung einiger Ägyptologen bedeutenden Bestattungsritualen. Der polnische Forscher Bernhardt Grdseloff, der bereits vor dem Zweiten Weltkrieg ständig in Ägypten lebte, vermutete, daß auf der Dachterrasse in einem eigens dafür aufgebauten Zelt Reinigungsrituale vollzogen wurden und danach in der Vorkammer des Tempels die Balsamierung des toten Körpers des Herrschers erfolgte. Der französische Ägyptologe Étienne Drioton (1889–1961) vertrat eine ähnliche Ansicht, vertauschte aber die Orte der Zeremonien: die Reinigung verlegte er in die Vorkammer und die Balsamierung auf die Terrasse. Ricke machte zu Recht darauf aufmerksam, daß insbesondere das in größeren Mengen benötigte Wasser nur in der Nähe des Kanals verfügbar war. Die Zeremonien, die die Priester im Taltempel vornahmen, könnten deswegen lediglich symbolischen Charakter gehabt haben.

Der Taltempel ist nicht nur ein Meisterwerk altägyptischer Monumentalarchitektur, sondern ferner der besterhaltene seiner Art im Alten Reich. Gerade deshalb wurde das Areal davor von Sand befreit, und 1869 bildete

---

* Die Anzahl der Statuen und ihre genaue Funktion, nicht nur im Pyramidenkomplex des Chafre, sondern auch an anderen Orten, ist Gegenstand ägyptologischer Diskussionen. Edwards schätzt zum Beispiel, daß es im Chafre-Komplex ein- bis zweihundert gewesen sein könnten.

der Tempel zusammen mit anderen Monumenten der Pyramidennekropole von Giza die Kulisse zur feierlichen Eröffnung des Suezkanals, der eine handverlesene Gesellschaft im Gefolge der Kaiserin Eugénie beiwohnte.

Wann die Devastation der Pyramide begann, wissen wir nicht. Im Hinblick auf die anderen Pyramiden ist anzunehmen, daß es bereits während der Ersten Zwischenzeit Räubern gelungen war, in die Grabkammer einzudringen. Die Felsinschriften des «Vorgestellten der Tempelarbeiten» Maj nördlich und westlich der Pyramide beweisen, daß ihre Zerstörung schon während der 19. Dynastie stark voranschritt. Aus weiteren Schriftquellen können wir schließen, daß Maj auf direkte Weisung Ramses' II. durch das Abreißen der Verkleidung der Chafre-Pyramide Steine für den Bau eines Tempels in Heliopolis gewann.

Der arabische Historiker Ibn Abd as-Salam vermerkt, daß die Pyramide im Jahre 774 nach der Hidjra (1372 nach Christus) während der Herrschaft des Großen Emirs Jalbugh el-Chassaki geöffnet wurde. Zu dieser Zeit könnte auch die Ausschachtung des Tunnels vorgenommen worden sein, der die Granitsperre des Zugangsweges umgeht. Anderen Angaben zufolge wurde ein großer Teil der Pyramidenverkleidung in den Jahren 1356 bis 1362 abgerissen und zum Bau der Hassan-Moschee verwendet. Möglicherweise wurden der Eingang in die Pyramide und auch der wieder geschlossene ältere Tunnel der Diebe erst dadurch entdeckt.

DIE GROSSE SPHINX

Die Große Sphinx in Giza ist mehr als nur ein Symbol des alten und modernen Ägyptens. Sie gilt als die Verkörperung des Altertums und des Geheimnisses schlechthin. Über Jahrhunderte reizte sie das Vorstellungsvermögen von Dichtern, Wissenschaftlern, Abenteurern und Reisenden. Obwohl sie oftmals vermessen, beschrieben, mit Hilfe modernster technischer Hilfsmittel erforscht und auf wissenschaftlichen Spezialkonferenzen diskutiert wurde, bleibt eine grundsätzliche Frage unbeantwortet: Wer erbaute sie wann und warum?

Die Gelehrten der Napoleon-Expedition untersuchen die Große Sphinx in Giza (nach Denon).

Die Große Sphinx (die ortsansässige Bevölkerung nennt sie *Abu el-hol*, «Vater des Schreckens», «Gespenst») stellt eine Kolossalstatue eines liegenden Löwen mit einem Herrscherkopf dar. Sie ist über siebzig Meter lang, zwanzig Meter hoch und galt lange Zeit als die größte Statue der Welt. Das Monument wurde aus dem Vorsprung eines Kalkstein-Felsuntergrunds gemeißelt und erhielt durch die Erosion sein heutiges Aussehen.

Die verhältnismäßig genau ostwestlich orientierte Sphinx schaut nach Osten. Auf dem Haupt trägt sie als Königsinsignien die *nemes*-Haube und den Uräus. Von den Proportionen her erscheint der Kopf im Verhältnis zum Körper etwas klein geraten. Diese Tatsache wird auch dahingehend interpretiert, daß er in der Vergangenheit umgearbeitet wurde. Am Kinn hing einst ein langer Bart, dessen Fragmente die Napoleon-Expedition entdeckt hatte, nach der Niederlage bei Abukir aber der siegreichen englischen Armee übergeben mußte. Der Körper der Sphinx war ursprünglich mit rötlicher Ockerfarbe bemalt, Reste davon sind auch auf der Kopfbedeckung deutlich sichtbar. Nach neuesten Untersuchungen wurde ursprünglich nur der vordere, aus der Ferne sichtbare Teil vollendet.

Die Große
Sphinx in Giza,
«der Vater des
Schreckens»,
nach einem Stich
aus der Reise-
beschreibung von
Václav Remedius
Prutký, der im
18. Jahrhundert
nach Ägypten
reiste
(Universitäts-
bibliothek Prag).

Am Standort der Statue befanden sich die Steinbrüche, aus denen das Baumaterial für den Kern der Chufu-Pyramide stammte. Mit der Arbeit an der Sphinx hätte also in dieser Zeit begonnen werden können, nicht aber früher. Stadelmann datiert sie ebenfalls in die Zeit des Chufu. Gegenwärtig fördern einige amerikanische Fernsehgesellschaften und Nachrichtenagenturen in einem eher kommerziellen Geist die Diskussion über das Alter der Sphinx. Die Datierung in die Zeit 7000 bis 5000 vor Christus, eventuell sogar noch früher, ist jedoch derartig aus dem konkreten archäologischen und auch allgemeineren historischen Zusammenhang gerissen, daß man sich nicht ernsthafter damit auseinandersetzen muß. In der Ägyptologie überwiegt nach wie vor die Meinung, daß die Sphinx ein Werk des Chafre ist und erst beim Bau seiner Pyramidenanlage entstand. Dabei können sich die Forscher auf gründlich ausgearbeitete und verifizierte Arbeitsverfahren und -methoden stützen.

Ähnlich wie bei der präzisen Datierung (das heißt in die Zeit des Chafre oder Chufu) besteht unter den Ägyptologen auch hinsichtlich der Bedeutung Uneinigkeit. Das Wort «Sphinx» wird von dem entstellten und ins

Griechische übertragenen Namen *schesep-anch* abgeleitet, «lebendige Gestalt» (des Herrschers). Deshalb halten sie einige für die Darstellung des Chafre oder Chufu, andere sehen in ihr den mythischen Wächter der Königsgräber von Giza oder gar die Sonnengottheit.

Letzteres nahmen seit dem Neuen Reich auch die Ägypter an. Während der Herrschaft Thutmosis' IV. wurden die Sandverwehungen beseitigt und vorbeugend Umfassungsmauern aus Ziegeln errichtet. Zwischen den Vordertatzen entstand ein kleines Heiligtum, aus dem sich bis in die heutige Zeit eine Stele aus Rosengranit mit einer berühmten, oft zitierten Inschrift erhalten hat.* Sie erzählt davon, wie der spätere Pharao Thutmosis IV. als junger Prinz, ermüdet von der Jagd in der Umgebung der Pyramiden, bei der Sphinx einschlief. Er träumte, daß sie zu ihm sprach und sich über die Sandmassen beschwerte, die auf ihr lasteten. Wenn er sie beseitige, versprach sie, gebührte ihm der Königsthron. Der Prinz erfüllte den Wunsch und wurde Herr beider Länder, König von Ober- und Unterägypten. Fortan gewann der Kult der Sphinx, die Harmachet, «Horus am Horizont» (griechisch Harmachis), genannt wurde, schnell an Bedeutung. In der Umgebung befanden sich schon einige wichtige Bauten wie zum Beispiel der Tempel seines Vaters Amenhotep II. und die Kapelle Thutmosis' I. Das Interesse nahm auch später nicht ab, wie die umfangreichen Rekonstruktionen unter Sethos I. und Ramses II. belegen.

Zu einer weiteren Reinigung kam es in römischer Zeit unter den Kaisern Marcus Aurelius (161–180) und Septimius Severus (193–211). Vor der Stele wurden zwischen den Vordertatzen ein Treppenaufgang errichtet, das Pflaster wiederhergestellt und weitere Umfassungsmauern um die Sphinx gebaut. Dann folgte eine lange Unterbrechung. Die letzte große Reinigung des umliegenden Areals nahm in den zwanziger Jahren des 20. Jahrhunderts der französische Archäologe Émile Baraize (1874–1952) vor. Vor ihm widmete der Sphinx besonders Caviglia im Jahre 1818 seine Aufmerksamkeit, der unter anderem auch die Bartfragmente entdeckte. Bei der Suche nach geheimen Kammern bohrte Perring in der Umgebung der

---

* Die Stele wurde übrigens aus einem Block gefertigt, der aus dem Totentempel von Chafres Pyramide stammte – ein untrüglicher Beweis dafür, daß der Tempel zu dieser Zeit bereits in Trümmern lag.

Eine einzigartige Darstellung der Sphinx mit den Pyramiden im Hintergrund. Detail aus dem oberen Teil der Stele des Mentuher aus dem Neuen Reich, die von Selim Hassan in Giza entdeckt wurde (Ägyptisches Museum Kairo).

Sphinx Öffnungen, durch die jetzt Schadstoffe in den Untergrund gelangen und das Monument beschädigen. Auch Mariette, Maspero und andere haben die Sphinx untersucht. Die Ergebnisse seiner umfangreichen archäologischen Untersuchungen aus den dreißiger Jahren faßte Hassan in einem der Standardwerke über dieses Monument, *The Great Sphinx and Its Secrets*, zusammen. Auf der Grundlage einiger älterer Funde von Caviglia, Baraize und anderen nahm kürzlich Lehner eine Computerrekonstruktion der Sphinx vor. Vor ihrer Brust stand unter dem Bart die ausschreitende Gestalt des Herrschers. Die Reste der Statue sind schon früher einigen Forschern (darunter Hölscher) aufgefallen, doch hielten sie sie für eine spätere Ergänzung aus dem Neuen Reich. Lehner ist auch der Meinung, daß es sich um Amenhotep II. handelt. Außerdem stellte er eine auffallende Ähnlichkeit der Sphinx mit dem Porträt der Alabasterstatue des Chafre aus dem Museum of Fine Arts in Boston fest und schreibt sie deshalb diesem Herrscher zu.

Der Tempel, der sich vor ihren Vordertatzen befindet, wurde 1925/26 von Baraize entdeckt. Aufgrund der archäologischen und baulichen Umstände nimmt man an, daß der Sphinxtempel noch unter Chafre erbaut wurde, allerdings erst in einer Zeit, als sowohl der Taltempel des Herrschers als auch die Sphinx bereits standen. Zwischen beiden Tempeln existierte keine direkte Verbindung.

Der Plan des Kalksteintempels der Sphinx ist ungewöhnlich. Im Zentrum befand sich ein offener, nordsüdlich orientierter Hof, der auf allen vier Seiten von Pfeilern und Königsstatuen umgeben war. Auf der Ost- und Westseite verbreiterte sich die Pfeilerreihe zu einem Portikus vor einer tiefen Nische. Der Bau war, ähnlich wie der benachbarte Taltempel, von Osten her über zwei Eingänge zugänglich. Seine Bedeutung ist unter den Ägyptologen bisher umstritten. Dazu trägt zweifellos auch die Tatsache bei, daß sich im stark beschädigten Tempel nicht einmal Überreste von Inschriften erhalten haben, die Auskunft geben könnten. Am meisten befürwortet wird die Ansicht Rickes, wonach es sich um einen Sonnentempel handelte.

Nach langwierigen Arbeiten unter der Leitung von Hawass wurde die «rundum erneuerte» Sphinx am 25. Mai 1998 feierlich eingeweiht. Bei der Restaurierung kamen modernste Methoden zur Anwendung, um frühere Fehler zu vermeiden. Zu Beginn der achtziger Jahre wurde für die Erneuerung Zement benutzt, daraufhin brach bereits 1988 ein Stück der Schulter ab und stürzte herunter. Eines der Ziele dieser mühsamen Arbeiten bestand darin, die Sphinx in den Zustand zurückzuversetzen, in dem sie sich vor dem Zweiten Weltkrieg befunden hatte.

DIE PYRAMIDE DES BAKA (?)

Bei Zawijet el-Arian in der Nähe der sogenannten Layer Pyramid liegen die Überreste eines Baus, von dem man annimmt, daß es sich um eine unvollendete Pyramide handelt. Zu sehen ist dort eine quadratische Plattform, worauf der Pyramidenkern errichtet werden sollte. Die leichte Vertiefung um sie herum wird für die Basis der geplanten Verkleidung gehalten.

In der Mitte des unvollendeten Baus befindet sich eine riesige, ostwestlich ausgerichtete Grube. Auf ihrem Boden lagen große Kalkstein- und Granitblöcke – das Fundament der Grabkammer. Im westlichen Grubenteil steht ein ovaler Sarkophag aus Rosengranit. Nach Meinung einiger Ägyptologen wurde er wahrscheinlich später aus einem der Fundamentblöcke angefertigt.

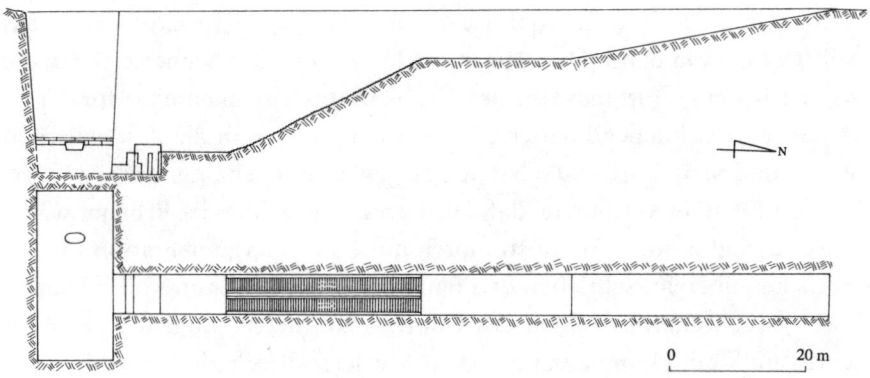

Plan der Substruktur der unvollendeten Pyramide in Zawijet el-Arian (nach Reisner).

Wie Barsanti berichtete, kam es im März 1903 zu einem merkwürdigen Ereignis, das die Archäologen vor ein weiteres Rätsel im Hinblick auf dieses Monument stellte. Nach einem heftigen Regenguß hatte sich die Grube bis in eine Höhe von drei Metern mit Wasser gefüllt, als plötzlich der Wasserspiegel um einen Meter absackte. So entstanden Theorien über die Existenz eines verborgenen, bisher unentdeckten Raums unter der Grube. Leider ließ sich dies noch nicht beweisen, da der Bau schon lange in einem militärischen Sperrgebiet liegt.

Rings um den unvollendeten Bau ließen sich Überreste einer steinernen Umfassungsmauer von rechteckigem und – was wichtig ist – nordsüdlich orientiertem Grundriß unterscheiden. Dies erinnert stark an die Anlage des Djedefre in Abu Rawasch. Das Areal um die unvollendete Pyramide ist nicht erforscht worden, doch scheint es, als breiteten sich sowohl in östlicher als auch besonders in westlicher Richtung weitläufige Friedhöfe aus.

Bis heute bleibt der Pyramideninhaber umstritten. Auf den Blöcken hat sich zwar ein Baugraffito erhalten, doch läßt es sich nicht eindeutig interpretieren. Einige Ägyptologen datierten die Pyramide in die 3. Dynastie und hielten Nebka oder Neferkare für ihren Besitzer, der aber, da der Herrschername in einer Kartusche geschrieben ist, erst nach Huni regiert haben kann.

Lauer machte außerdem auf einige archäologische Tatsachen aufmerksam, denen zufolge dieser unvollendete Bau eher in die 4. Dynastie datiert werden muß. So wurden dafür zum Beispiel große Blöcke verwendet, während man in der 3. Dynastie eher kleinere Quader benutzte. Auch die großen Rosengranitblöcke in der Grabkammer sprechen eher für die 4. Dynastie. Abschließend datierte Lauer die Pyramide in die Zeit zwischen Snofru und Menkaure und schätzte ihre geplante Seitenlänge auf etwa vierhundert Ellen. Er vermutete, daß Djedefres Sohn Bikka der Erbauer war.

Maragioglio und Rinaldi stimmten mit Lauers Argumentation im wesentlichen überein, schrieben den Bau aber entweder Baufre oder Djedefhor – zwei weiteren Söhnen des Chufu – zu, die sie aufgrund einer Inschrift im Wadi Hammamat aus dem Mittleren Reich als Nachfolger des Chafre betrachteten, eine Ansicht, die allerdings nicht von vielen Ägyptologen geteilt wird.

Stadelmann datiert den unvollendeten Bau ebenfalls in die 4. Dynastie, doch liest er den Namen des Inhabers als Baka (wahrscheinlich der älteste Sohn Djedefres, der nur kurze Zeit regierte) und setzt ihn mit Manethos Bicheris gleich. Weitere interessante Details steuerte kürzlich Edwards bei. Der Art nach, wie ihre Substruktur erbaut wurde, müsse die unvollendete Pyramide aus Zawijet el-Arian typologisch zwischen der des Djedefre und der des Chafre eingeordnet werden. Diese Datierung ließe sich durch die ungewöhnliche ovale Form des Sarkophags bestätigen, den er für den ursprünglichen hält, und er erinnert daran, daß Petrie Fragmente eines ähnlichen Sarkophags in Abu Rawasch gefunden hatte.

DIE PYRAMIDE DES MENKAURE

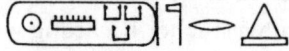

Die kleinste Pyramide der «großen Trojka» von Giza steht nicht weit vom Niltal entfernt und heißt «Göttlich ist Menkaure». Fast könnte man meinen, sie hätte durch ihre Ausmaße und teilweise auch Unvollendetheit den nahenden Untergang der 4. Dynastie vorweggenommen.

Herodot zufolge gehörte die Pyramide der Prinzessin Rhodopis. Aus Mangel an Geld für den Bau seiner Pyramide habe Cheops angeblich seine Tochter zur Prostitution gezwungen. Rhodopis forderte daraufhin von je-

△ Die Stufenpyramide in Saqqara,
Blick von Süden her. Im Vordergrund
ein Detail der Dekoration des
sogenannten Südgrabs – ein Fries,
das aus einer Reihe aufgerichteter
Kobras gebildet wird.

▽ Die Stufenpyramide in Saqqara,
Blick von Osten her. Im Vordergrund
ein Detail der Dekoration des
T-Tempels – ein Fries, das von einer
djed-Pfeilerreihe gebildet wird.

Die sogenannte Hungersnotstele auf der kleinen Insel Sehel am Ersten Nilkatarakt.

Alabastersarkophag in der Grabkammer von Sechemchets «Verlorener Pyramide».

△ Die Umfassungsmauer der Pyramide des Sechemchet war auf ähnliche Weise konstruiert wie die im Djoser-Komplex.

▽ Ruinen der Stufenpyramide auf Elephantine.

Der Weg zur Pyramide von Seila über dem östlichen Rand der Fajjum-Oase ist nicht leicht zu finden.

Die Pyramide von Meidum.

Rekonstruktion des Kalksteinpyramidions, das in den achtziger Jahren vom Team des Deutschen Archäologischen Instituts Kairo in den Trümmern am östlichen Fuße der Roten Pyramide in Dahschur entdeckt wurde.

△ Blick vom Taltempel auf die
Knickpyramide und den Aufweg.

▽ Der Alabasteraltar in
Niuserres Sonnentempel in Abu
Ghurab ist die schönste und am besten
erhaltene Stätte ihrer Art aus dem
alten Ägypten. Im Hintergrund die
Pyramiden von Abusir.

△ Die «vierte» Pyramide von
Giza – das Stufengrab der Königin
Chentkaus I.

▽ Die Große Sphinx von Giza.
Vor ihren Vordertatzen liegt der sogenannte Tempel der Sphinx.

△ Die Pyramide des Neferirkare
(links) und des Niuserre in Abusir. Im
Vordergrund ein kleines Quarzitbas-
sin, in das das Abflußwasser aus
Niuserres Totentempel lief.

▽ Ein Palmsäulenpaar aus Sahures
Totentempel in Abusir. Aus einem
bestimmten Blickwinkel und bei guter
Sicht bietet sich ein einzigartiges Bild
der Pyramiden von Giza.

Ein Weltwunder – die Große Pyramide von Giza.

Die Wände der Sargkammer der Unas-Pyramide, geziert mit den ältesten
Pyramidentexten.

△ Die Pyramide Amenemhets I. in Lischt.

▽ Die Pyramide Pepis II. in Saqqara-Süd war die letzte große Pyramide des Alten Reiches. Im Vordergrund die Ruinen des Totentempels.

Der entblößte Ziegelkern der Pyramide Senusrets II. in el-Lahun.

Die Kalksteinverkleidung der Pyramide Amenemhets III. in Hawara ist schon vor
langer Zeit abgerissen worden, und heute ist nur noch ihr Ziegelkern erhalten.

Eine der rekonstruierten kleinen Kapellen in Form einer Pyramide auf der Grabstätte in Deir el-Medina.

dem ihrer Liebhaber zusätzlich einen Stein. Und davon hätten sich mit der Zeit so viele angesammelt, daß sie sich eine eigene Pyramide habe errichten können. In modifizierter Form hat die Legende auch Manetho aufgezeichnet. Danach gehörte die Pyramide der schönen Nitokris, die blonde Haare und einen rosigen Teint hatte.

Schon Diodor überlieferte uns die Inschrift mit dem Namen des Mykerinos; und die arabischen Historiker des Mittelalters waren Augenzeugen der voranschreitenden Zerstörung der Pyramide. Der englische Gelehrte und Reisende Greaves bestätigte am Ende der dreißiger Jahre des 17. Jahrhunderts, daß die Verkleidung schon zu einem großen Teil abgerissen worden war. Die Devastation setzte sich bis ins 19. Jahrhundert fort, als der Statthalter Muhammad Ali (1805–1848) Rosengranitblöcke aus der Verkleidung für den Bau des alexandrinischen Arsenals verwendete. Erst 1837 drang Vyse in die Pyramide ein und begann, ihre Substruktur zu erforschen, wobei er zunächst einem Tunnel folgte, den einst Caviglia in einer tiefen Bresche in der Nordwand gegraben hatte. Der ursprüngliche Eingang wurde erst später entdeckt. Die Lepsius-Expedition widmete der Pyramide des Menkaure nur geringe Aufmerksamkeit, und auch Petrie beschäftigte sich Anfang der achtziger Jahre des 19. Jahrhunderts kurz mit ihr, doch eine gründliche archäologische Untersuchung des gesamten Komplexes fand erst in den Jahren 1906 bis 1924 statt, als dort unter der Leitung Reisners ein Team der Harvard University und des Bostoner Museum of Fine Arts arbeitete.

Ähnlich wie beim Bau der Chafre-Pyramide war es auch hier erforderlich gewesen, den Felsuntergrund, besonders um die Nordostecke herum, gründlich zu bearbeiten. Der Höhenunterschied zwischen den Grundflächen beider Pyramiden ist geringfügig: Die des Menkaure liegt nur zweieinhalb Meter höher. Ihr Kern setzt sich aus Kalksteinblöcken lokaler Provenienz zusammen. Bis in eine Höhe von etwa fünfzehn Metern bestand die Verkleidung aus Rosengranit, weiter oben sehr wahrscheinlich aus Kalkstein. Die Oberfläche der granitenen Verkleidungsblöcke ist nicht geglättet, was als anschaulicher Beweis dafür gilt, daß es zu einer definitiven Ausgestaltung der Wandverputzung erst ganz zum Schluß des Baus kam und diese von oben nach unten vorgenommen wurde. Vollständig bearbeitete Blöcke wären sehr wahrscheinlich beim Transport und Einset-

zen beschädigt worden, besonders an den Kanten. Dieses Vorgehen ermöglichte es auch, erhebliche Genauigkeit beim Ausgleichen der gesamten Fläche der Pyramidenwand zu erzielen. Die Inschrift an der Nordwand der Granitverkleidung stammt erst aus der Spätzeit und ist möglicherweise die von Diodor erwähnte.

Der Eingang liegt auf der Achse der Nordwand in einer Höhe von etwa
vier Metern über der Erde. Lediglich der Teil des absteigenden Korridors,
der durch das Mauerwerk der Pyramide führte, bestand aus Rosengranit.
Durch Blöcke desselben Gesteins war er ursprünglich auch versiegelt. Unter dem Niveau der Pyramidengrundfläche stieg ein Gang, der unterer
Korridor genannt wird, durch den Felsen hinab und mündete in einen
Raum, dessen Wände mit Nischen versehen waren. Diese für die unterirdischen Gewölbe der Pyramiden des Alten Reiches ungewöhnliche, in ihrer Bedeutung umstrittene Verzierung gibt dem Raum sein besonderes Ge-
präge. An seinem Ende folgt eine Granitblockierung aus drei Fallsteinen.
Der Korridor setzt sich dann mit einem sehr leichten Gefälle fort und

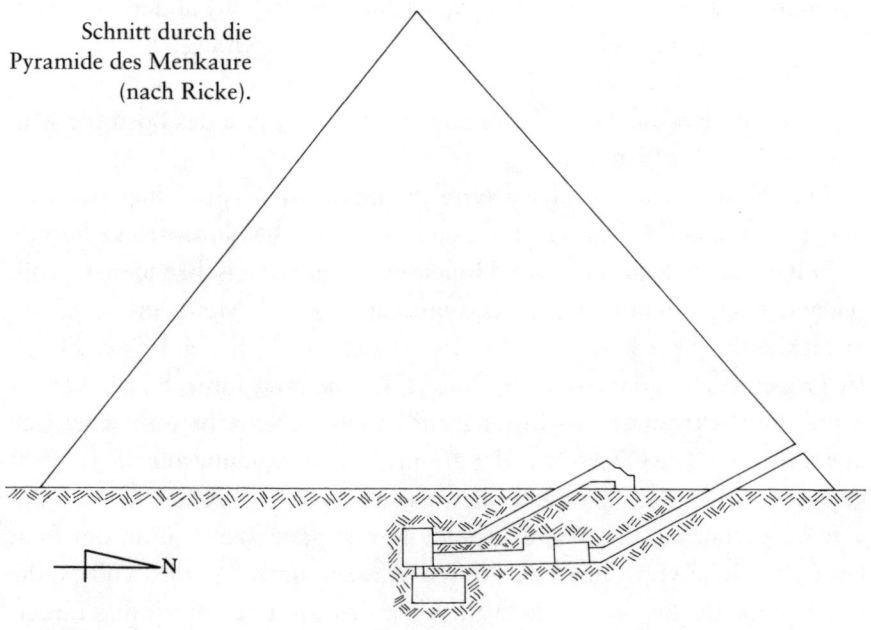

Schnitt durch die
Pyramide des Menkaure
(nach Ricke).

N

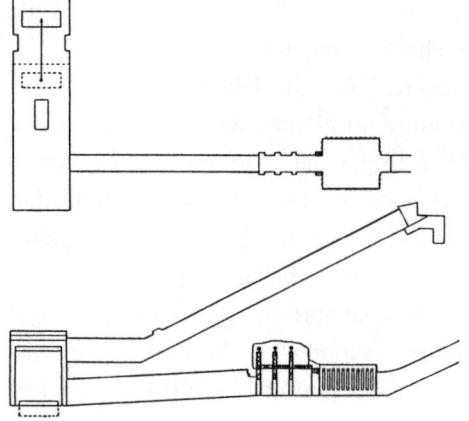

Erste und zweite Bauphase
der Substruktur der Pyramide
des Menkaure. Grundriß und
Schnitt (nach Ricke).

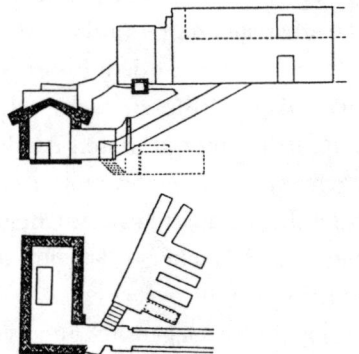

mündet in die sogenannte obere Vorkammer mit Wänden ohne jegliches Dekor.

Dort endet jedoch noch ein Gang, der sogenannte obere Korridor. Er verläuft über dem unteren Korridor und ist ebenfalls nordsüdlich ausgerichtet. Etwa in Höhe der Basis beginnend, steigt er zunächst ab, geht dann in einen horizontalen Gang über und tritt schließlich in der Nordwand der oberen Vorkammer aus. Diese Dopplung der Korridore scheint darauf hinzudeuten, daß der ursprüngliche Bauplan der Pyramide modifiziert ist. Schon Petrie gelangte aufgrund seiner Untersuchungen zu der Ansicht, die Pyramide sei ursprünglich um die Hälfte kleiner gewesen als heute. Stadelmann bezweifelt diese These – vielleicht zu Recht.

In der oberen Vorkammer entdeckte Vyse die Überreste eines menschenähnlich gestalteten Holzsarges mit dem Namen des Menkaure sowie menschliche Knochen. Viele Forscher folgen der Auffassung, die schon Ende des 19. Jahrhunderts Sethe geäußert hat, und sehen darin nicht den ursprünglichen Sarg des Menkaure, sondern einen Ersatz aus saitischer Zeit. Tests mit Hilfe der Radiocarbonmethode haben gezeigt, daß die Knochenreste vermutlich erst aus christlicher Zeit stammen. Im westlichen Teil der oberen Vorkammer befindet sich eine rechteckige Vertiefung im Fußboden. Sie legt die Vermutung nahe, daß hier möglicherweise ein Sarkophag stehen sollte, doch kann es sich wegen seiner Ausmaße kaum um den bis auf den heutigen Tag verschollenen gehandelt haben, der in der Grabkammer gefunden und von dort fortgeschleppt wurde (siehe unten).

Kurz vor der Grabkammer geht der absteigende Granitkorridor in einen horizontalen über. In seiner Nordwand, nahe vor dem Eingang in die Grabkammer, befindet sich eine kurze Treppe, die zu sechs schmalen, tiefen Nischen führt. Ihre Bedeutung ist trotz einer gewissen Analogie zu denen in der Mastabat Fâraun des Schepseskat und im Stufengrab der Königin Chentkaus I. nicht ganz klar. Nach Ricke dienten sie zur Beisetzung von vier Kanopen mit den Eingeweiden des Herrschers (Ostseite) und der Kronen von Ober- und Unterägypten (Nordseite).

Die Grabkammer hat einen rechteckigen, im Gegensatz zur Pyramide des Chufu oder Chafre jedoch nordsüdlich orientierten Grundriß. Sie besteht ganz aus Rosengranit wie auch das Giebeldach, das von unten wie zu einem Gewölbe ausgehöhlt ist. Der Bau der Kammer war technisch anspruchsvoll und mühsam, denn er wurde erst nach der Änderung des Bauplans für die Substruktur durchgeführt. Die Kammer liegt etwa 15,5 Meter unter dem Niveau der Pyramidengrundfläche, und damit die Decke aus neun Paaren riesiger Granitblöcke konstruiert werden konnte, war es erforderlich, im Westteil der oberen Vorkammer einen großen, absteigenden Tunnel auszuschachten. An der Westwand der Kammer fand Vyse einen schönen, nischendekorierten Basaltsarkophag mit Hohlkehlabschluß. Ricke sah in diesen Verzierungen eine gewisse Parallele zum Dekor des Heiligtums des Gottes Anubis und interpretierte sie als Aus-

Der Sarkophag des Menkaure (nach Perring).

druck des Bestrebens, den Schutz des Begräbnisses gerade durch diese
Gottheit zu verstärken. Den Sarkophag ereilte jedoch ein unglückliches
Schicksal. Das Schiff «Beatrice», das ihn 1838 von Ägypten nach Großbritannien bringen sollte, erlitt zwischen Malta und Spanien Schiffbruch
und sank.

Aus der beschriebenen baulich-archäologischen Situation geht hervor,
daß das unterirdische Kammersystem der Pyramide des Menkaure bedeutende Veränderungen durchlaufen hat. Dies bemerkte Borchardt bereits
Ende des 19. Jahrhunderts und datierte die Pyramide offensichtlich unter
dem Eindruck des Fundes von Holzsargfragmenten in saitische Zeit. Die
Untersuchungen, die inzwischen in der Pyramide des Menkaure und den
zeitlich nächstgelegenen Gräbern der Mitglieder der königlichen Familie,
der Mastabat Faraun und dem Stufengrab der Chentkaus I., vorgenommen wurden, machten jedoch eine Korrektur notwendig. Die Entwicklung der Substruktur vollzog sich wahrscheinlich in drei Phasen, während
deren das ursprüngliche Projekt erweitert wurde. Erst in der dritten und
letzten Phase entstanden die granitene Grabkammer und die Nischen-

gruppen – möglicherweise auf Anordnung von Menkaures Nachfolger Schepseskaf. Für diese Ansicht sprechen gute Gründe, wie einige Funde aus anderen Teilen der Anlage wie dem Taltempel zeigen.

Anders als bei den Pyramiden des Chufu und des Chafre sind in der Umgebung der Menkaure-Pyramide bisher trotz intensiver Nachforschungen des ägyptischen Archäologen Abdel Aziz Saleh keine Schiffsbegräbnisse gefunden worden.

Der Totentempel grenzte, ähnlich wie im Komplex des Chufu und des Chafre, nicht unmittelbar an die Pyramidenostwand. Er hatte einen fast quadratischen Grundriß. Das ursprüngliche Projekt des Tempels blieb offensichtlich zu weiten Teilen unvollendet, da der Herrscher vorzeitig verstarb. Seine Gestalt läßt sich nur in sehr groben Zügen rekonstruieren, wie dies Reisner versucht hat.

Die lange Eingangshalle ermöglichte von Osten her den Zugang in einen offenen Hof, den ursprünglich Pfeiler geziert haben sollen. Ein Portikus aus zwei Pfeilerreihen im Westteil des Tempels bildete den Übergang zu einem länglichen Totenopfersaal, in dessen Westwand Reisner eine Scheintür vermutete. Maragioglio und Rinaldi wiesen diese Annahme jedoch zurück und meinten, daß hier eine Statue des Herrschers gestanden habe, weil die Tempelrückwand nicht direkt an der Pyramide lag. Ihrer Meinung nach befand sich die Scheintür auf einer kleinen Plattform aus Rosengranit vor der Ostwand der Pyramide. Diese sei zunächst aus dem Ostflügel des Pyramidenhofs frei zugänglich gewesen, bevor das Bauwerk um weitere Räume aufgestockt und anschließend mit dem Totentempel verbunden worden sei.

Im nordwestlichen Teil des Totentempels befanden sich fünf zweistöckige Magazine. Hier wurden ein Kalksteinaltar und Fragmente einer Sitzstatue des Menkaure gefunden. Der südwestliche Teil des Tempels blieb unvollendet.

Reisner nahm an, daß ursprünglich der gesamte Totentempel mit Ausnahme des Mauerkerns aus Rosengranit errichtet werden sollte. Dieser Auffassung widersprach Ricke. Seiner Ansicht nach sollte lediglich der Dado aus diesem Material bestehen. Auf jeden Fall wurde der Tempel wahrscheinlich von Menkaures Nachfolger Schepseskaf in großer Eile fertiggestellt, zum größeren Teil aus Lehmziegeln. Dies läßt sich aus der In-

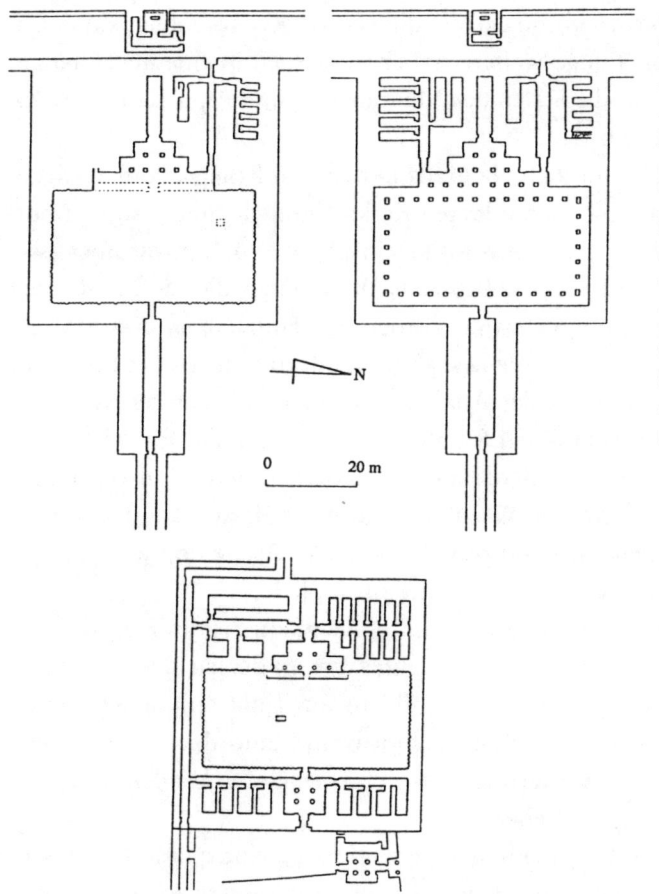

Grundriß des Totentempels des Menkaure im Augenblick des Herrschertodes und nach der Vollendung durch Schepseskaf und Grundriß des Taltempels des Menkaure, der ebenfalls von Schepseskaf errichtet wurde (nach Ricke).

schrift auf den Fragmenten einer Stele schließen, die Reisner im Taltempel des Menkaure gefunden hat. Die Innenwände des großen Hofes, der ursprünglich eine Kolonnade erhalten sollte, waren mit verputztem und geweißtem, nischenverzierten Ziegelmauerwerk verkleidet. Ähnlich sehen auch einige Räume innerhalb des Tempels sowie seine Außenmauern aus (die allerdings nicht über Nischen verfügen). In die Zeit des Schepseskaf datierte Reisner schließlich auch den Bau eines kleinen Heiligtums im Hof zwischen der Pyramide und dem Totentempel.

Aufmerksamkeit verdient hier vor allem ein kleiner, quadratischer Raum mit einem einzigen Pfeiler, denn er ähnelt in auffallender Weise mit der sogenannten *antichambre carrée*, die erst in den Totentempeln der 5. Dynastie auftaucht. Einige weitere Arbeiten werden in eine noch spätere Zeit datiert, darunter die Stelen des Menrenres I. und Pepis II., die im Totentempel entdeckt wurden.

Der Aufweg ist vermutlich ebenfalls in der Zeit Schepseskafs fertiggestellt worden. Den Fußboden bildeten Kalksteinblöcke und festgestampfter Lehm unter Beimischung von Kalksteinsplittern, und etwas über zwei Meter starke Seitenwände aus Lehmziegeln stützten die Decke. Reisner war der Meinung, sie sei gefertigt worden aus Holzbalken und Matten, deren Reste er am unteren Ende des Weges fand. Angesichts der Breite der Seitenwände und aufgrund der Analogie mit dem Aufweg der Mastabat Faraun waren Maragioglio und Rinaldi der Meinung, die Decke habe aus einem Ziegelgewölbe bestanden. Im Gegensatz zu anderen Aufwegen ging der des Menkaure nicht vom Westteil des Taltempels aus, sondern verlief entlang seiner ganzen Süd- und zum Teil auch Westseite und war von den Magazinen im südlichen Tempelteil aus zugänglich.

Die Rekonstruktion der Bauphase unter Menkaure ist im Falle des Taltempels noch schwieriger als beim Totentempel. In dessen Zeit lassen sich vielleicht der westliche Teil der Grundfläche aus Kalksteinblöcken sowie der untere Teil des Kerns der Tempelnordwand einordnen. Die Vollendung des Tempels mit Mauerwerk aus Lehmziegeln wird auch in diesem Falle Schepseskaf zugeschrieben.

Gleich hinter dem Eingang in den Tempel folgte eine quadratische Vorkammer mit vier Säulen, von denen sich im gestampften Lehmboden lediglich Alabastersockel erhalten haben. An beiden Seiten der Vorkammer befanden sich jeweils vier Magazine.

Der ganze mittlere Teil des Taltempels wurde von einem großen offenen Hof ausgefüllt, dessen Innenwände wie im Totentempel Nischen zierten. Durch die Mitte des Hofes verlief von der Säulenvorkammer ausgehend ein kalksteingepflasterter Weg, der an einer niedrigen Treppe endete. Diese führte durch einen Portikus aus zwei Holzsäulenreihen in eine Opferhalle, in der vielleicht irgendwann einmal ein Alabasteraltar gestanden hat. Nördlich der Opferhalle lagen elf, südlich von ihr fünf Magazine. In diesem Areal hat Reisner die berühmten Menkaure-Statuen entdeckt, von denen gleich die Rede sein wird. Außerdem wurden hier neben

Bruchstücken von steinernen Gefäßen auch vier unvollendete Statuetten des Menkaure und Fragmente weiterer Statuen von ihm gefunden. An den Seiten der Halle mit dem Altar befanden sich ebenfalls Magazinkammern.

Die Funktion des Tempels änderte sich allmählich. Nicht lange nach seiner Vollendung wurde er besiedelt, und besonders im Hof entstanden viele Getreidespeicher und Unterkünfte. Wohl noch während der 5. Dynastie kam es zu einer schweren Beschädigung des Tempels durch eine Überschwemmung, die den westlichen Teil buchstäblich wegriß. Reisner zufolge wurde er während der Regierung Pepis II. in groben Zügen wieder aufgebaut.

Zu den berühmtesten Funden, die Reisner im Taltempel glückten, gehören die bereits erwähnten Triaden des Menkaure. Die drei Statuen aus grauschwarzem Schiefer stellen die ausschreitende Gestalt des Herrschers dar, der zu seiner Rechten von der Göttin Hathor und zu seiner Linken von einem göttlichen Wesen mit dem Emblem von Theben, Abydos beziehungsweise des Schakal-Gaues auf dem Kopf begleitet wird. Sie sind jetzt im Ägyptischen Museum Kairo ausgestellt (JE 40678, JE 40679 und JE 46499). Eine weitere Triade und eine Diade, die Menkaure und wahrscheinlich seine Gemahlin Chamerernebti II. zeigen, befinden sich in den Sammlungen des Museum of Fine Arts in Boston (Nr. 09.200 und Nr. 11.738). Reisner fand zahlreiche Fragmente weiterer derartiger Statuen. Wie viele Triaden hat es im Tempel also ursprünglich gegeben? So viele, wie es damals Gaue gab? Oder erschienen hier nur diejenigen, in denen die Totenstiftungen Menkaures lagen? Das wäre fast zu erwarten. Vorerst läßt sich aber aus archäologischer Sicht nicht genau bestimmen, wo sich diese Statuen im Tempel befanden und welche Rolle sie im Totenkult Menkaures gespielt haben. Ihre Bedeutung wird oft mit der Verzierung des Taltempels der Knickpyramide in Dahschur und der dort abgebildeten Prozessionen der personifizierten Totenopfergüter in Zusammenhang gebracht.

Bei den Grabungen von Selim Hassan auf dem Areal des benachbarten Grabkomplexes der Königsmutter Chentkaus I. wurde an der Nordostecke von Menkaures Taltempel ein kleiner Ziegelbau mit einer Plattform, niedrigen Bänken und einem kleinen Abwasserkanal samt einem Bassin

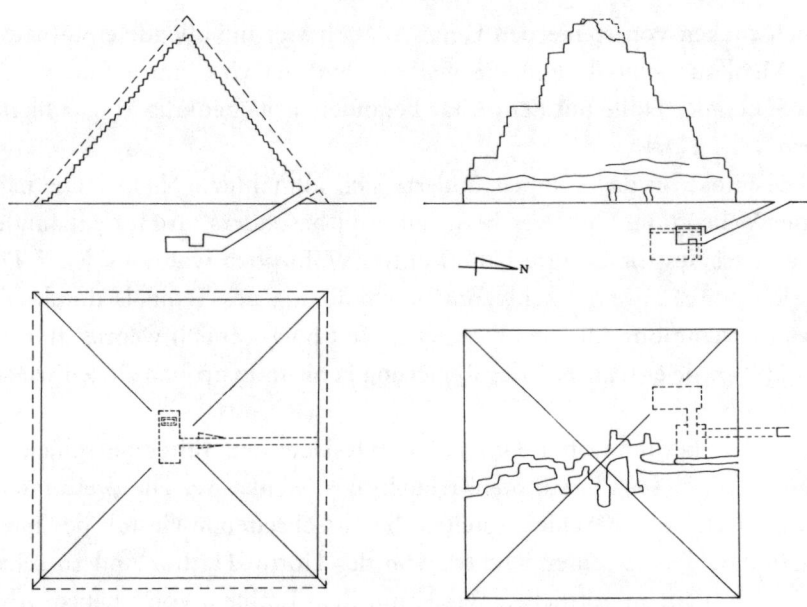

entdeckt. Hier lagerte auch eine größere Menge von Klingen aus Feuerstein und steinernen Gefäßen. Einigen Ägyptologen zufolge stellte der Bau das Reinigungszelt dar und war Bestandteil einer größeren Anlage, in der Mumifizierungsrituale stattfanden.

Ein weiterer Ziegelbau ist vor der Ostwand des Tempels entstanden. Es handelte sich möglicherweise um seinen neuen und erweiterten Eingang, der eine bessere Verbindung zwischen dem Tempel und der Pyramidenstadt ermöglichte. Rickc vermutete, daß Menkaure für deren Bewohner die lokale Gottheit darstellte und daß sein Kult im Taltempel konzentriert war, dem somit eine außergewöhnliche Funktion zukam.

Zum Pyramidenkomplex gehörten noch einige weitere bedeutende Bauten, vor allem eine Gruppe von drei kleineren Pyramiden, die in einer Reihe entlang der Südwand der Königspyramide standen. Von den Archäologen werden sie als G 3 a–c bezeichnet und den königlichen Gemahlinnen zugeschrieben. G 3 b und G 3 c haben einen vierstufigen Kern, während G 3 a eine echte Pyramide war. Alle drei Bauwerke haben eine gemeinsame Umfassungsmauer.

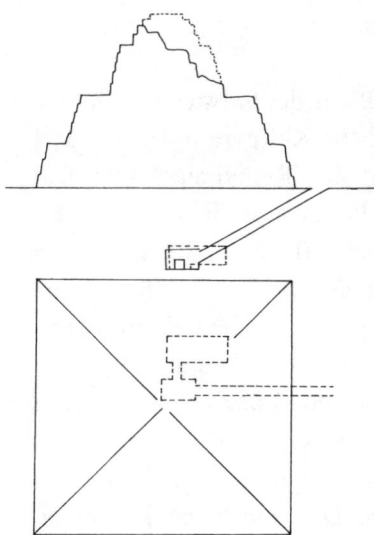

Die Pyramiden G 3 a–c. Grundriß und nordsüdlicher Schnitt (nach Reisner).

Der Eingang in die östlichste und größte von ihnen, G 3 a, befand sich in der Mitte der Nordwand, knapp über dem Boden. Die Grabkammer wurde unter dem Zentrum der Pyramidengrundfläche in den Fels getrieben. In den Fußboden an ihrer Westwand war ein Sarkophag aus Rosengranit eingelassen, der schon früh Grabräubern zum Opfer fiel. Außerdem wurden in der Kammer noch Keramik sowie verkohlte Überreste von Holz und Matten gefunden.

Vor der Pyramidenostseite stand ein kleiner, ostwestlich orientierter Totentempel. Ursprünglich sollte er offensichtlich aus Kalkstein bestehen, zum Schluß wurde er jedoch eilig aus Lehmziegeln fertiggestellt. Er war vom Pyramidenhof aus zugänglich, und seinen wesentlichen Teil bildete ein großer, offener Hof, in dessen Nordwand sich Nischen befanden, während auf der Südseite eine Reihe von Holzsäulen stand. Der Weg in den Opferraum mit einer Scheintür im westlichsten Teil des Tempels führte durch eine schmale Kultkapelle. An beiden Seiten des Eingangs in den Opferraum war die Kapellenwand mit einfachen tiefen, verdoppelten Nischen verziert. Im nordwestlichen Teil des Tempels befanden sich Magazinkammern, im südwestlichen dagegen ein Treppenaufgang, der auf die Dachterrasse führte.

Aufgrund der Lage und besonders des Plans der Substruktur halten einige Ägyptologen G 3 a für die ursprüngliche Kultpyramide. Der Sarkophag in der unterirdischen Kammer und der Totentempel zeigen aber deutlich, daß die Pyramide (auch) als wirkliches Grab diente. Reisner vermutete, Menkaures Gemahlin Chamerernebti II. sei die Inhaberin gewesen. Andere Ägyptologen vertreten jedoch die Ansicht, daß diese Königin zusammen mit ihrer Mutter Chamerernebti I. auf dem Zentralfeld der Nekropole von Giza im sogenannten «Galarzagrab» bestattet wurde, benannt nach einem Grafen, der seine Erforschung finanziell förderte. Hier entdeckte man übrigens eine Statue der Chamerernebti II. (jetzt im Ägyptischen Museum Kairo, JE 48856), den bisher einzigen Fund einer Königinnen-Kolossalstatue aus dem Alten Reich. Die Frage nach der Inhaberin von G 3 a bleibt also weiterhin offen. Es ist aber nicht ausgeschlossen, daß es sich ursprünglich um eine Kultpyramide handelte, die nachträglich in ein Grab umgewandelt wurde.

G 3 b unterscheidet sich von G 3 a in einigen Details, zum Beispiel durch die Lage des absteigenden Korridors und das Fehlen einer Barriere. Im Sarkophag aus Rosengranit, der wiederum an der Westwand der Grabkammer stand, wurden die Knochenreste einer jungen Frau gefunden. Der kleine Ziegeltempel vor der Pyramidenostwand ist, im Gegensatz zu G 3 a, nordsüdlich ausgerichtet.

G 3 c besaß niemals eine vollendete Verkleidung. Auch ihre Grabkammer war ähnlich wie bei G 3 b unter den nordwestlichen Pyramidenteil verschoben und nicht fertiggestellt worden. Es fehlten darin jegliche Spuren eines Begräbnisses, was mit den klaren Belegen für einen Kult in dem kleinen Totentempel vor der Ostseite der Pyramide kontrastiert. Der Tempel aus Lehmziegeln hat dieselbe Ausrichtung wie der von G 3 b.

Während über die Identität der Inhaberin von G 3 a gestritten wird, verbleiben die Besitzer der Pyramiden G 3 b und G 3 c im Dunkel der Geschichte. Außer Zweifel steht wohl lediglich, daß sie Menkaures Gemahlinnen gehörten. Deren gab es offenbar einige, doch ist nichts Genaueres über sie bekannt. Indirekte Zeugen sind diverse Königssöhne, die mit Menkaure in Zusammenhang gebracht werden. Sofern die Pyramiden

G 3a–c den Königinnen gehörten, die den Titel «Königsmutter» beanspruchten, stünden sie an der Wurzel der Krise am Ende der 4. Dynastie. Davon wird bald noch die Rede sein.

Menkaures Anlage war von einigen Umfassungsmauern umgeben, die unterschiedlichen Bauphasen angehören. Die sogenannte innere Umfassungsmauer schloß einen etwa zehn Meter breiten Hof um die Pyramide ein. Sie sollte offenbar aus weißem Kalkstein bestehen, doch wurde sie zum Schluß aus weniger wertvollem Kalkstein eilig beendet, verputzt und geweißt. Die kleinen Pyramiden der Königinnen umgab eine eigene Umzäunung. In größerer Entfernung von der Pyramide – nördlich, westlich und südlich – wurden die Reste weiterer, sogenannter äußerer Umfassungsmauern ermittelt, die ebenfalls aus Steinsplittern errichtet waren. Noch weiter von der westlichen Umfassungsmauer entfernt befanden sich die Überreste einer großen Steinbegrenzung, deren Bedeutung nicht ganz klar ist. Manche vermuten darin Lager und Werkstätten ähnlich denjenigen, die westlich der Chafre-Pyramide gefunden wurden.

Südöstlich von Menkaures Totentempel fand Saleh die Überreste mächtiger Mauern aus Lehm und Steinsplittern, Wohngebäude, verschiedene Typen von Öfen, große Wasserbehälter, Gebrauchskeramik, Reste verschiedener Rohstoffe (zum Beispiel Malachit und Ocker) und anderes. Es handelte sich wahrscheinlich um einen Komplex von Werkstätten, Magazinen und Unterkünften von Steinmetzen, Bildhauern, Fayenceherstellern und weiteren Handwerkern, die hier Gegenstände für den Baubedarf des Pyramidenkomplexes und später für den Totenkult des Herrschers anfertigten.

Im Gegensatz zu Chufus oder Chafres Pyramide entstand in der Umgebung der Pyramide des Menkaure kein großer Friedhof für die Verwandten des Königs und hohen Beamten. Diese wurden vor allem auf den Friedhöfen westlich und südlich der Chufu-Pyramide bestattet. Lediglich einige Priester des Menkaure ließen sich ihre Felsgräber und Mastabas südöstlich der Pyramide des Herrschers erbauen.

DIE «MASTABAT FARAUN» DES SCHEPSESKAF

Das große Grab in Saqqara-Süd, das die ortsansässige Bevölkerung Mastabat Faraun, «Bank des Pharaos» genannt hat, ist von den Archäologen in jüngster Zeit keineswegs übergangen worden. Dennoch gehört es bis heute zum Rätselhaftesten, was das Alte Reich zu bieten hat. Zum erstenmal beschrieb es Perring. Lepsius widmete sich ihm nur sehr kurz, bemerkte jedoch, daß das Grab seiner Form nach an einen großen Sarkophag erinnere. Den unterirdischen Bau begann Mariette erst 1858 zu erforschen, doch sind seine Notizen bis auf einige Zeichnungen, die Maspero später publizierte, verlorengegangen. Irrtümlicherweise wurde dieses Grab dem letzten Herrscher der 5. Dynastie, Unas, zugeschrieben.

Jéquier führte 1924/25 im Rahmen umfangreicher Grabungen in Saqqara-Süd eine systematische Untersuchung durch. Erst ihm gelang es, wenn auch nur aufgrund eines indirekten Zeugnisses, Schepseskaf als Grabinhaber zu bestimmen. Dazu verhalfen ihm ein Stelenfragment mit einer Kartusche, die einen Teil des Zeichens *f* als letzten Buchstaben des Königsnamens enthielt, ferner die Tatsache, daß der Name des Grabes, «(Rituell) gereinigt ist Schepseskaf», von einem Determinativ (erklärendes Zeichen) in Form einer Mastaba abgeschlossen wurde, sowie schließlich der Fund einer weiteren Stele, die aus dem Mittleren Reich stammte und bewies, daß noch zu dieser Zeit der Totenkult des Schepseskaf auf dem Areal der Mastabat Faraun existierte.

Das Grab steht nicht auf dem Felsuntergrund, sondern auf einem Fundament und hat einen rechteckigen, nordsüdlich orientierten Grundriß, wie es bei Mastabas die Regel ist. Den Kern bilden zwei Stufen mit großen graugelben Kalksteinblöcken, die aus den Steinbrüchen westlich der Dahschur-Pyramiden stammen. Perring, Lepsius und de Morgan fanden Überreste von Wegen, auf denen die Steine zur Baustelle transportiert wurden. Die Verkleidung bestand aus zartem weißen Kalkstein, lediglich die unterste Schicht aus Rosengranit. Auf einigen Verkleidungsblöcken haben sich Reste einer sogenannten Restaurierungsinschrift des Prinzen Chamuaset erhalten.

Der Eingang in die Substruktur erinnert eher an den einer Pyramide als einer Mastaba. Er liegt nämlich auf der Achse der Nordwand, etwa zwei-einhalb Meter über der Erde. Der absteigende Korridor aus Rosengranit geht hinter einem kleinen Vestibül (oder vielleicht lediglich einer Nische) in einen waagerechten über. Gleich am Anfang dieses Korridorteils befin-det sich eine Granitblockierung aus drei Fallsteinen. Die Substruktur, in die der Korridor mündet, umfaßte eine Vorkammer, eine Grabkammer und Magazine. Beide Kammern bestanden einschließlich des Satteldaches aus Rosengranit. Ähnlich wie in Menkaures Pyramide sollte die leicht ge-wölbte Dachunterseite ein Tonnengewölbe imitieren. Weitere Gemein-samkeiten stellen der nur noch in Fragmenten erhaltene Basalt(?)sarko-phag sowie die Anordnung der fünf kleinen Magazinkammern dar.

Der Totentempel unterscheidet sich von den bisherigen Königsbauten dieses Typs erheblich. Eine Parallele ließe sich auch schwerlich finden, da im Falle des Schepseskaf keine Pyramide als Basis existierte. Da die Be-

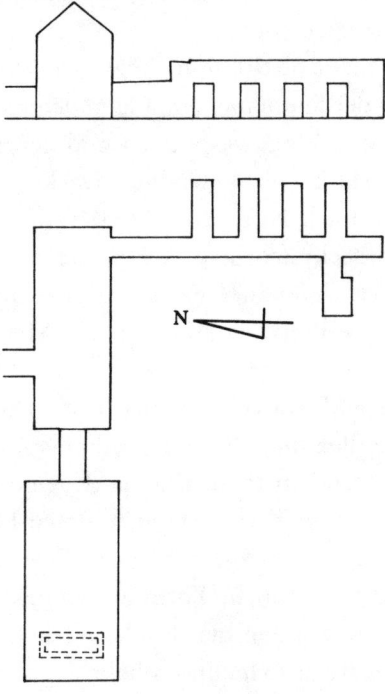

Grundriß der Substruktur der Mastabat Faraun (nach Jéquier).

dingungen für den königlichen Totenkult trotzdem gewährleistet sein mußten, galt es zu improvisieren.

Der Tempel stand vor der Ostwand der Mastaba und hatte einen nordsüdlich ausgerichteten Grundriß. Wenn er auch relativ klein war, lassen sich doch aufgrund des Baumaterials (Kalkstein und Lehmziegel) mindestens zwei Phasen unterscheiden.

Der ältere, steinerne Teil hatte zwei Eingänge von Osten her, einen in der Fassadenmitte und den zweiten in der Nähe der Südostecke. Der dritte Eingang befand sich in der Mitte der Südfassade. Die Osthälfte des Tempels bildete ein offener, kalksteingepflasterter Hof, in dessen Nordwestecke ursprünglich ein Altar stand. Der Opfersaal in der Westhälfte des Tempels hatte einen Grundriß in Form eines umgedrehten T, in der Westwand befand sich ursprünglich eine Scheintür. Den nordwestlichen Teil füllte eine Gruppe kleinerer Kammern aus, vielleicht Magazine.

Während der «Ziegelbauphase» wurde der Tempel um einen großen offenen Hof nach Osten erweitert, dessen Innenwände mit Nischen dekoriert waren. Auch diesen Hof betrat man durch einen Eingang, der in der Mitte der Ostfassade gelegen war.

Der Aufweg führte nicht direkt zum Eingang in den Tempel, sondern zur Südostecke und an der Südmauer entlang in den Hof, der die Mastaba umgab. Er bestand gänzlich aus verputzten und geweißten Lehmziegeln und glich einem Korridor mit gewölbter Decke. Von der Mastaba schwenkte der Aufweg nach Nordosten ab; der Taltempel ist allerdings bislang noch nicht entdeckt worden. Neben der etwa zehn Meter von der Mastaba entfernten Südmauer existierte eine äußere Umfassungsmauer, die im Abstand von etwa achtundvierzig Metern partiell geortet wurde.

In der Umgebung der Mastabat Faraun wurden keine Gräber von Familienangehörigen oder Beamten des Schepseskaf gefunden. Dies fügt den bisher nicht ganz geklärten Umständen, unter denen das Grab entstanden ist, ein weiteres Fragezeichen hinzu. An einer ersten Erklärung versuchte sich Jéquier auf der Basis seiner Ausgrabungen. Er war davon überzeugt, daß Schepseskaf die ungewöhnliche Form des Königsgrabes mit Absicht gewählt hatte. Aus Protest gegen den wachsenden Einfluß der Priesterschaft des Sonnengottes Re aus Heliopolis habe er ein pyramidenförmiges

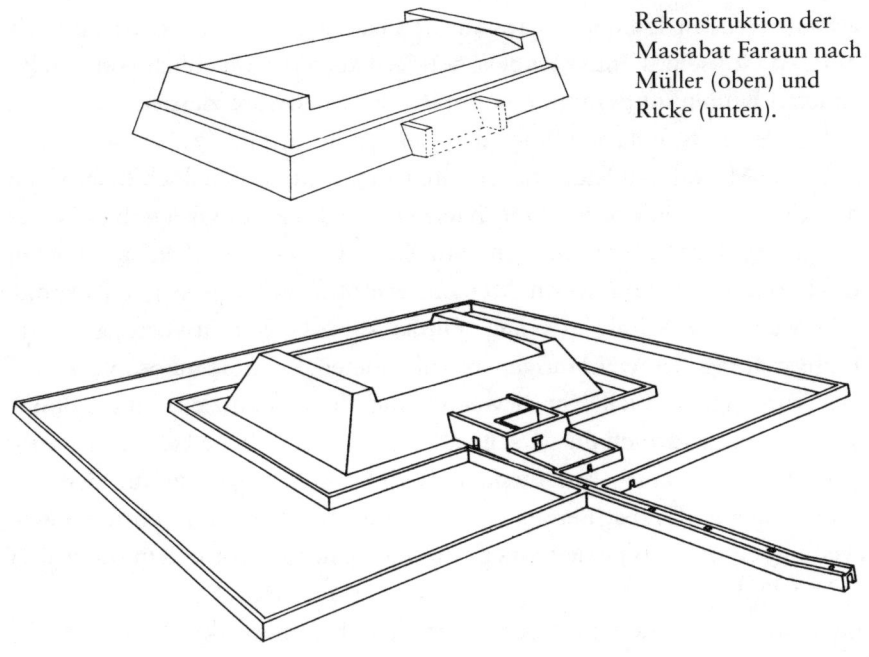

Rekonstruktion der Mastabat Faraun nach Müller (oben) und Ricke (unten).

Grab, das damals, so vermutet er, für ein Sonnensymbol gehalten worden sei, abgelehnt und sich für die mastabaähnliche Superstruktur entschieden. Dem Bruch mit der bisherigen Tradition sollte auch die Tatsache Nachdruck verleihen, daß er sich sein Grab nicht auf der damaligen Königsnekropole von Giza errichten ließ, sondern an einem entlegenen Ort im heutigen Saqqara-Süd. Einen weiteren Beleg erblickte Jéquier im Herrschernamen, der nicht den Bestandteil «re» einschloß.

Jéquiers Theorie wurde von verschiedenen Seiten angegriffen. Laut Ricke galt der Obelisk als Sonnensymbol und keineswegs die Pyramide. Ihm zufolge war das Grab des Schepseskaf von Anfang an als unterägyptischer Grabtyp («Buto-Typ») konzipiert. Eine ähnliche Ansicht vertrat auch Hans-Wolfgang Müller (1907–1991), dem zufolge die Mastaba eine riesige, in Stein umgesetzte Hütte aus Matten gewesen ist. An Ricke und Müller knüpfte Stadelmann an, der die Frage aufwarf – aber nicht beantwortete –, was diesen Herrscher zu der Verwendung von Nischen bewog, archaisierenden Elementen aus der frühzeitlichen Architektur, die nicht nur den Hof seines Totentempels, sondern auch die angeblich von ihm beendeten Bauten im Pyramidenkomplex des Menkaure zierten.

Schepseskafs Entscheidung, die Nekropole in Giza zu verlassen und sich eine Mastaba in Saqqara errichten zu lassen, muß jedoch nicht unbedingt religiös oder politisch motiviert gewesen sein. In Giza gab es keinen geeigneten Platz mehr für den Bau eines weiteren großen königlichen Grabkomplexes, und schon Menkaure mußte sich mit seiner Pyramide sehr weit vom Niltal entfernen. Hinzu kam die Verantwortung für die Fertigstellung des weitläufigen unvollendeten Pyramidenkomplexes seines Vorgängers. Vielleicht bewegten ihn diese finanzielle und administrative Last wie auch die verschlechterte wirtschaftliche Gesamtsituation des Landes zu einer bedeutenden Reduktion der Kosten für den Bau seines eigenen Grabs. Bereits die Pyramide des Menkaure hatte einigen, wenn auch nicht allgemein anerkannten Ansichten zufolge im ursprünglichen Bauplan relativ bescheidene Ausmaße gehabt. In diesem Zusammenhang bietet sich in Abusir mit dem Komplex des Neferefre eine gewisse Analogie an. Das ursprünglich als Pyramide geplante Grab, wurde nach dem vorzeitigen Tod des Herrschers nachweisbar in eine Mastaba umgewandelt. Dem entsprach auch die Modifikation des Bauplans des Totentempels, der noch nicht begonnen worden war, als der König starb.

Den Ort für sein Grab wählte Schepseskaf möglicherweise auch nicht als Gegenpol zu seinen Vorgängern, die in Giza begraben waren. Viele Ägyptologen unterschätzen offenbar, daß die Mastabat Faraun zwar an einem damals verlassenen Ort errichtet wurde, dafür aber in der Nähe der Pyramiden des Dynastiegründers Snofru in Dahschur, von wo auch der Stein für ihren Bau kam. Die Ortswahl hätte in gewissem Sinne also auch als Ausdruck der Zusammengehörigkeit mit diesem Geschlecht verstanden werden können.

Es darf allerdings nicht ausgeschlossen werden, daß Schepseskaf unter unruhigen Umständen regierte. Das Ende der 4. Dynastie ist in bezug auf die historischen Quellen recht unübersichtlich. Beim Blick auf den eigentümlichen, isolierten und improvisiert vollendeten Grabkomplex des Schepseskaf bietet sich noch eine weitere Erklärung an. Haben vielleicht die verhängnisvollen Erfahrungen mit der Anlage des Menkaure zu größerer Umsicht beim Bau des eigenen Grabs geführt? Es war nicht einfach, an diesem verlassenen Ort in kurzer Zeit ein riesiges wirtschaftliches, technisches und administratives Hinterland zu erschaffen, welches der Bau einer großen Pyramide erfordert hätte. Die in Giza vorhandene Infrastruktur wurde aber noch zur Vollendung des Menkaure-Komplexes benötigt. Somit ließe sich über die Frage spekulieren, ob die Mastabat Faraun nicht nur ein Provisorium darstellte, eine vorübergehende bauliche Lösung nur für diesen Zeitabschnitt. Die Substruktur der Mastabat Faraun entspricht ihrem Plan nach der einer Pyramide; ein eventueller Umbau hätte also lediglich die Superstruktur und schließlich auch den Totentempel betroffen. Dazu mußte aber zunächst der Komplex des Menkaure in Giza beendet und die ganze technische und wirtschaftlich-organisatorische Maschinerie auf die eigene Baustelle umgeleitet werden. Schepseskaf regierte jedoch nur kurz, etwa vier Jahre, und so ist möglicherweise die provisorische Lösung seines Grabs jäh zur endgültigen geworden.

Trotzdem darf nicht ganz die Möglichkeit ausgeschlossen werden, daß die gewählte Form von Schepseskafs Grab auch Ausdruck einer gewissen Krise der dynastischen Legitimität war. Vieles spricht nämlich dafür, daß dieser Herrscher einer von Menkaures Nebensöhnen und kein völlig legitimer Nachfolger (*full blood royal*) der glorreichen Pharaonen der 4. Dynastie war, während deren Herrschaft die Pyramide zum Symbol der göttlichen, ewigen und unerschütterlichen Legitimität der Pharaonenherrschaft über Ägypten und das Diesseits wurde.

DAS STUFENGRAB DER CHENTKAUS I.

Der große zweistufige Grabbau in der Nähe des Taltempels des Menkaure wurde früher von einigen Forschern für die Vierte Pyramide von Giza gehalten. Dieser Auffassung war zum Beispiel Perring, aber keinesfalls mehr Lepsius, der ihn unter die Privatgräber einreihte und ihm auf seiner Karte die Nummer C zuwies. Bis in die dreißiger Jahre des 20. Jahrhunderts hinein vertraten ferner einige Archäologen, zum Beispiel Hölscher und zunächst auch Reisner, die These, der Bau sei eine unvollendete Pyramide von Menkaures Nachfolger Schepseskaf. Erst die archäologische Untersuchung, die Selim Hassan 1932 durchführte, zeigte die Zugehörigkeit zur Königsmutter Chentkaus I.

Die Superstruktur wird von zwei Stufen gebildet. In Form eines niedrigen Pyramidenstumpfes entstand die untere durch Behauen und Aufbereitung des Felsvorsprungs. Sie besitzt einen fast quadratischen Grundriß, der nordsüdlich orientiert ist. Ursprünglich war die Oberfläche aller vier Seitenwände mit Nischen verziert, die Scheintüren ähnelten.

Ein mächtiges Tor aus Rosengranit, das mit der Titulatur und den Namen der Chentkaus versehen war, ermöglichte von Südosten her den Eintritt ins Grab. Aus der Vorkammer führten Eingänge in einen westlich und einen nördlich gelegenen Raum.

Erstgenannter enthielt ursprünglich vermutlich drei Statuennischen, und seine Wände waren, ähnlich wie in der Vorkammer, mit feinem weißen Kalkstein verkleidet und mit Szenen und Inschriften im Flachrelief verziert.

In der Westwand des nördlichen Raums befand sich ein Paar großer Scheintüren aus Rosengranit. Unter einer davon öffnete sich ein Schacht, der in den unterirdischen Teil des Grabs führte. Die Substruktur weist eine originelle Architektur auf. Einige Züge erinnern an ein Privatgrab, andere an ein Königsgrab, konkret an das des Menkaure und vielleicht auch des Schepseskaf. Neben der Grabkammer mit einem Paar Scheintüren umfaßte sie sechs kleine Magazin(?)kammern. Außer einigen Fragmenten eines Alabastersarkophags ist es Hassan nicht gelungen, Überreste des Königinnenbegräbnisses zu finden.

Nicht lange nach seiner Beendigung wurde das Grab wohl während der ersten Hälfte der 5. Dynastie erheblich verändert. Über der Westhälfte entstand aus Kalksteinblöcken ein Bau von rechteckigem Grundriß, der an eine Mastaba erinnerte. Man plazierte ihn bewußt nicht über dem Zentrum des Grabs, da durch sein Gewicht die Kammerdecken im unteren Teil hätten einbrechen können. So entstand ein zweistufiger Bau von etwas ungewöhnlicher Form, dessen Seitenwände mit Blöcken aus feinem weißen Kalkstein verkleidet waren. Um das Grab zog sich eine verputzte und geweißte Umfassungsmauer aus Lehmziegeln.

Vor der Ostseite wurde nach einheitlichem Plan eine Siedlung aus Lehmziegeln mit eigener Umfassungsmauer errichtet. Baulich – und vermutlich

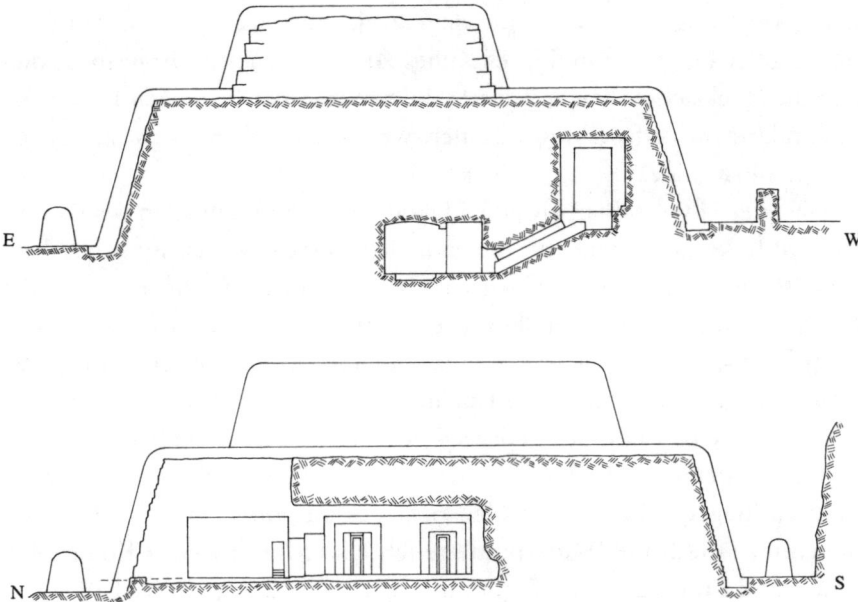

Ostwestlicher und nordsüdlicher Schnitt durch das Grab der Königin Chentkaus I. (nach Maragioglio und Rinaldi).

auch betrieblich – verband sie das Grab und den Totenkult der Chentkaus mit dem Taltempel des Menkaure beziehungsweise der Pyramidenstadt, die offensichtlich schon damals in seiner unmittelbaren Umgebung existierte. Hassans Ansicht nach befand sich hier bis zum Ende der 6. Dynastie eine Siedlung, die von Priestern und weiteren mit dem Totenkult der Königin betrauten Menschen bewohnt war.

Es läßt sich nicht eindeutig bestimmen, ob schon beim Bau des ursprünglichen Felsgrabes oder erst während des Umbaus an der Südwestecke eine Bootsgrube und an der gegenüber liegenden Seite eine Wasserzisterne ausgeschachtet wurden. In die Zisterne führten eine schmale Treppe und ein kleiner Abwasserkanal aus dem Raum vor dem Grab. Hassan war der Meinung, es habe sich ursprünglich um ein überdachtes Bassin gehandelt, das Mumifizierungsriten diente.

Augenscheinlich bezweckte der Umbau eine grundsätzliche konzeptionelle Änderung des Grabs mit dem Ziel, eine nachträgliche Statuser-höhung der Inhaberin und ihres Kultes zum Ausdruck zu bringen. Lediglich die Rücksichtnahme auf die Stabilität des ursprünglichen Felsgrabes verhinderte die Aufstockung zu einer zwei- und möglicherweise auch dreistufigen Pyramide.

Die Hieroglypheninschrift, die Hassan auf den Fragmenten des Granittors entdeckt hatte, stellte für ihn ganz sicher eine Überraschung dar, denn sie enthielt, eingraviert in Flachrelief, den Namen und die Titulatur der Königsmutter. An erster Stelle war ein Titel angeführt, der bis zu diesem Zeitpunkt überhaupt nicht bekannt war und dessen Deutung unter den Ägyptologen sofort erhebliche Uneinigkeit hervorrief. Die Art der Schreibung und die Besonderheiten der ägyptischen Schrift ermöglichen es nämlich, den Titel in zwei inhaltlich zwar diametral entgegengesetzten, grammatisch hingegen in beiden Fällen richtigen Varianten zu lesen. Vladimir Vikentiev (1882–1960) interpretierte ihn als «Mutter zweier Könige von Ober- und Unterägypten», Junker übersetzte ihn dagegen mit «König von Ober- und Unterägypten und Mutter des Königs von Ober- und Unterägypten».

Neu bearbeitetes Bild der Chentkaus I. Detail aus der Inschrift auf dem Granittor im Grab der Königin in Giza.

Hassan selbst neigte Junkers Interpretation zu und äußerte auf der Grundlage sowohl des erwähnten Titels als auch aller archäologischen Funde aus dem Grab der Chentkaus seine Hypothese über die Rolle dieser Königin in der Geschichte Ägyptens. In der Übereinstimmung einiger Stilelemente sah er das einzige Verbindungsglied zwischen der 4. und der 5. Dynastie. Dazu gehört die Tatsache, daß die Form der zweiten Stufe ihres Grabes in Giza dem Grab des Schepseskaf in Saqqara-Süd ähnelt. Die Architektur sei Ausdruck des ideellen Trotzes der Königsfamilie gegen die wachsende Macht der Sonnenpriesterschaft gewesen. Er hielt Chentkaus I. für Schepseskafs Gemahlin und war der Meinung, daß sie nach dem Tode des Herrschers für kurze Zeit selbst regierte und schließlich gezwungen war, sich der Macht der Priesterschaft zu unterwerfen. Daraus resultierte die Heirat mit Userkaf, dem Hohepriester des Sonnengottes Re aus Heliopolis und späteren Gründer der 5. Dynastie. Sie habe es jedoch abgelehnt, sowohl neben ihrem ersten als auch ihrem zweiten Ehemann bestattet zu werden, und statt dessen beschlossen, sich ein Grab in der Nähe ihrer königlichen Vorfahren in Giza errichten lassen.

Borchardt berief sich dagegen auf Vikentievs Übersetzung des Titels. Auf der Basis einiger falsch verstandener Funde aus Abusir – auch hier war nämlich eine Königin begraben, die Chentkaus hieß und denselben bereits erwähnten Titel wie ihre gleichnamige Vorgängerin führte – ent-

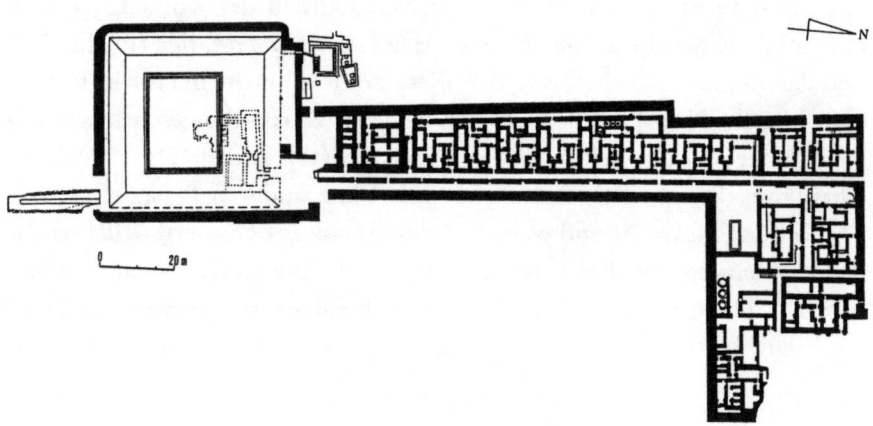

Grabkomplex der Chentkaus I. einschließlich der Priestersiedlung (nach Selim Hassan).

wickelte er eine andere Erklärung für die Ereignisse am Ende der 4. Dynastie. Danach entstammte Schepseskaf nicht direkt der Königsfamilie und konnte den Thron nur dank seiner Eheschließung mit Chentkaus I. besteigen. Kurz darauf sei er jedoch gestorben, und bevor seine beiden unehelichen Söhne Sahure und Neferirkare, die tatsächlichen Gründer der 5. Dynastie, herangewachsen seien, habe Userkaf die Herrschaft ergriffen.

Später tauchten noch einige weitere Hypothesen auf. Im wesentlichen dominierten aber die Erklärung Borchardts und die Auffassung, die genaue Einordnung der Königsmutter Chentkaus I. stelle das verwickeltste genealogische und chronologische Problem aus der Zeit des Alten Reiches dar, dessen Lösung ohne die Entdeckung neuer historischer Quellen nicht möglich sei.

Diese Möglichkeit ergab sich Ende der siebziger Jahre, als es dem tschechischen Archäologenteam gelang, in Abusir den kleinen Pyramidenkomplex der oben erwähnten Chentkaus II. zu finden. Von ihr wird später noch die Rede sein. Vorerst sei lediglich darauf hingewiesen, daß zwischen beiden Königinnen ein zeitlicher Abstand von mindestens einer Generation bestanden hat. Die Entdeckung der Pyramide von Chentkaus II. in Abusir führte außerdem zur Revision einiger epigraphischer Quellen. Es zeigte sich, daß Hassan bei der Beschreibung des Textes auf dem Fragment des Granittors vor der Südostecke des Stufengrabs von Chentkaus I. in Giza einige sehr wesentliche Details auf dem Bild der Königin, das den Text einschließt, übersehen hatte. Darauf wurden der Königin nämlich nachträglich Attribute zugewiesen – das Geier-Diadem, der rituelle Bart und das Zepter –, die besagen, daß diese Frau wahrscheinlich wirklich regiert hat. Ihr Name war jedoch nicht in einer Kartusche geschrieben und auch in keiner der bekannten Königslisten verzeichnet. Das «Problem Chentkaus» zeigte sich damit aus einer ganz anderen Perspektive. Die Entdeckung in Abusir und weitere Erkenntnisse aus Giza ermöglichten es, das Problem bezüglich der ägyptischen Geschichte an der Wende von der 4. zur 5. Dynastie und die Rolle, die die beiden Königsmütter dabei gespielt haben, auf neue Weise zu lösen.

Die 5. Dynastie –
Als die Sonne herrschte

Die Umstände des Untergangs der 4. und des Aufstiegs der 5. Dynastie sowie die Rolle, die die Königinnen namens Chentkaus dabei spielten, faszinierten die alten Ägypter noch lange danach. Und zu guter Letzt ist die Königsmutter Chentkaus wahrscheinlich als Heldin des Mythos von der göttlichen Geburt der Könige der 5. Dynastie in die altägyptische Literatur eingegangen. Die Erzählung des Papyrus Westcar ist tausend Jahre jünger als diese Ereignisse, sie stammt erst aus der Hyksos-Zeit. Dort erscheint Rudjedjet als Gattin eines Priesters des Sonnenkults aus der Stadt *Sachebu* und als Mutter der Sonnenkönige. Deren Vater soll der Sonnengott Re selbst gewesen sein. Einige Ägyptologen sind der Ansicht, der Name Rudjedjet sei ein Pseudonym, hinter dem sich niemand anderes als Chentkaus verberge. Aber welche Chentkaus?

So reizvoll die Geschichte aus dem Papyrus Westcar auch sein mag, sie erklärt gewiß nicht die Herkunft Userkafs, des ersten Königs der 5. Dynastie. Diese bleibt vorerst im dunkeln, doch läßt sich auch nicht ausschließen, daß Userkaf neben Schepseskaf ein weiterer Sohn Menkaures gewesen ist. Während seiner Regierung scheint der Sonnenkult einen Höhepunkt erreicht zu haben, denn von nun an war der Titel «Sohn des Re» untrennbarer Bestandteil der königlichen Titulatur. Auf der anderen Seite ist jedoch auffällig, daß sowohl in Schepseskafs als auch Userkafs Namen der Sonnengott Re fehlt. Seit der Zeit des Djedefre geschah dies zum erstenmal.

Mit Userkafs Namen sind auch einige sehr bedeutende Taten verbunden, die in gewissem Maße seine Stellung als Gründer einer neuen Dynastie erklären. Er unternahm wieder einen Feldzug nach Nubien, und während seiner Herrschaftszeit entwickelten sich erneute Handelskontakte mit den Fremdländern, darunter sogar den entfernten Inseln der Ägäis, wie Steingefäße mit seinem Namen von der Insel Kythera belegen. Er ließ Tempel errichten und förderte neben dem Kult des Re auch den weiterer Gottheiten, was aus Inschriften im Grab des Hathor-Priesters Nikaanch im mittelägyptischen Tehna hervorgeht.

Userkaf ließ sich seine Pyramide am Nordende des Saqqara-Friedhofs nahe der Stufenpyramide errichten – genau entgegengesetzt zum Grab Schepseskafs. Die Pyramide ist vor allem deshalb beachtenswert, weil der Totentempel nicht wie üblich an ihrem östlichen Fuße steht, sondern an ihrer Südseite. Viel wichtiger war jedoch, daß Userkaf sich entschloß, etwa drei Kilometer nördlich von seinem Pyramidenkomplex nahe des heutigen Dorfes Abusir einen Sonnentempel zu errichten, den er «Nechen des Re» nannte.*

Die Bedeutung der Sonnentempel auf der memphitischen Nekropole – nach Userkaf bauten noch fünf weitere Herrscher der 5. Dynastie ähnliche Anlagen – ist bis heute umstritten. Anscheinend bildeten sie jedoch einen wichtigen Bestandteil des königlichen Totenkults und waren wirtschaftlich und religiös mit den Pyramidenanlagen verbunden. Ein hervorstechendes Merkmal des Tempels war der große Obelisk als Symbol des Sonnenkults; auf dem Altar an seinem Fuße wurden Fleisch und Gemüse zu Opfergaben hergerichtet, die dann wiederum auf den Altar im Pyramidenkomplex gelangten.

Warum sich Userkaf gerade Abusir als Baustätte für seinen Sonnentempel wählte, ist bisher nicht ganz geklärt. Offensichtlich hat seine Entscheidung aber den Anstoß für die Gründung einer neuen Königsnekropole gegeben, auf der die Herrscher der 5. Dynastie ihre Grabkomplexe zu errichten begannen. Der erste von ihnen war Userkafs Nachfolger und vielleicht auch Sohn, Sahure. Er regierte etwa vierzehn Jahre und setzte sowohl in der Innen- als auch Außenpolitik die Linie seines Vorgängers fort. Inschriften an einer Türkisfundstelle im Wadi Maghara auf dem Sinai oder in den Dioritsteinbrüchen bei Abu Simbel in Nubien belegen zum Beispiel die Förderung kostbarer Ressourcen sowie anhaltende Handelskontakte mit fremden Ländern. Aus einer Inschrift des Palermosteins geht hervor, daß man Koniferenholz aus Byblos importierte und sogar eine Handelsexpedition in die entgegengesetzte Richtung, in das geheim-

---

* Nechen, griechisch Hierakonpolis, war das Machtzentrum der oberägyptischen Herrscher in der Zeit, die der Einigung Ägyptens am Ende des vierten Jahrtausends vor Christus unmittelbar voranging. Die Eingliederung dieses Namens in die Bezeichnung von Userkafs Sonnentempel sollte vielleicht die Assoziation einer bevorstehenden Einigung des Landes mit Hilfe der Sonnenreligion hervorrufen, also den endgültigen Sieg des Sonnenkults.

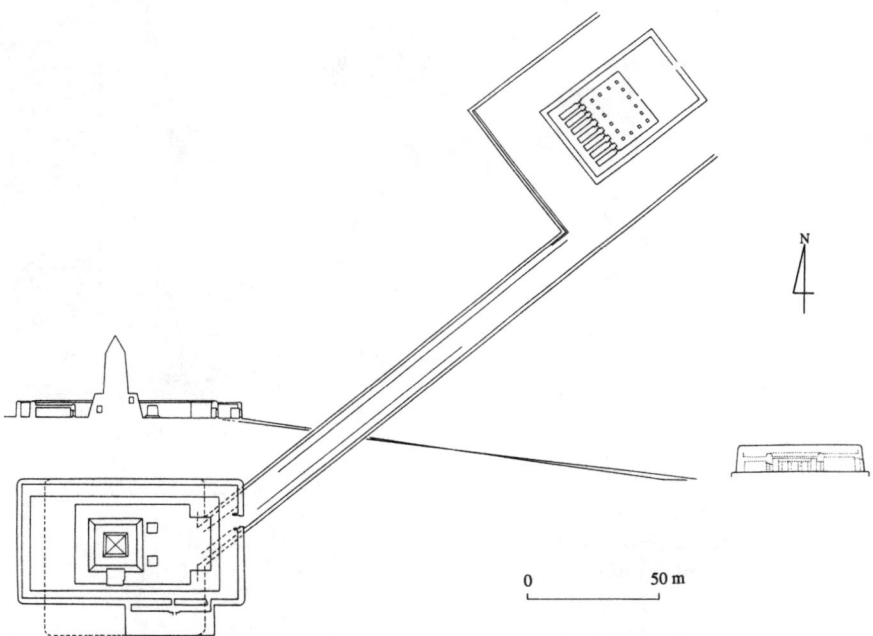

Userkafs Sonnentempel in Abusir (Grundriß und Schnitt nach Ricke).

nisvolle Land Punt an der ostafrikanischen Küste sandte, um wertvolle Gewürze, Elfenbein, Raubtierfelle und weitere Waren zu gewinnen.

Sahure ließ sich einen Pyramidenkomplex in der Nähe von Userkafs Sonnentempel bei Abusir errichten. Die Pyramide erreichte aber hinsichtlich ihrer Größe, Materialqualität und Ausführung bei weitem nicht das Niveau der Pyramiden der Herrscher der 4. Dynastie in Giza. Sahures Anlage zeichnet sich vor allem durch die Verwendung mannigfaltiger Gesteinsarten, eine thematisch reichhaltige und künstlerisch hochwertige Reliefausschmückung und besonders den harmonisch ausbalancierten Plan der einzelnen Bauten und des Ensembles insgesamt aus und wird deshalb für einen weiteren Meilenstein in der Entwicklung der königlichen Grabkomplexe gehalten. Bisher ist es leider nicht gelungen, seinen Sonnentempel «Opferfeld des Re» zu finden.

Nach Sahures Tod gelangte nicht sein ältester Sohn und damit legitimer Nachfolger, Netjerirenre, auf den Thron, sondern Neferirkare, dessen

Bruchstück eines Reliefs aus
Sahures Tempel mit der
nachträglichen Umwandlung
eines Mannes aus Sahures
Gefolge zum Pharao Neferirkare
(nach Borchardt).

Herkunft wiederum geheimnisumwoben ist. Auf einem Relief aus Sahures Totentempel läßt sich eine nachträgliche Bearbeitung erkennen, deren Ziel es war, eine der abgebildeten Personen aus Sahures Gefolge mit dem Namen Neferirkares und den königlichen Insignien und Titeln zu versehen. Daraus haben einige Ägyptologen gefolgert, daß Sahure und Neferirkare Brüder gewesen seien. Der Onkel hätte also den Thron auf Kosten seines offensichtlich unmündigen Neffen usurpiert. Wie dem auch sei, der Fund aus Sahures Totentempel ist wahrscheinlich ein weiteres Dokument für die dynastischen und innerpolitischen Schwierigkeiten jener Zeit.

Während Neferirkares etwa zehnjähriger Herrschaftszeit festigte sich die Macht der hohen Beamtenschaft und des Priestertums weiter. In der 5. Dynastie lagen die höchsten Ämter nicht mehr in den Händen des engsten Familienkreises des Herrschers. Die königliche Autorität war jedoch weiterhin enorm, wie zum Beispiel die Grabinschrift Ptahschepses', des

Hohenpriesters des memphitischen Gottes Ptah, in Saqqara beweist: Ihm wurde die besondere Ehre zuteil, Neferirkares Fuß zu küssen.

Neferirkare konnte seine Pyramidenanlage und die benachbarte kleine seiner Gemahlin Chentkaus II. zu Lebzeiten nicht vollenden. Dies gelang aber offenbar beim Sonnentempel «Lieblingsplatz des Re», der – zeitgenössischen Dokumenten nach zu urteilen – der größte und bedeutendste von allen war. Die bereits erwähnten Papyrusfragmente aus Neferirkares' Tempelarchiv, die Anfang der neunziger Jahre des 19. Jahrhunderts von Grabräubern entdeckt wurden, ermöglichten völlig neue Einblicke nicht nur in die Organisation der königlichen Totenkulte in den Pyramidenkomplexen, sondern gleichzeitig auch in die komplizierten wirtschaftlichen, politischen und religiösen Verhältnisse dieser Zeit.

Neferefre, Neferirkares ältester Sohn, regierte nur sehr kurze Zeit. Er schaffte es kaum, seinen Pyramidenbau in der Nachbarschaft der Gräber seines Vaters und seiner Mutter in Abusir in Angriff zu nehmen. Erst sein jüngerer Bruder Niuserre vollendete ihn in aller Eile und in einigen Bauphasen zusammen mit dessen Totentempel. Dank bedeutender archäologischer Entdeckungen, darunter Papyri aus dem Tempelarchiv und Statuen, die erst kürzlich in diesem baulich improvisierten Grabkomplex gefunden wurden, ist Neferefre, ein den Ägyptologen früher fast unbekannter Herrscher, zu einer der am besten belegten Persönlichkeiten der 5. Dynastie geworden.

Während der kurzen Zeitspanne von Neferefres Herrschaft erreichte wahrscheinlich die Karriere des bedeutenden Beamten Ti ihren Höhepunkt. Dieser war Vorsteher der Pyramiden und Sonnentempel einiger Herrscher der 5. Dynastie, darunter auch von Neferefres Anlage, die sich «Opfertisch des Re» nannte. Die prachtvolle und relativ gut erhaltene Verzierung seiner Mastaba in Saqqara-Nord gehört zu den Höhepunkten der Reliefkunst des alten Ägyptens.

Neferefre starb sehr jung, im Alter von ungefähr zwanzig bis fünfundzwanzig Jahren. Die Herrschaftszeit seines Nachfolgers Schepseskare, von dem kaum mehr als der Name bekannt ist, war noch kürzer. Aufgrund der späteren sogenannten Königsliste von Saqqara sehen einige Ägyptologen in ihm seinen Vorgänger, wogegen aber einige archäologische Funde zu sprechen scheinen. Es ist nicht ausgeschlossen, daß es sogar zu einem Streit um die Macht kam. Nach Neferefres Tod brachen die Zwistigkeiten innerhalb des Herrschergeschlechts wahrscheinlich erneut aus, offensichtlich zwischen den Angehörigen der beiden Linien Sahures und Neferirkares.

Die innerpolitische Situation des Landes stabilisierte sich erst, als Neferefres jüngerer Bruder, Niuserre, den Thron bestieg. Seinen Weg an die Macht unterstützten wahrscheinlich einige bedeutende Persönlichkeiten der staatlichen Administration und des Königshofes. Darunter befand sich auch Ptahschepses, wie sich nach seiner schwindelerregenden Karriere vom königlichen Friseur über das Wesiramt bis hin zum königlichen Schwiegersohn urteilen läßt. Indirekt zeugt davon auch sein prächtiges Grab, das er sich in unmittelbarer Nachbarschaft von Niuserres Pyramidenanlage in Abusir errichten ließ und bei dessen Bau nicht nur erstklassiges Material verwendet wurde, sondern auch einige Elemente (und offenbar auch Künstler- und Handwerkergruppen) zum Einsatz kamen, die normalerweise nur den königlichen Bauwerken vorbehalten waren.

Niuserres Pyramidenkomplex ist nicht sehr groß und unterscheidet sich ein wenig von den anderen, die in Abusir errichtet worden sind. Sein Plan

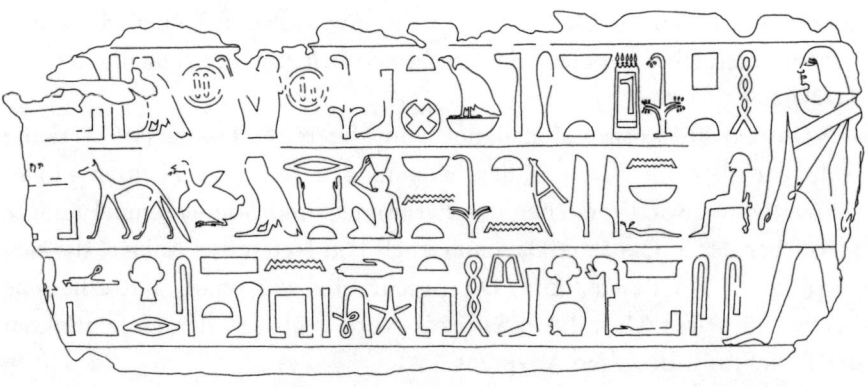

Die Inschrift auf einem Architravfragment aus dem Pfeilerhof von Ptahschepses' Mastaba in Abusir enthält einen Teil von Ptahschepses' Titulatur und beweist seine bedeutende Gesellschaftsstellung: «Fürst, Rat von Nechen, Hüter Nechens, Priester Nechbets – der Herrin des Heiligtums Oberägypten –, höchster Richter, Wesir, Vorsteher aller königlichen Arbeiten, Geliebter seines Herrn, einziger Freund (des Königs), Sekretär des Morgenhauses, Oberster Vorlesepriester, rechte Hand des Gottes Duan, Ptahschepses.»

wurde durch den Platzmangel und vielleicht auch Materialdefizite beeinflußt; hinzu kam der Vorsatz, den Familienfriedhof nicht zu verlassen.
Darüber hinaus mußte Niuserre die drei angefangenen Pyramidenanlagen
seiner nächsten Verwandten – seines Vaters, seiner Mutter und des älteren
Bruders – vollenden und noch zwei weitere kleine für seine Gemahlinnen
errichten.

Bereits Ende des 19. Jahrhunderts ist es gelungen, Niuserres Sonnentempel «Lustort des Re» in Abu Ghurab nördlich von Abusir zu entdecken. Die Fragmente seiner einzigartigen Reliefverzierung, besonders
die Darstellungen der Jahreszeiten aus der sogenannten Weltkammer,
schmücken heute die Sammlungen des Ägyptischen Museums in Berlin.
Die Reliefs mit Szenen des *sed*-Festes werden von einigen Ägyptologen für
einen indirekten Beweis dafür gehalten, daß sich Niuserre mehr als drei
Jahrzehnte auf dem Thron hielt.

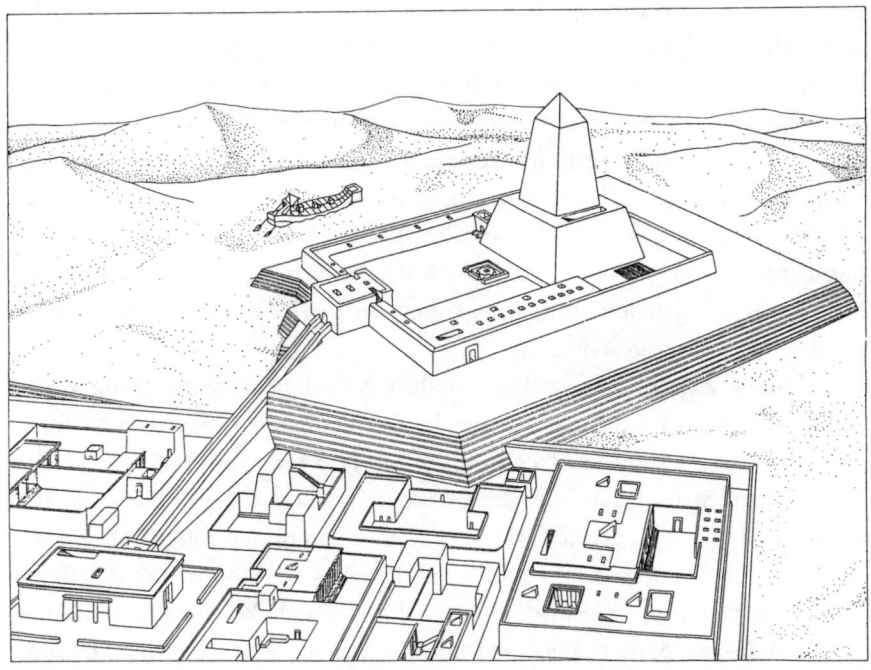

Rekonstruktion von Niuserres Sonnentempel in Abu Ghurab (nach Borchardt). Über
dem Tempel thronte ein zwanzig Meter hoher Obelisk, Symbol des Sonnengottes Re.

Über die kurze Regierungszeit von Niuserres Nachfolger Menkauhor, eines Herrschers von nicht ganz geklärter Herkunft, ist weniger bekannt. Bisher hat man weder seine Pyramide noch seinen Sonnentempel gefunden, welcher «Horizont des Re» hieß und der letzte war, der während des Alten Reiches gebaut wurde. Zu den nicht sehr zahlreichen historischen Dokumenten, die sich auf Menkauhor beziehen, gehört eine Gedenkinschrift, die auch er in einem Felsen auf dem Sinai hinterließ. Eine kleine Alabasterstatue, die in Memphis gefunden wurde und heute im Ägyptischen Museum Kairo steht, zeigt den Herrscher in dem Opfergewand, das bei den Feierlichkeiten des *sed*-Festes verwendet wurde. Menkauhor kann dieses Fest der «dreißigjährigen» Thronbesteigung nur symbolisch gefeiert haben, denn den erhaltenen schriftlichen Dokumenten zufolge hat seine Regierungszeit acht Jahre gedauert.

Auch die Herkunft von Menkauhors Nachfolger Djedkare ist unklar. Im Gegensatz zu seinem Vorgänger herrschte er jedoch länger als vier Jahrzehnte, und mit seiner Regierungszeit sind eine ganze Reihe von bedeutenden Ereignissen verbunden. Vor allem ist er als Reformator der Staatsverwaltung in die Geschichte eingegangen. Er gründete ein oberägyptisches Verwaltungsamt, um den Einfluß der Zentralmacht auf das wirtschaftliche und politische Geschehen im südlichen Landesteil zu verstärken. Neuer Verwaltungssitz wurde Abydos. Weitere Reformen betrafen die Reorganisation des Totenkults auf dem Königsfriedhof in Abusir – damit hängen in gewisser Weise auch die Papyrusarchive zusammen, die hier gefunden worden sind. Im großen und ganzen wurde die Zentralmacht aber weiter geschwächt.

In dieser Zeit breiteten sich zunehmend religiöse Vorstellungen und Kultpraktiken aus, die früher nur in der höchsten Gesellschaftsschicht eine Rolle gespielt hatten. Der Kult des Gottes Osiris, des Herrschers über das Totenreich und Symbols des ewigen Kreislaufs von Leben und Tod, rückte in den Vordergrund. Die Verschiebungen in den religiösen Vorstellungen oder ökonomische Gründe oder beides zusammen werden Djedkares Entscheidung zugrunde gelegen haben, sich keinen Sonnentempel bauen zu lassen. Seinem Beispiel folgten alle weiteren Herrscher. Djedkare ließ einen Pyramidenkomplex für sich und daneben einen kleineren, vermutlich für seine Gemahlin, in Saqqara-Süd errichten. Daß es in Abusir

Historisch bedeutsame Szene aus dem Grab des Inti in Deschascha, die die Eroberung einer asiatischen Festung zeigt. Aufmerksamkeit gebührt der Leiter, die es ermöglichte, die Festungsmauer zu überwinden.

keinen geeigneten Platz mehr gegeben hätte, läßt sich diesmal nicht als Grund anführen.

Im Lande blühten Handwerk und Handel, und weitere Expeditionen wurden nach Byblos, Nubien und dem entfernten Punt gesandt, von wo der Expeditionsleiter, Baurdjed, dem Herrscher zur Erheiterung sogar einen tanzenden Zwerg mitbrachte. Von der Tatsache, daß es bei diesen Reisen nicht immer um friedlichen Handel ging, zeugt eine einzigartige Eroberungsszene, die sich an den Wänden des Inti-Grabes im mittelägyptischen Deschascha erhalten hat.

Eine weitere Blüte erlebte das Schrifttum. In dieser Zeit entstand wahrscheinlich das berühmte, später als *Lehre des Ptahhotep* bezeichnete Werk des gleichnamigem Wesirs Djedkares, eine didaktische Schrift, deren Ziel die Erziehung des Menschen in absolutem Einklang mit der altägyptischen Weltanschauung und besonders den Bedürfnissen des Staates war. Ptahhoteps Lehre ist außerdem das älteste Zeugnis dafür, wie sehr die alten Ägypter die Schönheit und Macht des Wortes schätzten.

Das Ende der 5. Dynastie fällt in die Herrschaftszeit des Unas, eines Königs von wiederum ungeklärter Abstammung. Uns sind aber keinerlei dramatische Veränderungen überliefert worden. Die wirtschaftliche und politische Entwicklung des Landes schritt im wesentlichen ungestört wie unter seinen dynastischen Vorgängern voran. Im Laufe seiner etwa dreißigjährigen Regierungszeit wurde die zentrale Staatsmacht weiterhin geschwächt, indem der Einfluß des Ämterwesens und des Priestertums wuchs. Besondere Aufmerksamkeit widmete der Herrscher den Beziehungen zu den südlichen Nachbarn. Einige Dokumente deuten an, daß er möglicherweise persönlich Elephantine besucht hat, um sich mit den nubischen Häuptlingen zu treffen. Unas' Zeit wird auch die Entstehung der sogenannten memphitischen Theogonie zugeschrieben, einer synkretistischen Religionslehre von der Welterschaffung durch den Gott Ptah, die nur in einer späteren Abschrift erhalten geblieben ist.

Unas' Pyramidenanlage in Saqqara stellte einen neuen Meilenstein in der Entwicklung der altägyptischen Gräber dar, nicht aufgrund ihrer Größe – seine Pyramide war die kleinste der 5. Dynastie –, sondern der Tatsache, daß an den Wänden ihrer unterirdischen Kammern zum erstenmal Inschriften auftauchten: die sogenannten Pyramidentexte. Sie erschienen danach in allen Pyramiden der Könige wie auch einiger Königinnen des Alten Reiches und beinhalten, wie schon geschildert, religiöse Vorstellungen über das Leben des Herrschers im Jenseits.

DIE PYRAMIDE DES USERKAF

Userkaf, der Begründer der 5. Dynastie, ließ sich seine Pyramide weder in der Nähe der Mastaba seines Vorgängers Schepseskaf noch der Gräber anderer Herrscher der 4. Dynastie errichten. Er wählte sich einen Ort in unmittelbarer Nachbarschaft von Djosers Stufenpyramide. Dabei handelte es sich wahrscheinlich um einen durchdachten politisch-dynastischen Schritt. Er nannte seinen Pyramidenbezirk «Rein sind die (Kult-)Stätten des Userkaf». Seinem heutigen Zustand entspricht jedoch eher die lokale arabische Bezeichnung *el-Haram el-macherbisch*, «Ruinenpyramide».

Ihren Eingang entdeckte Orazio Marucchi zwar schon 1831, aber erst 1839 stieß Perring durch einen von Grabräubern ausgeschachteten Tunnel in den Untergrund vor. Der Inhaber der Pyramide blieb jedoch unbekannt – man vermutete, es sei Djedkare gewesen. Erst nach fast hundert Jahren konnte sie aufgrund von Grabungen, die Firth 1928 in Angriff nahm, Userkaf zugeordnet werden. Nach Firths Tod im Jahre 1931 wurden die Ausgrabungen eine Zeitlang unterbrochen. Erst in den Jahren 1948 bis 1955 führte Lauer und in den siebziger Jahren über einen kürzeren Zeitraum Choli die Untersuchungen fort.

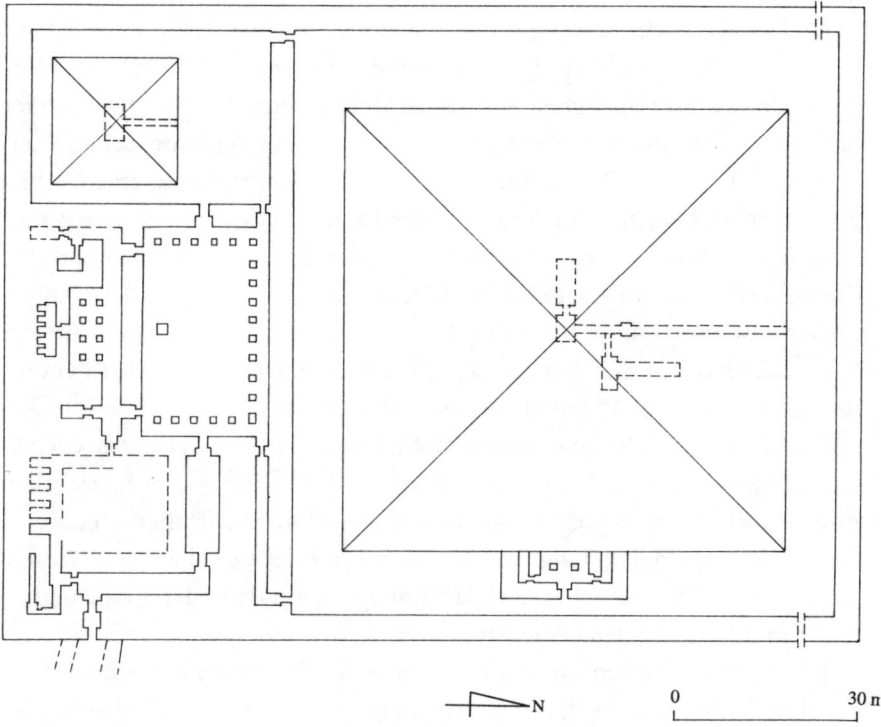

Grundriß des Pyramidenkomplexes des Userkaf ohne Aufweg und Taltempel (nach Maragioglio und Rinaldi).

Die heute verfallene Pyramide läßt Uneingeweihte kaum ahnen, daß sie ursprünglich eine sehr harmonische Form hatte. Ihr Grundriß war so berechnet, daß er in axialem Schnitt zwei rechtwinklige Dreiecke bildete, deren Seiten in einem Verhältnis von drei zu vier zu fünf standen. Wahrscheinlich wurde der Kern nicht in Schalenbauweise errichtet, wie Leslie Grinsell annahm. Eher entstand er wohl, ähnlich wie die unmittelbar folgenden Pyramiden der weiteren Herrscher der 5. Dynastie bei Abusir, in waagerechten Schichten. Zu seinem Bau wurden grobe Blöcke aus gewöhnlichem lokalen Kalkstein verwendet; nur für die Verkleidung nahm man feinen weißen Kalkstein aus den Steinbrüchen vom gegenüber liegenden Nilufer. Die auf Verkleidungsfragmenten entdeckten Überreste einer Hieroglypheninschrift – sie stammen wahrscheinlich wieder von Prinz Chamuaset – sind nach der Restaurierung des Pyramidenkomplexes eingemeißelt worden.

Anders als bei den vorangegangenen Pyramiden der 4. Dynastie befand sich der Eingang nicht in der Nordwand, sondern im Pflaster des Hofs davor. In die unterirdischen Kammern führte zunächst ein absteigender und schließlich waagerechter Korridor. Ungefähr in der Mitte seines waagerechten Teils befand sich eine Barriere aus Rosengranit mit einem einzigen Fallstein. Gleich dahinter lag in der Ostwand des Korridors ein Eingang in eine Kammer, deren Grundriß an den Buchstaben T erinnert. Sie diente vermutlich als Lager für die Grabausstattung.

Der Korridor mündet in einer Tiefe von etwa zehn Metern unter der Pyramidenbasis in die Vorkammer, die genau in einer vertikalen Pyramidenachse liegt. Ihre Wände sind mit feinem weißen Kalkstein verkleidet, und aus riesigen Blöcken desselben Materials besteht auch das Giebeldach. Die westlich der Vorkammer gelegene Grabkammer hat hinsichtlich ihrer Ausmaße und Konstruktion erhebliche Ähnlichkeit mit dieser, ist jedoch etwa zweimal so lang. An der Westwand der Grabkammer wurden Reste eines unverzierten Basaltsarkophags gefunden, der ursprünglich leicht in den Fußboden eingelassen war.

Diese etwas unbestimmte und knappe Beschreibung der Substruktur der Userkaf-Pyramide stammt von dem Ärchäologen, der sie in den dreißiger Jahren des 19. Jahrhunderts als einziger besucht und erforscht hat: Perring. Seit dieser Zeit ist der Zugang durch Geröll blockiert, eine

Situation, die sich nach dem Erdbeben im Oktober 1991 noch verschlechtert hat.

Im Gegensatz zu allen vorangegangenen Pyramidenanlagen befand sich der Totentempel weder vor der Ostseite (wie in der 4. Dynastie üblich) noch der Nordseite (typisch für die 3. Dynastie) der Pyramide. Die ungewöhnliche Position vor der Südseite gab den Anlaß für eine ganze Reihe von Theorien, über die noch zu sprechen sein wird. Heute ist es schwierig und in einigen Details sogar unmöglich, seine Architektur zu rekonstruieren, denn in saitischer Zeit wurden hier einige große Schachtgräber ausgehoben, wobei nicht nur die ursprüngliche Anordnung, sondern durch den Steinraub auch direkt die Substanz des Tempels weitgehend zerstört wurde.

Der in der Südostecke gelegene Haupteingang, der gleichzeitig die Mündung des Aufwegs darstellte, ist besonders stark beschädigt worden. Aus erhalten gebliebenen Überresten des Mauerwerks geht hervor, daß sich hier ein Treppenaufgang zur Dachterrasse befand, eine Gruppe von fünf Lagerkammern und eine Eingangshalle in Form eines umgedrehten L, durch die man in einen basaltgepflasterten offenen Pfeilerhof trat. Die Pfeiler aus Rosengranit, die in Flachrelief eingemeißelte Hieroglypheninschriften mit den Titeln und dem Namen des Herrschers trugen, umgaben den Hof nur an drei Seiten, im Süden standen keine. Auch über dem Basaltdado der Kalksteinwände des Umgangs befand sich ursprünglich ein Dekor mit Szenen und Inschriften in Flachrelief. Von ihrer Mannigfaltigkeit und meisterhaften Ausführung zeugen Bruchstücke, die Firth bei archäologischen Grabungen aufgespürt hat, etwa das berühmte Fragment einer Szene aus dem Leben im Papyrusdickicht, das heute im Ägyptischen Museum Kairo ausgestellt ist (JE 56001). Vor der Südwand des Hofes stand eine Statue des Userkaf aus Rosengranit, die ursprünglich etwa fünf Meter hoch war. Neben der Großen Sphinx stellt sie die älteste bekannte Kolossalstatue eines ägyptischen Herrschers dar. Ihr Kopf, geziert von der *nemes*-Haube und dem Uräus, ist heute ebenfalls im Ägyptischen Museum Kairo zu sehen (JE 52501).

Das Allerheiligste des Tempels betrat man durch zwei Eingänge in der Südwand des Hofes. Es bestand aus einem kleinen Saal mit vier Pfeilerpaaren aus Rosengranit und einer Kapelle mit Nischen (nach Lauer fünf,

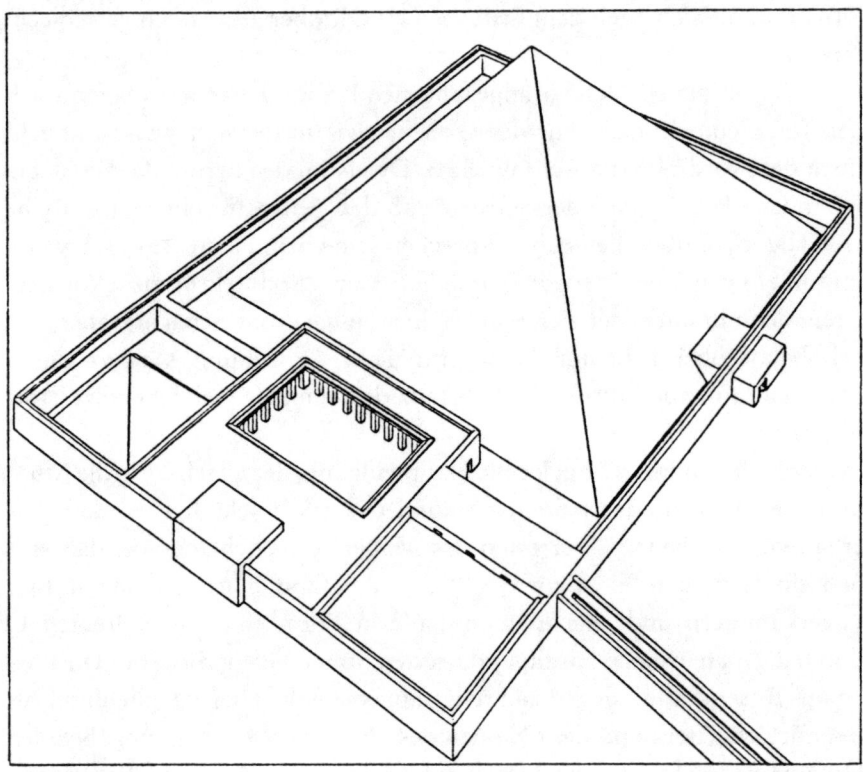

Rekonstruktion des Pyramidenkomplexes des Userkaf ohne Aufweg und Taltempel (nach Ricke).

nach Ricke drei), in denen Kultstatuen des Herrschers standen. Auf den ersten Blick überraschend ist, daß sich die für den Totenkult unabdingbare Opferhalle nicht in diesem zentralen Areal des Bauwerks befand, sondern in einem kleinen Kalksteintempel vor der Pyramidenostwand. Lauer führte diese Besonderheit auf den Einfluß der Sonnenreligion zurück, die zur Zeit des Userkaf ihren Höhepunkt erreicht hatte. Die Decke des Saals stützten zwei Granitpfeiler, und die Wand zur Pyramide war mit einer großen Scheintür aus Quarzit versehen. Die übrigen Wände waren oberhalb des Granitdados mit Opferszenenreliefs bedeckt.

Die Kultpyramide stand keineswegs vor der Südost-, sondern vor der Südwestecke der Königspyramide, doch von ihrem Kern haben sich nur die beiden untersten Stufen erhalten. Die unterirdische Kammer war von Norden her zugänglich.

Alle bisher angeführten Bauten umgab eine mächtige Umfassungsmauer. Der Aufweg und der Taltempel sind als verbleibende Bestandteile dieser Anlage bisher noch nicht ausgegraben und erforscht worden.

Der kleine Pyramidenbezirk der Königin war baulich vom Komplex des Königs getrennt. Er lag südlich versetzt und bestand aus einer kleinen Pyramide und einem Totentempel innerhalb einer eigenen Umfassungsmauer. Seine spätere Devastation durch Steindiebe war so stark, daß alle Versuche, ihn (insbesondere den Totentempel) zu rekonstruieren, einen hypothetischen Charakter aufweisen. Neben den Grabkomplexen von Chentkaus I. in Giza und von Djedkares Gemahlin in Saqqara-Süd gehörte dieses Grab zu den größten Pyramidenanlagen einer Königin des Alten Reiches.

Die Pyramide hatte ursprünglich einen dreistufigen Kern, und ihr Mantel bestand aus Blöcken feinen weißen Kalksteins. In ihren Grundmaßen – der Seitenlänge, dem Böschungswinkel der Wand und auch der Höhe – stimmte sie fast mit der Pyramide der Königin Chentkaus II. in Abusir überein. Der unterirdische Teil umfaßte eine Vor- und Grabkammer. Beide besaßen fast kongruente Ausmaße und dasselbe Giebeldach aus großen Kalksteinblöcken.

Aus den erhaltenen Überresten läßt sich wohl schließen, daß der Totentempel vor der Ostseite der Königinnenpyramide einen zentral gelegenen offenen Pfeilerhof, eine an der Pyramidenwand anliegende Opferhalle, drei Statuennischen, Lagerkammern und vielleicht auch eine Treppe zur Dachterrasse einschloß. Die bisher noch nicht veröffentlichten Relieffragmente, die schon Firth entdeckt hatte, legen die Vermutung nahe, daß die Wände der bedeutenden Tempelräume (Opferhalle, Pfeilerhof?) verziert waren. Leider ist es nicht gelungen, auf den Fragmenten aus dem Pyramidenkomplex der Königin oder dem des Königs einen direkten Namensbeleg für Userkafs Gemahlin zu finden. Lediglich aufgrund eines indirekten Hinweises, der einer Inschrift aus dem nahe gelegenen Grab des Totenpriesters Persen (heute im Berliner Museum, Nr. 15004) entnommen wurde, ordnet man ihr den Namen Neferhetepes zu.

Kehren wir nun noch einmal zu der ungewöhnlichen, scheinbar allen religiösen Normen zuwiderlaufenden Lage des königlichen Totentempels zurück. Von den bisher vorgeschlagenen Theorien, die diese Besonderheit zu erklären versuchen, sind vier erwähnenswert.

Die gewagteste Hypothese äußerte Ricke, der den Standort des Tempels in einen direkten Zusammenhang mit dem kulminierenden Sonnenkult brachte. Danach bestand Userkafs Motiv darin, die Stätte seines Totenkults den ganzen Tag über im Sonnenlicht erstrahlen zu lassen. Lauer und auch Edwards nannten als Hauptgründe die Topographie der Nekropole von Saqqara sowie die Tatsache, daß der Platz östlich der Pyramide schon von anderen Gräbern besetzt war. Altenmüller vermutete eine Ausrichtung des Tempels nach dem Obelisken, der seiner Meinung nach westlich von ihm auf dem schon früher erwähnten Hochplateau an der nördlichen Umfassungsmauer des Djoser-Komplexes stand. Stadelmann schließlich wies auf einen möglichen Zusammenhang zwischen der Lage des Tempels und dem administrativen Zentrum der Nekropole hin, das sich zu dieser Zeit wahrscheinlich an der Nordostecke des Djoser-Komplexes befand.

Keine dieser Theorien liefert eine befriedigende Lösung des Problems. Es bietet sich aber noch eine Erklärung an, die mit dem sogenannten Großen Graben um den Pyramidenkomplex des Djoser zusammenhängt. Dieser These zufolge entschied sich Userkaf zu einem sehr ungewöhnlichen Schritt: Er ließ sich seine Pyramidenanlage auf einem schmalen Areal zwischen der Umfassungsmauer und dem Großen Graben an der Nordostecke des Djoser-Bezirks errichten, wodurch er sie praktisch in diesen Komplex eingliederte, dem damals auf der Nekropole von Saqqara bereits eine außerordentliche religiöse Bedeutung zukam.

Obwohl die geplante Pyramide von bescheidenem Ausmaß war, grenzte ihre Ostseite aufgrund des Platzmangels fast an den Rand des Grabens an. Um einen Pyramidenbezirk an diesem Ort bauen zu können, wäre es erforderlich gewesen, einen großen Teil des östlichen Grabenflügels zuzuschütten. Selbst wenn der Graben zu dieser Zeit zum Teil bereits mit Sand gefüllt war, hätte eine vollständige Schließung wohl nicht nur einen pietätlosen Akt, sondern auch ein Sicherheitsrisiko dargestellt. Insbesondere bei einem Erdbeben hätte die Gefahr bestanden, daß die Stabilität des Totentempels gestört worden wäre. Deshalb wurde der Totentempel des Userkaf auf dem einzig freien und vor allem festen Boden vor der Südseite der Pyramide erbaut. Daraus resultierte wiederum dieselbe Nordsüd-orientierung wie beim Djoser-Komplex, wenn auch mit entgegengesetzter Lage des Totentempels.

Wie in allen Bereichen der Forschung stellt auch hier die Beantwortung einer Frage noch nicht die Erklärung des gesamten Problems dar, sondern wirft eher neue Fragen auf. Eine davon lautet, warum sich Userkaf dazu entschlossen hat, seinen Pyramidenkomplex ausgerechnet an diesem baulich so komplizierten Ort errichten zu lassen. Eine wichtige Rolle spielte dabei wohl die außergewöhnliche Stellung des Djoser-Grabes, in dessen «Schatten» Userkaf bestattet werden wollte. Zur Erklärung könnte die bessere Kenntnis der Ereignisse am Ende der 4. und Anfang der 5. Dynastie, der religiösen Verhältnisse und insbesondere Userkafs Abstammung erheblich beitragen.

DIE PYRAMIDE DES SAHURE

Sahure wählte sich für seinen Pyramidenkomplex eine Stelle beim heutigen Abusir, in der Nähe von Userkafs Sonnentempel. Warum letzterer aber an diesem verlassenen Ort entstand, ist unklar. Befand sich vielleicht im nahen Niltal eine Residenz oder eine bedeutende Sonnenkultstätte? Oder war dies, wie Kaiser meint, der südlichste Ort, von dem aus man den vergoldeten Obeliskengipfel des Re-Tempels in Heliopolis gerade noch erblicken konnte? Wir wissen es nicht.

Der Komplex des Sahure, den seine Erbauer «Die Seele des Sahure erglänzt» nannten, knüpfte zwar in konzeptioneller Hinsicht an die vorausgegangenen Königsgräber an, doch unterschied er sich hinsichtlich der Wahl der Baumaterialien und besonders der Art der Reliefverzierung erheblich von ihnen. Zu Recht ist er deshalb schon im alten Ägypten zu einer Quelle künstlerischer Inspiration geworden und gilt heute als weiterer Meilenstein in der Entwicklung der altägyptischen Königsgrabarchitektur.

Vielleicht weil die Pyramide an einen kleinen verwitterten Steinhaufen

Ludwig Borchardt

erinnert, widmeten sich die ersten Forscher den Ruinen von Sahures Komplex nur mit geringer Aufmerksamkeit. In die unterirdischen Kammern der Pyramide gelangte zuerst Perring, und auch die Lepsius-Expedition führte kurz darauf eine Untersuchung des Monuments durch, doch mehr als ein halbes Jahrhundert lang herrschte Desinteresse vor; selbst de Morgans erneute Öffnung des Zugangskorridors in das Pyramideninnere stellte bloß eine unbedeutende archäologische Episode dar. Eine grundlegende Erforschung des Pyramidenkomplexes fand erst zu Beginn des 20. Jahrhunderts unter der Leitung Borchardts statt. Die für ihre Zeit brillante und von Ägyptologen bis heute häufig zitierte zweibändige Publikation *Das Grabdenkmal des Königs Śḥu-reʿ* machte aus dem Sahure-Komplex mit einem Schlag eine Stätte von erstrangiger Bedeutung.

Mit seinen Grabungen nicht nur in Abusir, sondern kurz zuvor bereits in Abu Ghurab wurde Borchardt schlagartig zu einer der bedeutendsten Persönlichkeiten der ägyptischen Archäologie. Dabei war er erst spät zu diesem Fach gestoßen. Er stammte aus einer jüdischen Familie in Berlin, studierte dort an der Technischen Hochschule und erwarb das Baumei-

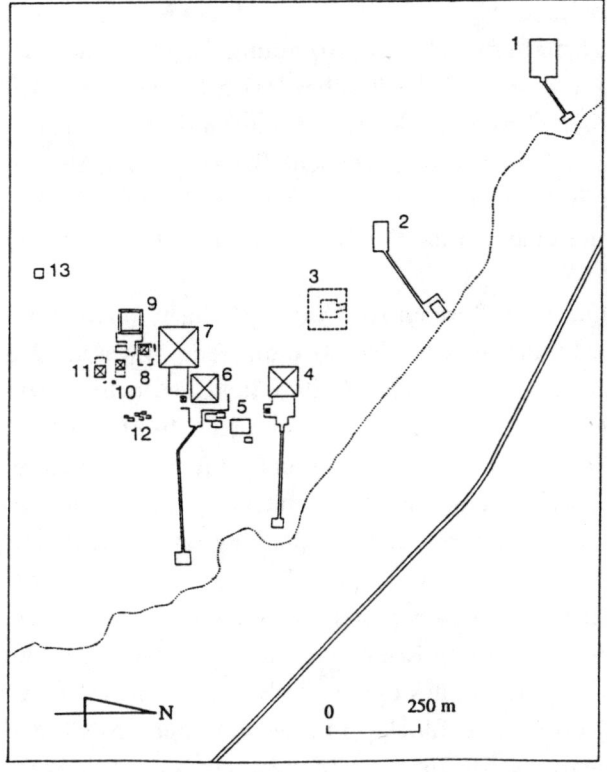

Vereinfachter Plan der Pyramidennekropole bei Abusir: 1 – Sonnentempel des Niuserre, 2 – Sonnentempel des Userkaf, 3 – Unvollendete Pyramide des Schepseskare (?), 4 – Pyramide des Sahure, 5 – Mastaba des Ptahschepses, 6 Pyramide des Niuserre, 7 – Pyramide des Neferirkare, 8 – Pyramide der Chentkaus II., 9 – (Unvollendete) Pyramide des Neferefre, 10 – Pyramide «Lepsius Nr. XXIV», 11 – Pyramide «Lepsius Nr. XXV», 12 – Nekropole mit Mastabas von Chekeretnebti, Hedjetnebu, Mernefu, Neserkauhor etc., 13 – Schachtgrab des Udjahorresnet.

sterdiplom. Erst später begann er, die Lehrveranstaltungen des damals berühmtesten deutschen Ägyptologen, Adolf Erman, zu besuchen. Dieser hielt ihn für einen begabten Studenten und verhalf ihm 1895 zu einer ersten Reise nach Ägypten. Borchardt begleitete damals Henry Lyons (1864–1944) und hatte die Aufgabe, einige technisch-dokumentarische Arbeiten im Tempelkomplex auf der kleinen Insel Philae auszuführen. Später blieb Borchardt auf Anraten seines Lehrers ganz in Ägypten. Nur ein Architekt, so Erman, könne dem alten Volk wirklich würdig sein, das in seinen Bauwerken soviel Großes vollbracht habe. Zusammen mit de Morgan nahm Borchardt an der grundlegenden Konzeption der wissenschaftlichen Katalogisierung der Bauwerke im Ägyptischen Museum Kairo teil. Besonderes Talent bewies er auch als Diplomat: 1899 wurde er zum wissenschaftlichen Attaché am deutschen Konsulat in Kairo ernannt. Den Höhepunkt seines Schaffens stellte die Gründung des Deutschen Archäologischen Instituts in Kairo dar, das Borchardt von 1909 bis 1929 leitete. Auch war er an der Gründung des Deutschen Grabungshauses in Luxor und des Schweizer Instituts für ägyptische Baukunst und Altertümer in Kairo beteiligt, in dessen Garten er bei einer Gruppe von Königspalmen am Nilufer unter einem einfachen Rosengranitblock aus Assuan begraben liegt.

Nach der Beendigung von Borchardts Untersuchungen im Sahure-Komplex entstand der Eindruck, sie seien so umfassend gewesen, daß ihnen nichts Neues und erst recht nichts Grundsätzliches mehr hinzuzufügen sei. Eine Vermessung, die Anfang der sechziger Jahre von Maragioglio und Rinaldi durchgeführt wurde, erbrachte nur einige Präzisierungen. 1994 kam es jedoch zu einer überraschenden Wende. Die ägyptische Altertümerverwaltung hatte beschlossen, die Nekropole bei Abusir für den internationalen Tourismus zu öffnen. Zu diesem Zweck wurde eine partielle Rekonstruktion ausgewählter Bauwerke in Angriff genommen, insbesondere des Sahure-Komplexes und der Mastaba des Ptahschepses. Bei der Ausgrabung des oberen Teils von Sahures Aufweg tauchten gewaltige reliefverzierte Blöcke auf, die ikonographisch und auch künstlerisch einzigartig sind. Aus Gründen, die wir nur erraten können, hatte Borchardt das Areal entlang der beiden Seiten des oberen Teils des Aufwegs damals nicht untersucht. Die Reliefs ermöglichen einen ganz neuen Blick auf den Charakter und die Bedeutung des sogenannten Bildprogramms der königlichen Pyramidenkomplexe.

Die Pyramide des Sahure steht auf einem kleinen Hügel am Wüstenrand, etwa zwanzig Meter oberhalb des Niltals. Eine Untersuchung ihres Untergrunds ist niemals durchgeführt worden, doch nach der benachbarten Mastaba des Ptahschepses zu urteilen, wurde sie nicht auf einem Felsen errichtet, sondern auf einer Plattform aus mindestens zwei Lagen grober Kalksteinblöcke.

Der schlechte Zustand des Monuments läßt es nicht zu, genaue Angaben hinsichtlich des ursprünglichen Aussehens, der Ausmaße und besonders des Raumplans im Untergrund zu ermitteln. Der Kern, der sich vermutlich aus waagerecht verlegten Schichten grober, minderwertiger

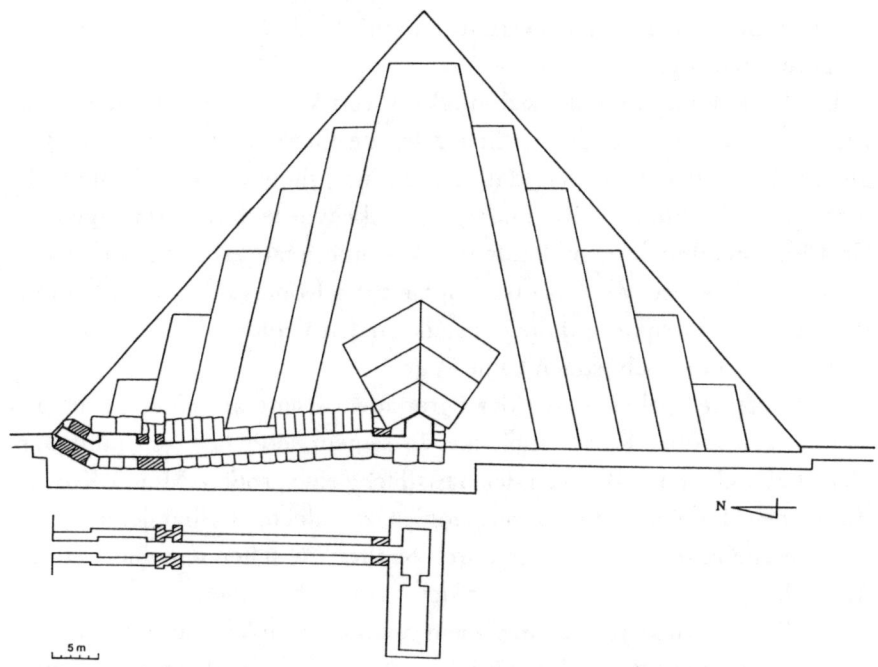

Pyramide des Sahure. Nordsüdlicher Schnitt und Grundriß der Substruktur (nach Borchardt). Die Darstellung der schalenartigen Struktur des Kernmauerwerks ist wahrscheinlich nicht richtig.

Kalksteinblöcke zusammensetzte, war ursprünglich sechsstufig. Demgegenüber bestand die Verkleidung aus gut bearbeiteten großen Blöcken feinen weißen Kalksteins aus den Steinbrüchen in der Nähe des heutigen Ma'asara am gegenüber liegenden Nilufer. Bei der Einmessung der Pyramide unterlief den Baumeistern eine bemerkenswerte Ungenauigkeit: Die Südostecke ist im Vergleich zur Nordostecke um 1,58 Meter nach Osten verschoben und damit der Grundriß nicht ganz quadratisch.

Der Eingang in die Substruktur liegt dicht über der Grundfläche der Nordwand. Der verhältnismäßig kurze absteigende Korridor aus Kalkstein mündet in ein kleines Vestibül, hinter dem unmittelbar eine Fallsteinvorrichtung aus Rosengranit folgt. Dann beginnt der Korridor ganz leicht anzusteigen, bis er schließlich kurz vor dem Eingang in die Vorkammer einen horizontalen Verlauf nimmt. An drei Stellen ist er mit Rosengranit befestigt.

Die Vorkammer befindet sich direkt in vertikaler Pyramidenachse und ist, genau wie die weiter westlich gelegene Grabkammer, derartig von Steindieben zerstört worden, daß sich der ursprüngliche Plan heute nicht mehr genau bestimmen läßt. Die Giebeldecke wurde durch drei Lagen riesiger Kalksteinblöcke gebildet. In den Trümmern fand Perring Fragmente, die er für Überreste des Basaltsarkophags des Königs hielt. Vom Pyramidion, dessen Transport auf die Baustelle an den Wänden des Aufwegs dargestellt war, fand sich jedoch keine Spur.

Der Totentempel steht vor der Pyramidenostseite auf einer Ebene aus zwei Lagen grober Kalksteinblöcke. In seinem südlichen Teil fand Borchardt zwischen den Blöcken der Basisfläche eine größere Menge Körner, die er den Tempelgründungszeremonien zuordnete. Es hat jedoch eher den Anschein, daß die Körner durch Spalten zwischen den Blöcken der Tempelmagazine gefallen sind, die sich darüber befanden.

Der Tempel gliederte sich in seinem ostwestlichen Verlauf in zwei Teile, den sogenannten öffentlichen und den intimen, die durch einen Querkorridor voneinander getrennt waren. Diese baulich-archäologischen Bezeichnungen sind nicht ganz präzise. Während der Zutritt in den intimen Teil sowieso nur einem sehr eingeschränkten Kreis ausgewählter Priester gebührte, stand auch der restliche Bereich keineswegs jedem offen.

Zu ihm gehörte insbesondere die Eingangshalle sowie der offene Pfeilerhof. Erstere, die in zeitgenössischen Inschriften als «Haus der Großen» bezeichnet wird, stellte in funktionaler Hinsicht den Übergang zwischen Aufweg und Totentempel dar. Borchardts Überzeugung nach war sie der Ort, wo der Leichenzug anhielt, um dem verstorbenen Pharao die letzte Ehre zu erweisen. In den Ruinen der Halle wurden Überreste eines Rosengranitdados gefunden. Die Seitenwände aus feinem Kalkstein sind mit wunderbaren Szenen und Inschriften in Flachrelief verziert worden.

Der offene Hof, in den man aus der Eingangshalle trat, hatte Ricke zufolge eine besondere, symbolische Bedeutung. Er stellte den heiligen Palmenhain von Buto dar, den «Nationalfriedhof» der alten Ägypter. Um den Hof standen nämlich insgesamt sechzehn monolithische Rosengranitsäulen, die wie der Stamm und die Krone einer Palme geformt waren,

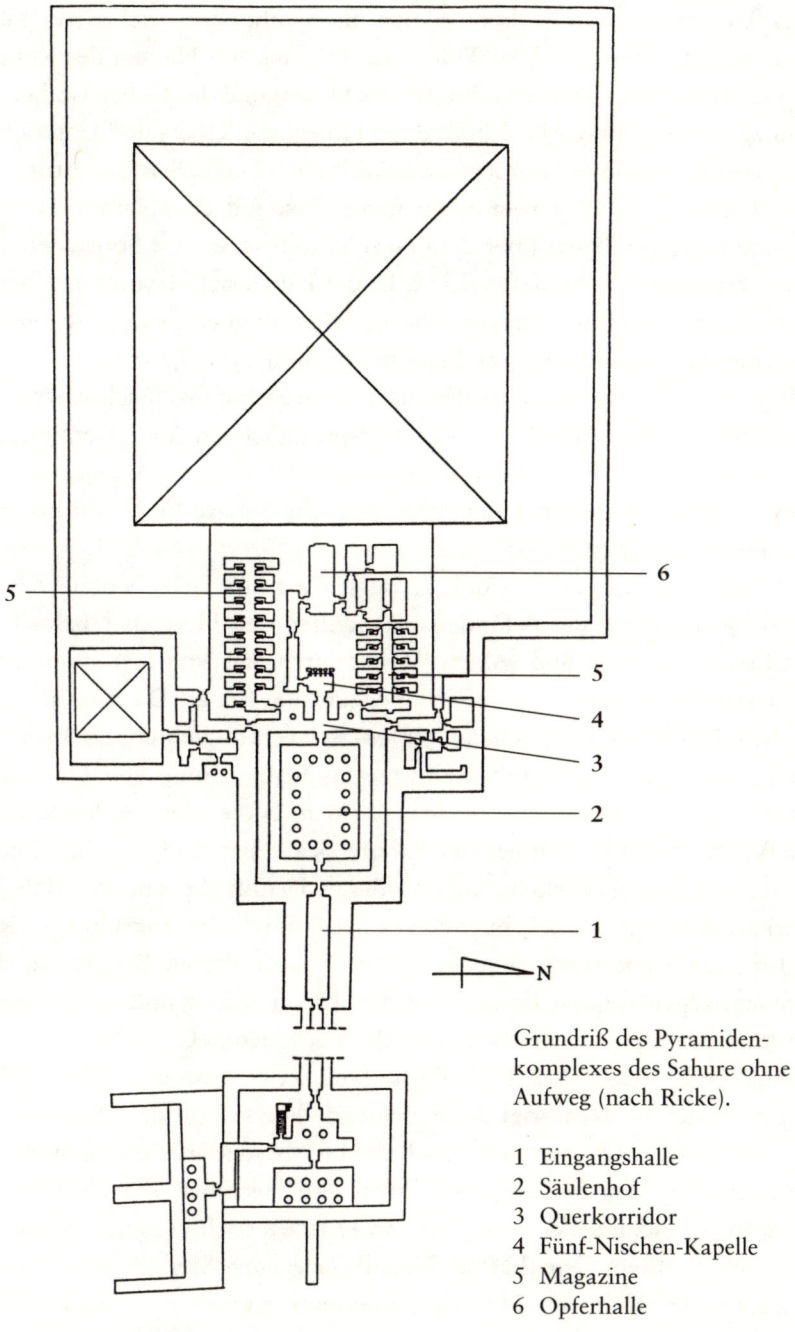

Grundriß des Pyramiden-
komplexes des Sahure ohne
Aufweg (nach Ricke).

1 Eingangshalle
2 Säulenhof
3 Querkorridor
4 Fünf-Nischen-Kapelle
5 Magazine
6 Opferhalle

jenes Baumes, der für die alten Ägypter das Symbol der Fruchtbarkeit und des ewigen Lebens war. Die Säulen zierten Titel und Namen des Königs, des Geiers Nechbet (in der Südhälfte des Hofes) und der Kobra Uadjet der Schutzgöttinnen (in der Nordhälfte des Hofes) von Ober- und Unterägypten. Sie stützten einen Granitarchitrav mit der königlichen Titulatur. Erst darauf lagen die von Sternen übersäten Kalksteindeckenplatten. Die Seitenwände aus Kalkstein über dem Granitdado waren mit herrlichen Szenen in farbigem Flachrelief bedeckt. Leider haben sich davon nur Überreste erhalten, die unter anderem Sahures Triumph über die asiatischen und libyschen Feinde und eine prächtige Beuteschau darstellen.

In der Nordwestecke des offenen, mit unregelmäßigen schwarzen Basaltplatten gepflasterten Hofes stand ursprünglich ein Alabasteraltar, der mit Symbolen der Einigung von Ober- und Unterägypten, einer Prozession der personifizierten Totenopfergüter, die Sahure Opfer darbringen, und weiteren Szenen verziert war.

Um den Hof lief ein Korridor, an dessen Wänden sich ebenfalls Szenen in farbigem Flachrelief befanden. Sie stellten den Herrscher beim Fang von Fischen, Vögeln und wilden Wüstentieren dar. Von hier stammt das oben erwähnte, historisch äußerst bedeutsame Relief. Die Gestalt eines der Mitglieder des königlichen Gefolges ist nachträglich um die Insignien der königlichen Macht und die kurze Inschrift «König von Ober- und Unterägypten Neferirkare» ergänzt worden. Sethe, der die Szenen und Inschriften aus dem Tempel des Sahure bearbeitet und zur Publikation vorbereitet hat, entwickelte anhand dieses Details die Theorie, daß Neferirkare der Bruder des Sahure gewesen sei und die Instruktion zur «Korrektur» der Reliefverzierung im Tempel seines älteren Bruders in dem Moment gegeben habe, da er selbst den Thron bestieg und einen eigenen Pyramidenkomplex in der Nachbarschaft erbauen ließ.

Auf dem Areal des Säulenhofs fand etwa tausend Jahre später (während der 18. Dynastie) der bedeutende lokale Kult der «Sechmet des Sahure» statt, wozu wahrscheinlich die hier besonders gut erhaltene Reliefdarstellung der Löwengöttin Anlaß gab. Sechmet, die «Mächtige», mütterlich beschützende und gleichzeitig kriegerische Göttin, wurde zusammen mit ihrem Gemahl Ptah im nahe gelegenen Memphis verehrt. Die Tradition des Kults im Pfeilerhof überlebte Sahure und auch «seine»

Sechmet, denn in frühchristlicher Zeit gründeten die Kopten an dieser Stelle ihr Heiligtum.

Der Querkorridor in der Mitte sollte nicht nur den öffentlichen vom intimen Tempelbereich trennen, sondern bildete auch einen zentralen Kreuzungspunkt, der die Kommunikation zwischen allen Teilen des Tempels, dem Hof um die Pyramide und der Kultpyramide ermöglichte. Am nördlichen Ende existierte ferner ein Zugang zu einer Treppenrampe, die auf die Dachterrasse führte. Ähnlich wie der Pfeilerhof besaß auch der Querkorridor ein Basaltpflaster. Die Kalksteinwände über dem Granitsockel waren mit Reliefszenen von Seeschlachten und aus Asien heimkehrenden Handelsschiffen verziert, die heute leider nur noch in Bruchstücken erhalten sind. In der Mitte der Westwand des Korridors befand sich eine niedrige Treppe, die den Zugang zu einem bedeutenden Kultteil des Tempels ermöglichte – einer Kapelle mit fünf Nischen. Zu beiden Seiten der Treppe erhoben sich aus tiefen Nischen zwei sechsstengelige Papyrusbündelsäulen, die einen Architrav nebst Deckenplatten stützten. Von hier stammt auch ein Architravstück, das bei archäologischen Grabungen in dem nicht weit entfernten koptischen Kloster St. Jeremias in Saqqara entdeckt wurde, wo es als Teil einer Ölpresse Verwendung fand.

Der Kultfunktion der Fünfnischenkapelle entsprach ihre prachtvolle Ausstattung. Die Nischenverkleidung in der Westwand bestand wie der Dado aus Rosengranit. Die Wände waren kalksteinverkleidet und auch hier reich mit farbigen Reliefs verziert. Mit der sternenübersäten Kalksteindecke sollte der unterweltliche Himmel nachempfunden werden. Aus dem alabastergepflasterten Fußboden führte zu jeder der Nischen eine niedrige Treppe empor. Die Kultstatuen, die einst darin gestanden haben, sind nicht erhalten geblieben. Aus der Fünfnischenkapelle führte ein Weg in den hintersten und hinsichtlich des Kults wichtigsten Raum des ganzen Tempels, in die Opferhalle, die direkt an die Pyramidenostwand grenzte. Über dem Alabasterfußboden wölbte sich eine Sternendecke. Opfergaben tragende Götter, ein Totenmahl und eine Opferliste zierten die Wände der halbdunklen Halle und bildeten die intime Umgebung für den Geist des verstorbenen Herrschers, der hierherkam, um zu speisen. In der Vorstellung der Erbauer trat er durch eine riesige Granitscheintür, die in der Westwand des Saals eingesetzt war, aus dem Inneren der Pyramide heraus, empfing die Opfer, die auf einem steinernen Altar bereitlagen, und kehrte nach Beendigung seines Totenmahles über denselben Weg wieder in sein Grab zurück. Bei seinen Untersuchungen überraschte Borchardt die sehr grob bearbeitete Oberfläche der Scheintür, auf der zudem keine Inschriften eingemeißelt waren, und er vermutete, daß sich die Schriftzeichen mit den Totenopferformeln, dem Namen und den Titeln des Herrschers auf einer metallenen, vielleicht kupfernen (oder goldenen?) Verkleidung befunden haben könnten, die schon vor langer Zeit von Dieben heruntergerissen wurde und so spurlos verschwunden ist.

In funktioneller Verbindung zu den Ritualen in der Opferhalle standen die angrenzenden Räume, von denen einige mit Libationsbecken ausgestattet waren. Daraus gelangte das Wasser durch Kupferrohre in einen zentralen Abwasserkanal, der im Fußboden ausgehoben und mit Kalksteinfliesen gepflastert worden war. Das gesamte Kanalisationssystem maß um die dreihundertachtzig Meter! Es ist ferner interessant, daß in diesem durchdachten System auch Bleipfropfen Verwendung fanden.

Im südlichen und nördlichen Teil der intimen Hälfte des Totentempels befanden sich große Magazine. Im Nordbereich handelte es sich um zehn Räume, die als Schatzkammern gekennzeichnet waren. Darin wurden auf einer Fläche von fast hundert Quadratmetern wahrscheinlich Kultobjekte für Tempelrituale untergebracht. Der Südteil umfaßte siebzehn Räume, die vor allem zur vorübergehenden Lagerung von Opfergaben dienten. Bei der Konstruktion der zweistöckigen Magazine wurden so große Kalksteinblöcke verwendet, daß die Stufen zum ersten Stock zuweilen direkt in den Seitenwänden herausgemeißelt werden konnten.

Vom Südrand des Querkorridors gelangte man auf den Hof um die Pyramide und zur Kultpyramide. Ein Portikus mit einem Säulenpaar aus grauschwarzem Granit ermöglichte den Zugang zur Nekropole, die bereits während Sahures Regierungszeit südlich des Totentempels zu entstehen begann. Dieser Friedhof ist zwar noch unerforscht, doch liegt die Vermutung nahe, daß darauf auch die nächsten Verwandten des Herrschers bestattet wurden. Irgendwo hier befanden sich wohl auch das Grab von Sahures Gemahlin Nefretchanebti und das seines erstgeborenen Sohnes Netjerirenre, wie ein Block mit seinem Namen verrät, der in der nahe gelegenen Mastaba des Wesirs Ptahschepses gefunden wurde.

Die Kultpyramide besaß eine eigene Umfassung und einen zweistufigen Kern. In die einzige, ostwestlich orientierte und leicht unter dem Grundflächenniveau eingelassene Kammer führte ein abgeknickter, zunächst leicht absteigender und dann wieder ansteigender Korridor. In ihrem Innern wurde nichts gefunden, da dort Steindiebe erhebliche Zerstörungen angerichtet haben.

Vom Aufweg ist lediglich die Basisrampe aus großen, grob bearbeiteten Kalksteinblöcken erhalten geblieben. Die Wände des ursprünglich überdachten Korridors, der nur spärlich durch schmale Deckenöffnungen beleuchtet wurde, waren reich mit Szenen in polychromiertem Flachrelief verziert. Im unteren Teil des Korridors fand Borchardt Reliefs, denen apotropäische Bedeutung zugeschrieben wird und den König in Gestalt einer Sphinx abbilden, die unter ihren Tatzen die Feinde Ägyptens zermalmt. Als er keine reliefverzierten Blöcke mehr fand, beschloß Borchardt, den verbleibenden Teil des Weges (etwa drei Viertel) nicht weiter zu untersuchen. Dem deutschen Team entgingen auf diese Weise die schon erwähnten einzigartigen Reliefs.

Von Sahures Taltempel sind heute nur noch schilf- und palmenbewachsene Ruinen am Wüstenrand übriggeblieben. Der Fußboden lag ursprünglich etwa fünf Meter unterhalb des heutigen Bodenniveaus, so hoch sind mittlerweile die Schlammablagerungen, die sich hier infolge der alljährlichen Nilüberschwemmungen in viertausendfünfhundert Jahren gebildet haben. Im Gegensatz zum Totentempel war der Taltempel mit seiner Längsachse nordsüdlich orientiert und besaß zwei Rampen – eine südliche und eine östliche. Am Portikus erhob sich eine Reihe mit vier Säulen aus Rosengranit, der Osteingang wies die doppelte Anzahl auf. Neben dem basaltgepflasterten Fußboden und den reliefverzierten Wänden erweckten hier auch die Sterne an der Kalksteindecke die Vorstellung vom Eingang in das Königreich der Unterwelt.

Die Wege aus beiden Eingängen trafen sich in einem kleinen Saal in der Mitte des Tempels, der mit einem Säulenpaar verziert war. An den Wänden dieses Knotenpunktes befanden sich weitere Szenen in polychromiertem Flachrelief. Hier lag der Übergang zwischen den beiden Eingängen und dem Aufweg zum Totentempel, und zusätzlich führte auch eine Treppe auf die Dachterrasse.

Warum der Taltempel des Sahure zwei Eingänge hatte, ist bisher nicht befriedigend erklärt worden. Vor allem der südliche könnte auf den ersten Blick überflüssig erscheinen. Warum existierte dieser neben dem von Osten kommenden Haupteingang? Möglicherweise lagen gerade in südlicher Richtung bedeutende Bauten, die mit dem königlichen Grabkomplex zusammenhingen. Ankerten vor einer südlichen Hafenrampe Schiffe, die durch einen speziellen Kanal aus dem einst südlich von Sahures Tempel gelegenen Becken kamen? Vielleicht standen an seinen Ufern die Residenzen der Könige, die in den Pyramiden von Abusir bestattet wurden, vielleicht erstreckte sich in dieser Richtung die Pyramidenstadt des Sahure, *Chabasahure*. Vielleicht stand hier auch Sahures Palast *Uetjesneferusahure*, «Sahures Schönheit ragt zum Himmel empor». Seine Existenz bezeugen Inschriften auf ganz gewöhnlichen Gefäßen für Talg, die kürzlich in Neferefres Totentempel in Abusir entdeckt wurden.

DIE PYRAMIDE DES NEFERIRKARE

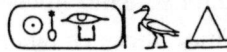

Die Pyramide des Neferirkare, die ursprünglich «Kakai ist Ba-Seele» hieß*, thront über der ganzen Nekropole von Abusir. Sie war hier das größte Bauwerk, welches gleichzeitig mit dreiunddreißig Metern über dem Niltalniveau auch am höchsten lag. Heute ähnelt sie jedoch einem Steinhaufen, der lediglich durch die eindrucksvoll hervortretende Stufenstruktur seines Kerns auffällt.

Perring führte die erste archäologische Untersuchung dieses Bauwerks durch. Kurz darauf folgte ihm Lepsius, den die entblößte Form des Kerns so sehr fesselte, daß er daran seine Theorie vom Bau der ägyptischen Pyramiden mit Hilfe geböschter Schalen entwickelte. Die Theorie übernahm später auch Borchardt, der die Pyramide und ihren Totentempel in den Jahren 1904 bis 1907 gründlich erforschte. «Die Methode des

---

* Kakai war Neferirkares sogenannter Geburtsname; der Name seiner Pyramide bedeutet dann im übertragenen Sinne «Kakai ist mächtig».

Pyramidenbaus läßt sich vielleicht nirgends so gut studieren wie hier», notierte er. Das war, wie sich später zeigte, ein ziemlich trügerisches Urteil, wie Maragioglio und Rinaldi in den sechziger Jahren bei ihren Vermessungen feststellten, doch auch ihre Schlüsse erwiesen sich als nicht ganz präzise.

Während seiner Forschungen in Abusir begann auch das tschechische Archäologenteam, die Pyramide des Neferirkare genauer zu untersuchen, was nicht so sehr mit der Tatsache zusammenhing, daß der derzeitige Pyramidengipfel (44,57 Meter über der Basisfläche) den höchsten Meßpunkt auf der Nekropole von Abusir darstellt, sondern vielmehr mit dem breiteren archäologischen und historischen Kontext, in den dieses Monument aufgrund der Grabungen in den unmittelbar benachbarten Pyramidenkomplexen von Chentkaus II. und Neferefre geriet. Die Ergebnisse sind mehr als überraschend.

Die Pyramide wurde in verschiedenen Phasen erbaut und niemals vollendet. Der ursprüngliche Entwurf sah sechs Stufen vor, eine sehr unge-

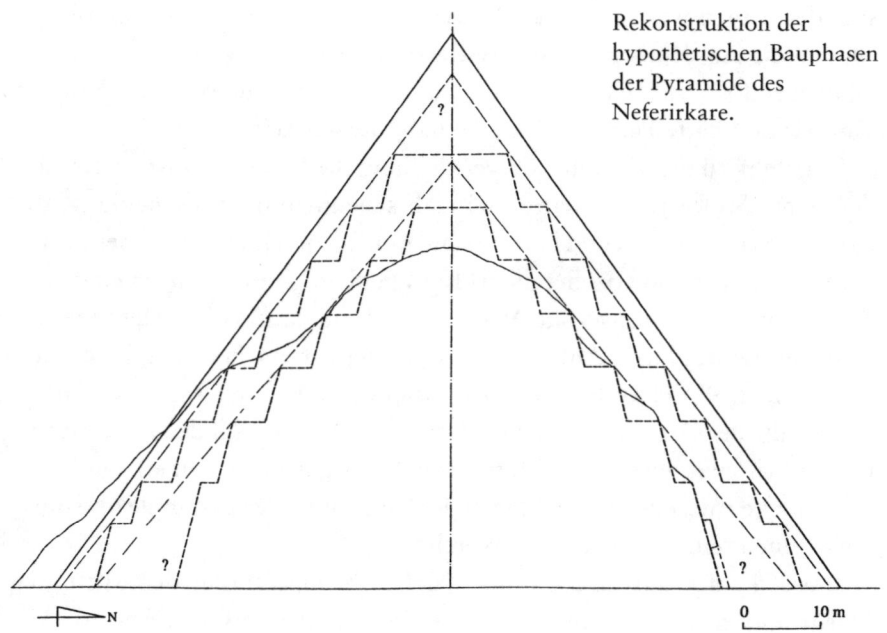

Rekonstruktion der hypothetischen Bauphasen der Pyramide des Neferirkare.

wöhnliche Entscheidung, denn die Ära der Stufenpyramiden war bereits lange vorüber. Die unterste Stufe des Kerns bestand aus groben, aber verhältnismäßig gut bearbeiteten Kalksteinblöcken aus Steinbrüchen der Umgebung und war zweimal so hoch wie die anderen Stufen. Teilweise hatte man sogar schon die Verkleidung aus kleineren Blöcken feinen weißen Kalksteins angebracht, die jedoch die Höhe der ersten Stufe nicht überstieg. Teile von ihr sind in situ bis heute auf der Nordseite an der Stelle erkennbar, wo Perring einen Zugangstunnel zum Eingang in die Pyramide durch den Schutt graben ließ.

Mit Perrings Tunnel und der Verkleidung ist eine interessante Episode verbunden, die Vyse in seinem Werk *Operations Carried on at the Pyramids of Gizeh in 1837* anführte: «Nachdem zehn oder zwölf Fuß des Korridors freigelegt waren, wurden die Leute von einem Getöse aufgeschreckt, und es gelang ihnen gerade noch, zu entkommen, als das Mauerwerk über dem Eingang einstürzte und die aus großen Blöcken gebildete Wand entblößte.» Perring hätte damals um ein Haar für seine Eile teuer bezahlen müssen. Die Verkleidung war nicht nur unvollendet, sondern auch unzureichend mit dem Pyramidenkern verbunden (die Baumeister der Stufenpyramiden der 3. Dynastie hatten sich wirkungsvollerer Methoden zur Konstruktion des Kerns und der Verkleidung bedient). Deswegen löste sich ein Teil von ihr über dem Eingang beim Graben des Tunnels und hätte Perrings Leute beinahe verschüttet.

Ungefähr zu der Zeit, als die Verkleidung die Höhe des oberen Randes der ersten Stufe erreicht hatte, fiel wahrscheinlich die Entscheidung, die Pyramide zu erweitern und in eine echte umzuwandeln. Der nunmehr achtstufige Bau war von vornherein als Kern geplant. Dies bezeugen eindeutig das qualitativ minderwertige Material und die nachlässige Methode der Erweiterung des Baus. Auch die Verkleidung der zweiten Bauphase blieb unvollendet. Borchardt gelang es lediglich, die unterste Rosengranitblockreihe der Ostwandverkleidung in situ zu finden. Auf den anderen Seiten grub er zwar nicht, registrierte jedoch das gänzliche Fehlen von Kalksteinblöcken aus der Verkleidung in der Umgebung der Pyramide und dort, wo er eine Freilegung vorgenommen hatte.

Der Korridor zur Grabkammer, der sich ungefähr in der Mitte der Nordwand etwa zwei Meter über der Grundfläche öffnete, war am Anfang und am Ende durch eine Granitverkleidung verstärkt. Der anfänglich absteigende Korridorteil endete etwa zweieinhalb Meter unterhalb des Niveaus der Pyramidengrundfläche in einem kleinen Vestibül, hinter dem gleich die Hauptgranitblockierung mit einem Fallstein folgte. Der verbleibende längere und horizontale Teil des Korridors vollzog zwei Schwenks und neigte sich im ganzen nach Osten, um schließlich ungefähr in der Mitte der versetzten Vorkammer zu münden. Der Korridor wurde auf eine ziemlich ungewöhnliche Weise aus Kalksteinblöcken errichtet. Über der flachen Decke befand sich nämlich eine zusätzliche Giebeldecke, die nach oben hin zudem noch eine Lage Schilf aufwies. Diese Konstruktionsmethode ist bisher in keiner anderen Pyramide des Alten Reiches festgestellt worden.

Die Vorkammer und die Grabkammer haben derart unter den Steindieben gelitten, daß sich heute nicht einmal ihr ursprüngliches Aussehen mit Bestimmtheit rekonstruieren läßt. Beide Räume waren ostwestlich orientiert, gleich breit und hatten eine Giebeldecke (von den drei Lagen gewaltiger Kalksteinblöcke, die die Decke bildeten, sind nur zwei erhalten geblieben). Die Vorkammer war etwas länger als die Grabkammer. Es gelang weder Perring noch Borchardt, Überreste der Königsmumie, des Sarkophags oder der Grabausstattung zu finden.

Der Totentempel entstand schrittweise und auf ähnlich komplizierte Weise wie die Pyramide. Sein ältester und gleichzeitig «intimster» Teil bestand aus Kalkstein und erhob sich auf einer kleinen steinernen Plattform vor dem mittleren Teil der Pyramidenostseite. Der übrige Teil wurde später bis auf einige architektonische Elemente aus Lehmziegeln errichtet.

Die Kalksteinplattform lag nicht genau auf der ostwestlichen Pyramidenachse, sondern war leicht nach Süden verschoben. Diese scheinbar nebensächlichen Details spielen, wie wir später sehen werden, eine wesentliche Rolle bei der Rekonstruktion der Bauphasen und Chronologie des Tempels. Die «Kalksteinbauphase» umfaßte die Opferhalle, die schmalen Kammern an ihren Seiten (im Süden zwei, im Norden eine) und die Fünfnischenkapelle.

Vom ursprünglichen Reliefdekor haben sich lediglich einige Fragmente erhalten, unter denen ein Block mit dem Überrest einer Szene von besonderer historischer Bedeutung ist, die den König in Begleitung seiner Gemahlin Chentkaus II. und seines ältesten Sohnes Neferre darstellt (mit der Frage, wie dieser Name zu lesen ist, haben wir uns bereits befaßt). Der Block, der nicht bei Borchardts Grabungen, sondern erst in den dreißiger Jahren von dem ägyptischen Archäologen Édouard Ghazuli gefunden wurde, stellt eine der Schlüsselquellen zur Rekonstruktion der genealogischen Beziehungen innerhalb der damaligen Königsfamilie dar.

Der Tempel wurde allmählich erweitert. Weil dabei Zeit- und Materialeinsparung eine wichtige Rolle spielte, errichtete man unter dem Ziegelteil keine solide steinerne Grundfläche mehr. Dem Problem des unebenen, nach Osten abfallenden Terrains begegneten die Baumeister mit Hilfe von Ziegelkammern, die mit Sand, Scherben von Tongefäßen und Bauschutt gefüllt wurden. Der Fußboden bestand aus festgestampftem Lehm. Bei der Untersuchung des östlichen Teils der Tempelfundamente entdeckte Borchardt die Überreste verputzter und geweißter Ziegelmauern, die sehr wahrscheinlich zu dem Bau gehörten, der Neferirkares Tempel weichen mußte. Ihr Fund, der leider archäologisch unzulänglich dokumentiert wurde, ist sehr bedeutend, zeigt er doch, daß an der Stelle der späteren Pharaonennekropole der 5. Dynastie wahrscheinlich schon ältere Bauten standen. Der Plan zur Erweiterung des Totentempels wurde maßgeblich durch die Entscheidung beeinflußt, den Pyramidenkomplex ohne Taltempel und Aufweg bauen. Im Südwestteil des Tempels entstand jenes System von Magazinen, in denen Grabräuber Anfang der neunziger Jahre des 19. Jahrhunderts die bereits erwähnten Papyrusfragmente aus Neferirkares Tempelarchiv fanden.

Östlich des intimen Tempelteils, aber noch auf seinem Kalksteinfundament, befand sich ein Querkorridor. Von seinem südlichen Ende führte ein Weg in die Magazine und den offenen Hof um die Pyramide. Dieser war auch vom nördlichen Korridorende aus über einen schmalen Saal mit sechs in einer Reihe angeordneten Holzsäulen zugänglich.

Die östliche Hälfte des Tempels umfaßte einen Säulenportikus, die Säuleneingangshalle und den offenen Säulenhof. Den Höhenunterschied zwischen dem Hof und dem höher gelegenen Querkorridor überbrückte eine niedrige Stufenrampe, deren Seitenwände ursprünglich mit Holz verkleidet gewesen waren.

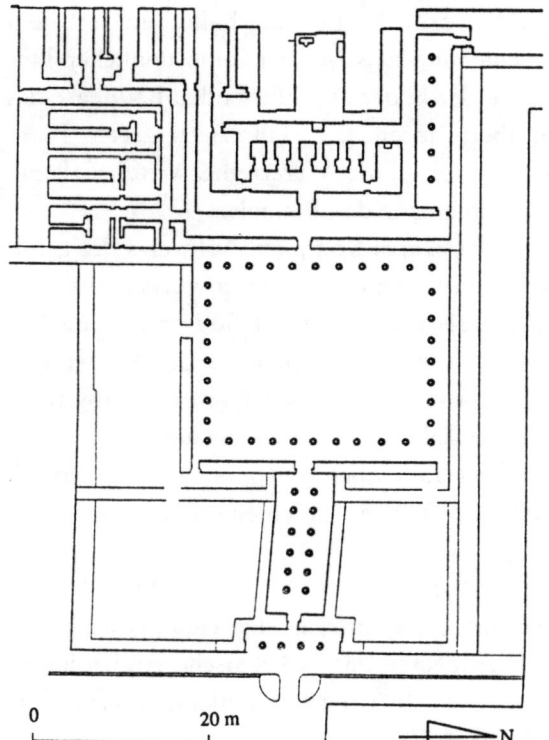

Plan des Totentempels des
Neferirkare (nach Ricke).

0   20 m   N

Der rechteckige, nordsüdlich orientierte Hof wies nördlich der Hauptachse des Komplexes eine Versetzung auf. Auch die siebenunddreißig hölzernen, ursprünglich mit Stuck überzogenen und bunt bemalten vierstengeligen Lotussäulen waren nicht symmetrisch angeordnet: Auf der Südseite befand sich eine mehr als auf der Nordseite. Zu dieser Asymmetrie
ist es möglicherweise erst nachträglich gekommen. Ricke vermutete, daß
eine der Säulen in der Nähe des Altars durch Feuer beschädigt und deshalb beseitigt wurde. Dabei stützte er sich offensichtlich auf Borchardts
Grabungsdokumentation. Tatsächlich fand Paule Posener-Kriéger die Be-
stätigung dafür auf einem der Papyrusfragmente aus dem Tempelarchiv,
wo es heißt, daß es zu einer Beschädigung dreier Säulen gekommen sei,
von denen eine ganz entfernt werden mußte, während man die anderen
beiden instand setzte und sogar neu anstrich.

\ 329 \

Die eigentümlich abgeknickte Form der Eingangshalle hing mit dem Bemühen zusammen, die Verschiebung zwischen dem ursprünglichen Eingang in den Säulenhof und dem, der in der abschließenden Bauphase des Tempels angelegt wurde, zu überbrücken. Die Halle zierten sechs Paare vierstengeliger Lotussäulen aus Holz. Eine Viererreihe weiterer (Papyrus?)-Säulen erhob sich im Haupteingang des Tempels.

Die Kultpyramide fehlt in Neferirkares Komplex. Aufgrund der gebotenen Eile bei seiner Fertigstellung ist sie niemals gebaut worden. An ihrer Stelle entstand südlich des Tempels eine Priestersiedlung mit einfachen Unterkünften aus Lehmziegeln, die hier bis zum Ende der 6. Dynastie überdauerte. Diesem Umstand verdanken wir den Fund des Papyrusarchivs, denn die Priester hätten normalerweise in der sogenannten Pyramidenstadt in der Nachbarschaft des Taltempels gewohnt, wo die wertvollen Dokumente heute unter meterhohen Schichten angeschwemmten Schlamms begraben wären.

Um den Totentempel und die Pyramide wurde eine mächtige Umfassungsmauer aus Ziegeln errichtet, die wahrscheinlich einige Tore besaß. Eines davon, das südöstliche, entdeckte das tschechische Archäologenteam bei der Untersuchung des benachbarten Pyramidenkomplexes von Neferirkares Gemahlin, der Königin Chentkaus II.

Im Hof bei der Süd- und Nordseite der Pyramide befanden sich Bootsbegräbnisse. Gut verborgen lagen sie in Gruben, die mit Mauerwerk aus Lehmziegeln verkleidet waren. Schließlich brachte ihre Erwähnung auf einem Papyrusfragment aus dem Tempelarchiv die tschechischen Archäologen auf ihre Spur. Mit Hilfe geophysikalischer Verfahren gelangen dann auch die genaue Lokalisation und die Freilegung des südlichen Bootes. Leider war die Totenbarke des Neferirkare im Gegensatz zu der des Chufu schon zu Staub zerfallen.

Zum Abschluß einige Bemerkungen zur spezifischen und bisher nicht ganz richtig verstandenen baulichen Entwicklung von Neferirkares Komplex. Neue Erkenntnisse zeigen, daß es noch zu seinen Lebzeiten zu der Entscheidung kam, die Stufenpyramide in eine echte umzuwandeln. Bevor der Herrscher starb, war der Kern bereits erweitert und wahrscheinlich auch die unterste Schicht der Verkleidungsblöcke aus Rosengranit verlegt worden.

Neferirkares Nachfolger Neferefre können wir wahrscheinlich den ältesten Kalksteinteil des Tempels zuschreiben. Dieser stellte, wie der Vergleich mit Neferefres Totentempel zeigt, einen einfachen Bau dar, der sowohl die Ausübung des Totenkultes als auch die spätere Fertigstellung des Tempels nach den Standardkriterien ermöglichte.

Neferefre plante vielleicht auch, die Verkleidung der Pyramide seines Vaters zu vervollständigen. Sein vorzeitiger Tod und vermutlich auch die folgenden Zwistigkeiten um den Thron führten dazu, daß die Beendigung von Neferirkares Komplex in eine spätere Zeit verschoben wurde – erst während der Regierung des Niuserre kam es dazu. Dies betraf jedoch nicht die Verkleidung der Pyramide, und auch der Taltempel mit Aufweg ist nie gebaut worden.

Die Frage der Bauphasen von Neferirkares Komplex ist weitaus komplizierter, als es nach den bisherigen Erläuterungen den Anschein haben mag. Der König regierte zwar nur zehn bis elf Jahre, doch wie das Beispiel seiner unmittelbaren Vorgänger Sahure und Userkaf zeigt, hätte diese Zeit ausgereicht, um den Standardkomplex fertigzustellen. Warum also blieb die Anlage so weitgehend unvollendet, als der König starb? Anscheinend lag das Problem im Konzeptionswandel, wonach zunächst eine Stufen-, dann aber doch eine echte Pyramide entstehen sollte.

Warum hatte sich Neferirkare dazu entschlossen, die vorangegangene Tradition zu durchbrechen und nach etwa anderthalb Jahrhunderten wieder zum Grab in Form einer Stufenpyramide zurückzukehren? Waren es religiöse oder dynastisch-machtpolitische Gründe? Der Königsliste auf einem Papyrus aus dem Turiner Museum zufolge wurde Neferirkare während der 19. Dynastie, als die Liste entstand, für den Gründer einer neuen Dynastie gehalten. Besteht zwischen dieser Angabe und der Ungewöhnlichkeit des ursprünglichen Projekts von Neferirkares Pyramide irgendein Zusammenhang? Diese Frage ließ sich bisher noch nicht eindeutig beantworten, denn dazu wären neue historische Quellen erforderlich. Einige konnte vor kurzem das tschechische Ägyptologenteam im Pyramidenkomplex der Königin Chentkaus II. in Abusir aufspüren.

DIE PYRAMIDE DER CHENTKAUS II.

Obwohl er ein talentierter und erfahrener Archäologe war, unterliefen Ludwig Borchardt bei der Geländearbeit in Abusir einige Versäumnisse oder Versehen, die allerdings keineswegs den Wert seiner Entdeckungen mindern. Heute ist es schwer nachvollziehbar, warum er zum Beispiel den Trümmern des großen Baus an der Südseite von Neferirkares Pyramide in Abusir nicht größere Aufmerksamkeit gewidmet hat. Er ließ hier zwar eine kleinere Sondierung vornehmen, stoppte aber weitere Arbeiten in der Überzeugung, er habe es mit einer «Doppelmastaba» zu tun, einem Bauwerk von seiner Meinung nach sekundärer Bedeutung.

Die Form des Baus, seine Lage und besonders die klare Ostwestorientierung verrieten jedoch schon beim flüchtigen Anblick, daß es sich um einen kleinen Pyramidenkomplex handeln müsse, wahrscheinlich den der Gemahlin des Neferirkare. Diese Auffassung wurde auch durch einen vergessenen Fund Perrings aus seiner Forschungszeit auf dem Areal von Neferirkares Pyramide gestützt, einen Block, auf dem in roter Kursivschrift «Königsmutter Chentkaus» vermerkt war. Die Ausgrabungen des tschechischen Teams in der zweiten Hälfte der siebziger Jahre bestätigten diese Annahme, doch gleichzeitig stellten sich die archäologische Situation und besonders ihre historischen Zusammenhänge sehr viel komplizierter dar, als es ursprünglich den Anschein hatte.

Die Pyramide ist auf einfache und sparsame Weise aus Kalksteinstücken errichtet worden, die auf der Baustelle der Nachbarpyramide des Neferirkare als Abfall liegengeblieben waren. Den dreistufigen Kern bildeten kleine, mit Lehmmörtel gebundene Steinstücke. Für die Verkleidung wurden handliche Blöcke aus hochwertigem weißen Kalkstein verwendet. Den Gipfel bildete ein Pyramidion aus grauschwarzem Granit, dessen aufgefundenes Fragment in baulich-archäologischer Hinsicht sehr wertvoll ist. Das minderwertige Baumaterial und die nicht gerade sorgfältige Bauweise haben es den Steindieben später zweifellos erleichtert, die Pyramide abzutragen. Ihr Überrest erreicht heute gerade noch eine Höhe von etwa vier Metern.

Der unterirdische Pyramidenteil ist sehr einfach. Vom Eingang in der Mitte der Nordwand, nahe über dem Boden, senkt sich zunächst ein Korridor, der dann einen horizontalen Verlauf nimmt und leicht nach Osten abknickt. Kurz vor der Mündung in die Grabkammer befand sich eine einfache Granitbarriere. Sowohl die Kammer als auch der Korridor waren aus kleinen Blöcken feinen weißen Kalksteins errichtet, lediglich die flache Decke der Kammer bestand aus mächtigen Kalksteinblöcken. In den Trümmern wurde das Fragment eines Sarkophags aus Rosengranit, Fetzen von Binden einer Mumie und Scherben von Steingefäßen aus der Grabausstattung der Königin gefunden – untrügliche Überreste des Begräbnisses der Chentkaus.

Einige Zeichen und Inschriften auf dem Steinmauerwerk der Pyramide lassen wichtige Rückschlüsse zu. Demnach kam es wahrscheinlich zwischen dem zehnten und elften Regierungsjahr zu einer Unterbrechung des Baus, der sich zu dieser Zeit etwa auf dem Niveau der Grabkammerdecke befand.

Es liegt nahe, diesen vorzeitigen Abbruch der Arbeiten mit dem vorzeitigen Tod des Königs in Verbindung zu bringen. Aus einer anderen Inschrift geht wiederum hervor, daß der Bau der Pyramide – ursprünglich für die «königliche Gemahlin Chentkaus» begonnen – (nach einer längeren Unterbrechung infolge von Neferirkares Tod?) für die «Königsmutter Chentkaus» abgeschlossen wurde. Ihr Sohn beendete also das Werk, das ihr Gemahl angefangen hatte.

Der Totentempel vor der Ostwand der Königinnenpyramide wurde erst nach der Fertigstellung von Neferirkares Pyramidenkomplex errichtet. Sieht man von einigen kleineren Ergänzungen und Umbauten ab, ging dies in zwei großen Phasen vonstatten, die sich anhand des verwendeten Materials leicht unterscheiden lassen – in der ersten wurde Kalkstein verwendet, in der zweiten Lehmziegel.

Der ursprüngliche kleine Kalksteintempel war durch einen Pfeilerportikus von Südosten her zugänglich. Neben dem offenen Pfeilerhof befanden sich darin ein Saal für die Kultstatuen der Königin*, eine Opferhalle mit einer Scheintür aus Rosengranit und einem Altar sowie Magazinkammern. Aus dem südwestlichen Teil des Tempels führte eine Treppe auf die

---

* In Papyrusfragmenten aus dem Tempelarchiv der Chentkaus finden sich Hinweise darauf, daß im Tempel mindestens sechzehn Kultstatuen der Königin standen.

Dachterrasse, wo man einige Rituale und astronomische Beobachtungen vornahm, die in Zusammenhang mit dem Totenkult standen.

Die Wände der Opferhalle und möglicherweise auch weitere Räumlichkeiten waren mit Bildern und Inschriften in Flachrelief verziert, wie zum Beispiel Szenen eines Totenmahls, der Darbringung von Opfergaben, des Schlachtens von Opfertieren, einer Prozession von Frauen, die Gaben tragen und personifizierte Totenopfergüter darstellen, und einer Zusam-

Der Pyramidenkomplex der Chentkaus II. in Abusir, Rekonstruktion des Grundrisses (nach Jánosi).

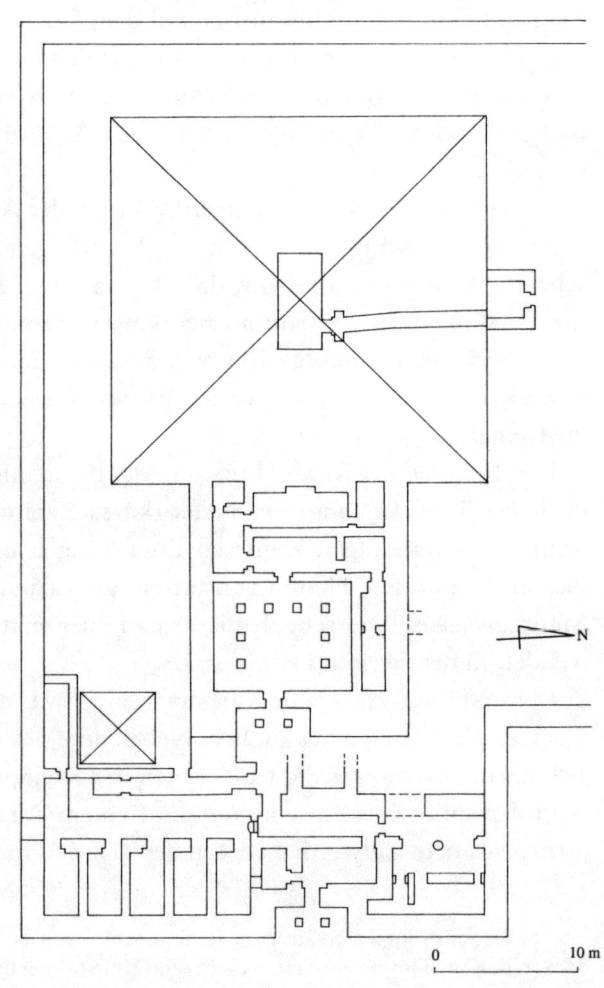

menkunft der Königin mit ihren Nachkommen. Ähnlich verhielt es sich mit den Pfeilern im Hof sowie dem Portikus. Auf einem der Pfeiler hat sich die Darstellung der Königin mit dem Uräus auf der Stirn erhalten – einem Symbol, das zu dieser Zeit lediglich den Herrschern und Göttern vorbehalten war.

Die Süd- und Osterweiterung des Tempels veränderte dessen Aussehen und Konzeption erheblich. In der Nähe der Südostecke der Pyramide stand erstmalig in der Geschichte des Alten Reiches eine kleine Kultpyramide. Im Osten kamen eine Gruppe von fünf Magazinkammern, eine Priesterunterkunft sowie ein neuer Pfeilerportikus und ein Eingangsvestibül hinzu.

Falls die mächtige, aber unvollendete Umfassungsmauer aus Kalkstein die Königinnenpyramide und den ursprünglichen Tempel in Neferirkares Pyramidenkomplex eingliedern sollte, so wurde dies jedenfalls nach der Erweiterung nicht mehr angestrebt. Die neue Ziegelmauer betonte die Bedeutung und Unabhängigkeit des Pyramidenkomplexes von Chentkaus II.

Inschriften, die im Tempel entdeckt werden, bestätigen die Zuordnung der Anlage zu dieser Königin, die dieselben Haupttitel wie ihre berühmte Namensvorgängerin trug. Dazu gehörte auch der bisher einzigartige Namenszusatz, der von den einen als «Mutter zweier Könige von Ober- und Unterägypten» und den anderen als «Mutter des Königs von Ober- und Unterägypten und König von Ober- und Unterägypten» interpretiert wird. Ähnlich wie in Giza existieren auch in Abusir untrügliche archäologische Beweise dafür, daß die Königin nicht nur in ihrem Grabkomplex bestattet, sondern daß darin auch lange Zeit ihr Totenkult gepflegt worden ist.

Es kann sich also nicht um ein und dieselbe Person gehandelt haben, sondern nur um zwei verschiedene Königinnen, die eine bis zwei Generationen voneinander trennten. Chentkaus I., wahrscheinlich die Tochter des Menkaure, lebte an der Wende von der 4. zur 5. Dynastie, Chentkaus II., die Gemahlin Neferirkares und Mutter Neferefres und Niuserres, etwa in der Mitte der 5. Dynastie. Möglicherweise bestand zwischen beiden Frauen eine Verwandtschaftsbeziehung. Die Übereinstimmung der Titel drückte jedenfalls ähnliche, zweifellos gleichermaßen außergewöhnliche Umstände aus, unter denen sie lebten. Beide mußten wahrscheinlich nach dem Tod des Herrschers durch ihre Autorität die Rechte des offensichtlich minderjährigen Thronfolgers sicherstellen. Wer das im Falle Chentkaus' I. war, wissen wir nicht, bei Chentkaus II. handelte es sich jedoch höchstwahrscheinlich um Niuserre.

DIE (UNVOLLENDETE) PYRAMIDE DES NEFEREFRE

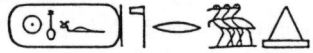

Die durch Erosion beschädigte und von Sand halbwegs zugewehte unterste Stufe des Pyramidenkerns wurde von Archäologen bis vor kurzem noch für eines der größten Rätsel der Nekropole von Abusir gehalten. Sehr allgemein hatte Perring davon Notiz genommen, ähnlich dann auch Lepsius, de Morgan, Borchardt und weitere Archäologen, die sich mit den Pyramiden von Abusir beschäftigt haben. Einige schrieben sie dem wenig bekannten Neferefre zu, andere dem noch weniger bekannten Schepseskare, und manche wagten überhaupt keine Identifizierung ihres Inhabers. Einig waren sich jedoch alle darin, daß es sich um einen begonnenen und vorzeitig verlassenen Bau handelt, der niemals seinem vorgesehenen Zweck gedient hat: dem Begräbnis und dem Totenkult eines Pharaos. Zu dieser negativen Schlußfolgerung gelangte auch Borchardt, nachdem er das Pyramideninnere sondiert hatte.

In der zweiten Hälfte der siebziger Jahre begann das Archäologenteam des ägyptologischen Instituts der Prager Karlsuniversität mit einer systematischen Untersuchung des verlassenen Monuments. Es hatten sich einige Umstände ergeben, die darauf hinwiesen, wessen Grab dieser Bau, der schon vor langer Zeit die Bezeichnung «Unvollendete Pyramide von Abusir» erhalten hatte, wahrscheinlich gewesen war.

Zunächst einmal wurde Neferefres Totentempel auf einem Papyrusfragment aus dem Archiv in Neferirkares Totentempel ausdrücklich erwähnt. Aus dem Kontext ging hervor, daß es sich um ein Monument auf der Nekropole von Abusir handeln müßte.

Außerdem lieferte die Lage der Unvollendeten Pyramide Anhaltspunkte für ihre chronologische Einordnung. Der Bau liegt südwestlich der

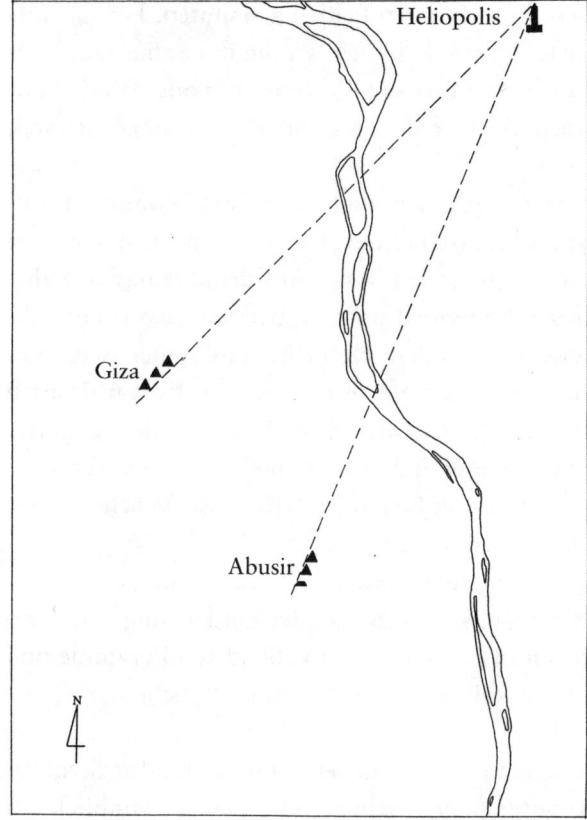

Die Achse der Nekropole von Giza bildet eine Linie, die die Südostecken der Pyramiden des Chufu, Chafre und Menkaure verbindet. Die Achse der Nekropole von Abusir verbindet die Nordwestecken der Pyramiden des Sahure, Neferirkare und Neferefre. Beide Achsen waren wahrscheinlich auf Heliopolis ausgerichtet.

Pyramide des Neferirkare. Wie eine genaue geodätische Messung bestätigt hat, hätte ihre Nordwestecke die Linie berühren sollen, die bereits die Nordwestecken der Pyramiden des Sahure und Neferirkare verband und insgesamt die Grundachse der Nekropole von Abusir darstellte.*

* Eine ähnliche Achse existiert auch auf der Nekropole von Giza. Hier wird sie von der Linie gebildet, die die Südostecken der Pyramiden von Chufu, Chafre und Menkaure verbindet. Beide Linien, die von Giza und die von Abusir, sind in den heliopolitanischen Raum gerichtet, wo sie sich auch kreuzen. Ihr Schnittpunkt lag wahrscheinlich im Tempel des Sonnengottes Re (auf dem Gipfel des Obelisken, der somit einen «Fixpunkt» der damaligen Welt der alten Ägypter dargestellt hätte?).

Der Bau erfolgte zeitlich also nach den beiden genannten. Für die Tatsache, daß die Unvollendete Pyramide jünger als die des Sahure und des Neferirkare ist, spricht auch ihre größere Entfernung vom Niltal. Hinsichtlich des Materialtransports war ihr Standort der am ungünstigsten gelegene.

In diese Schlußfolgerungen fügte sich auch der schon erwähnte Kalksteinblock, den der ägyptische Archäologe Ghazuli vor dem Zweiten Weltkrieg in dem Dorf Abusir gefunden hatte. Auf dem Stein, der wahrscheinlich aus Neferirkares Totentempel stammt, befindet sich ein unvollständiges Flachrelief, auf dem neben dem Herrscher und seiner Gemahlin Chentkaus II. auch der älteste Sohn Neferre zu sehen ist. Es war deshalb mehr als wahrscheinlich, daß die Unvollendete Pyramide ihm gehörte, wenn sich die Namen auch unwesentlich unterschieden. Zu der Veränderung von Neferre, «Re ist schön», in Neferefre, «Re ist seine Schönheit», kam es wahrscheinlich bei der Krönung.

Die archäologischen Ausgrabungen haben die Berechtigung dieser Annahme bekräftigt. Ja, mehr noch, sie führten zu der Entdeckung eines umfangreichen Baukomplexes im Umkreis der Unvollendeten Pyramide und warfen ein neues Licht auf die bisher wenig bekannte Epoche der 5. Dynastie.

Der Zustand der Unvollendeten Pyramide ermöglichte es, ihre Struktur und die Baumethode sorgfältig zu erforschen, besonders im Hinblick auf Lepsius' Theorie der geböschten Schalen. Die Pyramide – sie hieß «Göttlich ist die Macht des Neferefre» – steht nicht auf einem Felsuntergrund, sondern auf einer Grundfläche aus zwei Lagen mächtiger Kalksteinblöcke, die nach der Bearbeitung des Terrains und der Ausschachtung einer Grube für die Grabkammer und den nördlichen Zugangskorridor geschaffen wurde.

Erst dann begann auf verhältnismäßig einfache Weise der eigentliche Bau des Kerns in horizontalen, etwa einen Meter hohen Schichten. Der Außenmantel bestand aus großen, bis zu fünf Meter langen und nur grob bearbeiteten Kalksteinblöcken, die mit Tonmörtel gebunden waren. Besonders an den Ecken waren die Blöcke gut miteinander verbunden. Ähnlich, nur aus kleineren Blöcken, war auch der Innenmantel des Kerns um die Grube für die Grabkammer und den absteigenden Korridor gefertigt.

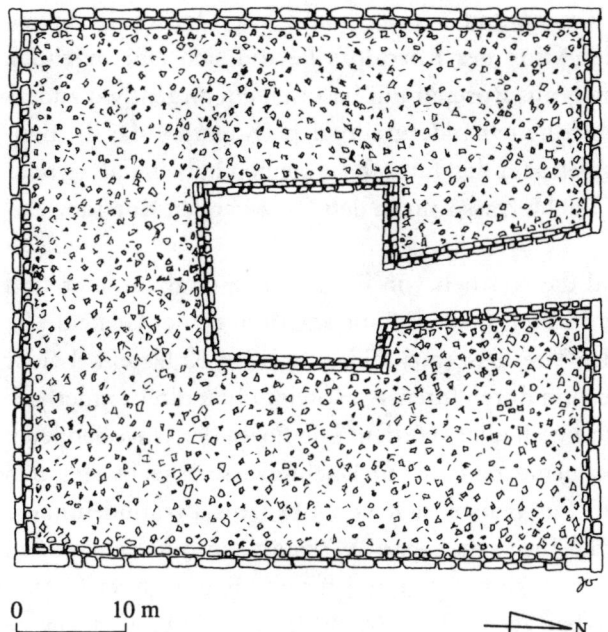

Schematischer horizontaler Schnitt durch den Kern der Unvollendeten Pyramide des Neferefre.

0 10 m

N

Den Raum zwischen den beiden Blockreihen, der äußeren und der inneren, füllten Steinsplitter, Sand, feiner Schotter und Lehm. Es ist sehr wahrscheinlich, daß auch die anderen Pyramiden von Abusir, einschließlich der des Neferirkare, auf diese Weise errichtet wurden.

Auf einem der riesigen Blöcke des Kerns in der Ostfassade, nahe der Nordostecke, ist eine historisch interessante arabische Inschrift eingemeißelt. Sie stammt aus der Zeit, als der arabische Heerführer Amr Ibn el-As in der Umgebung der Pyramiden von Abusir sein Feldlager aufgeschlagen hatte, dessen Heer im Jahre 641 nach der Eroberung der byzantinischen Festung Babylon im heutigen Alt-Kairo endgültig die Herrschaft über Ägypten gewann.

In der Mitte der Pyramidennordseite, dicht über der Grundfläche, öffnete sich ein absteigender Korridor in die unterirdische Grabwohnung des Herrschers. Er bog, wie es zu dieser Zeit die Regel war, leicht nach Südosten ab und mündete in die Vorkammer. Am unteren Ende war er mit einer Verkleidung aus Rosengranit versehen und mit Blöcken desselben Steins versiegelt. In der Mitte des Korridors befand sich eine mächtige Blockierung, die ebenfalls aus Rosengranit bestand, ein nirgendwo anders nachgewiesenes System von ineinandergreifenden «Kiefern», das die Baumeister vielleicht in Anbetracht der Tatsache ersonnen haben, daß es relativ leicht war, von der Dachterrasse aus in den absteigenden Korridor einzudringen.

Die Vorkammer und die westlich von ihr gelegene Grabkammer sind genau ostwestlich ausgerichtet. Beide Räume waren mit einer Giebeldecke versehen und bestanden wie diese aus feinem weißen Kalkstein. Leider sind sie bereits im Altertum durch intensiven Steinabbau direkt innerhalb der Pyramide erheblich beschädigt worden. Die Form der Unvollendeten Pyramide sowie der bequeme Zugang zur Dachterrasse erleichterten den Steindieben die Arbeit. Sie gruben sich von oben ins Pyramideninnere durch und richteten sich hier sogar eine Werkstatt ein, um den weißen Kalkstein in kleinere Stücke zu brechen und für den Bau weiterer Gräber in späteren Zeiten nutzbar zu machen. Nach der Plünderung, zu der es wie bei den anderen Pyramiden von Abusir wahrscheinlich in der Ersten Zwischenzeit gekommen ist, folgten regelrechte Destruktionswellen zum Zwecke des Steinabbaus – im späten Neuen Reich, in saitisch-persischer Zeit (hier wurde der Stein für den Bau der nicht weit entfernten Schachtgräber in Südwestabusir abgetragen), in spätrömischer Zeit, in koptischer Zeit und seit dem arabischen Mittelalter im Grunde genommen bis ins 19. Jahrhundert.

Es ist nicht überraschend, daß von der Grabausstattung und dem Herrscherbegräbnis in einem derart devastierten Milieu nur ein paar Überreste gefunden werden konnten. Deren archäologische Bedeutung ist jedoch enorm. Man entdeckte Stücke eines Sarkophags aus Rosengranit, Fragmente von vier Alabasterkanopen, in denen ursprünglich die Eingeweide beigesetzt waren, Alabasterbehälter für Modelle von Opfergaben und – das Wertvollste von allem – Teile der Herrschermumie.

Eine vorläufige anatomische Untersuchung dieser Fragmente hat ergeben, daß sie mit großer Wahrscheinlichkeit einem zum Zeitpunkt seines Todes etwa zwanzig bis fünfundzwanzig Jahre alten Mann zuzuschreiben sind. Die archäologischen Umstände und die anthropologischen

Befunde lassen gemeinsam den beinahe sicheren Schluß zu, daß es sich um die Überreste des Inhabers der Unvollendeten Pyramide, Neferefre, handelt.

Die fertiggestellte, etwa sieben Meter hohe erste Stufe des Kerns wurde mit nur grob bearbeiteten Blöcken aus feinem weißen Kalkstein verkleidet und oben mit einer dünnen Tonschicht bedeckt, die eingestampftes Feuersteingeröll enthielt. Die Dachterrasse imitierte in vollendeter Weise die Wüstenlandschaft der Umgebung. Das Grab erhielt nun die Form einer abgestumpften Pyramide oder einer großen Mastaba, die jedoch keineswegs einen rechteckigen, nordsüdlich orientierten, sondern einen quadratischen Grundriß hatte. Sie erinnerte an einen Hügel und hieß ursprünglich auch so (*iat*), wie ein Text auf einem Papyrusfragment, das im Totentempel an ihrem Fuße entdeckt wurde, beweist. Die Symbolik von Neferefres baulich modifiziertem Grab läßt sich nur im Zusammenhang mit dem Urhügel-Mythos verstehen.

Auf der Grundplattform vor der Ostseite, auf der der Pyramidenmantel ursprünglich ruhen sollte, wurde ein kleiner Totentempel aus kleineren Blöcken feinen weißen Kalksteins errichtet. Er war so einfach, daß es eher angebracht wäre, von dem Keim eines Tempels oder einer improvisierten Kulteinrichtung zu sprechen.

Dieser ursprüngliche Tempel war nordsüdlich orientiert und über eine niedrige Stufenrampe von Südosten her zugänglich. Der offene Raum gleich hinter dem Eingang diente den Priestern zur rituellen Reinigung, wie ein kleines Bassin zeigt, das in den Fußboden eingelassen ist. Das Zentrum bildete wie immer die Opferhalle. In seiner Westwand war ursprünglich wohl eine Scheintür eingesetzt, von der in dem fast gänzlich zerstörten Raum jedoch keinerlei Spuren gefunden werden konnten. Im Fußboden der Halle war aber noch der Abdruck des Opferaltars zu erkennen. Unter den Pflastersteinen, ungefähr in ostwestlicher Achse der Unvollendeten Pyramide, gelang es sogar, intakte Gründungsbeigaben zu finden. Sie bestanden aus einem Stierkopf, symbolischen Miniaturgefäßen aus gebranntem Ton, einem grauen Tonklumpen für das Siegeln von Gefäßen und anderem mehr. Möglicherweise lagen in zwei schmalen Kammern an den Seiten der Opferhalle ursprünglich zwei hölzerne Totenboote.

Vorerst läßt sich nicht präzise ermitteln, wer diesen ältesten Teil des Totentempels bauen ließ und demzufolge Neferefres Nachfolger wurde. Die gefundenen Siegelabrollungen deuten jedoch darauf hin, daß es möglicherweise Schepseskare war, ein fast unbekannter Herrscher, der noch kürzer als Neferefre regierte.

Während Niuserres Herrschaft kam es entlang der gesamten Ostseite der Unvollendeten Pyramide zu einer wesentlichen Erweiterung des Baus. Der Plan des neuen Tempels war sehr originell und zugleich ungewöhnlich. Hauptsächlich wurde er von der konzeptionellen Umwandlung des Grabes von einer echten in eine Stumpfpyramide beeinflußt. Bis auf einige architektonische Elemente bestand er gänzlich aus Lehmziegeln. Der Neubau hatte ebenfalls einen nordsüdlich orientierten Grundriß, doch lag sein Eingang, der von einem Portikus mit zwei vierstengeligen Lotussäulen aus Kalkstein gebildet wurde, nun bereits in der Mitte der Ostfassade.

Im Mittelteil des Tempels befand sich ursprünglich eine Gruppe von fünf Kammern, die jedoch nicht als Kapellen für die Statuen dienten, sondern eher an Magazine erinnern. Beim späteren Umbau wurde durch eine von ihnen ein Korridor in den intimen Tempelteil getrieben. Eine andere Kammer versiegelte man nach der rituellen Beisetzung der beiden Kultbarken, die bei einem Brand im Nordteil des Tempels beschädigt worden waren. Um die Boote lagen in ihrem gesamten Umkreis Hunderte kleiner, durchbohrter Karneolkorallen verstreut, die vielleicht ursprünglich an einem Faden aufgereiht gewesen waren.

Im Nordteil des Tempels befand sich eine Gruppe von zehn zweistöckigen Lagerkammern. In einigen Magazinen in der Nordwestecke wurde eine große Menge Papyri gefunden, Fragmente und manchmal auch ganze Rollen aus dem Tempelarchiv, das in seinem Umfang und Inhalt dem Archiv des Neferirkare ähnelt. Viele Texte betreffen die verschiedenen baulichen und funktionalen Aspekte des Tempels und der ganzen Nekropole. Auf diese Weise bot sich die einzigartige Gelegenheit, die Angaben auf den Papyri mit den archäologischen Funden zu vergleichen und die bauliche Entwicklung und Funktion von Neferefres Pyramidenkomplex und Totenkult sowie viele weitere bisher unbeantwortete Fragen besser zu verstehen.

Architektonisch absolut einzigartig war die Konstruktion des südlichen

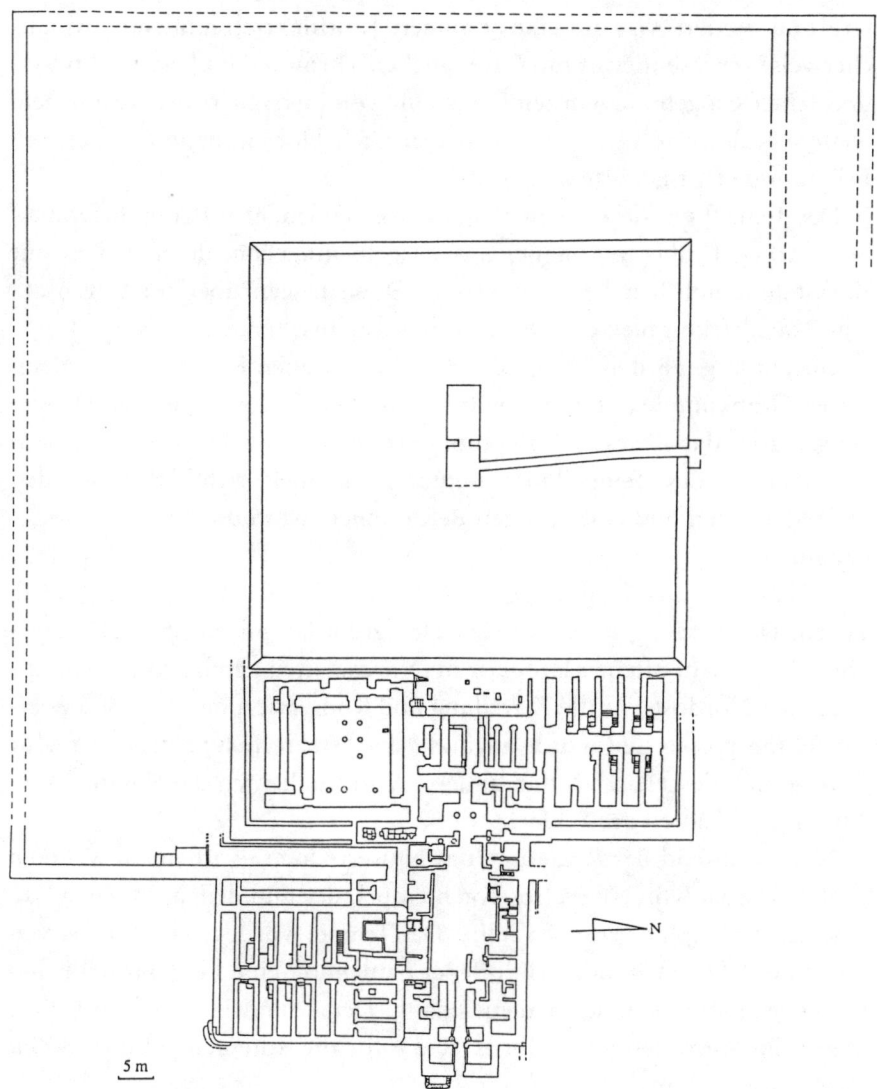

Grundriß des Pyramidenkomplexes des Neferefre (Stand: 1994).

Tempelteils. Diesen bildete ein weitläufiger, ostwestlich orientierter Saal mit zwanzig sechsstengeligen Lotussäulen aus Holz. Wie Überreste zeigen, war die Decke des Säulensaals mit goldenen Sternen auf blauem Hin-

\ 343 \

tergrund verziert, was auf eine besondere Kultfunktion hindeutet. Möglicherweise repräsentierte er den königlichen Thronsaal im Jenseits. Im Saal und seiner Umgebung wurden Fragmente von Herrscherstatuen und viele weitere Kultgeräte gefunden, zu denen auch Holzstatuetten gefangener Feinde Ägyptens gehörten.

Der Tempel wurde zusammen mit der Unvollendeten Pyramide von einer starken Umfassungsmauer aus Ziegeln umgeben, deren Ecken mit Kalksteinmonolithen befestigt waren. Diese trugen aber im Gegensatz zum Nachbarkomplex des Neferirkare keine Inschriften.

Gleichzeitig mit dem Tempel, der aus der zweiten Bauphase von Neferefres Grabkomplex stammt, wurde vor dem Südostflügel der Umfassungsmauer das «Messer-Heiligtum» errichtet, ein Schlachthof, der den Bedürfnissen des Tempelkults diente. Es handelt sich dabei um den bislang ältesten und einzigartigen Beleg seiner Art in der ägyptischen Archäologie.

Er bestand aus Lehmziegeln, und seine Mauer hatte abgerundete Ecken. Der Eingang in das Messer-Heiligtum lag im Norden. Die Tiere wurden auf dem offenen Hofplatz im Nordwestteil geschlachtet, woraufhin in der Nordostecke die Zerteilung und Konservierung des Fleisches erfolgte. Ein großer Teil wurde auch auf der Dachterrasse getrocknet. Zur Einlagerung des Fleisches und anderer Vorräte dienten die Kammern im Mittel- und Südteil des Schlachthofes.

Noch während der Regierung des Niuserre kam es zu einem weiteren großen Umbau von Neferefres Totentempel, der nun dem atypischen Bau einen Standardplan verleihen sollte. Der Tempel wurde nach Osten erweitert, und dabei entstanden ein offener Säulenhof, eine Eingangshalle und ein neuer monumentaler Säuleneingang. Der Grundriß erhielt auf diese Weise die Form des Buchstabens T, die für die Totentempel dieser Zeit charakteristisch war.

Den neuen Eingang schmückte ein Paar sechsstengeliger Papyrussäulen aus Kalkstein. Im Hof standen zweiundzwanzig hölzerne Rundsäulen, die möglicherweise den stilisierten Stamm einer Palme als Symbol lebensspendender Kraft, Fruchtbarkeit und des ewigen Lebens wiedergaben.

Aufgrund der außergewöhnlichen Umstände, unter denen der königliche Grabkomplex nach Neferefres vorzeitigem Tod beendet wurde, verzichtete man auf den Taltempel und den Aufweg. Der Zugang aus dem Niltal in den Tempel führte entweder über einen Umweg durch die Totentempel des Niuserre und Neferirkare oder direkt über den Friedhof der weniger bedeutenden Mitglieder der königlichen Familie und der Beamtenschaft.

In der Zeit des Djedkare befanden sich im Säulenhof einfache Ziegelunterkünfte von Priestern. Diese hielten zwar den Totenkult des Neferefre aufrecht, trugen jedoch durch ihre ständige Anwesenheit auch zur beschleunigten Schädigung des Tempels bei. Während der ersten Hälfte der 6. Dynastie wurde der Schlachthof zerstört, dessen Funktion sich bereits vorher auf die Lagerung der verschiedenen Opfer und Materialien reduziert hatte. Am Ende dieser Dynastie erlosch der Totenkult des Neferefre, und der Tempel wurde verlassen. Eine Wiederbelebung am Anfang der 12. Dynastie hielt nur sehr kurze Zeit an.

DIE UNVOLLENDETE PYRAMIDE DES SCHEPSESKARE (?)

Im ältesten Teil von Neferefres Totentempel, der erst nach dem Tod des Herrschers errichtet wurde, gelang es, die bereits erwähnten Siegelabdrücke aus Ton mit dem Namen Schepseskares zu finden. Sie deuten an, daß Schepseskare Neferefres unmittelbarer Nachfolger gewesen sein könnte – ein Herrscher, der lediglich aus der Königsliste von Saqqara bekannt ist. Darin erscheint er allerdings als unmittelbarer Vorgänger des Neferefre, doch diese kleine Unstimmigkeit ist wahrscheinlich auf die unruhige Zeit und die dynastischen Zwistigkeiten zurückzuführen. Wenn Schepseskare überhaupt regiert hat, dann nur sehr kurz, offensichtlich noch kürzer als Neferefre. Möglicherweise gehörte er zum selben Zweig der königlichen Familie wie Sahure und Userkaf. Sofern diese Annahme richtig ist, ließe sich ihm die zweite unvollendete Pyramide von Abusir zuordnen, deren überraschende Entdeckung dem tschechischen Ägyptologenteam Anfang der achtziger Jahre gelang.

Sie liegt am nördlichen Rand der Nekropole auf halbem Weg zwischen der Pyramide des Sahure und dem Sonnentempel des Userkaf, und eigentlich handelt es sich eher um die Spuren von kurz nach ihrem Beginn wieder eingestellten Erdarbeiten, die dem Pyramidenbau vorangingen. An geeigneter Stelle wurde das Wüstenterrain geebnet und danach in der Mitte der nun quadratischen Fläche mit dem Aushub einer Grube für die Grabkammer der zukünftigen Pyramide begonnen. Die Flächenausmaße lassen vermuten, daß die projektierte Pyramide gleich nach der des Neferirkare die zweitgrößte in Abusir werden sollte.

Aus der Lage zwischen der Sahure-Pyramide und dem Sonnentempel des Userkaf läßt sich schließen, daß der Inhaber des unvollendeten Baus in engerer (verwandtschaftlicher?) Beziehung zu diesen Herrschern gestanden hat als zur Familie des Neferirkare, deren Angehörige ihre Gräber in den südlichen Teil der Nekropole verlegt hatten. Ob Schepseskare eine Familie hatte und wo gegebenenfalls deren Gräber liegen, ist nicht bekannt.

Vivienne Callender hat die Vermutung geäußert, daß Schepseskares Gemahlin die Königin Nimaathap II. gewesen sein könnte, die in dem stark beschädigten Grab G 4712 auf dem Westfriedhof in Giza bestattet wurde. Dies stünde nicht im Widerspruch zu der Hypothese von der unvollendeten Pyramide des Herrschers in Abusir – im Gegenteil. Hätte nämlich Schepseskare sein Grab vollendet, wäre seine Gemahlin sehr wahrscheinlich in seiner Nachbarschaft bestattet worden.

DIE PYRAMIDE DES NIUSERRE

Bei der Ortswahl für den Bau seiner Pyramidenanlage sah sich Niuserre vor eine schwierige Aufgabe gestellt. Schon sein Vorgänger Neferefre hatte seine Pyramide aufgrund des Anspruchs, die Grundachse der Nekropole zu respektieren, mit seiner Pyramide tief in die Wüste verlegen müssen. Der mit dem Bau verbundene Kostenaufwand hätte ein erträgliches Maß überschritten, zumal Niuserre verpflichtet war, die unvollendeten Grabkomplexe seiner nächsten Familienangehörigen (den seines Vaters, seiner Mutter und seines älteren Bruder) fertigzustellen und damit die ordnungsgemäße Abhaltung des Totenkults zu gewährleisten. Außerdem wünschte er, selbst in ihrer Nähe bestattet zu werden.

Niuserre wählte sich deshalb den einzig möglichen, wenn auch ungewöhnlichen Ort nahe der Nordwand von Neferirkares Totentempel, der zwar frei war, gleichzeitig aber auch von bereits existierenden Bauten und Konfigurationen des Gebiets eingeengt wurde. Im Süden grenzte er an Neferirkares Totentempel, im Norden an das stark abfallende Terrain in Richtung der Sahure-Pyramide und im Osten an eine Gruppe großer Mastabas, die hier schon am Anfang der 5. Dynastie erbaut worden waren. All diese topographischen und archäologischen Gegebenheiten haben Niuserres Pyramidenkomplex «Von Dauer sind die (Kult-)Stätten des Niuserre» seine sehr spezifischen Züge verliehen.

Die moderne archäologische Erforschung von Niuserres Pyramide ist, wie in vielen anderen Fällen, mit dem Namen Perrings verbunden. Die Lepsius-Expedition trug lediglich die Überreste des Pyramidenkomplexes in die Karte des Gebiets ein. Eine grundlegende Untersuchung des Monuments führte erst die Borchardt-Expedition zu Beginn des 20. Jahrhunderts durch. In diesem Zusammenhang sollte ein bedeutender archäologischer Fund in die Betrachtung einbezogen werden, der mit den Pyramiden von Abusir allerdings sehr wenig zu tun hat. Beim Bau einer kleinen Bahn zur Halde, die bei den Grabungen östlich der Niuserre-Pyramide anfiel, wurde 1902 das älteste griechische literarische Werk in Ägypten entdeckt: das Lied des Timotheos über die Schlacht bei Salamis (480 vor Christus). Der griechische Papyrus wird heute im Ägyptischen Museum Berlin aufbewahrt.

Der Pyramidenkern besteht aus sieben Stufen. Der Stein für seinen Bau stammte aus Kalksteinbrüchen westlich des Dorfes Abusir, etwa auf halbem Weg zwischen den Abusir-Pyramiden und der Stufenpyramide in Saqqara. Diesmal ist die Grube für die Grabkammer, die Vorkammer und den Zugangskorridor nicht durch einen Tunnel, sondern von oben ausgehöhlt worden. Ihre Lage knapp unterhalb des Geländeniveaus beziehungsweise der Pyramidengrundfläche hing sehr eng mit der damals vorherrschenden Methode der Deckenkonstruktion zusammen. Drei übereinanderliegende Schichten mächtiger Kalksteinblöcke bildeten die Satteldecke der Kammer und der Vorkammer. Für die unterste Schicht

Nordsüdlicher
Schnitt durch die
Grabkammer der
Pyramide des
Niuserre (nach
Maragioglio und
Rinaldi).

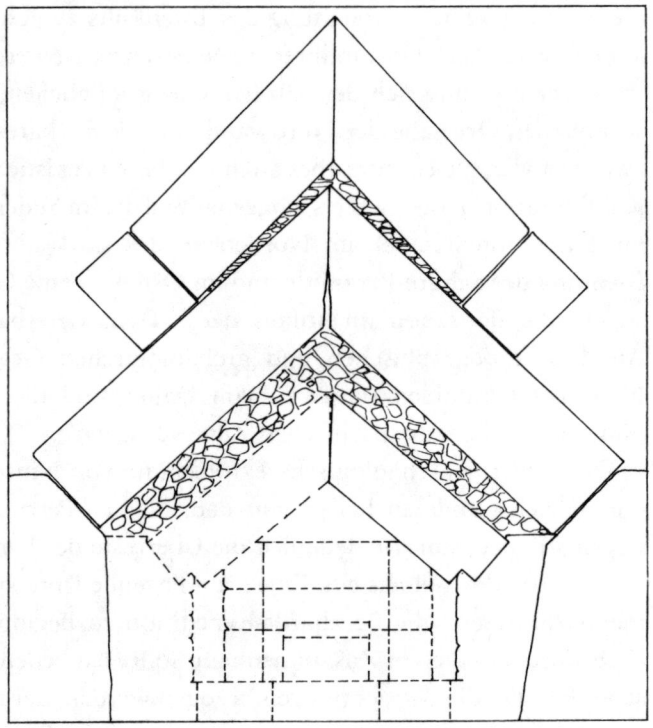

wurden sie noch über den Boden transportiert und von oben an ihren Platz gelegt. Die Blöcke der beiden oberen Lagen mußten hingegen bereits mit Hilfe von Rampen in eine Höhe von etwa zehn beziehungsweise fünfzehn Metern gehoben werden. Zwischen den Schichten der Deckenblöcke war eine Lage Kalksteinsplitt aufgeschüttet, die den Druck, der besonders bei Erdbeben auf der Decke lastete, besser zu verlagern half. Diese Handhabung der riesigen Deckenblöcke hielt man damals offenbar hinsichtlich des Arbeitsaufwandes und der statischen Parameter der Decke für optimal. Der Außenmantel der Pyramide bestand aus Blöcken feinen weißen Kalksteins. Um seine Stabilität zu erhöhen, wurden die untersten Ecksteine auf besondere Weise in der Grundfläche verankert.

Der Eingang lag zu ebener Erde genau in der Mitte der Nordseite. Davor wurden keinerlei Überreste einer sogenannten Nordkapelle entdeckt, doch muß darauf hingewiesen werden, daß Borchardt bei seinen Ausgrabungen auch noch nicht nach ihr gesucht hat.

Der Korridor, der in die Grabkammer führte, war mit Blöcken aus feinem weißen Kalkstein verkleidet und am Anfang und Ende mit Rosengranit verstärkt. Ungefähr in der Mitte des Korridors befand sich eine Granitblockierung mit zwei Fallsteinen. Der Korridor nahm einen unregelmäßigen Verlauf: Zunächst stieg er bis zum Vestibül ab, um gleich hinter der Barriere mit vergrößertem Querschnitt leicht nach Osten abzuknicken. Sein Gefälle verringerte sich dabei auf etwa fünf Grad.

Die Vor- und die Grabkammer lagen dicht unterhalb der Grundfläche in vertikaler Pyramidenachse. Beide Räume sind von Steindieben derart beschädigt worden, daß eine Rekonstruktion ihrer Architektur heute fast unmöglich ist. In ihren Ruinen konnte Borchardt keine Überreste eines Begräbnisses finden.

Der offene, kalksteingepflasterte Hof um die Pyramide hatte einen unregelmäßigen Grundriß, wobei der südliche Flügel bedeutend schmaler als der nördliche war. Die Kultpyramide, die Borchardt irrtümlich der Königin zuschrieb, lag nahe der Südostecke der Königspyramide.

Während sich der Standardplan eines Totentempels zu dieser Zeit vereinfacht mit dem Buchstaben T wiedergeben läßt, erinnert er in Niuserres Fall eher an ein umgedrehtes L. Die ungewöhnliche Form war durch die erwähnten topographischen und dynastisch-politischen Umstände bedingt.

Der vordere Teil des Totentempels war nicht ostwestlich ausgerichtet, sondern nach Süden verschoben. Angesichts des abschüssigen Geländes mußte dieses Areal auf einer erhöhten Fundamentfläche errichtet werden. Zu diesem Zweck füllte man Kammern aus grobem Steinmauerwerk mit Schotter und Sand. Die Grabräuber haben diesen Bau noch stärker zerstört als den des Sahure. Borchardt ist es jedoch gelungen, seinen Grundriß bis auf einige Details mit großer Genauigkeit zu rekonstruieren.

Die Umfassungsmauern des Tempels hatten eine leicht geböschte Außenwand und endeten oben in einem konkaven Sims. Gleich hinter dem Eingang befand sich eine Treppe zur Dachterrasse. Die lange, ursprünglich gewölbte Eingangshalle hatte ein Basaltpflaster, und der Dado der Seitenwände bestand aus Rosengranit. Von den reliefverzierten Kalksteinwänden sind jedoch nur einige Fragmente erhalten geblieben. An den Seiten der Halle befanden sich jeweils fünf Lagerkammern. Die Decke des Umgangs um den offenen Hof stützten sechzehn Papyrussäulen aus Rosengranit. Wellenlinien im Basrelief, die auf den Schäften über den Sockeln der Säulen abgebildet waren, riefen die Illusion eines tatsächlich aus dem Wasser wachsenden Papyrusbündels hervor. Die ganze Halle knüpfte an die Vorstellung eines sumpfigen Papyrusdickichts an, das für die alten Ägypter den Ort des ständig neu entstehenden Lebens darstellte. Ähnlich wie bei Sahures Komplex war der mittlere Teil der Schäfte mit In-

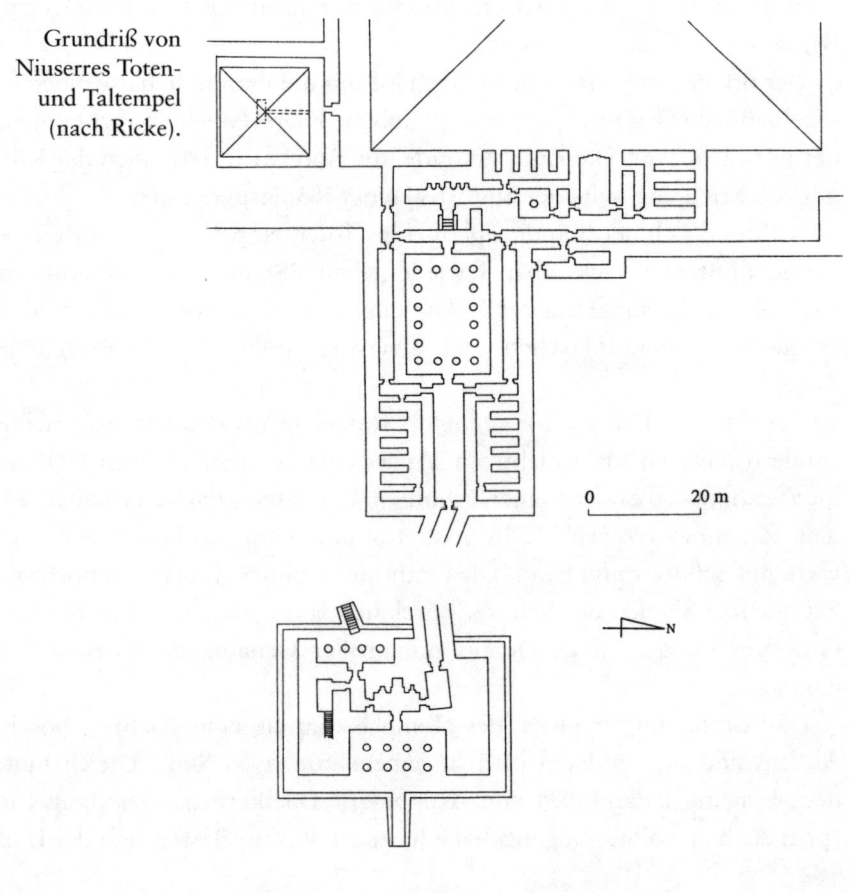

Grundriß von
Niuserres Toten-
und Taltempel
(nach Ricke).

0   20 m

N

schriften verziert, die Niuserres Namen und Titel sowie Symbole enthielten, die die Nordhälfte des Hofes unter den Schutz der Kobra-Göttin Uadjet und die Südhälfte unter den der Geier-Göttin Nechbet stellten. Die Deckenplatten der Galerie, die mit Sternen verziert waren, riefen die Illusion des unterweltlichen Himmelsgewölbes hervor. Vor allem schützten sie aber einst die reiche Reliefverzierung der Seitenwände. Im Basaltpflaster in der Mitte des Hofes befand sich ein kleines Sandsteinbassin, in dem sich Regenwasser sammelte. Von dem Alabasteraltar in der Nordwestecke wurden nur Fragmente gefunden. Den Altar zierten unter anderem Reihen von Göttern, die Opfergaben brachten, und Szenen der Vereinigung von Ober- und Unterägypten.

In einer tiefen Nische in der Nordwestecke des Querkorridors, der den öffentlichen vom intimen Teil des Tempels trennte, hatte sich Borchardt zufolge die große Statue eines liegenden Löwen aus Rosengranit befunden (ihre Fragmente sind heute im Ägyptischen Museum Kairo untergebracht). Die Statue, die in den Totentempeln des Alten Reiches nicht ihresgleichen hat, sollte den Eingang in das Allerheiligste bewachen. Eine Rekonstruktion der Fünfnischenkapelle ist aufgrund der umfangreichen Devastation dieses Teils des Tempels sehr hypothetisch.

Den Übergang zur Opferhalle bildete eine kleine, reliefverzierte Kammer mit einem erhöhten Fußboden und einer Säule in der Mitte. Dieser Raum, der von Lauer nach seinem Grundriß «antichambre carrée» (quadratisches Vorzimmer) genannt wurde, taucht hier zum erstenmal im Plan eines Totentempels auf. Von nun an blieb er für lange Zeit, bis zur Regierung Senusrets I., ein fester Bestandteil des königlichen Totentempels.

Die Opferhalle mit der Scheintür und dem Altar schloß sich, wie es aus religiösen Gründen die Regel war, in ostwestlicher Achse des Tempels direkt an die Pyramide an. Die gewölbte Decke der dunklen Halle zierten Sterne in farbigem Flachrelief, die Seitenwände weitere Szenen und Inschriften, die sich auf das Totenopferritual bezogen. Unter der Ostwand der Halle nahm ein kleiner Kanal seinen Anfang, der in das Entwässerungssystem östlich des Tempels mündete. Nördlich und südlich der Opferhalle befanden sich Gruppen von Lagerkammern. Die nördliche Gruppe gehörte zur Halle, die südliche zur Fünfnischenkapelle.

In dem verwüsteten intimen Teil des Tempels wurde eine Reihe von Relieffragmenten gefunden, deren genaue Zuordnung zu einzelnen Räumen in einigen Fällen schwierig ist. Sie stammen aus Szenen der Tempelgründung, Tieropferung, Darbringung von Opfergaben, des mit Feinden Ägyptens kämpfenden Herrschers und aus Götterbildern. Ebenso wie im Tempel des Sahure gab es einen Nebeneingang. Er lag in der Nähe der Stelle, an der der öffentliche Teil des Tempels in den intimen überging, und ermöglichte einen direkten Zugang von Nordosten her, also von der Seite, wo sich der Friedhof mit den Gräbern von Niuserres Familienangehörigen und Beamten erstreckte.

Außer der Nische mit der Löwenstatue und der «antichambre carrée» weist die Architektur von Niuserres Totentempel noch zwei weitere bedeutende Innovationen auf.

Eine davon stellten die massiven, turmartigen Bauten in der Südost- und Nordostecke dar. Sie werden für erste Vorläufer der Pylonen gehalten, die später nicht mehr wegzudenkende Bestandteile der monumentalen Eingänge in die ägyptischen Tempel. Die Seitenwände der Eckbauten waren leicht geneigt und schlossen oben mit einem konkaven Sims ab. Auf ihre Dachterrasse führte eine schmale Treppe.

An den groben Kalksteinblöcken aus dem Kern der Eckbauten wurden Baugraffiti entdeckt, von denen einige auch den Namen von Sahures Sonnentempel «Opferfeld des Sahure» enthielten. Die Könige der 5. Dynastie errichteten insgesamt sechs Sonnentempel. Zwei davon, der des Userkaf und der des Niuserre, sind bereits entdeckt worden. Möglicherweise sind die Graffiti ein Beweis dafür, daß das Baumaterial aus dem unvollendeten (oder während Niuserres Regierung schon demontierten?) Sonnentempel des Sahure stammte. Ihr Fund stellt eine weitere Herausforderung an die Archäologie dar, denn er deutet indirekt darauf hin, daß Sahures Sonnentempel nicht allzu weit von der Pyramidenbaustelle des Niuserre entfernt lag. Es könnte sich jedoch auch um Blöcke handeln, die im Baumateriallager übriggeblieben waren.

Eine weitere, möglicherweise mit dem erwähnten Fund eng zusammenhängende Innovation war eine quadratische Plattform mit einer Seitenlänge von etwa zehn Metern, die sich nördlich an den nordöstlichen Eckbau anschloß. Borchardt fand dafür keine Erklärung. Bei den tsche-

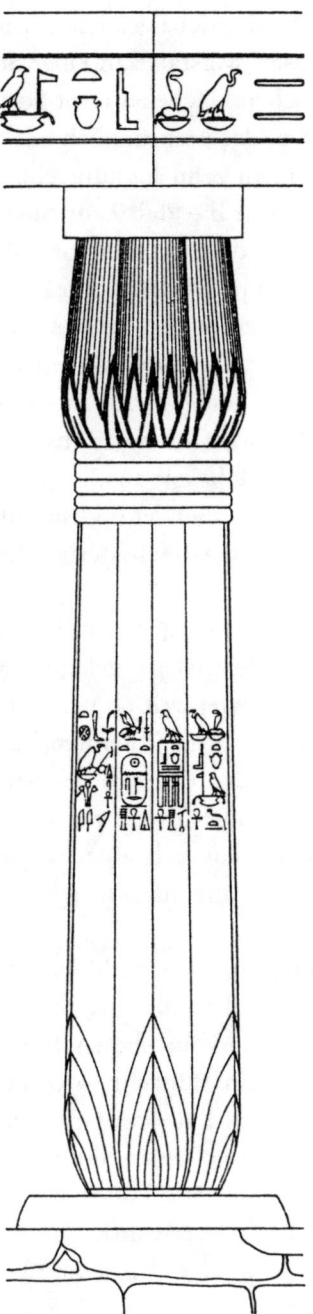

Papyrussäule,
Niuserres Totentempel
(nach Borchardt).

chischen Grabungen Mitte der siebziger Jahre wurde in der Nähe der Südwestecke von Ptahschepses' Mastaba an einer Stelle, die lediglich einige
Meter von der quadratischen Fläche entfernt liegt, ein großes Pyramidion
aus Rosengranit gefunden, das ursprünglich mit Kupferplatten verkleidet
gewesen war und von einem zehn bis fünfzehn Meter hohen Obelisken
stammte. Wahrscheinlich war die Plattform einst sein Sockel.

Der Fund der Blöcke mit dem Namen von Sahures Sonnentempel und
des großen Granitobelisken in Niuserres Pyramidenkomplex führt zu der
Überlegung, ob zwischen den beiden Bauten nicht doch ein tieferer Zusammenhang bestanden hat. Der Obelisk war der architektonische Mittelpunkt der Sonnen-, aber gewiß nicht der Totentempel. Sein Vorkommen im Komplex des Niuserre ist auch absolut einzigartig. Es ist also
durchaus möglich, daß der Obelisk aus Sahures Sonnentempel stammte
und daß dieses (vielleicht unvollendete, vielleicht usurpierte) Monument
eine Quelle leicht zugänglichen Baumaterials für Niuserres Pyramidenkomplex bildete.

Beim Bau des Aufwegs und möglicherweise auch des Taltempels wurden ältere, bereits durch Neferirkare gelegte Fundamente genutzt. Der
untere Teil des Weges (etwa zwei Drittel) war auf dessen Pyramide gerichtet, der obere dann auf Niuserres Totentempel. Hinsichtlich seines Dekors ähnelte der Weg ursprünglich dem des Sahure. Borchardt hat hier
lediglich an drei Stellen Sondierungen vorgenommen, und es ist daher
nicht ganz ausgeschlossen, daß sich auch entlang dieses Weges wie im
Komplex des Sahure bisher unentdeckte reliefverzierte Blöcke im Sand
verbergen.

Der Aufweg mußte nicht nur einen Höhenunterschied von etwas über
achtundzwanzig Metern, sondern gleichzeitig auch ein ziemlich unebenes
Terrain überwinden. Besonders im oberen Teil war es erforderlich, eine
verhältnismäßig hohe Basisanschüttung vorzunehmen. Diese wurde am
Anfang der 12. Dynastie zum Bau von Gräbern der Priester verwendet,
die den Totenkult des Niuserre pflegten. Einige Gräber waren noch intakt,
als Borchardt sie untersuchte. Die Funde daraus werden heute in verschiedenen deutschen Museen verwahrt, darunter der schöne Holzsarg
des Herischefhotep im Ägyptischen Museum Leipzig (Inv. Nr. 3).

Der Fußboden des Taltempels lag ursprünglich mehr als fünf Meter unterhalb des heutigen Geländes. Möglicherweise sind die Fundamente für den Tempel nebst einem Wasserkanal, der dem Transport von Materialien für den Pyramidenbau diente, schon von Neferirkare angelegt worden.

Wie der Taltempel des Sahure hatte auch der des Niuserre zwei Säuleneingänge. Den östlichen, vor dem die Hafenrampe lag, zierten zwei Reihen von jeweils vier sechsstengeligen Papyrusbündelsäulen aus Rosengranit mit den Namen und der Titulatur des Herrschers und Bildern der Schutzgöttinnen Uadjet und Nechbet. Die Pflasterung bestand aus Basalt. An den Wänden über dem Granitdado befanden sich ursprünglich polychromierte Reliefs. Im westlichen Portikus, der über eine Treppe von außen zugänglich war, standen lediglich vier Säulen.

Der Raum in der Mitte des Tempels besaß eine bedeutende Kultstellung: Dort standen in drei Nischen – einer größeren und zwei kleineren – in der Westwand möglicherweise Herrscherstatuen. Von der originalen Reliefverzierung des Tempels haben sich nur einige wenige Fragmente (Szenen des Herrschers, der Feinde Ägyptens massakriert, und einer Göttin, die den König säugt) erhalten. Die Tatsache, daß im Tempel ursprünglich nicht nur Statuen des Niuserre standen, belegen gefundene Fragmente von Darstellungen gefangener Feinde Ägyptens aus Kalkstein, eines Alabasterkopfes der Königin Reputnebu (offenbar Niuserres Gemahlin) und einer großen Löwenstatue aus Rosengranit.

DIE PYRAMIDE «LEPSIUS NR. XXIV»

Am Südrand des Pyramidenfeldes von Abusir, nur einige Dutzend Meter südlich der Pyramide von Chentkaus II., stehen die Ruinen zweier kleiner Pyramidenanlagen. Schon die Lepsius-Expedition hatte sie bemerkt und ihnen auf ihrer archäologischen Karte die Ordnungsnummern XXIV und XXV zugeteilt. Es ist recht verwunderlich, daß eine weitere deutsche Archäologengruppe, die etwa sechzig Jahre später hierherkam und von Borchardt geleitet wurde, diese Bauten nicht als Pyramiden identifizierte. Borchardt untersuchte das Objekt «Lepsius Nr. XXIV» kurz und kam zu dem Schluß, daß es sich um eine Mastaba, vielleicht sogar eine Doppelmastaba handle. Die unattraktiven Ruinen blieben bis Anfang der achtziger Jahre unbeachtet, als das tschechische Team ihre Erforschung in Angriff nahm.

Die Untersuchung hat überzeugend gezeigt, daß es sich um einen kleinen, von Steindieben stark verwüsteten Pyramidenkomplex handelt, der aus einer Pyramide, einem Totentempel und einer kleinen Kultpyramide besteht. Die umfangreiche Devastation der Pyramide hat für Archäologen heute aber auch einen positiven Aspekt: Sie ermöglicht einen sorgfältigen Blick in die innere Struktur, in das von außen und innen bloßgelegte Mauerwerk der Pyramide. Darüber wurde weiter oben bereits ausführlich berichtet. Der Name des Wesirs Ptahschepses unter zahlreichen sogenannten Baugraffiti auf dem Steinmauerwerk beweist, daß die Pyramide unter seiner Leitung – er war Vorsteher aller königlichen Arbeiten – in der Regierungszeit des Pharaos Niuserre errichtet wurde.

Grundriß des Pyramidenkomplexes «Lepsius XXIV» (Stand: 1995).

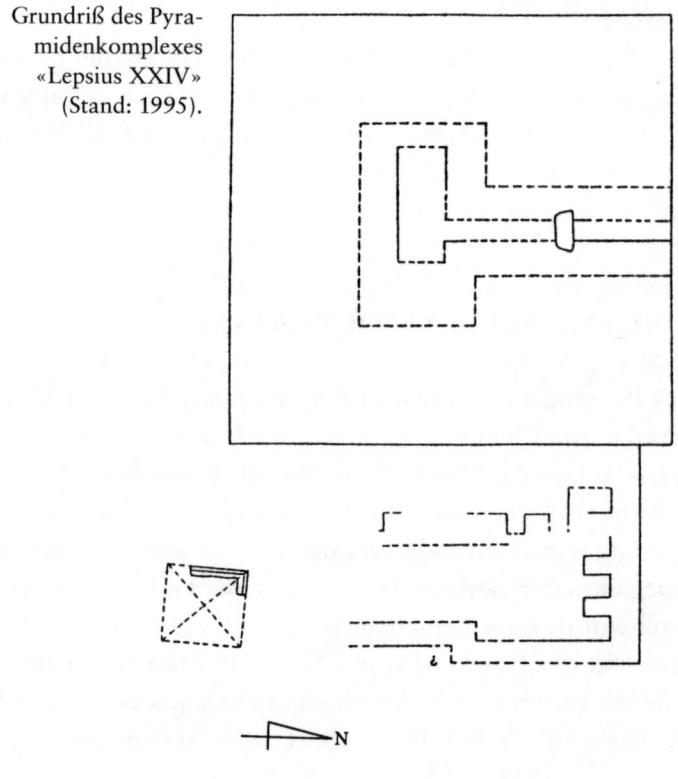

In den Ruinen der Grabkammer zwischen den Trümmern des Sarkophags aus Rosengranit und Splittern aus dem Pyramidenkern wurde neben Fragmenten der Grabausstattung (symbolischer Kupfergeräte für das Ritual der Mundöffnung und Alabasterkanopen) die beschädigte Mumie einer etwa fünfundzwanzig Jahre alten Frau entdeckt. Über die Einschätzung dieses Fundes sind sich die Archäologen und Anthropologen bisher nicht ganz einig. Die archäologischen Gegebenheiten schließen nicht aus, daß es sich um die Inhaberin der Pyramide gehandelt haben könnte. Ihr Name konnte jedoch in den Ruinen leider nirgends gefunden werden. Da bezüglich der Datierung des Grabes in die Zeit des Niuserre kein Zweifel bestehen kann, wäre in ihr wahrscheinlich die Gemahlin dieses Pharaos zu sehen (die Königin Reputnebu?).

Dem widerspricht jedoch die Ansicht der Anthropologen. Die Mumie trägt Spuren der Exzerebration, der Entnahme des Gehirns durch die durchbrochene Nasenscheidewand, und dieses Verfahren ist erst seit Anfang des Mittleren Reiches belegt. Klarheit sollen die Ergebnisse einer Laboruntersuchung des Mumiengewebes mit Hilfe moderner Meßtechnik, vor allem der Radiocarbonmethode, bringen.

Die Anordnung des Totentempels vor der Pyramidenostwand bestätigt ebenfalls, daß die Anlage zu den Königinnengräbern gehört. Der Tempel wurde jedoch im Neuen Reich und in saitisch-persischer Zeit so umfangreich von Steindieben beschädigt, daß allein schon seine theoretische Rekonstruktion, vor allem die der Südhälfte, schwierig ist. Da keinerlei Relieffragmente auffindbar sind, scheint mit der Reliefverzierung des Tempels, vermutlich abgesehen von der Scheintür, offenbar nicht einmal begonnen worden zu sein.

Rätselhaft ist auch die enge Nachbarschaft zu einer weiteren Pyramide, «Lepsius Nr. XXV». Diese ist bisher noch nicht erforscht worden, aber auch sie gehörte offenbar einer Königin und stammte aus derselben Zeit. Darüber hinaus geht bereits aus einer oberflächlichen Untersuchung fast sicher hervor, daß ihr Totentempel nicht vor der Ost-, sondern der Westseite der Pyramide lag!

Was für eine Stellung nahmen diese beiden Königinnen ein? War eine von ihnen etwa die Witwe von Neferefre, die sein jüngerer Bruder und Nachfolger Niuserre nach der Thronbesteigung geheiratet hat? Was für eine Beziehung hatten diese Königinnen zu Niuserres unmittelbaren Nachfolgern Menkauhor und Djedkare? Auf diese und viele weitere Fragen, von denen einige fundamental für die Erklärung des Endes der 5. Dynastie sind, gibt es noch keine Antwort. Liegt sie in den Ruinen der Pyramide «Lepsius Nr. XXV»?

DIE «KOPFLOSE PYRAMIDE» DES MENKAUHOR (?)

Längst nicht alle ägyptischen Pyramiden sind schon entdeckt worden. Eine durch schriftliche Dokumente sicher belegte ist die von Niuserres Nachfolger Menkauhor, die «Göttlich sind die (Kult-)Stätten des Menkauhor» hieß. Es steht außer Zweifel, daß dieser als erster Herrscher der 5. Dynastie die Nekropole von Abusir verließ, obwohl das sich dort erstreckende Wüstenplateau, vor allem im Süden, noch nicht voll ausgenutzt war. Bei der Auswahl eines neuen Ortes für den Grabbau spielte natürlich auch die Frage nach geeigneten Steinbrüchen und neuen Werkstätten für die Handwerker eine Rolle. Es ist jedoch nicht ausgeschlossen, daß noch andere Motive Menkauhor zu seiner Entscheidung bewogen haben. Insbesondere seine Beziehung zu den in Abusir bestatteten Herrschern ist nicht bekannt. Die Auffassung, daß er Niuserres Sohn gewesen sein könnte, stützt sich bislang auf einige indirekte Angaben, die zum Beispiel aus der Reliefverzierung des Totentempels Chentkaus' II. oder des nahe gelegenen Grabes des Prinzen Neserkauhor stammen.

Menkauhor wird zuweilen die völlig zerstörte Pyramide in Saqqara-Nord zugeschrieben, die am äußersten Rande des Wüstenplateaus östlich von Tetis Totentempel liegt. Ihr armseliger Zustand führte dazu, daß sie den ungewöhnlichen, doch ortsüblichen Namen «Kopflose Pyramide» erhielt. Nicht minder poetisch ist auch der arabische Name für die Ruinen, die als Überreste ihres Totentempels gelten: «Josephs Gefängnis».

Dieses Bauwerk ist bisher noch nicht eingehend erforscht worden. 1843 widmete ihm die Lepsius-Expedition flüchtige Aufmerksamkeit, auf deren archäologischer Karte es die Nummer XXIX erhielt. Sehr kurz be-

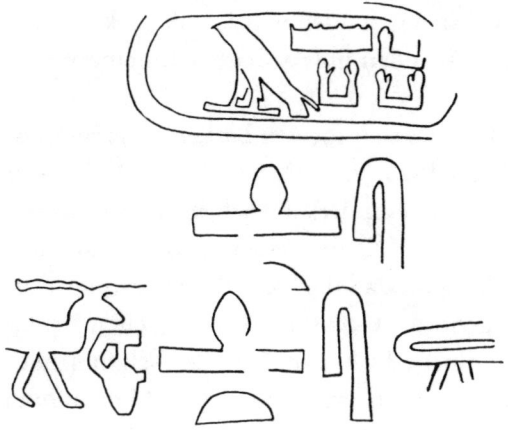

Lehmsiegel mit dem Abdruck des Namens Menkauhors, der im Totentempel des Neferefre gefunden wurde.

schäftigte sich im Jahre 1881 auch Maspero während seiner Suche nach Pyramidentexten mit den Ruinen. Zu den ersten, unsystematischen und nur sehr kurzen Ausgrabungen kam es 1930 unter der Leitung von Firth. Im Schutt der Grube für die Grabkammer fand er Bruchstücke von Rosengranit und sogar den Deckel eines Sarkophags aus graublauem Stein. Auch wenn er keinen direkten Beweis dafür hatte, äußerte er die Vermutung, daß der Inhaber der Pyramide Iti gewesen sei, wohl einer der ephemeren Herrscher, die das Alte Reich in seiner Endphase hervorbrachte.

Im Zusammenhang mit der Erforschung von Tetis Totentempel bezogen auch Lauer und Leclant Stellung zu der Pyramide. Ihrer Ansicht nach mußte gerade wegen der Pyramide beim Bau des Teti-Komplexes der Aufweg nach Südosten abgelenkt werden. Nach einer Untersuchung des Mauertyps und weiterer Details kamen sie zu dem Schluß, daß die Pyramide aus der 5. Dynastie stammt und Menkauhor gehört haben könnte.

Zu ähnlichen Folgerungen kamen auch Maragioglio und Rinaldi. Sie bemerkten, daß der Graben für den Zugangskorridor zur Grabkammer nicht genau auf der Nordsüdachse liegt, sondern nach Osten abknickt. Wie bereits erwähnt, stellte dies eine Besonderheit der Pyramiden der 5. Dynastie in der Zeit zwischen Neferirkare und Djedkare dar.* Diese Datierung könnte außerdem die Tatsache bekräftigen, daß in den Ruinen

* Sie ist nur noch in der Pyramide Senusrets I. in Lischt belegt.

keine Fragmente von Pyramidentexten gefunden wurden, die bekanntlich erst in der Zeit des Unas auf den Wänden unterirdischer Kammern auftauchten.

Ende der siebziger Jahre beschäftigte sich Jocelyn Berlandini erneut mit der Frage nach dem Inhaber dieser Pyramide. Sie wertete die bisherigen archäologischen Beobachtungen und besonders die Schriftquellen des Alten und Neuen Reiches aus, die den Kult des Menkauhor in Saqqara-Nord belegen, und kam zu der Ansicht, daß die «Kopflose Pyramide» offenbar wirklich diesem König gehörte. Gewisse Schwierigkeiten in der Argumentation bereitete Berlandini jedoch der Text des schon früher erwähnten Dekrets von Dahschur. Darin ist nämlich von Menkauhors Pyramide in einem Kontext die Rede, der auf ein Domizil an eben diesem Ort hindeutet, was wiederum Stadelmann zu der Vermutung veranlaßte, daß ihre Überreste in den Ruinen des großen Baus nordöstlich der Roten Pyramide verborgen sein könnten, den schon Lepsius für eine Pyramide – in seiner Zählung Nummer L (= 50) – gehalten hatte.

Zuletzt beschäftigte sich Jaromír Málek mit der «Kopflosen Pyramide». Den Anlaß dazu gab ihm das Fragment einer Inschrift auf einem Mörtelstück, das britische Archäologen nahe der Pyramide entdeckt hatten. Obwohl es nicht als direkter Beleg gelten kann, ergänzte Málek den Text und hält ihn für einen Beweis dafür, daß unmittelbar neben der Pyramide des Teti die des späteren Königs Merikare stand. Ähnlich wie Berlandini führt auch er eine Reihe indirekter Anhaltspunkte, insbesondere schriftliche Dokumente an, die aus Saqqara-Nord stammen und mit Merikares Totenkult in Verbindung stehen. In seiner gründlichen und interessanten Argumentation nahm er aber leider nicht zu der baulichen Besonderheit Stellung, auf die Maragioglio und Rinaldi hingewiesen hatten. Der «Kopflosen Pyramide» ist es so offenbar beschieden, auch weiterhin rätselhaft zu bleiben, bis die archäologische Forschung ihr Geheimnis zu lüften vermag. Aber wo auch immer die Pyramide des Menkauhor verborgen liegt, fest steht, daß es weder ihm noch den weiteren Herrschern der 5. Dynastie gelungen ist, einen neuen, eigenständigen Friedhof zu gründen.

DIE PYRAMIDE DES DJEDKARE

Djedkare, der Nachfolger Menkauhors, wird für dessen Sohn gehalten. Einige indirekte Belege aus den laufenden tschechischen Ausgrabungen in Abusir lassen jedoch auch die Möglichkeit zu, daß die beiden Herrscher Brüder (Söhne des Niuserre) oder sogar Vettern waren (Söhne des Neferefre und des Niuserre).

Wenn dies zutrifft, könnte es sich um weitere Vorzeichen für das Ende der 5. Dynastie handeln. Welcher Abstammung Djedkare auch war, sein Anspruch auf den Thron wurde offenbar in entscheidendem Maße von seiner königlichen Gemahlin unterstützt. So wird wenigstens die Bedeutung des noch zu besprechenden großen Pyramidenkomplexes einer weiteren Königin interpretiert.

Djedkares Pyramide in Saqqara-Süd hieß ursprünglich «Schön ist Djedkare», heute nennt sie die ortsansässige Bevölkerung jedoch *Haram esch-Schawaf*, «Wachpyramide». Schon Perring hat sie untersucht und kurz darauf die Gelehrten der Lepsius-Expedition. 1880 drang Maspero in ihre Substruktur ein, um nach den Pyramidentexten zu suchen. Eine systematische archäologische Untersuchung begann erst Mitte der vierziger Jahre des 20. Jahrhunderts und wurde von einer Reihe unglücklicher Umstände begleitet. Zunächst erforschten sie Alexandre Varille und Abdel Salam Hussain, deren Arbeiten jedoch schon Ende der vierziger Jahre unterbrochen wurden, wobei die Grabungsdokumentation abhanden kam. Ähnliches geschah im Zuge der Untersuchungen Fachris Anfang der fünfziger Jahre.

Mitte der achtziger Jahre begann der ägyptische Archäologe Mahmud Abdel Rasek, auf dem Areal um den Aufweg und den Totentempel herum Grabungen durchzuführen. Einige Relieffragmente, die bereits Fachri entdeckt und in Lagern untergebracht hatte, publizierte ein anderer ägyptischer Archäologe, Muhammad Mursi. Der Taltempel, dessen Trümmer unter den ersten Häusern des Dorfes Saqqara am Rande des Niltals liegen, wurde noch gar nicht archäologisch erforscht. Schon jetzt ist aber klar, daß die Rekonstruktion einiger Teile des Pyramidenkomplexes aus den bisherigen Grabungen aufgrund der Beschädigung vor allem des Totentempels und der Unvollständigkeit der Dokumentation sehr schwierig ist.

Im Vergleich zu den Pyramiden von Abusir kam es unter Djedkare und seinen Nachfolgern zu einigen bedeutenden Veränderungen konzeptioneller Art. Schon auf den ersten Blick besteht ein auffälliger Unterschied in bezug auf die Konstruktion des Kerns. Der Megalithismus, der für die 4. und in geringerem Maße auch die 5. Dynastie charakteristisch war, trat von nun an in den Hintergrund. Für den Bau des Kerns wurden kleine, unregelmäßige Kalksteinstücke verwendet, die man mit Hilfe von Tonmörtel zu etwa sieben Meter hohen Stufen verband. Davon gab es ursprünglich sechs; heute fehlen die drei oberen, so daß der Rest der Pyramide nur noch eine Höhe von etwa vierundzwanzig Metern erreicht. Der größte Teil der Verkleidung aus feinem weißen Kalkstein ist schon vor langer Zeit von Steinräubern abgerissen worden. Trotzdem hat sie sich zum Beispiel auf der Nordseite in überraschend gutem Zustand erhalten.

Der Eingang lag zwar nördlich, befand sich jedoch nicht wie bisher üblich in der Pyramidenwand, sondern im Hofpflaster davor, etwa zweieinhalb Meter westlich der Nordsüdachse. Darüber stand ursprünglich die sogenannte Nordkapelle, von der sich lediglich unscheinbare Spuren erhalten haben. Aus ihr stammt vielleicht der kleine sternenverzierte Deckenblock, der heute nahe des Eingangs liegt.

Die Pyramide des Djedkare ist die letzte in der Reihe derjenigen, deren Zugangskorridor leicht nach Osten abgeknickt war. Er steigt zunächst ab, bis er schließlich in ein kleines Vestibül mündet, in dem Scherben von zerschlagenen Gefäßen gefunden wurden. Es ist also möglich, daß hier einige abschließende Bestattungsrituale (zum Beispiel das «Zerschlagen roter Gefäße»?) stattgefunden haben. Hinter dem Vestibül nimmt der Korridor einen horizontalen Verlauf, und gleich am Anfang befindet sich eine Blockierung aus Rosengranit, die aus drei mächtigen Fallsteinen bestand. Ganz am Ende beim Eingang in die Vorkammer stößt man auf die letzte Granitblockade.

Die Grabwohnung des Herrschers bildeten im Gegensatz zu der vorangegangenen Konzeption drei Räume. Neben der Vor- und der Grabkammer tritt noch ein Raum mit drei Nischen als Magazin hinzu. Die Satteldecke der Vor- und der Grabkammer (das Magazin hatte eine flache Decke) wurde aus drei übereinandergelegten Schichten mächtiger Kalksteinblöcke errichtet – auf dieselbe Weise, wie sie bereits bei den Pyramiden von Abusir beschrieben wurde. Ursprünglich stand an der Westwand der Grabkammer ein Sarkophag aus grauschwarzem Basalt. Darin ruhte einst die Königsmumie mit dem Kopf nach Norden. Vor der Südostecke des Sarkophags befand sich eine kleine quadratische Grube im Fußboden, in der die Alabasterkanopen beigesetzt waren.

Die unterirdischen Räumlichkeiten der Pyramide des Djedkare wurden von Steindieben stark beschädigt. Sie liegen in Trümmern, und die Rekonstruktion ihres ursprünglichen Plans ist schwierig. Vom vollkommen zerstörten Sarkophag fanden sich lediglich Fragmente, ähnlich war es um die Kanopen bestellt. In den Trümmerhaufen der Grabkammer gelang es, Überreste des mumifizierten Körpers eines etwa fünfzigjährigen Mannes zu entdecken.

In Anbetracht der Tatsache, daß der absteigende Korridor bis heute durch die ursprüngliche Blockade teilweise verschlossen ist, weil die Diebe sie damals umgangen haben, müßte es sich um Djedkare und nicht um ein späteres Intrusivbegräbnis handeln. Einige Daten aus kürzlich entdeckten Papyri im Totentempel des Neferefre in Abusir zeigen jedoch, daß Djedkare mindestens einundvierzig Jahre lang regierte, was darauf schließen ließe, daß er ein hohes Alter erreichte. Haben wir also Grund anzunehmen, daß Djedkare sehr jung war, als er den Thron bestieg? Diese Vermutung ist nur eine von vielen, die sich auf die unklare Zeit zwischen Niuserres und Djedkares Herrschaft beziehen.

Da die Wüste vor der Pyramidenostseite stark abfiel, mußten vor der Fundamentierung des Totentempels umfangreiche Bearbeitungen des Terrains vorgenommen werden. Die Ostfassade des Totentempels zierten zwei mächtige turmartige Bauten. Sie hatten einen quadratischen Grundriß, und ihre Wände waren wie üblich leicht geböscht. Innen gab es wahrscheinlich keine Räume, eine Außentreppe zur Dachterrasse läßt sich jedoch nicht ausschließen. Die Funktion der Türme bleibt vorerst unklar. Höchstwahrscheinlich sind sie nach dem Vorbild ähnlicher Bauten im Totentempel des Niuserre errichtet worden.

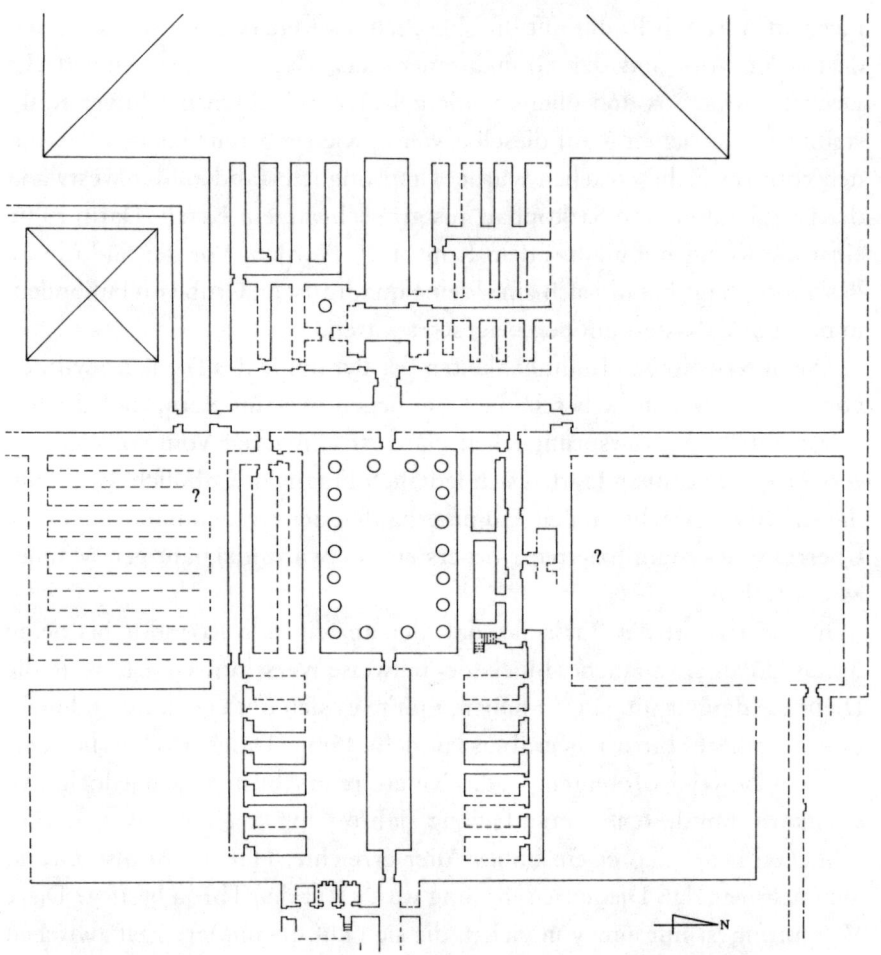

Grundriß des Totentempels des Djedkare (nach Maragioglio und Rinaldi).

Nach den mächtigen Seitenwänden zu schließen, hatte die Eingangshalle des Tempels eine gewölbte Decke. An jeder Seite befanden sich sechs Lagerkammern, das Alabasterpflaster setzte sich bis in den offenen Säulenhof fort. Hier erhoben sich, ähnlich wie in Sahures Totentempel, sechzehn Palmsäulen aus Rosengranit mit der Titulatur und dem Namen des Herrschers. Eine niedrige Treppe in der Mitte der Westwand des Querkorridors ermöglichte den Zugang zum intimen Tempelteil. Der Weg in die Opferhalle führte von hier durch die Fünfnischenkapelle und die «antichambre carrée», deren Decke eine Palmsäule aus Rosengranit mit Djedkares Namen und Titel stützte. Daneben befindet sich ein Bild der Nechbet, denn dieser Raum lag bereits südlich der Hauptachse des Tempels und befand sich somit unter dem Schutz der Göttin von Oberägypten.

Die Opferhalle unterschied sich in ihrer Anordnung und Verzierung wahrscheinlich nicht wesentlich von den vorangegangenen Pyramidenkomplexen der 5. Dynastie. Sein Westteil, in dem sich ursprünglich eine Scheintür befand, war jedoch direkt ins Mauerwerk der Pyramide eingelassen. Auf beiden Seiten umgaben zahlreiche Lagerkammern das Allerheiligste.

Über das Reliefdekor ist aufgrund der umfangreichen Beschädigung des Tempels durch Steindiebe und der Tatsache, daß die Dokumentation der Funde abhanden gekommen ist, nicht viel bekannt. Aus den Szenenfragmenten von Opferträgern, Prozessionen personifizierter Totenopfergüter, des Herrschers und der Götter läßt sich jedoch schlußfolgern, daß das Bildprogramm von Djedkares Pyramidenkomplex offensichtlich ebenso wie die künstlerische Qualität sowie die handwerkliche Ausführung der Reliefs den damaligen Standards entsprach. In diesem Zusammenhang lohnt die Erwähnung einer gewissen Veränderung in der Zusammensetzung des Materials für den Tempelbau. Die Abnahme harter, den Abbau wie auch den Transport erschwerender Gesteinsarten (zum Beispiel Basalt oder Rosengranit) halten einige Archäologen für einen indirekten Hinweis darauf, daß die Ressourcen der königlichen Kasse zur Neige gingen.

Auch die Kultpyramide vor der Südostecke der Königspyramide überschritt nicht den Standard der Zeit. Sie hatte einen dreistufigen Kern, und die einzige, ostwestlich orientierte und dicht unter der Grundfläche liegende Kammer war über einen ansteigenden Korridor zugänglich, der in der Mitte der Pyramidennordwand dicht über der Grundfläche begann. Eine kleine Umfassungsmauer umgab sie.

Der Aufweg verlief nicht genau ostwestlich, sondern schwenkte leicht nach Süden. Südlich von ihm schloß sich eine Terrasse an, die in der Nähe der Fassade des Totentempels in einem kleineren Bau endete, von dem sich lediglich die Alabasterpflasterung erhalten hat. Am Nordrand des oberen Teils des Aufwegs entdeckte Rasek in den achtziger Jahren eine Nekropole heiliger Schlangen, die vermutlich aus der Spätzeit stammt.

Die Grabungen auf dem Areal des Taltempels, die Varille in Angriff genommen hatte, wurden bald unterbrochen und blieben unvollendet. Nach einem späteren Zeugnis von Grinsell und Fachri fand man hier in situ Mauerreste mit Reliefs. Einige Rosengranitblöcke konnten im nahe gelegenen Dorf zwischen den Hütten versprengt gesichtet werden.

Die Umgebung von Djedkares Pyramide ist archäologisch bisher nicht eingehender erforscht worden, doch verrät bereits eine flüchtige, oberflächliche Untersuchung, daß sich hier Privatgräber und vielleicht auch weitere Bauten befunden haben. In diesem Zusammenhang sei auf den Friedhof hingewiesen, den das tschechische Team Mitte der siebziger Jahre südlich von Niuserres Aufweg in Abusir entdeckt hat. Darauf waren die damals weniger bedeutenden Verwandten des Djedkare wie seine Töchter und auch einige seiner Beamten bestattet. Warum aber nicht in der Nähe der Königspyramide in Saqqara-Süd?

Dieser Fund erinnert wieder einmal daran, wie wenig bisher über die Gründe oder Regeln bekannt ist, die die Ortswahl für einen Grabbau oder die Gründung eines Friedhofs bestimmten. Im Falle von Djedkares Tochter Chekeretnebti und weiterer Prinzessinnen muß diese Wahl jedoch nicht durch irgendwelche mysteriösen gesellschaftlichen Gründe motiviert gewesen sein. Djedkare widmete Abusir, der Erhaltung seiner Gräber und Tempel sowie der Reorganisation der gepflegten Totenkulte seiner Vorgänger erhebliche Aufmerksamkeit. Zur Errichtung der eben erwähnten Gräber könnten ihn daher die hier damals noch an dieser Stelle konzentrierten Werkstätten und Baukapazitäten bewogen haben. Für die neue technische Infrastruktur, die der Bau seines eigenen Pyramidenkomplexes in Saqqara-Süd erforderte, entspannte sich dadurch sicherlich die Situation.

DIE PYRAMIDE DER «UNBEKANNTEN KÖNIGIN»

An der Nordostecke der Umfassungsmauer um Djedkares Pyramide und Totentempel liegt ein weiterer, viel kleinerer Pyramidenkomplex. Er besitzt weder einen Taltempel noch einen Aufweg und besteht lediglich aus einer Pyramide, einem Totentempel und einer eigenen Umfassungsmauer. Aufgrund seiner Lage und besonders der baulichen Eingliederung in den Komplex des Djedkare ist er mit größter Wahrscheinlichkeit der königlichen Gemahlin zuzuschreiben. Ihr Name konnte jedoch ebensowenig auf Relieffragmenten dieser Pyramidenanlage wie auf denen der benachbarten des Djedkare gefunden werden. Vivienne Callender warf die Frage auf, ob Djedkares Gemahlin vielleicht Meresanch IV., die Mutter des Prinzen Raemka, gewesen sei. Deren Grab liegt jedoch in Saqqara (Mariette, D5) nördlich der Stufenpyramide. Gehörte diese Pyramide also einer anderen Gemahlin Djedkares?

Einer kurzen Untersuchung sowie einer knappen Beschreibung des Monuments widmeten sich sowohl Perring als auch Lepsius. An eine gründliche archäologische Erforschung machte sich jedoch erst Fachri im Jahre 1952, ohne sie zu Ende zu bringen. Die grundlegenden, wenn auch unvollständigen Angaben verdanken wir deshalb Maragioglio und Rinaldi, die sich in den sechziger Jahren mit dem Bauwerk beschäftigten.

Die Pyramide hatte ursprünglich einen dreistufigen Kern, der auf eine ähnliche Weise errichtet worden war wie der benachbarte des Djedkare. Heute klafft inmitten der Ruinen ein Krater, in den von Norden her ein tiefer Graben führt.

Dem Plan des Totentempels mangelt es nicht an originellen wie auch improvisierten Elementen, denn es war erforderlich, die Standardnormen den lokalen Bedingungen anzupassen. In den Tempel trat man von Westen her ein, was mit seiner Lage sowie dem Bemühen um eine kommunikative Verbindung zu dem benachbarten Totentempel des Königs zusammenhing. Zu diesem Zweck wurde dessen Tempel auch mit einem besonderen, «nördlichen» Säulenportikus ausgestattet. Zwischen dem insgesamt unauffälligen Eingang und dem offenen Säulenhof des Königinnentempels lag ein Saal, in dessen Zentrum fünf sechsstengelige Papyrussäulen aus feinem weißen Kalkstein in einer einzigen Reihe angeordnet waren.

Grundriß des
Pyramidenkomplexes
von Djedkares
Gemahlin (?)
(nach Jánosi).

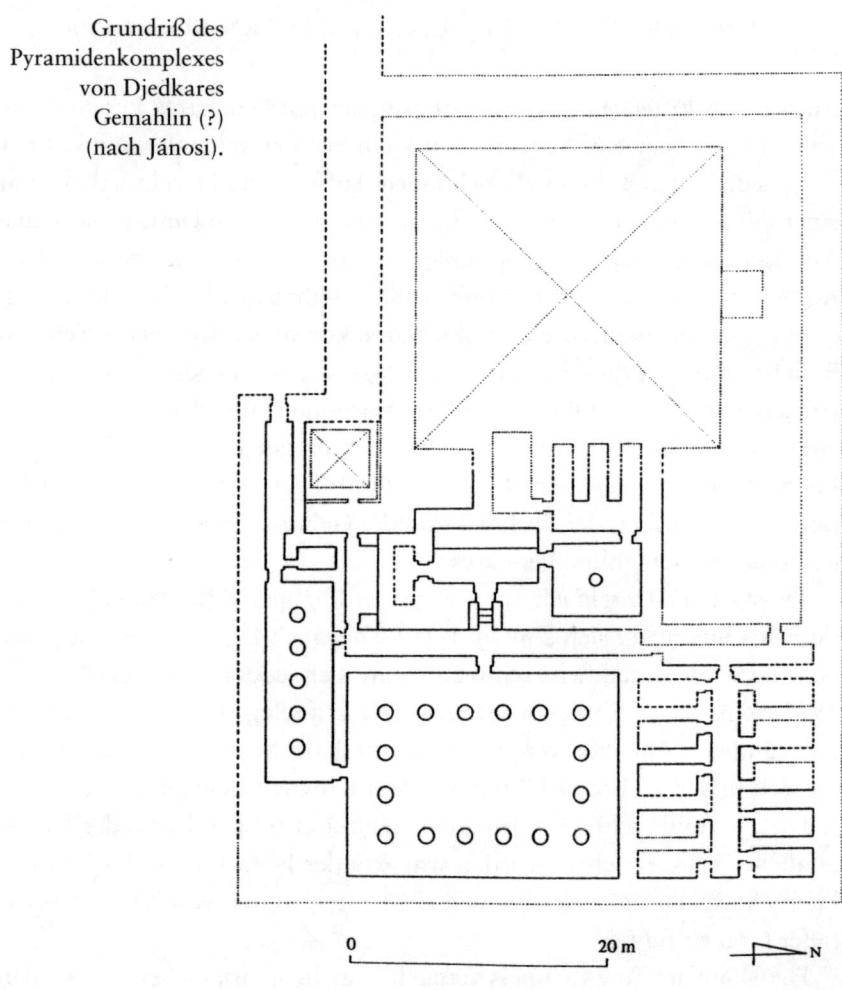

0   20 m   N

Der offene Hof mit sechzehn sechsstengeligen Papyrussäulen war nordsüdlich orientiert. Er lag, wie der Tempel insgesamt, nicht in der Pyramidenachse. Die Seitenwände des Hofes zierten ursprünglich Reliefs.
Nördlich davon befand sich eine Gruppe von zehn Lagerkammern. Ein
Querkorridor trennte diesen Bereich von dem intimen Teil des Tempels.
Die Rekonstruktion seines Plans ist jedoch sehr unsicher – anscheinend
befanden sich in der Mitte die Opferhalle und nördlich davon drei

Nischen. Zur Anlage gehörte auch eine kleine Kultpyramide, die an der Südostecke der Königinnenpyramide stand.

Der Plan dieses kleinen Pyramidenkomplexes war durch den Nachbarbezirk des Djedkare und zum Teil auch die von Niuserre und Neferirkare beeinflußt. Wie Jánosi angemerkt hat, entspricht er nicht dem der zeitgenössischen Königinnengräber. An seiner Grundbedeutung als Grab von aller Wahrscheinlichkeit nach Djedkares Gemahlin läßt sich aber kaum zweifeln. Größe, Gliederung und Originalität des Tempels sprechen für eine bedeutende gesellschaftliche Stellung seiner Inhaberin. Laut Klaus Baer (1930–1987) sind die nachweisbaren Ausbesserungen und Umarbeitungen an einigen der Reliefs ein Hinweis darauf, daß die Königin nach dem Tod ihres Mannes Djedkare und vor der Thronbesteigung von (ihrem Sohn?) Unas wahrscheinlich selbst eine gewisse Zeit regiert hat. Es kann jedoch auch genau umgekehrt gewesen sein. Danach hätte Djedkare erst der Heirat mit dieser Frau die Legitimation seiner Thronbesteigung verdankt – eine nicht allzu ungewöhnliche Erscheinung in der ägyptischen Geschichte. Ihr Grab hätte in beiden Fällen die dynastische Bedeutung seiner Inhaberin ausgedrückt. Wie dem auch gewesen sein mag, dieses Grab belegt als weitere Königinnen-Pyramidenanlage der 5. Dynastie indirekt die wachsende Rolle, die vor allem die Königsmütter in den unruhigen gesellschaftlichen Verhältnissen dieser Zeit spielten.

DIE PYRAMIDE DES UNAS

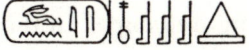

Die Pyramide des Unas ist zwar die kleinste des Alten Reiches, in gewissem Sinne aber auch die feinste. In ihr wurden nämlich erstmalig Inschriften an den Wänden der unterirdischen Kammern angebracht, die in das allgemeine Bewußtsein als Pyramidentexte eingegangen sind.*

Die Pyramide, die einst hochtrabend «Schön sind die (Kult-)Stätten des

---

* Zuerst wurden diese Sprüche jedoch nicht hier, sondern in der Pyramide Pepis I. in Saqqara-Süd entdeckt.

Unas» hieß, erinnert heute an einen kleinen Steinhaufen, der sich bescheiden im Schatten der berühmten Stufenpyramide duckt. Dennoch ist sie der – allerdings nur oberflächlichen – Aufmerksamkeit von Perring und kurz danach auch Lepsius nicht entgangen. Letzterer teilte ihr auf seiner archäologischen Karte der Pyramidenfelder die Nummer XXXV zu. Die unterirdischen Kammern blieben indes bis zum Jahre 1881 unerforscht, als Maspero in sie eindrang, angeregt durch die Entdeckungen der Pyramidentexte, die er kurz zuvor in den Pyramiden Pepis I. und Merenres gemacht hatte.

Systematischere archäologische Untersuchungen in der Pyramide und ihrer Umgebung nahm 1899 Barsanti in Masperos Auftrag in Angriff und setzte sie bis 1901 fort. Seine Arbeiten waren sehr erfolgreich, denn es gelang ihm, den Totentempel teilweise freizulegen und unerwartet einige weitere, sehr bedeutende Bauwerke auf dessen Areal zu entdecken – besonders die unterirdischen Galerien von Königsgräbern aus der 2. Dynastie und große Schachtgräber aus der Spätzeit.

Die abschließende Erforschung des Unas-Totentempels und des Pyramidenkomplexes ging leider unsystematisch und nur mit Schwierigkeiten vonstatten. Die Freilegung des Tempels, die Barsanti nicht zu Ende brachte, führten zunächst von 1929 bis zu seinem frühen Tod 1931 Firth und dann zwischen 1936 und 1939 Lauer weiter. In den Jahren 1937 bis 1949 nahmen die ägyptischen Archäologen Hassan, Goneim und Hussain besonders auf dem Areal von Unas' Aufweg Grabungen vor. Dabei legte Hussain südlich des oberen Aufwegrandes ein Paar kalksteinverkleideter Bootsgruben frei. In den siebziger Jahren knüpfte Musa in der unteren Hälfte des Aufwegs und im Taltempel an die Arbeiten seiner einheimischen Kollegen an.

Die relativ kleinen Ausmaße der Unas-Pyramide lassen sich kaum durch zeitliche Umstände erklären, denn der König regierte etwa dreißig Jahre lang. Eher nahmen die Ressourcen ab, über die er verfügen konnte. Den Kern aus kleineren, grob bearbeiteten Blöcken lokalen Kalksteins bilden sechs Stufen, die sich nach oben hin allmählich verkleinern. Die Verkleidung bestand wie gewohnt aus sorgfältig geglätteten Blöcken feinen weißen Kalksteins. In den untersten Schichten ist sie teilweise an ihrem ursprünglichen Platz erhalten geblieben, und insbesondere auf der Südseite

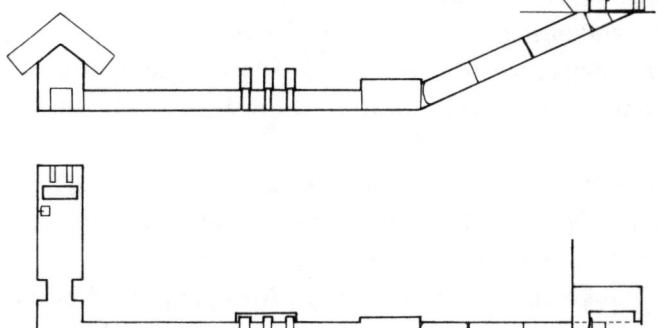

Substruktur der
Unas-Pyramide.
Nordsüdlicher
Schnitt und
Grundriß
(nach Lauer).

wurde sie später rekonstruiert. Dies geschah – wie bei anderen Monumenten in Saqqara auch – bereits zu Zeiten des Prinzen Chamuaset; dieser ließ an der Südseite eine Inschrift anbringen, die Lauer aus Fragmenten teilweise neu zusammensetzen konnte.

Der Eingang in den absteigenden Korridor lag ursprünglich unter der sogenannten Nordkapelle, von der lediglich Spuren erhalten geblieben sind. Es handelte sich um einen einzigen Raum, an dessen südlicher, also an der Pyramide anliegender Wand eine Stele und davor ein Altar in Form des hieroglyphischen Zeichens für *hetep* (Opfertafel) standen.

Der Grundriß der Substruktur ähnelte dem der Pyramide des Djedkare. Über der Vor- und der Grabkammer spannte sich, ebenso wie in den vorangegangenen Pyramiden dieser Zeit, ein Giebeldach. An der Westwand der Grabkammer, die mit Alabaster verkleidet und mit dem sogenannten Motiv der Prunkpalastfassade verziert war (die verwendete Polychromie umfaßt fünf Farben – Weiß, Schwarz, Gelb, Blau und Rot), lag ein Sarkophag aus grauschwarzer Grauwacke.* In beiden Kammern bedeckten Py-

---

* Eine gründliche petrographische Analyse, die die französischen Archäologen kürzlich in Saqqara durchführen ließen, ergab, daß es sich in diesem Fall ebenso wie in einigen anderen von den Franzosen untersuchten Pyramiden aus der 6. Dynastie in Saqqara nicht um Basalt handelt, wie man bisher vereinfachend behauptet hat.

ramidentexte die übrigen Wände. Sie waren in Basrelief eingemeißelt und mit grünblauer Farbe ausgemalt, die zugleich Trauer und den Glauben an die Wiedergeburt symbolisierte. Die Decke zierten gelbe Sterne auf blauem Hintergrund. Bemerkenswert ist, daß die Sterne in der Grabkammer und der Vorkammer zum Zenit, im Korridor dagegen nach Norden weisen.

Im Fußboden vor der Südostecke des Sarkophags war ursprünglich ein Kanopenschrank eingefügt. Von dem königlichen Begräbnis konnten nur einige unbedeutende Überreste gefunden werden – ein paar Fragmente einer Mumie in der Grabkammer (Teile des rechten Arms, des Schädels und des Schienbeins) und im Serdab zwei kleine hölzerne Griffe von Messern, die beim Mundöffnungsritual verwendet wurden.

Ähnlich wie die Substruktur der Pyramide erinnert auch der Grundriß von Unas' Totentempel an den des Djedkare mit Ausnahme der Fassadentürme. Den Eingang in der Mitte der Ostfassade bildete ein rosengranitenes Tor mit Hieroglypheninschriften, die den Namen und die Titulatur von Unas' Nachfolger Teti enthalten – ein untrüglicher Beweis dafür, daß dieser Teil des Tempels erst nach dem Tod des Herrschers fertiggestellt wurde. Durch die gewölbte, alabastergepflasterte Eingangshalle, die an den Seiten mit Reliefszenen von Opferdarbringungen verziert war, führte der Weg in einen offenen Hof. Die Decke des Umgangs wurde von achtzehn Palmsäulen aus Rosengranit gestützt, zwei mehr als bei Sahure oder Djedkare. Von der hohen künstlerischen Qualität dieser Säulen zeugt indirekt ihr späterer Verbleib: Sie sind vermutlich nach vielen Jahrhunderten für die Bauten in Tanis im Ostdelta, der ägyptischen Hauptstadt in der Zeit der 21. und 22. Dynastie, wiederverwendet worden. Weitere befinden sich heute im Pariser Louvre und dem British Museum in London. Ein ähnliches Schicksal wie die Säulen ereilte auch die einstmals reiche Reliefverzierung, wie Blöcke mit Reliefs des Unas in der Pyramidenanlage Amenemhets I. in Lischt zeigen.

Die in der Regel paarweise angeordneten Lagerkammern waren im Tempel nicht mehr wie bei Sahure symmetrisch angeordnet, sondern umgaben etwas unregelmäßig die Eingangshalle und den offenen Hof. Im Nordteil gab es mehr als doppelt so viele. In diesem Areal entstanden in der Spätzeit die großen Schachtgräber.

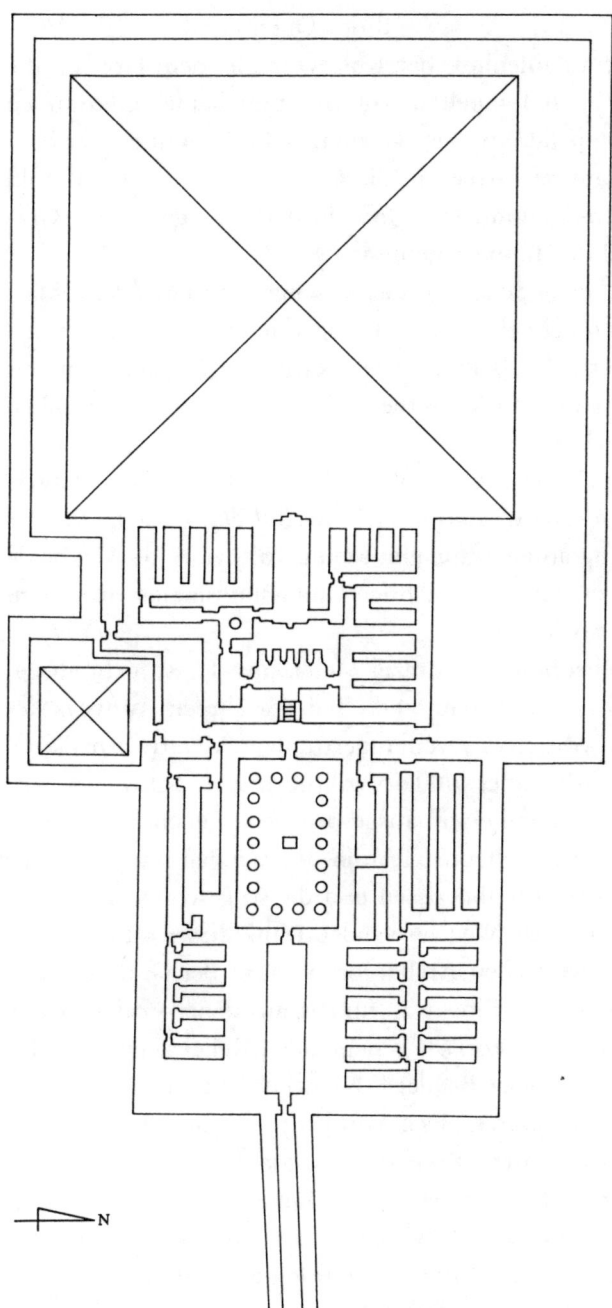

Grundriß der
Pyramide und
des Totentempels
des Unas
(nach Lauer).

N

Eine niedrige Treppe in der Westwand des Querkorridors – der Weg-kreuzung zwischen dem Säulenhof, der Kultpyramide, dem Hof um die Pyramide und dem intimen Tempelteil – führte in die heute vollkommen zerstörte Fünfnischenkapelle. Von hier gelangte man dann über die eben-falls zerstörte «antichambre carrée» in die Opferhalle. Hier stand wohl auch eine Palmsäule aus bräunlichem Quarzit, deren Fragment bei Gra-bungen im Südwestteil des Tempels gefunden wurde.

Außer dem Überrest einer Scheintür aus Rosengranit ist aus der Opfer-halle nicht viel erhalten geblieben. Die Hieroglypheninschrift auf ihr er-wähnt Schutzgötter, auf der Südseite die Seelen von Nechen, auf der Nordseite die von Buto. Ein Block aus dieser Tür ist heute im Ägyptischen Museum Kairo untergebracht.

Die Fünfnischenkapelle und die Opferhalle umgaben weitere Lager-kammern, auf der Nordseite wiederum mehr als auf der Südseite. Bei der Südostecke der Hauptpyramide stand eine kleine Kultpyramide. Um beide herum zog sich eine gemeinsame mächtige Umfassungsmauer aus Stein, die über sieben Meter hoch war.

Der Aufweg war siebenhundertzwanzig Meter lang. Es ist nicht ausge-schlossen, daß Unas bei dessen Bau einen Teil des älteren Aufwegs des Djoser in einer Länge von etwa zweihundertfünfzig Metern usurpierte. Der Aufweg verlief nicht gerade, sondern vollführte zwei Schwenks, was darauf zurückzuführen ist, daß er ein ausgesprochen unebenes, zudem in dieser Zeit bereits teilweise bebautes Terrain überwinden mußte. Einige ältere Bauten wurden deshalb abgerissen und die so gewonnenen Steine für die Anschüttung unter dem Weg verwendet. Dank dieser «Rücksichts-losigkeit» ist es dem ägyptischen Archäologen Musa bei Grabungen in den siebziger Jahren gelungen, Blöcke zu finden, aus denen er das kleine, aber mit wunderbaren und historisch bedeutenden Reliefszenen und In-schriften verzierte «Grab zweier Brüder», Nianchchnum und Chnumho-tep, komplett neu zusammensetzte. Es gehört heute wegen seines originel-len Dekors zu den Touristenattraktionen von Saqqara.

Die Innenwände des Aufwegs zierten ursprünglich thematisch vielfäl-tige Szenen in polychromiertem Flachrelief: Jagd in der Wildnis (auf Löwen, Leoparden, Giraffen), Schiffe, die granitene Palmsäulen und Ar-chitrave aus Assuan zur Pyramidenbaustelle transportieren, Kämpfe mit

Im Aufweg zu Unas' Totentempel war auch der Transport von Granitsäulen aus Assuan zur Pyramidenbaustelle des Unas in Saqqara abgebildet. Die die Szene begleitende Inschrift lautet: «... [ich brachte Granitsäulen aus (?)] Elephantine für Seine Majestät Unas innerhalb von sieben Tagen ... Seine Majestät hat mich dafür gelobt...»

den asiatischen Feinden Ägyptens, Gefangenentransporte und so weiter. Darunter befand sich auch eine Szene, worauf durch Hunger verelendete und bis auf die Knochen abgemagerte Beduinen zu sehen sind. Bis vor kurzem galt sie als einzigartiger Beleg für die Verschlechterung der Lebensbedingungen der Oasenbewohner in der ägyptischen Wüste infolge der ausklingenden Feuchtigkeitsperiode des sogenannten neolithischen Subpluvials und des Aufkommens eines ariden, das heißt trockenen und heißen Klimas in der Mitte des dritten Jahrtausends vor Christus. Vor wenigen Jahren wurde jedoch eine ähnliche, allerdings ältere und künstlerisch wertvollere Szene auf Blöcken aus Sahures Aufweg entdeckt. Es scheint also, als hätten die verelendeten Beduinen eine andere Bedeutung gehabt. Möglicherweise wurden sie sogar in die Residenzstadt geführt, um die Qualen zu demonstrieren, die die Pyramidenbauer bei der Beschaffung edler Gesteinsarten in den weit entfernten, unwirtlichen Bergen zu erdulden hatten.

Bestandteil des Unas-Komplexes war auch ein Bau in Form eines fünfundvierzig Meter langen Bootspaares südlich des oberen Aufwegteils. Er bestand aus weißen Kalksteinblöcken und enthielt wahrscheinlich das Begräbnis zweier Holzboote von schlanker Form mit geschwungenem Kiel, die die Tag- und Nachtbarke des Sonnengottes symbolisierten.

Den Taltempel erforschte Musa, der hier, ähnlich wie beim Aufweg, an ältere ägyptische Ausgrabungen aus den vierziger Jahren anknüpfte. Aus dieser Zeit stammt ein sehr interessanter Fund. Auf der Terrasse beim Tempel wurde ein Sarkophag aus grauschwarzer Grauwacke mit Hohlkehle entdeckt, der denen des Menkaure und Schepseskaf auffallend glich. Darin befand sich die Mumie eines älteren Mannes, die von Grabräubern teilweise beschädigt worden war. Die Inschrift auf einem goldenem Gürtel (heute im Ägyptischen Museum Kairo ausgestellt, JE 87078) identifizierte den Mann als den «Königssohn Ptahschepses». Der britische Ägyptologe Guy Brunton (1878–1948) äußerte deshalb die Vermutung, daß er als Sohn des Unas sein Grab in der Nähe des Tempels gehabt habe, das kurz nach der Beisetzung von Grabräubern ausgeraubt worden sei. Die Wächter der Nekropole hätten deshalb den Sarkophag mit der Mumie fortgeschafft und an einem sichereren Ort im Tempel des Unas beigesetzt.

In jüngster Zeit äußerte sich Aidon Dodson, ein weiterer britischer Ägyptologe, zu diesem Fund. Ptahschepses sei, meinte er, der Sohn Pepis II. und der Königin Anchnespepi gewesen und habe zu den «nouveaux pauvres», der verarmten Aristokratie des untergehenden Königshofes in Memphis in der Zeit der 7. und 8. Dynastie gehört. Er habe sich den Sarkophag aus einem Grab der 4. Dynastie in der Umgebung der Mastabat Faraun angeeignet und sich im Tempel des Unas begraben lassen. Mit diesem Vorgehen sei er seiner Mutter gefolgt, die sich in der Lagerkammer eines kleinen Pyramidenkomplexes der Königin Iput II. in Saqqara-Süd bestatten habe lassen.

Dodsons Theorie ist sehr gewagt. Warum hätte sich Ptahschepses nicht auch in Saqqara-Süd bestatten lassen sollen, wo die Mastabat Faraun und die Gräber Pepis II. und Anchnespepis liegen? Warum hätte er den schwierigen Transport des schweren Sarkophags einige Kilometer nach Norden in den Tempel des Unas auf sich nehmen sollen, wo doch zu dieser Zeit gerade der Pyramidenkomplex Pepis II. sowie der nicht weit entfernte Komplex Pepis I. bedeutende Zentren der memphitischen Nekropole waren? Außerdem wurden in der Umgebung der Mastabat Faraun keine weiteren Gräber aus der 4. Dynastie festgestellt. Weder Dodsons noch Bruntons Theorie ist letztlich befriedigend. Eine bessere Erklärung steht jedoch leider nicht zur Verfügung.

Die Gemahlinnen des Unas, Nebet und Chenut, wurden nicht in Pyramiden bestattet, sondern in Mastabas nordöstlich der Königspyramide. Eine Besonderheit der Mastaba der Nebet ist ihre Kapelle mit vier Nischen, von denen eine die Unas-Kartusche trägt. Möglicherweise stand darin eine Königsstatue, während sich in den anderen drei jeweils eine Statue der Königin befand.

Die 6. Dynastie – Das Ende einer Ära

Der Horusname von Unas' Schwiegersohn (?) und Nachfolger Teti, dem Gründer der 6. Dynastie, lautete «Der, der Beide Länder versöhnt». Deutet dies trotz mangelnder Beweise darauf hin, daß es am Ende der 5. Dynastie zu innenpolitischen oder dynastischen Schwierigkeiten gekommen ist, die die innere Einheit des Landes ins Wanken gebracht haben könnten?

Die Artefakte und Schriftquellen künden von Kontakten mit der benachbarten Welt und den traditionellen Handelspartnern. In die Steinbrüche der ägyptischen Berge wurden weiterhin Expeditionen entsandt, die mit dem Abbau von Edelsteinen beauftragt waren. Teti ließ sich seinen Pyramidenkomplex in Saqqara errichten. Um den Taltempel herum entstand allmählich eine große Agglomeration, die später, während der 9. und 10. Dynastie, zu einem bedeutenden administrativen Zentrum und vielleicht auch zur zeitweiligen Residenz der sogenannten Herakleopolitenkönige wurde. Laut Manetho starb Teti eines gewaltsamen Todes infolge eines Attentats. Möglicherweise versuchte der wenig bekannte und durch zeitgenössische Quellen äußerst unklar belegte, offenbar nur kurz regierende Userkare, die Situation auszunutzen. Schließlich gelangte jedoch Tetis Sohn, Pepi I., auf den Thron. Auch während seiner langen, etwa ein halbes Jahrhundert währenden Herrschaft wurde die zentrale Staatsmacht weiter geschwächt. Der Herrscher suchte dieser Entwicklung entgegenzutreten, indem er die familiären Beziehungen zum Provinzadel stärkte, der inzwischen eine einflußreiche Stellung gewonnen und sich stark verselbständigt hatte. Er nahm sich nacheinander zwei Töchter des Magnaten Chui aus Abydos zur Frau, und ihr Bruder Djau wurde Wesir.

Ein Ausdruck der instabilen innenpolitischen Verhältnisse und der wachsenden Rivalität zwischen den verschiedenen Interessengruppen war auch die erfolglose Verschwörung gegen Pepi I., die in seinem eigenen Harem organisiert wurde. Mit der Untersuchung des Vorfalls und dem Verhör der Königin wurde der Richter Uni betraut, der spätere Führer eines Feldzugs nach Palästina.

Von der erhöhten Aufmerksamkeit, die Ägypten in dieser Zeit auch der Südgrenze widmen mußte, zeugt der Bericht über eine Reise Merenres I., des älteren Sohns Pepis I., in den Süden mit dem Ziel, auf Elephantine die Huldigung nubischer Häuptlinge entgegenzunehmen.

Die Pyramidenanlage Pepis I. in Saqqara-Süd, in die auch einige kleine Pyramidenkomplexe der Königinnen (bisher wurden vier von ihnen gefunden) sowie mindestens ein Prinzengrab integriert waren, hieß *Mennefer-Pepi*, «Von Dauer ist die Schönheit des Pepi». Um den Taltempel herum entstand eine große Stadt. Hierhin verlegte man am Ende des Alten und zu Beginn des Mittleren Reiches das Zentrum der ausgedehnten Agglomeration, die allmählich um die Festung Weiße Mauern gewachsen war. Wie schon erwähnt, bildete die Abkürzung *Mennefer* die Grundlage des griechischen Namens Memphis und setzte sich allmählich als Bezeichnung für die gesamte Hauptstadt Ägyptens durch.

Wahrscheinlich wurde Pepi II., der jüngere Sohn Pepis I., bereits im zarten Kindesalter Mitherrscher seines älteren Bruders Merenre I. Nach dessen frühem Tod hielten jedoch die Mutter Pepis II., Anchnesmerire II., und ihr Bruder Djau, Gaufürst von Abydos, die wirkliche Macht in den Händen, da der Thronfolger noch unmündig war.

In die Zeit Pepis II. fallen die ruhmreichen Expeditionen nach Nubien, von denen wir aus Inschriften in den Felsgräbern der elephantinischen Gaufürsten in Kubbet el-Hawa bei Assuan wissen. Doch auch diese außenpolitischen Initiativen konnten nicht mehr dazu beitragen, den fortschreitenden Niedergang des altägyptischen Staates aufzuhalten. Im Gegenteil, während der langen Regierungszeit Pepis II. wurde der Provinzadel noch selbständiger und agierte an seinen Höfen bereits gänzlich unabhängig.

Die Pyramidenanlage Pepis II. ist das letzte große Königsgrab aus dem Alten Reich und wurde zu einer Quelle der Inspiration für die Bauherren des Mittleren Reiches. Sie schloß auch drei kleine Pyramidenkomplexe seiner Gemahlinnen – Neith, Iput II. und Udjebten – mit ein.

Pepi II. regierte eine halbe Ewigkeit, länger als alle anderen ägyptischen Herrscher, auch wenn bisher kein Konsens bezüglich der Interpretation der zeitlichen Angaben besteht. Die Einschätzung ober Ägyptologen schwankt zwischen vierundneunzig und «nur» vierundsechzig Jahren. Nach dem Tod dieses Königs endete zwar die 6. Dynastie noch nicht sofort, aber die Ereignisse in Ägypten nahmen einen dramatischen Verlauf. Es kam zu einer weiteren Phase politischer Instabilität, die zum Zerfall der staatlichen Einheit führte und mit erheblichen wirtschaftlichen Schwierigkeiten einherging. Sie wird allgemein als Erste Zwischenzeit bezeichnet.

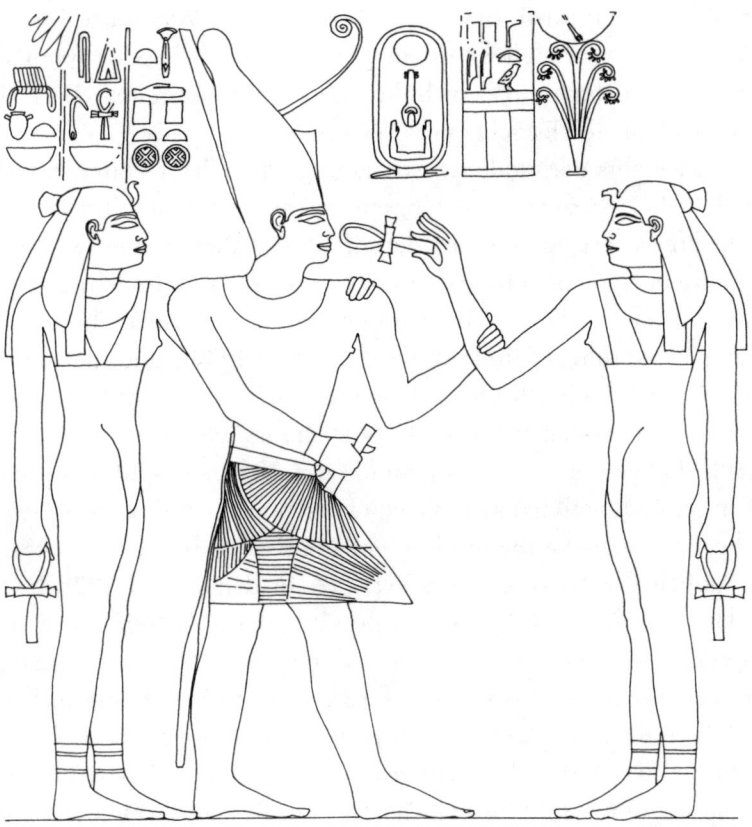

Pepi II. empfängt das Lebenssymbol von den Schutzgöttinnen Ober- und Unterägyptens, Nechbet und Uadjet. Detail aus einer Reliefverzierung des Pyramidentempels Pepis II. in Saqqara (Rekonstruktion der Szene nach Jéquier).

DIE PYRAMIDE DES TETI

Die nördlichste Königspyramide von Saqqara ist heute ein kleiner, bequem zugänglicher Hügel, von dessen Gipfel aus man die ganze Grabstätte wie auf dem Präsentierteller vor sich liegen sieht. Beim Anblick der unscheinbaren Überreste des Totentempels kommt leicht ein Gefühl der Skepsis und Ironie auf, das die Geschichte zuweilen mit sich bringt, denn diese Pyramidenanlage hieß einst «Von Dauer sind die (Kult)stätten des Teti».

Im allgemeinen wird angenommen, daß Tetis Vorgänger Unas auch sein Vater war. Altenmüller vermutet ihn jedoch in Schepesipuptah, einem Mann von vornehmer, aber nicht königlicher Abstammung. Tetis Mutter soll die Königin Seschseschet gewesen sein.

Die Geschichte der modernen archäologischen Erforschung des Monuments hat das gewohnte, uns langsam bekannte Schema: Im Jahre 1839 untersuchte es Perring und kurz darauf an der Jahreswende 1842/43 Lepsius. Getrieben von dem Bestreben, Pyramidentexte zu finden, drang 1882 Maspero in sie ein. Die Inschriften innerhalb der Pyramide kopierten der deutsche Ägyptologe Émile Brugsch (1842–1930) und der Franzose Urbain Bouriant (1849–1903), teilweise auch der Amerikaner Charles Wilbour. Eine systematischere Untersuchung, wenn auch mit großen Unterbrechungen, erlebte die Pyramide erst Anfang des 20. Jahrhunderts. 1905 begann Quibell mit gründlichen Forschungen und setzte sie bis 1908 fort, bevor er seine Grabungsaktivitäten in das koptische Kloster St. Jeremias südlich des Unas-Aufwegs verlegte. In den Jahren 1920 bis 1924 legte Firth einen wesentlichen Teil des Totentempels frei. An seine Ausgrabungen knüpften, wiederum mit Unterbrechungen, seit Anfang der fünfziger Jahre die Franzosen Sainte Fare Garnot, Lauer und Leclant an.

Der Pyramidenkern war fünfstufig, und der unterirdische Teil erinnerte sehr an die Pyramiden des Djedkare und Unas. Der Eingang in den Untergrund lag unter der Nordkapelle im Hofpflaster am Fuße der Pyramidennordwand. Beide Enden des Korridors besaßen eine Verkleidung aus Rosengranit, während sich die Hauptblockade aus drei Granitfallsteinen in der Mitte von dessen horizontalem Teil befand.

Die Vorkammer und die sich westlich anschließende Grabkammer waren wieder mit einem Giebeldach aus drei Schichten mächtiger Kalksteinblöcke bedeckt. Der Höhepunkt der untersten lag etwa auf dem Grundflächenniveau der Pyramide. An der Westwand der Grabkammer stand der Sarkophag, der wie die Grabausstattung, die ihn einst umgeben hatte, bereits in ferner Vergangenheit von Grabräubern geplündert worden ist. Ihn zierten ursprünglich vergoldete Inschriften, während sein unterer Teil nicht ganz vollendet wurde. Im Geröllschutt in der Grabkammer fand man nur noch schwarz gewordene Überreste eines Arms und einer Schulter, die von der Königsmumie stammen könnten, sowie das Fragment eines Alabastertäfelchens mit den Namen der sogenannten sieben heiligen Öle. Eine kleine Grube im Fußboden vor der Südostecke des Sarkophags enthielt einst einen Kanopenkasten. Die Wände hinter dem Sarkophag und zum Teil auch an seiner Nord- und Südseite zierte das Motiv der sogenannten königlichen Prunkpalastfassade. Im Gegensatz zur Grabkammer des Unas bestand die Wand mit dem Motiv des Königspalastes jedoch nicht aus Alabaster, sondern aus Kalkstein. Es wäre angemessener, in diesem und ähnlichen Fällen von einer stilisierten Darstellung der ursprünglich befestigten Fassade zu sprechen – einem Motiv, das eng mit der religiös-magischen Vorstellung von Schutz und Sicherheit zusammenhing. Die Wände der Vor- und der Grabkammer zierten Pyramidentexte, und die Decke imitierte wieder den unterweltlichen Sternenhimmel, wobei diesmal die Sterne stets nach Osten orientiert sind. Der östlich der Vorkammer gelegene Serdab war wie in der Unas-Pyramide mit drei tiefen Nischen versehen und unverziert.

Den offenen Hof um die Pyramide umgab eine Umfassungsmauer aus Kalkstein. Im nordwestlichen Teil des Hofes entdeckte Firth einen quadratischen, etwa vierzig Meter tiefen Schacht, der möglicherweise während des Baus der Pyramide als Brunnen gedient hat.

Weder der Taltempel noch der ursprünglich etwa dreihundert Meter lange Aufweg von Tetis Pyramidenkomplex sind bisher archäologisch untersucht worden. Sie lagen auch nicht östlich, sondern südöstlich der Pyramide, wie aus der Ausrichtung des zusammen mit dem Totentempel freigelegten oberen Aufwegs deutlich wird. Offenbar lag dieser Anomalie der Respekt vor den bereits bestehenden großen Bauten östlich der Pyra-

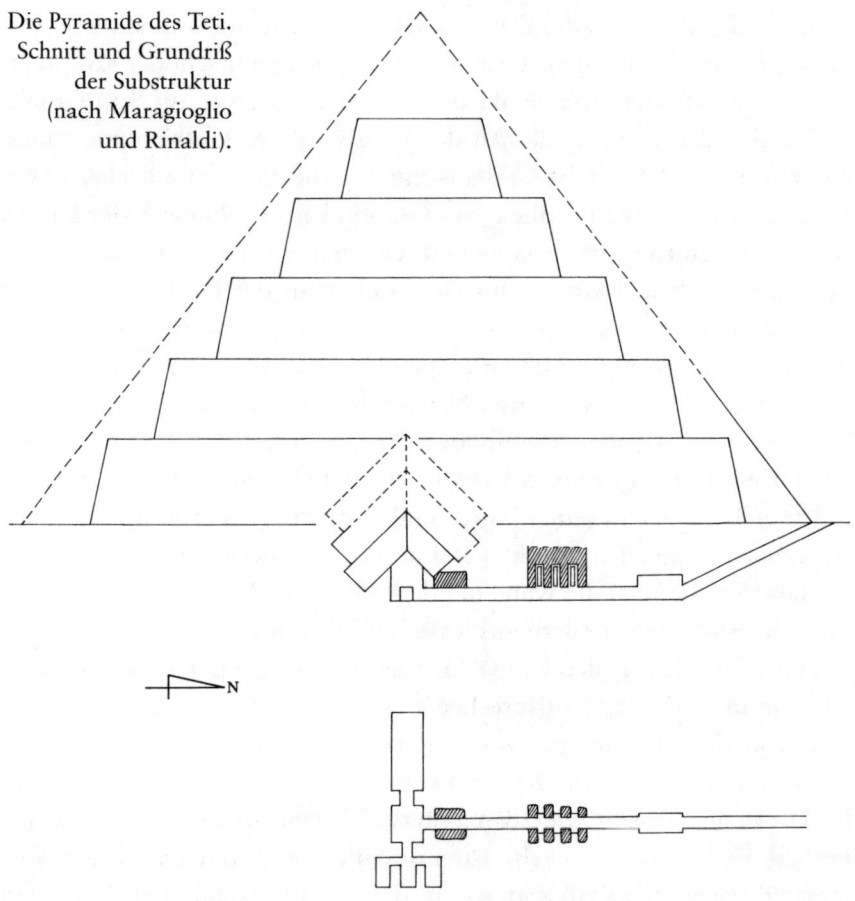

Die Pyramide des Teti. Schnitt und Grundriß der Substruktur (nach Maragioglio und Rinaldi).

mide, insbesondere der «Kopflosen Pyramide», zugrunde, vielleicht aber auch die Absicht, den Aufweg in Richtung des königlichen Palastes im Tal zu orientieren, wie Labrousse annimmt.

Der Totentempel folgte in seinem Raumschema der von den Tempeln des Djedkare und des Unas markierten Entwicklungslinie. Die grundlegenden Teile sowie ihre Position wurden nicht verändert, doch nahm insgesamt die Anzahl der Lagerkammern zu, und auf dem gesamten Tempelareal setzte sich eine symmetrische Anordnung durch.

Eine Besonderheit von Tetis Totentempel, die mit dem Abschwenken des Aufwegs nach Südosten zusammenhängt, ist ein kleiner Hof entlang

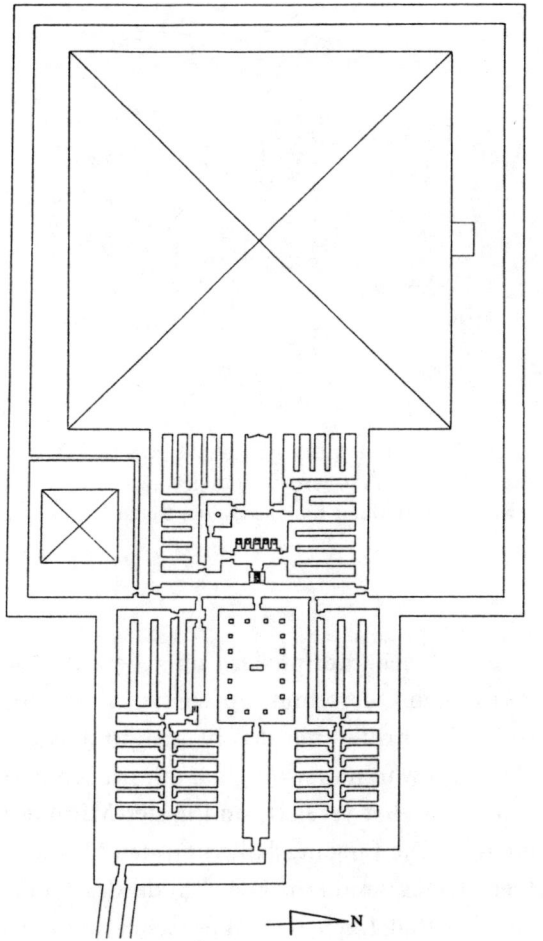

Grundriß der Pyramide und
des Totentempels des Teti
(nach Lauer und Leclant).

des Südteils der Ostfassade. In deren Mitte begann die Eingangshalle mit
einer Quarzitschwelle und einer schweren, einflügeligen Holztür. Die
Halle fällt ihrem Plan und Bildprogramm nach nicht aus der bisherigen
Entwicklung heraus, da es sich wieder um einen langen und schmalen,
etwa fünfeinhalb Meter hohen Raum mit gewölbter, sternenverzierter
Decke handelte, der durch eine kleine Öffnung in der Ostwand nur spärlich beleuchtet war. Von den Reliefs, die einst die Seitenwände zierten, ist
nichts erhalten geblieben. Das Pflaster bestand aus Alabaster.

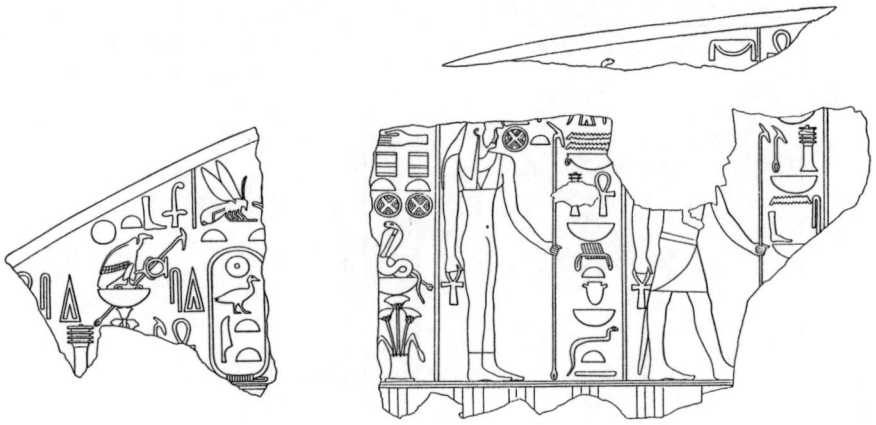

Relieffragment des Tympanons aus der Westwand der Eingangshalle von Tetis Totentempel. Die verschiedenen Gottheiten, die darauf dargestellt sind, gewähren Teti – wie
die Inschriften anführen – Leben, Kraft, Gesundheit für alle Zeiten (nach Lauer und
Leclant).

Der offene Hof war von achtzehn Rosengranitpfeilern umgeben, die bis
auf die Eckpfeiler einen quadratischen Querschnitt aufwiesen. Zum Hof
hin trugen sie in vertieftem Relief Inschriften mit den Namen und Titeln
des Königs. Die Wände des Umgangs waren ursprünglich mit Szenen und
Inschriften in polychromiertem Flachrelief verziert, und in der Mitte des
Hofes stand ein niedriger Steinaltar. Die Eingangshalle und den Hof umgaben symmetrisch angeordnete Lagerkammern. Die Wände des Querkorridors schmückten ursprünglich Reliefszenen des Herrschers und der
Götter, des *sed*-Festes und der Niederlagen der Feinde Ägyptens. Eine
niedrige Treppe in der Mitte der Westwand ermöglichte den Zugang in die
Fünfnischenkapelle und von da aus über die «antichambre carrée» (ihre
Decke wurde einst von einer Quarzitsäule gestützt) in den Totenopfersaal.
Von der Scheintür in der Westwand der Opferhalle hat sich in situ lediglich der riesige Quarzitmonolith ihres Sockels erhalten. In der ursprünglichen Reliefverzierung herrschte die Opferthematik vor; auch hiervon sind
nur Fragmente erhalten geblieben. Die Kultstätten im intimen Teil des
Tempels – die Fünfnischenkapelle, die «antichambre carrée» und die Opferhalle – waren an beiden Seiten von Lagerkammern umgeben.

Die von einer eigenen Umfassungsmauer umschlossene Kultpyramide stand, wie es zu dieser Zeit die Regel war, bei der Südostecke der Pyramide. Im Pflaster des umliegenden Hofes befanden sich Quarzitbassins für die Libation. Der Taltempel ist bisher nicht freigelegt worden.

Um die Pyramide herum entstand eine große Nekropole. Darauf liegen die kleinen Pyramidenkomplexe von Tetis Gemahlinnen Chuit und Iput I. sowie die Gräber der berühmten Wesire Mereruka und Kagemni, in denen sich wunderbare Reliefs erhalten haben.

Im Zusammenhang mit der Erforschung dieses Pyramidenkomplexes hat uns Lauer eine skurrile Episode aus Firths Forschungsalltag überliefert. Diesem sollte, insbesondere bei der Bearbeitung und Publikation der schriftlichen Dokumente, der begabte englische Philologe Battiscombe Gunn zur Hand gehen. Die Familien beider Ägyptologen lebten in Saqqara in Grabungshäusern direkt auf der Grabstätte. Die Firths besaßen zwei kleine Hunde, Penny und Guinea, die Gunns einen. Eines Tages ging Mrs. Firth mit ihren Hunden spazieren und besuchte ihre Nachbarn. Plötzlich stürzte deren aggressives Möpschen heraus, und alle Hunde fielen übereinander her. Als Mrs. Gunn versuchte, sie auseinanderzubringen, biß ihr einer von Firths Hunden in die Hand. Gunn empörte das sehr – er erklärte, der Hund habe möglicherweise Tollwut und könnte seine schwangere Frau angesteckt haben. Er müsse daher nach Kairo gebracht, getötet und im Labor untersucht werden. Firth lehnte dies ab und beteuerte, seine Hunde seien friedliebend und gesund, und an dem ganzen Vorfall trage allein Gunns Hund die Schuld. Die Tage gingen dahin, und der Konflikt verschärfte sich. Gunn befürchtete, daß seine Frau eine Fehlgeburt erleiden würde. Aus der kleinen Episode wurde schließlich eine Affäre, die indirekt den ganzen ägyptologischen Mikrokosmos auf den Pyramidenfeldern und sogar in Kairo ergriff. Die einen nahmen Partei für Gunn, die anderen für Firth, und wieder andere bemühten sich, die sich befehdenden Parteien zu beruhigen. Das gelang jedoch nicht. Erst ein Angebot, das Gunn aus Amerika erhielt, löste den Konflikt. Er nahm die Stelle an und verließ mit seiner Frau den Ort des Zankes. So endete die Zusammenarbeit zweier bedeutender britischer Ägyptologen bei den Grabungen an der Teti-Pyramide – sehr zu beiderseitigem Nachteil und zum Schaden der Ägyptologie. Die Geschichte ist nur auf den ersten Blick komisch. Deutlich zeugt sie von den psychischen Belastungen, denen die Ägyptologen während der lang andauernden Einsamkeit und physischen Anspannung bei der Arbeit in der Wüste ausgesetzt sind. Nicht jeder schafft es, ein solch spartanisches Dasein so gelassen wie Petrie zu erdulden.

DIE PYRAMIDE DER CHUIT

Diese Gemahlin des Teti wurde nördlich von dessen Pyramide und neben dem Pyramidenkomplex der Iput I., einer weiteren Frau des Königs, bestattet. Unsicher blieb lange Zeit, ob diese Stätte überhaupt eine Pyramide gewesen ist. Der französische Ägyptologe Victor Loret, der Chuits Grab 1898 entdeckte, sprach sich jedenfalls dagegen aus. Seine Untersuchung ist bis heute nicht abgeschlossen worden.

Die baulich-archäologische Analyse der Überreste eines Teils des Monuments, die Maragioglio und Rinaldi in den sechziger Jahren vornahmen, legte eher entgegengesetzte Schlußfolgerungen nahe. Die Relikte des Mauerwerks, die von einigen Ägyptologen für die Ruinen eines kleinen Totentempels gehalten wurden, interpretierten andere als Kultstätte einer Mastaba. Klarheit in die ganze Angelegenheit brachten erst die 1995 von Hawass eingeleiteten Grabungen, die den Pyramidencharakter des Baus bestätigten. Die solide gebaute unterirdische Grabwohnung sowie der Sarkophag aus Rosengranit führen Hawass zu der berechtigten Annahme, daß die Königin Chuit, ähnlich wie Iput I., eine bedeutende Stellung innehatte (persönliche vorläufige Mitteilung von Zahi Hawass).

Die erwähnten neuen Grabungen auf dem Areal der Chuit-Pyramide könnten zu weiteren Erkenntnissen in der Diskussion um die ältere Mastaba führen, die ursprünglich südlich dieser Pyramide lag und deren Überreste später ins Grab des Wesirs Chentik eingegliedert wurden. Jánosi hat die Vermutung geäußert, daß es sich um Reste vom Grab der Königin Chentet... handeln könnte (der Name hat sich auf dem Relieffragment, das im Pyramidentempel Pepis I. gefunden wurde, nicht vollständig erhalten). Diese Königin hält Jánosi, ähnlich wie zum Beispiel Callender, für die Mutter des Königs Userkare.

DIE PYRAMIDE DER IPUT I.

Iput war die Mutter Pepis I. und wahrscheinlich eine Tochter des Unas. Ihr kleiner Pyramidenkomplex, den Loret um die Jahrhundertwende entdeckt hatte, wurde Anfang der zwanziger Jahre von Firth unter Gunns Assistenz weiter erforscht. Ihre Untersuchungen schließt zur Zeit Hawass ab.

Die Pyramide hatte einen dreistufigen Kern. Vor ihrer Nordseite stand

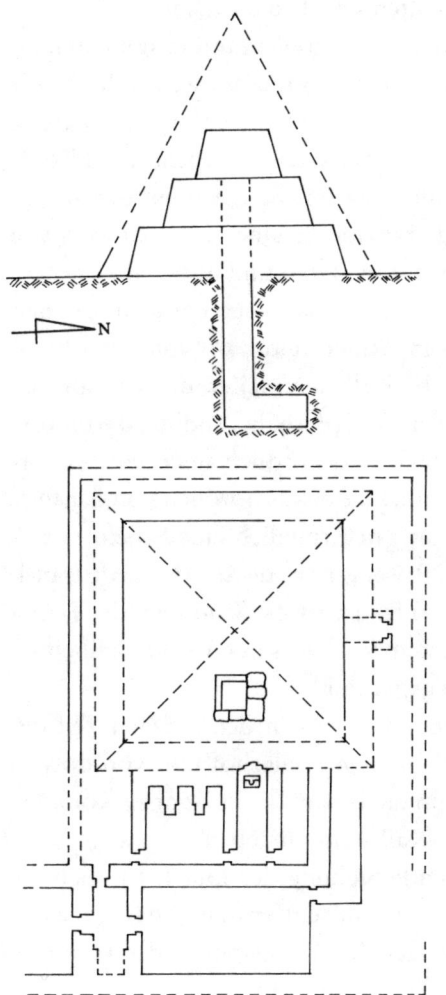

Der Pyramidenkomplex der Königin Iput I., nordsüdlicher Schnitt durch die Pyramide und Grundriß (nach Maragioglio und Rinaldi). Der Grundriß ist vor der Fortsetzung der Grabungen entstanden, die Hawass seit 1995 leitet. Heute ist beispielsweise schon bekannt, daß sich zwei Pfeilerreihen im Hof befanden.

eine kleine Nordkapelle, die jedoch nicht wie üblich den Eingang in die unterirdischen Kammern überdeckte. In den Untergrund dieser Pyramide führte nämlich kein absteigender Korridor von Norden her, sondern ein vertikaler Schacht, der auf dem Niveau der zweiten Kernstufe begann. Daraus läßt sich schlußfolgern, daß das Grab ursprünglich wohl als Mastaba konzipiert und erst nach der Thronbesteigung Pepis I. in eine Pyramide umgebaut worden ist. Angesichts dieses nachträglichen Umbaus des Königinnengrabs stellt sich die Frage, ob der Sohn der Königin, Pepi I., ursprünglich für den Thronfolger gehalten wurde oder nicht.

In der Grabkammer wurde ein Kalksteinsarkophag mit Fragmenten eines Zedernholzsarges und Knochenresten einer Frau mittleren Alters entdeckt. Von der Grabausstattung der Königin haben sich einige kostbare Gegenstände erhalten, darunter fünf (!) Kalksteinkanopen, eine Kopfstütze aus Alabaster, ein Alabastertäfelchen mit den Namen der sieben heiligen Öle, ein goldenes Armband, Fragmente eines Halsbands sowie Modelle von Alabastergefäßen und Kupfergeräten und anderes.

Der Totentempel vor der Pyramidenostseite hat einen etwas atypischen Grundriß. Sein Eingang befand sich im Süden und kam von Tetis Pyramide her. Die Eingangshalle zierten vier Kalksteinpfeiler, die Vorkammer zwei. Im intimen Teil des Tempels lagen die Opferhalle, südlich davon drei tiefe Nischen für die Königinnenstatuen und nördlich noch eine Lagerkammer. In der Westwand der Opferhalle, die etwas nördlich von der Ostwestachse der Pyramide lag, befand sich ursprünglich eine Scheintür aus Kalkstein. Davor stand ein Altar aus Rosengranit, dessen Inschrift Iput I. als «Königsmutter [der Pyramide] ‹Von Dauer ist die Schönheit des Pepi›» erwähnt. Es handelt sich um den ältesten Nachweis der Verbundenheit einer Königin mit dem Kult einer Königspyramide.

Aus der Eingangshalle konnte man nicht nur in den intimen Teil des Tempels treten, sondern auch in den offenen Pfeilerhof und von dort in die Magazine und den offenen Hof um die Pyramide. Der ganze Komplex war von einer Umfassungsmauer aus Kalkstein umgeben.

Ein weiterer Beleg für die bedeutende Stellung der Iput I. ist auch die Totenkapelle, die für sie nach ihrem Tod im entfernten südägyptischen Koptos errichtet wurde, einem wichtigen Kreuzungspunkt der Handelswege und Kultzentrum des Fruchtbarkeitsgottes Min.

DIE PYRAMIDE DES PEPI I.

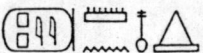

Heute möchte man kaum glauben, daß die unansehnlichen, etwa zwölf Meter hohen Trümmer zu einem Bauwerk gehören, das in seiner Blüte die Zeitgenossen blendete und sich in gewissem Sinne vielleicht am tiefsten von allen ägyptischen Pyramiden in die Geschichte eingeschrieben hat. Sein Inhaber Pepi I. – einigen Ägyptologen zufolge sollte man seinen Namen wohl präziser als Pipi lesen – nannte es *Men-nefer-Pepi*, «Von Dauer ist die Schönheit des Pepi».

Die moderne archäologische Erforschung der Pyramide eröffnete in den dreißiger Jahren des 19. Jahrhunderts Perring, 1881 drang Maspero in ihren Untergrund ein und stieß hier zum erstenmal auf Pyramidentexte.

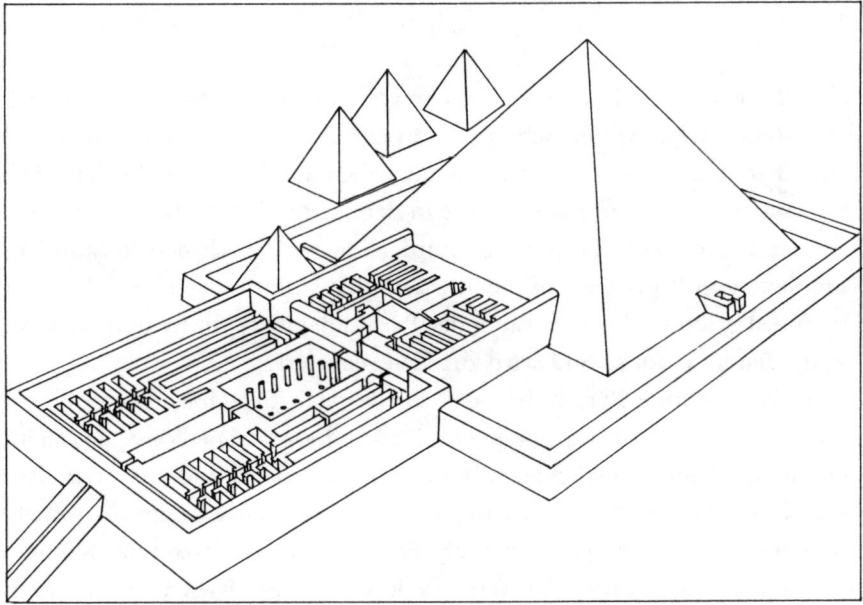

Schematische Computerrekonstruktion des Pyramidenkomplexes Pepis I. (nach Labrousse und Cornon). Inzwischen ist bereits eine weitere Königinnenpyramide entdeckt worden.

Gaston Maspero.

Seit 1950 widmet sich die französische archäologische Station in Saqqara der systematischen Untersuchung der Pyramide. Sie wurde von Lauer und Sainte Fare Garnot in Angriff genommen, seit 1963 leitet sie Leclant. Die Forschungen brachten insbesondere in den letzten Jahren bedeutende Ergebnisse hervor, zum Beispiel die Entdeckungen der kleinen Pyramidenkomplexe von Pepis Gemahlinnen. Auch das ambitionierte Projekt einer Dokumentation und Bearbeitung der Pyramidentexte dieser und weiterer Pyramiden in Saqqara-Süd wird zur Zeit realisiert.

Der sechsstufige Pyramidenkern wurde nach derselben Methode errichtet wie in den vorangegangenen Pyramiden seit Djedkare, das heißt aus kleinen Kalksteinstücken, die mit Tonmörtel gebunden waren. Auf dem Kalksteinmauerwerk des Kerns entdeckte man eine große Anzahl von Baugraffiti. Darin wurden auch Blöcke mit dem Namen der Königin Seschseschet, der Mutter des Teti, wiederverwendet. Es scheint, als seien die Reliefblöcke absichtlich beschädigt worden (durch Userkare, einen Rivalen Pepis I.?). Stammten sie aus einem zerstörten Bauwerk und fanden in der Pyramide Pepis I. erneute Verwendung? Oder sind sie ein Beweis dafür, daß Pepi I. seiner Großmutter Seschseschet eine Kultstätte direkt in seinem Totentempel errichtete? Eine Erklärung gibt es bisher nicht, und dieser Fund bleibt damit eines der Rätsel nicht nur der Pyramide Pepis I., sondern dieser Zeit überhaupt.

Die Verkleidung aus feinem weißem Kalkstein hat sich nur in den untersten Lagen erhalten. Aus den Fragmenten der sogenannten Restaurierungsinschrift des Chamuaset, welche das französische Team bei Grabungen im Jahre 1993 entdeckte, geht hervor, daß die Pyramide in der Zeit der 19. Dynastie noch mehr oder weniger unbeschädigt war und daß nur einige kleinere Ausbesserungen an ihr vorgenommen wurden.

Fast sicher stand bei der Pyramidennordwand, über dem Eingang in den Korridor, der in die Grabkammer führte, eine Nordkapelle, wenn auch nichts davon erhalten geblieben ist. Auch der Grundriß der unterirdischen Räume unterschied sich nicht wesentlich von den vorangegangenen Pyramiden vom Ende der 5. und Anfang der 6. Dynastie. Der Kalksteinkorridor hatte einen absteigenden und einen horizontalen Teil, an deren Übergang sich ein Vestibül befand. Die Verstärkung des Korridors an drei Stellen mit Hilfe von Rosengranit einschließlich der Hauptbarriere mit drei Fallsteinen etwa in der Mitte des horizontalen Korridorteils wurde ebenfalls übernommen.

Im wesentlichen entsprach auch der Plan der anderen drei unterirdischen Räume dem der Vorläufer. Die Vorkammer befand sich in vertikaler Pyramidenachse, östlich davon lag der Serdab mit drei Nischen, westlich die Grabkammer. Die Vor- und die Grabkammer hatten eine Giebeldecke aus riesigen Kalksteinmonolithen. Sie ist in drei Blockschichten gegliedert und jede Schicht wiederum in sechzehn Blöcke. Ihr Gesamtgewicht beträgt etwa fünftausend Tonnen! Und wie bei den Vorläufern leuchtete von oben ein Himmel voller weißer, diesmal aber nach Westen orientierter Sterne auf schwarzem Hintergrund. Der Sarkophag stand an der Westwand der Kammer. Er ähnelt denen, die schon bei den vorangegangenen Pyramiden des Teti und des Unas beschrieben wurden. Und doch stellt sich bei einer gründlichen Untersuchung heraus, daß es sich wohl um einen Ersatzsarkophag handelt, wie Labrousse behauptet. Demzufolge wurde das ursprüngliche Exemplar entweder beim Transport in die Grabkammer beschädigt, oder es traten verborgene Mängel in der

Struktur des Steins zutage, aus dem der Sarg gefertigt war. Die Herkunft einiger Fragmente der Mumie aus der Pyramidensubstruktur ist zwar sehr unsicher, doch könnten sie durchaus von Pepi I. stammen. Das gleiche gilt für die Überreste von Binden aus feinem Leinen.

Weitere Bestandteile der Grabausstattung waren Kanopen aus gelblichem Alabaster, von denen sich vierzehn Bruchstücke fanden, ferner eine linke Sandale aus rötlichem (Sykomoren?)holz, ein Leinenstück mit der Inschrift «Leinen für den König von Ober- und Unterägypten, daß er ewig lebe», ein Stück plissierten Leinens und ein kleines Messer aus Feuerstein.

Die Pyramidentexte fanden sich nicht nur an den Wänden der Grabkammer und der Vorkammer, sondern sogar im Zugangskorridor. Zum Teil sind sie an ihrer ursprünglichen Stelle erhalten geblieben, zum Teil auf etwa dreitausend Fragmenten. Das französische Team arbeitet schon seit einigen Jahren an der Lösung der komplizierten praktischen und theoretischen Aufgaben, die mit ihrer Rekonstruktion verbunden sind, und setzt dazu in umfangreichem Maße modernste Computertechnik ein. Dabei kam es zu unerwarteten Entdeckungen. Beispielsweise wurden in der Vor- und der Grabkammer nachweislich etwa zwei Drittel der Inschriften von einem größeren Buchstabentyp in einen kleineren umgearbeitet. Nicht weniger interessant war auch die Feststellung, daß es zu einer Änderung des älteren königlichen Thronnamens Nefersahor in Merire kam. Die Gründe für diese wesentlichen Modifikationen konnten bisher nicht geklärt werden.

Im Falle des Totentempels ließe sich fast von einem Standardplan sprechen, der schon der Anlage des Teti zugrunde lag. Später wurde er durch Steindiebe erheblich zerstört, die in ihm sogar Öfen zum Kalkbrennen errichteten. Trotzdem ist es gelungen, eine ganze Reihe von archäologisch bedeutenden Objekten zu finden, zum Beispiel Kalksteinstatuen kniender Feinde Ägyptens mit auf den Rücken gefesselten Händen. Ursprünglich zierten sie den offenen Pfeilerhof und vielleicht auch die Eingangshalle. In der Konzeption der Tempeldekoration war ihnen eine apotropäische Funktion zugedacht: Sie symbolisierten das besiegte Böse und schreckten von dem Versuch ab, das Königsgrab und somit die Weltordnung zu verletzen.

Auch die kleine Kultpyramide unterschied sich hinsichtlich ihrer Lage und ihres Grundrisses nicht von ihrer unmittelbaren Vorgängerin. Wenngleich sie ebenfalls von Steindieben stark beschädigt wurde, ist es gelungen, Teile ihrer Verkleidung inklusive des Pyramidions zu finden.

Mit einer Königinnenpyramide an der Südseite der Königspyramide hatte das französische Team ja gerechnet, doch daß es ihm gelänge, die Pyramiden von vier – wer weiß, vielleicht im Laufe der Zeit auch noch mehr – Königinnen zu entdecken, hätte es sich wohl nicht träumen lassen. Diese Anzahl ist ungewöhnlich hoch – bei den Pyramiden des Chufu, Menkaure und Pepi II. stehen jeweils nur drei Königinnenpyramiden.

Die Königinnen spielten im Leben Pepis I. eine bedeutende, ja, manchmal buchstäblich eine schicksalhafte Rolle, wie wir aus einer bereits erwähnten zeitgenössischen Inschrift erfahren. Sie schildert die Vorbereitung eines Gerichtsprozesses gegen eine Königin nach einer mißlungenen Verschwörung, die möglicherweise direkt aus seinem Harem gegen den König eingefädelt wurde.

Nähere Angaben dazu fehlen, wir gehen aber sicher nicht fehl in der Annahme, daß die rivalisierenden Königinnen im Hintergrund standen, die ihre Söhne in ihren Ansprüchen auf die Thronfolge durch Intrigen unterstützen wollten. Zu der Verschwörung kam es in der Zeit der «einundzwanzigsten Zählung (des Viehs)», der Name der Königin fehlt jedoch. Blieb er absichtlich unerwähnt? Folgte damit die *damnatio memoriae*, der ewige Verlust des Andenkens an die Königin? Callender ist der Meinung, daß es sich nicht um eine Gemahlin Pepis I. gehandelt hat, sondern um die Mutter seines Gegners Userkare.

DIE PYRAMIDE DER NEBUUNET

Der Komplex der Nebuunet ist in der Reihe der Königinnengräber bisher der am weitesten östlich gelegene (man vermutet allerdings, daß sich östlich davon noch ein weiterer Komplex befinden könnte). Er war von Norden her aus einem offenen Hof um die Königspyramide zugänglich. Die Anlage, die eine Pyramide und einen kleinen Totentempel umfaßte, ist heute zwar ziemlich zerstört, doch ihr Grundriß konnte in groben Zügen rekonstruiert werden.

Grundriß der Pyramidenkomplexe der Gemahlinnen Pepis I. Forschungsstand: 1995 – 1. Nebuunet, 2. Inenek-Inti, 3. Meretites, 4. «westliche Königin», 5. Prinz Hernetjerichet (nach Leclant und Labrousse).

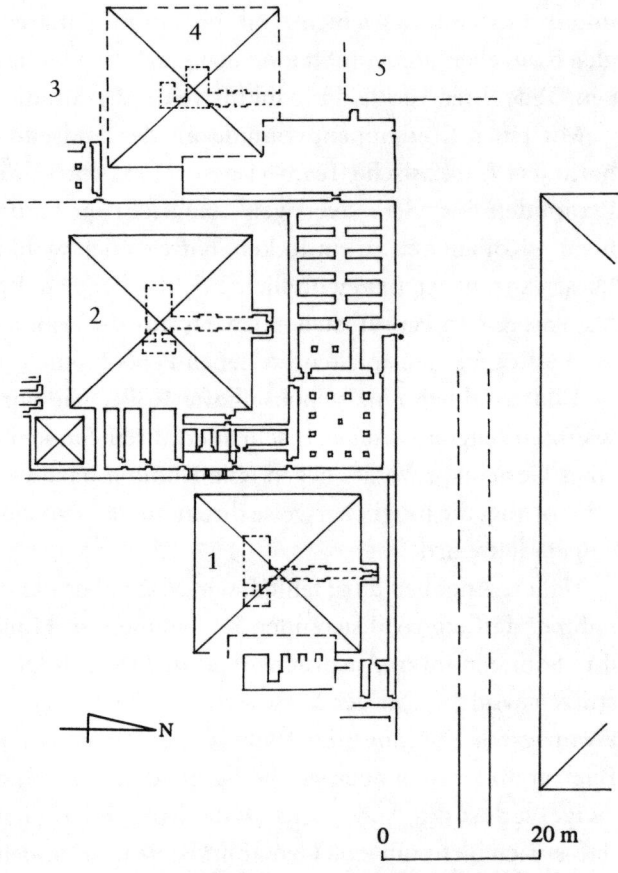

Die Pyramide bestand aus Kalkstein. Der Eingang des in die Grabkammer führenden Korridors lag im Hofpflaster vor der Nordseite unter der Nordkapelle, die lediglich aus Lehmziegeln bestand. In ihren unscheinbaren Überresten wurde auch das Fragment eines Kalksteinaltars gefunden. Der Korridor hatte einen absteigenden und einen horizontalen Teil, an deren Übergang sich eine leichte Verbreiterung befand, das sogenannte Vestibül. Vor dem Eingang in die Grabkammer, die südlich der vertikalen Pyramidenachse gelegen war, befand sich eine einfache Blockierung aus Rosengranit.

Die Grabkammer hatte einen ostwestlich orientierten Grundriß und

eine flache Decke; von dem Sarkophag aus Rosengranit sind nur Bruchstücke gefunden worden. Etwas unklar ist die Bedeutung der Fragmente
von Alabasterplatten mit Überresten einer Hieroglypheninschrift im
Flachrelief. Ansonsten fand man hier weder Überreste der Königinnen-
mumie noch Pyramidentexte. Im Serdab, dem kleinen Raum östlich der
Grabkammer, entdeckten die Archäologen Fragmente der Grabausstattung: ein hölzernes zylindrisches Webgewicht, Holzgegenstände in Form
von Straußenfedern (Symbole der Göttin Maat?) und andere Objekte.

Der Totentempel vor der Pyramidenostwand war klein und einfach gestaltet, sein Eingang lag nördlich und befand sich in einer Vorkammer,
aus der ferner ein Weg in einen kleinen offenen Hof um die Pyramide
führte. Die Opferhalle mit einer Scheintür, etwas südlich der Ostwestachse der Pyramide gelegen, diente als Kultzentrum. Zwischen ihr und der
Vorkammer befanden sich drei Nischen für die Statuen der Königin. Leider konnten von der ursprünglichen Reliefverzierung des Tempels nur
unauffällige Fragmente gefunden werden, zum Beispiel das Stück eines
Deckenblocks mit Sternen und ein Teil des Königs(?)titels.

DIE PYRAMIDE DER INENEK-INTI

Westlich von dieser Anlage befindet sich der Komplex der Königin Ine-
nek-Inti. Er hat eine eigene Umfassungsmauer und ist größer als der der
Nebuunet, was sowohl für die Pyramide als auch den Totentempel gilt.
Innerhalb der Pyramidensubstruktur stellte lediglich die Positionierung
der Grabkammer auf der vertikalen Pyramidenachse eine grundlegende
Abweichung von der Anordnung der Nebuunet-Pyramide dar.

Der Totentempel umschlang angesichts seines zusammengedrängten
Raumes eigentlich die Ost-, Nord- und Südseite der Pyramide. Vor der Ostseite lag die Opferhalle und der Dreinischenraum, vor der Nord- und Südseite eine Gruppe von Lagerkammern. Vor der Nordostecke der Pyramide
befand sich ein offener Pfeilerhof. Um die Nord-, West- und Südseite der
Pyramide war jedoch ein schmaler offener Hof belassen, in dessen Pflaster
eine größere Anzahl von Opfertischen eingesetzt war. An der Südostecke
befand sich eine kleine Kultpyramide.

DIE PYRAMIDE DER «WESTLICHEN KÖNIGIN»

Die Ruine der dritten Pyramide erreicht eine Höhe von etwa drei Metern. In ihren ursprünglichen Ausmaßen unterschied sie sich nicht von der Nebuunet-Pyramide, im Grundriß ihrer Substruktur jedoch durchaus. In diesem Falle befand sich nämlich der Serdab nicht östlich, sondern südlich der auf der vertikalen Pyramidenachse gelegenen Grabkammer. Darin wurden zwei Röllchen feinen Leinens gefunden, eine vergoldete Holzsandale und Kupfergeräte – offensichtlich Überreste der Grabausstattung.

In der Grabkammer entdeckte man neben Sarkophagfragmenten aus Rosengranit ähnliche Gegenstände wie bei Nebuunet, allerdings in größerer Anzahl: hölzerne Webgewichte, hölzerne Symbole der Maat in Form von Straußenfedern, außerdem aber noch kupferne Angelhaken und große Gefäße aus gebranntem Ton.

Der Totentempel war in Eile errichtet worden. Neben der Opferhalle befand sich ein Raum mit nicht drei, sondern lediglich zwei Nischen für die Königinnenstatuen. Unter den Relieffragmenten, die hier gefunden wurden, sind Reste von Prozessionsszenen der Hofleute und der personifizierten Totenopfergüter, ein Teil einer Kartusche mit dem Namen Pepis II. (zur Vollendung der Tempeldekoration kam es also erst unter der Herrschaft dieses Königs!) und anderes.

Zur Zeit werden die beiden benachbarten Bauten näher untersucht. Südlich liegt der kleine Pyramidenkomplex einer weiteren Königin namens Meretites, nördlich dann das Grab des Prinzen Hernetjerichet. Merkwürdigerweise fehlt unter den bisher entdeckten Königinnenpyramiden die der Anchnesmerire I., der älteren der beiden gleichnamigen Schwestern des einflußreichen Wesirs Djau aus Abydos. Ein 1997 in der Nähe der Südwestecke der Königspyramide gefundener Rosengranitblock mit dem Namen der Königin Anchnespepi verrät jedoch deutlich, daß es nicht mehr lange dauern kann, bis das französische Team auf die Pyramide einer oder beider Königinnen dieses Namens stoßen wird (er könnte sowohl Anchnesmerire als auch Anchnespepi gelautet haben, je nachdem, ob der Thron- oder Geburtsname des Herrschers eingefügt wurde). Anchnesmerire I. war die Gemahlin Pepis I. und Mutter seines unmittelbaren Nachfolgers Merenre I. Nach Chentkaus I. und Chentkaus II. nahm sie als weitere Königsmutter eine außergewöhnlich bedeutsame gesellschaftliche und religiöse Stellung ein. Eine Inschrift aus dem Pyramidenkomplex der Neith, der Gemahlin Pepis II. und wahrscheinlichen Tochter von Anchnesmerire I., zeigt, daß die Stätte des Totenkults der Königin den Rang eines «Heiligtums» besaß und dessen Priester den von «Gottesdienern». Dies war sonst alleiniges Privileg der Pharaonen.

Ebenfalls unentdeckt blieb bisher das Grab der zweiten Schwester Anchnesmerire II., einer weiteren Gemahlin Pepis I. und zugleich der Mutter Pepis II. Diese Königin übernahm später die Regentschaft für ihren Sohn, der laut Manetho bei der Thronbesteigung erst sechs Jahre alt war. Die Beziehung der Königsmutter zum kindlichen Pharao illustriert sehr anschaulich die berühmte kleine Alabasterstatue Anchnesmerires II. mit dem auf ihrem Schoß sitzenden Pepi II., die sich heute im Brooklyn-Museum befindet (B 13.119). Aus der Regierungszeit der Königin stammt zweifellos auch eine Felsinschrift aus dem Wadi Maghara auf dem Sinai. Die Königin ist darin mit der eng anliegenden Kappe und dem Uräus auf dem Haupt abgebildet – ein sehr ungewöhnlicher Nachweis aus der Zeit des Alten Reiches (einen älteren stellt die bereits erwähnte Darstellung der Chentkaus II. mit dem Uräus dar, die in Abusir entdeckt wurde).

Es sieht jedoch so aus, als habe es mit den Rätseln um die Königinnen, die in der Umgebung der Pyramide bestattet wurden, nicht so bald ein Ende. Vor kurzem wurden hier Relieffragmente mit Inschriften entdeckt, die unter anderem den Namen einer weiteren bisher unbekannten Königin enthalten. Er klingt sehr exotisch: Nedjeftet – «Die zum Granatbaum gehört». Diese Pflanze war das Symbol zweier oberägyptischer Gaue, des dreizehnten und des vierzehnten. Können wir also annehmen, daß Nedjeftet aus einer dieser Gegenden stammte? Daß sie ein weiterer Beweis für die «diplomatischen» Ehen Pepis I. ist, die dieser in dem Bemühen schloß, die Kontrolle über die Gaue zu festigen, in denen die Macht der Gaufürsten wuchs?

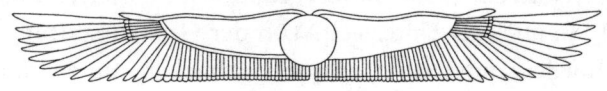

DIE PYRAMIDE DES MERENRE I.

Für den heutigen Besucher der Grabstätte von Saqqara ist es nicht leicht, den Pyramidenkomplex zu finden, der einst pompös «Merenres Schönheit erglänzt» hieß. Seine von Sand verwehten Ruinen liegen verhältnismäßig tief in der Wüste, am unmittelbaren Südwestrand der Nekropole, wo den Blick des Besuchers eher die nahe gelegene Mastabat Faraun und die Pyramide Pepis II. anzieht. Das ist allerdings nicht der Grund dafür, warum die Ägyptologen so wenig über ihn wissen. Sie griffen nämlich bisher eher auf die vorhandenen Schriftquellen zurück, darunter vor allem auf die biographische Inschrift des bereits im Zusammenhang mit der Haremsverschwörung gegen Pepi I. erwähnten hohen Beamten Uni, der wertvolles Material für den Pyramidenbau beschaffte – Rosengranit aus Assuan, Alabaster aus Hatnub und schwarze Grauwacke aus den Steinbrüchen von Ibhat. Aus letztgenanntem Gestein fertigte man das Pyramidion und den Sarkophag, auf dem sich einige wenige Überreste einer Vergoldung befanden.

Perring vermerkte während seiner Untersuchung in den dreißiger Jahren des 19. Jahrhunderts das Vorkommen von Blöcken feinen weißen Kalksteins in der Verkleidung der Pyramide, die heute in den Trümmern nicht mehr zu sehen sind. Er nahm ferner die Reste einer Umfassungsmauer aus Lehmziegeln und eines etwa zweihundertfünfzig Meter langen Aufwegs wahr, der dem näher am Wüstenrand gelegenen Pyramidenkomplex des Djedkare auswich. Anfang der achtziger Jahre des 19. Jahrhunderts drang Maspero auf der Suche nach weiteren Pyramidentexten in den Untergrund der Pyramide ein. Ihm verdanken wir den einfachen Grundriß der unterirdischen Kammern, die sich nicht wesentlich von denen der Pyramide Pepis I. unterschieden. Die Westwand der Grabkammer, an der der Sarkophag stand, ziert ein schönes polychromiertes Relief mit dem Motiv der königlichen Palastfassade. Weiße, nach Westen orientierte Sterne auf schwarzem Deckenhintergrund symbolisierten auch hier den nächtlichen Himmel der Unterwelt. Von der Grabausstattung sind ebenfalls nur unbedeutende Reste erhalten geblieben, unter anderem zwei

Alabasterschalen und ein kleiner Holzknopf oder Griff von einem Schränkchen.

Maspero fand in der Pyramide des Merenre die Mumie eines jungen Mannes, der die Haare zu einer Seitenlocke gekämmt hatte, wie es im alten Ägypten nur bei Kindern vorkam. Aus der Art der Mumieneinwicklung schloß man zunächst, daß es sich um ein späteres Intrusivbegräbnis handelte. Elliot Smith (1871–1937), ein Kenner ägyptischer Mumien, ordnete sie beispielsweise der 18. Dynastie zu. Später vermuteten einige Ägyptologen in der Mumie doch wieder Merenre. Wie dem auch sei, der König regierte offensichtlich kurz und starb sehr jung, wofür auch die Tatsache spricht, daß keinerlei Hinweise auf eine Gemahlin oder Kinder bekannt sind. Der goldene Anhänger, auf dem die Namen Merenres und seines Vaters Pepi I. nebeneinander stehen, gilt als Beleg ihrer Koregentschaft, der erste seiner Art.

Es vergingen weitere Jahrzehnte, bevor die Untersuchung der Pyramide durch das französische Archäologenteam unter der Leitung Leclants wiederaufgenommen wurde. Bislang lieferte sie jedoch nur spärliche Informationen, weil die Devastation der Pyramide beträchtlich ist. Allein schon die zahlreichen Fragmente mit Resten der Pyramidentexte rund um den von Steinräubern hinterlassenen Krater lassen erahnen, wie kompliziert sich die Rekonstruktion des Kammersystems gestalten wird.

DIE PYRAMIDE DES PEPI II.

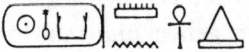

«Von Dauer ist das Leben des Pepi» heißt der Pyramidenkomplex dieses ägyptischen Pharaos, der am längsten von allen gelebt und geherrscht hat. Trotzdem nimmt er in der Architekturgeschichte Ägyptens nur deswegen eine besondere Stellung ein, weil er als letzter in den besten Traditionen der Baukunst des Alten Reiches errichtet wurde. Dieser Umstand und vielleicht auch seine Lage am südlichen Rand der Grabstätte von Saqqara machten ihn für die Erbauer der Pyramidenkomplexe des Mittleren Reiches zu einer Quelle der Inspiration.

Wieder war es Maspero, der auf Perrings Pfaden wandelte und 1881 in die Pyramidensubstruktur vordrang. Eine systematische Untersuchung führte aber erst Jéquier in den Jahren 1926 bis 1932 durch. Neben der Hauptpyramide entdeckte er die unmittelbar benachbarten Pyramiden-komplexe von Pepis Gemahlinnen Neith, Iput II. und Udjebten. In der Nähe des Aufwegs fand der Archäologe ferner die kleine Pyramide eines unbedeutenden Herrschers der 8. Dynastie, Ibi, sowie einen Friedhof bedeutender Persönlichkeiten vom Ende der 6. Dynastie.

Ähnlich wie seine Vorläufer wurde der Pyramidenkern aus kleinen Kalksteinstücken errichtet, die mit Tonmörtel gebunden waren. Für die Verkleidung verwendete man hingegen wertvollen weißen Kalkstein. Eine Besonderheit der Pyramide, die bisher nicht ganz befriedigend erklärt ist, stellt ihre nachträgliche Erweiterung dar.

Nach Abschluß der Arbeiten an der Verkleidung und der Nordkapelle wurde um die Pyramide in Höhe der dritten Blockschicht der Verkleidung ein etwa sieben Meter breiter Mauergürtel hinzugefügt. Die Nordkapelle verschwand, außerdem mußte die Umfassungsmauer abgerissen und dann ein Stück weiter von der Pyramide entfernt wieder aufgebaut werden. Dabei überragte der Ring des nachträglichen Mauerwerks keinesfalls die Krone der Umfassungsmauer der Pyramide. Religiös-ästhetische Gründe, zum Beispiel die Absicht, die Illusion einer erhöhten Plattform hervorzu-rufen, über die sich die Pyramide erhoben hätte, können hier also kaum eine wesentliche Rolle gespielt haben. Edwards äußerte die Vermutung, daß es infolge eines Erdbebens zu einer Beschädigung des Baus gekommen sein könnte, die eine nachträgliche Befestigung erfordert hätte. Der Ring war aber zu schwach, um gegebenenfalls die Statik der Pyramide wirksam zu stabilisieren. Vielleicht ging es eher darum, den untersten Teil der Ver-kleidung zu befestigen – als hätten die Erbauer der Festigkeit ihrer Fun-damente und der Qualität der Verbindung mit dem Kern nicht ausrei-chend vertraut.

Die Substruktur der Pyramide wies jene Grundzüge auf, die sich bereits in der Zeit des Djedkare durchgesetzt hatten. Im Vestibül, am Übergang vom absteigenden zum horizontalen Teil des Korridors, wurden zahl-reiche Fragmente von Alabaster- und Dioritgefäßen gefunden sowie die goldene Klinge eines kleinen, abgerundeten Messers. Gleich hinter dem

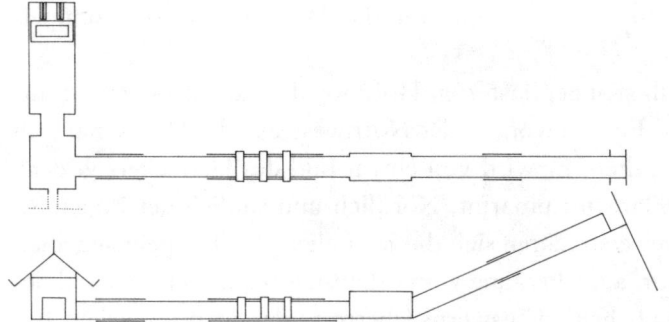

Substruktur
der Pyramide
des Pepi II.,
Grundriß
und Schnitt
(nach Jéquier).

Vestibül folgte eine Granitblockierung mit drei wuchtigen Fallsteinen, und an den Wänden des horizontalen Korridorteils befanden sich Pyramidentexte.

Der Serdab hatte keine Nischen und wurde von einem einzigen Raum gebildet. Vom Giebeldach der Vor- und Grabkammer leuchteten die Sterne, und ihre Seitenwände waren mit Pyramidentexten bedeckt. Nur die Westwand hinter dem Sarkophag zierten Motive einer stilisierten Palastfassade. Auf dem Sarkophag aus schwarzem Granit verlief ungefähr in mittlerer Höhe eine Hieroglypheninschrift mit dem Namen und den Titeln des Herrschers. Bis zu dem Augenblick, da die Mumie des Herrschers in dem Sarkophag beigesetzt wurde, ruhte der Deckel auf zwei zwischen Sarkophag und Westwand der Kammer errichteten Mauerstümpfen. Von dem granitenen Kanopenschränkchen, das vor der südöstlichen Ecke des Sarkophags in den Boden eingelassen war, ist lediglich der quadratische Deckel erhalten geblieben. Auch die Mumie des Herrschers blieb unauffindbar.

Die Schöpfer des Totentempels orientierten sich möglicherweise nicht nur an den Vorbildern aus den Endphasen der 5. und der 6. Dynastie, sondern auch an Sahures Totentempel. Wir stoßen hier aber auch auf einige neue Elemente. So wurden zwischen der Mündung des Aufwegs und der Eingangshalle drei nordsüdlich angeordnete Räume entdeckt, in denen Ricke bedeutende religiöse Zentren des Landes symbolisiert sah: Heliopolis (die zentrale Kapelle), Buto (die Nordkapelle) und Sais (die Südkapelle). Aus den beiden am Rande gelegenen Räumen, dem nördlichen und dem südlichen, sollte eine Treppe auf die Dachterrasse des Tempels führen.

Den offenen kalksteingepflasterten Hof umgaben achtzehn Pfeiler aus rötlichem Quarzit. Einer davon, in der Nordwestecke des Hofes, hat sich bis jetzt in situ erhalten. Er wird von einem Bild des Herrschers geziert, der den Gott Re-Harachti umarmt. Nördlich und südlich der Eingangshalle und des Hofes erstreckten sich die Komplexe der Tempelmagazine.

Im Querkorridor, am Übergang vom öffentlichen zum intimen Teil des Tempels, haben sich bemerkenswerte Überreste der ursprünglichen Reliefverzierung erhalten: an der Westwand ein stilisiertes Nischenmuster, an der Ostwand Szenen des *sed*-Festes, des Festes des Gottes Min und schließlich der triumphalen Hinrichtung des Libyerführers, der von seiner Gemahlin und seinem Sohn begleitet wird. Besonders die zuletzt genannte Szene, die schon aus Sahures Totentempel bekannt ist, gilt als Beweis dafür, daß das Dekor nach alten Vorlagen kopiert wurde. Es hatte also rein mythologische Bedeutung und war kein Beleg für einen tatsächlichen militärischen Sieg Pepis II. über die Libyer.

Der intime Teil des Tempels lag etwa einen Meter höher als der öffentliche. Die fünf Nischen aus Rosengranit in der Kultkapelle waren mit schmalen, zweiflügeligen Türen versehen. Aus der Fünfnischenkapelle gelangte man in die «antichambre carrée», deren sternenverzierte Decke ursprünglich eine oktogonale Säule aus rötlichem Quarzit stützte. Die erhaltenen Reste der Reliefverzierung an den Wänden ergänzen unsere Vorstellung von der Bedeutung dieses immer noch ziemlich rätselhaften Raums. Auf dem unteren Teil der Ost- und Westwand waren Hofleute dargestellt, die eine Huldigung darbringen, und über ihnen – abgetrennt durch eine Sternenreihe – der Herrscher, der sich mit den Göttern trifft. An der Nordwand, über dem Eingang in die Opferhalle, war der Herrscher in einer Umarmung mit der Schutzgöttin Nechbet und dem Totengott Anubis abgebildet.

Auch in der Opferhalle sind Reste der ursprünglichen Reliefverzierung erhalten geblieben. Hier sieht man aber keine Götter, sondern nur den am Opfertisch sitzenden Herrscher, ferner eine Opferliste, Opferträger und Männer, die Opfertiere schlachten. Auch in der intimen Hälfte des Tempels mangelte es nicht an weitläufigen Lagerkomplexen.

Die kleine Kultpyramide vor der Südostecke der Hauptpyramide unterschied sich in ihrer ursprünglichen Gestalt nicht wesentlich von ähnlichen Bauten der vorangegangenen Komplexe der 5. und 6. Dynastie. Der zweimal abgeknickte Aufweg, der den Taltempel mit dem Totentempel verband, war nach Nordosten versetzt. In dem oberen Knick befand sich

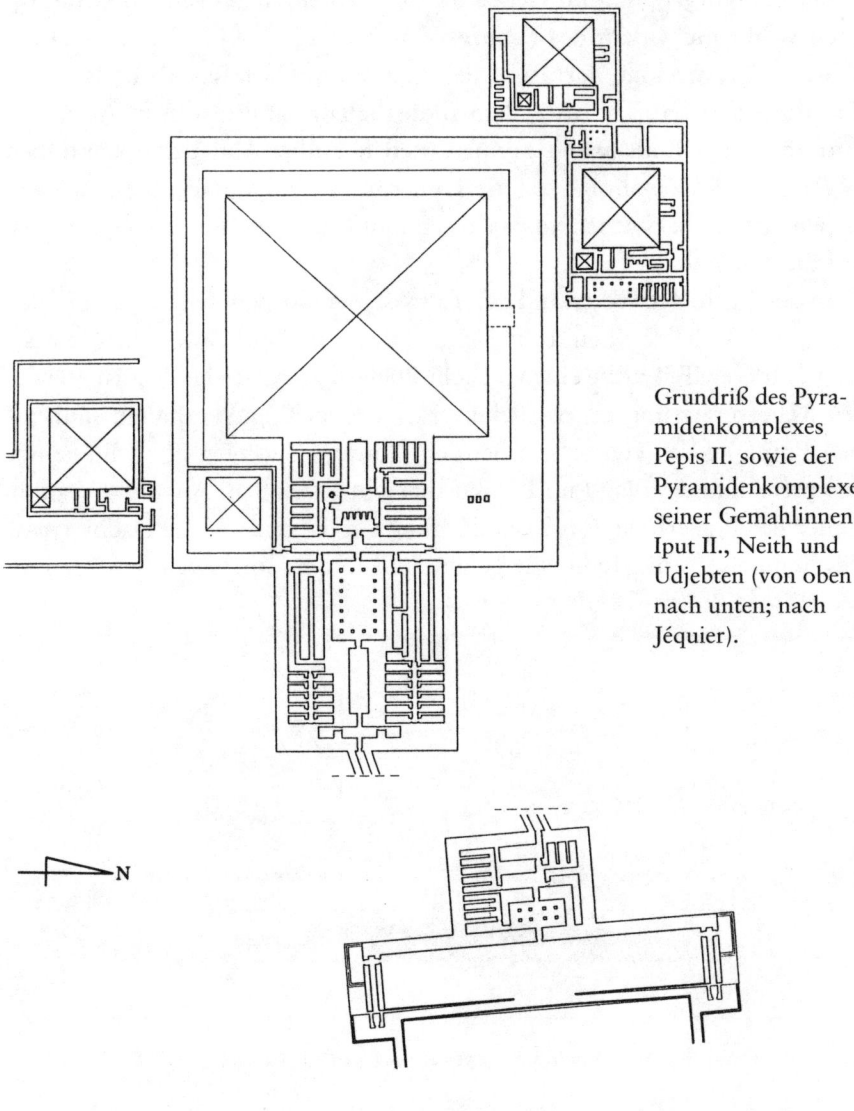

Grundriß des Pyramidenkomplexes Pepis II. sowie der Pyramidenkomplexe seiner Gemahlinnen Iput II., Neith und Udjebten (von oben nach unten; nach Jéquier).

ein kleiner Raum für die Tempelwache. Die erhalten gebliebenen Bruchstücke des ursprünglichen Korridordekors zeigen den Herrscher in Gestalt einer Sphinx und eines Greifs, der Gefangene und von Göttern zu-
geführte Feinde Ägyptens massakriert, Prozessionen von Dienern, die
Opfergaben aus Totenopfergütern darbringen, und Götter, die zu dem auf
dem Thron sitzenden Herrscher kommen.

Der Taltempel glich im Gegensatz zum Totentempel seinem Grundriß
nach sicher nicht dem des Sahure. Vor ihm lag eine große, nach Osten
geöffnete rechteckige Terrasse, die, dem Verlauf des Kanals entlang des
Talrandes angepaßt, nordwestlich-südöstlich orientiert ist. Am nördlichen
und südlichen Ende war sie von Osten her über Hafentreppenrampen
zugänglich. Ricke zufolge zog die Trauerprozession, die den Sarg, den Kanopenkasten, die Statue und das Totenboot begleitete, über beide Treppen
auf die Terrasse.

In der Mitte der Westwand der Terrasse befand sich der Eingang in den
Taltempel. Er hatte einen rechteckigen Grundriß, ähnlich wie die Terrasse.
Den vorderen Teil füllte eine von acht Pfeilern gestützte Halle aus, von deren Reliefverzierung Bruchstücke verschiedener Szenen erhalten sind, die
den Empfang des Herrschers bei den Göttern, den Sieg über die Feinde
Ägyptens und eine Jagd im Papyrusdickicht darstellen. Aus dem Vestibül
hinter der Pfeilerhalle führte ein Zugang zur Treppe auf die Dachterrasse
des Tempels, in die Tempelmagazine und in den aufsteigenden Korridor

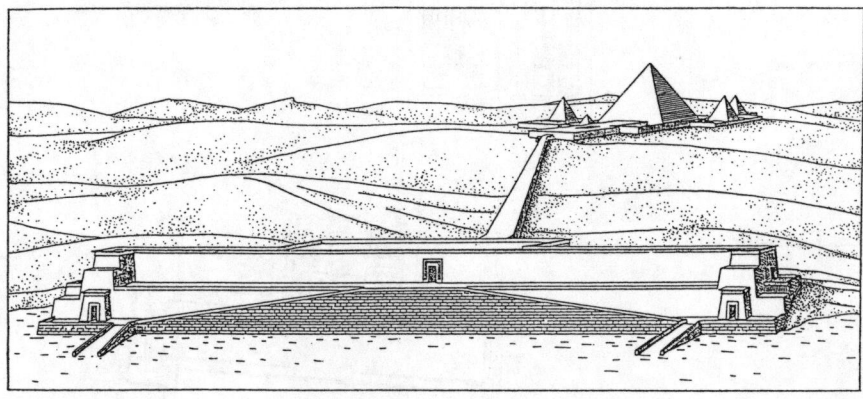

Rekonstruktion des Pyramidenkomplexes Pepis II. (nach Jéquier).

zum Totentempel. Von den Fragmenten der Reliefverzierung des Vestibüls verdient besonders die Szene einer Nilpferdjagd sowie des Transports eines gefangenen Nilpferdes auf einem Holzschlitten Aufmerksamkeit.

DIE PYRAMIDE DER NEITH

An der Nordwestecke der Königspyramide lag der älteste der drei Königinnen-Grabkomplexe, dessen Inhaberin Merenres Schwester Neith war. Er umfaßte eine kleine Pyramide und einen Totentempel, die beide von einer Umfassungsmauer umgeben waren.

Der Pyramidenkern bestand aus drei Stufen, die aus demselben Material und auf eine ähnliche Art und Weise gebaut waren wie die Königspyramide. Ihr Eingang öffnete sich im Hofpflaster vor der Mitte der Pyramidennordwand. Hinter der Blockierung aus Rosengranit am Ende des absteigenden Korridors befand sich eine Eingangsblockade vor der

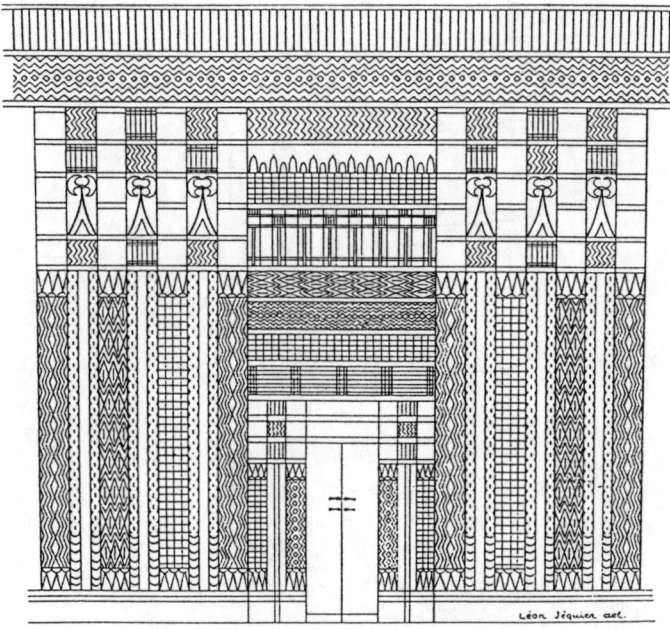

Das Dekor, das die Westwand der Grabkammer von Königin Neith zierte, war wie die Fassade des königlichen Palastes gestaltet (nach Jéquier).

\ 405 \

Grabkammer, die in vertikaler Pyramidenachse gelegen war und einen rechteckigen, ostwestlich orientierten Grundriß hatte. Ihre flache Decke zierten Sterne, und drei Seitenwände waren mit Pyramidentexten dekoriert. An der vierten Wand westlich vom Sarkophag befand sich eine stilisierte Palastfassade. In der Kammer wurden zahlreiche Fragmente von Alabaster- und Dioritgefäßen aus der Grabausstattung der Königin gefunden, nicht jedoch ihre Mumie. Östlich der Kammer befand sich ein kleiner Serdab.

Der Eingang in den Totentempel, der von einem Paar kleiner Kalksteinobelisken mit Hieroglypheninschriften mit dem Namen und der Titulatur der Königin eingefaßt war, lag an der Südostecke der Umfassungsmauer. Das Vestibül gleich hinter dem Eingang erhielt die Bezeichnung «Löwensaal» nach den hier aufgefundenen Relieffragmenten mit Löwen, die Schmuckschärpen trugen. Der offene Pfeilerhof sowie fünf Lagerkammern ergänzten den öffentlichen Teil des Tempels. In der Mitte der

Modelle von
Totenschiffen der
Königin Neith
(nach Jéquier).

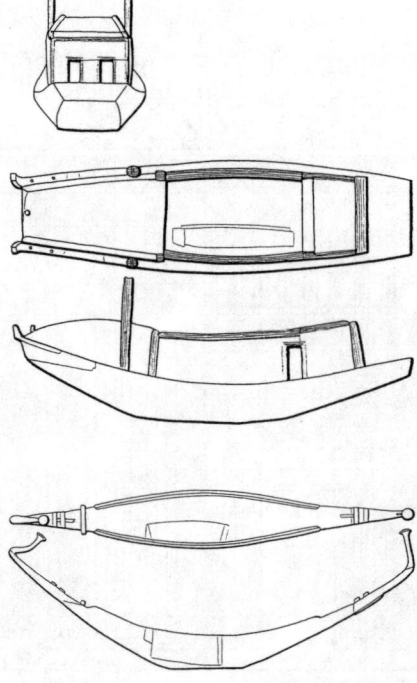

Pyramidenostwand schloß sich als Zentrum des intimen Teils die Opferhalle mit einer Scheintür an. Vor dieser steht bis heute ein Stufenaltar an
seiner ursprünglichen Stelle. Nördlich der Halle befand sich ein Raum mit
drei Nischen für die Statuen der Königin.

Auf dem Areal zwischen der kleinen Kultpyramide und der südöstlichen Ecke der Königinnenpyramide entdeckte Jéquier in einer flachen
Grube sechzehn hölzerne Schiffsmodelle – ein hinsichtlich Anzahl, Mannigfaltigkeit und Erhaltungszustand einzigartiger Fund. Als Bestandteil
der Grabausstattung hingen die Boote eng mit dem Totenkult sowie den
Vorstellungen von der Schiffahrt des Verstorbenen ins Jenseits zusammen.

DIE PYRAMIDE DER IPUT II.

Dieses heute fast völlig zerstörte Bauwerk unterschied sich kaum von dem
der Neith. Auffallend sind allein seine geringere Größe und die schlech-
tere Qualität der Grabkammerverzierung. Der Sarkophag bestand vermutlich aus Rosengranit.

Der Totentempel hatte die Form des Buchstabens L. Man betrat ihn von
Süden her durch ein von zwei Obelisken gesäumtes Tor aus Rosengranit
mit dem Namen und den Titeln der Königin. Interessanterweise wurde der
Name des Pyramidenkomplexes des Herrschers ein untrennbarer Bestandteil der Titulatur der Königin. Unter den Titeln von Iput II. fehlt der einer
«Königsmutter» – seit der 6. Dynastie erhielten auch die Königinnen Pyramiden, deren Söhne nicht Pharao wurden. An der Ostseite der Pyramide
befand sich die Opferhalle mit einer zum großen Teil erhaltenen Scheintür
aus rötlichem Quarzit.

Im westlichsten Magazin entdeckte Jéquier den Granitsarkophag der
Königin Anchnespepi III., einer Gemahlin Pepis II. und der Mutter des unbedeutenden Königs Neferkare Nebi aus der 8. Dynastie. Das Begräbnis
illustriert anschaulich den materiellen und gesellschaftlichen Niedergang
der königlichen Familie nach dem Tod Pepis II. Wahrscheinlich überlebte
Anchnespepi ihren Ehemann und heiratete erneut: Sofern sie mit der
gleichnamigen «königlichen Gemahlin» auf der Steleninschrift aus Abydos identisch ist, wurde sie die Frau des Fürsten Iuu.

Auf dem Basaltdeckel des Sarkophags ermittelte Jéquier die Überreste einer Inschrift, die ihm undeutlich und unleserlich erschienen. Daraufhin wurde der Fund im Ägyptischen Museum Kairo verwahrt (JE 65908) und vergessen. Kürzlich kamen die französischen Ägyptologen Michel Baud und Vasil Dobrev jedoch auf ihn zurück. Mit Hilfe moderner Fototechnik ist es gelungen, die Inschrift teilweise zu rekonstruieren und zu lesen. Das Ergebnis war eine Sensation.

Es zeigte sich, daß die Basalttafel, die dem berühmten Palermostein ähnelt, Reste der königlichen Annalen aus der 6. Dynastie mit einer Reihe neuer und interessanter Angaben enthält. Umstritten ist noch, ob der Sarkophag im Zuge der turbulenten Verhältnisse zu Beginn der Ersten Zwischenzeit oder erst danach im Magazin des Pyramidentempels der Iput II. beigesetzt wurde. Obwohl ein expliziter Textbeleg fehlt, scheint aus dem Kontext der erhaltenen Teile der Inschrift hervorzugehen, daß am Anfang der 6. Dynastie tatsächlich Userkare regierte (ungefähr vier Jahre?), über dessen Herrschaft während der Zeit Pepis I. die *damnatio memoriae* verhängt wurde, daß das von Manetho erwähnte Gerücht über die Ermordung des Königs Teti durch seine eigene Wache möglicherweise zutrifft, daß der Fund der Blöcke aus dem zerstörten Bau der Königin Seschseschet, der Mutter des Teti, im Kontext der damaligen konfliktreichen Verhältnisse gesehen werden muß und anderes mehr. Die Diskussion, die durch die Entdeckung ausgelöst wurde, hat jedoch gerade erst begonnen und wird zweifellos zu vielen neuen Ansichten bezüglich der ägyptischen Geschichte dieser Zeit führen.

DIE PYRAMIDE DER UDJEBTEN

Der kleine Pyramidenkomplex der dritten Gemahlin Pepis II. liegt an der Südostecke der Königspyramide. Auch er umfaßte lediglich eine Pyramide, einen kleinen Totentempel und eine kleine Kultpyramide, doch wurde er von zwei Umfassungsmauern umschlossen (die zweite begrenzte das größere Areal um den Komplex, besonders im Osten).

Die Pyramide wurde von Jéquier in einem derart zerstörten Zustand aufgefunden, daß selbst die Kernstruktur nur schwer erkennbar war.

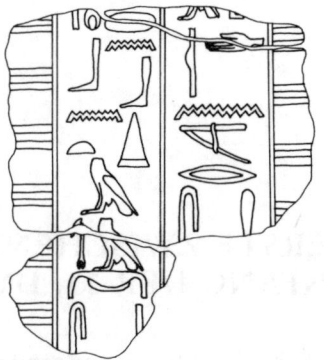

Fragment einer
Inschrift, die beweist,
daß die Spitze der
Pyramide von Königin
Udjebten eine Gold-
verkleidung besaß
(nach Jéquier).

Dafür gelang es ihm jedoch, einen Verkleidungsblock zu finden, auf dem das Pyramidion ruhte. Und durch ein Zusammentreffen von mehreren glücklichen Umständen entdeckte er im Totentempel auch das Fragment einer Inschrift, die bewies, daß dieses Pyramidion, das bisher nicht gefunden worden ist, ursprünglich von Platten aus feinem Gold bedeckt war.

Der Grundriß der Substruktur wies gegenüber den beiden vorangegangenen Pyramiden der Gemahlinnen Pepis II. keine wesentlichen Unterschiede auf. Aufmerksamkeit verdient höchstens ein riesiger Basaltblock, der ursprünglich Teil der Blockade des in die Grabkammer führenden Korridors gewesen ist. Die Wände der Grabkammer und vielleicht auch die Korridore bedeckten Pyramidentexte, von denen vierundachtzig Fragmente, ungefähr ein Zehntel des ursprünglichen Bestands, erhalten geblieben sind. Des weiteren fehlte der Serdab im Untergrund. An der Südostecke der Pyramide stand eine kleine Kultpyramide.

Der Eingang zum sehr einfach gehaltenen Tempel lag im Norden, und von dort setzte sich der Weg in die Opferhalle über ein kleines Vestibül, einen offenen Hof ohne Pfeiler und einen Raum mit lediglich zwei Nischen fort. An den Ort, wo einst der Tempel stand, erinnert den Besucher heute nur noch ein Opfertisch aus Alabaster, der eine Inschrift mit einer Begräbnisformel und dem Namen der Königin trägt.

Auch wenn Udjebten keine «Königsmutter» war, besaß der Ort ihres Totenkults doch einen hohen religiösen Rang: Bei Grabungen entdeckte Jéquier das Fragment einer Inschrift mit einem Dekret, das den Kult der Königin schützte.

DIE ERSTE ZWISCHENZEIT
(7. BIS ANFANG DER 11. DYNASTIE)

Am Ende einer langen, sich allmählich zuspitzenden Wirtschafts- und Gesellschaftskrise während der 6. Dynastie standen wohl erneut Streitigkeiten um den Thron, die allerdings nicht direkt durch historische Quellen belegt sind. Die außerordentlich lange Herrschaftszeit Pepis II. könnte zur Folge gehabt haben, daß der legitime Thronfolger entweder vor ihm starb oder aber überaltert an die Macht kam, was in beiden Fällen zu einer Zunahme potentieller Thronprätendenten führen mußte. Die angebliche Thronfolge einer Frau (Nitokris) dürfte die fehlende Legitimität oder aber mangelnde Herrscherbefähigung der damaligen Thronbewerber widerspiegeln. Der schnelle Wechsel der Könige – wohl eher unbedeutender Thronusurpatoren – in der Zeit nach dem Untergang der 6. Dynastie bestätigt die unklare Nachfolgeordnung dieser Periode. Sehr treffend beschrieb der ptolemäische Historiker Manetho die 7. Dynastie als siebzigtägige Anarchie.

Für die Ägypter jener Zeit bedeutete dies sicherlich einen unvorstellbaren Verlust grundlegender Gewißheiten und Prinzipien, auf denen ihr Weltbild bisher geruht hatte, den Fall der «ewigen» Ordnung, die den Menschen bei der Schöpfung des Kosmos von den Göttern gegeben und durch den Pharao garantiert worden war. Der Zerfall des Staates, der sich im Zusammenbruch der Zentralregierung manifestierte, beruhte auf verschiedenen Ursachen. Zu ihnen gehörte zweifellos die übersteigerte Ausbeutung der Materialressourcen und des Menschenpotentials bei der Errichtung der monumentalen Grabbauten, der Sicherung ihres Betriebs und der Aufrechterhaltung des Totenkults. Zugleich wies das Umverteilungssystem, das ursprünglich auf einer Konzentration der Macht und aller Güter in der Hand des Pharaos beruht hatte, zunehmende Lähmungs- und Auflösungserscheinungen auf. Obwohl der König ideologisch und auch rechtmäßig als alleiniger, «göttlicher» Inhaber aller Ressourcen des Landes einschließlich der menschlichen Arbeitskräfte fungierte, mußte er doch immer mehr Mittel nicht nur für die Entwicklung und den Betrieb der Wirtschaft (den Bau von Bewässerungskanälen, die Trockenlegung der Sümpfe etc.) sowie den Ausbau von Kommunikation und Sicherheit, sondern auch für die Errichtung der Königs- und Privatgräber und die Aufrechterhaltung der Totenkulte «aus eigener Tasche» bereitstellen. Den Staatshaushalt belasteten aber noch andere Faktoren, zum Beispiel die Vergabe sogenannter Immunitätsdekrete an Tempel (Privilegien, die wirtschaftliche Vorteile gewährten) und sinkende Einnahmen aus dem Außenhandel.

Ein weiterer Grund für den allmählichen Verfall des Systems waren einschneidende Veränderungen in der Struktur des Administrationsapparates. Die inflationäre Zunahme neuer Ämter und Titel unter der Beamtenschaft spiegelte nicht die tatsächliche wirtschaftliche und politische Stellung dieser Gesellschaftsschicht wider. Die langsame Schwächung der Beamtenposition im Staatszentrum wurde von einem gegenläufigen Prozeß in den Provinzen begleitet, wo sich die rechtliche, wirtschaftliche und auch militärische Macht immer mehr in den Händen der ortsansässigen Herrscher, der Gaufürsten, konzentrierte. Besonders letzteres entwickelte sich zu einem heiklen Problem. Während der Zeit des Alten Reiches hatte Ägypten nämlich keine ständige Armee, und der Pharao stand offensichtlich nicht persönlich an der Spitze etwaiger Feldzüge, mit deren Führung statt dessen – wie zum Beispiel die biographische Inschrift des bereits erwähnten Beamten Uni aus der 6. Dynastie zeigt – zumeist die Provinzverwalter betraut wurden. Zweifellos nutzten sie diese Verhältnisse zu ihrer persönlichen Machtkonsolidierung auf Kosten der zentralen Staatsgewalt.

Zum Niedergang des altägyptischen Staates könnte in dieser Zeit auch die allgemeine Verschlechterung der natürlichen Bedingungen im Zusammenhang mit dem ausklingenden sogenannten neolithischen Subpluvial, einer langen Phase häufigerer Regenfälle in Nordostafrika, und dem schnellen Aufkommen eines ariden, also heißen und trockenen Klimas beigetragen haben. Infolgedessen verringerten sich die Weideflächen,

Menschen und Tiere zogen zu den Wasserquellen, und die Felder am Wüstenrand versandeten zusehends.

Der Niedergang des Staates am Ende des Alten Reiches fand in der altägyptischen Literatur ein bemerkenswertes Echo. Dabei handelt es sich nicht um eine direkte zeitgenössische Schilderung der Umsturzereignisse, sondern um literarische Werke, die sich auf die vorangegangene Zeit der Zerstörung des Landes beziehen. In den berühmten Mahnworten des Ipuwer sind die Verhältnisse zu einer Zeit, als «das Land sich wie auf einer Töpferscheibe drehte, sich ausplünderte und Raubbau betrieb, der Herrscher durch die Armen gestürzt wurde, die Menschen an Hunger starben und Ägypten in die Hände von Asiaten fiel», facettenreich und dramatisch geschildert. Über die bewegten Zeiten des Niedergangs erfahren wir auch aus der bereits erwähnten *Lehre für den König Merikare*, aus Nefertis *Prophezeiung* und weiteren Werken. Von dem tiefgreifenden Werteverlust jener Zeit berichtet der *Dialog eines Lebensmüden* – das Gespräch eines Menschen mit seiner Seele (*ba*), in dem das Leben nach dem Tod angezweifelt und sogar der Glaube an die Götter in Frage gestellt wird.

Eine wertvolle Information über die unruhigen Zeiten nach dem Fall des Alten Reiches bieten auch die Inschriften einiger Privatgräber. So schildert der Gaufürst Anchtifi in seinem Grab in Moalla in Oberägypten das Leiden der Menschen, ihre Armut und ihren Hunger sowie seine eigenen Verdienste um die Verbesserung ihrer Lebensbedingungen. Anchtifi nahm auch an dem Krieg teil, der das ganze Land ergriff. Er kämpfte mit seinem Heer wahrscheinlich auf der Seite des nördlichen Königreichs, das sich nach dem Fall der letzten memphitischen, das heißt der 8. Dynastie im nördlichen Landesteil gebildet hatte. Sein Zentrum wurde Ehnasija (ägyptisch Nennisut, griechisch Herakleopolis magna). Die Gegner konzentrierten sich in Uaset (griechisch Theben) in Oberägypten.*

Ägypten zerfiel auf diese Weise wieder in zwei rivalisierende Teile, einen nördlichen und einen südlichen. Zunächst hatte das nördliche König-

---

* Die Herakleopolitenherrscher mit dem bevorzugten Namen Cheti bilden die 9. und 10. Dynastie, während die thebanischen Könige, die ebenfalls von ortsansässigen Gaufürsten abstammten, als 11. Dynastie gezählt werden, auch wenn sie zeitgleich geherrscht haben.

reich, dessen Macht sich bis zum dreizehnten, assijutischen Gau in Oberägypten erstreckte, mehr Erfolg. Den thebanischen Herrschern gelang es jedoch allmählich, den gesamten Raum von Elephantine bis Koptos unter ihrer Macht zu vereinigen. Während der Regierung des thebanischen Königs Antef II. zeichnete sich definitiv ein Sieg des südlichen Reiches ab. Auch die Bemühungen des Nordens um ein Bündnis mit den unternubischen Häuptlingen, die den Zerfall der Zentralmacht und die Schwächung Ägyptens genutzt und sich selbständig gemacht hatten, erwiesen sich als erfolglos.

Der Verfall der zentralen Staatsmacht, der Antritt ephemerer lokaler Herrscher sowie deren gegenseitige Rivalität und die allgemeinen wirtschaftlichen und sozialen Schwierigkeiten des Landes bildeten keine günstigen Voraussetzungen für den Bau von monumentalen Pyramidenkomplexen. Dies belegen die bereits sehr bescheidenen Ausmaße sowie die geringe architektonische Qualität der letzten bisher bekannten Pyramide des Alten Reiches, die des Königs Ibi.

Die Gräber der Herrscher der Ersten Zwischenzeit konnten bisher nicht gefunden werden. Aus relativ kargen zeitgenössischen Schriftquellen schließt man, daß einige von ihnen auch in Pyramiden bestattet worden

Grabstele aus Kalkstein in Form eines Hauses, die in der Nähe des Pyramidenkomplexes Pepis II. in Saqqara gefunden wurde. Dieser Stelentyp ist charakteristisch für die Grabstätten aus der Endphase des Alten Reiches und für den Beginn der Ersten Zwischenzeit (nach Jéquier).

sein könnten. Eine derartige Quelle, die bereits im Zusammenhang mit der sogenannten Kopflosen Pyramide in Saqqara-Nord erwähnt wurde, überlieferte den Namen des Grabes des Merikare, eines Herrschers des Herakleopolitenreiches. Es hieß «Grün (das heißt aufblühend) sind die (Kult)stätten des Merikare», und als Determinativ wurde beim Schreiben dieses Namens das hieroglyphische Zeichen für Pyramide verwendet. Das Grab ist bisher nicht gefunden worden, auch wenn es sich einer der Theorien zufolge eben um die «Kopflose Pyramide» gehandelt haben soll.

Die Problematik der Pyramide des Merikare berührt weitere Fragen allgemeineren Charakters. In der *Lehre für den König Merikare*, dem berühmten politisch-programmatischen Werk, das sich mit den desolaten innerpolitischen und sozialen Verhältnissen in Ägypten während der Ersten Zwischenzeit beschäftigt, ist ausdrücklich von Königsgräbern die Rede, die geplündert und zerstört wurden. Sollte dies zutreffen, so scheinen sie unauffindbar zu sein. Wie die Pyramide des Ibi aus dem Ende des Alten Reiches verrät, waren die Königsgräber der Ersten Zwischenzeit sowieso nicht besonders groß und so gebaut, daß sie schnell und gründlich zerstört werden konnten, sei es schon während der Unruhen oder durch den natürlichen Verfall.

Einige Ägyptologen vermuten aufgrund eher indirekter und bruchstückhafter Schriftquellen, daß die Königsfriedhöfe dieser Zeit in Saqqara-Nord lagen, vielleicht in der Nähe von Tetis Pyramidenkomplex. Gegner dieser Auffassung wenden jedoch ein, daß die Hauptstadt in der Zeit der 9. bis 10. Dynastie Nennisut in Mittelägypten war. Die spanische archäologische Expedition, die hier in den letzten Jahren umfangreiche Grabungen durchführte, hat jedoch bis jetzt keine Königsgräber, geschweige denn Pyramiden entdeckt.

Die 8. Dynastie

DIE PYRAMIDE DES IBI

Die Gräber der letzten Herrscher der 6. Dynastie, besonders das des Merenre II. und der – umstrittenen – Königin Nitokris, konnten bislang nicht
gefunden werden. Entweder ist es gar nicht mehr gelungen, sie zu errichten, weil sie zu kurz regierten und keine ausreichenden finanziellen Mittel
für ihren Bau zur Verfügung standen, oder den Archäologen blieb bisher
das Finderglück versagt. Sofern der Bau dieser Gräber zumindest begonnen wurde, müßten ihre Überreste in Saqqara-Süd in der Nähe der Pyramide Pepis II. liegen. Trotz der bereits weit fortgeschrittenen Arbeit
Jéquiers wird es noch eine Weile dauern, bis die gesamte Grabstätte erforscht ist.

Bei seinen Grabungen in Saqqara-Süd wandte er sich aber der kleinen,

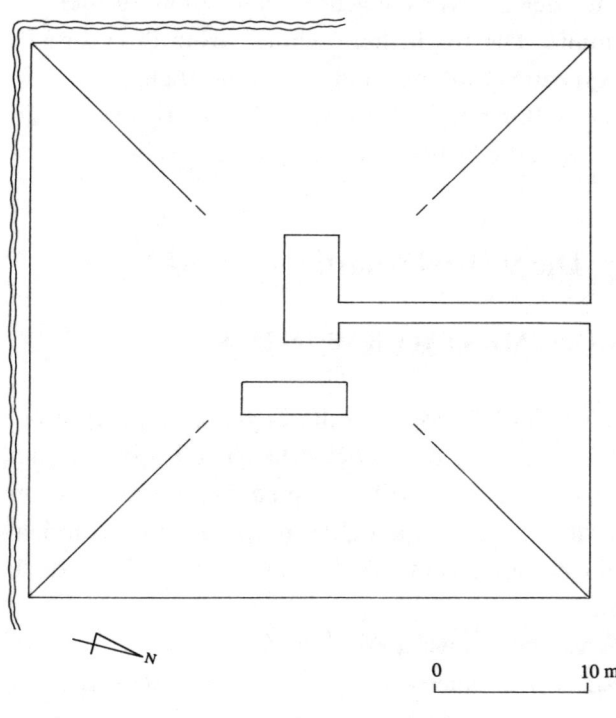

Grundriß der
Pyramide des Ibi
(nach Jéquier).

bloß drei Meter hohen Ruine zu, die die Lepsius-Expedition als Pyramide Nummer XL in die archäologische Karte eingezeichnet hatte. Die Untersuchung bestätigte die Berechtigung von Lepsius' Bestimmung, die ihrerzeit angezweifelt werden konnte, weil das nicht ganz genau nach den Himmelsrichtungen orientierte Monument in unmittelbarer Nähe des Aufwegs zum Pyramidenkomplex Pepis II. lag und den Eindruck einer Mastaba erweckte. Jéquiers Grabungen haben ferner gezeigt, daß an diesem Ort bereits ältere Gräber aus der 6. Dynastie lagen.

Die Pyramide wurde von Steindieben fast völlig zerstört. Auf den Kalksteinblöcken ihres Kerns fand Jéquier eine größere Anzahl von grob mit roter Farbe skizzierten Inschriften mit dem Titel «Häuptling von Libyen», die er nicht befriedigend erklären konnte.

Den unterirdischen Teil bildeten ein absteigender Korridor, eine Grabkammer und ein Serdab. Die Wände der Grabkammer waren ursprünglich mit Pyramidentexten bedeckt, mit deren Hilfe der Nachweis gelang, daß die Pyramide dem fast unbekannten und nur kurze Zeit regierenden Herrscher Qakare Ibi aus der 8. Dynastie gehörte und somit aus der Ersten Zwischenzeit stammte. Die Inschriften nehmen trotz ihrer Bruchstückhaftigkeit, des begrenzten Umfangs und der Einfachheit ihrer Ausführung eine bedeutende Stellung in der Geschichte Ägyptens ein: Sie sind die jüngsten Pyramidentexte, die bisher gefunden werden konnten.

Die 9./10. Dynastie

DAS MONUMENTALGRAB IN DARA

Die Unsicherheit bezüglich der Königsgräber der Ersten Zwischenzeit belegen auch Überreste eines großen Baus (vielleicht einer Pyramide oder eher einer Stufenmastaba) bei Dara in Mittelägypten. Das Grab wurde in der zweiten Hälfte der vierziger und Anfang der fünfziger Jahre von dem französischen Ägyptologen Raymond Weill untersucht, leider jedoch nicht ganz ausreichend.

Der nordsüdlich orientierte Bau weist einen fast quadratischen Grundriß auf, und seine Substruktur erinnert ein wenig an eine große Ziegelmastaba aus der 3. Dynastie in Beit Challaf. In die Grabkammer im Untergrund führte von Norden her ein langer, zunächst horizontaler und offener Korridor, der in einen absteigenden, gewölbten Tunnel überging. Die Wände der Kammer, die unter der Mitte des Bauwerks lag, waren mit grob bearbeiteten Kalksteinblöcken verkleidet. Sie war geplündert und zerstört, und man fand keine Überreste eines Begräbnisses.

Von der Superstruktur mit gerundeten Ecken haben sich so wenige Reste erhalten, daß es fraglich ist, ob sie später umfangreich zerstört wurde oder von Anfang an unvollendet gewesen ist. Den äußeren Teil des unklar strukturierten Mauerwerks bildete ein mächtiger, etwa fünfunddreißig Meter starker Mantel aus Lehmziegeln, der innere war wahrscheinlich mit Sand ausgefüllt.

Direkt im Grab wurde nichts entdeckt, was hätte helfen können, seinen Inhaber zu identifizieren. In einem der Gräber in der Nachbarschaft fand man jedoch eine Kartusche mit dem Namen eines sonst unbekannten, wahrscheinlich nur lokalen Herrschers namens Chui aus der Ersten Zwischenzeit.

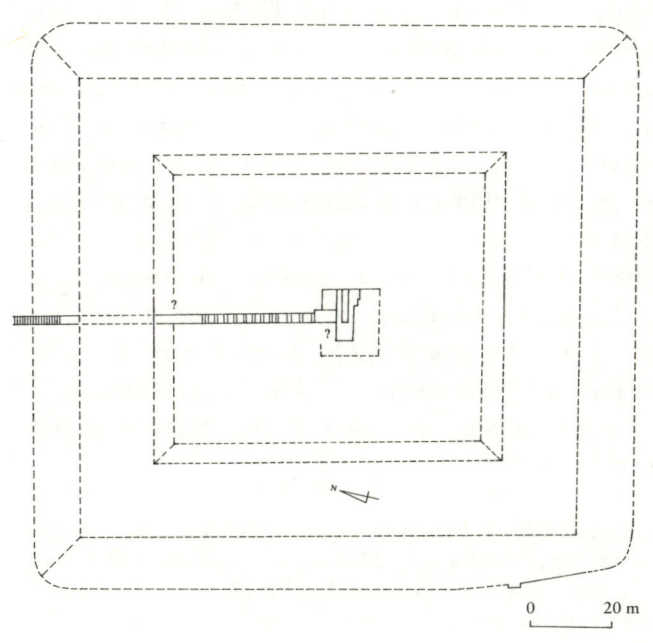

Monumentalgrab in Dara (nach Weill). Auf dem Plan sind die geböschten Ziegelmauerwerkschichten des Mantels veranschaulicht. Sein mittlerer Teil war offensichtlich mit Sand und Schotter gefüllt.

0   20 m

DAS MITTLERE REICH
(11. BIS 12. DYNASTIE)*

Nach dem Sieg über den Gaufürsten von Assijut, einen Verbündeten der Herakleopolitaner, öffnete sich der Weg für eine Wiedervereinigung des Landes. Diese vollzog Mentuhotep II., der Sohn Antefs III. Analog zu seinen Erfolgen wechselte er im Verlauf seiner etwa ein halbes Jahrhundert währenden Herrschaft einige Male seinen Horusnamen. Zunächst hieß er Sanchibtaui, dann Netjerihedjet und schließlich Semataui, «Der Beide Länder vereint». Dieser Name drückte bereits seine absolute Vorherrschaft über beide Teile Ägyptens aus. Bei der Krönung nahm er außerdem den Thronnamen Nebhepetre an.

Seine Residenz befand sich im oberägyptischen Theben. Hierher zogen auch einige höhere Verwaltungsbeamte und Künstler aus dem Norden, besonders aus Memphis. Nach der Landeseinigung kam es rasch zu einem erneuten Aufblühen der Kunst. Dem ging jedoch eine Reorganisation der Staatsverwaltung voraus, deren Ziel die Entmachtung der regionalen Herrscher zugunsten einer Stärkung der Zentralmacht war. Das ausgelaugte Land benötigte dringend Reformen, wie eine Hungersnot drastisch belegt. Über die wirtschaftlichen und sozialen Verhältnisse, die zu jener Zeit in Ägypten herrschten, berichten die Briefe, welche Hekanacht, ein Totenpriester des Wesirs Ipi aus der Zeit Mentuhoteps II., seiner Familie in eine Provinzstadt Oberägyptens schickte. Die Dokumente befinden sich heute in den Sammlungen des Metropolitan Museum in New York und stellen ein aussagekräftiges Zeugnis dar.

* Auch die genaue chronologische Begrenzung des Mittleren Reiches ist unter Ägyptologen umstritten. Es herrscht jedoch die Meinung vor, daß es mit der Regierungszeit Mentuhoteps II. beginnt und mit der ausgehenden 12. Dynastie endet. Die folgende 13. Dynastie wird bereits in die Zweite Zwischenzeit eingeordnet.

Der Herrscher ergriff auch in der Außenpolitik die Initiative. Er fiel in Nubien ein, das während der Krisenperiode autark geworden war, und bekämpfte feindliche Stämme an der Nordgrenze Ägyptens. Zudem entsandte er nach langer Zeit wieder Handelsexpeditionen in den Süden nach Punt und nach Norden in den Libanon, um Zedernholz und andere Güter zu beschaffen.

Im Gegensatz zu seinen Vorgängern, die auf dem thebanischen Friedhof von Tarif am westlichen Nilufer bestattet worden waren, entschloß er sich zum Bau eines einzigartigen Monumentalgrabes in Form eines terrassenförmig angeordneten Komplexes von Pfeilerkolonnaden.

Sein Nachfolger und wahrscheinlich auch sein Sohn, Mentuhotep III., festigte weiterhin die Einheit des Landes, stieß dabei jedoch auf erheblichen Widerstand. Den großen Bauaufschwung dieser Zeit bezeugt auch eine große Expedition, die der Herrscher in die Steinbrüche des Wadi Hammamat inmitten der Ostwüste sandte. In die Regierungszeit Mentuhoteps III. fällt das Leben des hohen Beamten Meketre, in dessen Grab in Theben-West eine große Sammlung hölzerner Modelle von verschiedenen Werkstätten, Speichern und Gütern gefunden wurde, die das Leben im alten Ägypten an der Wende zur 12. Dynastie sehr lebhaft illustrieren. Meketres Modelle sind heute im Ägyptischen Museum in Kairo und im Metropolitan Museum in New York ausgestellt.

In dieser Zeit der Unruhe und wahrscheinlich auch Konflikte, die die Einheit des Landes bedrohten, tritt die Persönlichkeit des Wesirs Amenemhet in den Vordergrund. Auf ihn (unter dem abgekürzten Namen Ameni) bezieht sich höchstwahrscheinlich die folgende Passage aus Nefertis *Prophezeiung*, einem berühmten altägyptischen literarischen Werk, das die bedrückenden Verhältnisse des zerrütteten, von innerer Zwietracht, Hunger und Angriffen feindlicher Stämme gepeinigten Ägyptens schildert: «…Und siehe da, ein König wird kommen aus dem Süden, Ameni, gerechtfertigt, mit Namen, der Sohn einer Frau aus Taseti, ein Kind Oberägyptens. Er wird die Weiße Krone ergreifen und die Rote Krone aufsetzen, er wird die beiden Mächtigen [beide Kronen Ober- und Unterägyptens] vereinen …»

Der Wesir Ameni entstammte dem südlichsten Zipfel Ägyptens, und seine Mutter war wahrscheinlich nubischer Abstammung. In seinem Namen, «Amun ist an der Spitze», drückte sich nicht nur die wachsende Autorität des Gottes Amun aus, des Herrn von Theben und «Königs der Götter», sondern gleichzeitig auch die zunehmende Vorherrschaft Thebens über ganz Ägypten. Amenemhet I. (griechisch Ammenemes) verlegte seine Residenz und die ägyptische Verwaltung allerdings wieder umsichtig in den Norden. An der Stelle, wo sich das Nildelta der Oase Fajjum nähert, vermutlich nahe dem heutigen Lischt, gründete er eine neue Hauptstadt. Sie erhielt den Namen *Amenemhet-itj-taui*, abgekürzt *Itjtaui*, was übersetzt «Amenemhet ergreift Beide Länder» bedeutet. Von ihr konnten noch keine Überreste entdeckt werden.

Die neue Residenz befand sich näher an der Nordostgrenze und erlaubte ein schnelles und energisches Einschreiten gegen die vordringenden Asiaten. Amenemhet I. ließ ein System von Grenzfestungen errichten, von denen der Name «Herrschermauer» herrührt. Nicht weniger aktiv trotzte er auch der Bedrohung an der Südgrenze und sicherte seine militärischen Aktionen ebenfalls durch den Bau mächtiger Festungsanlagen in der Umgebung des zweiten Nilkatarakts.

Während der etwa dreißigjährigen Regierung Amenemhets I. wurden erhebliche Anstrengungen um die Reorganisation der Staatsverwaltung und die Stabilisierung der Wirtschaft unternommen, wobei der landwirtschaftlichen Entwicklung eine Schlüsselrolle zukam. Damit hingen auch Projekte zur Kultivierung der sumpfigen Fajjum-Oase in der Nähe der

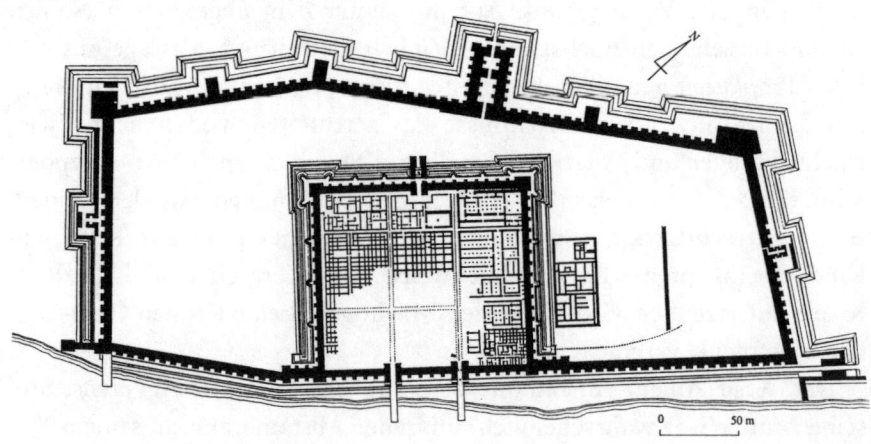

neuen Residenzstadt zusammen. Aufgrund einiger schriftlicher Dokumente wird vermutet, daß Amenemhet I. die letzten zehn Jahre zusammen
mit seinem Sohn und zukünftigem Nachfolger Senusret I. (griechisch
Sesostris) regierte. Dieser ungewöhnliche Schritt war vermutlich Ausdruck der weiterhin etwas labilen Machtverhältnisse. Die Koregentschaft
wurde seit dieser Zeit ein wichtiges, wenn auch nicht regelmäßig ange-
wandtes Instrument, das die Kontinuität der Zentralmacht und die Einheit des Landes garantieren sollte. Die anschließende Ermordung Amenemhets bei einer Palastrevolte, die von seinem Harem organisiert worden
war, zeigt die Notwendigkeit solcher Sicherheitsmaßnahmen. Zu diesem
Zeitpunkt befand sich Senusret, nicht in der Residenzstadt, sondern auf
einem Feldzug gegen Libyen, von dem er allerdings schleunigst zurück-

Die Festung in
Buhen. Grundriß
(links) und Rekon-
struktion des Tors
(nach Emery).
Die Festungsanlage
schützte den Weg
über den Nil am
zweiten Katarakt.

kehrte und die Situation rasch unter seine Kontrolle bringen konnte. Auf die Ereignisse, die das Ende Amenemhets I. begleiteten, beziehen sich auch *Die Lehre des Königs Amenemhets für seinen Sohn Senusret*, die von dem Schreiber Achti verfaßt wurde, sowie *Die Erzählung des Sinuhe* – beides berühmte literarische Werke.

Senusret I. ist als erfolgreicher und mächtiger Herrscher in die ägyptische Geschichte eingegangen. Während seiner fünfundvierzigjährigen Regierung widmete er sich vor allem einer offensiven Außenpolitik und der Sicherung der ägyptischen Grenzen. Unternubien wurde endgültig bis zum zweiten Nilkatarakt erobert und kolonisiert, das ägyptische Einflußgebiet reichte nun bis zum dritten Katarakt. Hier fing man an, Festungen und Tempel für die ägyptischen Götter zu errichten; vor allem aber begann die umfangreiche Nutzung der hiesigen Vorkommen, besonders an Gold, Kupfer und Edelsteinen. Außerdem scheinen sich Senusrets militärische Aktivitäten erneut gegen die wilden Beduinenstämme an der Nordgrenze gerichtet zu haben.

Trotz alledem wurden auch friedliche Handelsexpeditionen entsandt. Sie führten südwärts nach Punt, um Gewürze, Weihrauch und wertvolle Produkte aus Ostafrika zu importieren, und nordwärts nach Palästina, um Zedernholz herbeizuschaffen. Ebenso belegen archäologische Funde Handelskontakte mit den fernen Inseln der Ägäis. Im Zusammenhang mit den Bautätigkeiten schickte auch dieser König Expeditionen ins Wadi Hammamat in der Ostwüste, in die Amethystgruben des Wadi el-Hudi in Nubien und in die Alabastersteinbrüche von Hatnub in Mittelägypten.

Von den bedeutenden administrativen Maßnahmen Senusrets I., die zu einer Stabilisierung der Landesverwaltung führen sollten, zeugt insbesondere die Errichtung von Steinstelen mit Inschriften, die eindeutige Grenzen zwischen den einzelnen Gauen festsetzten. Die Macht der einzelnen Gaufürsten wurde zwar noch respektiert, aber wieder stärker der Herrscherautorität unterstellt. Aus diesen Gründen erlebte das Land während der Regierung Senusrets I. eine Zeit des Aufschwungs. Die Ägypter achteten ihren Herrscher, ähnlich wie lange zuvor Snofru, als guten und gerechten König und pflegten noch lange seinen Kult.

Ähnlicher Bekundungen erfreute sich sein Sohn, Amenemhet II., schon nicht mehr, obwohl er ebenfalls viele Jahre regierte und dem Land eine

Zeit des Friedens und relativer Prosperität brachte. Zugleich konnten die Gaufürsten weiterhin ihre Macht in ihren Gebieten festigen. In der Zeit Amenemhets II. und seines Nachfolgers, Senusrets II., lebten zum Beispiel die berühmten Gaufürsten Sirenput II. aus Elephantine, Djehutihotep aus Berscha und Chnumhotep II. aus Beni Hassan.

Die wirtschaftliche Entwicklung war von einem regen Außenhandel begleitet. So kehrte im achtundzwanzigsten Regierungsjahr Amenemhets II. eine große Expedition mit kostbaren Produkten aus Punt nach Ägypten zurück. Außerdem fand man Silber und Lapislazuli aus den Bergen östlich Mesopotamiens zusammen mit weiteren wertvollen Gegenständen in den Tempelmagazinen des Gottes Month im südägyptischen Tod.* Dieser Schatz ist ein Beleg für bedeutende Handelskontakte auch mit weiter entfernten Gebieten. Von der Meisterschaft, die zu dieser Zeit die ägyptischen Künstler und Handwerker erreicht hatten, zeugt anschaulich der wunderbare Schmuck, der in den Prinzessinnengräbern in Dahschur nahe der Herrscherpyramide gefunden wurde.

Senusret II., der Sohn und vielleicht auch Koregent Amenemhets II., herrschte relativ kurze Zeit, etwa acht Jahre. Die Aufmerksamkeit, die die Könige der 12. Dynastie allmählich der Oase Fajjum zu widmen begannen, führte unter ihm zu konkreten Maßnahmen. Einen großen Teil der Oase hatte ursprünglich ein riesiger See ausgefüllt (ihr Name ist von dem ägyptischen *paiom*, «das Meer», abgeleitet), von dem heute noch der fünfundvierzig Meter unter dem Meeresspiegel gelegene Birket el-Qarun («Qarunsee») zeugt. Zur Zeit der Pyramidenbauer war er mit dem Nil durch den Großen Kanal verbunden. Aus seinem ägyptischen Namen *mer uer*, «Großer Kanal», ist in einer griechischen Verballhornung der Name Moëris-See entstanden; den Kanal nennen die Araber heute Bahr el-Jussef, «Josefsfluß». Diesen beziehungsweise den weiter nördlich des Fajjum an ihn anknüpfenden Kanal Bahr el-Libeini benutzten offensichtlich schon die Pyramidenerbauer des Alten Reiches als Wasserweg für den Steintransport.

Der See ermöglichte zwar den Fischfang, doch konnten seine aufge-

---

* Der sogenannte Schatz von Tod ist heute in den Sammlungen des Ägyptischen Museums in Kairo und dem Pariser Louvre zu sehen.

weichten, von Schilfdschungel bewachsenen Ufer nicht landwirtschaftlich genutzt werden. Senusret II. leitete energische Schritte ein, um die Oase zu kultivieren. Er ließ zunächst den Großen Kanal in der Nähe seiner Mündung in den See eindämmen. Der Wasserspiegel begann zu sinken, und die Ufer mit den fruchtbaren Schlammanschwemmungen trockneten allmählich aus. Entlang dieser Zone ließ Senusret II. einen großen Damm errichten. Die Zufuhr des Nilwassers wurde anschließend so reguliert, daß das Seewasser durch ein Netz von Kanälen über die neu erschlossenen landwirtschaftlichen Gebiete verteilt werden konnte.

Der große wirtschaftliche und politische Bedeutungsaufschwung des Fajjum hatte noch einige weitere Folgen. Die lokale Gottheit, das Krokodil Sobek, begann sich einer nie dagewesenen Verehrung zu erfreuen. Senusret II. beschloß schließlich, sich sein Grab nicht neben seinen königlichen Vorfahren in Dahschur oder Lischt errichten zu lassen, sondern direkt im Fajjum beim heutigen el-Lahun.

Es scheint, daß Senusret III. im Gegensatz zu seinen beiden Vorgängern wieder ein sehr kriegerischer Herrscher war. Seine nicht ganz zwei Jahrzehnte dauernde Herrschaft stellte einen weiteren Höhepunkt der 12. Dynastie dar. Wieder einmal mußte gegen die Beduinenstämme im Nordosten militärisch vorgegangen werden, weil sie die Handelswege zum Sinai bedrohten und allmählich auch in die fruchtbaren Teile des östlichen Deltas vordrangen. Von der ständigen Bedrohung, die sie darstellten, zeugen sogenannte Beschwörungstexte, die aus dem Ende des Alten und Anfang des Neuen Reiches belegt sind. Diese Texte mit den Namen feindlicher Häuptlinge befanden sich auf Tongefäßen und -statuen, die rituell zerschlagen wurden.

Die militärischen Hauptanstrengungen Senusrets III. richteten sich jedoch gegen Nubien in Gestalt mehrerer Feldzüge, von denen Felsstelen bei Semna und Uronarti am zweiten Nilkatarakt zeugen. Danach trat eine Zeit der Ruhe und Handelskooperation mit dem südlichen Nachbarn Ägyptens, dem Land Kusch, ein.

Genauso energisch wie in der Außenpolitik ging Senusret III. auch in Ägypten vor. Mit Hilfe einiger administrativer Maßnahmen, zum Beispiel der Zusammenfassung mehrerer Gaue zu größeren Verwaltungseinheiten, versuchte er die Macht der Gaufürsten bedeutend zu schmälern. Diese

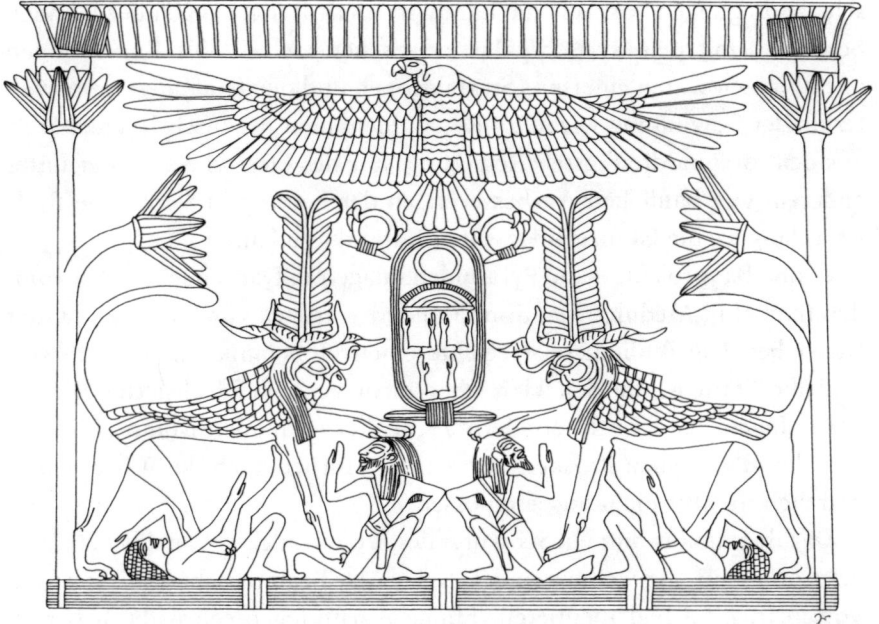

Rückseite eines goldenen, mit farbiger Emaille ausgeschmückten Pektorales der Prinzessin Merit aus Dahschur (Ägyptisches Museum in Kairo). Das Pektorale hat die Form eines mit zwei Lotussäulen und konkavem Gesims geschmückten Portikus. In der Mitte des Brustschmucks befindet sich eine Kartusche mit dem Thronnamen des Vaters der Prinzessin, Senusret III., über der die Göttin Nechbet schwebt. Der Herrscher in Gestalt eines Greifs zermalmt mit seinen Tatzen die Feinde Ägyptens.

Maßnahmen hatten allerdings noch andere Gründe als lediglich das Bemühen, die Landesverwaltung effektiver zu gestalten und die Zentralmacht zu stärken. Das Erblühen des Handwerks und des Handels und die damit verbundene Stadtentwicklung hatte eine verhältnismäßig starke Mittelschicht entstehen lassen, die ebenfalls anfing, ihre Interessen und ihren gesellschaftlichen Einfluß geltend zu machen.

Amenemhet III., der Sohn Senusrets III., war der letzte große Pharao der 12. Dynastie. Während seiner langen, etwa fünfundvierzigjährigen Herrschaft erlebte Ägypten eine Phase relativen Friedens und wirtschaftlichen Aufschwungs. Wie Felsinschriften über die Höhe der Nilüberschwemmung am zweiten Katarakt zeigen, herrschten günstige klimatische Bedingungen vor. Wie die Landwirtschaft florierte auch der Handel, besonders mit dem syrisch-palästinensischen Gebiet. Die Expeditionen nach Nubien waren einerseits Strafaktionen und dienten andererseits weiterhin der Gewinnung wichtiger Ressourcen. Laut der Inschrift einer Stele aus dem dreiunddreißigsten Regierungsjahr des Herrschers, in der unter anderem von baulichen Ausbesserungen der Festung in Semna die Rede ist, gelang es, die Grenze am zweiten Katarakt zu halten.

Große Bauprojekte – die Pyramidenanlagen in Dahschur und Hawara, der Tempel in Medinet Maadi und andere – trugen zur Entwicklung der Kunst bei. Die Bildhauerei erreichte einen Höhepunkt. Bemerkenswert sind die Statuen, die den Herrscher nicht etwa in idealisierter Gestalt voller Jugend und Kraft, sondern als gealterten müden Mann abbilden. Von der allgemeinen Prosperität blieben natürlich auch die Wissenschaft und die Literatur nicht ausgeschlossen.

Darüber hinaus fällt ein Schwund des Provinzadels sowie das Bemühen des Königs auf, die Stellung und Tätigkeit der Beamtenschaft mit strengen Vorschriften zu reglementieren. Einige Ägyptologen sehen darin bereits erste Anzeichen des bevorstehenden großen Kollapses des ägyptischen Staates. Das Ende des Mittleren Reiches ist in vieler Hinsicht unklar. Mit dem Tod Amenemhets IV., des Sohns und Koregenten Amenemhets III., ging die männliche Hauptlinie zugrunde. Anschließend ergriff für kurze Zeit seine Schwester Nefrusobek die Herrschaft. Die Gräber dieser beiden letzten Angehörigen der 12. Dynastie sind bisher noch nicht sicher nachgewiesen. Obwohl direkte Beweise fehlen, werden ihnen gewöhnlich die Pyramiden in Mazghuna zugeschrieben.

Die 11. Dynastie – Ein Neubeginn

DAS TERRASSENGRAB DES MENTUHOTEP II.

Der Herrscher, der Ägypten am Ende der Ersten Zwischenzeit einigte, Nebhepetre Mentuhotep (II.), stammte aus Uaset (Theben) und ließ sich auch hier und nicht in der Nähe der alten Hauptstadt Memphis sein Grab errichten. Er wählte dafür einen Felshang beim heutigen Deir el-Bahari am westlichen Nilufer, in der Nähe der Felsgräber seiner Vorgänger, die bei dem heutigen Dorf Tarif lagen, Stätten, die nach ihrer aus Pfeilerreihen gebildeten Fassade den Namen Saff-Gräber erhielten (von arabisch *saff*, «Reihe»). Mentuhotep II. durchbrach die Tradition jedoch, und zwar nicht nur hinsichtlich der Größe, sondern auch der Konzeption seines Grabes. Die Ansichten der Ägyptologen bezüglich des ursprünglichen Aussehens von Mentuhoteps Grab, das der Herrscher «Verklärt sind die (Kult-)Stätten des Mentuhotep» nannte, sind kontrovers. In einem Punkt stimmen sie aber dennoch überein: daß sein Plan sowohl Elemente des Saff-Grabes als auch des Pyramidenkomplexes in sich vereinte.

Henri Édouard Naville und Henry Hall (1873–1930) begannen Mentuhoteps Grabkomplex schon in den Jahren 1903 bis 1907 im Auftrag des Egypt Exploration Fund zu erforschen. An ihre Untersuchungen knüpften in den Jahren 1911 bis 1931 die Archäologen des Metropolitan Museum New York unter der Leitung Herbert Winlocks an. Auch sie führten die Grabungen jedoch nicht zu Ende. Das gelang erst in den Jahren 1968 bis 1971 der Gruppe des Deutschen Archäologischen Instituts Kairo, die von Arnold geleitet wurde.

Den laut Winlock in drei, nach Arnold dagegen in vier Phasen errichteten Grabkomplex bildeten ein Taltempel, dessen Überreste heute unter den Feldern und Gärten am Rande des Niltals liegen, ein langer Aufweg, der gestufte Terrassenbau eines mit seinem westlichen Teil ins Felsmassiv eingelassenen Totentempels und eine unterirdische Grabkammer. Die Längsachse des ganzen Komplexes knickte, aus ostwestlicher Richtung kommend, leicht nach Norden ab.

Im Gegensatz zu den meisten ähnlichen Bauten aus dem Alten Reich war der Aufweg offen. In regelmäßigen Intervallen standen an seinen Seiten Statuen des Herrschers, der mit dem Totengott Osiris identifiziert wurde. Der Weg mündete in einen großen Hof, der von einer Kalksteinmauer umgeben war.

Im Westteil des Hofes erhob sich vor dem Hintergrund der zerklüfteten Felswand der mächtige, terrassenartige Bau des Totentempels, der über eine breite Rampe aus Kalksteinblöcken zugänglich war, zu deren beiden Seiten sich ein Hain mit Alleen künstlich angepflanzter Sykomoren und Tamarisken erstreckte. Die Ostfassade der untersten Stufe mit der soge-

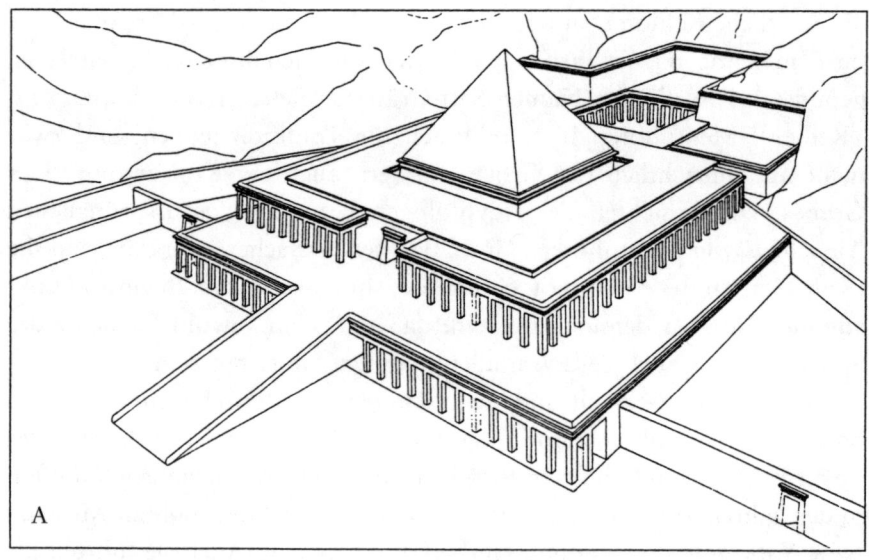

A

nannten unteren Pfeilerhalle bildete ein ebenfalls aus Kalksteinblöcken bestehender und durch eine Rampe in zwei Hälften geteilter Portikus mit zwei Pfeilerreihen. An seinen Wänden befanden sich ursprünglich Reliefs mit Kriegsszenen.

Die mittlere Terrasse bestand aus drei Teilen. Ihren Kern bildete der ursprüngliche Hügel aus hartem Ton, der zu einer grob kubischen Form umgestaltet worden war. Ihn umgab von allen vier Seiten ein Säulenumgang und in etwas größerem Abstand im Osten, Norden und Süden ein Pfeilerportikus, die sogenannte obere Pfeilerhalle.

Diese bestand ähnlich wie ihr unteres Pendant aus zwei Reihen von Kalksteinpfeilern. Die Vorderseiten der Pfeiler zierten Bilder des Herrschers und der Götter sowie Inschriften im Flachrelief. Dahinter befand sich eine ebenfalls aus Kalkstein bestehende Wand. Ihre leichte Neigung spricht deutlich dafür, daß sie einst die äußere Fassade des Säulenumgangs bildete, die obere Pfeilerhalle also erst nachträglich errichtet wurde.

Der Eingang in den Säulenumgang aus Kalkstein kam vom östlichen Flügel der Pfeilerhalle her und war in der Hauptachse des gesamten Bauwerks situiert. Im Umgang befanden sich insgesamt hundertvierzig okto-

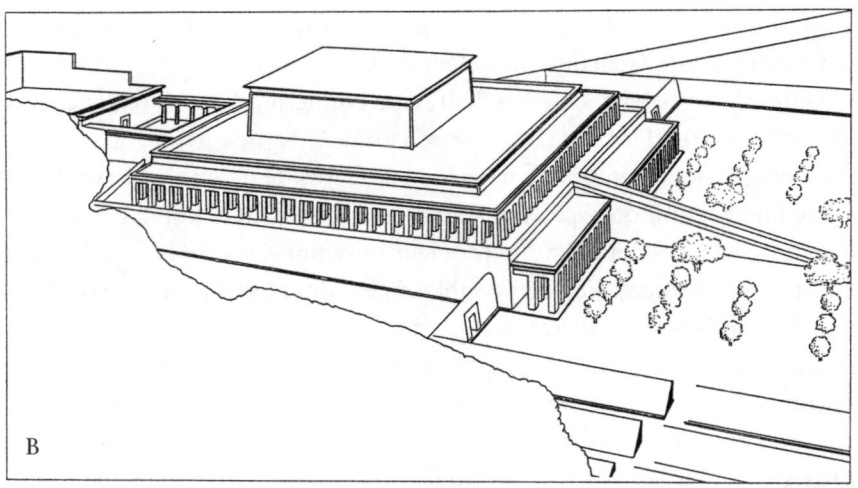

Rekonstruktion des Grabkomplexes des Mentuhotep nach Naville (A) und Arnold (B).

gonale Säulen, die in drei, im Westen allerdings nur in zwei Reihen angeordnet waren. Spärliche Beleuchtung spendeten dem Umgang lediglich
Lichtschächte in der mächtigen Außenmauer neben dem Portikus.

Ursprünglich befanden sich auf der Westseite der mittleren Terrasse
sechs in einer Reihe angeordnete Schachtgräber, die in den Felsgrund eingelassen waren. Ihren überirdischen Teil bildeten aus Kalksteinblöcken
errichtete Kapellen mit Scheintüren und Kultstatuen. Hier waren Königinnen und Prinzessinnen bestattet, offenbar Familienmitglieder des
Mentuhotep. Alle Frauen waren sehr jung gestorben, die älteste mit etwa
zweiundzwanzig Jahren, die jüngste bereits mit fünf. Möglicherweise
kamen alle gleichzeitig zu Tode, und meist wird in diesem Zusammenhang vermutet, daß die Ursache ein Unfall oder eine Epidemie gewesen
sei. Die tatsächliche Beziehung zwischen diesen Frauen und dem Herrscher ist unklar, denn nur vier von ihnen trugen den Titel «königliche Gemahlin». Arnold zählt sie zu der besonderen Kategorie der Priesterinnen
der Hathor, der Schutzgöttin der thebanischen Nekropole. Callender
nimmt hingegen an, daß sie durch Bürgschaftsehen mit Mentuhotep verbunden waren, eine Regelung im Rahmen der Bemühungen des Königs,
die rebellischen Magnaten zu unterdrücken, die politischen Verhältnisse

zu stabilisieren und das Land zu einigen. Neben diesen Frauen sind nämlich noch weitere Gemahlinnen Mentuhoteps belegt.

Unter ihnen befand sich Aaschait, eine Nubierin, deren Rang auch auf ihrem verzierten Holzsarg angemessen zum Ausdruck gebracht wurde – ihr Körper wies einen braunen Farbton auf. Aus dem Grab einer weiteren Gemahlin Mentuhoteps, Kauit, stammt ein Kalksteinsarkophag mit herrlichen Reliefs, der heute im Ägyptischen Museum Kairo zu bewundern ist. Als die Entscheidung fiel, den Grabkomplex des Herrschers zu erweitern, wurden die Gräber in diesen integriert.

Die Erweiterung in Richtung Westen vollzog sich auf dem Niveau der mittleren Terrasse und umfaßte den offenen Säulenhof, das Hypostyl sowie den Felstempel, den Speos. Den Sandsteinhof umgaben im Süden, Osten und Norden oktogonale Säulen. Insgesamt zweiundachtzig davon befanden sich auch im Hypostyl. Sein Pflaster bestand aus Kalkstein, während die Seitenwände aus Sandstein errichtet waren.

Ganz im Westen des Komplexes lag der Speos, ein länglicher, gewölbter Raum aus Kalkstein, dessen Pflaster aus Sandstein bestand. Zum Kalksteinaltar im westlichen Teil führte eine niedrige Rampe. In dem Raum befand sich ursprünglich eine Scheintür und außerdem eine Kultstatue des Herrschers in Überlebensgröße. Neben einigen weiteren Kultgeräten kam auch eine sitzende Statue des Gottes Amun zum Vorschein. Das Heiligtum fungierte nämlich zugleich als Kultstätte bedeutender Gottheiten wie Amun, Month, Osiris und Hathor.

In der Achse des Säulenhofes mündete im Pflaster ein absteigender gewölbter Korridor, der in die königliche Grabkammer führte. Im Jahre 1906 öffnete Naville den Korridor, der bereits im Altertum von Grabräubern geplündert worden war, und 1971 wurde er von Arnold erneut untersucht. In den Nischen seiner Seitenwände fanden sich an die sechshundert Holzfigürchen, die aus verschiedenen, einst zur königlichen Grabausstattung gehörenden Modellen von Werkstätten, Bäckereien und Schiffen stammten. Der einige Dutzend Meter lange Gang endet in einer granitenen Grabkammer mit einer Satteldecke. Einen Großteil des Raums nahm eine Alabasterkapelle ein, in die man durch eine hölzerne zweiflügelige Tür trat. Ein Sarkophag wurde hier nicht gefunden, weshalb Naville meinte, es handle sich um die symbolische Grabkammer für den königlichen *ka*.

Arnold dagegen vertritt – wahrscheinlich zu Recht – eine andere Auffassung und beruft sich dabei auf eine weitere kuriose Entdeckung in der Geschichte der ägyptischen Archäologie.

Eines frühen Abends im Jahre 1899 ritt der später berühmte Entdecker des Grabes von Tutanchamun, Howard Carter, über den vorderen Teil des Hofes vor Mentuhoteps Terrassengrabkomplex; er führte gerade in der Umgebung archäologische Untersuchungen durch. Plötzlich strauchelte sein Pferd. Carter stieg ab, um zu kontrollieren, ob es sich auch nicht verletzt habe, und dabei stolperte er über eine Entdeckung, den Eingang in den Untergrund. Die arabischen Grabungsarbeiter nannten ihn daher Bab el-hussan, «Pferdetor».

Der zunächst offene Graben ging in einen Korridor mit gewölbter Decke über, der aus Lehmziegeln bestand. In einer Tiefe von siebzehn Metern entdeckte Carter ein Tor, das durch eine etwa vier Meter dicke Ziegelmauer versiegelt war. Dahinter setzte sich der Korridor zunächst nach Westen fort und knickte dann in seinem abschließenden Teil nach Norden ab. An der Knickstelle entdeckte Carter einen knapp zwei Meter tiefen Schacht im Fußboden und darin die Überreste eines Holzkastens, der den Namen des Mentuhotep trug. Der Korridor geht an seinem Ende in einen weiteren Schacht über, an dessen Boden sich der Zugang zur Grabkammer öffnet. In ihr wurde, neben den Resten eines leeren, unbeschriebenen Holzsarges, Keramik und Knochen von Opfertieren, als wertvollster Gegenstand eine in feines Leinen gewickelte, polychromierte sitzende Kalksteinstatue aufgefunden. Sie stellt Mentuhotep II. mit der unterägyptischen Krone auf dem Kopf dar und gehört heute zu den berühmten Exponaten des Ägyptischen Museums Kairo (JE 36.195). Arnold zufolge handelt es sich bei Bab el-hussan um ein symbolisches Grab, das vielleicht anläßlich der *sed*-Feierlichkeiten des Mentuhotep errichtet wurde.

Der Bau auf der oberen Terrasse wurde fast völlig zerstört, und seine Architektur ist immer noch umstritten. Naville, der als erster Archäologe Mentuhoteps Grabkomplex untersucht hatte, rekonstruierte das ursprüngliche Monument als Pyramide, die auf dem bereits erwähnten bearbeiteten Felsgrund ruhte.

Arnold wies diese Auffassung vor allem deswegen zurück, weil keinerlei Hinweise gefunden worden sind, die für sie sprächen, zum Beispiel das

Fragment einer geböschten Pyramidenwand. Er selbst schlug einen massiven Bau von leicht rechteckigem Grundriß mit einer flachen Dachterrasse vor und identifizierte ihn mit der stilisierten Vorstellung des Urhügels.

Die dritte, neueste Ansicht stammt von Stadelmann. Sie stellt im wesentlichen eine Variante der Arnoldschen Rekonstruktion dar, die um einen mit Bäumen bepflanzten Sandhügel ergänzt wurde, eine Ausführung, so der deutsche Ägyptologe, in der die Vorstellungen vom Urhügel und gleichzeitig auch vom Grab des Totengottes Osiris vereinigt worden seien.

Wie auch immer der oberste Teil des Bauwerks ausgesehen haben mag, die Unklarheiten bezüglich seiner Rekonstruktion beruhen nicht nur auf dem Mangel an archäologischen Quellen, sondern haben noch eine weitere interessante Ursache. Fast tausend Jahre nach dem Bau von Mentuhoteps Grabkomplex kam es in seiner Umgebung im Zusammenhang mit den um sich greifenden Plünderungen zu einer Untersuchung der Grabmäler. Von ihr und den an sie anknüpfenden Gerichtsprozessen gegen Grabräuber sind uns schriftliche Berichte erhalten geblieben. Im Papyrus Abbott fand sich folgender Vermerk: «Achtzehnter Tag des dritten Monats der Überschwemmungszeit des sechzehnten Regierungsjahres des Herrschers von Ober- und Unterägypten, des Herrn Beider Länder Neferkare Setepenre – auf daß er lebe, gesund sei und aufblühe! –, Sohn des Re, Herr der Offenbarung im Glanz des Ramses Miamun ... An diesem Tag wurden die Inspektoren der großen und erhabenen Grabstätte entsandt, der Schreiber des Wesirs und der Schreiber des Schatzhauses des Pharaos, um die Gräber der alten Könige zu prüfen ... Pyramiden, Gräber und Grüfte, die an diesem Tag von den Inspektoren untersucht wurden ...»

Der Grabkomplex des Mentuhotep wird in diesem Bericht aus der Zeit Ramses' IX. ausdrücklich als Pyramide bezeichnet. Ein überzeugender zeitgenössischer Vermerk mit einer Bezeichnung des Grabes ist aber leider nicht erhalten. Arnold stieß jedoch bei Grabungen auf zwei Fragmente von Inschriften, die möglicherweise den mit einem Pyramidendeterminativ endenden Namen des Grabes enthielten. Ähnliches tritt auch in anderen schriftlichen Belegen auf. In der Inschrift der Tutu-Stele aus der 12. Dynastie wird der Grabname durch das hieroglyphische Pyramidenzeichen bestimmt. Das Determinativ der in der Umgebung gefundenen Graffiti aus dem Neuen Reich, die Mentuhoteps Grab nennen, erinnert aber eher an eine Terrasse mit einem Obelisken, der mit einem Pyramidion abschließt, als an eine Pyramide.

Trotz dieser schriftlichen Belege bleiben die Ägyptologen heute gegenüber der Rekonstruktion des Bauwerks als Pyramide meist skeptisch. In dem Text auf dem Papyrus Abbott wurden nämlich auch einige andere Gräber als Pyramiden bezeichnet, die erwiesenermaßen keine waren, zum Beispiel die benachbarten Gräber der Herrscher der 11. Dynastie aus Tarif und Dra Abu 'l-Naga. Jetzt wird vermutet, die Grabruinen hätten nur ihrer Form nach entfernt an einen Grabhügel oder eine Pyramide erinnert oder aber die traditionelle Vorstellung des monumentalen Königsgrabs sei so stark mit der Pyramide verbunden gewesen, daß das bestimmende Determinativ in der Bezeichnung auch in diesem Fall durch eine Pyramide ausgedrückt wurde. Dafür sprechen zum Beispiel zeitgenössische Varianten der Namensschreibung von Neferefres Grabkomplex aus der 5. Dynastie. Obwohl das Grab nicht als echte, sondern als niedrige Stumpfpyramide beendet wurde, verwendeten die Schreiber das Pyramidenzeichen als Determinativ.

Dennoch muß erneut betont werden, daß die Frage der tatsächlichen Gestalt der obersten Stufe von Mentuhoteps Grabkomplex weiterhin offenbleibt. Während sich aus dem großen zeitlichen Abstand zwischen dem Vermerk auf dem Papyrus Abbott und der Entstehungszeit des Baus ein gewisses Mißverständnis erklären ließe, ist dies bei den fast zeitgleichen Schriftbelegen, zum Beispiel der Tutu-Stele, nicht so einfach. Allgemeine Zweifel architektonischer beziehungsweise ästhetischer Natur erweckt eigentlich jegliche kompakte obere Stufe, weil deren Unterbau dank der Pfeilerhallen in der Fassade gerade durch eine gewisse Leichtigkeit besticht.

Der Charakter des Baus und seine Überreste schließen auch andersartige Möglichkeiten nicht aus, die ihre Begründung in den religiösen Vorstellungen der alten Ägypter finden könnten sowie in ihrer Fähigkeit, den Bau harmonisch mit dem umgebenden Milieu in Einklang zu bringen – in diesem Falle dem Amphitheater der zerklüfteten Felsen im Hintergrund. Wie dem auch gewesen sein mag, dieses sehr originelle Monument hat spätere Meister inspiriert, wie der mehr als ein halbes Jahrtausend jüngere Terrassentempel der Königin Hatschepsut beweist, der während der 18. Dynastie in enger Nachbarschaft errichtet wurde. Die ägyptologische Diskussion um die ursprüngliche Gestalt von Mentuhoteps Grab in Deir el-Bahari ist wahrscheinlich lange nicht noch beendet.

Die 12. Dynastie – Vom Stein zum Lehmziegel

DIE PYRAMIDE DES AMENEMHET I.

Der einstige Wesir und schließlich erste Herrscher der 12. Dynastie, Amenemhet I., gab Uaset als Residenzstadt auf und ließ hier auch sein unvollendetes Felsgrab zurück. Das Zentrum der staatlichen Administration verlegte er nach Norden in die neue Hauptstadt Itjtaui in der Nähe von Memphis, von wo aus es einfacher war, die Zentralmacht über beide Teile Ägyptens zu konsolidieren. Einige Ägyptologen, die sich auf bestimmte Hinweise in zeitgenössischen Dokumenten stützen, lokalisieren diesen Ort zwar am östlichen Nilufer, doch wird es sich mit größerer Wahrscheinlichkeit um die Gegend um Lischt gehandelt haben, denn hier ließ sich der Herrscher seinen Pyramidenkomplex errichten, der offensichtlich sehr nah bei der neuen Hauptstadt lag. Die Pyramide nannte er «(Kult-)Stätten des Erglänzens des Amenemhet». In diesem Zusammenhang ist zu erwähnen, daß Amenemhet I. damit eine neue Tradition begründete. Während der Name der Pyramide früher alle Bauten inklusive der Pyramidenstadt einschloß, erhielten seit seiner Zeit die großen Einzelbestandteile des Komplexes eigenständige Namen.

Maspero gelang es im Jahre 1882 als erstem Archäologen, ins Innere dieser Pyramide hinabzusteigen. An seine Arbeit knüpfte die französische archäologische Expedition in den Jahren 1894/95 an, die von Gauthier und Jéquier geleitet wurde. Von 1902 bis 1934 setzte die Arbeitsgruppe des Metropolitan Museum New York, an deren Spitze Albert Lythgoe und Arthur Mace standen, die Untersuchungen fort.

Von der Pyramide sind nur etwa zwanzig Meter hohe Ruinen erhalten geblieben. Zu diesem kläglichen Zustand trug neben Grabräubern auch die Art und Weise bei, wie die Pyramide gebaut war. Bereits während des Alten Reiches war die Qualität der Konstruktionsweise wie auch des Materials stetig gesunken, wobei aber trotz allem weiterhin Stein verwendet wurde. Zu Beginn der 12. Dynastie setzte sich jedoch ein anderer Baustoff, die Lehmziegel, durch, eine Entwicklung, zu der neben dem Bemühen um Sparsamkeit und vielleicht dem geringeren Arbeitsaufwand auch reiche Tonvorkommen in der nahen Umgebung Mittelägyptens und der Fajjum-Oase beitrugen, wo die Pyramiden gebaut wurden. Von der Zeit Senusrets I. an schuf man überdies ein Mauerskelett aus Steinblöcken und legte dann sowohl über die Diagonalen als auch senkrecht auf die zukünftigen Pyramidenwände und dort hinein Lehmziegel, gegebenenfalls Ton, Stücke minderwertigen Steins und weiteres Abfallmaterial vom Bau. Auf den so errichteten Kern wurden hochwertige Verkleidungsblöcke aus Kalkstein gelegt.

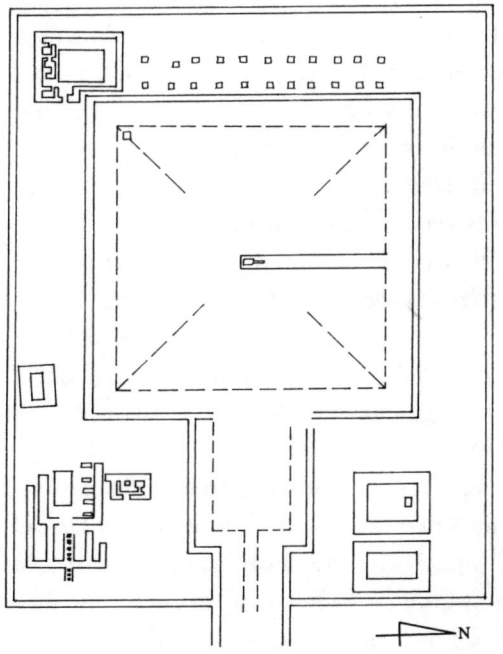

Grundriß des Pyramidenkomplexes von Amenemhet I. ohne Aufweg und Taltempel (nach Mace). Hinter der Pyramide befindet sich eine Reihe von Schachtgräbern der Prinzessinnen und Hofleute.

Der Eingang in den Untergrund von Amenemhets Pyramide lag, so wie es schon bei den älteren Pyramiden die Regel war, in der Mitte der Nordseite auf Grundflächenniveau. Es ist überhaupt zu beobachten, daß sich die Erbauer des Grabkomplexes in vieler Hinsicht an den Pyramiden des Alten Reiches in Dahschur und Saqqara-Süd orientierten, andererseits aber auch an einigen Elementen, die typisch für die unmittelbar vorangegangenen Königsgräber in Tarif und Deir el-Bahari waren. Über dem Eingang stand die sogenannte Nordkapelle, und darin öffnete sich hinter einer Granitscheintür ein sich allmählich in die Grabkammer absenkender Korridor. Er war mit Rosengranit verkleidet und auch mit Blöcken desselben Materials versiegelt.

Der Korridor mündete in eine Kammer von quadratischem Grundriß, die sich in senkrechter Pyramidenachse befand. In ihrem Fußboden öffnete sich ein senkrechter Schacht, der in die Grabkammer führte. Den Zugang dorthin verhindert heute jedoch das Grundwasser, das hier in einer solchen Menge durchsickert, daß bisher alle Versuche, es abzuschöpfen, fehlschlugen.

Der Totentempel vor der Ostseite der Pyramide besaß seinen eigenen, abweichenden Namen «Hoch (ragt empor) die Schönheit des Amenemhet». Im Gegensatz zu ähnlichen Bauten des Alten Reiches hatte er sehr kleine Ausmaße und lag unterhalb des Niveaus der Pyramidengrundfläche (diese Besonderheit könnte ein entferntes Echo auf die Idee des Terrassentempels Mentuhoteps II. in Deir el-Bahari sein). Vom ostwestlich orientierten Tempel ist fast nichts erhalten geblieben, so daß die Rekonstruktion seines ursprünglichen Plans ein Problem darstellt. Darüber hinaus verraten uns einige Inschriften auf Relieffragmenten, die im Tempel gefunden wurden, daß es wohl während der Herrschaft Senusrets I. zu einem Umbau des Tempels kam. Zu den wenigen erhalten gebliebenen Dingen gehört zum Beispiel das Fragment einer Scheintür aus Kalkstein sowie ein Granitaltar, die sich einst im Opfersaal befanden.

Der ursprünglich offene und reliefverzierte Aufweg, der vielleicht nach dem Vorbild seines Vorgängers im Komplex des Mentuhotep II. in Deir el-Bahari konzipiert war, wurde lediglich an seinem oberen Ende erforscht; ebenso ist der Taltempel nicht gründlich untersucht worden. An ihrer Stelle breitet sich heute der örtliche mohammedanische Friedhof aus.

Die Pyramide und der Totentempel waren von zwei Umfassungsmauern umgeben. Auf dem Areal dazwischen entdeckte man die Gräber von Angehörigen der königlichen Familie und Hofleuten. Entlang der Pyramidenwestwand zog sich eine Doppelreihe von Schachtgräbern. Des weiteren befand sich an der Südostecke der Pyramide das Grab des Wesirs Antefiker, eines bedeutenden Beamten aus der Regierungszeit Amenemhets I. Den Vorläuferbau hatte er sich in Uaset errichten lassen. In der ersten Hälfte der sechziger Jahre entdeckte das von Zbyněk Žába (1917–1971) geleitete tschechische Ägyptologenteam eine Stele von seinem Nubienfeldzug.

Schon Maspero hatte beim ersten Besuch der Pyramide bemerkt, daß für ihren Bau Steinblöcke verwendet worden waren, die aus älteren königlichen Grabkomplexen stammten, eine Entdeckung, die spätere Untersuchungen voll und ganz bestätigt haben. In verschiedenen Teilen des Komplexes fand man Steine, die die Namen der Herrscher Chufu, Chafre, Unas und Pepi (II.?) trugen. Es bietet sich die Erklärung an, daß insbesondere die Taltempel dieser Herrscher in Giza und Saqqara bereits zu Zeiten Amenemhets I. in Trümmern lagen, der sie dann ohne Skrupel zu seinem eigenen Steinbruch machte. Diese Ansicht Hans Goedickes, der die Blöcke gründlich untersucht und katalogisiert hat, teilt die Mehrzahl der Ägyptologen. Arnold schließt jedoch die Möglichkeit nicht aus, daß die Blöcke auch von anderen Bauten stammten, zum Beispiel aus den Tempeln, die sich die erwähnten Herrscher in Mittelägypten in der Nähe von Lischt errichten ließen.

DIE PYRAMIDE DES SENUSRET I.

Die archäologischen Untersuchungen des Pyramidenkomplexes Senusrets I. haben fast dieselbe historische Entwicklung durchlaufen wie die Erforschung des Komplexes von Amenemhet I., seinem Vater. Gauthier und Jéquier arbeiteten hier in den Jahren 1894/95, ihnen folgte 1906 bis 1934 die Gruppe des Metropolitan Museum New York, geleitet von Lythgoe,

Mace und Ambrose Lansing (1891–1959). An ihre Arbeiten und die von ihr zusammengestellte Dokumentation knüpfte Arnold in den Jahren 1984 bis 1987 mit seinen Grabungen an.

Senusret I. ließ sich seine Pyramide ebenfalls in Lischt errichten, etwa anderthalb Kilometer südlich von der Amenemhets I. Sie hieß «Senusret blickt auf Beide Länder herab» und war etwas größer als die seines Vaters, ohne sich in ihren Grundzügen wesentlich von ihr zu unterscheiden.

Als Baumaterial wurde vor allem Kalkstein aus den nahe gelegenen Steinbrüchen verwendet. Ein Steinmauerskelett verstrebte den Kern, der auf einer Fundamentplattform aus Steinblöcken ruhte. Den freien Raum dazwischen füllte Geröll aus Kalksteinsplittern, Sand und Abfallmaterial von der Baustelle. Die Verkleidung aus Blöcken feinen weißen Kalksteins war in einem um die Pyramide ausgehobenen flachen Graben fest verankert.

Diese typische Methode der Pyramidenbauer des Mittleren Reiches verlieh nicht nur der Verkleidung, sondern der gesamten Pyramide zusätzliche Stabilität, die im Hinblick auf den Kern aus minderwertigem Material auch dringend erforderlich war. Unter den Ecken der Pyramide wurden Gründungsbeigaben entdeckt, weitere lagen außerhalb davon. Interessanterweise konnten in diesem Bauwerk keine Steine gefunden werden, die aus älteren Pyramidenkomplexen stammten.

Der Eingang in den Untergrund lag im Hofpflaster vor der Mitte der Pyramidennordseite. Darüber stand, ähnlich wie bei den Pyramiden des Alten Reiches, die sogenannte Nordkapelle.* In die Wand zur Pyramide hin war eine Alabasterstele eingesetzt, vor der ein Granitaltar stand. Die anderen Wände zierten Szenen in farbigem Flachrelief, die, soweit sich aus einigen schlecht erhaltenen Fragmenten schließen läßt, sicherlich Opferrituale, Götterprozessionen und ähnliches darstellten. Ein Wasserspeier in Gestalt eines liegenden Löwen leitete das Regenwasser von der Dachterrasse ab.

Ein absteigender Korridor, der unter dem Pflaster der Nordkapelle be-

---

* In einer späteren Periode der 12. Dynastie verzichtete man auf sie, denn sie verlor wegen einer Veränderung des Grundrisses der Substruktur sowie einer Verlegung des Eingangs an andere Orte ihre Funktion.

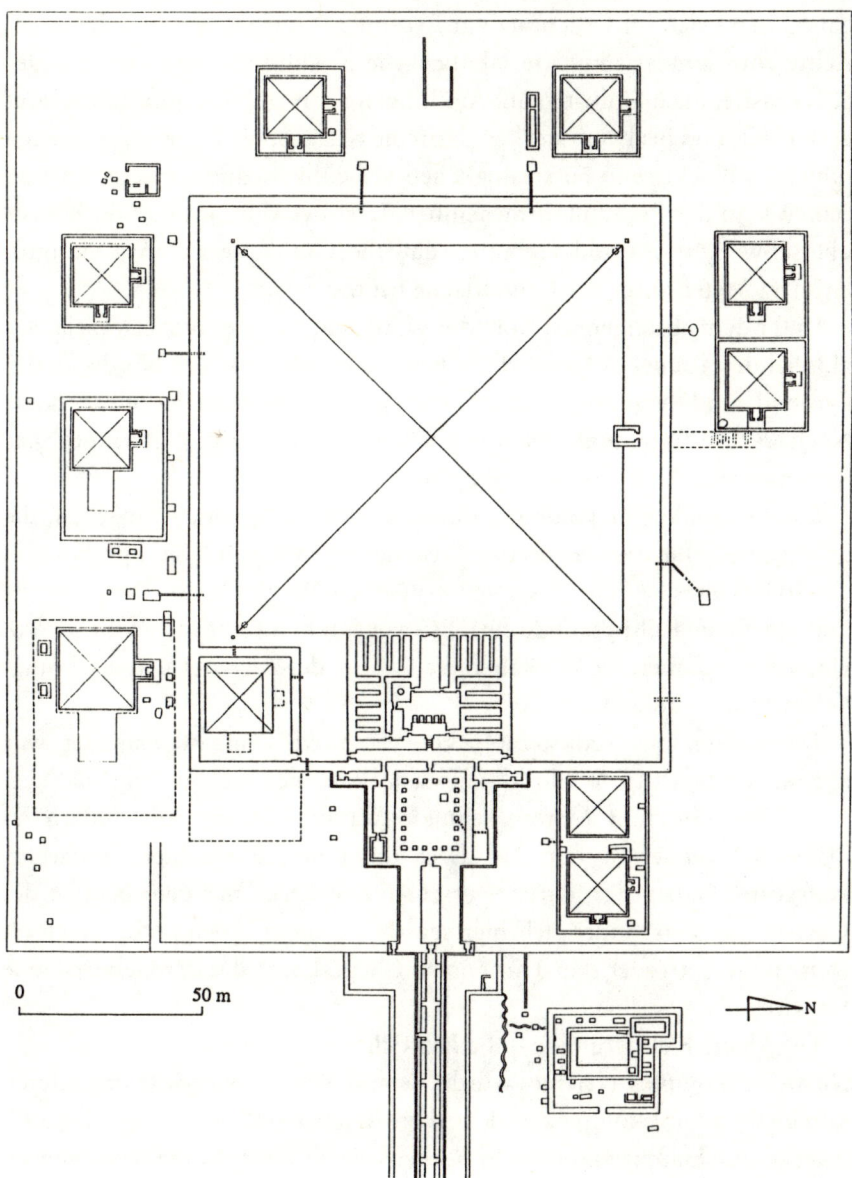

0   50 m   N

Grundriß des Pyramidenkomplexes von Senusret I. einschließlich der Pyramiden der Königinnen und Prinzessinnen, jedoch ohne Aufweg und Taltempel (nach Arnold).

gann, setzte sich im Gegensatz zur Pyramide Amenemhets I. nicht in der Achse fort, sondern knickte, ähnlich wie in einigen Pyramiden aus der 5. Dynastie, nach Südosten ab. Am Eingang war der Korridor mit Granit verkleidet, und bis heute stecken darin die riesigen, bis zu zwanzig Tonnen schweren Blöcke seines ursprünglichen Verschlusses aus demselben Material. Wie in der Pyramide Amenemhets I. ist der Untergrund von Wasser überschwemmt. Arnold vermutet, daß die Grabkammer etwa vierundzwanzig Meter unter der Grundfläche liegt.

Unter dem absteigenden Korridor wurde ein längerer und etwas flacher abfallender Tunnel aufgespürt. Er begann im Hof vor der Nordseite der Pyramide und diente zum Materialtransport für den Bau der Substruktur. Nach der Fertigstellung der königlichen Grabstätte im Untergrund der Pyramide wurde der Tunnel zugeschüttet.

Die Pyramide war von einer inneren Umfassungsmauer umgeben, die im engsten Sinne des Wortes das Areal des eigentlichen Königsgrabes und des Totenkultes begrenzte (sie schloß auch die Westhälfte des Totentempels und die kleine Kultpyramide ein). Etwas weiter entfernt verlief die äußere Umfassungsmauer, die zusätzlich die Gräber der Angehörigen der königlichen Familie umgab.

Die innere, aus Kalksteinblöcken errichtete Umfassungsmauer war absolut einzigartig. An ihrer Innenseite befanden sich in regelmäßigen Intervallen von fünf Metern schmale Wandtafeln, die mit Bildern im Flachrelief verziert waren. Auf deren unterem Teil brachten Fruchtbarkeitsgötter Gaben dar, darüber erschien der *serech* mit dem Namen des Herrschers. Stets findet sich hier sein Horusname Anchmesut, wechselweise dann entweder sein Thronname Cheperkare oder der Geburtsname Senusret.

Die kleine Kultpyramide – die letzte dieser Art, die auf einem königlichen Grabkomplex errichtet wurde – stand, ähnlich wie es in den älteren königlichen Grabkomplexen des Alten Reiches üblich war, an der Südostecke der Hauptpyramide. Im Gegensatz zu ihren Vorgängerinnen im Alten Reich besaß sie zwei Kapellen, am östlichen Fuß eine Opferkapelle und am nördlichen eine sogenannte Eingangs- oder Nordkapelle. Die Kultpyramide wurde bereits im Altertum geplündert und von Steindieben zerstört. In einer ihrer unterirdischen Kammern könnte nach Arnolds An-

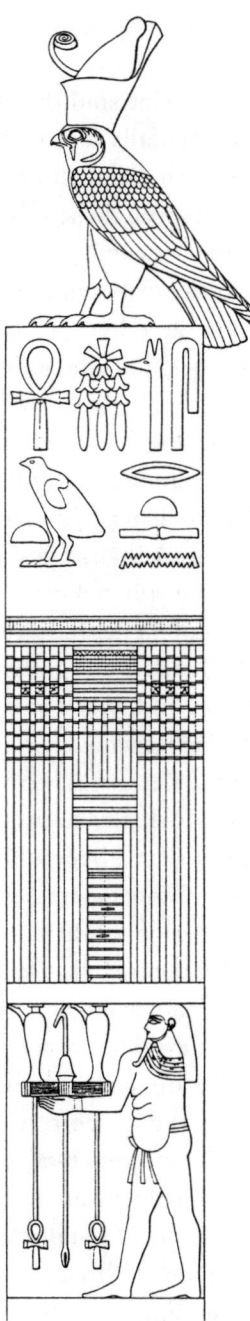

Wandtafeldekoration
aus der Umfassungsmauer
der Pyramide Senusrets I.
(nach Arnold).

sicht die Statue des königlichen *ka* bestattet worden sein, in der anderen der Kanopenkasten.

Der Totentempel, der «Vereint sind die (Kult-)Stätten (des Senusret)» hieß, ist den Steindieben ebenfalls fast vollständig zum Opfer gefallen. Zum Glück haben sich jedoch ziemlich große Pflasterreste erhalten, die eine Rekonstruktion des ursprünglichen Grundrisses ermöglichen. Dieser erinnert auffällig an die Totentempel der späten 5. und 6. Dynastie; nur die Anzahl der Magazine, insbesondere im östlichen Teil, war erheblich reduziert. Schwieriger gestaltet sich die Rekonstruktion des Dekors, obwohl es gelungen ist, um die sechshundert Relieffragmente zu finden.

Die lange, gewölbte Eingangshalle bildete den natürlichen Übergang zwischen der oberen Aufwegmündung und dem offenen Pfeilerhof. Zusammen mit dem Hof und den langgestreckten Magazinkammern an seinen Seiten bildete sie die Osthälfte des Tempels. Insgesamt vierundzwanzig Kalksteinmonolithen stützten als Pfeiler die Decke. In der Nordwestecke des mit Kalksteintafeln gepflasterten Hofes entdeckte Gauthier einen Altar in Form eines Quaders aus grauem Granit, der mit Inschriften und Reliefs verziert war. Der Hof wies ebenfalls ein Entwässerungssystem auf, durch das besonders das Regenwasser abgeleitet wurde.

Ein Querkorridor trennte den östlichen vom westlichen, intimen Teil des Tempels, ermöglichte jedoch gleichzeitig auch die Kommunikation in nordsüdlicher Richtung mit dem offenen Hof um die Pyramide und der kleinen Kultpyramide. Der Eingang mit einer niedrigen Treppe in der Mitte der Westwand des Korridors führte in eine Fünfnischenkapelle. Sie war zwar, ähnlich wie die anderen Teile des Tempels, völlig zerstört, doch ist es dem amerikanischen Team gelungen, hier im Schotter die Fragmente eines Sockels sowie der Fußsohlen einer stehenden Königsstatue aus Kalkstein zu finden. Aus der Inschrift geht hervor, daß es sich um die Statue Senusrets I. handelte; und die Überreste der Sohlen lassen es zu, ihre ursprüngliche Höhe ohne Krone auf etwa 2,70 Meter zu schätzen. Dieser bedeutende Fund bringt etwas Licht in die bisher erheblichen Unklarheiten bezüglich der ursprünglichen Gestalt der Kapellen in den Totentempeln sowie der Kultstatuen, die in ihren fünf Nischen standen.

Trotz ihrer fast vollständigen Zerstörung stellte die «antichambre carrée» zwischen der Fünfnischenkapelle und der Opferhalle einen weiteren wichtigen Fund dar: In ihrem Pflaster hat sich der Fundamentblock aus Rosengranit und darauf der Abdruck einer Säule erhalten, die einst die Decke stützte. Er deutet auf eine zwölfstengelige Papyrussäule hin, was überraschen muß, denn in den älteren Totentempeln wurden in der Regel oktogonale oder zylindrische Formen bevorzugt.

Die Opferhalle mit ihrer gewölbten Decke wies an der Westwand, die an der Pyramide anlag, eine Scheintür auf. Davor stand ein Granitaltar. Arnold schließt nicht aus, daß hier früher auch eine granitene Königsstatue in Überlebensgröße gestanden hat, deren Fragment östlich des Tempels gefunden werden konnte. Im Dekor der Halle überwogen, wie es die Regel war, Opferszenen. Den verbleibenden Teil der Westhälfte des Tempels, also das Areal nördlich und südlich der Fünfnischenkapelle und der Opferhalle, füllten Magazinkammern aus.

Die Seitenwände des Tempels waren leicht geböscht und oben mit einer Hohlkehle versehen. Auf ihnen ruhte, an ihrer höchsten Stelle acht Meter über dem Erdboden, eine Dachterrasse.

Im verhältnismäßig ausgedehnten Freiraum zwischen der inneren und äußeren Umfassungsmauer wurden neun kleine Pyramidenkomplexe entdeckt, drei an der Süd- und jeweils zwei an der West-, Nord- und Ostseite der Pyramide. Lansing hielt sie früher für bloße Kenotaphen. Innerhalb der eigenen Umfassungsmauern befanden sich jeweils Pyramiden und Totenkapellen. Mal innerhalb, mal außerhalb dieser Komplexe lagen weitere Grabschächte, wobei die Pyramiden allein den Angehörigen der königlichen Familie vorbehalten blieben. Bisher ist es gelungen, die Pyramidenkomplexe von Nofret I. und Itakaiet zu identifizieren. Erstgenannte war die Tochter Amenemhets I. und Gemahlin Senusrets I. Zum erstenmal in der ägyptischen Geschichte wurde auch ihr Name in einer Kartusche geschrieben, was bisher ein Privileg der Pharaonen gewesen war. Einige Ägyptologen nahmen in diesem Zusammenhang an, daß gerade diese Königin nach einer Übereinkunft mit ihrem Gatten den Mord an ihrem Vater anzettelte, wobei sie sich in gewissem Maße auf das berühmte altägyptische literarische Werk *Erzählung des Sinuhe* stützen konnten. Itakaiet wird von manchen Forschern für eine Tochter, von anderen für eine weitere Gemahlin Senusrets I. gehalten.

Der Taltempel liegt heute unter mächtigen Sandverwehungen an der Grenze von Wüste und Niltal und konnte bisher nicht genau lokalisiert werden. Mit dem Totentempel verband ihn wie gewöhnlich der Aufweg. Seine Erbauer ließen sich eher durch den Grabkomplex Mentuhoteps II. im entfernten Theben inspirieren als durch die nahe gelegenen Pyramidenkomplexe auf der memphitischen Nekropole. Er war umgebaut und nachträglich überdacht worden, und in den Innenwänden befanden sich in regelmäßigen Abständen tiefe Nischen, worin ursprünglich polychromierte Königsstatuen in Überlebensgröße standen. Diese entsprachen dem sogenannten Osiris-Typ (in Mumienform mit über der Brust verschränkten Armen) und trugen abwechselnd die ober- und unterägyptische Krone auf dem Kopf. Die Statuen, die hier gefunden werden konnten, sind heute in den Sammlungen des Ägyptischen Museums Kairo und im Metropolitan Museum New York untergebracht.

In der Umgebung des Pyramidenbezirks von Senusret I. wurden Gräber bedeutender Persönlichkeiten aus der Herrschaftszeit dieses Königs entdeckt. Am hervorstechendsten ist Senusretanchs Grab, das nordöstlich der äußeren Umfassungsmauer des Königskomplexes liegt. Es zeichnet sich besonders durch das sehr gut erhaltene Dekor der unterirdischen Grabkammer und den hübsch verzierten Sarkophag aus. Beachtenswert ist, daß die Wände der Kammer mit Totentexten bedeckt sind, die aus den Königsgräbern des Alten Reiches bekannt sind.

Die Schilderung des Grabmals Senusrets I. wäre aber nicht vollständig, ohne wenigstens kurz die bedeutende Entdeckung erwähnt zu haben, die Gauthier hier am 21. Dezember 1884 gelang. In einem Versteck nördlich des Totentempels fand er unter dem Pflaster des Pyramidenhofs zehn sitzende Kalksteinstatuen Senusrets I. in Überlebensgröße, die heute zu den berühmtesten Exponaten des Ägyptischen Museums Kairo gehören. Ihre ursprüngliche Bemalung sollte Rosengranit imitieren. Einige sind offensichtlich unvollendet geblieben. Unter Ägyptologen herrschte bislang die Meinung vor, daß sie zuerst auf dem offenen Pfeilerhof des Tempels standen, von wo sie die Priester zu Beginn der Hyksos-Zeit schnell entfernten, um sie aus Furcht vor einer Entweihung durch die asiatischen Eroberer Ägyptens zu verstecken.

Arnold teilt diese Meinung jedoch nicht. Er ist der Auffassung, daß die

Statuen möglicherweise zur Dekoration des Aufwegs bestimmt waren, nach der Änderung des Plans jedoch durch die bereits erwähnten Osiris-Statuen ersetzt und in dem Versteck unter dem Pflaster des Pyramidenhofs pietätvoll «bestattet» wurden.

DIE PYRAMIDE DES AMENEMHET II.

Amenemhet II. wählte seine Grabstätte auf dem alten Königsfriedhof vom Anfang der 4. Dynastie in Dahschur, östlich der Roten Pyramide am Rande der Wüste. Die Pyramide, die er vermutlich «Amenemhet ist gut versorgt» nannte, erinnert heute an einen unansehnlichen grauen Lehm-ziegelhaufen, was in krassem Widerspruch zu ihrem örtlichen Namen «Weiße Pyramide» steht. Die Bezeichnung hängt vielleicht mit dem Ske-lett ihres Kerns zusammen, das einst aus den Ruinen emporragte und aus weißen Kalksteinblöcken bestand, oder mit den unzähligen kleinen Bruchstücken weißen Kalksteins, die heute die Trümmer der Pyramide be-decken.

Jacques de Morgan führte hier in den Jahren 1894/95 eine archäologi-sche Untersuchung durch, allerdings leider sehr in Eile und daher ober-flächlich. Fasziniert von den wunderbaren Schmuckstücken, die in den Prinzessinnengräbern gefunden wurden, verzichtete er auf eine sorgfältige Untersuchung des Totentempels, des Aufwegs und des Taltempels.

Der Eingang in den Untergrund, der durch die sogenannte Nordkapelle verborgen war, lag in der Mitte der Nordseite der Pyramide. Durch ihn trat man in einen absteigenden Korridor aus Kalksteinblöcken, der auf ähnliche Weise wie in der Pyramide des Neferirkare in Abusir konstruiert war. Über der flachen Decke befand sich noch ein Giebeldach aus Kalk-steintafeln, die gegeneinandergelehnt waren, um den von oben auf den Korridor einwirkenden Druck zu reduzieren. An seinem unteren Ende nahm der Korridor einen horizontalen Verlauf und mündete in die Grab-kammer, die in vertikaler Pyramidenachse gelegen war. Kurz vor ihr be-fand sich eine Blockierung aus zwei vertikalen Granitplatten. Die Grab-kammer selbst (deren Decke auf ähnliche Weise wie der Korridor gegen den Druck von oben geschützt wurde) fällt durch ihren etwas unregel-

Grundriß und nordsüd-
licher Schnitt durch die
Grabkammer der Pyramide
Amenemhets II.
(nach de Morgan).

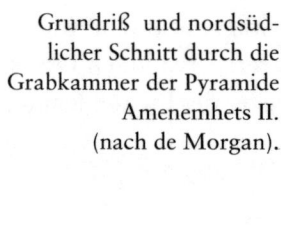
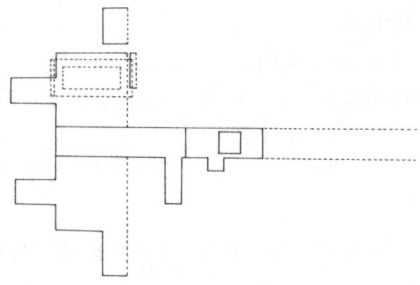

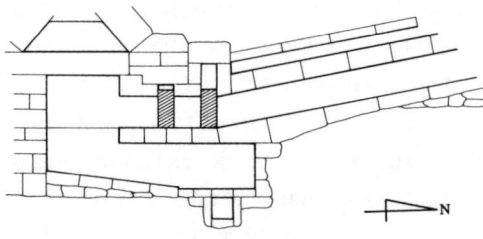

N

mäßigen Grundriß auf: Während ihr Hauptteil ostwestlich orientiert war, ragte ein Segment unter das Korridorsegment mit der Blockierung. An der Westwand stand ein Sarkophag aus Quarzit.

Der Totentempel – vielleicht hieß er «Erleuchtet ist die Stätte von Amenemhets Vergnügen» – ist fast völlig zerstört. Seine Überreste vor der Ostwand der Pyramide sind bisher nicht gründlich untersucht worden. Auf den großen Erkenntnisgewinn aus solchem Vorhaben deuten nicht nur die zahlreichen von de Morgan auf seinem Areal gefundenen Fragmente von Architektur und Reliefverzierung hin, sondern auch die mächtigen turmartigen, an Pylonen erinnernden Bauten in der Ostfassade des Tempels, die man bereits in Djedkares Pramidenkomplex antreffen konnte. Vieles spricht dafür, daß der Plan des Totentempels Amenemhets II. nicht einer gewissen Originalität entbehrte. Außerdem sind der Aufweg und der Taltempel noch gar nicht untersucht worden.

Der Totentempel und die Pyramide waren von einer großen Umfassungsmauer umgeben. Auf dem Areal zwischen ihrem westlichen Flügel und der Westwand der Pyramide entdeckte de Morgan Gräber, in denen

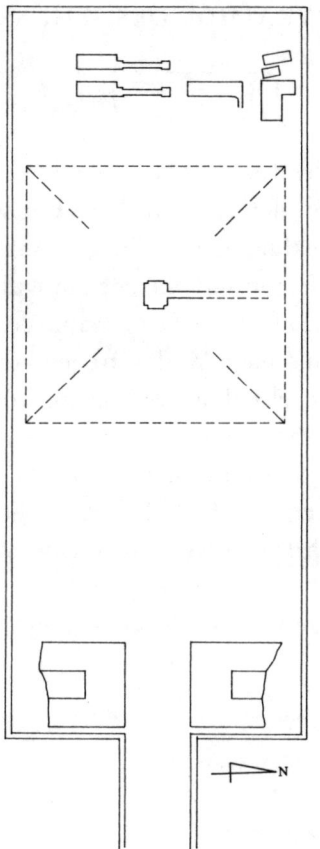

Plan des Pyramiden-
komplexes von
Amenemhet II. ohne
Aufweg und Taltempel
(nach de Morgan).

Angehörige der königlichen Familie bestattet waren: der Prinz Amenem-
hetanch sowie die Prinzessinnen Ita, Chnemet, Itiueret und Sithathorme-
ret. In den Gräbern der Prinzessinnen fand er Überreste der Grabausstattung, unter anderem Holzsärge, Kanopenkästen und Alabastergefäße für
duftende Salben. Am wertvollsten sind jedoch die wunderbaren Schmuckstücke aus den Gräbern der Ita und der Chnemet, die heute in der
«Schatzkammer» des Ägyptischen Museums in Kairo bewundert werden
können.

DIE PYRAMIDE DES SENUSRET II.

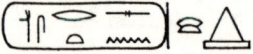

Senusret II. widmete der Fajjum-Oase besondere Aufmerksamkeit, weshalb es nicht überrascht, daß er sie auch als Ort seiner letzten Ruhestätte bevorzugte. Die Entwicklung der Meliorationsarbeiten in der sumpfigen Oase und die folgende Kolonisation trugen in wesentlichem Maße zur Erhöhung der landwirtschaftlichen Produktion des Landes bei. Damit er sich auch im Jenseits an seinem Werk erfreuen konnte, ließ sich der Herrscher seine Pyramide bei el-Lahun am Eingang vom Niltal in die Oase errichten und nannte sie «Senusret erglänzt».

Die ersten archäologischen Erkundungen dieses Monuments sind zwar schon in den frühen vierziger Jahren des 19. Jahrhunderts von der Lepsius-Expedition durchgeführt worden, doch eine wirkliche Untersuchung nahm erst fünfzig Jahre später Petrie in Angriff. Seine ersten Versuche, in den Pyramidenuntergrund vorzudringen, waren erfolglos, weil er den Ein-

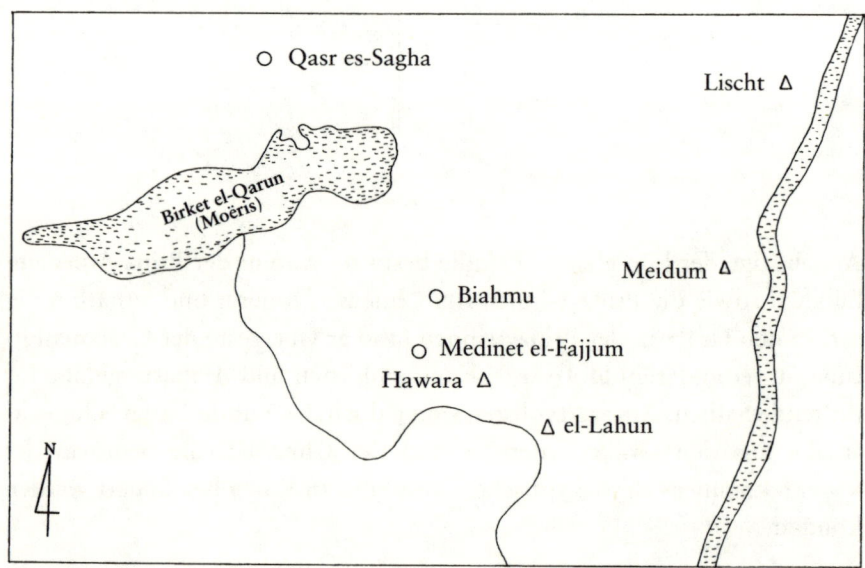

Kleiner Lageplan der Pyramiden in der Fajjum-Oase.

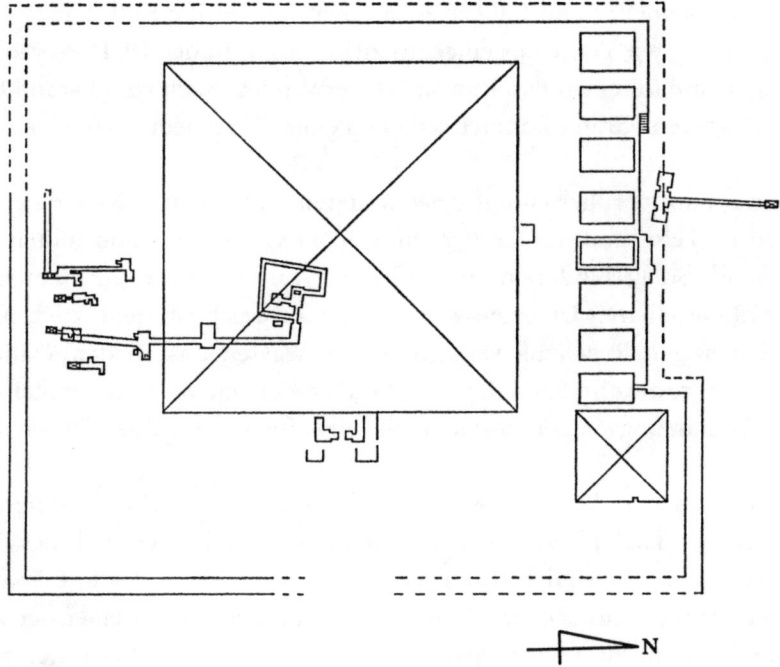

N

Plan des Pyramidenkomplexes Senusrets II. ohne Aufweg und Taltempel (nach Petrie).

gang in der Mitte der Nordseite suchte, dort, wo er im Alten Reich und zu Beginn des Mittleren Reiches zu sein pflegte. Die raffinierten Erbauer der Pyramide errichteten hier wie sonst auch eine kleine Kapelle, die den Eingang gewöhnlich verdeckte. Petrie ahnte jedoch nicht, daß gerade Senusret II. sich nicht nur aus religiösen Gründen, sondern auch angesichts der gewonnenen Erfahrungen bezüglich der Grabräuber dazu entschloß, den Plan der Pyramidensubstruktur wesentlich zu verändern. Nach vielen Versuchen und langem, mühsamem Suchen fand Petrie den Eingang in die Pyramide schließlich an einer Stelle, wo ihn wirklich schwerlich jemand vermutet hätte – unter dem Grab (Nummer 10) einer Prinzessin einige Dutzend Meter von der Südseite der Pyramide entfernt!

Der Kern war ähnlich wie bei der Pyramide Amenemhets II. errichtet, also aus Lehmziegeln und mit einem Skelett aus Steinmauern. Die Erbauer nutzten den Felshügel, um den Kern darin fest zu verankern und den

Bau auch schneller und billiger zu machen. Die weiße Kalksteinverkleidung wurde, wie Petrie aus einer Inschrift erfuhr, in der 19. Dynastie abgetragen und für einen Bau Ramses' II. verwendet. Auch vom Pyramidion aus schwarzem Granit konnten lediglich einige Fragmente gefunden werden.

Die Erbauer brillierten mit einer weiteren interessanten Neuerung. Sie hoben im Felsgrund um die Pyramide einen Graben aus und füllten ihn mit Sand. So verhinderten sie, daß die Pyramide sowie die Bauten in ihrer unmittelbaren Umgebung von unten aufweichten, denn auch nach einem heftigen Regenguß versickerte das Wasser, das an den Wänden herabfloß, restlos im Sand. Um den Graben lief eine niedrige nischenverzierte Umfassungsmauer aus Stein, die teilweise in den Felsgrund gehauen war.

Doch nun zurück zur Umwandlung der Substruktur! Die Orientierung des Eingangs nach Norden war von Anfang an, seit der Pyramide des Djoser in Saqqara, eines der grundlegenden Axiome, denn der tote Pharao strebte als Gott aus seinem Grab nach Norden, um selbst einer der Zirkumpolarsterne zu werden. Seit dem Ende des Alten Reiches traten aber die alten astralen und solaren religiösen Vorstellungen gegenüber dem Kult des Totengottes Osiris zurück. Hier schließt sich der Kreis: das Grab Senusrets II. sollte seiner Konzeption nach dem Osiris-Grab ähneln. Diese Konzeption betraf nicht nur die Substruktur. In der Umgebung der Pyramide wurden Bäume gepflanzt, um den Osiris-Kult zu evozieren.

Wie bereits erwähnt, lag der von Petrie entdeckte Eingang in den Untergrund neben der Pyramide, im Fußboden eines Prinzessinnengrabes. Den ursprünglichen und primären Eingang in die Substruktur stellte jedoch ein großer und verhältnismäßig kompliziert konstruierter Schacht dar, in dem sich auch ein Raum mit tiefen Nischen befindet. In Anbetracht seiner Ausmaße und seines Grundrisses diente er zunächst zweifellos dem Materialtransport für den Bau der Pyramidensubstruktur und wurde anschließend so bearbeitet, daß er möglichen Grabräubern eine Grabkammer vortäuschte.

Vom Boden dieses großen Schachtes führte ein horizontaler, gewölbter Korridor nach Norden, der in einen gewölbten Raum mündete. Hier endete noch ein weiterer, relativ schmaler vertikaler Schacht, der wahr

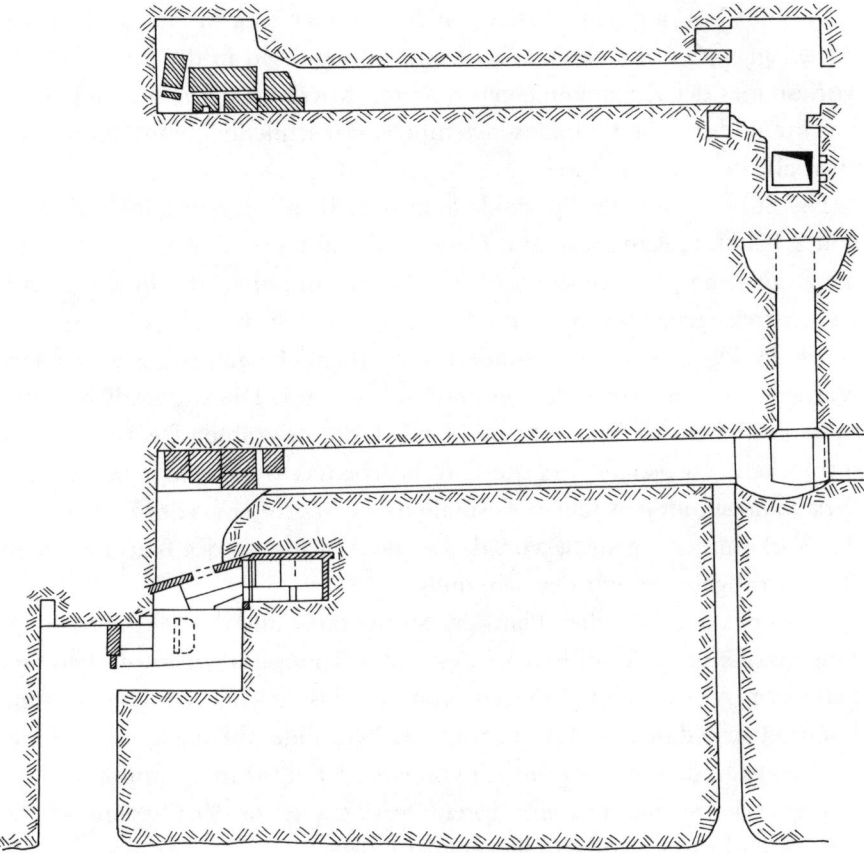

Plan des Eingangs in die Pyramide Senusrets II. (nach Petrie).

scheinlich zum Transport der Königsmumie in die Pyramide gedient hat, nachdem der erwähnte Haupteingang schon durch das Prinzessinnengrab Nummer 10 verdeckt war. Der Korridor setzte noch weiter nach Norden bis in die Vorkammer fort, jetzt jedoch nicht mehr horizontal, sondern leicht ansteigend. Im östlichen Teil des gewölbten Raums öffnete sich aber noch ein senkrechter, heute überschwemmter und deshalb unerforschter senkrechter Schacht. Seine Bedeutung bleibt also unklar, doch ist es nicht ausgeschlossen, daß die Erbauer der Pyramidensubstruktur mit seiner Hilfe den Grundwasserstand kontrollierten.

Aus der Vorkammer führte dann ein direkter Weg in die westlich von ihr gelegene Grabkammer. Gleichzeitig öffnete sich in der Südwand der Vorkammer der Zugang in einen weiteren Korridor, der rechtwinklig abknickte und um die Grabkammer führte, um schließlich von Norden her ebenfalls in sie zu münden.

Die Substruktur der Pyramide Senusrets II. mit ihrem ganzen System von Schächten, Kammern und Gängen, die in ihrem abschließenden Teil die Grabkammer umgeben, erinnert also an ein Labyrinth. Im Gegensatz zu den vorangegangenen Pyramiden befand sich die Grabkammer nicht in vertikaler Pyramidenachse, sondern war erheblich nach Südosten versetzt worden – wie übrigens die gesamte Substruktur. Die ostwestlich orientierte Grabkammer bestand einschließlich der gewölbten Decke aus Granitblöcken, ebenso der meisterhaft bearbeitete Sarkophag, der an der Westwand stand. Aus seinen Ausmaßen – er ist größer als der Eingang aus der Vorkammer – geht hervor, daß er noch während des Baus an seinen Platz herabgelassen worden sein muß.

Trotz des durchdachten Plans der Substruktur und der Maskierung des Eingangs ist es Grabräubern gelungen, das Königsgrab zu entdecken und bereits im Altertum zu plündern. Von der einst reichen Grabausstattung konnte Petrie daher im Untergrund der Pyramide nur noch einen goldenen Uräus finden, der vermutlich von einer Königsstatue stammte.

Der verhältnismäßig kleine Totentempel stand vor der Ostseite der Pyramide und ist fast vollständig zerstört worden.

In der Nähe der Nordostecke der Pyramide wurde eine kleine Pyramide (der Königin?) entdeckt. Dahinter lagen acht große Mastabas in einer Reihe entlang der Nordseite der Pyramide. Ihre Superstruktur war in den Felsgrund getrieben und mit Lehmziegeln vermauert worden. Kleinere echte Prinzessinnengräber fand man südöstlich. Östlich vom verborgenen Eingangsschacht in die Pyramide lag das Grab der Prinzessin Sithathoriunet, in dem Petrie den berühmten «Schatz von el-Lahun» fand – wunderbare Schmuckstücke und andere Gegenstände aus der Grabausstattung der Prinzessin, darunter ein goldenes Stirnband, ein goldenes Kollier aus kleinen Leopardenköpfen, ein goldenes Pektorale, das mit Edelsteinen verziert war und den Namen Senusrets II. trug, ein weiteres mit dem Namen Amenemhets III., Armbänder, Ringe und goldverzierte Alabaster-

und Obsidiangefäße für duftende Salben. Die Gegenstände sind heute in der «Schatzkammer» des Ägyptischen Museums Kairo ausgestellt.

Die Pyramide, den Totentempel sowie die umliegenden Gräber der Angehörigen der königlichen Familie umgab eine Umfassungsmauer, um die Bäume gepflanzt waren. Nördlich von ihr entdeckte Petrie die Überreste eines weiteren, stark beschädigten Baus mit einem ausgedehnten Hof, der für eine *sed*-Fest-Kapelle gehalten wird.

Der Taltempel lag verhältnismäßig weit weg von der Pyramide, mit der er, nach Arnolds Ansicht, wohl nicht direkt verbunden war. Nordöstlich von ihm lebten einst die Arbeiter und Beamten, die mit dem Bau und später dem Totenkult des Herrschers zu tun hatten. Ihre Siedlung hieß «Senusret ist zufrieden» und ist unter dem heutigen Ortsnamen Kahun in die Geschichte der Ägyptologie eingegangen.

Wie damals üblich bestanden die dortigen Bauten aus Lehmziegeln, die teilweise mit leichten Pflanzenmaterialien kombiniert waren. Die Siedlung wurde nach einem einheitlichen Plan erbaut. Eine drei Meter starke Ziegelmauer umschloß sie von außen, während innen eine ähnliche Mauer für die Gliederung in ein kleineres, westliches und ein größeres, östliches

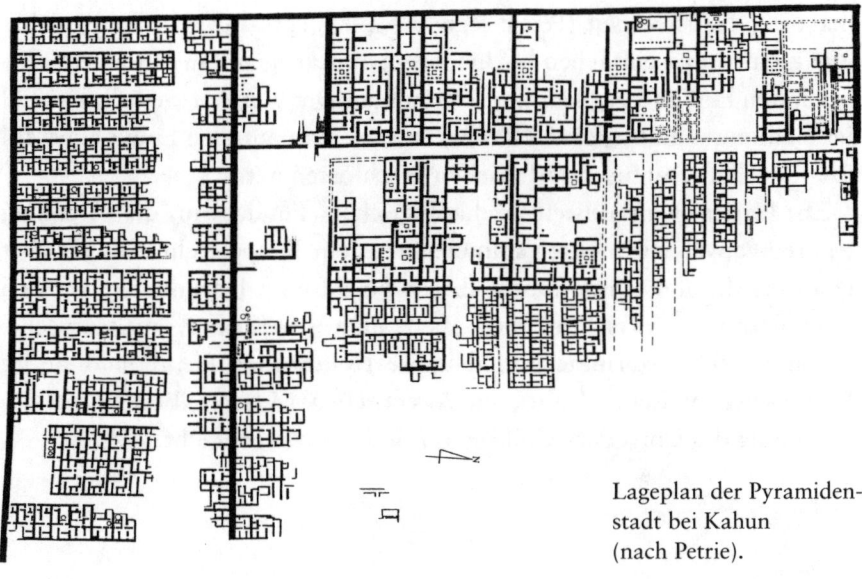

Lageplan der Pyramiden-
stadt bei Kahun
(nach Petrie).

Kalksteinmodell eines Hauses aus dem Neuen Reich (Louvre E. 5357). Rechts die Rekonstruktion eines gewöhnlichen Wohnhauses aus derselben Zeit (nach Desroches).

Viertel sorgte. Durch die Straßenmitte führte ein offener Kanal, der das Regenwasser ableitete; die Straßen im westlichen Viertel kreuzten sich und ließen sich nachts von wenigen Wächtern leicht überschauen. Die Skala der Häusertypen (Petrie legte sie auf insgesamt acht fest) reichte vom kleinen und einfachen bis hin zum palastartigen Bau mit einem ausgedehnten Hof und gegliederter Architektur. Der von Petrie entdeckte Teil der Siedlung umfaßte 2145 Häuser, woraus man auf eine Einwohnerzahl von fünf- bis achttausend Menschen geschlossen hat.

Zu Petries wertvollsten archäologischen Funden in der Siedlung gehören Papyri. Die meisten stammen aus dem Tempelarchiv aus der Zeit Senusrets III. und seiner unmittelbaren Nachfolger. Darunter finden sich administrative, wirtschaftliche, aber auch literarische, medizinische, astronomische, veterinäre und religiöse Dokumente. Heute sind sie im Ägyptischen Museum Kairo, im Ägyptischen Museum Berlin und der Sammlung des University College in London untergebracht.

Ägyptische Villa mit
Garten (nach Chipiez).

DIE PYRAMIDE DES SENUSRET III.

Als Herodot im fünften Jahrhundert vor Christus Ägypten besuchte, hielt man dort trotz seiner verhältnismäßig kurzen Regierungszeit Senusret III. für den bedeutendsten Herrscher des Mittleren Reiches und erzählte sich zahlreiche Legenden über ihn. Sein Pyramidenkomplex, der nordöstlich der Roten Pyramide in Dahschur errichtet wurde, übertraf bei weitem die Gräber seiner Vorgänger vom Anfang der 12. Dynastie, und dies nicht nur durch seine Größe. Auch hinsichtlich seines Plans und der ihm zugrunde liegenden religiösen Auffassung unterschied er sich in vieler Hinsicht von den vorangegangenen Königsgräbern und stellt in der bisherigen Entwicklung einen weiteren Meilenstein dar.

\ 455 \

Grundriß des Pyramiden-
komplexes Senusrets III.
(nach de Morgan). Dieser
Plan entspricht in einigen
Details nicht mehr dem heutigen Forschungsstand. Die
Bauten nördlich und südlich
der Pyramide waren zum
Beispiel keine Mastabas,
sondern kleine Pyramiden.
Der Plan wird durch den
komplizierten Tunnel
unübersichtlich, den
de Morgan von Nordosten
unter die Pyramidenmitte
graben ließ.

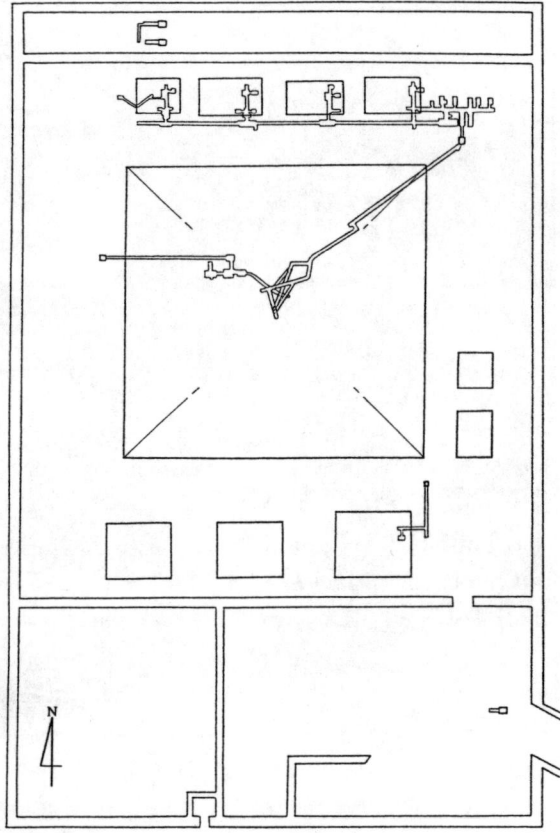

Die Pyramide – ihr Name ist bisher unbekannt – wurde in den Jahren 1894/95 von de Morgan untersucht. Ihre Superstruktur war auf eine etwas andere Weise als die der vorangegangenen Pyramiden errichtet worden: Der Kern bestand zwar aus Lehmziegeln, wies aber kein Stein-mauerskelett mehr auf. Die Verkleidung aus weißem Kalkstein entsprach dagegen der früheren Bauweise. Wie Petrie in der Pyramide Senusrets II. in el-Lahun hatte auch de Morgan große Probleme, den Eingang in die Pyramide zu finden, denn die Nordkapelle war wiederum zwecks Verwir-rung potentieller Grabräuber konzipiert. Diesmal war er westlich der Pyramide im Hofpflaster verborgen. Darüber hinaus lag er zur nordwest-

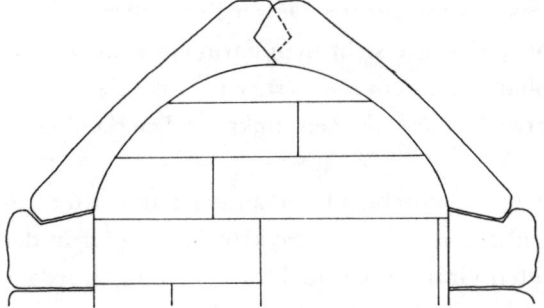

Gewölbekonstruktion in
der Pyramide Senusrets III.
(nach de Morgan).

lichen Ecke hin verschoben. Über einen senkrechten Schacht und den folgenden absteigenden Korridor gelangte man nach Osten in die königliche Grabwohnung.

Die Grabkammer, die einschließlich der falschen gewölbten Decke mit Granitblöcken verkleidet war, lag nicht in vertikaler Pyramidenachse, sondern nordwestlich von ihr. Merkwürdigerweise versah man diesmal die Wände der Granitkammer mit einer dünnen weißen Stuckschicht, wohingegen sonst die weiße und billigere Kalksteinwand (die Decke, die Scheintüren etc.) mit roten und schwarzen Punkten bemalt wurden in dem Bestreben, den kostbaren und haltbareren Rosengranit zu imitieren. An der Westwand der Kammer stand ein wunderbarer Granitsarkophag, dessen fünfzehn Nischen wahrscheinlich stilisierte Tore darstellten. Dieses Dekormotiv sowie die Anzahl der Tore ist kein Zufall. Zum erstenmal

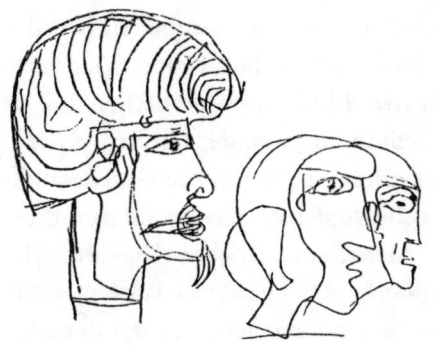

Porträts, die von Grabräubern
an die Wand der Vorkammer
Senusrets III. skizziert
wurden (nach de Morgan).

läßt sich beides an der Umfassungsmauer des Djoser-Pyramidenkomplexes in Saqqara belegen. Normalerweise sieht man darin ein Königs- und Schutzmotiv im Zusammenhang mit dem *sed*-Fest, wobei die Zahl fünfzehn auf die Mitte des lunaren Monats als Zeitpunkt der Feierlichkeiten verweisen soll.

Auch in diesem Falle nützte der durchdachte Plan der Baumeister aus dem Altertum nichts. Vermutlich während der Hyksos-Herrschaft in der Zweiten Zwischenzeit räumten Grabräuber auch dieses Königsgrab aus und hinterließen sogar dreist ihre Porträts auf den weißen Kalksteinwänden der Vorkammer.

Vielleicht ist aber die Tatsache, daß das Grab leer war, gar nicht auf das Werk von Grabräubern zurückzuführen. Lehner äußerte zum Beispiel die Vermutung, daß Senusret III. den Ort seiner letzten Ruhe überhaupt nicht in der Pyramide gehabt haben muß, sondern in dem großen und in seinem Grundriß ziemlich komplizierten Baukomplex in Abydos bestattet worden sein könnte, der bisher für einen königlichen Kenotaph gehalten wurde. Dies ist aber eine sehr gewagte und wenig wahrscheinliche Hypothese. Warum sollte Senusret III. im Gegensatz zu seinen königlichen Vorgängern und auch Nachfolgern das traditionelle Königsgrab in Form der Pyramide verlassen haben? Welche ernsthaften politischen oder religiösen Gründe hätte es für solch eine grundsätzliche Entscheidung gegeben? Eher scheint die Frage berechtigt, die sich Arnold in Zusammenhang mit der recht einfachen und an unüblicher Stelle unter der Pyramide plazierten Grabkammer stellt (persönliche Mitteilung): Handelt es sich nicht eher um die Grabkammer einer Königin als die eines Königs? Denn letztere sollte doch unter der Pyramidenmitte oder in deren unmittelbaren Nähe liegen!

Nördlich der Pyramide entdeckte de Morgan Prinzessinnengräber, die in zwei Galerien in unterschiedlicher Höhe angeordnet waren. Vier Gräber in der oberen Galerie hatten nach Arnold einen oberirdischen Teil in Form einer Pyramide. In zwei Verstecken in Gräbern der unteren Galerie fand de Morgan wunderbare Schmuckstücke sowie weitere Gegenstände aus der Grabausstattung. Ein Schatz gehörte der Prinzessin Sithathor, einer Tochter Senusrets II., der andere Merit, einer Tochter Senusrets III. Der Schatz der Sithathor enthielt zum Beispiel ein goldenes Pektorale mit dem Namen ihres Vaters, das mit Edelsteinen dekoriert war, der der Me-

Rückseite eines goldenen, farbig emaillierten Pektorales der Prinzessin Merit aus Dah-schur (Ägyptisches Museum Kairo). Der obere Rand ist mit einer Hohlkehle verziert. In der Mitte befinden sich eine Inschrift sowie zwei Kartuschen mit dem Thronnamen Amenemhets III., Nimaatre. Die Inschrift knüpft an die Kartuschen an und lautet übersetzt: «Nimaatre, guter Gott, Herr Beider Länder (das heißt von Ober- und Un-terägypten) und aller Fremdländer». Der Herrscher ist jeweils seitlich der Inschrift dargestellt, wie er mit einer Keule Feinde Ägyptens erschlägt, die in den kurzen In-schriften als asiatische Mentju-Beduinen identifiziert sind. Die Gestalt des Herrschers ist von göttlichen «Lebenssymbolen» umgeben. Über der triumphalen Szene schwebt die Geiergöttin Nechbet, die in einer Inschrift als Herrscherin des Himmels und Herr-scherin über Beide Länder bezeichnet wird. Sie hält die Symbole des «Lebens» und der «Dauer» in den Klauen.

rit goldene, mit Edelsteinen verzierte Pektoralien mit den Namen Senus-rets III. und Amenemhets III., goldene Armbänder und andere Kostbar-keiten. Die Schmuckstücke befinden sich heute in der «Schatzkammer» des Ägyptischen Museums Kairo. Drei weitere kleine Pyramiden lagen entlang der Südwand der Königspyramide.

Die Königspyramide nebst den Reihen von kleinen Pyramiden entlang

Vergoldetes Ruder, das unter
anderem mit dem Motiv
einer Lotusblüte und den
heiligen *udjat*-Augen verziert
ist. Es stammt aus dem
Schatz, der in den
Prinzessinnengräbern bei der
Pyramide Senusrets III.
entdeckt wurde (nach
de Morgan).

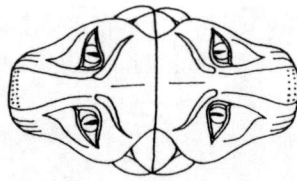

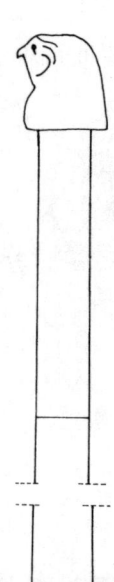

Glieder aus einer goldenen
«Leopardenkette» aus dem
Schatz der Prinzessin Merit
(nach de Morgan).

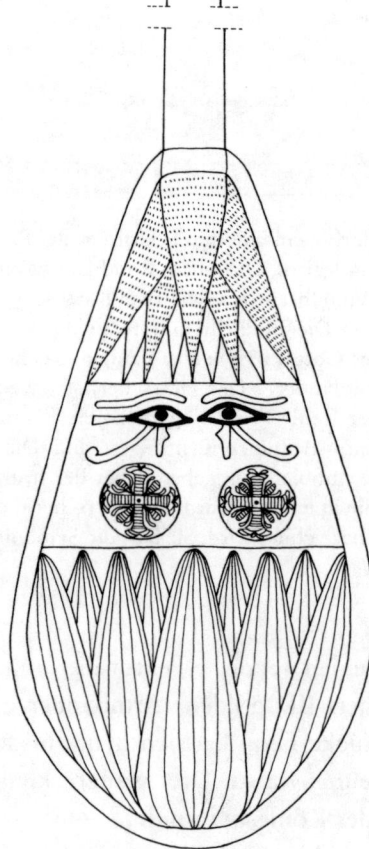

ihrer Nord- und Südwand umgab eine Umfassungsmauer, deren Außen-
fassade mit Nischen verziert war. Die Nordsüdorientierung des gesamten
Pyramidenkomplexes Senusrets III. sowie die offensichtliche Ausrichtung
einiger Aspekte seines Plans am Djoser-Komplex in Saqqara wurde zusätzlich durch den Bau einer weiteren nischendekorierten Ziegelmauer noch
betont. Dadurch erfuhr die Anlage besonders nach Süden hin eine erhebliche Erweiterung. Mehr als zweihundert Besuchergraffiti zeugen von ihrer
Großartigkeit, die bis in die Zeit Ramses' II. Bewunderung hervorrief.
Zweihundert Jahre später war der Komplex jedoch bereits zerstört. Den
Aufweg, der von Südosten her in den Pyramidenkomplex führte, hat man
bisher nicht erforscht. In der Nähe der Südwestecke des Komplexes wurden sechs Holzboote gefunden, die im Sand begraben waren.

DIE PYRAMIDE DES AMENEMHET III. IN DAHSCHUR

Als der letzte mächtige Herrscher der 12. Dynastie, Amenemhet III., in
seinem ersten Regierungsjahr mit dem Pyramidenbau in Dahschur begann, konnte er nicht ahnen, was für ein bewegtes Schicksal sein Grabmonument erwartete. Die Geschichte wiederholte sich, obwohl seine Baumeister von der nahe gelegenen Knickpyramide des Snofru hätten lernen
können.

Von der Pyramide, die der Herrscher stolz «Amenemhet ist mächtig»
nannte, ist eine unansehnliche grauschwarze Ruine geblieben, die ihrem
heutigen örtlichen Namen, «Schwarze Pyramide», gerecht wird. Ihre neuzeitliche archäologische Erforschung begann im Jahre 1839, als Perring sie
während seines Besuches in Dahschur kurz beschrieb. Für eine genauere
Untersuchung fehlte ihm die Zeit und auch die Lust, denn sein Lager
wurde von Beduinen überfallen. Noch weniger Aufmerksamkeit widmete
ihr kurz danach, im Jahre 1843, die Lepsius-Expedition. Es mußte noch
ein halbes Jahrhundert vergehen, bevor auf dem Areal der Pyramide die
ersten archäologischen Grabungen begannen. Sie wurden von de Morgan
unter der Assistenz von Legrain und Jéquier geleitet. Trotz intensiver Gra-

In der Pyramide Amenemhets III.
wurden für den Verbund der
Verkleidungsblöcke aus Kalkstein
Holzklammern in Form eines
Schwalbenschwanzes verwendet
(nach de Morgan).

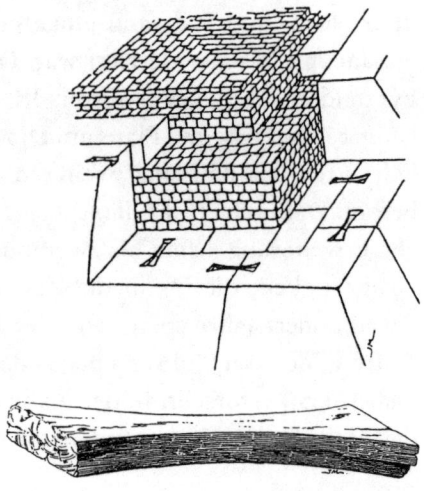

bungen mit einer großen Anzahl von Arbeitern und etwas «rauhen» For-
schungsmethoden, wie sie im 19. Jahrhundert üblich waren, wurde die
Untersuchung nicht abgeschlossen, und viele Fragen blieben unbeantwortet. Es dauerte dann wiederum mehr als ein dreiviertel Jahrhundert, bis
die Expedition des Deutschen Archäologischen Instituts Kairo mit Arnold
an ihrer Spitze zu der Pyramide Amenemhets III. zurückkehrte, um hier in
den Jahren 1976 bis 1983 die Terrainarbeit zu Ende zu führen.

Der Kern bestand aus Lehmziegeln, im Gegensatz zu den Pyramiden
vom Anfang der 12. Dynastie fehlte darin jedoch das stabilisierende Stein-
skelett. In dem Bemühen, die Stabilität des fünf Meter starken Kalk-
steinmantels so gut wie möglich zu gewährleisten, war der Ziegelkern in
Stufen angeordnet. Die einzelnen Blöcke des Mantels wurden mit Hilfe
von Holzkammern miteinander verbunden. In Gipfelnähe nahm der Böschungswinkel der Pyramidenwand ab.

Den Gipfel der Pyramide krönte ein schönes, ursprünglich etwa
1,3 Meter hohes Pyramidion aus schwarzgrauem Granit. Alle seine
Wände waren mit Inschriften und religiösen Symbolen verziert. Das Pyramidion wurde im Jahre 1900 im Schotter vor der Ostseite entdeckt, als die
Leitung der Denkmalverwaltung im Zusammenhang mit den um sich
greifenden Diebstählen und einem Überfall bewaffneter Grabräuberban-

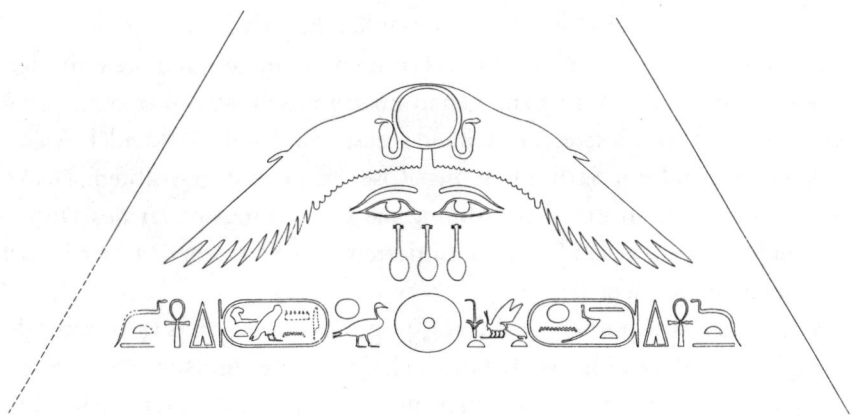

Detail aus der Verzierung auf dem Pyramidion Amenemhets III., heute im Ägyptischen Museum Kairo (nach Arnold).

den auf die Wächter der Monumente eine Inspektion auf den Pyramiden-feldern Dahschurs angeordnet hatte. Nach Abschluß der nicht besonders umfangreichen Grabungen, die sie begleiteten, überführte man den Fund zum Denkmalinspektorat nach Saqqara und schließlich ins Ägyptische Museum Kairo (JE 35133).

Die Substruktur der Pyramide ist verhältnismäßig stark gegliedert und unterscheidet sich deutlich von der der vorangegangenen Pyramiden der 12. Dynastie. Sie bestand aus zwei Teilen, von denen der eine dem Herr-scher gehörte und der andere seinen zwei Gemahlinnen. Beide Teile waren durch einen Korridor verbunden.

Der Eingang in den Grabteil des Herrschers lag auf dem Niveau der untersten Fundamentschicht im Osten, in der Nähe der Südostecke der Pyramide. Der Weg führte zunächst über eine Treppe in den Eingangskor-ridor und dann in ein ganzes System von Gängen, Schächten, Blockierun-gen und Kammern, die mit Kalkstein verkleidet waren und zuweilen auf unterschiedlichen Höhenniveaus lagen. Etwa zwanzig Meter vom Ein-gang entfernt knickte er nach Norden in Richtung der königlichen Grab-kammer ab. An der Knickstelle mündete von Westen ein Korridor, der von den Grabkammern der Königinnen kam. Das Zentrum des gesamten Systems bildete die Grabkammer des Herrschers, die in der Nähe der vertikalen Pyramidenachse lag. (Wahrscheinlich hätte sie direkt in der Achse liegen sollen, doch ist es den Erbauern nicht gelungen, die Stelle in dem unterirdischen Labyrinth ganz genau auszumessen.) Sie war ostwestlich orientiert und mit Blöcken aus feinem weißen Kalkstein verkleidet. An der Westwand stand ein Sarkophag aus Rosengranit mit gewölbtem Deckel und Nischen, die in ihrer Anordnung die Umfassungsmauer des Djoser-Pyramidenkomplexes in Saqqara imitierten. Der Herrscher ist hier jedoch niemals begraben worden.

Während das Kammer- und Gangsystem des Herrschergrabs unter der Osthälfte der Pyramide lag, befand sich das etwas einfachere System mit den Grabkammern der Königinnen unter ihrem Südwestteil. Beide Eingänge verhielten sich praktisch spiegelverkehrt zueinander. Der Eingangskorridor war ebenfalls mit einer absteigenden Treppe ausgestattet. Von Westen kommend, betritt man zunächst die Kammer der Königin Aat, anschließend dann die einer Königin, die nicht ganz genau identifiziert wurde (Neferuptah?). In der Nähe der Westwand der Aat-Kammer lag ein Sarkophag, der seinem Material und der Verzierung nach dem des Herrschers ähnelt. Die Königin starb im Alter von etwa fünfunddreißig Jahren. Ähnlich war auch der zweite Sarkophag der bisher namenlosen Königin beschaffen, ihm fehlten lediglich die Nischen, die die Umfassungsmauer imitierten.

Einen weiteren Zweig des unterirdischen Labyrinths bildet das sogenannte Südgrab, ein System von Gängen und Kapellen. Es geht von dem Eingangskorridor in das System des Königs aus und liegt ungefähr unter der Südseite der Pyramide. Wie die archäologische Bezeichnung schon andeutet, wird es in eine gewisse Analogie zum sogenannten Südgrab im Djoser-Komplex in Saqqara gestellt.

Der Totentempel vor der Ostseite der Pyramide war klein und verhältnismäßig einfach. Den westlichen Teil dominierte eine lange Opferhalle, den östlichen dagegen ein offener Hof mit achtzehn granitenen, achtstengeligen Papyrussäulen.

Um die Pyramide und den Totentempel liefen zwei verputzte und geweißte Umfassungsmauern aus Lehmziegeln. Die innere, die den eigentlichen Bezirk des Herrschergrabs begrenzte, schloß auch die Westhälfte des Totentempels ein und war mit Nischen verziert. Die äußere, die darüber

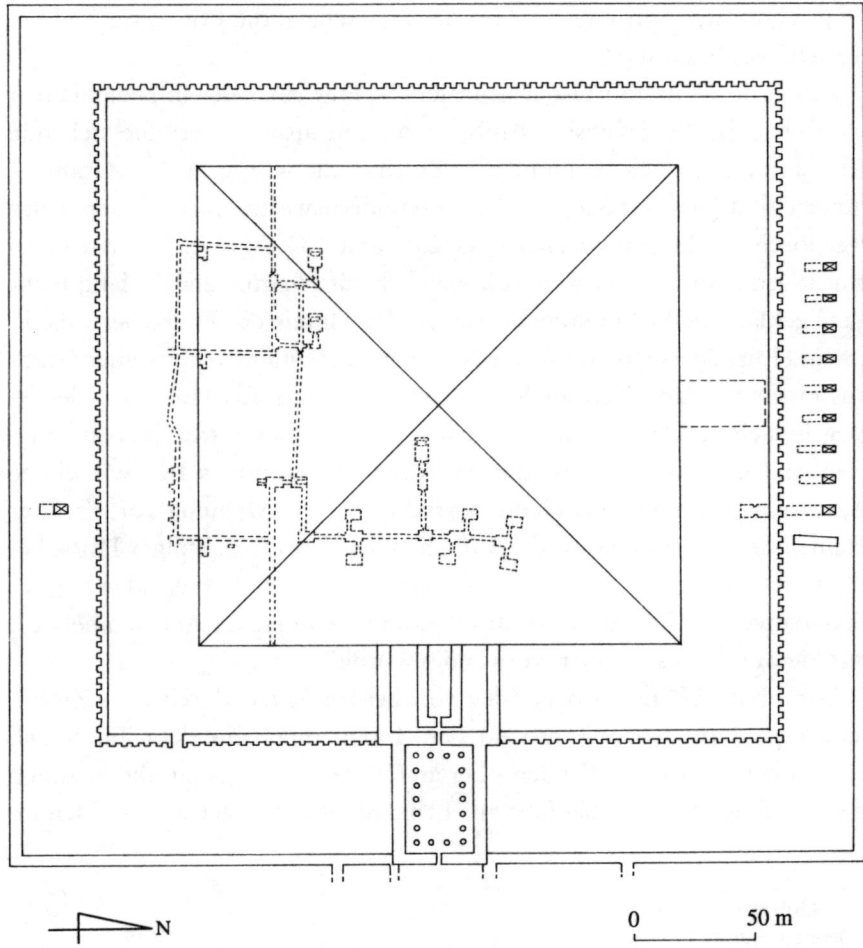

N   0   50 m

Grundriß des Pyramidenkomplexes Amenemhets III. in Dahschur ohne Aufweg und
Taltempel (nach Arnold). Östlichste Reihe der Schachtgräber entlang der Nordseite
der Pyramide; das erste Grab von Osten aus gesehen gehörte dem König Auibre Hor.

hinaus auch die Osthälfte des Tempels mit dem offenen Säulenhof einbe-
zog, hatte keine Nischen mehr.

Nördlich der Pyramide, auf dem Hof zwischen der inneren und äußeren Umfassungsmauer, wurde eine Reihe von zehn Schachtgräbern entdeckt, die Angehörigen der königlichen Familie gehörten. Im zweiten

Grab von Osten war eine Tochter des Herrschers, die Prinzessin Nubhe-
teptichered, bestattet.

Das erste Grab von Osten usurpierte später einer der unbedeutenden
Herrscher der 13. Dynastie, Auibre Hor, den insbesondere die stehende
Holzstatue seines *ka* berühmt gemacht hat. Sie wurde in dem Grab gefunden und gehört heute zu den bewundernswertesten Exponaten des
Ägyptischen Museums Kairo (CG 259 und CG 70035). In dem Grab
wurde jedoch noch ein weiteres, ziemlich rätselhaftes und bislang nicht
ganz geklärtes Objekt entdeckt: Neben der Mumie des Herrschers, die in
einem Holzsarg beigesetzt war, sowie den Gegenständen aus seiner Grabausstattung befand sich auch ein Kanopenkasten aus Holz, auf dessen
Siegeln sich der Thronname Nimaatre befand. Diesen trug jedoch Amenemhet III.! War also Hor der Mitregent Amenemhets III., wie einige
Ägyptologen annahmen? Heute herrscht eher die Meinung vor, daß der
Name Nimaatre sich entweder auf Chendjer, einen Nachfolger Hors, bezieht, der ihn später gegen den Namen Userkare tauschte, oder bei der
Beisetzung des Hor im Bezirk des Pyramidenkomplexes Amenemhets III.
aus Pietät oder als Amulett verwendet wurde.

Der breite offene Aufweg, der von beiden Seiten durch eine Ziegelmauer gesäumt wurde, verband den Totentempel mit dem Taltempel.
Nördlich vom abschließenden oberen Teil des Aufwegs lag die Siedlung
der Totenpriester, die ebenfalls aus Lehmziegeln errichtet war. Zu den in-

Hölzerne *ka*-Statue des
Königs Auibre Hor, heute
im Ägyptischen Museum
Kairo (nach de Morgan).

teressantesten Gegenständen, die in dem stark beschädigten Taltempel gefunden wurden, gehört zweifellos das Kalksteinmodell eines Systems unterirdischer Gänge und Kammern einer bisher unbekannten Pyramide aus der 13. Dynastie.

Trotz des durchdachten Plans und der sorgfältigen baulichen Durchführung der unterirdischen Räume ist Amenemhet schließlich nicht in seiner Pyramide in Dahschur bestattet worden. In gewissem Sinne wiederholte sich nämlich, wie bereits angedeutet, die Geschichte der Knickpyramide. Auch die Pyramide Amenemhets III. war auf instabilem Untergrund errichtet worden. Diesmal handelte es sich nicht um kompakten Schottersand wie im Falle der Knickpyramide, sondern um harten Ton. Darin befand sich das empfindliche und komplizierte Gewebe des unterirdischen Labyrinths. Weil aber von unten das Grundwasser aus dem nahegelegenen Niltal einsickerte, erwies sich dieser Untergrund als nicht belastungsfähig. Schon unmittelbar nach Beendigung des Baus begannen unter dem enormen Druck der Superstruktur an einigen Stellen in den unterirdischen Räumen bedrohliche Risse aufzutreten. Die Pyramide in Dahschur wurde etwa um das fünfzehnte Regierungsjahr des Herrschers vollendet und wohl bald darauf verlassen. Man beschloß, eine neue Pyramide an einem in baulicher Hinsicht sichereren Ort zu errichten und dabei aus den Problemen, zu denen es auf der Baustelle in Dahschur gekommen war, zu lernen. Dies geschah in Hawara in der Fajjum-Oase.

DIE PYRAMIDE DES AMENEMHET III. IN HAWARA

In seiner Wirtschafts- und Religionspolitik widmete Amenemhet III. der Fajjum-Oase noch größere Aufmerksamkeit als seine Vorgänger. So ließ er der Hauptgottheit der Oase, dem Krokodil Sobek, einen Tempel in Schedet (griechisch Krokodilopolis) errichten. Nicht weit von hier, in der Nähe des heutigen Dorfes Biahmu, entstanden zwei zwölf Meter hohe Kolossalstatuen aus Quarzit auf riesigen Sockeln, die ihn mit dem Blick auf den immer noch großen See darstellen. Konsequenterweise entschloß er sich angesichts der Gefahr einer Baukatastrophe, die am unmittelbaren Abschluß der Arbeiten in Dahschur drohte, den Königsfriedhof in der

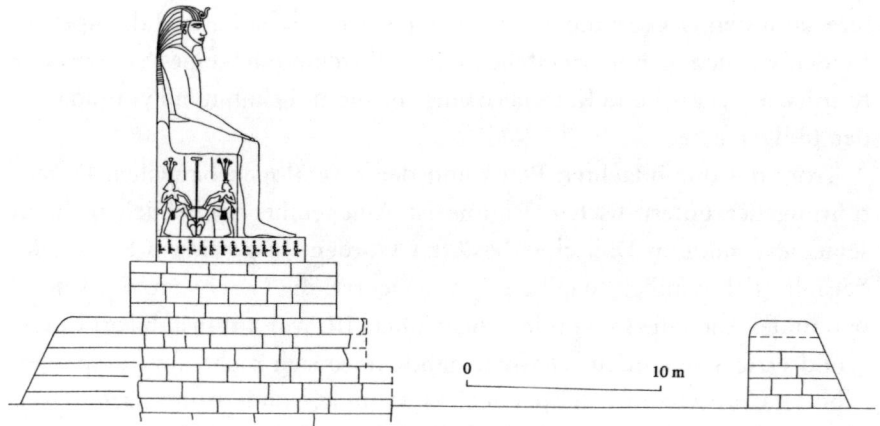

Koloß Amenemhets III. aus Biahmu (Rekonstruktion nach Petrie).

Nähe von Memphis zu verlassen und sich ein neues Grab in der Fajjum-Oase zu bauen. Er wählte dafür einen Ort bei dem heutigen Dorf Hawara el-Makta, nicht weit von der Pyramide Senusrets II. bei el-Lahun.

Schon 1843 versuchte Lepsius, in die Pyramide einzudringen, und vierzig Jahre nach ihm Luigi Vassalli, doch gelang dies schließlich erst Petrie im Jahre 1889. Er untersuchte in einigen Etappen und in Zusammenarbeit mit Wainwright und MacKay nicht nur die Pyramide, sondern auch den riesigen Tempelkomplex an ihrem Fuße, der durch seine Weitläufigkeit und schöne Bauart schon die Reisenden und Schriftsteller der Antike derart fasziniert hatte, daß sie ihn «Labyrinth» nannten.

Die Pyramide – ihr Name ist bisher unbekannt – wurde in der Tradition der 12. Dynastie errichtet, das heißt mit einem Lehmziegelkern und einer Verkleidung aus feinem weißen Kalkstein. Der Eingang in die Substruktur wurde auf der Südseite der Pyramide direkt in der Verkleidung plaziert, ganz in der Nähe der Südwestecke. Hier begann ein absteigender Korridor mit einer Treppe in Richtung Norden. Er war mit Kalkstein verkleidet und mit Blockierungen ausgestattet, und im Untergrund knickte er einige Male um die vertikale Achse der Pyramide, bevor die dort gelegene Grabkammer erreicht wurde.

Nach den verhängnisvollen Erfahrungen mit der Pyramide in Dahschur trafen die Erbauer einige Vorkehrungen, um die Stabilität der Grabkammer zu erhöhen. Sie hoben eine rechtwinklige Grube im Felsgrund aus, verkleideten sie innen mit Kalksteinblöcken und schufen so die Seitenwände der Grabkammer. In die Grube ließen sie dann einen riesigen, mehr als hundert Tonnen schweren Quarzitmonolithen hinunter, der die Kammer vollständig ausfüllte. In diesen war eine rechtwinklige Grube eingemeißelt, um den nischenverzierten Quarzitsarkophag aufzunehmen. Auf dem Quarzitmonolithen ruhten drei mächtige Blöcke aus demselben Material nebeneinander, ähnlich einer Kammerdecke.

Selbst diese Konstruktion wurde von den Erbauern der Pyramide nicht für stabil und sicher genug gehalten. Um sie zusätzlich zu stärken, fügten sie oberhalb der Kammer noch zwei Sicherheitsvorkehrungen ein. Über der flachen Decke aus einem Kalksteinmonolithen erhob sich ein Sattelgewölbe aus riesigen, mehr als fünfzig Tonnen schweren Kalksteinmonolithen und darüber dann zudem ein mächtiges, sieben Meter hohes Ziegelgewölbe. Sie schufen so ein meisterhaftes Bauwerk, das seinen grundlegenden Zweck erfüllte und dem enormen Druck der Pyramidenmasse standhielt – nicht aber den zielstrebigen Anstrengungen der späteren Grabräuber, die schließlich dennoch in die Kammer vordringen konnten, und das trotz einer weiteren raffinierten Vorkehrung, die den Eingang

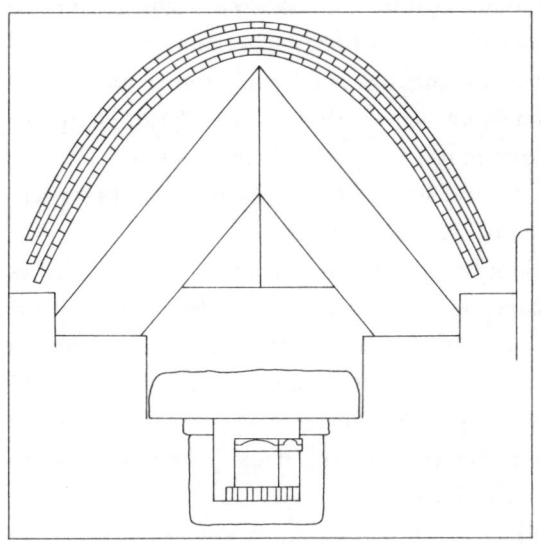

Schnitt durch die Grabkammer der Pyramide Amenemhets III. in Hawara (nach Petrie).

in die Kammer im Pflaster der benachbarten, höher gelegenen Vorkammer tarnte. Davon unbeeindruckt, plünderten die Grabräuber die Kammer und verbrannten anschließend den inneren Holzsarg des Herrschers.

Die archäologische Situation in der Grabkammer ist nicht so klar interpretierbar, wie die bisherige Beschreibung vermuten lassen könnte. Petrie entdeckte darin nämlich die Überreste zweier Holzsärge sowie einen Opfertisch aus Alabaster mit dem Namen der Prinzessin Neferuptah, einer Tochter Amenemhets III. Zunächst vermutete man, daß Neferuptah zusammen mit ihrem Vater bestattet wurde, was in der 12. Dynastie nicht so ungewöhnlich wie im Alten Reich gewesen wäre. Mitte der fünfziger Jahre entdeckten jedoch ägyptische Archäologen etwa zwei Kilometer südöstlich der Königspyramide Überreste einer fast vollständig zerstörten Pyramide. Die Inschrift auf dem Sarkophag aus Rosengranit, der in der Grabkammer gefunden wurde, enthielt zur großen Überraschung der Archäologen den Namen der Prinzessin Neferuptah. Er fand sich auch auf einigen anderen Gegenständen, die in der Kammer entdeckt wurden und aus der Grabausstattung stammten. Das Begräbnis fand man dort allerdings nicht, sondern lediglich Bindenfetzen von der Mumie, auf denen angeblich mikroskopisch feine Hautgewebereste nachgewiesen wurden. Falls hier überhaupt jemand bestattet wurde, war es Neferuptah? Wie wären dann die Fragmente des zweiten Sargs und der Grabausstattung zu erklären? Wurde für sie zunächst ein Grab in der Pyramide ihres Vaters vorbereitet, das nach seinem Tod und der Blockierung des Zugangs zur Grabkammer nicht mehr benutzt werden konnte, so daß nun die erwähnte kleine Pyramide in der Nachbarschaft errichtet werden mußte? Diese und einige weitere Fragen, die die Gräber Amenemhets III. und seiner Tochter Neferuptah betreffen, sind bisher nicht befriedigend beantwortet worden.

Vor der Südseite der Pyramide legte Petrie teilweise die Reste eines weitläufigen und sehr stark gegliederten Tempelkomplexes frei, wahrscheinlich des «Labyrinths» der antiken Reisenden. Darüber berichteten Herodot, Diodor, Strabon und Plinius. Nach Diodor war Daidalos bei seinen Reisen durch Ägypten gerade von der Baukunst dieses Monuments in einem solchen Maße ergriffen, daß er beschloß, nach seinem Muster ein Labyrinth für Minos auf Kreta zu bauen.

Aufgrund der frühzeitigen Devastation des Komplexes läßt sich der ur-

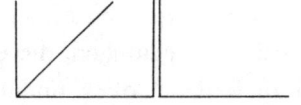

Rekonstruktion
eines Teils des
«Labyrinths»
(nach Petrie).

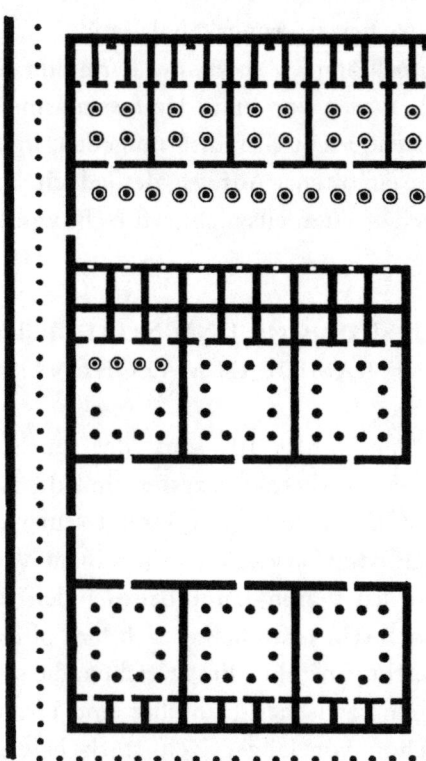

sprüngliche Plan des «Labyrinths» nicht genau rekonstruieren. Wahrscheinlich lag aber der intime Teil mit der Opferhalle im hintersten Bereich des Tempels und somit nahe der Südseite der Pyramide. Davor breitete sich der Komplex von Säulenhallen, Säulenhöfen, Portika, Kolonnaden, Kammern und Gängen aus. Südlich dieser Anlagen befand sich ein weitläufiger offener Hof. Die Tatsache, daß das «Labyrinth» nicht irgendein beliebiger Bau war, beweisen auch seine ungewöhnlichen Ausmaße: Es erstreckte sich über eine Fläche von etwa 28 000 Quadratmetern!

Laut Strabon gab es so viele Säle wie ägyptische Gaue – also zweiundvierzig. Darin sollen die Gottheiten dieser Gebiete verehrt worden sein. Petrie ist es hier tatsächlich gelungen, die Überreste von Kalksteinsäulen zweier Gottheiten zu finden, Sobek und Hathor. Zum Tempel gehörte offenbar auch eine Kalksteinstatue des Herrschers, die sich nicht weit entfernt beim Aushub des Bewässerungskanals fand.

Der gesamte Tempelkomplex sowie die Pyramide einschließlich einer kleinen Nordkapelle waren von einer Umfassungsmauer mit rechteckigem, nordsüdlich orientiertem Grundriß umgeben. In sie mündete in der Nähe der Südostecke ein offener Aufweg, der jedoch, ähnlich wie der Taltempel, archäologisch größtenteils nicht erforscht worden ist.

DIE SÜDLICHE UND NÖRDLICHE PYRAMIDE IN MAZGHUNA

Nach dem Tode Amenemhets III. sank der Stern des Herrschergeschlechts. Beredte Zeugen dieses Prozesses sind die Königsgräber jener Zeit. Amenemhet IV. beendete zwar während seiner etwa zehnjährigen Regierungszeit einige Bauprojekte, die von seinem Vater in der Fajjum-Oase begonnen worden waren (zum Beispiel den kleinen Tempel in Medinet Maadi), doch sein Grab ließ er sich hier offensichtlich nicht errichten. Ihm wird, nicht ganz ohne Fragezeichen, die sogenannte Südliche Pyramide in Mazghuna zwischen Dahschur und Lischt zugeordnet. Die Überreste dieser schon vor langer Zeit stark beschädigten Pyramide untersuchte der britische Archäologe Ernst MacKay im Jahre 1910.

Während der Kern aus Lehmziegeln noch erkennbar ist, konnte von der Verkleidung aus Kalksteinblöcken nichts mehr gefunden werden. Die Böschung der Wand und die Höhe der Pyramide bleiben somit ein Geheimnis. Vermutlich ähnelte sie zwar nicht hinsichtlich ihrer Ausmaße, aber doch in den Grundzügen der Pyramide in Hawara. Dieser Gedanke – und übrigens auch die Tatsache, daß die Pyramide Amenemhet IV. als wahrscheinlichstem Eigentümer zugeschrieben wird – stützt sich auf den Grundriß der Substruktur und die Konstruktionsweise der Grabkammer, die angeblich der Pyramide Amenemhets III. in Hawara ähneln. Einige Ägyptologen datieren die Pyramide aber in die 13. Dynastie.

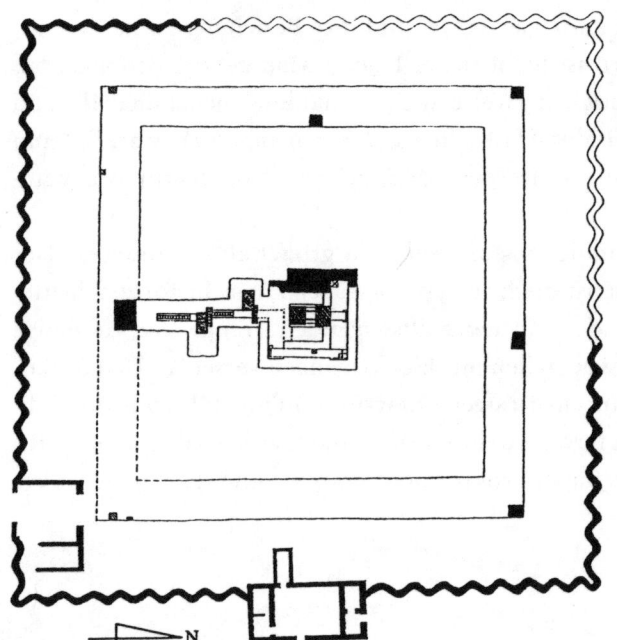

Grundriß der sogenann-
ten Südlichen Pyramide
in Mazghuna
(nach MacKay).

N

Der Eingang in den Untergrund befand sich in der Mitte der Südseite der
Pyramide. Von dort führte ein Korridor mit einer absteigenden Treppe, in
dem sich an drei Stellen Blockierungen befanden, zur Grabkammer, die in
vertikaler Pyramidenachse gelegen war. Sie wurde wiederum von einem
riesigen Quarzitmonolithen mit einer Grube für den Sarg ausgefüllt. Die
Deckenkonstruktion verstärkte wahrscheinlich ein Sattelgewölbe aus
Kalksteinblöcken.

Eine Besonderheit stellt die wellenförmige Umfassungsmauer aus
Lehmziegeln dar, die die Pyramide auf allen vier Seiten umgab. Anschei-
nend grenzte der Totentempel nicht direkt an die Pyramide, sondern
entspricht wohl dem Ziegelbau in der Mitte des östlichen Flügels der
Umfassungsmauer, an deren Südostecke sich wiederum der Zugang zur
Pyramide befand.

Ähnlich wie im Falle der Südlichen Pyramide in Mazghuna wird die sogenannte Nördliche Pyramide lediglich aufgrund einiger baulicher und archäologischer Gegebenheiten der Königin Nefrusobek zugeschrieben. Die

Königin regierte nicht ganz vier Jahre, und ihre Beziehung zu den vorangegangenen Herrschern ist nicht sicher belegt. Man geht davon aus, daß sie eine Tochter und möglicherweise auch Gemahlin Amenemhets III. und somit die leibliche oder aber Halbschwester Amenemhets IV. war. Es kann auch nicht ausgeschlossen werden, daß sie eine Koregentin Amenemhets IV. gewesen ist.

Die Nördliche Pyramide in Mazghuna war größer als die Südliche. Der Plan ihrer Substruktur ist auch in typologischer Hinsicht fortgeschrittener. Der Zugangskorridor mit einer absteigenden Treppe knickte einige Male ab und war an zwei Stellen mit Blockierungen versehen. Den Sarkophag bildete wiederum ein riesiger Quarzitmonolith. Obwohl die Substruktur der Pyramide fertiggestellt wurde, fand hier kein Begräbnis statt. Im übrigen blieben die Superstruktur der Pyramide und die ganze Anlage unvollendet.

DIE ZWEITE ZWISCHENZEIT
(13. BIS 17. DYNASTIE)

Die 13. Dynastie gehört bisher zu den am wenigsten erforschten Epochen der altägyptischen Geschichte. In dieser unruhigen, etwa anderthalb Jahrhunderte dauernden Periode wechselten sich etwa sechzig Herrscher auf dem Thron ab. Sie entstammten nicht einem Geschlecht, sondern verschiedenen Familien aus den Reihen des Militärs und der Beamtenschaft, die untereinander um die Macht buhlten. In einigen Fällen handelte es sich sogar um Ausländer. Bei vielen Königen ist es bisher weder gelungen, ihre Reihenfolge noch die Dauer ihrer Herrschaft zu ermitteln. Ebenso steht es um ihre Gräber. Viele dieser Könige ließen sich wahrscheinlich kleine Pyramiden auf der memphitischen Nekropole errichten, besonders im Gebiet zwischen Saqqara-Süd und Mazghuna.

Zu den bevorzugten Königsnamen gehörte Sobekhotep, daneben auch Amenemhet, Senusret, Mentuhotep, Antef in Anlehnung an die großen Vorgänger. Anscheinend funktionierte aber die Staatsverwaltung trotz der schwindenden Autorität des königlichen Amtes noch lange im wesentlichen normal, ehe sie im 17. Jahrhundert vor Christus auseinanderbrach. Das allmähliche Eindringen der semitischen Bewohner aus der Gegend von Palästina wandelte sich nun in offene Aggression, der schließlich der ganze nördliche Teil Ägyptens erlag. So geriet das Land unter die Oberherrschaft der Hyksos.

Nach Manetho umfaßte die 14. Dynastie vierundsiebzig Herrscher, doch ist diese Angabe sehr problematisch. Möglicherweise drückt sich darin die Zerstückelung des Landes in kleinere, parallel existierende Königreiche aus. Sicher ist aus dieser Zeit lediglich ein einziger Herrscher belegt, Nehesi, weniger bekannt dagegen das Gebiet, über das er tatsächlich herrschte. Manfred Bietak ist der Auffassung, daß sich das Zentrum

Darstellung asiatischer
Nomaden auf einem
Skarabäus aus der Hyksoszeit
(Ägyptisches Museum Berlin,
Nr. 9517).

seines Königreiches in der Nähe der späteren Hauptstadt der Hyksos-Er-
oberer, Hatuaret im Ostdelta, befand. Seine Regierungszeit datiert er auf
den Übergang vom 18. zum 17. Jahrhundert vor Christus. Nehesis Grab
konnte bisher nicht gefunden werden, und die Überlegung, ob es die Form
einer Pyramide gehabt haben könnte, wäre reine Spekulation.

Der Name der Eroberer Ägyptens, die schon im Verlaufe der 13. Dynastie insbesondere den nordöstlichen Landesteil infiltriert hatten, ist vom
ägyptischen *heka chasut*, «Herrscher der Fremdländer (wörtlich: der ge-
birgigen Wüstenländer)» abgeleitet. Neben den Angaben bei Manetho
und auf den sogenannten Hyksosskarabäen bringen vor allem die schon
seit Jahren laufenden österreichischen archäologischen Grabungen im
Ostdelta neue wertvolle Erkenntnisse über die Hyksos. Insbesondere die
genaue zeitliche Bestimmung ihrer Bemächtigung Nordägyptens ist Gegenstand der Diskussion. Eine wichtige Rolle spielt dabei die sogenannte
Vierhundertjahresstele aus der Regierungszeit Ramses' II., die in Tanis gefunden wurde. Die Steleninschrift gilt als Beweis dafür, daß die Hyksos-
herrschaft vierhundert Jahre vor der Anfertigung der Stele begann, also
um 1720 vor Christus. Der Sinn der Inschrift ist jedoch etwas unklar.

Die 15. Dynastie war die Zeit der großen Hyksoskönige. Auch wenn
eine spätere Überlieferung den Herrschern der 16. Dynastie ebenfalls eine
asiatische Herkunft unterlegt, ist deren Einordnung äußerst schwierig. In
dem berühmten Turiner Königspapyrus sind die Herrscher der 15. Dynastie als einzige nicht mit dem Titel «König von Ober- und Unterägypten»
bedacht, was als Beweis dafür angesehen wird, daß sie später als

/ 476 /

Hyksos Abischa. Detail
einer Wandmalerei im Grab
des Chnumhotep in Beni
Hassan.

Nichtägypter und Eindringlinge eingestuft wurden. Zu ihrer Residenz erkoren sie die Stadt Hatuaret (griechisch Avaris, wahrscheinlich das heutige Tell el-Dabaa) im Ostdelta und zu ihrer Hauptgottheit Seth, den ägyptischen Gott des Krieges und des Bösen.

Über die Gräber der Hyksosherrscher ist bisher wenig bekannt. Es läßt sich nur spekulieren, ob nicht einige von ihnen die ägyptischen Bestattungsbräuche übernahmen und sich eventuell eine Pyramide errichteten.

Der Vollständigkeit halber seien im Zusammenhang mit den Herrschern der späten 13. bis 16. Dynastie einige archäologische Funde aus dem Delta erwähnt, die einen Bezug zu den Pyramiden ermöglichen. Bei Faqus und in der Nähe von Tell el-Dabaa fand man zum Beispiel zwei Pyramidia. Wurden sie aus dem südlichen Teil Ägyptens hierhergeschleppt? Und wem gehörte die schon erwähnte Ziegelpyramide bei Athribis, dem heutigen Benha im Mitteldelta, die noch am Anfang des 19. Jahrhunderts zu sehen war und heute bereits spurlos verschwunden ist?

Nur dem südlichen Teil Ägyptens gelang es, dem Hyksosansturm standzuhalten und ein gewisses Maß an Unabhängigkeit zu bewahren. Das oberägyptische Theben wurde allmählich zu einem Zentrum des Widerstands gegen die Eindringlinge. An die Spitze stellten sich lokale Herrscher, die im Süden parallel zu den Hyksos regierten und als 17. Dynastie gezählt wurden. Während der Herrschaft der letzten von ihnen erreichten die Anstrengungen, die Hyksos zu vertreiben, ihren Höhepunkt. Von den harten Kämpfen zeugt die tiefe Wunde im Schädel des ägyptischen Herrschers Seqenenre, die von einem Kriegsbeil der Hyksos herrührte. Sein älterer Sohn und Nachfolger Kamose errang weitere bedeutende Siege, bevor dessen jüngerer Bruder die Befreiungskämpfe zu Ende führte. Die Hauptstadt Avaris fiel, und die besiegten Hyksos wurden aus Ägypten vertrieben. Mit Ahmose I. begann nicht nur die Herrschaft der 18. Dynastie, sondern auch eine neue große Ära der ägyptischen Geschichte: das Neue Reich. Seine Könige errichteten jedoch keine Pyramiden mehr.

Die 13. Dynastie – Dämmerung der Pyramiden

Unter den wenigen archäologisch untersuchten und der 13. Dynastie zugeordneten Pyramiden sind bisher erst zwei sicher identifiziert worden: die Pyramide des Chendjer in Saqqara-Süd und die Pyramide des Ameni Kemau in Dahschur-Süd. Die anderen, in denen sich keine direkten inschriftlichen Hinweise erhalten haben, werden aufgrund der typologischen Analyse des Plans ihrer Substruktur in diese Zeit eingeordnet. Das ist allerdings keine besonders genaue Methode, denn die Schlußfolgerungen werden aus unzureichend repräsentativem Material abgeleitet. Kürzlich beschäftigte sich Dodson mit der Frage der bisher bekannten Pyramiden aus der 13. Dynastie und schlug folgende Chronologie vor:

1. die Pyramide des Ameni Kemau in Dahschur-Süd
2. die Nördliche Pyramide in Mazghuna (namenlos)
3. die Südliche Pyramide in Mazghuna (namenlos)
4. die Pyramide des Chendjer in Saqqara-Süd
5. die südlich der des Chendjer gelegene Pyramide (namenlos)

Dodsons chronologische Reihenfolge ist nicht definitiv und wird sicher eine Fachdiskussion auslösen, wie schon ein sehr oberflächlicher Blick auf die Pläne der Substrukturen dieser Monumente vermuten läßt.

DIE PYRAMIDE DES AMENI KEMAU

Im Jahre 1957 entdeckte die amerikanische Expedition in Dahschur-Süd eine kleine, stark beschädigte Pyramide, die einem wenig bekannten Herrscher der 13. Dynastie, Ameni Kemau, zugeschrieben wird. Sie wurde jedoch erst 1968 von Maragioglio und Rinaldi sorgfältig untersucht.

Die Superstruktur ist fast vollständig zerstört, so daß sich nur schätzen läßt, daß die Seitenlänge um die fünfzig Meter betrug. Wesentlich besser ist ihre Substruktur bekannt. Der Eingang in den Untergrund lag vor der Ostseite der Pyramide, leicht nördlich von ihrer Mittelachse. Vor der Grabkammer knickte der Korridor dreimal ab und war mit einer Treppe und einer Blockierung versehen. Die Kammer lag fast in vertikaler Pyramidenachse und wurde wiederum von einem riesigen Quarzitmonolithen gebildet, in den die Bauleute eine Grube für den Sarg und daneben eine weitere für den Kanopenkasten getrieben hatten. Solange der Sarg mit der Königsmumie hier noch nicht beigesetzt war, ruhte der gewaltige Deckel auf dem Fußboden der Vorkammer, der sich auf gleichem Niveau wie der obere Rand des Monolithen befand. Nach der Beisetzung des Sargs und der Verschiebung des Deckels wurde aus einer Nische von Westen her eine Blockierung in Gestalt eines weiteren gewaltigen Quarzitmonolithen vor der Nordwand der Kammer/des Sargs herabgelassen. Auch diese durch-

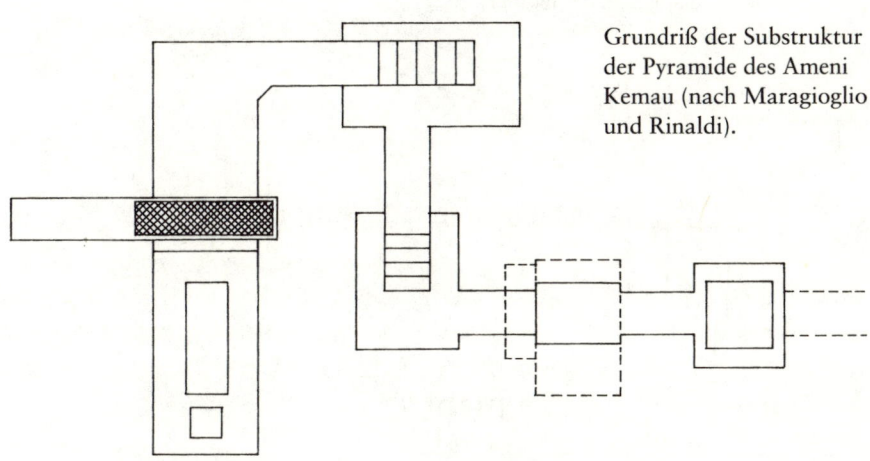

Grundriß der Substruktur der Pyramide des Ameni Kemau (nach Maragioglio und Rinaldi).

dachte Konstruktion überwanden die Grabräuber jedoch, plünderten das Grab und ließen einzig und allein die Fragmente der Kanopen mit dem Namen des Herrschers zurück.

DIE PYRAMIDE DES CHENDJER

Von der Tatsache, wie tiefgreifend sich die Zeiten im Laufe der 13. Dynastie im Vergleich zu den vorangegangenen änderten, zeugt der für einen Pharao etwas ungewöhnliche Name Chendjer. Übersetzt heißt er nämlich «Eber». Der Träger dieses Namens war vermutlich nicht inländischer Herkunft, sondern vielleicht ein Führer asiatischer Söldner, die in Ägypten dienten. Seine Pyramide entdeckte Jéquier an der Wende der zwanziger zu den dreißiger Jahren bei seinen Grabungen in Saqqara-Süd, südöstlich der Mastabat Faraun.

Den Lehmziegelkern bedeckte ein Außenmantel aus Kalksteinblöcken. Es ist gelungen, aus vielen Fragmenten ein mit Inschriften verziertes Pyramidion zu rekonstruieren. Diesmal gelangte man am Fuße der Westwand, in der Nähe der Südwestecke der Pyramide, in den Untergrund. Der Zugangskorridor hatte zunächst die Form einer absteigenden Rampe, durch

Grundriß der Substruktur der Pyramide des Chendjer (nach Jéquier).

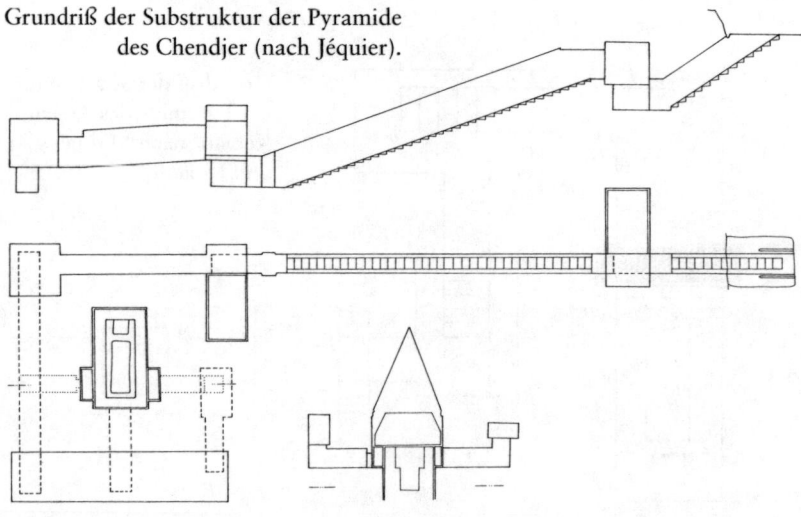

deren Mitte eine Treppe lief. Im Untergrund knickte er an verschiedenen Höhenniveaus viermal ab und schlängelte sich unter die Mitte der Pyramide, wo er in die Grabkammer mündete.

Die Erbauer der Grabkammer des Chendjer hielten sich im wesentlichen an den Plan, der zum erstenmal in der Pyramide Amenemhets III. in Hawara zur Anwendung kam, doch führten sie gleichzeitig eine sehr durchdachte Innovation ein. Die Grabkammer wurde von einem gewaltigen Quarzitmonolithen gebildet, der in eine Grube im Felsuntergrund herabgelassen wurde. Sein Deckel, beziehungsweise die Decke der Kammer, bestand aus zwei weiteren Quarzitmonolithen. Einer von ihnen wurde bereits beim Bau der Kammer an seinem Platz deponiert, der andere jedoch in einer Höhe von etwa einem halben Meter über dem oberen Rand des unteren Monolithen belassen, in dem der Sarg mit der Königsmumie beigesetzt werden sollte. In dieser Position hielten den Deckenblock zwei Granitpfosten, die in schmalen Schächten an den Seiten des unteren Monolithen auf Sand ruhten. Nach der Bestattung des königlichen Begräbnisses wurde der Sand aus den Seitenschächten beseitigt. Dadurch senkten sich die Granitpfosten und mit ihnen auch der Block des Deckels. Um den von oben einwirkenden Druck der Superstruktur zu reduzieren, wurde über der Quarzitgrabkammer eine Satteldecke aus mächtigen Kalksteinblöcken errichtet und darüber noch ein Ziegelgewölbe gelegt.

Der Totentempel, der später fast gänzlich zerstört wurde, lag vor der Ostseite der Pyramide. In den Trümmern fand Jéquier neben einigen Relief- und Säulenfragmenten auch Bruchstücke eines Pyramidions aus schwarzem Granit. Die innere Umfassungsmauer war aus Kalksteinblöcken errichtet, und ihre Außenseite zierten Nischen. Die äußere Umfassungsmauer bestand aus Lehmziegeln.

Zwischen der Nordseite der Pyramide und der inneren Umfassungsmauer stand auf einer erhöhten Plattform eine Nordkapelle, die über zwei Treppen zugänglich war. Bemerkenswerterweise befand sich ihre Quarzitscheintür in der Nordwand und nicht in der näher an der Pyramide gelegenen Südwand. In der Nordostecke der äußeren Umfassungsmauer stand eine kleine Pyramide. Ihre Bauweise entsprach der des Königs, und in ihrem Untergrund, in den eine Treppe von Westen her führte, befanden sich die Grabkammern zweier Gemahlinnen des Chendjer.

EPILOG

Die Herrschergräber der 17. Dynastie lagen am westlichen Nilufer in Theben und Dra Abu'l-Naga, nördlich des Aufwegs zum Terrassengrabkomplex Mentuhoteps II. Auch sie wurden in dem Bericht über die Gräberplünderungen auf dem Papyrus Abbott erwähnt, und wieder war es nicht möglich, archäologisch zu bestätigen, daß es sich wirklich um Pyramiden handelte. Die erwähnte Kommission kontrollierte zehn Königsgräber aus dem Anfang des Mittleren Reiches, der ausgehenden Zweiten Zwischenzeit und dem Beginn des Neuen Reiches. Ein weiteres bedeutendes Dokument, der Papyrus Leopold II. sowie der ergänzende Papyrus Amherst VII, enthält einen ähnlichen Bericht über die Aussage von Räubern, die das Grab eines Königs der 17. Dynastie, Sebekemsaf III., plünderten und zerstörten – eines jener Gräber, auf die sich bereits der Bericht auf dem Papyrus Abbott bezogen hatte.* In allen diesen Berichten werden die betreffenden Königsgräber als Pyramiden beschrieben.

Licht in die ganze Angelegenheit könnte eine archäologische Revisionsuntersuchung bringen. Auf einen möglichen Erfolg verweist ein heute im British Museum untergebrachtes Pyramidion eines der Herrscher aus der 17. Dynastie, Antef VI. (BM 478). Dieses hat verhältnismäßig steil geböschte Wände, und falls es einst wirklich zu einer Pyramide gehörte, kann sie nicht besonders hoch gewesen sein. Möglicherweise ähnelte sie nicht einmal ihren Vorgängern aus dem Alten und Mittleren Reich. Vielleicht handelte es sich eher um eine Dekorationspyramide als Bestandteil einer Totenkapelle, wie dies bei einigen Gräbern aus dem Neuen Reich der Fall war.

* Der englische Sammler William Amherst (1835–1909) finanzierte unter anderem die Ausgrabungskampagnen von Petrie. Den oberen Teil des Papyrus Amherst VII bildet das nach dem belgischen König Leopold II. benannte Stück.

Auf dem Areal der königlichen Nekropole der 17. Dynastie liegen auch die Überreste eines Komplexes von Lehmziegelbauten, der in den dreißiger Jahren von Winlock entdeckt wurde. Er war von Osten her zugänglich und umfaßte eine kleine Pyramide, einen kleinen Totentempel vor ihrer Ostseite und eine Umfassungsmauer. Die Verkleidung fehlt schon lange, anhand des erhaltenen untersten Teils des Kerns wird aber geschätzt, daß der Böschungswinkel etwa sechzig Grad betrug. Der unterirdische Teil der Pyramide ist nicht erforscht worden, so daß kein Hinweis auf den Inhaber vorliegt. Aufgrund indirekter Beweise in Form einiger Schriftdenkmäler in unmittelbarer Umgebung wird sie dem ersten Herrscher der 18. Dynastie, Ahmose I., manchmal jedoch auch seinem Bruder und Vorgänger Kamose zugeschrieben. In diesem Falle wäre Ahmose der letzte ägyptische Herrscher gewesen, der sich ein Grab in Form einer Pyramide errichten ließ. Vor kurzem eröffnete hier das amerikanische Team der University of California in Los Angeles, das von Daniel Polz geleitet wird, Grabungen mit dem Ziel, die Königsgräber der 17. Dynastie zu finden und zu erforschen.

Mit Ahmose I. ist noch ein Bau in Form einer Pyramide verbunden, nicht etwa in Theben, sondern in Abydos. Südlich des Tempels und Kenotaphs Senusrets III. ließ auch Ahmose I. seinen Tempel und seinen Kenotaph errichten. Für seine Großmutter, die Königin Tetischeri, stiftete er

Grundriß der Kapelle der Königin Tetischeri in Abydos (nach Currelly).

Grundriß des Pyramidenkomplexes
bei Dra Abu 'l-Naga, der Ahmose I.
zugeschrieben wird
(nach Winlock).

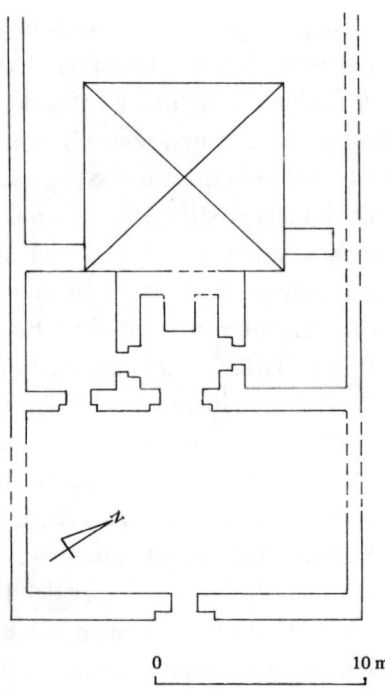

0   10 m

hier auch eine Kapelle mit einer Stele darin, worauf er ihr Opfergaben
darbringt. Aus der Steleninschrift geht hervor, daß er ihr außer der Kapelle auch eine Pyramide errichten ließ, in deren Nähe auch ein Garten
und ein künstlicher See gewesen sein sollen. Die Überreste dieser Pyramide wurden östlich der Kapelle entdeckt. Wenn sie heute auch nur un-
scheinbar sind, verraten sie doch, daß die Pyramide zu ihrer Zeit ziemlich
groß war. Ihre Grundseite maß hundert Ellen, und bei einem Böschungswinkel der Wände von fast sechzig Grad erreichte sie eine respektable
Höhe. Eine gerade laufende archäologische Untersuchung wird – wie die
bisherigen Ergebnisse zeigen – neue interessante Erkenntnisse nicht nur
über diese letzte große ägyptische Königspyramide, sondern wahrscheinlich auch über die historischen Ereignisse bringen, die die Vertreibung der
Hyksos aus Ägypten und die Gründung der 18. Dynastie begleiteten.

 Die Idee der Pyramide lebte jedoch, wenn auch in anderer Gestalt, weiter und breitete sich sogar aus. In gewissem Sinne wurde sie populär, und

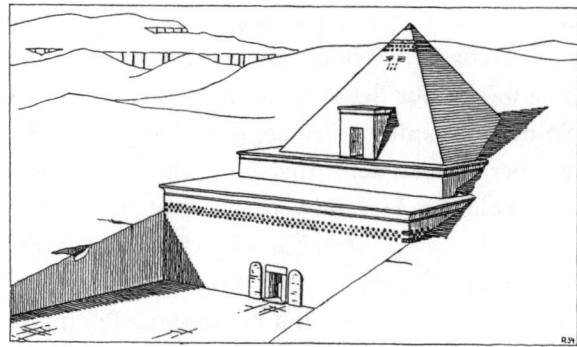

Privatgräber aus Deir
el-Medina mit Kapellen
in Pyramidenform
(nach Borchardt).

ihre Bedeutung verschob sich auf eine andere Ebene. Seit der 18. Dynastie symbolisierte sie den Urhügel, ferner den am östlichen Horizont aufgehenden Sonnengott und gleichzeitig auch die Erinnerung an das Königsgrab. Sie wurde zu einem bedeutenden Dekorationselement der nichtköniglichen Gräber sowohl auf den Friedhöfen am westlichen Nilufer in Theben als auch auf der memphitischen Nekropole.

Als Beispiel für das neue Verständnis kann das thebanische Felsgrab des Wesirs Useramun aus der 18. Dynastie zu Zeiten von Hatschepsut und Thutmosis III. dienen, das eine Pyramide aus Lehmziegeln umfaßte. Ihren unteren Teil ummantelte eine vertikale, zwanzig Meter lange und etwa 4,3 Meter hohe Wand mit Nischen. Erst darüber ragte die Pyramide in eine Höhe von etwa dreizehn Metern empor. Die Seitenwände hatten einen Böschungswinkel von fünfundfünfzig Grad. In der Ostseite der Pyramide befand sich eine kleine Kultnische, in der früher vermutlich eine Grabstele eingesetzt war. Vor der Pyramide breitete sich ein kleiner offener Hof aus.

Auf den thebanischen Friedhöfen aus der Zeit des Neuen Reiches gab es eine Menge ähnlicher Bauten. Pyramidenförmige Kapellen kennzeichneten einst auch die Felsgräber an den schroffen Abhängen über Deir el-Medina. Darin waren Künstler und Handwerker bestattet, die die berühmten Königsgräber im nicht weit entfernten «Tal der Könige» erschaffen und ausgeschmückt hatten.

Auch sie sind übrigens auf sonderbare Weise mit der Idee der Pyramide als Königsgrab verbunden. Sie wurden in die Felswände des verzweigten Tals gehauen, über dem ein Berg emporragte, der seiner Form nach auf-

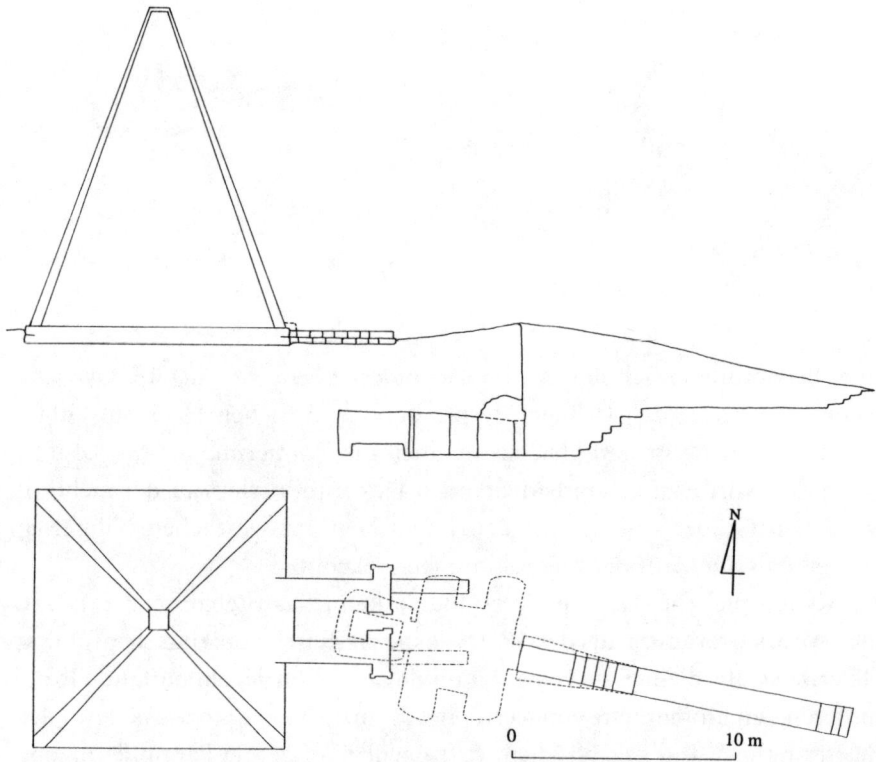

Pyramide eines unbekannten Königs (vielleicht des Akinkad) aus Meroë. Grundriß und Schnitt (nach Dunham).

fallend an eine Pyramide erinnerte und den die ortsansässige Bevölkerung el-Qurn, «Horn», nennt. Auf seinem Gipfel wohnte die verehrte Herrscherin über diese Felsen und Hüterin der ewigen Ruhe der Pharaonen, die Schlangengöttin Meresger, «Die das Schweigen liebt».

In derselben Zeit, als die Künstler aus Deir el-Medina die ersten Felsgräber im «Tal der Könige» ausschmückten, gründeten die Ägypter weit entfernt von hier im Süden, am Fuße des Berges Gebel Barkal am vierten Nilkatarakt im heutigen Sudan, eine Stadt. Diese wurde bald zu einem bedeutenden ägyptischen Militärstützpunkt und zum Zentrum des Handels mit Regionen im tiefen afrikanischen Binnenland. Sie entwickelte sich auch zu einem wichtigen religiösen Zentrum des Amun-Kults, der aus Theben übernommen wurde. Nach dem Fall des Neuen Reiches verselbständigte sich diese ferne Region allmählich, und das entstehende Reich übernahm den Namen dieser Stadt: Napata. Den dortigen Herrschern gelang es sogar eine Zeitlang, die Oberherrschaft über ganz Ägypten zu gewinnen, wo sie als 25. Dynastie gezählt wurden. Dabei übernahmen sie die ägyptischen Bräuche in vollem Umfang, von den Krönungs- bis zu den Bestattungszeremonien.

Auf ihrer Grabstätte in Kurru, nördlich von Napata, ließ sich Pije, der ganz Ägypten erobert hatte, ein Grab in Form einer Pyramide errichten und begründete so eine Tradition, die seine Nachfolger fortsetzten. Vielleicht hatte er sich dabei von den Monumenten inspirieren lassen, die er von seinem Feldzug in den Norden kannte. Die Pyramiden in Kurru waren jedoch viel kleiner als die ägyptischen und auch architektonisch anders konzipiert. Während der Herrschaft Taharqas, eines Nachfolgers von Pije, wurde der Königsfriedhof in Nuri angesiedelt, wo die Gräber weiterhin die Form von Pyramiden hatten.

Im siebten Jahrhundert vor Christus wurde die Hauptstadt nach Meroë zwischen den fünften und sechsten Nilkatarakt zurückverlegt, und auch hier entstand später, im dritten Jahrhundert vor Christus, ein weiterer Königsfriedhof, auf dem die Tradition der Gräber in Form einer stark zugespitzten Pyramide weiterlebte. Mit dem Untergang des Meroitischen Reiches um 350 endete der afrikanische Epilog der ägyptischen Pyramiden.

FÜNFTER TEIL

DAS GEHEIMNIS
DER PYRAMIDEN

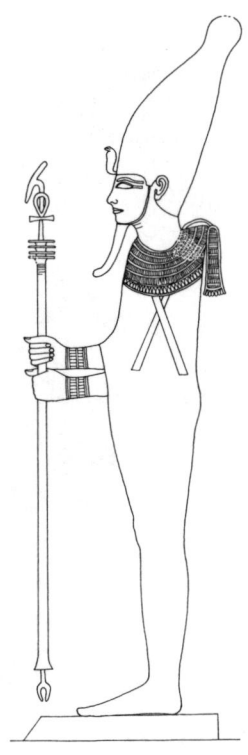

Die ägyptischen Pyramiden, die durch ihre Größe Bewunderung hervorrufen und durch ihre einfache, vollendet harmonische Form bestechen,
galten bereits in der Antike als Weltwunder. Bis heute fordern sie den
Menschen heraus zu erklären, warum und wie sie entstanden sind. Und
dabei bleiben sie in vielerlei Hinsicht ein großes Geheimnis der Vergangenheit.

Die Entzifferung der Hieroglyphen und die ersten großen archäologischen Entdeckungen machten Ägypten zunächst noch rätselhafter – die
Europäer waren von dieser sich neu erschließenden Welt fasziniert. Daraus erwuchs bald die Überzeugung, daß am Nil die Ursprünge der europäischen Zivilisation lägen. Der westeuropäische, romantische Geist
des 19. Jahrhunderts war für die Botschaft der altägyptischen Monumente
und der sie umrankenden Legenden und Mythen besonders aufgeschlos-
sen. Ihm konnte sich auch die um objektive Erkenntnis bemühte Wissenschaft nicht entziehen. Selbst die Forscher versuchten, den «rechten Sinn»
der Denkmäler zu ergründen, die so großartig und vollendet waren, daß
sie keinesfalls von prähistorischen Wilden geschaffen worden sein konnten. Es galt, den Rätseln auf die Spur zu kommen und das «Geheimnis der
Pyramiden» zu ergründen. Die Wissenschaft floß hier mit der Mystik zusammen, das Rationale mit dem Irrationalen.

Daran änderten auch die revolutionierenden archäologischen Entdeckungen des 20. Jahrhunderts und das Ausmaß und die Tiefe der modernen ägyptologischen Forschung nur wenig. Der Glaube an das Geheimnis der Pyramiden ist unerschütterlich. Er hat sich zu einer Religion
besonderer Art entfaltet – der Pyramidologie. In gewissem Sinne ist sie älter als die Ägyptologie selbst. Ihre Anhänger neigen, je nach Wesensart,
verschiedenen Theorien zu, die den Anspruch erheben, das Geheimnis der
Pyramiden zu erklären.

Und deren gibt es viele. Es ist unmöglich, sie alle vorzustellen und ihren

Ausgangspunkt und ihre Ergebnisse zu diskutieren. Das hätte auch keinen Sinn, selbst wenn die Urheber einiger von ihnen keine Dilettanten sind, sondern Astronomen, Mathematiker und andere Fachleute.

Bezeichnenderweise konzentriert sich die Pyramidologie zumeist auf die Große Pyramide. Diese stellt in ihren Augen das «Original» dar. Doch warum sollte sie, wie Mariette einmal treffend bemerkt hat, im Prinzip anders sein als die anderen? Nur weil sie die größten Ausmaße und die komplizierteste Infrastruktur aufweist?

Den Ägyptologen erscheint die Pyramidologie abwegig, und so ignorieren oder ironisieren sie diese in der Regel. Es gibt jedoch Ausnahmen. Mit einigen pyramidologischen Haupttheorien des 19. und 20. Jahrhunderts hat sich Jean-Philippe Lauer auseinandergesetzt. In seinen Büchern *Le problème des pyramides d'Égypte ancienne* (Paris 1952) und *Le mystère des pyramides* (neue, erweiterte Ausgabe, Paris 1988) konzentrierte er sich besonders auf die biblischen, theosophischen, astronomischen und mathematischen Theorien und deren Grundideen.

Die biblische Theorie wurde in der Mitte des 19. Jahrhunderts von John Taylor begründet. In seinem Buch *The Great Pyramid: Why Was It Built and Who Built It?* (1859) geht er von der Überzeugung aus, daß primitive Menschen, wie sie im damaligen Ägypten lebten, niemals die astronomischen, mathematischen, geodätischen und weitere Kenntnisse für den Bau eines so gigantischen Werks hätten besitzen können. Dazu mußten die Erbauer direkt von Gott inspiriert gewesen sein und somit einer auserwählten Rasse angehören.

Taylors Ansicht wurde übernommen und weiterentwickelt, zum Beispiel von Morton Edgar (*The Great Pyramid: Its Scientific Features,* Glasgow 1924). Seiner Meinung nach hat jedes Maß, jede Wand und jeder Vorsprung in *der* Pyramide eine tiefe biblisch-symbolische Bedeutung. Die Vergangenheit und Zukunft der Menschheit seien darin chiffriert, die vergangenen und kommenden Kriege, Katastrophen und Erfolge, der Anfang und das Ende der Welt.

Wenn die Pyramidologen *die* Pyramide schon nach der Bibel deuten wollen, sollten sie bedenken, daß Moses sein Wissen und seine Weisheit gerade in Ägypten erlangte.

Die Anhänger der theosophischen Theorie sind überzeugt davon, daß

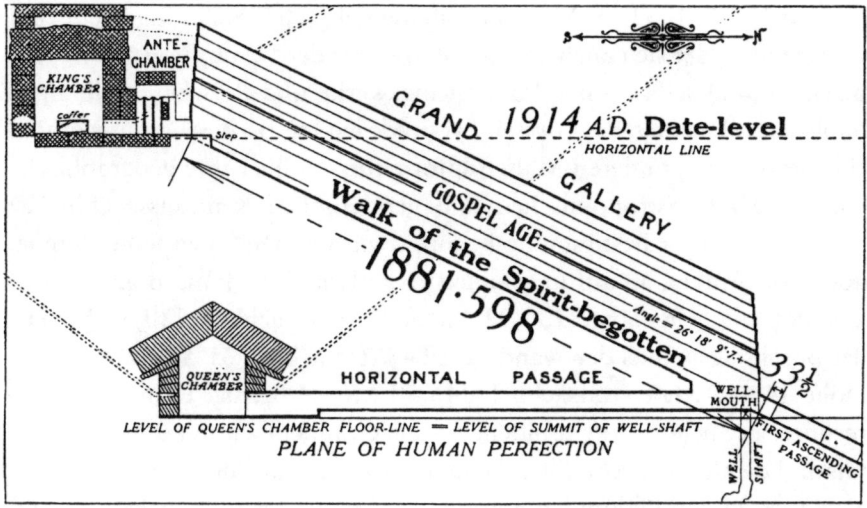

Religiös-symbolische Bedeutung der Orte in der Großen Pyramide (nach Edgar).

die Große Pyramide eng mit den ägyptischen Mysterien verbunden war. An diesem Ort seien die Auserwählten geweiht worden. Nach einer solchen Theorie führte ein absteigender Korridor in die mystische Dunkelheit und Verzweiflung, während ein aufsteigender Gang zusammen mit der Großen Galerie den Geist zum Licht und zur Wahrheit erhob. Der wirkliche «Mysteriensaal» sei die Königskammer gewesen.

Einer anderen Theorie zufolge wurde der Auserwählte von einer Gruppe von Priestern in die Pyramide geführt, wo er sich in der Königskammer in den Sarkophag legte und in einen tiefen, drei Tage und drei Nächte andauernden Schlaf fiel, währenddessen sein Ich in die Unterwelt hinabstieg, wo es mit den Göttern und Geistern der Vorfahren in Kontakt treten und gute Taten vollbringen konnte. Hier war es ihm vergönnt, sich gänzlich in das Geheimnis des Osiris und die Weisheit des Thoth zu vertiefen. Am Ende der letzten Nacht wurde der Schlafende vor die Pyramide hinausgetragen, wo er bei Tagesanbruch von der Berührung der ersten Sonnenstrahlen geweckt wurde. Nun war er geweiht.

Der Beginn der astronomischen Theorie wird gewöhnlich mit einem Angehörigen der Gelehrtenkommission aus Napoleons Expedition, Edmé

Jomard (1777–1862), in Zusammenhang gebracht, einem Ingenieur und Geographen, der sich auch an der Herausgabe der *Description de l'Égypte* beteiligte und selbst einige Vermessungswerke und Reisebeschreibungen publizierte. Er sah in der Großen Pyramide ein metrisches Monument und eine Sternwarte, in deren Maßen Informationen über ihre geographische Lage und alle astronomischen und geodätischen Kenntnisse chiffriert seien, die zu ihrer Bestimmung benötigt würden. Die Theorie beruhte jedoch von Anfang an auf ungenauen Grundangaben. Jomard ging davon aus, daß die Seitenlänge 230,92 Meter (in Wirklichkeit 230,38 Meter), der Böschungswinkel der Wand 51°19'4" (tatsächlich 51°50'35") und die Höhe 144,19 Meter (tatsächlich 146,50 Meter) betrug. Demzufolge berechnete er auch die «Pyramidenelle» als Grundeinheit mit 0,462 Metern falsch. Die altägyptische Elle, die in allen Bauten aus dem alten Ägypten, also auch in den Pyramiden faktisch, oft auch schriftlich, belegt ist, entspricht in Wirklichkeit 0,5235 Metern.

Die bereits erwähnte Theorie Taylors hat den britischen Astronomen Piazzi Smyth beeinflußt. Um ihre Richtigkeit zu beweisen, reiste er für längere Zeit nach Ägypten, wo er selbst Beobachtungen und Messungen in der Pyramide vornahm. Die Ergebnisse faßte er dann in dem dreibändigen Werk *Life and Work at the Geat Pyramid* (1867) zusammen. Dieses und auch sein Buch *Our Inheritance in the Great Pyramid* (1864) avancierten gleich nach ihrem Erscheinen zu grundlegenden Handbüchern der Pyramidologen. Alle Berechnungen und theoretischen Konstruktionen Smyths beziehen sich auf eine bestimmte Maßeinheit, den «Pyramidenzoll». Dieser sollte 1/25 der heiligen Elle betragen, die wiederum 25,025 eines englischen Zolls betrug, also 0,6356 Meter (1 Pyramidenzoll entspräche demnach 1,001 englischem Zoll). Doch auch diese Angabe deckt sich nicht mit dem überlieferten Standardmaß. Was für eine Glaubwürdigkeit können also Berechnungen haben, die die Wirklichkeit nicht respektieren und lediglich dazu erschaffen wurden, irgendeine Theorie zu untermauern?

Einige Gelehrte haben sich auf eine andere Problematik konzentriert. In den achtziger Jahren des 19. Jahrhunderts äußerte Richard Proctor die Vermutung, daß die Große Pyramide zu der Zeit errichtet worden sei, als durch den im Bau befindlichen absteigenden Korridor im Norden

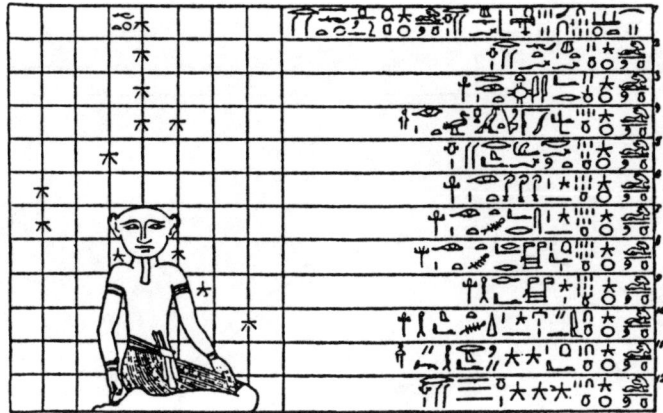

Kniender Priester, der von Sternen umgeben ist. Die Tabelle enthält Aufzeichnungen über die Beobachtung der Sterne in regelmäßigen zeitlichen Intervallen.

der Stern Alpha Draconis am Horizont zu sehen war und durch die unvollendete, noch offene Große Galerie im Süden der Stern Alpha Centauri. Seiner Meinung nach lag diese Konstellation um 3400 vor Christus vor.

Anderen Theorien zufolge befand sich am Schnittpunkt von ab- und ansteigendem Gang Wasser, das bei der Ausrichtung des Baus nach dem Siriusstern als Spiegel dienen sollte. Dies geschah angeblich zwischen 5600 und 5100 vor Christus. Wenn man von dem großen Zeitunterschied der beiden Ermittlungen einmal absieht, wäre eine Vermessung erst in diesem Baustadium, als das Volumen des Mauerwerks bereits anderthalb Millionen Kubikmeter ausmachte, einfach Unsinn gewesen.

Anderen astronomisch-pyramidologischen Theorien zufolge ist die Große Pyramide eine gigantische Sonnenuhr gewesen. Warum hätten die Ägypter aber etwas so Umständliches hervorbringen sollen, wo sie doch die Zeit verhältnismäßig genau auf einfache Weise mit hölzernen Sonnen- oder Wasseruhren ermitteln konnten?

Ein bedeutendes Argument vieler Pyramidologen betrifft die Lage der Pyramide sehr nah am Schnittpunkt des dreißigsten Kreises nördlicher Breite mit dem dreißigsten Kreis östlicher Länge. Die Pyramidenbauer konnten aber schwerlich ahnen, daß es irgendwann einmal Großbritannien geben würde und einen Greenwich genannten Ort als Basis für das Gradnetz. Die Gründe, die sie dazu veranlaßten, ihre älteste Hauptstadt

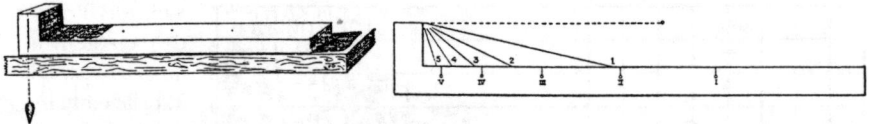

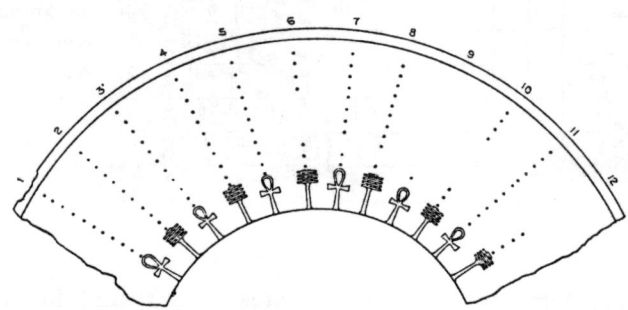

Sonnen- und Wasseruhr der alten Ägypter. Bei der Sonnenuhr bestimmte die Länge des Schattens, den das vertikale Täfelchen auf die waagerechte Skala warf, die Zeit. Bei der Wasseruhr wurde die Zeit auf einer Skala an der Wand eines kleinen, kegelförmigen Gefäßes gemessen, das an der Seite mit einem System kleiner Öffnungen ausgestattet war, durch die das Wasser in das Gefäß sickerte.

dort zu anzusiedeln, wo sich das geschlossene Niltal in das breite Delta verzweigt, waren rein praktischer Natur. Und die großen Pyramidenfriedhöfe wurden vor allem aus religiösen Gründen westlich der Hauptstadt am Rande der Wüste angelegt. Außerdem fließt der Nil bereits hundert Kilometer vor dem Delta fast am dreißigsten Meridian entlang. Wäre das ein weiteres übernatürliches Zeichen?

Die verschiedenen mathematischen Theorien hat der große Pyramidenkenner Ludwig Borchardt in seinem Buch *Gegen die Zahlenmystik an der Großen Pyramide bei Gise* (Berlin 1922) einer überzeugenden Kritik unterzogen. Die tiefgreifenden mathematischen und geometrischen Kenntnisse der alten Ägypter ficht dabei niemand an. Diodor zufolge lernte Pythagoras die Rechenkunst und die Prinzipien der Geometrie bei den Ägyptern, von denen er auch die Lehre von der Seelenwanderung übernommen haben soll. Die Ägyptologen stellen sich heute zu Recht die Frage, ob Archimedes, dem die Entdeckung der Zahl *pi* zugeschrieben wird, nicht auch bei seinem Aufenthalt in Ägypten mit diesem Prinzip bekanntgeworden ist.

Seit der Zeit, da Lauer sein Buch *Le problème des pyramides d'Égypte ancienne* veröffentlicht hat – ein Thema, auf das er 1988 in *Le mystère des pyramides* noch einmal zurückkam –, sind bereits mehr als vier Jahrzehnte vergangen. In dieser Zeit vollzog sich in Wissenschaft und Technik eine wahre Revolution. Der Glaube der Pyramidologen blieb davon nicht unberührt. Zu dem bereits so bunten Register ihrer Theorien gesellten sich neue, die vor allem die Pyramiden von Giza mit Ufos in Verbindung brachten und aus ihnen Orientierungspunkte oder Landerampen für Raumschiffe außerirdischer Zivilisationen machten. Auch werden sie für gigantische Energietransformatoren gehalten, geschaffen von höheren «Kristallrassen» aus dem All. Welche Rolle ihnen in der menschlichen Phantasie zukünftig noch beschieden sein wird, ist nicht absehbar.

Sehr populär wurde auch die Ansicht, daß allein schon die Form der Pyramide außerordentliche Auswirkungen auf die Konservierung organischer Stoffe habe und den Effekt der Mumifizierung verstärke. Als optimal für diesen Zweck gilt die Positionierung in vertikaler Pyramidenachse zwischen unterem und mittlerem Drittel. Bleibt nur noch die Spekulation darüber, ob die alten Ägypter diesen Effekt selbst entdeckt oder von jemand anderem – warum nicht den Außerirdischen? – übernommen haben. Diese Überlegungen und Spekulationen ignorieren allerdings die Tatsache, daß sich bis auf ganz wenige Ausnahmen vom Anfang der 3. bis zum Anfang der 18. Dynastie die Grabkammer für die Königsmumie unter oder auf dem Niveau der Pyramidengrundfläche befand. Und im Falle dieser Ausnahmen – der Knick- und der Roten Pyramide in Dahschur und der Großen Pyramide in Giza – lassen sich Umstände nachweisen, die zum Experimentieren mit der Plazierung der Grabkammer über dem Niveau der Grundfläche direkt in der Substanz der Pyramide führten, wie auch Gründe, die die altägyptischen Baumeister dazu bewogen, von diesen technisch komplizierten und riskanten Lösungen rasch Abschied zu nehmen.

Auf der Jagd nach kommerzieller Sensation greifen manche zu Argumenten, die aus grobem Holz geschnitzt sind und der enthusiastischen und sich oftmals auf tiefgreifendes Wissen stützenden Motivation der Pyramidologen zuwiderlaufen. Vor einigen Jahren trat Zecharia Sitchin an, das wahre Geheimnis der Großen Pyramide zu lüften (*The Stairway to Heaven*, 1980). Und ganz nebenbei «entlarvte» er dabei den Betrug, den Vyse und Perring angeblich begangen hatten. Zum überführenden Beweis erklärte er die Kursivinschrift mit einer Chufu-Kartusche, die beide Forscher auf ihrer Jagd nach Ruhm an der Wand einer Entlastungskammer über der Königskammer gefälscht haben sollen. In Chufus Namen sei, so Sitchin, ein Zeichen falsch geschrieben und entspreche merkwürdigerweise genau dem zu Beginn des 19. Jahrhunderts gültigen Stand der Erkenntnis über die ägyptische Schrift. Zudem seien Perring und Vyse als erste in die vier abgeschlossenen höchsten Entlastungskammern vorgedrungen, indem sie sich den Weg mit Sprengstoff gebahnt hätten. Schließlich und endlich sei die Inschrift so gut erhalten, als sei sie «frisch» aufgezeichnet worden. Diese Argumente und Schußfolgerungen, die Erich von Däniken verbehaltlos übernimmt (*Die Augen der Sphinx*, München 1989) sind allesamt unsinnig. Vor allem wurde in den Entlastungskammern nicht nur eine Kursivinschrift mit der Chufu-Kartusche, sondern eine ganze Reihe von sogenannten Baugraffiti gefunden. Darunter befinden sich auch einige Inschriften mit der Chufu-Kartusche und den Namen der Arbeitsmannschaften, die für den Transport der riesigen Blöcke auf der Pyramidenbaustelle verantwortlich waren. Aus paläographischer, grammatikalischer und auch historischer Sicht gibt es nicht den geringsten Zweifel an ihrer Echtheit. Vyse und Perring haben also keine Inschrift mit der Chufu-Kartusche gefälscht. Auch die Auswertung der archäologischen Quellen, die auf der Nekropole von Giza gefunden wurden, läßt bei den Ägyptologen nicht den leisesten Zweifel daran aufkommen, daß der Inhaber der Großen Pyramide Chufu war.

Zu den neuesten sensationellen «Entdeckungen» gehört die Enthüllung des sogenannten Orion-Geheimnisses durch Robert Bauval und Adrian Gilbert (*The Orion Mystery: Unlocking the Secrets of the Pyramids*, London 1994). Demnach entspricht die räumliche Anordnung der Pyramiden der 4. Dynastie auf der Nekropole von Memphis der Sternenposition im Orion zur Zeit ihrer Errichtung. Zweifellos spielte dieses Sternbild eine wichtige Rolle in den religiösen Vorstellungen der alten Ägypter, doch die erwähnte Theorie entspricht nicht den Tatsachen. Auch wenn

Kartusche Chufus aus einem Baugraffito, der in der Entlastungskammer über der Königskammer der Großen Pyramide gefunden wurde (nach Leprius).

die Konstellation der drei Königspyramiden in Giza grob mit der Stellung der drei Gürtelsterne des Orion übereinstimmen mag, so trifft dies auf die restlichen Sterne und Pyramiden der 4. Dynastie in Meidum, Dahschur, Zawijet el-Arian und Abu Rawasch ganz und gar nicht zu. Nichtsdestoweniger ist die Theorie des «Orion-Mysteriums» attraktiv und zweifellos auch kommerziell erfolgreich, ohne die archäologische Realität berücksichtigen zu müssen. Eine weitere aktuelle Sensation – eigentlich schon älteren Datums, aber seit neuestem (wahrscheinlich wegen der nahenden Jahrtausendwende) wieder aktualisiert – ist die Entdeckung des «Saals des Geheimnisses» unter der Großen Sphinx in Giza (einige suchen ihn allerdings einige Kilometer weiter nördlich). Darin soll die geheime Botschaft einer vergangenen Zivilisation verzeichnet sein und am Ende dieses Jahrtausends der Menschheit enthüllt werden. Warten wir es ab!

Die Ägyptologie und die Pyramidologie haben zwar beide die Erforschung des alten Ägyptens zum Gegenstand, doch die von ihnen verwendeten Methoden unterscheiden sich grundlegend. Petrie, den unter anderem der Vorsatz nach Ägypten führte, einen sorgfältigen archäologischen Forschungsbeitrag zu den Pyramiden einschließlich genauester Messungen zu leisten, bemerkte seinerzeit zur Widerlegung der pyramidologischen Theorien resignierend: «Es ist zwecklos, den wahrheitsgetreuen Stand der Dinge zu konstatieren, denn das hat auf diese [pyramidologische] Form der Halluzination keine Wirkung. Sie [die Anhänger dieser Theorien] können getrost denjenigen zugerechnet werden, die glauben, daß die Erde eine Scheibe ist, und denen die Theorie lieber ist als die Wirklichkeit.»

Was ist Petries Worten hinzuzufügen? Läßt sich ein Pyramidologe davon überzeugen, daß heute auf der Grundlage einer riesigen Menge von wissenschaftlichen Erkenntnissen, die bei archäologischen Ausgrabungen gewonnen wurden, eindeutig beweisbar ist, daß die Pyramiden Königsgräber waren? Daß man der Entwicklung der Pyramiden Schritt für Schritt folgen kann, in ihrem zugrundeliegenden Plan und den einzelnen Bauteilen? Daß wir in der Djoser-Pyramide in Saqqara das ursprüngliche Vorbild vor uns haben und zugleich das Tasten ihres Erbauers analysieren sowie die einzelnen Bauphasen auf dem Weg zum stufenförmigen Pyramidentyp rekonstruieren können? Oder daß man anhand der Snofru-Pyramide in Meidum den Übergang von der Stufen- zur wirklichen Pyramide sicher beweisen und einige wichtige Elemente des Konstruktionsplans der Großen Pyramide schon in älteren Bauten vorfinden kann, beispielsweise die Kombination von ab- und aufsteigendem Korridor, der sich an seinem oberen Ende in eine größere Galerie verbreitert und zum erstenmal in der Kultpyramide der Knickpyramidenanlage in Dahschur erprobt worden ist? Hier muß hinzugefügt werden, daß gerade dieses Bauelement eine Schlüsselrolle in den astronomischen Theorien der Pyramidologen spielt.

Wird der Pyramidologe anerkennen, daß sich aufgrund zeitgenössischer Schriftquellen auf den Steinblöcken rekonstruieren läßt, wie die Arbeiten auf den Pyramidenbaustellen durchgeführt wurden? Und zwar vom Abbau in den Steinbrüchen bis zum Herbeischleppen des Pyramidions? Wie die Arbeiten gelenkt wurden, wer daran teilnahm, wann sie stattfanden und wer dafür verantwortlich war? Daß diese Zeichen und Inschriften auch konkrete und sehr detaillierte Bauanweisungen umfaßten, die der Baumeister den Arbeitern gab: vorgezeichnete Raumhöhen, Wandstärken, Treppenlagen einschließlich der Anzahl und Maße der Stufen, Linien, die die Achsen der einzelnen Räume und ganzer Bauten markierten, schriftliche Instruktionen, das Pflaster so und so viele Ellen vom markierten Punkt entfernt zu verlegen?

Es ist wohl zwecklos, weitere archäologische Argumente zusammenzutragen. Der Mensch wird immer träumen, und deshalb wird es auch immer einige geben, die sich in geheime Mysterien vertiefen wollen, und andere, die sich in das Abenteuer der Wissenschaft stürzen. Nur werden sie sich stets aus dem Weg gehen und sich nie begegnen.

Aber auch die Ägyptologen ringen auf ihre Weise mit dem «Geheimnis der Pyramiden». Vieles bleibt offen, zum Beispiel die Frage, wie viele Pyramiden in Ägypten erbaut wurden. Das wird sich wohl auch nie mehr ermitteln lassen, weil einige von ihnen unter dem Zutun von Steindieben oder dem Wüstensand spurlos verschwunden sind.

Ferner weiß man nicht, wem einige der entdeckten Pyramiden gehörten, oder umgekehrt, wo die Pyramiden sind, von denen zeitgenössische Dokumente berichten.

Die Ägyptologen sind sich nicht einmal genau über den Ursprung des Wortes «Pyramide» im klaren. Einige leiten es von dem speziellen mathematischen beziehungsweise geometrischen Terminus *peremus* ab, der in dem mathematischen Rhind-Papyrus I und II auftaucht und die Pyramidenhöhe ausdrückt. Andere sehen seinen Ursprung im griechischen Wort *pyr*, «Feuer», oder sogar im griechischen *pyramis*, der Bezeichnung für einen «Kuchen aus Weizenmehl». Der Vollständigkeit halber sei erwähnt, daß die alten Ägypter selbst für die Pyramide die Bezeichnung *mer* gebrauchten und sie in den polychromierten Hieroglypheninschriften alles in allem ziemlich konstant als eine weiße (das heißt Kalkstein-) Pyramide, die auf einem schmalen schwarzen Streifen (das heißt auf der Erde) steht, abbildeten.

Das Geheimnis, das den Ägyptologen heute aber die größte Sorge bereitet, ist das weitere Schicksal der Pyramiden. Die weltweite Umweltkatastrophe hat auch die Pyramiden nicht verschont. Nur Fachleute wissen, welch immense Anstrengungen und enorme finanzielle Mittel Ägypten für

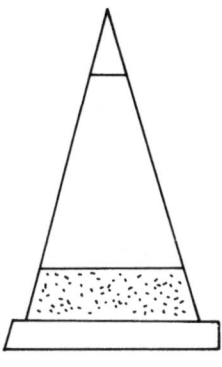

Das hieroglyphische Zeichen *mer*, «Pyramide», aus der Mastaba des Ptahhotep in Saqqara. Der untere Streifen, der in Ockerfarbe mit schwarzen Punkten bemalt ist, soll die Verkleidung des unteren Pyramidenteils aus Rosengranit darstellen.

die Erhaltung dieser Wunder des Altertums aufwenden muß. Es mangelt nicht an pessimistischen Stimmen, die angesichts des Erosionstempos während der letzten Jahrzehnte schätzen, daß die Pyramiden in ein- bis zweihundert Jahren dauerhaft geschädigt, wenn nicht gar physisch zerstört sein werden, sofern wir nicht umfangreiche und grundlegende Maßnahmen zu ihrer Erhaltung ergreifen. Aus Menschenhand sind sie hervorgegangen, um ihren Schöpfern das ewige Leben zu gewähren, und dank der Folgen menschlichen Handelns beginnen sie jetzt, die Zeit zu fürchten. Wird irgendwann noch einmal die Zeit die Pyramiden fürchten?

ANHANG

Grundlegende Maßangaben zu den Pyramiden*

Die Pyramide des Netjerichet (Djoser)
M1 71,5 m × 71,5 m
Höhe 8,4 m
P2 Grundfläche 109 m × 121 m
Höhe 62,5 m
Umfassungsmauer 544,9 m × 277,6 m
Höhe 10,5 m

Die Pyramide des Sechemchet
Umfassungsmauer 262 m × 185 m,
nach der Verbreiterung
ca. 500 m × 185 m

Die Pyramide des Chaba
Seitenlänge 84 m
Böschungswinkel der Kernschale 68°

Die Pyramide des Snofru in Meidum
E3 Seitenlänge 144 m
Böschungswinkel der Wand 51° 53'
Höhe 92 m

Die Pyramide in Seila
Länge der Basisseite des Kerns ca. 25 m
Böschungswinkel der Kernschale 76°

Die Pyramide in Zawijet el-Meijitin
Länge der Basisseite des Kerns
ca. 22,4 m
Böschungswinkel der Kernschale 80°

Die Pyramide in Sinki
Länge der Basisseite des Kerns
ca. 18,2 m
Böschungswinkel der Kernschale 80°

Die Pyramide in Ombos
Länge der Basisseite des Kerns
ca. 18,2 m
Böschungswinkel der Kernschale
ca. 80°

Die Pyramide in Kula
Länge der Basisseite des Kerns
ca. 18,2 m
Böschungswinkel der Kernschale ca. 77°

Die Pyramide in Edfu
Länge der Basisseite des Kerns
ca. 18,2 m
Böschungswinkel der Kernschale ca. 77°

* Die chronologisch entsprechend der Entstehungszeit der Pyramiden geordneten Angaben stellen nur das notwendigste Minimum dar in dem Bemühen, dieses Buch nicht mit übermäßigen technischen Informationen zu belasten, die häufig Gegenstand von Fachdiskussionen oder weiterer genauen Messungen sind. Manchmal weichen die konkreten Angaben über Maße, Winkel etc. bei verschiedenen Autoren nämlich voneinander ab. Eine detailliertere Vorstellung von dieser Problematik läßt sich bereits bei kurzer Einsicht in die Auswahlbibliographie gewinnen (siehe Seite 527 ff.).

Die Pyramide auf Elephantine
Länge der Basisseite des Kerns
ca. 23,4 m
Böschungswinkel der Kernschale
82° 30' und 77°

**Die Knickpyramide des Snofru
in Dahschur**
Länge der Basisseite 189,43 m
Seitenlänge an der Stelle des Knicks
123,58 m
Höhe der Pyramide 104,71 m
Höhe des unteren Teils 47,04 m
Höhe des oberen Teils 57,67 m
Böschungswinkel der Wand
des unteren Teils 55°
Böschungswinkel der Wand
des oberen Teils 43°
Länge des Aufwegs 704 m

**Die Rote Pyramide des Snofru
in Dahschur**
Länge der Basisseite 220 m
Höhe 104 m
Böschungswinkel der Wand 45°

Die Pyramide des Chufu
Seitenlänge 230,38 m
Höhe 146,50 m
Böschungswinkel der Wand 51° 50' 35"
Große Galerie:
Länge 47,85 m
Höhe 8,48 m bis 8,74 m
(nach Maragioglio und Rinaldi)
Böschungswinkel 26° 16' 40"
Königinnenkammer:
Länge 5,76 m
Breite 5,23 m
Höhe 6,26 m
Königskammer:
Länge 10,49 m
Breite 5,42 m
Höhe 5,84 m

Länge des Aufwegs 825 m
Bootsgruben an der Nordost-
und Südostecke der Pyramide:
Länge 52 m
Breite 7,5 m
Tiefe 8 m

Die Pyramide G 1 a
Grundfläche der Pyramide
45,4 m × 47,4 m × 46,5 m × 45,7 m
Höhe ca. 29 m
Böschungswinkel der Wand
ca. 51° 50'

Die Pyramide G 1 b
Grundfläche der Pyramide
47,8 m × 49,4 m × 48,2 m × 47,1 m
Böschungswinkel der Wand
ca. 51° 50'
Böschungswinkel des absteigenden
Korridors 33° 10'
Grabkammer:
Länge 3,95 m
Breite 3,15 m
Höhe 2,95 m

Die Pyramide G 1 c
Grundfläche der Pyramide
45,5 m × 46,7 m × 46,8 m × 45,2 m
Böschungswinkel der Wand 52° 40'
Böschungswinkel des absteigenden
Korridors 27° 30'
Grabkammer:
Länge 3,72 m
Breite 2,95 m
Höhe 2,70 m

Die Pyramide des Chafre
Länge der Basisseite 215,25 m
Höhe 143,50 m
Böschungswinkel der Wand 53° 10'
Länge der Basisseite der
Kultpyramide 20,90 m

Böschungswinkel der Wand der
Kultpyramide 53° bis 54°
Länge des Aufwegs 494,60 m

Die Pyramide des Djedefre
Länge der Basisseite 106 m
gegenwärtige Höhe 11,40 m
Böschungswinkel der Wand 60° (?)
Seitenlänge der Kultpyramide 60 m
Länge des Aufwegs 1500 m

Die Pyramide des Baka (?)
Die Seitenlänge der Grundfläche des
Kerns von ca. 180 m deutet an, daß die
Basisseite der künftigen Pyramide
ursprünglich in einer Länge von 400
Ellen projektiert war, das heißt etwas
über 200 m.
Umfassungsmauer (Nordsüdorientie-
rung!) ca. 465 m × 420 m

Die Pyramide des Menkaure
Länge der Basisseite 104,6 m
(nach Maragioglio und Rinaldi)
Höhe 66,45 m
Böschungswinkel der Wand 51° 20'
(nach Maragioglio und Rinaldi)
Länge des Aufwegs 608 m

Die Pyramide G 3 a
Länge der Basisseite ca. 44 m
Höhe ca. 28,4 m
Böschungswinkel der Wand 52° 15'

Die Pyramide G 3 b
Länge der Basisseite 31,24 m

Die Pyramide G 3 c
Länge der Basisseite 31,24 m

Die Mastaba des Schepseskaf
Grundfläche der Mastaba
99,6 m × 74,4 m
Höhe 18,7 m
Böschungswinkel der Verkleidung
61° (Nord- und Südwand) bis
65° (Ost- und Westwand)
(nach Maragioglio und Rinaldi)
Länge des Aufwegs ca. 760 m

Das Stufengrab der Chentkaus I.
Grundfläche der 1. Stufe
45,80 m × 45,50 m
Höhe ca. 10 m
Böschungswinkel der Wand der
1. Stufe 74°
Grundfläche der 2. Stufe
28,50 m × 21,00 m
Höhe ca. 7 m

Die Pyramide des Userkaf
Länge der Basisseite 73,30 m
Höhe 49 m
Böschungswinkel der Wand 53°
Länge der Basisseite der
Kultpyramide 20,10 m
Böschungswinkel der Wand 53°
Höhe ca. 15 m
Länge der Basisseite der
Königinnenpyramide 26,15 m
Höhe 17 m
Böschungswinkel der Wand 52°

Die Pyramide des Sahure
Länge der Basisseite 78,50 m
Böschungswinkel der Wand 50° 30'
Höhe ca. 48 m
Länge der Basisseite der
Kultpyramide 15,70 m
Böschungswinkel der Wand 56°
Höhe 11,60 m

Die Pyramide des Neferirkare
1. Phase
Länge der Basisseite ca. 72 m
Höhe ca. 52 m
Böschungswinkel der Stufenwand 76°
2. Phase
Länge der Basisseite ca. 104 m
Böschungswinkel der Wand 54° 30'
Höhe ca. 72 m

Die Pyramide der Chentkaus II.
Länge der Basisseite ca. 25 m
Böschungswinkel der Wand 52°
Höhe ca. 17 m

Die (Unvollendete) Pyramide des Neferefre
Länge der Basisseite der ursprünglich
geplanten Pyramide 150 Ellen (ca. 78 m)
Basisseite (des in eine «Mastaba»
umgestalteten Kerns) 65,50 m
Böschungswinkel der Wand 64° 30'
Höhe 7 m

Die Pyramide des Niuserre
Länge der Basisseite ca. 78,5 m
Böschungswinkel der Wand 51° 50' 35"
Höhe ca. 50 m
Seitenlänge der Kultpyramide
ca. 15,50 m
Höhe ca. 10,5 m
Länge des Aufwegs 368 m

Die «Kopflose Pyramide»
Länge der Basisseite ca. 65 m bis 68 m
(nach Maragioglio und Rinaldi)

Die Pyramide des Djedkare
Länge der Basisseite 78,5 m
Böschungswinkel der Wand 52°
Höhe ca. 52 m
Länge der Basisseite der Kultpyramide
ca. 15,50 m

Böschungswinkel der Wand 65°
Höhe ca. 16 m
Länge des Aufwegs ca. 220 m

**Die Pyramide der unbekannten Königin
(Djedkares Gemahlin?)**
Länge der Basisseite ca. 41 m
Böschungswinkel der Wand 62°
Höhe ca. 21 m
Länge der Basisseite der Kultpyramide
ca. 4 m

Die Pyramide des Unas
Länge der Basisseite 57,75 m
Böschungswinkel der Wand 56°
Höhe 43 m

Die Pyramide des Teti
Länge der Basisseite 78,5 m
Böschungswinkel der Wand 53° 13'
Höhe 52,5 m
Länge der Basisseite der
Kultpyramide 15,70 m
Böschungswinkel der Wand 63°
Höhe 15,70 m

Die Pyramide der Chuit
Genaue Maßangaben nicht vorhanden

Die Pyramide der Iput I.
Länge der Basisseite ca. 21 m
Böschungswinkel der Wand 63°
Höhe ca. 21 m

Die Pyramide des Pepi I.
Seitenlänge der Pyramide ca. 78 m
Böschungswinkel der Wand 53° 13'
Höhe ca. 52 m

Die Pyramide der Nebuunet
Länge der Basisseite 20,96 m
Höhe ca. 21 m

Die Pyramide der «westlichen Königin»
Länge der Basisseite 20,96 m
Höhe ca. 21 m

Die Pyramide des Pepi II.
Länge der Basisseite 78,75 m
Böschungswinkel der Wand 53° 13'
Höhe 52,50 m
Seitenlänge der Kultpyramide 15,75 m
Böschungswinkel der Wand der
Kultpyramide 63°
Länge des Aufwegs ca. 400 m

Die Pyramide der Neith
Länge der Basisseite ca. 23,5 m
Böschungswinkel der Wand 61°
Höhe ca. 21,5 m

Die Pyramide der Iput II.
Böschungswinkel der Wand 55°

Die Pyramide der Udjebten
Länge der Basisseite ca. 23,5 m
Böschungswinkel der Wand 63° 30'

Die Pyramide des Ibi
Seitenlänge 31,50 m

Das Terrassengrab des Mentuhotep II.
Grundfläche der mittleren Terrasse
60,18 m × 43 m
Länge des Aufwegs 1200 m

Die Pyramide des Amenemhet I.
Länge der Basisseite 84 m
Böschungswinkel der Wand 54° 27'
Höhe ca. 59 m

Die Pyramide des Senusret I.
Länge der Basisseite 105,2 m
Böschungswinkel der Wand 49° 24'
Höhe 61,25 m

Die Pyramide des Amenemhet II.
Länge der Basisseite 84 m

Die Pyramide des Senusret II.
Länge der Basisseite 107 m
Böschungswinkel der Wand 42° 35'
Höhe 48,65 m

Die Pyramide des Senusret III.
Länge der Basisseite 105 m
Böschungswinkel der Wand ca. 56°
Höhe 61,25 m

**Die Pyramide des Amenemhet III.
in Dahschur**
Länge der Basisseite 105 m
Böschungswinkel der Wand
54° 30' bis 56°
Höhe 75 m

**Die Pyramide des Amenemhet III.
in Hawara**
Länge der Basisseite ca. 102 m
Böschungswinkel der Wand 48° bis 52°
Höhe 58 m

Die «Südliche» Pyramide in Mazghuna
Länge der Basisseite 52,50 m

Die Pyramide des Chendjer
Länge der Basisseite 52,50 m
Höhe 37,35 m
Böschungswinkel der Wand 55°

Ägyptologen – Pyramidenforscher

In diesem knappen Überblick sind jene Ägyptologen angeführt, die sich in besonderem Maße um die Erforschung der ägyptischen Pyramiden verdient gemacht haben. Weitere Angaben über die in diesem Werk zitierten Ägyptologen lassen sich in W. R. Dawson, E. C. Uphill, M. L. Bierbrier, *Who was Who in Egyptology*, 3. Auflage, London 1995 ermitteln (verstorbene Ägyptologen) beziehungsweise in J. S. Karig, *International Directory of Egyptology*, 2. Auflage, Berlin 1990 (zeitgenössische Ägyptologen).

ARNOLD, Dieter
Zeitgenössischer deutscher Ägyptologe und Architekt, der für das Deutsche Archäologische Institut Kairo Grabungen in Tarif, Deir el-Bahari und Dahschur durchgeführt hat. Er widmet sich besonders der Erforschung der Pyramiden des Mittleren Reiches sowie Fragen des Pyramidenbaus. Heute leitet er die Grabungen der amerikanischen archäologischen Expedition des Metropolitan Museums New York in Lischt und Dahschur.

BELZONI, Giovanni Battista
(1778 bis 1823)
Italienischer Reisender, Abenteurer und Archäologe, der für den ägyptischen Vizekönig Muhammad Ali arbeitete. Er führte – oft in grober Weise – Grabungen durch und dokumentierte und sammelte Antiquitäten. Bei späteren Grabungen wie der Öffnung des Zugangs in die Chafre-Pyramide im Jahre 1818 verhielt er sich den Monumenten gegenüber jedoch rücksichtsvoller als zum Beispiel Vyse.

BORCHARDT, Ludwig (1863 bis 1938)
Deutscher Ägyptologe und Architekt, der durch Grabungen in Abusir, Abu Ghurab und Amarna (hier entdeckte er die berühmte Büste der Königin Nefertiti) zur Berühmtheit wurde. Er trug entscheidend zum Verständnis der Architektur der Pyramidenkomplexe bei, gründete das Deutsche Archäologische Institut Kairo und schließlich auch das Schweizer Institut für Ägyptische Archäologie und Architektur in Kairo.

CARTER, Howard (1874 bis 1939)
Britischer Ägyptologe, Zeichner und Archäologe, der Dokumentationsarbeiten und Grabungen an verschiedenen Orten Ägyptens durchführte, besonders im «Tal der Könige», wo er im November 1922 durch die Entdeckung von Tutanchamuns Felsgrab berühmt wurde.

ČERNÝ, Jaroslav (1898 bis 1970)
Tschechischer Ägyptologe, der nach dem Zweiten Weltkrieg in Großbritannien lebte. Vor dem Krieg nahm er an den französischen Grabungen in Deir el-Medina teil. Hervorragender Kenner des Ägyptischen (besonders des Neuägyptischen), der hieratischen Schrift und der Geschichte Ägyptens zur Zeit des Neuen Reiches.

CHAMPOLLION, Jean-François
(1790 bis 1832)
Französischer Ägyptologe, erfolgreicher Entzifferer der ägyptischen Hieroglyphen und Begründer der Ägyptologie. Er publizierte eine Reihe von wissenschaftlichen Arbeiten über die ägyptische Geschichte, Religion, Sprache und Monumente und besuchte auch Ägypten, wo er die Denkmäler studierte und umfangreiche Dokumentationen erstellte.

EDWARDS, Iorwerth Eiddon Stephen
(1909 bis 1996)
Britischer Ägyptologe, langjähriger Mitarbeiter am British Museum und bedeutender Kenner der ägyptischen Pyramiden. Sein Buch *The Pyramids of Egypt*, das zu den Standardwerken über die ägyptischen Pyramiden gehört, erlebte schon viele Auflagen und wurde auch in andere Sprachen übersetzt.

EMERY, Walter Brian (1903 bis 1971)
Britischer Ägyptologe und Archäologe, der sich durch Grabungen und Entdeckungen in Nubien sowie auf der Frühzeitlichen Nekropole in Saqqara einen Namen machte.

ERMAN, Adolf (1854 bis 1937)
Deutscher Ägyptologe und Sprachwissenschaftler, Begründer der sogenannten Berliner Ägyptologischen Schule. Er trug bedeutend zur Erkenntnis der ägyptischen Sprache bei, erforschte besonders die Beziehungen zwischen dem Ägyptischen und den semitischen Sprachen, erarbeitete eine Grammatik des klassischen Ägyptischen und des Neuägyptischen, beteiligte sich an der Herausgabe eines Wörterbuchs des Ägyptischen und bedeutender Werke der altägyptischen Literatur und beschäftigte sich auch mit der ägyptischen Geschichte.

FACHRI, Ahmad (1905 bis 1973)
Ägyptischer Archäologe, der sich um die archäologischen Untersuchungen besonders in den Oasen der Westwüste und auf der Grabstätte in Dahschur verdient gemacht hat.

FIRTH, Cecil Mallaby
(1878 bis 1931)
Britischer Ägyptologe, der sich an den archäologischen Untersuchungen in Nubien und schließlich in Saqqara auf der Frühzeitlichen Nekropole und am Pyramidenkomplex des Djoser beteiligte.

GONEIM, Muhammad Zakarija
(1905 bis 1959)
Ägyptischer Archäologe, dessen Name besonders mit der Entdeckung der unvollendeten Stufenpyramide des Sechemchet in Saqqara verbunden ist.

HASSAN, Selim (1886 bis 1961)
Ägyptischer Ägyptologe und Archäologe, der sich um die Entwicklung der Disziplin der Ägyptologie an der Universität Kairo verdient machte. Der Schwerpunkt seiner Tätigkeit lag jedoch auf den archäologischen Grabungen auf

der Grabstätte in Giza, deren Ergebnisse er in einem zehnbändigen Werk herausgab.

HAWASS, Zahi
Zeitgenössischer ägyptischer Archäologe, der archäologische Grabungen in Giza durchführt, besonders in der Umgebung der Großen Pyramide sowie auf der von ihm entdeckten Grabstätte der Handwerker und Künstler – der Erbauer der Pyramiden.

JÉQUIER, Gustave (1868 bis 1946)
Schweizer Ägyptologe, der sich mit der altägyptischen Kunst und Architektur beschäftigte und an archäologischen Untersuchungen an verschiedenen ägyptischen Lokalitäten teilnahm. Die bedeutendste unter ihnen stellen seine Grabungen in Saqqara-Süd dar.

JUNKER, Hermann (1877 bis 1962)
Deutscher Ägyptologe, der an der Universität Wien tätig war und später Direktor des Deutschen Archäologischen Instituts Kairo wurde. Er führte archäologische Untersuchungen an vielen Orten Ägyptens durch, die bedeutendste davon auf der Nekropole in Giza. Sein zwölfbändiges Werk über die Ergebnisse dieser Grabungen stellt einen der wichtigsten Beiträge zur Geschichte Ägyptens in der Zeit des Alten Reiches dar.

LAUER, Jean-Philippe
Zeitgenössischer französischer Architekt und Archäologe, der bereits seit den zwanziger Jahren in Ägypten wirkt. Seine Tätigkeit ist fast ausschließlich mit der Erforschung der Pyramidenkomplexe in Saqqara verbunden, vor allem des von Djoser. In diesem Komplex realisiert er auch in theoretischer Hinsicht sehr anspruchsvolle bauliche Rekonstruktionen des ursprünglichen Zustands des Monuments. Gegenwärtig wird er für den bedeutendsten Kenner der Baukunst der alten Ägypter in der Zeit des Pyramidenbaus gehalten.

LECLANT, Jean
Bedeutender zeitgenössischer französischer Ägyptologe, der sich auf die Geschichte, Philologie und Archäologie konzentriert, Professor an der Pariser Sorbonne. Er beschäftigt sich mit dem kulturellen Vermächtnis des alten sowie griechisch-römischen Ägyptens, Grabungen in Ägypten und im Sudan und der Erforschung der Pyramiden besonders im Zusammenhang mit der Dokumentation und der Bearbeitung der Pyramidentexte.

LEPSIUS, Carl Richard (1810 bis 1884)
Deutscher Ägyptologe, der nach Champollion für die bedeutendste Persönlichkeit in der bisherigen Geschichte des Faches der Ägyptologie überhaupt gehalten wird. Als Begründer der Ägyptologie an der Universität Berlin engagierte er sich auch sehr stark am Aufbau des Ägyptischen Museums Berlin. Er leitete in den Jahren 1842 bis 1845 die berühmte Preußenexpedition nach Ägypten und Nubien. Deren Arbeitsergebnisse in Form des zwölfbändigen Werkes *Denkmäler aus Aegypten und Aethiopien* stellen wahrscheinlich das größte bislang herausgegebene ägyptologische Werk dar.

MARIETTE, François Auguste Ferdinand Pascha (1821 bis 1881)
Französischer Ägyptologe, berühmter

Begründer der modernen archäologischen Grabungen und des ägyptischen Denkmalschutzes. Er führte mit ungeheurer Ausdauer Grabungen an einigen Dutzend archäologischen Lokalitäten in ganz Ägypten und Nubien durch und bereitete den Weg für die Gründung des Französischen Instituts für Orientalische Archäologie Kairo. Er beteiligte sich auch an der Abfassung des Librettos zu Verdis Aida.

MASPERO, Gaston Camille Charles
(1846 bis 1916)
Französischer Ägyptologe, der die französische archäologische Mission in Ägypten leitete, die später in das Französische Institut für Orientalische Archäologie Kairo umgewandelt wurde, Direktor des ersten Museums für ägyptische Altertümer in Bulak (Viertel von Kairo), langjähriger Direktor der ägyptischen Denkmalsverwaltung, Herausgeber einer Reihe von ägyptologischen Standardwerken, unter anderem auch des viele Bände umfassenden Katalogs des Ägyptischen Museums Kairo.

MORGAN, Jacques Jean Marie de
(1857 bis 1924)
Französischer Archäologe und Geologe, der neben anderen die Grundlagen für die ägyptische prähistorische Archäologie legte und eine archäologische Karte der Nekropole von Saqqara vorbereitete. Er führte Grabungen in Dahschur und Saqqara durch.

NAVILLE, Henri Édouard
(1844 bis 1926)
Schweizer Ägyptologe und Bibelforscher, Schüler von Lepsius und eine der führenden ägyptologischen Persönlichkeiten um die Jahrhundertwende. Er führte archäologische Grabungen im Ostdelta, in Abydos und besonders in Deir el-Bahari durch.

PERRING, John Shae (1813 bis 1869)
Englischer Ingenieur und Archäologe, der besonders durch die Untersuchungen der ägyptischen Pyramiden Berühmtheit erlangte.

PETRIE, William Matthew Flinders
(1853 bis 1942)
Englischer Ägyptologe, Begründer der modernen ägyptischen Archäologie. Er verfügte über keine akademische Grundausbildung, und in den Fächern, in denen er sich hervortat, war er im wesentlichen Autodidakt. Gerade das ermöglichte es ihm vielleicht, neben seiner ungeheuren Zähigkeit und seinem Fleiß, sich so intensiv und für seine Zeit oft unkonventionell der Organisation und Methodik der archäologischen Untersuchungen in Dutzenden von ägyptischen Lokalitäten zu widmen. Insbesondere die Erforschung der Giza-Pyramiden erwies sich als richtungweisender Beitrag für die Forschung.

POSENER-KRIÉGER, Paule
(1925 bis 1996)
Französische Ägyptologin, die sich besonders durch die Editionen der ältesten ägyptischen Denkmäler in hieratischer Schrift einen Namen machte. Durch die Herausgabe des Papyrusarchivs von Neferirkares Totentempel trug sie wesentlich zum Verständnis der Organisation der königlichen Totenkulte in den Pyramidenkomplexen des Alten Reiches bei.

REISNER, George Andrew
(1867 bis 1942)
Amerikanischer Ägyptologe und Archäologe, der an der Harvard University tätig war und die amerikanischen archäologischen Grabungen in Ägypten und im Sudan leitete. Er tat sich durch Grabungen an verschiedenen Lokalitäten, besonders auf den Pyramidengrabstätten im Sudan und der Königsnekropole in Giza hervor.

STADELMANN, Rainer
Zeitgenössischer deutscher Ägyptologe, Direktor des Deutschen Archäologischen Instituts Kairo. Er führt archäologische Grabungen an verschiedenen ägyptischen Lokalitäten durch (besonders auf der Pyramidengrabstätte in Dahschur) und wird für einen der bedeutendsten zeitgenössischen Kenner der ägyptischen Pyramiden gehalten.

VYSE, Richard William Howard
(1784 bis 1853)
Englischer Offizier und Forscher, der sich in Zusammenarbeit mit Perring besonders um die Erforschung der Pyramiden in Giza verdient machte.

WINLOCK, Herbert Eustis
(1884 bis 1950)
Amerikanischer Ägyptologe, der archäologische Grabungen an verschiedenen Orten Ägyptens durchführte. Er leitete die ägyptische Expedition des Metropolitan Museum New York.

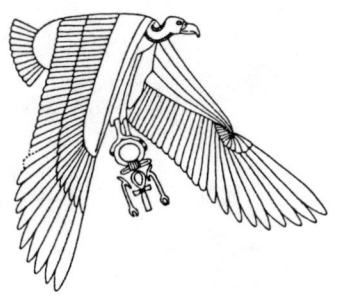

Glossar

antichambre carrée – «quadratisches Vorzimmer», französische Bezeichnung für einen Raum mit einer Säule, der seit der 5. Dynastie in den Pyramidentempeln auftaucht und durch den der Weg in die Opferhalle führte; die genaue Bedeutung des Raums ist bisher Gegenstand der Fachdiskussion.

Apotropaia – magische Schutzmittel, die vor der Einwirkung böser und feindlicher Mächte schützen sollten.

Architrav – lateinischer Terminus für den waagerecht die Säulen überspannenden Querbalken.

Dado – Verkleidung, die die unteren Teile der Wände zierte, gleichzeitig aber auch schützte; in den Pyramidentempeln pflegte er daher aus härteren Gesteinsarten wie Granit oder Basalt zu bestehen.

damnatio memoriae – «Verurteilung/Verdammnis eines Andenkens/einer Erinnerung».

en chican – französischer Terminus, der in der Archäologie einen aus Sicherheitsgründen baulich absichtlich erschwerten Zugang, zum Beispiel einen verengten oder eingebrochenen Eingang bezeichnet.

Graffito – in der ägyptischen Archäologie Bezeichnung von in der Regel knappen Kursivinschriften und Zeichen auf Baudenkmälern oder Felsen, zum Beispiel Besuchergraffito, Baugraffito.

Großer Weißer – der in Abydos verehrte weiße Pavian wurde für einen Vorfahren der Könige gehalten und mit dem Gott der Weisheit, Thoth, identifiziert.

Hungersnotinschrift – Felsinschrift auf der Insel Sehel am ersten Nilkatarakt bei Assuan; erzählt von siebenjährigen Niedrig-Überschwemmungen und einer Hungersnot, die erst mit der Fürbitte der Priester beim Gott Chnum, dem Herrscher über die Nilquellen, endete. Die Inschrift stammt aus ptolemäischer Zeit und wurde von Priestern aus Propagandazwecken bewußt in die Djoser-Zeit vordatiert.

Hyksos – von ägyptisch *hekachasut*, «Herrscher der Wüstengebiete»; Bezeichnung für die asiatischen Eroberer Ägyptens am Ende des Mittleren Reiches.

Infrastruktur – in archäologischer Bedeutung die Bezeichnung der inneren Räumlichkeiten eines Gebäudes, unabhängig davon, ob sie sich in seinem über- oder unterirdischen Teil befinden.

in situ – lateinisch «am Ort», in der Archäologie: am ursprünglichen Ort.

Intrusion – Bezeichnung für ein späteres

Eindringen, das die ursprüngliche archäologische Situation verletzt hat.

Kanope – Gefäß, in das die Eingeweide nach der Entnahme aus dem Verstorbenen während der Mumifizierung gelegt wurden; der Name stammt von der griechischen Bezeichnung der Stadt Kanopos in Unterägypten, wo der Gott Osiris in Gestalt eines eiförmigen Gefäßes verehrt wurde.

Kenotaph – Scheingrab und gleichzeitig auch Denkmal und Kultstätte des Eigentümers.

Kopten – das Wort entstand aus einer Verballhornung der griechischen Bezeichnung für die Bewohner Ägyptens, die das Christentum angenommen hatten und noch vor dem Einzug der Araber zu den Ureinwohnern des Landes gehörten

Koregentschaft – Zusammenherrschaft; Institution, die sich besonders seit Anfang des Mittleren Reiches im alten Ägypten entwickelte und deren Ziel es war, Thronstreitigkeiten vorzubeugen und so die Macht des Königtums zu stärken.

Libationsbecken – Wasserbehälter für die Libation, die in Tempeln oder Gräben auftauchen, unter Umständen in ihrer Nähe. Die Libation war ein wichtiger Bestandteil des Tempel- und Totenkults und diente der Reinigung vor dem Wasseropfer (dem Wasser wurde Natron beigemengt); symbolisierte aber auch die Genesung der Lebenskräfte etc.

Mastaba – arabisch «Bank»; in der Archäologie die Bezeichnung für ein rechteckiges Grab in ebendieser Form.

Megatilismus – Bauweise, bei der große Steinblöcke verwendet wurden.

Memphitische Lehre – Lehre von der Welterschaffung durch den memphitischen Gott Ptah.

Mundöffnung – Ritual, bei dem der Priester Augen, Mund und andere Teile der Mumie mit verschiedenen Werkzeugen berührte; sein Ziel war es, die Sinne und Gliedmaßen des Verstorbenen im Jenseits zu beleben.

Neunheit – auch «Neunheit der Götter»; Grundlage der heliopolitanischen Weltschöpfungslehre in Form eines Götterstammbaums mit dem Schöpfergott Atum und vier Paaren (Schu und Tefnut, Geb und Nut, Osiris und Isis, Seth und Nephthys).

Palermostein – bedeutendes Schriftdenkmal mit den königlichen Annalen, eine schwarze Basalttafel, die sich nur in einigen Fragmenten erhalten hat. Das größte Fragment befindet sich im Archäologischen Museum von Palermo, das dem Denkmal seinen Namen gab. Weitere Fragmente befinden sich im Ägyptischen Museum Kairo und im University College in London. Der Text auf der Tafel, der in Register gegliedert ist, führt die Herrscher Ägyptens seit der ältesten Zeit bis in die 5. Dynastie an sowie bedeutende Ereignisse, zu denen es unter ihren jeweiligen Regierungszeiten gekommen ist, zum Beispiel die Gründung bedeutender Bauten, die Herstellung von Statuen, militärische Expeditionen, Feste etc. Ferner Angaben über die Höhe der Nilüberschwemmungen. Genaue Angaben über die älteste Zeit fehlen, und die ältesten Herrscher haben mythologischen Charakter. In den folgenden Perioden wurden die Angaben zahlreicher und detaillierter. Die Herkunft, Rekonstruktion und Interpretation des Palermosteins wied bezüglich der

Bedeutung dieses Fundus für die Geschichte Ägyptens auch weiterhin von Ägyptologen diskutiert.

Palmenhain in Buto – heiliger Hain im frühzeitlichen religiösen Zentrum Unterägyptens, der für den «Nationalfriedhof» des alten Ägyptens gehalten wurde.

Papyrus Abbott – nach Henry William Charles Abbott (1807–1859), britischer Arzt und Sammler ägyptischer Altertümer.

Papyrus Amherst – nach Baron William Amhurst Tyssen-Amherst (1835–1909), bedeutender britischer Sammler von ägyptischen Altertümern, unter anderem auch von Papyri. Er unterstützte auch archäologische Grabungen in Ägypten sowie Publikationen von altägyptischen Dokumenten.

Papyrus Anastasi – nach Giovanni Anastasi (1780–1860), griechischer Kaufmann und Antiquitätensammler, der in Alexandria lebte.

Papyrus Rhind – nach Alexander Henry Rhind (1833–1863), britischer Jurist und Antiquitätensammler, der sich 1855 bis 1857 zu Ausgrabungen in Ägypten aufhielt. Es war der erste Besitzer des mathematischen Papyrus I und II (heute im British Museum in London, EA 10057-8).

Papyrus Westcar – nach Henry Westcar (1798–1868), britischer Reisender und Antiquitätensammler.

Pharao – von ägyptisch *per-aa*, «das Große Haus»; Bezeichnung für den königlichen Palast und im übertragenen Sinne auch für den Herrscher.

Pyramidentexte – Sammlung religiöser Jenseitsvorstellungen, die in der Zeit zwischen dem Ende der 5. und der 8. Dynastie an den Wänden der Grabkammern in den königlichen Pyramiden angebracht wurden und vor allem den Weg des Königs ins Jenseits beschrieben.

Radiocarbonmethode – auch «C^{14}-Methode», eine in der Archäologie verbreitete Datierungsmethode mit Hilfe eines radioaktiven Kohlenstoffisotops.

Rundstab – archäologischer Terminus; stilisiertes Zierelement in der altägyptischen Architektur, das ursprünglich eine rundholzförmige Verdickung der Mauerkanten aus Matten, die aus Pflanzenmaterial geflochten waren, imitierte; die Stelle, an der sich die Matten berührten, war mit einem Seil oder Riemen im Zickzack zusammengezogen.

Saff – arabisch Reihe; archäologischer Terminus für die Bezeichnung von Felsgräbern, deren Fassade eine Pfeilerreihe ziert.

Sargtexte – Sammlung religiöser Jenseitsvorstellungen, die, zum Teil durch die Pyramidentexte inspiriert, in der Ersten Zwischenzeit und im Mittleren Reich auf den Särgen von Privatleuten vermerkt wurden.

Schaduf – hölzerner Waagebalken zum Wasserschöpfen, der seit Beginn des Neuen Reiches verwendet wurde.

sed-**Fest** – bedeutendes Fest, das ursprünglich anläßlich der dreißigjährigen Thronbesteigung des Pharaos gefeiert wurde und eine Erneuerung und Festigung seiner Macht und Herrscherautorität bezweckte.

Serapeum – unterirdische Grabstätte der heiligen Apis-Stiere in Saqqara; sie wurde während der 18. Dynastie gegründet und überdauerte bis in die ptolemäische Zeit.

Serdab – arabisch «Keller», archäologische Bezeichnung für einen abgeschlossenen Grabraum, in dem die Statue des Verstorbenen aufbewahrt wurde.

Serech – stilisierte Fassade des Königspalastes in Form eines hochkant gestellten Rechtecks, in das der sogenannte Horusname der Pharaonen eingetragen wurde.

Simulacrum – Schein-, nachahmend (zum Beispiel Nachbildung eines Grabes).

Söhne des Horus – die vier Söhne des Horus (Amset, Hapi, Kebechsenuf und Duamutef) waren die Schutzgeister der vier Kanopen, in denen die Eingeweide des Verstorbenen aufbewahrt wurden.

Speos – Felstempel (Hemispeos – Tempel, dessen eine Hälfte in den Felsen eingelassen und die andere vor der Felsmauer errichtet wurde).

Stein von Rosette – Bruchstück einer steinernen Stele mit dem hieroglyphischen, demotischen und griechischen Text eines Dekrets aus der Zeit des Ptolemaios V. Epiphanes (aus dem Jahre 196 vor Christus); die Stele, die während der napoleonischen Ägyptenexpedition in einer Festungsanlage der Stadt Rosette entdeckt wurde, trug in bedeutendem Maße zur Entzifferung der ägyptischen Hieroglyphen bei.

Stele – steinerne oder hölzerne Tafel, auf der sich in der Regel eine Inschrift oder ein Bild befand (Grabstele, Grenzstele etc.).

Stratifikation – Schichtung; archäologischer und geologischer Terminus.

Subpluvial – kürzere Regenphase, die einer langen Regenzeit folgte; Phasen von ausgiebigen Niederschlägen, Pluviale, traten während des Pleistozäns in warmen südlichen Gebieten auf und entsprechen den Eiszeiten in den nördlicher gelegenen Regionen.

Substruktur – unterirdischer Gebäudeteil.

Superstruktur – oberirdischer Gebäudeteil.

Tafla – arabisch «Ton»; manchmal verhärtet und an weichen Fels erinnernd.

Totenbuch – Sammlung religiöser Jenseitsvorstellungen, die zum Teil an die älteren Pyramiden- und Sargtexte anknüpfen; die Texte waren im Neuen Reich und in den späteren Zeiten in der Regel auf einer Papyrusrolle vermerkt und begleiteten den Verstorbenen auf seiner Reise ins Jenseits.

Urhügel – Sandhügel, der bei der Schöpfung der Welt aus der Urflut aufgetaucht ist und auf dem das Leben erschaffen wurde; Symbol des Lebens und der Auferstehung.

Viehzählung – bis zum Ende des Alten Reiches fand diese jeweils einmal in zwei Jahren statt und bildete die Grundlage der offiziellen Datierung. In letzter Zeit mehren sich jedoch Zweifel an dieser Theorie. Aufgrund einiger Angaben scheint es nämlich, als sei es häufiger zur Viehzählung gekommen als alle zwei Jahre. Damit wird die Rekonstruktion der Chronologie des Alten Reiches konplizierter.

Weg nach Abydos – Abydos, bedeutendes religiöses Zentrum in Oberägypten, Kultstätte des Gottes Osiris und letzte Ruhestätte der ältesten ägyptischen Könige, war schon seit den Anfängen des ägyptischen Staates ein vielbesuchter Wallfahrtsort, auf dem die Ägypter bestattet zu werden

wünschten oder zumindest ihre Grabstele untergebracht haben wollten; der
symbolische «Weg nach Abydos»
wurde zum Bestandteil der Begräbnis-
rituale.

Weisheitsliteratur – Gattungsbezeich-
nung für altägyptische Literaturdenk-
mäler, die eine Anleitung zum richtigen Lebensstil beinhalteten und insbesondere der Erziehung loyaler Staats-
beamter dienten.

Zerschlagen von roten Gefäßen –
das Zerschlagen von Keramikgefäßen
wurde am Ende des Bestattungsrituals
vorgenommen und hing wahrscheinlich mit dem Bestreben zusammen,
eine Wiederverwendung der Kultgefäße unmöglich zu machen.

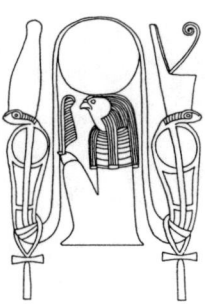

Zeittafel*

FRÜHZEIT
(ca. 3100 bis 2720 vor Christus)

Dynastie 0
(im ganzen etwa 15 Herrscher)
Skorpion
Ka
Narmer

1. Dynastie
Aha (Menes?)
Iti
Djer
Wadj (Djet)
Den
Adjib
Semerchet
Kaa

2. Dynastie
Hetepsechemui
Raneb (Nebre)
Ninetjer
Peribsen
Chasechemui

ALTES REICH
(ca. 2720 bis 2180 vor Christus)

3. Dynastie
Netjerichet (Djoser)
Sechemchet
Sanacht
Chaba
Huni

4. Dynastie
Snofru
Chufu
Djedefre
Chafre
Baka
Menkaure
Schepseskaf

5. Dynastie
Userkaf
Sahure
Neferirkare
Neferefre
Schepseskare
Niuserre
Menkauhor
Djedkare
Unas

---

* Ein vollständiges Verzeichnis finden Sie in: Thomas Schneider, *Lexikon der Pharaonen*, Zürich 1994.

6. Dynastie
Teti
Userkare
Pepi I.
Merenre I. (Antiemsaf I.)
Pepi II.
Merenre II. (Antiemsaf II.)
Nitokvis (unsicher)

ERSTE ZWISCHENZEIT
(ca. 2180 bis 1991 vor Christus)

7./8. Dynastie
Ibi
Neferkare Nebi
(im ganzen etwa 17 weniger bedeutende und nur kurz herrschende Könige)

9./10. Dynastie
(etwa 18 weniger bedeutende Herrscher, von denen einige den Namen Cheti trugen)
Merikare

11. Dynastie (1. Hälfte)
(Mentuhotep I.)
Antef I.
Antef II.
Antef III.

MITTLERES REICH
(1991 bis ca. 1759 vor Christus)

11. Dynastie (2. Hälfte)
Mentuhotep II.
Mentuhotep III.
Mentuhotep IV.

12. Dynastie
Amenemhet I.
Senusret I.
Amenemhet II.
Senusret II.
Senusret III.
Amenemhet III.
Amenemhet IV.
Nefrusobek

ZWEITE ZWISCHENZEIT
(ca. 1759 bis ca. 1539 vor Christus)

13. Dynastie
(einige Dutzend weniger bedeutender Herrscher, von denen einige den Namen Sobekhotep trugen)
Chendjer
Ameni Kemau
Auibre Hor

14. Dynastie
Nehesi

15. Dynastie
(insgesamt 7 Könige)
Chajan
Apophis

16. Dynastie

17. Dynastie
(etwa 16 Herrscher)
Sebekemsaf II.
Antef VI.
Seqenenre
Kamose

NEUES REICH
(ca. 1539 bis 1076 vor Christus)

18. Dynastie
Ahmose I.
Amenhotep I.
Thutmosis I.
Thutmosis II.
Hatschepsut
Thutmosis III.
Amenhotep II.
Thutmosis IV.
Amenhotep III.
Amenhotep IV./Echnaton
Semenchkare
Tutanchamun
Eje
Haremheb

19. Dynastie (Ramessiden)
Ramses I.
Sethos I.
Ramses II.
Merenptah
Sethos II.
Amenmesse
Siptah
Tausret

20. Dynastie
Sethnacht
Ramses III.
Ramses IV.
Ramses V.
Ramses VI.
Ramses VII.
Ramses VIII.
Ramses IX.
Ramses X.
Ramses XI.

DRITTE ZWISCHENZEIT
(ca. 1076 bis 712 vor Christus)

21. Dynastie
Smendes
Amenemnesu
Psusennes I.
Amenemope
Osochor
Siamun
Psusennes II.

22. Dynastie (Libyer)
Scheschonq I.
Osorkon I.
Scheschonq II.
Takelot I.
Osorkon II.
Takelot II.
Scheschonq III.
Pemu
Scheschonq V.
Osorkon IV.

23. Dynastie (Libyer)
Petubastis I.
Scheschonq IV.
Osorkon III.
Takelot III.
Rudjamun
Iupet II.

24. Dynastie
Tefnacht
Bokchoris

SPÄTZEIT
(ca. 712 bis 332 vor Christus)

25. Dynastie (Kuschiten)
Kaschta
Pije
Schabaka
Schabataka
Taharqa
Tanutamun

26. Dynastie (Saiten)
(Necho I.)
Psammetich I.
Necho II.
Psammetich II.
Apries
Ahmose II. (Amasis)
Psammetich III.

27. Dynastie
(1. Perserherrschaft)
Kambyses
Darius I.
Xerxes I.
Artaxerxes I.
Darius II.

28. Dynastie
Amyrtaios

29. Dynastie
Neferites I.
Psammuthis
Hakoris

30. Dynastie
Nektanebis
Teos
Nektanebos

31. Dynastie
(2. Perserherrschaft)
Artaxerxes III.
Arses
Darius III.

PTOLEMÄISCHE ZEIT
(332 bis 30 vor Christus)

RÖMISCHE ZEIT
(30 vor Christus bis
395 nach Christus)

BYZANTINISCHE ZEIT
(395 bis 642)

642 – Eroberung Ägyptens durch
die Araber

Auswahlbibliographie

Arnold, D., Building in Ancient Egypt. Pharaonic Stone Masonry. New York/ Oxford 1991

Arnold, D., The Temple of Mentuhotep at Deir el-Bahari. New York 1979

Arnold, D., Der Pyramidenbezirk des Königs Amenemhet III. in Dahschur. I. Die Pyramide. Mainz 1987

Arnold, D., Rituale und Pyramidentempel, in: MDAIK 33, 1977, 1–14

Arnold, D., Überlegungen zum Problem des Pyramidenbaues, in: MDAIK 37 (1981), 15–28

Arnold, D., Lexikon der ägyptischen Baukunst. Zürich 1994

Arnold, D., The South Cemeteries of Lisht. I. The Pyramid of Senwosret I. New York 1988

Aufrere, S., Golvin, J.-C., L'Égypte restituée. Bd. 3. Paris 1997

Ayrton, E. R., Currelly, C. T., Weigall, A. E. P., Abydos III. London 1904

Badawy, A., Le dessin architectural chez les anciennes Égyptiens. Le Caire 1948

Berlandini, J., La pyramide «ruinée», in: BSFÉ 83, Oct. 1978, 24–34

Borchardt, L., Das Re-Heiligtum des Königs Ne-woser-re. I. Der Bau. Berlin 1905

Borchardt, L., Die Entstehung der Pyramide an der Baugeschichte der Pyramide bei Mejdum nachgewiesen. Berlin 1928

Borchardt, L., Das Grabmal des Königs Ne-user-re. Leipzig 1907

Borchardt, L., Das Grabmal des Königs Nefer-ir-ke3-re. Leipzig 1909

Borchardt, L., Das Grabmal des Königs Śa3-ḥu-re, I.–II. Leipzig 1910 bis 1913

Callender, V. G., The Wives of the Egyptian Kings. Dyn. I–XVII. 3 Bände (Ph. D. Dissertation, Macquaire University, Sydney 1992)

Clarke, S., Engelbach, R., Ancient Egyptian Masonry. Oxford 1930

Dodson, A., The Tombs of the Kings of the Thirteens Dynasty in the Memphite Necropolis, in: ZÄS 114 (1987), 36–45

Dodson, A., The Tombs of the Kings of the Early Eighteenth Dynasty, in: ZÄS 115 (1988), 110–123

Dodson, A., From Dahshur to Dra Abu el-Naga. The Decline and Fall of the Royal Pyramid, in: KMT 5, Heft 3/1994, 25–39

Dreyer G., Kaiser, W., Zu den kleinen Stufenpyramiden Ober- und Mittelägyptens, in: MDAIK 36 (1980), 43–59

Dreyer G., Swelim, N., Die kleine Stufenpyramide von Abydos-Süd (Sinki), in: MDAIK 38 (1982), 83–91

Dunham, D., The Royal Cemeteries of Kush. I.–IV. Boston 1950–1957

Edwards, I. E. S., The Pyramids of Egypt. Harmondsworth 1993 (rev.ed.)

Emery, W. B., Archaic Egypt. Harmondsworth 1962

Fakhry, A., The Monuments of Sneferu at Dahshur. I. The Bent Pyramid. Cairo 1959

Fakhry, A., The Pyramids. Chicago 1961

Faulkner, R. O., The Ancient Egyptian Pyramid Texts. Oxford 1969

Firth, C. M., Gunn, B., Teti Pyramid Cemeteries. I–II. Le Caire 1926

Germer, R., Mumien. Zeugen des Pharaonenreiches. München 1991

Goedicke, H., Re-used Blocks from the Pyramid of Amenemhet I at Lisht. New York 1971

Goneim, M. Z., Horus Sekhem-Khet. The Unfinished Step Pyramid at Saqqara. I. Cairo 1957

Goyon, G., Le secrets des bâtisseurs des grandes pyramides. «Khéops». Paris 1977

Hassan, S., Excavations at Giza. IV. Cairo 1943

Hassan, S., The Sphinx: Its History in the Light of Recent Excavations. Cairo 1949

Hawass, Z., Lehner, M., The Sphinx. Who Built it and Why?, in: Archaeology 47, no. 5 (1994), 30–47

Helck, W., Eberhard, O., Lexikon der Ägyptologie. 7 Bde. Wiesbaden 1972–1992

Jánosi, P., Die Pyramidenanlagen der Königinnen. Wien 1995

Jéquier, G., Deux pyramides du Moyen Empire. Cairo 1938

Jéquier, G., Douze ans de fouilles dans la nécropole memphite 1924–1936. Neuchâtel 1940

Jéquier, G., Le Mastabat Faraoun. Le Caire 1928

Jéquier, G., La pyramide d'Oudjebten. Le Caire 1928

Jéquier, G., Les pyramides des reines Neit et Apouit. Le Caire 1933

Jéquier, G., Le monument funéraire de Pepi II. I–III. Le Caire 1936–1940

Kees, H., Totenglauben und Jenseitsvorstellungen der alten Ägypter. 2. Auflage, Berlin 1956

Klemm, R. und D., Steinbrüche im Alten Ägypten. Berlin 1993

Labrousse, A., L'architecture des pyramides à textes. 2 Bde. Le Caire 1996

Labrousse, A., Lauer, J.-Ph., Leclant, J., Le temple haut du complex funéraire du roi Ounas. Cairo 1977

Lauer, J.-Ph., La Pyramide à degrés. I. Le Caire 1936

Lauer, J.-Ph., Le temple haut de la pyramide du roi Ouserkaf à Saqqara, in: ASAE 53 (1955), 119–133

Lauer, J.-Ph., Saqqara. The Royal Cemetery of Memphis. London 1976

Lauer, J.-Ph., Le mystère des pyramides. Paris 1988

Lauer, J.-Ph., Le problème de la construction de la Grande pyramide, in: RdE 40 (1989), 91–111

Lauer, J.-Ph., Leclant, J., Le temple haut du complex funéraire du roi Teti. (BdE 51). Le Caire 1972

Leclant, J., A la quête des pyramides des reines de Pépi Ier, in: BSFE 113, Oct. 1988, 20–31

Lehner, M., The Pyramid Tomb of Queen Hetepheres and the Satellite Pyramid of Khufu. Mainz 1985

Lehner, M., The Complete Pyramids. London/Cairo 1997

Lepre, J. P., The Egyptian Pyramids. Jefferson (NC) – London 1990

Lepius, K. R., Denkmaeler aus Aegypten und Aethiopien. 12 Bände Berlin 1849–1859

Lloyd, A. B., The Egyptian Labyrinth, in: JEA 56 (1970), 81–100

Málek, J., King Merykare and his Pyramid, in: Hommages à Jean Leclant IV (Le Caire 1994), 203 bis 214

Maragioglio, V., Rinaldi, C., L'architettura delle piramidi menfite. II–VII. Rapallo/Torino 1963–1977

Maragioglio, V., Rinaldi, C., Note sulla piramide di Ameny «Aamu», in: Orientalia 37 (1968), 325–338

Maragioglio, V., Rinaldi, C., Notizie sulle piramidi di Zedefra, Zedkara Isesi, Teti. Torino 1962

Perring, J. S., The Pyramids of Gizeh. I–III. London 1839–1842

Petrie, W. M. F., Hawara, Biahmu and Arsinoe. London 1889

Petrie, W. M. F., Illahun, Kahun and Gurob. London 1890

Petrie, W. M. F., Kahun, Gurob and Hawara. London 1890

Petrie, W. M. F., The Pyramids and Temples of Gizeh. London 1883 (new edition with an update by Hawass, Z. London 1990)

Petrie, W. M. F., Brunton, G., Murray, M. A., Lahun II. London 1923

Petrie, W. M. F., Wainwright, G. A., Mackay, E., The Labyrinth, Gerzeh and Mazghuneh. London 1912

Porter, B., Moss, R. L. B., Málek, J., Topographical Bibliography of Ancient Egyptian Hieroglyphic Texts, Reliefs and Paintings. III (2nd ed.). Oxford 1974

Posener-Kriéger, P., Les archives du temple funéraire de Néferirkare-Kakai. Les papyrus d'Abousir. Traduction et commentaire. Le Caire 1976

Reisner, G. A., A History of the Giza Necropolis. I. London 1942

Reisner, G. A., Mycerinus. The Temples of the Third Pyramid at Giza. Cambridge 1931

Reisner, G. A., Smith, W. S., A History of the Giza Necropolis. II. The Tomb of Hetepheres the Mother of Cheops. Cambridge 1955

Ricke, H., Bemerkungen zur ägyptischen Baukunst des Alten Reiches. I (Beiträge Bf 4, Zürich 1944), II (Beiträge Bf 5, Cairo 1950)

Schneider, T., Lexikon der Pharaonen. Zürich 1994

Schott, S., Bemerkungen zum ägyptischen Pyramidenkult. (Beiträge Bf 5) Cairo 1950

Sethe, K., Übersetzung und Kommentar zu den altägyptischen Pyramidentexten. I–IV. Glückstadt 1935–1962

Sethe, K., Urkunden des Alten Reiches. I. Leipzig 1933

Stadelmann, R., Das Dreikammersystem der Königsgräber der Frühzeit und des Alten Reiches in: MDAIK 47 (1991), 373–387

Stadelmann, R., Die grossen Pyramiden von Giza. Graz 1990

Stadelmann, R., Die ägyptischen Pyramiden. Vom Ziegelbau zum Weltwunder. Mainz 1985 (2. Aufl. 1991)

Swelim, N., Some Problems on the History of the Third Dynasty. Alexandria 1983

Vandier, J., Manuel d'archéologie égyptienne. Band I., II. Paris 1952–1955

Verner, M., Baugraffiti der Ptahschepses-Mastaba. Praha 1992

Verner, M., Forgotten Pharaohs, Lost Pyramids. Abusir. Praha 1994

Vyse, H., Operations carried out on the

Pyramids of Gizeh. I.–III. London 1840–1842

Winlock, H. E., The Tombs of the Kings of the Seventeenth Dynasty at Thebes, in: JEA 10 (1924). 217–277

Žába, Z., L'orientation astronomique dans l'ancienne Égypte, et la précession de l'axe du monde. Prague 1953

Zeitschriften

Archaeology – Archaeology. A Magazine Dealing with the Antiquity of the World. New York

ASAE – Annales du Service des Antiquités. Le Caire

Beiträge Bf – Beiträge zur ägyptischen Bauforschung und Altertumskunde. Zürich/Kairo/Wiesbaden

BIÉ – Bulletin de l'Institut d'Égypte, Cairo

BSFÉ – Bulletin de la Société française d'égyptologie. Paris

JEA – Journal of Egyptian Archaeology, London

KMT – KMT, A Modern Journal of Ancient Egypt, San Francisco

MDAIK – Mitteilungen des Deutschen Archäologischen Instituts, Abteilung Kairo. Berlin/Mainz

Orientalia – Orientalia, Nova Series. Roma

RdÉ – Revue d'égyptologie, Le Caire/Paris

ZÄS – Zeitschrift für ägyptische Sprache und Altertumskunde. Leipzig

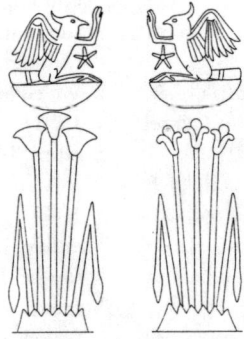

Register*

* Die kursiv gesetzten Zahlen bezeichnen die Abbildungen

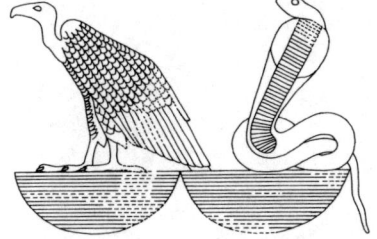

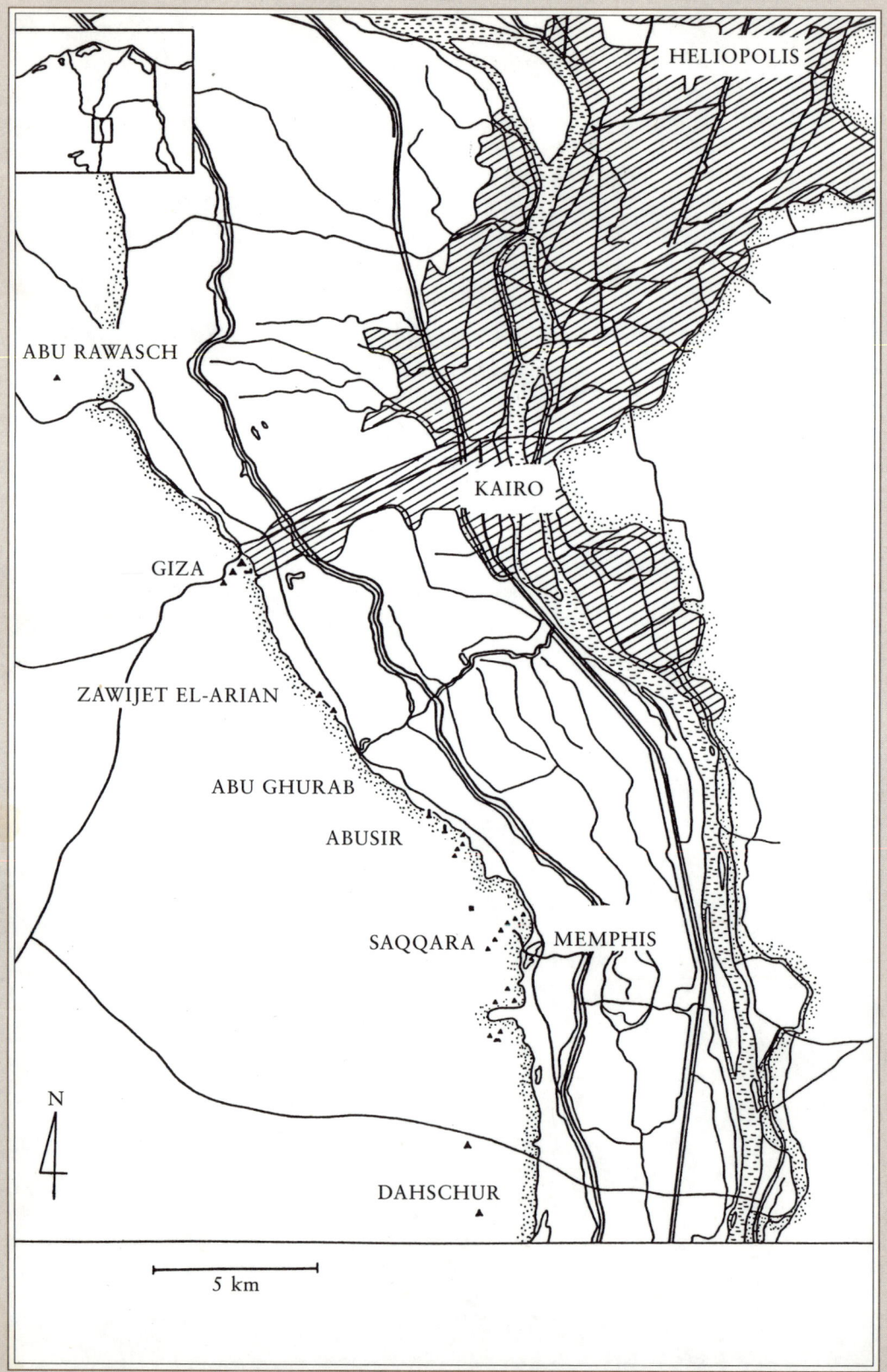

HELIOPOLIS

ABU RAWASCH

KAIRO

GIZA

ZAWIJET EL-ARIAN

ABU GHURAB

ABUSIR

SAQQARA   MEMPHIS

N

DAHSCHUR

5 km